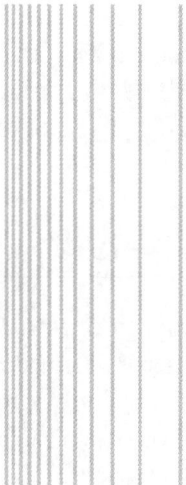

Introdução à Administração

O GEN | Grupo Editorial Nacional – maior plataforma editorial brasileira no segmento científico, técnico e profissional – publica conteúdos nas áreas de ciências sociais aplicadas, exatas, humanas, jurídicas e da saúde, além de prover serviços direcionados à educação continuada e à preparação para concursos.

As editoras que integram o GEN, das mais respeitadas no mercado editorial, construíram catálogos inigualáveis, com obras decisivas para a formação acadêmica e o aperfeiçoamento de várias gerações de profissionais e estudantes, tendo se tornado sinônimo de qualidade e seriedade.

A missão do GEN e dos núcleos de conteúdo que o compõem é prover a melhor informação científica e distribuí-la de maneira flexível e conveniente, a preços justos, gerando benefícios e servindo a autores, docentes, livreiros, funcionários, colaboradores e acionistas.

Nosso comportamento ético incondicional e nossa responsabilidade social e ambiental são reforçados pela natureza educacional de nossa atividade e dão sustentabilidade ao crescimento contínuo e à rentabilidade do grupo.

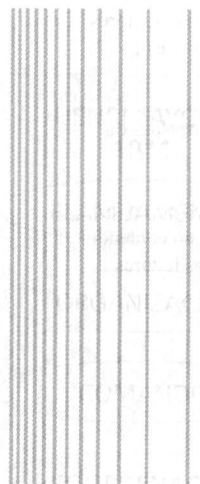

Antonio Cesar Amaru Maximiano

Professor da Universidade de São Paulo

Introdução à Administração

8ª Edição
Revista e Ampliada

O autor e a editora empenharam-se para citar adequadamente e dar o devido crédito a todos os detentores dos direitos autorais de qualquer material utilizado neste livro, dispondo-se a possíveis acertos caso, inadvertidamente, a identificação de algum deles tenha sido omitida.

Não é responsabilidade da editora nem do autor a ocorrência de eventuais perdas ou danos a pessoas ou bens que tenham origem no uso desta publicação.

Apesar dos melhores esforços do autor, do editor e dos revisores, é inevitável que surjam erros no texto. Assim, são bem-vindas as comunicações de usuários sobre correções ou sugestões referentes ao conteúdo ou ao nível pedagógico que auxiliem o aprimoramento de edições futuras. Os comentários dos leitores podem ser encaminhados à **Editora Atlas Ltda.** pelo e-mail faleconosco@grupogen.com.br.

Direitos exclusivos para a língua portuguesa
Copyright © 1981 by
Editora Atlas Ltda.
Uma editora integrante do GEN | Grupo Editorial Nacional

Reservados todos os direitos. É proibida a duplicação ou reprodução deste volume, no todo ou em parte, sob quaisquer formas ou por quaisquer meios (eletrônico, mecânico, gravação, fotocópia, distribuição na internet ou outros), sem permissão expressa da editora.

Rua Conselheiro Nébias, 1384
Campos Elísios, São Paulo, SP – CEP 01203-904
Tels.: 21-3543-0770/11-5080-0770
faleconosco@grupogen.com.br
www.grupogen.com.br

Ilustração: João Zero

Editoração Eletrônica: Set-up Time Artes Gráficas

DADOS INTERNACIONAIS DE CATALOGAÇÃO NA PUBLICAÇÃO (CIP)
(CÂMARA BRASILEIRA DO LIVRO, SP, BRASIL)

Maximiano, Antonio Cesar Amaru
    Introdução à Administração / Antonio Cesar Amaru Maximiano. – 8. ed. – [7. Reimpr.]. – rev. e ampl. – São Paulo: Atlas, 2019.

    Vários autores.
    Bibliografia
    ISBN 978-85-224-6288-9

    1. Administração   2. Organização   I. Título.

96-2625
CDD-658

Índices para catálogo sistemático:

1. Administração   658
2. Empresas: Administração   658
3. Organização   658

Para Gilda

Sumário

Prefácio, xxi

Parte I – Conceitos básicos, 1
1 Organizações e administração, 3
   Objetivos, 3
   Introdução, 3
   1 Organizações, 4
      1.1 Objetivos, 5
      1.2 Recursos, 5
      1.3 Processos de transformação, 5
      1.4 Divisão do trabalho, 6
   2 Tipos de organização, 6
      2.1 Governo, 6
      2.2 Empresas, 7
      2.3 Terceiro setor, 7
   3 Funções organizacionais, 7
      3.1 Produção (ou operações), 8
      3.2 Marketing, 9
      3.3 Pesquisa e desenvolvimento, 9
      3.4 Finanças, 10
      3.5 Recursos humanos, 10
   4 Eficiência e eficácia, 11
   5 Administração... e outras palavras, 12
      5.1 Processo dinâmico, 12
      5.2 Arte, 14
      5.3 Corpo de conhecimentos, 14
   6 Somos todos gerentes, 15
      6.1 Você como administrador de si próprio, 15

6.2 Administração nas profissões técnicas, 15
6.3 Administração nas organizações, 15
7 Estudos sobre gerentes, 16
7.1 Papéis interpessoais, 17
7.2 Papéis de processamento de informações, 18
7.3 Papéis de decisão, 18
8 Competências gerenciais, 19
8.1 Competências intelectuais, 19
8.2 Competências interpessoais, 20
8.3 Competência técnica, 20
8.4 Competência intrapessoal, 20
8.5 Importância relativa das competências, 21
9 Maestro e cirurgião, 21
Estudo de caso: O outro lado da mesa, 22

2 Teorias da administração – Ideias fundamentais, 25

Objetivos, 25
Introdução, 25
1 Ideias precursoras e pioneiros da administração, 26
1.1 Grécia, 27
1.2 Roma e a Igreja Católica, 27
1.3 Organizações militares, 28
1.4 Maquiavel, 29
2 Escola clássica da administração, 29
2.1 Taylor e a administração científica, 31
2.1.1 Princípios de administração científica, 31
2.1.2 As técnicas de Taylor, 32
2.2 Henry Ford e a linha de montagem, 33
2.3 Fayol e o processo administrativo, 34
2.3.1 O papel do dirigente, 35
2.3.2 Princípios de administração, 35
2.4 Max Weber e a burocracia, 36
3 Enfoque comportamental, 37
3.1 A experiência de Hawthorne, 38
3.2 A escola das relações humanas, 39
4 Pensamento sistêmico, 40
4.1 Teoria Geral dos Sistemas, 40
4.2 Conceitos fundamentais do enfoque sistêmico, 41
4.3 Estrutura dos sistemas, 41
4.4 Aprendendo a usar o enfoque sistêmico, 42
Estudo de caso: Diálogo em Atenas, 43

3 Teorias da administração – Tendências contemporâneas, 47

Objetivos, 47
Introdução, 47
1 Evolução da escola clássica – Escola neoclássica, 49
1.1 Organização das grandes corporações, 49
1.2 Evolução do processo administrativo, 50

1.2.1 *Posdcorb*, 51
1.2.2 Ciclo PDCA, 52
1.2.3 Processo de administração de projetos, 53
1.2.4 Administração por objetivos, 53
2 Escola da qualidade, 55
  2.1 Origem da Escola da Qualidade, 55
  2.2 Ideias de Deming, 56
  2.3 A qualidade total de Feigenbaum, 57
  2.4 A qualidade total de Ishikawa, 58
  2.5 Qualidade assegurada ou garantida, 58
  2.6 Auditoria do sistema da qualidade, 59
  2.7 Normas ISO, 59
3 Modelo japonês de administração, 60
  3.1 Eliminação de desperdícios, 61
  3.2 Produção com qualidade, 62
  3.3 Produção enxuta, 62
Estudo de caso: Teoria versus prática, 62

4 Desempenho das organizações, 67

Objetivos, 67
Introdução, 67
1 Desempenho das organizações, 68
2 Eficiência e desperdício, 68
3 Produtividade, 70
  3.1 Produtividade de fatores isolados, 71
  3.2 Produtividade de fatores múltiplos, 72
4 Produtividade e qualidade combinadas, 72
5 Eficiência no uso do tempo, 72
  5.1 Produtividade do tempo, 73
  5.2 Tempo de ciclo, 73
  5.3 Velocidade do processo, 73
  5.4 Flexibilidade, 74
6 Ferramentas para aprimorar a eficiência, 74
  6.1 Reengenharia e redesenho de processos, 74
  6.2 Seis Sigmas, 76
7 Eficácia, 77
  7.1 Satisfação dos clientes, 78
  7.2 Satisfação dos acionistas, 79
  7.3 Impacto na sociedade, 80
  7.4 Aprendizagem organizacional, 80
8 Competitividade, 81
Estudo de caso: Um banco sem fins lucrativos, 81

5 Processo decisório e resolução de problemas, 85

Objetivos, 85
Introdução, 85
1 Decisões, 86
2 Principais tipos de decisões, 86

2.1 Decisões programadas, 86
2.2 Decisões não programadas, 87
3 Processo de resolução de problemas, 87
3.1 Identificação do problema ou oportunidade, 88
3.2 Diagnóstico, 89
3.2.1 Diagrama de Ishikawa, 89
3.2.2 Princípio de Pareto, 91
3.3 Geração de alternativas, 92
3.3.1 *Brainstorming*, 92
3.3.2 *Brainwriting*, 93
3.3.3 Método de delineamento de problemas organizacionais (MDPO), 93
3.4 Escolha de uma alternativa, 94
3.4.1 Análise de vantagens e desvantagens, 94
3.4.2 Árvore de decisões, 95
3.4.3 Análise do campo de forças, 96
3.4.4 Ponderação de critérios, 97
3.4.5 Análise do ponto de equilíbrio, 98
3.5 Avaliação da decisão, 99
4 Racionalidade e intuição no processo de tomar decisões, 99
4.1 Racionalidade, 100
4.2 Intuição, 101
5 Quem deve tomar decisões?, 101
5.1 Decisões autocráticas, 102
5.2 Decisões compartilhadas, 102
5.3 Decisões delegadas, 102
6 Características das decisões de grupos, 103
7 Problemas no processo de resolver problemas, 104
7.1 Dificuldades no processo de resolver problemas, 104
Estudo de caso: Comandante Fred, 105

Parte II – Planejamento, 109

6 Processo de planejamento, 111

Objetivos, 111
Introdução, 111
1 Definição de planejamento, 112
2 Atitudes em relação ao planejamento, 113
2.1 Atitude proativa, 114
2.2 Atitude reativa, 114
2.3 Equilíbrio de forças, 115
3 Processo de planejamento, 115
3.1 Produção e análise de informações, 116
3.2 Tomada de decisão e elaboração de planos, 116
4 Componentes de um plano, 117
4.1 Objetivos e metas, 117
4.2 Meios de realização, 119
4.3 Meios de controle, 119
5 Tipos de plano, 119
5.1 Planos temporários, 119

5.2 Planos permanentes, 120
    5.2.1 Políticas, 120
    5.2.2 Procedimentos, 120
6 Técnicas para estudar o futuro, 121
   6.1 Lidando com a certeza, 121
      6.1.1 Análise de séries temporais, 121
      6.1.2 Projeções derivadas, 122
      6.1.3 Relações causais, 122
      6.1.4 Pesquisas de opinião e atitudes, 122
   6.2 Lidando com a incerteza, 122
      6.2.1 Método Delfos, 123
      6.2.2 Construção de cenários, 123
7 Níveis de planejamento organizacional, 124
   7.1 Planos estratégicos, 125
   7.2 Planos funcionais, 125
   7.3 Planos operacionais, 125
Estudo de caso: Como desenvolver novos produtos?, 125

7 Planejamento estratégico, 129

Objetivos, 129
Introdução, 129
1 Estratégia e planejamento estratégico – definições, 130
   1.1 Concorrência ou não?, 130
   1.2 Estratégia empresarial, 131
   1.3 Planejamento estratégico, 131
   1.4 Todos fazem planos estratégicos?, 132
2 Processo de planejamento estratégico – visão panorâmica, 133
3 Análise da situação estratégica, 134
   3.1 Negócio e missão, 134
   3.2 Análise do desempenho, 135
      3.2.1 Participação dos clientes no faturamento, 135
      3.2.2 Participação dos produtos e serviços no faturamento, 136
      3.2.3 Participação no mercado, 137
4 Análise do ambiente, 138
   4.1 Ramo de negócios, 138
   4.2 Mudanças tecnológicas, 140
   4.3 Ação e controle do governo, 140
   4.4 Conjuntura econômica, 140
   4.5 Sociedade, 141
5 Análise interna, 141
   5.1 Análise das áreas funcionais, 142
   5.2 *Benchmarking*, 142
6 Preparação do plano estratégico, 143
   6.1 Definição do negócio e da missão, 143
   6.2 Definição de objetivos estratégicos, 144
7 Estratégias, 144
   7.1 Estratégias de crescimento segundo Ansoff, 145
      7.1.1 Penetração no mercado, 146
      7.1.2 Desenvolvimento de mercado, 146

7.1.3 Desenvolvimento de produto, 146
7.1.4 Diversificação, 146
7.2 Estratégias segundo Porter, 146
7.2.1 Diferenciação, 147
7.2.2 Liderança do custo, 147
7.2.3 Foco, 147
7.3 Estratégias segundo Miles e Snow, 148
7.3.1 Comportamento defensivo (*defenders*), 148
7.3.2 Comportamento prospectivo (*prospectors*), 148
7.3.3 Comportamento analítico (*analysers*), 148
7.3.4 Comportamento de reação (*reactors*), 148
7.4 Estratégias segundo Certo, 148
7.4.1 Estratégia da estabilidade, 149
7.4.2 Estratégia do crescimento, 149
7.4.3 Estratégia de redução de despesas, 149
8 Estratégias combinadas, 149
9 Seleção de estratégias, 150
10 Implementação da estratégia, 151
Estudo de caso: O professor que virou tênis, 152

8 Planejamento operacional, 157

Objetivos, 157
Introdução, 157
1 O que é planejamento operacional, 158
2 Processo de planejamento operacional, 158
2.1 Análise dos objetivos = Que resultados devem ser alcançados?, 159
2.2 Planejamento das atividades e do tempo = O que deve ser feito e quando?, 160
2.2.1 Sequenciamento, 161
2.2.2 Cronogramas, 163
2.2.3 Diagramas de redes, 166
2.3 Planejamento de recursos = quem fará o que, usando quais recursos?, 167
2.3.1 Emprego e organização de pessoas, 169
2.3.2 Preparação do orçamento, 169
2.4 Avaliação de riscos, 171
3 Políticas e procedimentos, 174
4 Estrutura organizacional, 174
5 Previsão dos meios de controle, 174
Estudo de caso: O estágio de Maria Aparecida, 174

Parte III – Organização, 177

9 Processo de organização, 179

Objetivos, 179
Introdução, 179
1 Processo de organização, 180
2 Divisão do trabalho, 181
2.1 Identificação das unidades de trabalho, 181
2.2 Denominação das unidades de trabalho, 182
3 Organograma, 183

3.1 Definição de responsabilidades, 184
3.2 Autoridade, 185
   3.2.1 Hierarquia, 185
   3.2.2 Amplitude de controle, 186
4 Centralização e descentralização, 189
   4.1 Delegação entre pessoas, 189
   4.2 Descentralização entre departamentos, 190
   4.3 Centralização ou descentralização?, 190
5 Linha e assessoria, 190
Estudo de caso: A comissão de estudos, 192

10 Estrutura organizacional, 195

Objetivos, 195
Introdução, 195
1 Pessoas, 196
2 Organização funcional, 197
   2.1 Aplicações do modelo funcional, 198
   2.2 Características da organização funcional, 199
3 Organização territorial, 200
   3.1 Aplicações do modelo territorial, 200
   3.2 Características do modelo territorial, 201
4 Organização por produto, 202
   4.1 Aplicações da organização por produto, 202
   4.2 Características da organização por produto, 202
5 Organização por cliente, 203
   5.1 Aplicações da organização por cliente, 204
   5.2 Características da organização por cliente, 204
6 Organização por áreas do conhecimento, 205
   6.1 Aplicações do modelo das áreas do conhecimento, 206
   6.2 Características do modelo das áreas do conhecimento, 206
7 Projetos, 207
   7.1 Aplicações da organização de projeto, 207
   7.2 Modalidades de organizações de projetos, 208
      7.2.1 Projetos funcionais, 208
      7.2.2 Projetos autônomos, 209
      7.2.3 Estrutura matricial, 210
8 Organização por processos, 211
   8.1 Aplicações da organização por processos, 211
   8.2 Características da organização por processos, 212
9 Unidades de negócios, 213
   9.1 Aplicações do modelo das unidades de negócios, 214
   9.2 Características das unidades de negócios, 214
Estudo de caso: Organização de vendas da Pluribiz, 215

11 Sobre máquinas e organismos, 219

Objetivos, 219
Introdução, 219
1 Modelos de organização, 221

1.1 Modelo mecanicista, 221
    1.1.1 O modelo mecanicista segundo Mintzberg, 222
    1.1.2 O modelo mecanicista segundo Morgan, 222
    1.1.3 O modelo mecanicista segundo Handy, 222
1.2 Modelo orgânico, 223
    1.2.1 O modelo orgânico segundo Morgan, 223
    1.2.2 O modelo orgânico segundo Mintzberg, 224
    1.2.3 O modelo orgânico segundo Handy, 225
2 Organizações em forma de rede, 226
3 Fatores que influenciam a estrutura e o modelo de organização, 227
    3.1 Sistema de produção, 227
    3.2 Estratégia, 228
    3.3 Tecnologia, 230
    3.4 Ambiente, 230
    3.5 Fator humano e estrutura, 231
Estudo de caso: Arco-íris embalagens e etiquetas, 232

Parte IV – Liderança e gestão de pessoas, 233

12 Motivação, 235

Objetivos, 235
Introdução, 235
1 Motivação, 236
2 Motivação para o trabalho, 236
3 Motivos internos e externos, 237
4 Necessidades humanas, 237
    4.1 Hierarquia de Maslow, 238
    4.2 Frustração, 240
5 Características individuais, 241
6 Teoria dos dois fatores, 242
7 Impacto dos fatores sociais, 245
8 Juntando as peças: teoria da expectativa, 247
    8.1 Valor do resultado, 248
    8.2 Desempenho e resultado, 248
    8.3 Esforço e desempenho, 249
9 Práticas motivacionais, 249
    9.1 Redesenho de cargos, 249
        9.1.1 Alargamento de tarefas, 250
        9.1.2 Rodízio de cargos, 250
        9.1.3 *Empowerment*, 250
    9.2 Programas de incentivos, 251
    9.3 Participação nos lucros e resultados, 253
Estudo de caso: O que deu errado?, 253

13 Liderança, 255

Objetivos, 255
Introdução, 255
1 Liderança como processo social, 256
    1.1 Motivações dos liderados, 257

    1.2   Tarefa ou missão, 258
    1.3   O líder, 259
    1.4   Conjuntura, 260
2 Estilo de Liderança, 261
    2.1   Liderança orientada para a tarefa, 261
    2.2   Liderança orientada para as pessoas, 262
    2.3   A régua da liderança, 263
    2.4   Liderança bidimensional, 263
3 Qual estilo é mais eficaz?, 266
4 Liderança situacional, 266
    4.1   Modelo de Tannenbaum e Schmidt, 267
    4.2   Modelo de Fiedler, 267
    4.3   Modelo de Hersey-Blanchard, 268
5 Bases motivacionais da liderança, 270
    5.1   Liderança carismática, 271
    5.2   Liderança transacional, 272
    5.3   Qual recompensa é mais eficaz?, 272
6 Além da liderança, 273
Estudo de caso: CooperMambrini, 274

14 Grupos, 277

Objetivos, 277
Introdução, 277
1 Tipos de grupo, 278
    1.1   Grupos formais, 279
    1.2   Grupos informais, 281
2 Graus de formalidade, 281
3 Estágios no desenvolvimento de um grupo, 282
    3.1   Formação, 282
    3.2   Tempestade, 283
    3.3   Normatização, 283
    3.4   Desempenho, 283
    3.5   Encerramento, 283
4 Dinâmica e desempenho do grupo, 284
    4.1   Pessoas, objetivos e recursos, 284
    4.2   Processo – dinâmica, 285
    4.3   Resultados, 286
5 Características dos grupos de alta *performance*, 288
    5.1   Clareza de objetivos, 289
    5.2   Coesão, 289
    5.3   Organização, 290
    5.4   Comunicação, 290
6 Desafios no trabalho dos grupos, 290
    6.1   Coesão excessiva, 291
    6.2   Conformidade social, 292
        6.2.1   Pensamento grupal, 292
        6.2.2   Paradoxo de Abilene, 293
7 Desenvolvimento de equipes, 293
8 Decisões em grupo, 295

8.1 Processos básicos de decisão, 296
8.2 Desempenho de papéis, 297
Estudo de caso: Como implantar grupos autogeridos, 298

15 Comunicação gerencial, 303

Objetivos, 303
Introdução, 303
1 Processo de comunicação, 304
   1.1 Emissor e receptor, 304
   1.2 Ruídos, 305
   1.3 *Feedback*, 305
2 Meios de comunicação, 305
   2.1 Comunicação oral, 306
   2.2 Comunicação escrita, 306
   2.3 Imagens, 307
   2.4 Linguagem corporal, 307
3 Obstáculos à Eficácia da Comunicação, 307
   3.1 Dificuldades com o emissor, 307
   3.2 Dificuldades com o receptor, 308
   3.3 Dificuldades com o processo, 309
4 Desenvolvendo as competências do emissor, 310
   4.1 Compreensão do receptor, 311
   4.2 Articulação de ideias, 312
   4.3 Estrutura, 312
   4.4 Codificação eficaz, 312
   4.5 Objetivos no início, 313
   4.6 Contrato psicológico com o destinatário, 313
   4.7 Recursos audiovisuais, 313
5 Desenvolvendo as competências do receptor, 314
   5.1 Análise da lógica da mensagem, 314
   5.2 Eficácia no papel de ouvinte, 315
6 Comunicação organizacional, 316
   6.1 Comunicação para baixo, 317
   6.2 Comunicação para cima, 317
   6.3 Comunicação lateral, 318
Estudo de caso: A primeira gerência de Hamilton Dutra, 319

Parte V – Integração de conceitos, 321

16 Execução e controle, 323

Objetivos, 323
Introdução, 323
1 Processo de execução, 324
2 Planejamento, organização e execução, 325
3 Processo de controle, 325
4 Componentes do processo de controle, 327
   4.1 Padrões de controle, 327
   4.2 Aquisição de informações, 328
      4.2.1 Qual informação?, 328

            4.2.2   Como adquirir informações?, 328
            4.2.3   Em que momento?, 329
      4.3   Comparação e ação corretiva, 330
      4.4   Recomeço do ciclo de planejamento, 331
5   Controle por níveis hierárquicos, 331
      5.1   Controle estratégico, 331
      5.2   Controles administrativos, 333
      5.3   Controle operacional, 334
6   Eficácia dos sistemas de controle, 334
      6.1   Foco nos pontos estratégicos, 335
      6.2   Precisão, 335
      6.3   Rapidez, 335
      6.4   Objetividade, 335
      6.5   Economia, 336
      6.6   Aceitação, 336
      6.7   Ênfase na exceção, 336
7   Fator humano no processo de controle, 336
      7.1   Tipos de controle sobre as pessoas, 337
            7.1.1   Controle formal, 337
            7.1.2   Controle social, 338
            7.1.3   Controle técnico, 338
      7.2   Resistência ao controle, 339
      7.3   Avaliação do desempenho, 339
            7.3.1   Rapidez, 339
            7.3.2   Descrição em lugar de julgamento, 339
            7.3.3   Administração de recompensas, 339
            7.3.4   Ação corretiva, 340
      7.4   Autocontrole, 340
   Estudo de caso: Indicadores de desempenho, 340

17 Administração de projetos, 343

   Objetivos, 343
   Introdução, 343
   1   Atividades funcionais, 344
   2   Projetos, 344
      2.1   Explorando a definição, 345
      2.2   Tipos de produtos, 346
            2.2.1   Produtos físicos, 346
            2.2.2   Conceitos, 346
            2.1.3   Eventos, 347
   3   Ciclo da vida do projeto, 347
      3.1   Inspiração e transpiração, 347
      3.2   Fases do ciclo de vida, 348
   4   Administração de um projeto, 349
   5   Planejamento do projeto, 350
      5.1   Planejamento do escopo, 351
      5.2   Cronograma e orçamento, 354
   6   Execução do projeto, 357
   7   Gerente do projeto, 358

        7.1   Responsabilidades e papéis, 358
        7.2   Competências, 360
        7.3   O cargo na estrutura, 361
              7.3.1   Gerente de projeto funcional, 362
              7.3.2   Gerente de projeto autônomo, 362
              7.3.3   Gerente de projeto matricial, 362
   8   Como preparar uma proposta de projeto, 363
        8.1   Defina os objetivos do projeto, 363
              8.1.1   Esclareça a necessidade a ser atendida, 363
              8.1.2   Defina o produto do projeto, 363
        8.2   Defina os meios para atingir os objetivos, 363
              8.2.1   Prepare um programa de trabalho, 364
              8.2.2   Prepare um cronograma, 364
              8.2.3   Identifique os recursos necessários para realizar as atividades, 364
              8.2.4   Defina o custo do programa de trabalho, 364
              8.2.5   Defina a equipe e a organização do projeto, 364
              8.2.6   Defina a forma de administração do projeto, 364
   Estudo de caso: A grande viagem à Lua, 364

18   Plano de negócios, 367

   Objetivos, 367
   Introdução, 367
   1   Desenvolvimento de Novos Negócios, 368
        1.1   Ideia, 369
              1.1.1   Fontes de ideias, 369
              1.1.2   Fatores críticos para o sucesso de novos produtos, 370
        1.2   Avaliação de ideias, 370
              1.2.1   Viabilidade de mercado, 371
              1.2.2   Concorrência, 372
              1.2.3   Viabilidade de produção, 373
              1.2.4   Controle governamental, 373
              1.2.5   Retorno do investimento, 373
        1.3   Plano de negócios, 374
        1.4   Implantação do empreendimento, 374
        1.5   Operação regular, 374
   2   Roteiro do Plano de Negócios, 375
   Estudo de caso: CVC Agência de Viagens, 381

19   Ética, responsabilidade social e ambiente, 385

   Objetivos, 385
   Introdução, 385
   1   Ética: de que se trata, 386
   2   Criação de sistemas de valores, 386
        2.1   Confúcio, 387
        2.2   Aristóteles, 387
        2.3   Kant, 388
   3   Evolução ética, 388
   4   Estágios de desenvolvimento moral, 389

       4.1   Estágio pré-convencional de desenvolvimento moral, 390
       4.2   Estágio convencional de desenvolvimento moral, 391
       4.3   Estágio pós-convencional de desenvolvimento moral, 392
5   Responsabilidade social, 392
       5.1   Doutrina da responsabilidade social, 393
       5.2   Doutrina do interesse do acionista, 395
6   As empresas e o ambiente, 395
       6.1   Desenvolvimento sustentável, 395
       6.2   Legislação ambiental no Brasil, 396
       6.3   Auditoria ambiental, 398
7   As empresas e o terceiro setor, 398
Estudo de caso: Microvlar, o anticoncepcional de farinha da Schering, 399

Glossário, 405

Bibliografia, 411

Índice remissivo, 417

Prefácio

Seja bem-vindo à leitura de *Introdução à Administração*, que agora chega a sua 8ª edição. Este livro foi preparado para ser o texto de apoio a um curso com o mesmo título, ou similar, que enfatize o estudo do processo de administrar organizações.

Estrutura

O objetivo principal do livro – apoio a um curso com ênfase no estudo do processo da administração – reflete-se na estruturação do conteúdo, dividido em cinco partes:

- PARTE I – Conceitos básicos
- PARTE II – Planejamento
- PARTE III – Organização
- PARTE IV – Liderança e gestão de pessoas
- PARTE V – Integração de conceitos

Nessas cinco partes, distribuem-se 19 capítulos. O conteúdo foi cuidadosamente planejado para atender às necessidades de um curso com número aproximadamente igual de aulas.

Orientação

Há várias maneiras de estudar administração, e este livro enfatiza uma delas: o estudo das técnicas e conceitos necessários para o desenvolvimento das competências de administração geral dos estudantes, quais sejam, as competências, principalmente, de:

- Entender as organizações e o papel dos administradores.
- Entender e praticar os processos da administração dentro das organizações: planejar, organizar, executar e controlar atividades por meio do uso de recursos.
- Lidar com pessoas em um contexto de administração de organizações.

O conteúdo, o estilo de redação e os casos do livro foram planejados para atender a essa ênfase. No final de cada capítulo, há um caso para estudo. Os casos pedem ao estudante que analise e proponha soluções para situações reais que um administrador enfrenta no dia a dia. Professores e estudantes familiarizados com o estudo de casos apontam, entre as grandes vantagens desse método, a proximidade com a realidade prática da administração das organizações na sociedade.

Professores e estudantes que prefiram o estudo da evolução das ideias da administração poderão interessar-se por outra obra deste mesmo autor, *Teoria Geral da Administração*, também da Editora Atlas.

Agradecimentos

Desde a primeira edição, tenho tido o privilégio do apoio de colegas de todo o Brasil. Sem conseguir fugir ao lugar-comum de me desculpar antecipadamente pelas omissões, agradeço a todos aqueles que, em todos esses anos, de uma forma ou de outra, me ajudaram a alcançar o presente estágio. Sou particularmente grato às pessoas que leram o texto, enviaram sugestões e corrigiram erros. Desculpo-me por não ter conseguido atender a todas as mudanças que foram solicitadas (mas que oportunamente serão incluídas) e por ter esquecido alguém, na lista de agradecimentos.

Ana Lúcia Borsato

Armando Lourenzo

Cida Vieira

Clarisse Droval

Denis Donaire

Ettore Bresciani

Gileno Fernandes Marcelino

Helenir Honorato Vieira

José Eduardo Rodrigues de Souza

José Henrique de Faria
José Luis Carmanhães
Jurema Palomo
Marcos Pontual (*in memoriam*)
Maria Aparecida da Silva
Maria Elisa Macieira Rocha
Marino Alves de Faria Filho
Martinho Isnard Ribeiro de Almeida
Regina Soares
Silvana Antunes
Vanderlei Massarioli

Contatos

Envie sugestões e comentários para o autor nos endereços a seguir:
<maximin@usp.br>
<amaru@fia.com.br>
Avenida Professor Luciano Gualberto, 908
São Paulo, SP
CEP 05508-900
Telefone (0_ _11) 3091-5849
Veja também meu *site*: <www.maximax.com.br>

O Autor

Parte I

Conceitos Básicos

Capítulos	Conteúdo	Casos
1. ORGANIZAÇÕES E ADMINISTRAÇÃO	O livro começa com uma visão atual da ideia clássica do processo de administrar organizações. O primeiro capítulo descreve as organizações e os processos de planejamento, organização, liderança, execução e controle.	O OUTRO LADO DA MESA Sinopse: Um excelente vendedor é promovido a chefe de vendas. Será que vai dar certo?
2. TEORIAS DA ADMINISTRAÇÃO – IDEIAS FUNDAMENTAIS	No Capítulo 2, conheça Taylor, Fayol, Ford, Weber e outros grandes pensadores da administração, da primeira metade do século XX. Os administradores devem a eles muitas ideias que usam ainda hoje.	DIÁLOGO EM ATENAS Sinopse: Participe do famoso diálogo com Sócrates, no qual se discute se qualquer pessoa pode ser administradora de qualquer coisa. Qual sua opinião?
3. TEORIAS DA ADMINISTRAÇÃO – TENDÊNCIAS CONTEMPORÂNEAS	No Capítulo 3, um panorama das ideias que se desenvolveram desde meados do século XX até o início do século XXI, com base nas proposições dos clássicos.	TEORIA *VERSUS* PRÁTICA Sinopse: Um empresário bem-sucedido pede ajuda a um consultor. Mas, quando o consultor entrega seu relatório...
4. DESEMPENHO DAS ORGANIZAÇÕES	Eficiência, eficácia e competitividade. Aprenda no Capítulo 4 a lidar com esses conceitos básicos para avaliar os administradores.	UM BANCO SEM FINS LUCRATIVOS Sinopse: Conheça o Banco do Povo. Mas como avaliar seu desempenho?
5. PROCESSO DECISÓRIO E RESOLUÇÃO DE PROBLEMAS	Tomar decisões é a principal tarefa de todo administrador. No Capítulo 5, estude os fundamentos do processo de tomar decisões.	COMANDANTE FRED Sinopse: O tenente Fred forma uma empresa com um grupo de amigos, para fabricar e vender brinquedos. Os conflitos não demoram a começar.

Organizações e administração

Objetivos

Ao terminar o estudo deste primeiro capítulo, você deverá estar preparado para explicar e exercitar as seguintes ideias:

- Organizações e seus elementos.
- Processo de administrar organizações e suas funções.
- Papel dos administradores ou gerentes e competências importantes para seu desempenho.

Introdução

A sociedade humana é feita de organizações que fornecem os meios para o atendimento de necessidades das pessoas. Serviços de saúde, água e energia, segurança pública, controle de poluição, alimentação, diversão, educação em todos os níveis – praticamente tudo depende de organizações. Tente pensar em algo que você use e que não dependa de alguma organização. É difícil, pode apostar.

- As organizações fornecem os meios de subsistência para muitas pessoas. Salários, abonos, lucros distribuídos e outras formas de remuneração são fornecidos às pessoas, em retribuição por seu trabalho ou seu investimento. São esses rendimentos que permitem às pessoas adquirir os bens e serviços de que necessitam.
- O desempenho das organizações é importante para clientes e usuários, funcionários, acionistas, fornecedores e para a comunidade em geral. Para atender às expectativas de todas essas partes interessadas, as organizações precisam ser bem administradas.
- É a administração que faz organizações serem capazes de utilizar corretamente seus recursos e atingir seus objetivos.

Pronto, você já começou a estudar administração. Ou será que devemos dizer gestão, gerenciamento ou gerência? Tanto faz, você verá logo em seguida.

1 Organizações

Objetivos e recursos são as palavras-chave na definição de administração e também de organização. Uma organização é um sistema de recursos que procura realizar algum tipo de objetivo (ou conjunto de objetivos). Além de objetivos e recursos, as organizações têm dois outros componentes importantes: processos de transformação e divisão do trabalho (Figura 1.1).

Figura 1.1 Principais componentes das organizações.

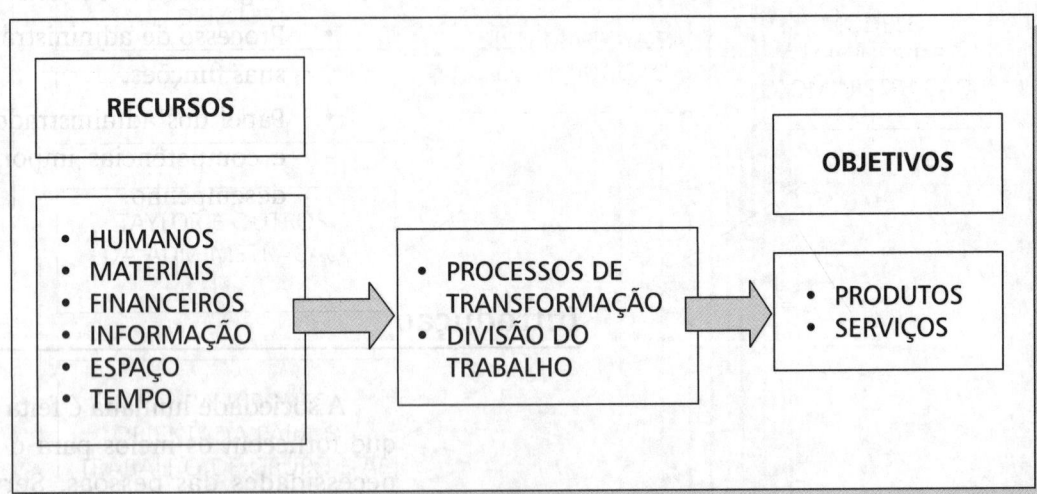

- As organizações estão por toda parte. A faculdade é uma delas, assim como a Universidade e o centro acadêmico. A ONU, a prefeitura, a padaria da esquina, o aeroporto internacional, também. O Teatro Municipal e a Orquestra Filarmônica, o *shopping center* e cada uma de suas lojas, idem.

As organizações existem para fazer o bem e o mal. Terrorismo, guerrilha, desvio de recursos públicos e inúmeras outras atividades ilegais são praticadas por organizações criminosas – as quadrilhas. A formação de uma quadrilha é um crime previsto em lei – além dos crimes praticados pela quadrilha.

A descrição dos componentes das organizações será ampliada na análise a seguir.

1.1 Objetivos

As organizações são grupos sociais deliberadamente orientados para a realização de objetivos, que, de forma geral, se traduzem no fornecimento de produtos e serviços. Toda organização existe com a finalidade de fornecer alguma combinação de produtos e serviços para algum tipo de cliente, usuário ou mercado.

- Por exemplo: uma empresa montadora de veículos produz e comercializa ônibus, caminhões, peças e componentes e presta serviços como assistência técnica e treinamento do pessoal de suas concessionárias. Outro exemplo: a Prefeitura de uma cidade, ou o governo de um Estado, tem inúmeros objetivos, nas áreas da saúde, educação, transportes, assistência social e outros.
- Por meio do fornecimento de bens e serviços, as organizações procuram alcançar outros resultados: proporcionar lucro e subsistência para seus proprietários e investidores ou cumprir um papel na sociedade, sem objetivo de lucro.

Os objetivos de uma organização são de diversos tipos. Há os objetivos estratégicos ou de longo prazo – chamados *missão*, *negócio* ou *proposição de valor* – que definem a área de atuação da organização. Há os objetivos de natureza transitória, como a participação desejada no mercado no ano que vem ou a data para o lançamento de uma campanha promocional. É assunto complexo a classificação dos objetivos da organização. Na próxima parte deste livro, esse assunto será estudado com detalhes.

1.2 Recursos

As pessoas são o principal recurso das organizações. Em essência, as organizações são grupos de pessoas que usam recursos: recursos materiais, como espaço, instalações, máquinas, móveis e equipamentos, e recursos intangíveis, como tempo e conhecimentos.

1.3 Processos de transformação

Por meio de processos, a organização transforma os recursos para produzir os resultados. Um processo é um conjunto ou sequência de atividades interligadas, com começo, meio e fim, que utiliza recursos, como trabalho humano e equipamentos, para fornecer produtos e serviços. Um processo é a estrutura de ação de um sistema. Todas as organizações podem ser desmembradas em processos. Alguns processos comuns, que se encontram na maioria das organizações, são os seguintes:

- Produção: transformação de matérias-primas, por meio da aplicação de máquinas e atividades humanas, em produtos e serviços.
- Administração de encomendas: transformação de um pedido feito por um cliente na entrega de uma mercadoria ou prestação de um serviço.
- Administração de recursos humanos: transformação de necessidades de mão de obra em disponibilização de pessoas, desde seu emprego até seu desligamento da organização.

Os processos agregam valor aos recursos, por meio da transformação. O tomate, no supermercado, vale mais do que no entreposto, e mais no entreposto que na horta, porque foi "transformado": colhido, selecionado, lavado, embalado, transportado e colocado num balcão refrigerado, à disposição do comprador. É o mesmíssimo tomate, mas com valor agregado, que se reflete em preço mais alto. Se o comprador tivesse que buscá-lo na horta, gastaria muito mais do que o preço que reflete o valor agregado, porque o custo para o consumidor individual está diluído entre muitos consumidores.

1.4 Divisão do trabalho

Em uma organização, cada pessoa, bem como cada grupo de pessoas, realiza tarefas específicas que contribuem para a realização dos objetivos.

Assim como as organizações são especializadas em determinados objetivos, as pessoas e os grupos que nelas trabalham são especializados em determinadas tarefas.

A divisão do trabalho é o processo que permite superar as limitações individuais por meio da especialização. Quando se juntam as tarefas especializadas, realizam-se produtos e serviços que ninguém conseguiria fazer sozinho.

2 Tipos de Organização

Existem organizações para fornecer todos os tipos de produtos e serviços. Elas podem ser classificadas de muitas maneiras: por tamanho, por natureza jurídica, por área de atuação e por outros critérios.

Segundo o setor da economia em que atuam, as organizações podem ser classificadas em três tipos principais: governo, empresas e organizações do terceiro setor.

2.1 Governo

O governo compreende as organizações do serviço público, que administram o Estado e prestam serviços aos cidadãos. O Estado é uma entidade jurídica que ordena a vida dos cidadãos de um País ou Nação. São funções do Estado: arrecadação de impostos, produção de leis, defesa, justiça, educação, diplomacia e segurança pública, entre outras. O governo cuida dessas funções por meio de organizações de vários tipos: órgãos da administração pública direta (como os ministérios e secretarias), autarquias (como as universidades públicas), fundações e empresas estatais.

2.2 Empresas

Uma empresa é uma organização de negócios, que tem o objetivo de vender produtos e serviços e obter lucro. Lucro é o dinheiro que resta para a empresa depois que foram pagas todas as despesas. As empresas, em geral, são organizações criadas por pessoas por meio do investimento de um montante de dinheiro chamado capital. O capital de algumas grandes empresas é dividido em ações, que pertencem a muitas pessoas, chamadas acionistas. As pessoas que detêm o capital de uma empresa são seus proprietários – são empresários ou pessoas de negócios. O lucro produzido por uma empresa pertence a seus proprietários. Algumas empresas são criadas por iniciativa do governo – são as empresas estatais. Há empresas, como o Banco do Brasil ou a Petrobras, cujas ações pertencem ao governo e a pessoas. São as empresas de economia mista.

2.3 Terceiro setor

O chamado terceiro setor (sendo o governo o primeiro e as empresas o segundo) compreende as organizações de utilidade pública, que têm origem na sociedade e não no governo. Essas organizações, algumas delas chamadas organizações não governamentais, ou ONGs, não têm finalidade lucrativa.

As ONGs dedicam-se a causas como educação, assistência médica, desenvolvimento humano e comunitário ou representam os interesses de um grupo social. Esse é o papel ideal das ONGs. Frequentemente, elas são acusadas de não cumprir esse papel e de se apropriar de recursos públicos que são consumidos de forma obscura. Basta ler os jornais.

Consulte o endereço <www.abong.org.br> para conhecer o papel e exemplos de organizações não governamentais do Brasil.

3 Funções Organizacionais

As funções organizacionais são as tarefas especializadas que as pessoas e os grupos executam, para que a organização consiga realizar seus objetivos. Todas as organizações têm aproximadamente as mesmas funções. As funções mais importantes de qualquer organização são analisadas sucintamente a seguir: produção (ou operações), marketing, pesquisa e desenvolvimento, finanças e recursos humanos. A coordenação de todas essas funções especializadas é o papel da administração geral (Figura 1.2).

Figura 1.2
Principais funções organizacionais.

3.1 Produção (ou operações)

O objetivo básico da função de produção é transformar insumos para fornecer o produto ou serviço da organização aos clientes usuários ou público-alvo. *Produção* é uma palavra genérica, que indica todos os tipos de operações de fornecimento de produtos ou serviços.

- No fornecimento de produtos, matérias-primas são transformadas por meio da aplicação de esforço de pessoas e do uso de máquinas. Por exemplo: fabricação de pães e automóveis.
- Na prestação de serviços, os próprios clientes são processados e transformados. Por exemplo: pacientes tratados em hospitais e alunos educados nas escolas.

Há três tipos principais de processos produtivos:

- Produção em massa. É o fornecimento de grande número de produtos e serviços idênticos, que podem ser simples ou complexos. Parafusos, automóveis e refeições rápidas em cadeias de lanchonetes são fornecidos por meio de sistemas de produção em massa. Os sistemas de produção em massa são estáveis e padronizados, para que os produtos e serviços não apresentem variações. A *customização de massa* é uma variante deste tipo de processo produtivo. Consiste em oferecer ao cliente a possibilidade de escolher modificações no produto – exemplo é a fabricação de computadores de algumas marcas, que os compradores encomendam de acordo com suas necessidades.

- Produção por processo contínuo. É o fornecimento virtualmente ininterrupto de um único produto ou serviço, como gasolina, corantes, açúcar ou transmissão de programas de televisão. Os processos contínuos funcionam como máquinas que trabalham ininterruptamente, para produzir sempre o mesmo produto.
- Produção unitária e em pequenos lotes. É o fornecimento de produtos e serviços sob encomenda, simples ou complexos. Por exemplo: montagem de aviões, navios de grande porte e de plantas petroquímicas, organização e realização de Jogos Olímpicos e corridas de Fórmula 1, eleições presidenciais, cortes de cabelo, produção de programas de televisão e revisões periódicas de automóveis.

3.2 Marketing

O objetivo básico da função de marketing é estabelecer e manter a ligação entre a organização e seus clientes, consumidores, usuários ou público-alvo. Tanto as organizações lucrativas quanto as não lucrativas realizam atividades de marketing. A função de marketing é muito ampla e abrange atividades de:

- Pesquisa: identificação de interesses, necessidades e tendências do mercado.
- Desenvolvimento de produtos: criação de produtos e serviços, inclusive seus nomes, marcas e preços, e fornecimento de informações para o desenvolvimento de produtos em laboratórios e oficinas.
- Distribuição: desenvolvimento dos canais de distribuição e gestão dos pontos de venda.
- Preço: determinação das políticas comerciais e estratégias de preço no mercado.
- Promoção: comunicação com o público-alvo, por meio de atividades como propaganda, publicidade e promoção nos pontos de venda.
- Vendas: criação de transações com o público-alvo. (Em algumas organizações, vendas são uma função separada de marketing.)

3.3 Pesquisa e desenvolvimento

O objetivo básico da função de pesquisa e desenvolvimento (P&D) é transformar as informações de marketing, as ideias originais e os avanços da ciência em produtos e serviços. A função de P&D tem também outras tarefas, como a identificação e a introdução de novas tecnologias (novas matérias-primas e fórmulas, por exemplo) e melhoramentos nos processos produtivos, para reduzir custos.

- As grandes organizações, em muitos casos, têm muitas pessoas trabalhando em atividades de P&D. São técnicos de todas as profissões que trabalham em laboratórios, centros de pesquisa e oficinas para idealizar e desenvolver produtos e serviços de todos os tipos.
- As pequenas organizações às vezes têm também atividades de P&D, mas, em muitos casos, as ideias e as fórmulas são compradas ou copiadas de organizações maiores e mais inovadoras.

3.4 Finanças

A função financeira cuida do dinheiro da organização. A função financeira de uma organização tem por objetivo a proteção e a utilização eficaz dos recursos financeiros, o que inclui a maximização do retorno dos acionistas, no caso das empresas. Ao mesmo tempo, a função financeira busca manter certo grau de liquidez, para que a organização consiga cumprir seus compromissos. A função financeira abrange as decisões de:

- Investimento: avaliação e escolha de alternativas de aplicação de recursos.
- Financiamento: identificação e escolha de alternativas de fontes de recursos.
- Controle: acompanhamento e avaliação dos resultados financeiros da organização.
- Destinação dos resultados: seleção de alternativas para aplicação dos resultados financeiros da organização.

3.5 Recursos humanos

A função de recursos humanos, ou de gestão de pessoas, tem como objetivos encontrar, atrair e manter as pessoas de que a organização necessita. Isso envolve atividades que começam antes de uma pessoa ser empregada da organização e vão até depois de a pessoa se desligar. A função de recursos humanos tem como componentes outras funções como:

- Planejamento de mão de obra: definição da quantidade de pessoas necessárias para trabalhar na organização e das competências que elas devem ter.
- Recrutamento e seleção: localização e aquisição de pessoas com as habilidades apropriadas para a organização.
- Treinamento e desenvolvimento: transformação dos potenciais das pessoas em competências.
- Avaliação de desempenho: informação sobre o desempenho das pessoas e definição de ações (como encaminhar para treinamento) que permitam o aprimoramento do desempenho.
- Remuneração ou compensação: definição e aplicação de mecanismos de recompensas para as pessoas por seu trabalho.
- Higiene, saúde e segurança: proteção das pessoas que trabalham para a organização e, em certos casos, de seus familiares.
- Administração de pessoal: realização de atividades de natureza burocrática, como registro de pessoal, manutenção de arquivos e prontuários, contagem de tempo de serviço, preparação de folhas de pagamento e acompanhamento de carreiras.

- Funções pós-emprego: recolocação, aposentadoria e outros tipos de benefícios para ex-funcionários.

4 Eficiência e Eficácia

As organizações realizam essas funções, adquirindo e usando recursos, para desenvolver e fornecer produtos e serviços, com o objetivo de resolver problemas de seus usuários e das pessoas que as criaram. Quando as organizações resolvem problemas e são eficientes no uso de recursos, todos ficam satisfeitos: clientes, usuários, funcionários, acionistas, a sociedade de forma geral. O desempenho de uma organização é aceitável ou satisfatório, portanto, quando os problemas dos usuários são resolvidos por meio da utilização correta dos recursos.

Duas palavras são usadas para indicar que uma organização tem desempenho de acordo com as expectativas dos usuários e das pessoas que mobilizaram os recursos: *eficiência* e *eficácia* (Figura 1.3).

- *Eficácia* é a palavra usada para indicar que a organização realiza seus objetivos. Quanto mais alto o grau de realização dos objetivos, mais a organização é eficaz.
- *Eficiência* é a palavra usada para indicar que a organização utiliza produtivamente, ou de maneira econômica, seus recursos. Quanto mais alto o grau de produtividade ou economia na utilização dos recursos, mais eficiente a organização é. Em muitos casos, isso significa usar menor quantidade de recursos para produzir mais. Porém, há outros significados que serão explorados em outros pontos deste livro.

Figura 1.3
Dois conceitos fundamentais sobre o desempenho das organizações.

EFICIÊNCIA	EFICÁCIA
• AUSÊNCIA DE DESPERDÍCIOS	• CAPACIDADE DE REALIZAR RESULTADOS
• USO ECONÔMICO DE RECURSOS	• GRAU DE REALIZAÇÃO DOS OBJETIVOS
• MENOR QUANTIDADE DE RECURSOS PARA PRODUZIR MAIS RESULTADOS	• CAPACIDADE DE RESOLVER PROBLEMAS

As organizações podem ser extremamente ineficazes ou ineficientes, ou as duas coisas ao mesmo tempo, e criar problema em vez de resolver. Tudo depende da forma como as organizações são administradas.

O papel da administração, em resumo, é assegurar a eficiência e eficácia das organizações. Chegou o momento de apresentar a você a ideia de administração. Primeiro, o significado da palavra; em seguida, o conceito.

5 Administração... e Outras Palavras

Administração é uma palavra antiga, associada a outras que se relacionam com o processo de tomar decisões sobre recursos e objetivos. Vamos conhecê-las, examinando a Figura 1.4. A palavra *administração* vem do latim, assim como manejo (que corresponde ao inglês *management*) e gestão (que corresponde ao espanhol *gestión* e ao francês *gestion*). Todas têm o mesmo significado: um processo dinâmico de tomar decisões sobre a utilização de recursos, para possibilitar a realização de objetivos. Tendo estudado o significado das palavras, passemos à compreensão do conceito.

Figura 1.4 Administração e outras palavras.

PALAVRAS	SIGNIFICADO
ADMINISTRAÇÃO	[Do latim *administratione*.] I. Ação de administrar. II. Gestão de negócios públicos ou particulares. III. Governo, regência. IV. Conjunto de princípios, normas e funções que têm por fim ordenar os fatores de produção e controlar sua produtividade e eficiência, para se obter determinado resultado. V. Prática desses princípios, normas e funções. VI. Função de administrador; gestão, gerência. VII. Pessoal que administra; direção (*Novo dicionário Aurélio*, 1ª edição).
GERÊNCIA	[Do latim *gerentia*, de *gerere*, 'fazer'.] I. Ato de gerir. II. As funções do gerente; gestão, administração. III. Mandato de administração (*Novo dicionário Aurélio*, 1ª edição).
GESTÃO	[Do latim *gerentia*, de *gerere*, 'fazer'.] I. Ato de gerir. II. As funções do gerente; gestão, administração. III. Mandato de administração (*Novo dicionário Aurélio*, 1ª edição).
ADMINISTRATIO, ADMINISTRATIONIS	*Rerum curatio*, 'tomar conta das coisas'. Italiano: *amministrazione*, governo. Francês: *gouvernement, administration*. Espanhol: *dirección, gobierno*. Inglês: *management, administration* (*Lexicon Totius Latinitatis*, Pádua, 1940).
MANAGEMENT	I. Ação ou maneira de administrar; manejo (*handling*), direção ou controle. II. Habilidade para administrar. III. Pessoa ou pessoas que controlam e dirigem os negócios de uma instituição ou empresa. IV. Coletivo de executivos, considerados como classe, distinta da mão de obra, labor. Derivado do latim *manus*, mão. (*Webster's Encyclopedic Unabridged Dictionary of the English Language*, 1994, Gramercy Books).
MANEJO	[Do italiano *maneggiare*.] Administração, gerência, direção, manejo: manejo de negócios (*Novo dicionário Aurélio*, 1ª edição).

5.1 Processo dinâmico

Administração significa, em primeiro lugar, ação. A administração é um processo dinâmico de tomar decisões e realizar ações que compreende cinco processos principais interligados: planejamento, organização, liderança (e outros processos da gestão de pessoas), execução e controle (Figura 1.5).

Figura 1.5 Principais funções do processo de gestão.

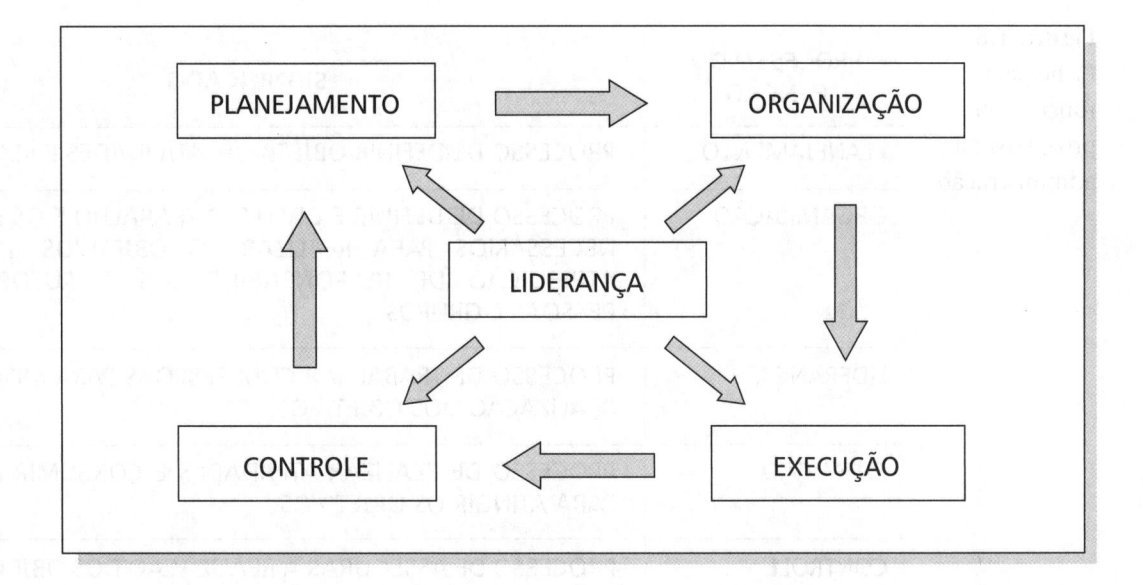

```
PLANEJAMENTO  →  ORGANIZAÇÃO
        ↖  ↗
        LIDERANÇA
        ↙  ↘
CONTROLE  ←  EXECUÇÃO
```

- Planejamento. O processo de planejamento é a ferramenta para administrar as relações com o futuro. As decisões que procuram, de alguma forma, influenciar o futuro, ou que serão colocadas em prática no futuro, são decisões de planejamento.

- Organização. Organização é o processo de dispor os recursos em uma estrutura que facilite a realização dos objetivos. O processo de organizar consiste no ordenamento dos recursos, ou na divisão de um conjunto de recursos em partes coordenadas, segundo algum critério ou princípio de classificação. O resultado desse processo chama-se estrutura organizacional.

- Liderança (e outros processos de administração de pessoas). Liderança é o processo de trabalhar com pessoas para possibilitar a realização de objetivos. Liderança é um processo complexo, que compreende diversas atividades de administração de pessoas, como coordenação, direção, motivação, comunicação e participação no trabalho em grupo.

- Execução. O processo de execução consiste em realizar atividades planejadas, por meio da aplicação de energia física e intelectual.

- Controle. O processo de controle procura assegurar a realização de objetivos. Controlar é a função que consiste em comparar as atividades realizadas com as atividades planejadas, para possibilitar a realização dos objetivos.

Os processos administrativos são também chamados funções administrativas ou funções gerenciais. A Figura 1.6 descreve sucintamente os principais processos administrativos. Entender a administração como processo que se compõe de outros processos ou funções é a essência do chamado enfoque funcional, ou abordagem funcional da administração, criado pelo engenheiro francês Henri Fayol, que você conhecerá adiante.

Figura 1.6 Principais funções ou processos da administração.

PROCESSO OU FUNÇÃO	SIGNIFICADO
PLANEJAMENTO	PROCESSO DE DEFINIR OBJETIVOS, ATIVIDADES E RECURSOS.
ORGANIZAÇÃO	PROCESSO DE DEFINIR E DIVIDIR O TRABALHO E OS RECURSOS NECESSÁRIOS PARA REALIZAR OS OBJETIVOS. IMPLICA A ATRIBUIÇÃO DE RESPONSABILIDADES E AUTORIDADE A PESSOAS E GRUPOS.
LIDERANÇA	PROCESSO DE TRABALHAR COM PESSOAS PARA ASSEGURAR A REALIZAÇÃO DOS OBJETIVOS.
EXECUÇÃO	PROCESSO DE REALIZAR ATIVIDADES E CONSUMIR RECURSOS PARA ATINGIR OS OBJETIVOS.
CONTROLE	PROCESSO DE ASSEGURAR A REALIZAÇÃO DOS OBJETIVOS E DE IDENTIFICAR A NECESSIDADE DE MODIFICÁ-LOS.

5.2 Arte

A administração é uma arte – uma profissão ou área de ação humana que envolve a aplicação de habilidades. Algumas pessoas revelam habilidades excepcionais como administradores, nos mais variados tipos de organizações e empreendimentos humanos. Henry Ford e Bill Gates são algumas pessoas que demonstraram essas habilidades em alto grau. As grandes organizações despersonalizam as competências e realizações individuais, mas sempre há talentos, muitas vezes anônimos, por trás das realizações coletivas.

5.3 Corpo de conhecimentos

Embora seja uma arte ou prática antiga, a administração tem uma história recente como corpo organizado de conhecimentos. Desde a mais remota Antiguidade, chegam ao presente os registros das tentativas de formular princípios de administração. Nos dois últimos séculos, tornou-se necessário profissionalizar a formação de gerentes, para aprimorar o processo administrativo e tornar as organizações mais eficientes e eficazes. Surgiram livros, escolas, pesquisadores e consultores de administração. O processo de administrar organizações transformou-se em disciplina. A administração é, na atualidade, objeto de estudo sistemático, que produz um corpo de conhecimentos organizados.

6 Somos Todos Gerentes

As pessoas que administram qualquer conjunto de recursos são administradores, gerentes ou gestores. Quase todas as pessoas, independentemente da posição que ocupam, ou do título de seus cargos, desempenham tarefas de administração. Quem quer que esteja manejando recursos ou tomando decisões está administrando. O processo de administrar é importante em qualquer escala de utilização de recursos: pessoal, familiar, organizacional e social.

6.1 Você como administrador de si próprio

Como indivíduo, ou membro de uma família, seu dia a dia é cheio de decisões que têm conteúdo administrativo. Definir e procurar realizar objetivos pessoais, como planos de carreira, ou elaborar e acompanhar orçamentos domésticos, ou escolher a época das férias e programar uma viagem são todos exemplos de decisões administrativas.

Até mesmo tarefas simples, como preparar uma monografia para este curso, exigem planejamento de objetivos, organização de meios, levantamento de informações e controle do resultado final. Ao longo do curso no qual você está estudando esta disciplina, em inúmeras oportunidades irá tomar decisões administrativas, para realizar tarefas simples e complexas.

6.2 Administração nas profissões técnicas

Com as profissões, ocorre o mesmo. Pesquisadores, engenheiros, médicos, advogados e outros profissionais realizam atividades que exigem habilidades de planejamento, organização, controle e trabalho em equipe.

O conteúdo administrativo no trabalho desses profissionais justifica o estudo da administração nas escolas de engenharia, medicina e outras disciplinas técnicas.

6.3 Administração nas organizações

Nas organizações, os administradores ou gerentes são as pessoas responsáveis pelo desempenho de outras pessoas, que formam sua equipe, e sobre essa equipe têm autoridade. A autoridade é um tipo especial de recurso, que dá aos gerentes a capacidade ou poder de tomar decisões e acionar o trabalho de seus funcionários e outros recursos. Nas organizações, os gerentes são também chamados, genericamente, de chefes.

- Os gerentes de organizações formam um grupo, chamado administração ou gerência. As pessoas que integram esse grupo desempenham um mandato (têm autoridade e responsabilidade durante um período), também chamado administração ou governo (exemplo: administração do Presidente Obama).

Em resumo, todos administram, nas mais variadas escalas de utilização de recursos para atingir objetivos. Portanto, as competências administrativas (ou competências gerenciais) são importantes para qualquer pessoa que tome decisões sobre a utilização de recursos para realizar objetivos, ou que esteja em ambientes onde essas decisões são tomadas.

7 Estudos sobre Gerentes

O papel e o trabalho dos gerentes de organizações vêm sendo estudados há muito tempo e representam as principais fontes de conhecimentos sobre a arte de administrar. Observar um gerente em ação leva invariavelmente à conclusão de que o trabalho gerencial é variado, não é padronizado e não segue uma ordem racional, como a que está implícita na sequência *planejar* → *organizar* → *liderar* → *executar* → *controlar*. No entanto, deve haver alguma forma de classificar e entender essa variedade. Todos os estudos sobre gerentes reforçam a ideia de que o enfoque funcional é uma forma de classificar as atividades em grandes categorias e de entender as técnicas que os gerentes utilizam para realizá-las. Para compreender integralmente o trabalho gerencial, no entanto, é preciso complementar o enfoque funcional, com a inclusão de outras atividades e sua classificação em categorias.

Para muitos autores, o trabalho dos gerentes compreende:

- Atividades de tomar decisões (especialmente decisões de planejamento, organização, liderança, execução e controle, e decisões sobre o uso do próprio tempo).
- Atividades de processar informações.
- Atividades de relacionar-se com pessoas, de dentro e fora da organização.

Um dos mais importantes estudos sobre atividades gerenciais, classificadas dessa forma, foi feito por Henry Mintzberg. Segundo Mintzberg, os gerentes desempenham dez papéis, divididos em três categorias. Papel gerencial, segundo Mintzberg, é um conjunto organizado de comportamentos que pertencem a uma função ou posição. Cada um dos dez papéis agrupa diversas atividades gerenciais. As três categorias, descritas e exemplificadas a seguir, e resumidas na Figura 1.7, são: papéis interpessoais, papéis de processamento de informação e papéis de decisão.

Figura 1.7
Dez papéis dos gerentes, segundo Mintzberg.

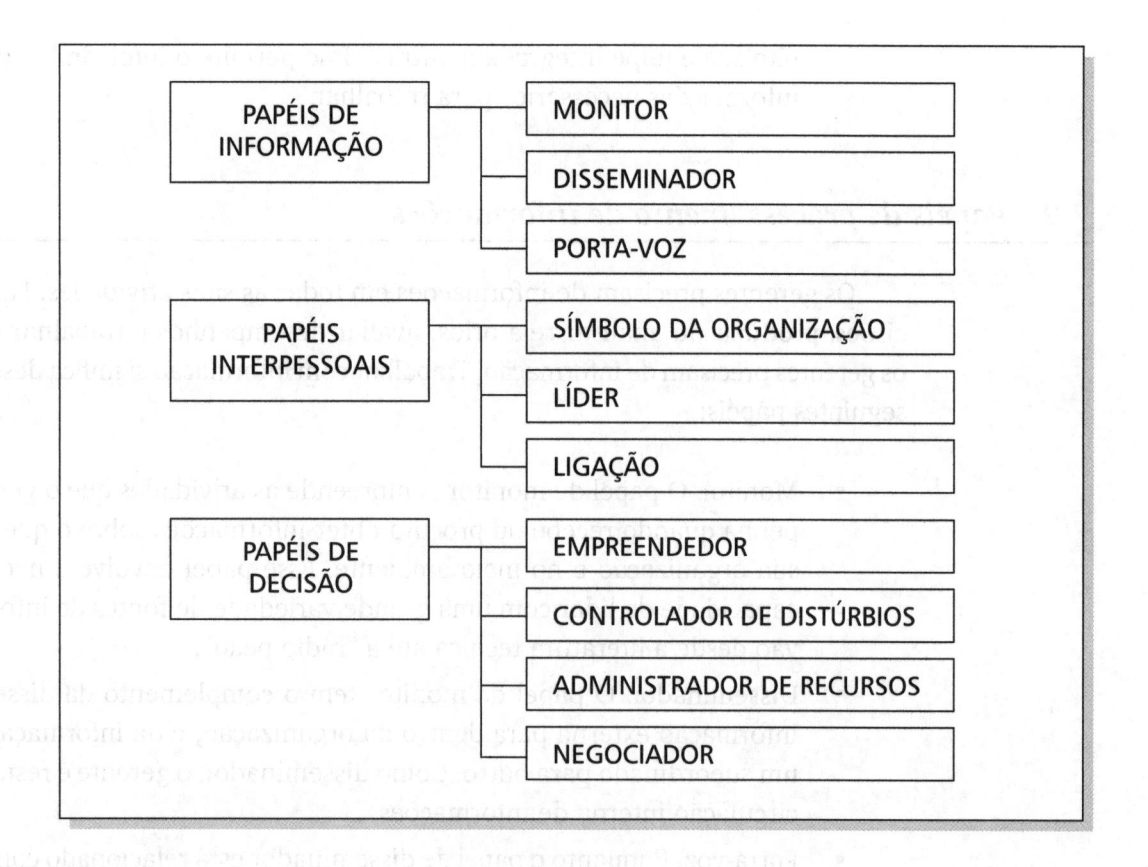

- PAPÉIS DE INFORMAÇÃO
  - MONITOR
  - DISSEMINADOR
  - PORTA-VOZ
- PAPÉIS INTERPESSOAIS
  - SÍMBOLO DA ORGANIZAÇÃO
  - LÍDER
  - LIGAÇÃO
- PAPÉIS DE DECISÃO
  - EMPREENDEDOR
  - CONTROLADOR DE DISTÚRBIOS
  - ADMINISTRADOR DE RECURSOS
  - NEGOCIADOR

7.1 Papéis interpessoais

Papéis interpessoais são aqueles que envolvem relações do gerente com pessoas de dentro e fora da organização: funcionários, colegas, chefes, colegas e superiores dos chefes, clientes, integrantes da comunidade, autoridades, fornecedores etc. Cada uma dessas interfaces é determinante do desempenho do gerente. São três os papéis interpessoais que os gerentes desempenham: imagem do chefe, líder e ligação.

- Imagem do chefe (ou símbolo da organização). O papel de imagem do chefe compreende todas as atividades nas quais o gerente age como um símbolo e representante (ou relações públicas) de sua organização: falar em público, comparecer a solenidades, relacionar-se com autoridades em nome de sua empresa. Nenhuma dessas atividades envolve significativamente o processamento de informações ou a tomada de decisões.
- Líder. A liderança permeia todas as atividades gerenciais e não é uma atividade isolada. Todas as tarefas que envolvem persuasão, negociação, motivação e, de forma geral, relações humanas, sempre têm conteúdo de liderança, mesmo aquelas que não estão relacionadas com a condução da equipe de trabalho.
- Ligação. O papel de ligação envolve a teia de relações humanas que o gerente deve manter, principalmente com seus pares. Por meio dessa teia, ele man-

tém sua equipe integrada a outras. Isso permite o intercâmbio de recursos e informações necessários para trabalhar.

7.2 Papéis de processamento de informações

Os gerentes precisam de informações em todas as suas atividades. Para tomar decisões, produzir ou analisar relatórios, avaliar desempenhos e trabalhar com grupos, os gerentes precisam de informação. Trabalhar com informação significa desempenhar os seguintes papéis:

- Monitor. O papel de monitor compreende as atividades que o gerente desempenha quando recebe ou procura obter informações sobre o que se passa em sua organização e no meio ambiente. Esse papel envolve a necessidade e a capacidade de lidar com uma grande variedade de fontes de informação, que vão desde a literatura técnica até a "rádio peão".

- Disseminador. O papel de monitor tem o complemento da disseminação da informação externa para dentro da organização, e da informação interna de um subordinado para outro. Como disseminador, o gerente é responsável pela circulação interna de informações.

- Porta-voz. Enquanto o papel de disseminador está relacionado com a transmissão de fora para dentro, o papel de porta-voz envolve o inverso – a transmissão de informação de dentro para fora da organização. No papel de porta-voz, o gerente fala oficialmente em nome da organização para os públicos externos. O papel de porta-voz compreende a transmissão de informação com conteúdo, ao passo que o papel de imagem do chefe envolve funções simbólicas e cerimoniais.

7.3 Papéis de decisão

Tomar decisões é a essência do trabalho de administrar. Tão importante é o processo decisório para a administração, que muitos autores entendem os dois como sinônimos. Quando você administra, está tomando decisões e vice-versa. As tarefas de liderar, planejar, organizar, executar e controlar são todas feitas de decisões interligadas. Os papéis gerenciais que envolvem a tomada de decisão são os seguintes: empreendedor, controlador de distúrbios, administrador de recursos e negociador.

- Empreendedor. No papel de empreendedor, o gerente atua como iniciador e planejador da maior parte das mudanças controladas em sua organização. Mudanças controladas são aquelas desejadas pelo próprio gerente. Podem incluir melhoramentos na organização e a identificação e aproveitamento de oportunidades de novos negócios, entre outras iniciativas.

- Controlador de distúrbios. Os distúrbios, ao contrário das mudanças controladas, são as situações que estão parcialmente fora do controle gerencial, tais como os eventos imprevistos, as crises ou os conflitos. Para lidar com estas situações, o gerente desempenha o papel de controlador de distúrbios.
- Administrador de recursos. A alocação de recursos é o coração do sistema de formulação de estratégias de uma organização, segundo Mintzberg. O papel de administrar recursos, inerente à autoridade formal, está presente em praticamente qualquer decisão que o gerente tome. Para Mintzberg, a administração (alocação) de recursos compreende três elementos essenciais – administrar o próprio tempo, programar o trabalho alheio e autorizar decisões tomadas por terceiros.
- Negociador. De vez em quando, a organização encontra-se em grandes negociações, com outras organizações ou indivíduos, que fogem da rotina. Frequentemente, é o gerente quem lidera os representantes de sua organização nessas negociações, com sindicatos, clientes, credores ou empregados individuais. Para lidar com situações desse tipo, o gerente desempenha o papel de negociador.

8 Competências Gerenciais

Competências são conhecimentos, habilidades e atitudes necessários para uma pessoa desempenhar atividades. As competências desenvolvem-se por meio de experiência profissional, educação formal e informal e convivência familiar e social. As competências importantes para o desempenho de tarefas gerenciais agrupam-se em quatro categorias principais – intelectuais, interpessoais, técnicas e intrapessoais – que serão examinadas em seguida. Essas categorias não são estanques, mas se relacionam entre si.

8.1 Competências intelectuais

Para produzir, processar e utilizar informações, os administradores aplicam suas competências ou habilidades intelectuais. Em essência, as habilidades intelectuais referem-se a todas as formas de raciocinar. São as competências usadas para elaborar conceitos, fazer análises, planejar, definir estratégias e tomar decisões.

Duas competências intelectuais específicas são a habilidade de pensar racionalmente e a habilidade conceitual.

- Habilidade de pensar racionalmente, com base na obtenção e análise de informações concretas sobre a realidade.
- Habilidade conceitual, que compreende a capacidade de pensamento abstrato, que não depende de informações sobre a realidade concreta e que se manifesta por meio da intuição, imaginação e criatividade.

8.2 Competências interpessoais

Competências interpessoais são as que o gerente usa para liderar sua equipe, trabalhar com seus colegas, superiores e clientes e relacionar-se com todas as outras pessoas de sua rede de contatos. Quanto mais elevada a posição na carreira e, dependendo de sua atividade, as competências interpessoais podem ser tão ou mais importantes para os administradores do que as competências técnicas.

Algumas competências interpessoais importantes para os administradores são as seguintes:

- Capacidade de entender e atitude de aceitar a diversidade e singularidade das pessoas.
- Capacidade de entender o processo de motivação e usar os princípios de motivação adequados a cada pessoa e grupo.
- Capacidade de entender os princípios da liderança e de efetivamente liderar indivíduos e grupos.
- Capacidade de comunicação.

8.3 Competência técnica

A competência técnica abrange os conhecimentos sobre a atividade específica do gerente, da equipe e de sua organização. Se você é administrador em um banco, a competência técnica compreende os conhecimentos sobre o ramo bancário e sobre o banco específico em que você trabalha. Se você é administrador em um hospital, há grande probabilidade de ser médico, e assim por diante.

Algumas pessoas trazem da escola as competências técnicas básicas de uma profissão: economistas, advogados, engenheiros, por exemplo. Outras adquirem no próprio trabalho os conhecimentos e as técnicas de uma profissão. Em todos os casos, a competência técnica é produto de alguma forma de aprendizagem e de experiência prática.

As competências técnicas são específicas de cada profissão. Todos devem ter compreensão aguda das competências técnicas de sua profissão e de seu ramo de negócio. Além disso, é importante considerar a evolução da tecnologia e do ambiente e seu impacto sobre as profissões e as competências técnicas.

8.4 Competência intrapessoal

A competência intrapessoal compreende as habilidades que Henry Mintzberg chamou de introspecção, o que significa todas as relações e formas de reflexão e ação da pessoa a respeito dela própria, como: autoanálise, autocontrole, automotivação, autoconhecimento, capacidade de organização pessoal e administração do próprio tempo.

Algumas importantes competências intrapessoais são as seguintes:

- Entendimento do próprio cargo, de seus requisitos e seu impacto sobre a organização.
- Capacidade de compreender, analisar e controlar o próprio comportamento, em particular as emoções.
- Capacidade de compreender e analisar o comportamento alheio, em particular as emoções alheias.
- Capacidade de aprender com a própria experiência e com a experiência alheia.
- Capacidade de analisar, compreender e desenvolver as próprias potencialidades e superar as próprias vulnerabilidades.

8.5 Importância relativa das competências

Conforme o gerente sobe na hierarquia, a importância da competência técnica diminui, enquanto a habilidade conceitual torna-se mais necessária. Para um supervisor de primeira linha e para os grupos autogeridos de trabalho, que estão diretamente ligados às tarefas operacionais, o conhecimento técnico é muito mais importante do que para um executivo da alta administração. Em seu nível, as habilidades conceituais são muito mais importantes. A Figura 1.8 mostra a importância relativa de três habilidades analisadas por Robert Katz, nos diferentes níveis gerenciais.

Figura 1.8
Três tipos de habilidades gerenciais e sua relação com a posição na hierarquia, segundo Katz.

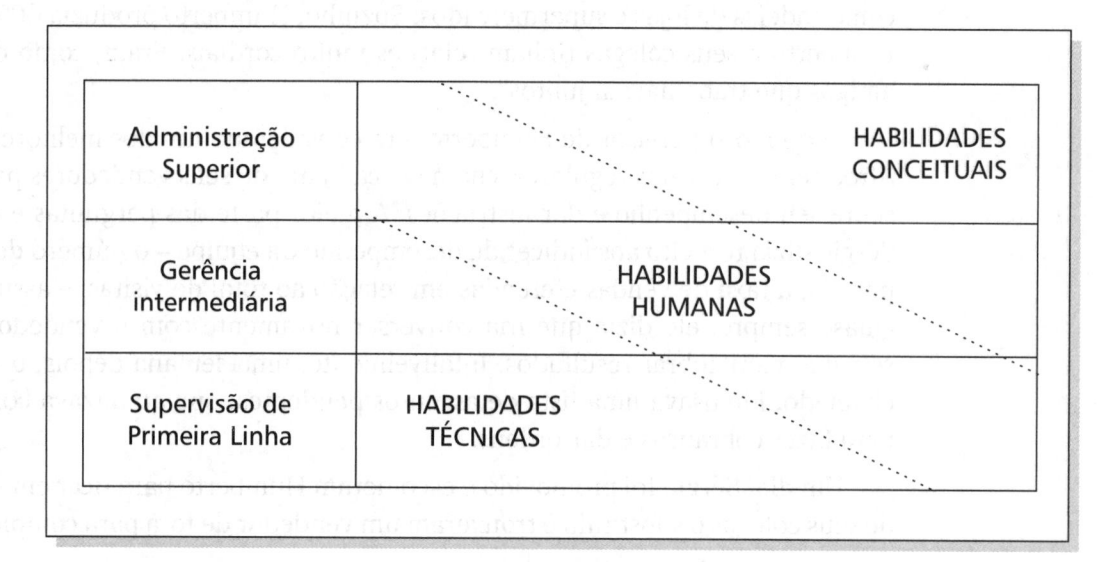

Administração Superior		HABILIDADES CONCEITUAIS
Gerência intermediária	HABILIDADES HUMANAS	
Supervisão de Primeira Linha	HABILIDADES TÉCNICAS	

9 Maestro e Cirurgião

O equilíbrio entre as competências é a base da distinção entre o papel do maestro e o do cirurgião na atividade dos gerentes.

- O gerente como maestro é capaz de fazer um conjunto de pessoas produzir um resultado coletivo, utilizando técnicas que ele conhece. Porém, as pessoas são mais competentes que seu gerente, na dimensão técnica. Um exemplo é o técnico de futebol. Ele não joga, nem é bom jogador, mas isso não o impede de administrar a equipe. A competência dos gerentes que são maestros é dirigir a equipe, e não executar a tarefa. Muitos cargos gerenciais, especialmente na média e alta administração, exigem gerentes maestros.
- O gerente como cirurgião está na situação oposta. Ele é o especialista que se cerca de assistentes ou auxiliares. Desempenha, ao mesmo tempo, o papel técnico principal e o de chefe de uma equipe de ajudantes. Um exemplo é o piloto de avião, que é também o chefe da tripulação. Esse papel é característico nos supervisores de equipes técnicas situadas na base da pirâmide organizacional. Pesquisa, desenvolvimento de produtos, sistemas de informações, projetos de arquitetura e engenharia são algumas situações que exigem gerentes cirurgiões.

Estudo de Caso: O Outro Lado da Mesa

O vendedor Humberto começou a trabalhar há 14 anos na Afrodite, uma grande empresa industrial do ramo têxtil e de confecções. Sua equipe tinha outros quatro vendedores. Três deles atendiam a pequenos varejistas, que representavam 20% das vendas. Outro vendedor era especializado em atacadistas, que respondiam por mais 20% do faturamento. Humberto, o mais experiente, vendia para grandes varejistas, como cadeias de lojas e supermercados. Sozinho, Humberto produzia 60% das vendas. Humberto e seus colegas tinham relações muito cordiais. Eram, como diziam, "bons amigos que trabalhavam juntos".

Sérgio, o supervisor de Humberto, era considerado um dos melhores gerentes da Afrodite. A intervalos regulares, chamava cada um de seus vendedores para perguntar sobre seu desempenho e dar instruções. A maior parte das perguntas e instruções de Sérgio dizia respeito aos índices de desempenho da equipe – o número de visitas feitas por dia, a taxa de vendas efetuadas em relação ao total de visitas, e assim por diante. Quase sempre, ele dizia que iria conversar novamente com o vendedor dali a uma semana, para cobrar resultados. Infalivelmente, uma semana depois, o vendedor era chamado. Ele usava uma lista de assuntos pendentes, que atualizava continuamente, para fazer cobranças e dar ordens.

Um dia, Sérgio foi promovido e escolheram Humberto para ficar em seu lugar. Um de seus colegas o substituiu e trouxeram um vendedor de fora para completar a equipe.

Humberto foi apanhado de surpresa:

– Estou como o homem que foi jogado na água para aprender a nadar. E agora, o que faço? Não recebi quase nenhuma orientação.

Confuso, Humberto decidiu imitar alguns dos comportamentos de Sérgio. Ele logo descobriu que, do outro lado da mesa, as coisas não eram tão fáceis. Sérgio definia metas e cobrava seu cumprimento. Humberto dava as ordens, mas, quando chegava o momento da cobrança, ou se esquecera do que havia pedido, ou perdera as anotações. Frequentemente, ele simplesmente se esquecia de chamar os vendedores para prestar contas.

O simples fato de definir metas e pedir relatórios começou a criar problemas, como passaram a dizer seus colegas:

– Quem ele pensa que é? Aonde ele quer chegar? Quando era vendedor, sempre criticou essa burocracia. Como é que agora ele vive pedindo isso para nós?

Para manter sua autoridade, Humberto decidiu cortar o relacionamento social com seus colegas. Quando alguém lhe disse que havia se tornado seco e até mesmo rude, ele respondeu:

– Você sabe, agora eu sou gerente. Gerentes não podem confraternizar com funcionários. Faz parte do papel. Eu não sou assim. É o meu cargo que exige.

Depois de pouco tempo, as vendas começaram a cair. A situação só não ficou desastrosa porque a administração superior entrou em cena, negociando diretamente com os grandes clientes. Isso permitiu manter o volume de vendas nos níveis anteriores.

Os diretores logo estabeleceram uma relação de causa e efeito entre Humberto e os problemas naquela equipe de vendas. No entanto, os antigos colegas de Humberto achavam que a promoção fora merecida. Ele era ótimo vendedor e tinha sensibilidade para o mundo dos negócios. Ele conhecia muito bem sua empresa, assim como seus clientes e os produtos que vendia.

Agora, a Afrodite está tentando resolver o problema. Recentemente, o diretor de vendas disse a outro supervisor:

– Eu me recuso a acreditar nessa história de que perdemos um bom vendedor e ganhamos um mau supervisor. Sou pago para resolver problemas assim, mas não sou obrigado a ter respostas para todas as perguntas. Espero que você e os outros supervisores me ajudem a encontrar uma solução para o caso de Humberto.

Questões

1. Quais eram as competências de Sérgio, antigo chefe e antecessor de Humberto? Faça uma avaliação de suas competências como administrador, destacando seus eventuais pontos fracos.
2. Se você fosse Sérgio, como teria agido quando Humberto foi promovido para ocupar seu lugar?
3. Quais eram as competências mais desenvolvidas de Humberto? Quais ele deveria desenvolver, para se tornar supervisor?
4. Se você fosse Humberto, como teria agido, ao assumir o posto de seu antigo chefe?
5. Em sua opinião, Humberto tem ou não as competências necessárias para ser supervisor de vendas? É melhor deixá-lo como vendedor ou promovê-lo a supervisor?
6. Coloque-se no lugar do diretor de vendas. Qual problema ele deve resolver? Como você resolveria?

2

Teorias da administração – Ideias fundamentais

Objetivos

Ao terminar a leitura deste capítulo, você deverá estar preparado para explicar e exercitar as seguintes ideias:

- Significado da palavra *teoria*.
- Organização das teorias da administração.
- Principais teorias da administração da primeira metade do século XX.
- Origem das modernas teorias da administração na Antiguidade.

Introdução

O que é uma "teoria"? Se, para você, a palavra *teoria* tem conotação negativa e lembra uma ideia sem possibilidade de aplicação prática, pense novamente. O grande Einstein dizia que não há nada mais prático que uma boa teoria. As teorias da administração são exatamente isso: ideias práticas que ajudam a entender e administrar organizações.

Uma teoria é um conjunto de proposições que procuram explicar os fatos da realidade prática.

Teoria é uma palavra elástica, que compreende não apenas proposições que explicam a realidade prática, mas também princípios e doutrinas que orientam a ação dos administradores, e técnicas, que são proposições para resolver problemas práticos. Em outras palavras, as teorias podem ser apenas *descritivas* (quando explicam a realidade) ou *prescritivas* (quando se propõem a modificar a realidade).

As pessoas que criam e dirigem organizações sempre precisaram de explicações, princípios e técnicas, para entender e resolver problemas da realidade. Empreendimentos complexos da Antiguidade, como as pirâmides do Egito, construídas 4.000 anos antes de Cristo, evidenciam que havia teorias com algum grau de sofisticação. No entanto, não há registro de algum tipo de manual ou livro de administração daquela época. Portanto, as teorias existiam apenas na prática.

Foi somente a partir do final do século XIX que a administração tornou-se um corpo organizado de conhecimentos ou teorias, assumindo a estatura de uma disciplina com vida própria. As teorias da administração organizam-se em escolas (ou enfoques). Uma escola ou enfoque é uma linha de pensamento a respeito das organizações e de sua administração. Em geral, é representada por um autor ou praticante da administração e por seus seguidores ou colaboradores.

Neste capítulo, vamos conhecer primeiro algumas ideias muito antigas e importantes e alguns pioneiros das teorias administrativas. Em seguida, passaremos para as escolas que se desenvolveram entre o final do século XIX e a década de 1930 aproximadamente.

1 Ideias Precursoras e Pioneiros da Administração

Muitas das teorias e técnicas usadas para administrar as organizações da atualidade são ideias que evoluíram de práticas do passado (Figura 2.1). Países, exércitos e organizações religiosas vêm há muito tempo criando soluções para lidar com recursos e realizar objetivos.

Figura 2.1 Origens da administração moderna.

GRANDES PROJETOS DO ORIENTE	ORGANIZAÇÕES MILITARES	GRÉCIA	ROMA	RENASCIMENTO	REVOLUÇÃO INDUSTRIAL
Desde 4000 a.C.	Desde 3500 a.C.	500 a.C.	Entre VII a.C. e IV a.D.	Século XVI	Século XVIII
Administração de projetos de engenharia: cidades, pirâmides, projetos de irrigação	Organização, disciplina, hierarquia, logística, planejamento de longo prazo, formação de recursos humanos	Democracia, ética, qualidade, método científico	Administração de império multinacional, formação de executivos, grandes empresas privadas, exército profissional	Retomada dos valores humanistas, grandes empresas de comércio, invenção da contabilidade, Maquiavel	Invenção das fábricas, surgimento dos sindicatos, início da administração como disciplina

Entre essas e muitas outras contribuições importantes do passado, todo estudante de administração deve conhecer pelo menos os fundamentos das ideias dos gregos, dos romanos e das organizações militares. Também faz parte da moderna educação administrativa o conhecimento de figuras como Sun Tzu e Maquiavel.

1.1 Grécia

No século V a.C., começou na Grécia um fértil período de produção de ideias que viriam a influenciar profundamente a prática da administração. Muito mais que isso, as ideias dos gregos contam-se entre as mais importantes contribuições para a civilização. Eis algumas dessas ideias:

- Democracia. Há 2.500 anos os gregos inventaram e implantaram a administração democrática de suas Cidades-estado. A democracia participativa foi uma grande inovação, numa época em que os monarcas governavam segundo os interesses da aristocracia (o governo dos poucos que detinham a maior parte das riquezas).
- Ética. No diálogo *O político*, Platão defende a ideia de que a responsabilidade fundamental dos políticos (os administradores da *polis*, a cidade) era promover a felicidade dos cidadãos. Administrar a cidade segundo os princípios da ética absoluta, de acordo com os interesses dos cidadãos, é uma proposição de todos os filósofos gregos.
- Qualidade. Entre os gregos, qualidade era o ideal da excelência, ou *aretê*. Excelência é a característica que distingue algo pela superioridade em relação aos semelhantes e depende do contexto. Para o cavalo de corrida, é a velocidade. No homem, é a superioridade moral, intelectual e física. Para Platão, o teste básico de qualquer ação pública consistia em perguntar: isso faz os homens melhores do que eram antes? Qualidade como sinônimo de melhor e nível mais alto de desempenho são conceitos que continuam atuais depois de séculos.

1.2 Roma e a Igreja Católica

Princípios e técnicas de administração construíram e mantiveram Roma durante seus 12 séculos de existência, como monarquia, república e império. A capacidade de construir e manter o domínio sobre o que hoje é a Europa comprova as aguçadas habilidades administrativas dos romanos. Também é importante lembrar que a má administração ajudou a destruir Roma no final de seu longo período de glória. No entanto, muitas de suas concepções ainda sobrevivem no Direito, na administração pública e na Igreja Católica.

- Construção e administração do Império. Roma apresenta o primeiro caso no mundo de organização e administração de um império multinacional. Para cuidar desse império, os romanos criaram diferentes tipos de executivos: reis, imperadores, césares, cônsules, magistrados e outros.
- Grandes empresas. A tributação das cidades conquistadas era uma das principais fontes da receita do Estado. Os coletores de impostos (publicanos) arrendavam o direito de recolher os impostos e assumiam a obrigação de remunerar o Estado. Para explorar esse mercado, criaram-se grandes empresas sob a forma de sociedades por ações. As assembleias de acionistas escolhiam um presidente, que era assessorado por um conselho administrativo. Havia os sócios portadores de ações, com mais direitos do que os simples investidores. As províncias, normalmente, eram exploradas de forma predatória por esses empresários.
- Igreja Católica. À medida que o Império Romano desaparecia, outra organização de grande porte começava a escrever sua história. A Igreja Católica herdou muitas das tradições administrativas dos romanos, a começar pela administração do território. Com suas dioceses, províncias e vigários, a Igreja copiou não apenas o tipo de organização geográfica, mas também a linguagem que os romanos usavam para designar os administradores locais.

1.3 Organizações militares

Há mais de 3.000 anos, os exércitos vêm criando soluções para a administração de grandes contingentes de pessoas envolvidas em operações complexas e arriscadas. Conceitos sobre estratégia, planejamento, logística e hierarquia, que são usados hoje não apenas nas Forças Armadas, mas também em todos os tipos de empreendimentos, nasceram com os militares do passado distante.

- Exército assírio. A partir do século XIV a.C., o império assírio controlou a Mesopotâmia. Começou então um período de importantes avanços no campo da organização militar. Por volta do século VIII a.C., o exército assírio desenvolveu as características que vieram a servir de modelo para exércitos posteriores, destacando-se a logística: depósitos de suprimentos, colunas de transporte, companhias para a construção de pontes. No início do século VII a.C., construíam-se navios que desciam pelo Rio Tigre e depois eram carregados para o Eufrates, chegando em seguida ao Golfo Pérsico. Eram então abastecidos com soldados, cavalos e provisões, para fazer campanhas na região que viria a ser o sul do Irã. Os assírios tiveram o primeiro exército de longo alcance, capaz de fazer campanhas distantes até 500 quilômetros de suas bases.
- Exército romano. No século III a.C., o exército romano havia avançado muito em termos de organização e já apresentava características que pouco se modificariam nos séculos seguintes, como alistamento de profissionais, regulamentação, burocratização, planos de carreira e organização. O que faria do exército

romano o modelo para os próximos milênios, no entanto, era o centurião. Os centuriões formaram a primeira corporação de oficiais profissionais da história. Comando em campanha, motivação dos soldados e transmissão do código de disciplina eram suas principais responsabilidades.

- Sun Tzu e a arte da guerra. Sun Tzu é um autor chinês que escreveu no século IV a.C. a respeito de estratégia militar. Embora a verdadeira identidade de Sun Tzu seja objeto de polêmica, quem quer que tenha escrito com esse nome desenvolveu, no tratado *A arte da guerra*, teorias que recomendam evitar a batalha, intimidar psicologicamente o inimigo e usar o tempo, em vez da força, para desgastá-lo e atacá-lo quando estivesse desprevenido. *A arte da guerra* é um manual de recomendações que sobreviveu à passagem dos séculos por tratar de princípios fundamentais permanentes, sobre planejamento, comando e doutrina, entre outros assuntos.

1.4 Maquiavel

Das muitas contribuições do Renascimento para a administração, as ideias de Maquiavel (1469-1527) contam-se entre as mais influentes. Sua obra mais conhecida é *O príncipe*, na qual faz recomendações sobre como um governante deve comportar-se. Maquiavel pode ser entendido como um analista do poder e do comportamento dos dirigentes em organizações complexas. Se tivesse vivido entre os séculos XX e XXI, certamente seria um escritor de textos de administração e liderança. Muitas de suas ideias poderiam ser endossadas em qualquer época sem restrições.

Por exemplo:

- A primeira qualidade do príncipe é a qualidade dos homens que o cercam. Maquiavel acredita na importância do trabalho de equipe como o aspecto mais relevante no trabalho do dirigente. O príncipe deveria procurar os colaboradores individualmente mais capazes, que também soubessem trabalhar em conjunto.
- A aprovação dos governados é essencial para o sucesso dos governantes. Não importa por qual meio o príncipe chegue ao poder, herança ou usurpação. Qualquer tipo de governo, monárquico, aristocrático ou democrático, depende sempre do apoio das massas.
- Independentemente de sua origem, o governante deveria, pelo exemplo pessoal, inspirar os governados. Em situações de perigo, o príncipe deveria tentar fortalecer o moral e o espírito de seus governados, incentivando-os com o uso de suas qualidades intangíveis de liderança.

2 Escola Clássica da Administração

Da publicação de *O príncipe*, em 1513, até o início do século XX, há um intervalo de quase 400 anos. Muita coisa aconteceu de importante para a história da administração nesse período, principalmente o início da Revolução Industrial, em meados do século

XVIII. No entanto, a administração moderna, que você estuda hoje, teve que esperar todo esse tempo para nascer.

Figura 2.2 Principais ideias da administração no início do século XX.

PERÍODO	AUTOR E LOCAL	CONTRIBUIÇÃO	ESCOLA	ENFOQUE
1900	Frederick Taylor, Estados Unidos	Movimento da administração científica	Clássica	Eficiência dos processos produtivos
1910	Henry Fayol, França	Processo da administração	Clássica	Papel da administração nas organizações e outros empreendimentos
1910	Max Weber, Alemanha	Tipo ideal de burocracia	Clássica	Natureza burocrática das organizações
1910	Henry Ford, Estados Unidos	Linha de montagem móvel	Clássica	Produção em massa
1920	Walter Shewhart, Estados Unidos	Controle da qualidade	Qualidade	Controle da qualidade dos produtos fabricados em massa
1920	Ludwing von Bertalanffy, Alemanha	Teoria dos sistemas	Pensamento sistêmico	Complexidade, totalidade
1930	Elton Mayo, Estados Unidos	Relações humanas	Relações humanas, comportamento humano	Comportamento das pessoas em situações de trabalho

A passagem para o século XX foi um momento de grandes transformações tecnológicas, econômicas e sociais. Foi a época em que surgiram e cresceram empresas para fornecer, em grandes quantidades, os novos produtos que haviam sido criados e que as pessoas desejavam: automóveis, lâmpadas elétricas, aparelhos de som, cinema e telefones. Nos Estados Unidos e na Europa, as empresas industriais expandiram-se aceleradamente para fornecer esses produtos e serviços. Nasceu daí a necessidade de estudar e criar soluções para lidar com as enormes quantidades de recursos humanos e materiais de todos os tipos, que essas empresas e os governos passaram a mobilizar. Foi essa a origem do grande avanço que hoje conhecemos como *escola clássica da administração*.

A escola clássica tem esse nome porque suas ideias permaneceram e continuam influenciando a prática da administração. Na verdade, o mundo da administração de hoje é uma versão atualizada das ideias dessa escola, que compreende três contribuições principais, que ocorreram em lugares diferentes, na mesma época: entre o final do século XIX e o início do século XX.

- O movimento da administração científica, liderado por Frederick Taylor.
- A ideia do processo administrativo, proposta por Henri Fayol.
- O tipo ideal de burocracia estudado por Max Weber.

Neste livro, incluiremos uma quarta ideia, a linha de montagem de Henry Ford, entre as contribuições da escola clássica. Essas quatro contribuições integram a linha principal dos avanços da administração, que começou na passagem do século e se estendeu até a década de 1930 aproximadamente (Figura 2.2).

2.1 Taylor e a administração científica

Uma das preocupações marcantes dos industriais e administradores do início do século XX era a eficiência dos processos de fabricação. A pessoa que conseguiu montar um conjunto de princípios e as técnicas para tratar da eficiência foi Frederick Winslow Taylor, líder de um grupo que promoveu o movimento da administração científica (Figura 2.3). Os princípios e as técnicas criados por esse movimento procuravam aumentar a eficiência da produção por meio da racionalização do trabalho, para evitar o desperdício e promover "a prosperidade dos patrões e dos empregados".

Taylor e seus colegas do movimento acreditavam que a prosperidade econômica somente seria conseguida com a maximização da produtividade dos trabalhadores. Isso, por sua vez, só se conseguiria se os trabalhadores fossem mais eficientes. A eficiência, por sua vez, dependeria do redesenho do trabalho e da mudança de atitudes dos trabalhadores. O redesenho do trabalho era necessário porque não havia métodos. Sem métodos, os trabalhadores faziam as tarefas de acordo com palpites ou sua intuição e os administradores não sabiam avaliar seu desempenho.

Figura 2.3 Frederick Winslow Taylor liderou o movimento da administração científica, no início do século XX.

As contribuições que Taylor deixou, para resolver esses problemas, contam-se entre as mais importantes da história das teorias e práticas da administração. Muitas das ideias de Taylor são usadas até hoje e provavelmente continuarão a ser. Analise agora uma descrição sucinta de como ele fez isso.

2.1.1 Princípios de administração científica

Em 1903, Taylor divulgou o estudo *Shop management* (Administração de operações fabris), no qual propunha sua filosofia de administração, que compreendia quatro princípios:

I. O objetivo da boa administração era pagar salários altos e ter baixos custos de produção.

II. Com esse objetivo, a administração deveria aplicar métodos de pesquisa para determinar a melhor maneira de executar tarefas.

III. Os empregados deveriam ser cientificamente selecionados e treinados, de maneira que as pessoas e as tarefas fossem compatíveis.

IV. Deveria haver uma atmosfera de íntima e cordial cooperação entre a administração e os trabalhadores, para garantir um ambiente psicológico favorável à aplicação desses princípios.

2.1.2 As técnicas de Taylor

Para colocar em prática o princípio dos métodos de pesquisa, Taylor fazia os estudos de tempos e movimentos. Taylor cronometrava os movimentos dos trabalhadores e os dividia nas tarefas que os compunham. Essas tarefas eram chamadas *unidades básicas de trabalho*. Em seguida, Taylor analisava as unidades básicas de trabalho, procurando encontrar a melhor maneira de executá-las e de combiná-las para a tarefa maior. As tarefas que passavam por esse processo estavam "taylorizadas" (Figura 2.4).

Figura 2.4 Taylor realizando um estudo sobre a eficiência do trabalho (Cortesia: Stevens Institute of Technology).

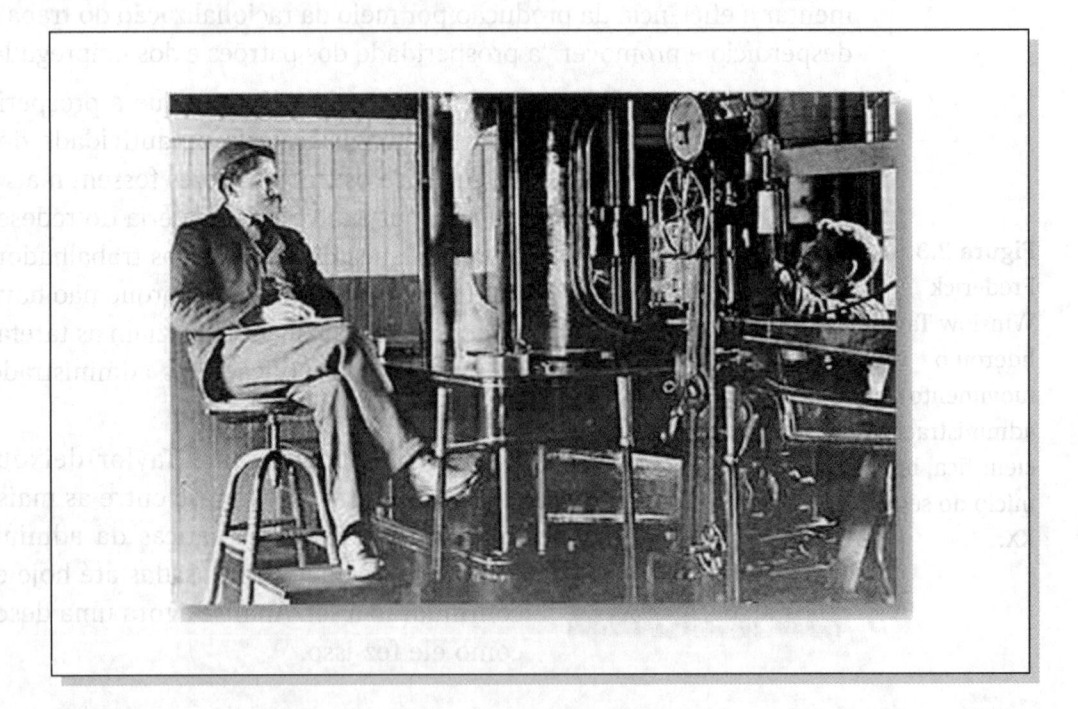

Usando um sistema de pagamento por quantidade de peças produzidas, que fazia os rendimentos do trabalhador aumentarem de acordo com seu esforço, Taylor conseguiu aumentar expressivamente a eficiência.

Taylor entendia as técnicas da eficiência (por exemplo, a cronometragem dos movimentos dos trabalhadores) como formas de colocar em prática os princípios da administração científica, para ele uma revolução mental, uma revolução na maneira de encarar o trabalho e as responsabilidades em relação à empresa e aos colegas.

Um exemplo dos métodos de Taylor foi a experiência na qual demonstrou que a produtividade mais elevada resulta da minimização do esforço muscular. Essa é uma das ideias fundamentais da administração científica: a produtividade resulta da eficiência do trabalho e não da maximização do esforço. A questão não é trabalhar duro, nem depressa, nem bastante, mas trabalhar de forma inteligente.

Taylor e seus seguidores tiveram o mérito de assimilar, sistematizar e disseminar um conjunto de princípios que vinham ao encontro de uma necessidade e, por isso, foram recebidos com grande entusiasmo, apesar de algumas críticas importantes. Estudos de tempos e movimentos, descrições de cargos, organização e métodos, engenharia de eficiência e racionalização do trabalho foram algumas das ideias que a ação de Taylor colocou na ordem do dia.

Estudando administração, você terá contato com muitos desses princípios e técnicas do taylorismo, que continuam a comprovar sua validade apesar da passagem do tempo. O movimento da administração científica ocorreu nos Estados Unidos, entre o final do século XIX e o início do século XX, mas seus efeitos não terminaram.

Na década de 1950, os japoneses retomaram e aprimoraram as ideias de Taylor a respeito do estudo sistemático do trabalho e as transformaram no *kaizen* – o aprimoramento contínuo. Continue lendo. Daqui a pouco chegaremos a esse assunto.

2.2 Henry Ford e a linha de montagem

O taylorismo desenvolveu-se em uma época de notável expansão da indústria e junto com outra inovação revolucionária do início do século: a linha de montagem de Henry Ford (Figura 2.5).

Figura 2.5
A linha de montagem da Ford no início do século XX (Cortesia: Henry Ford Museum and Greenfield Village).

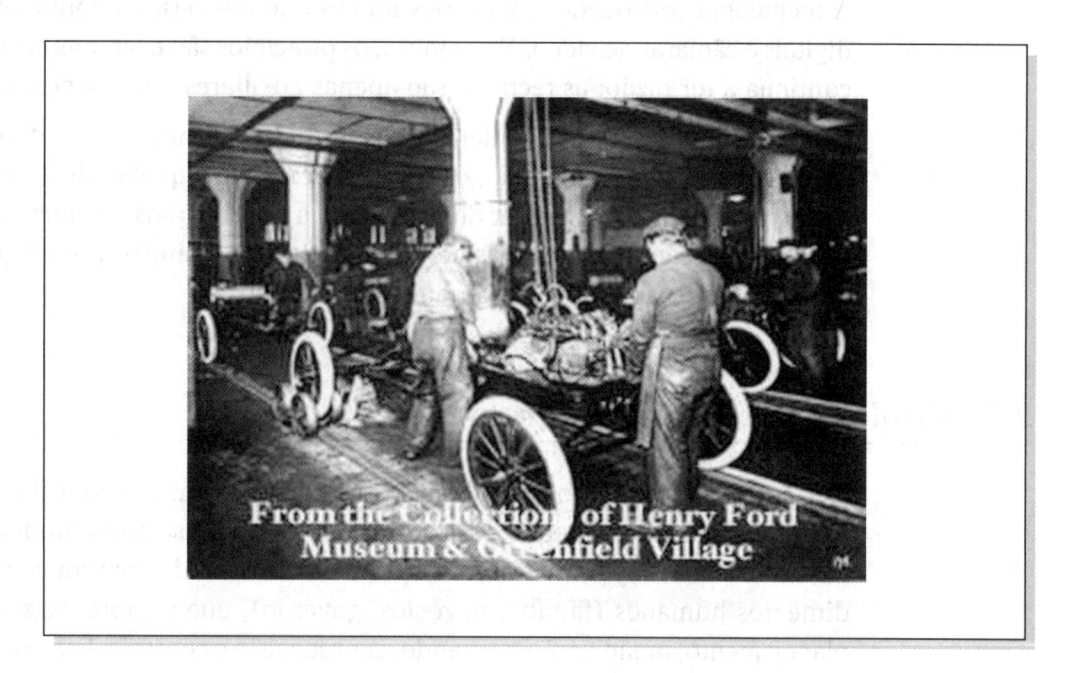

Foi Henry Ford quem elevou ao mais alto grau os dois princípios da produção em massa, que é a fabricação de produtos não diferenciados em grande quantidade: peças padronizadas e trabalhador especializado.

- Peças e componentes padronizados e intercambiáveis. Na produção massificada, cada peça ou componente pode ser montado em qualquer sistema ou produto final. Para alcançar a padronização, Ford passou a utilizar o mesmo sistema de calibragem para todas as peças, em todo o processo de manufatura. Esse princípio deu origem ao controle da qualidade, cujo objetivo era assegurar a uniformidade das peças.
- Especialização do trabalhador. Na produção massificada, o produto é dividido em partes e o processo de fabricá-lo é dividido em etapas. Cada etapa do processo produtivo corresponde à montagem de uma parte do produto. Cada pessoa e cada grupo de pessoas, num sistema de produção em massa, têm uma tarefa fixa dentro de uma etapa de um processo predefinido. A divisão do trabalho implica a especialização do trabalhador.

A grande aceitação dos princípios da administração científica e da linha de montagem é responsável pela notável expansão da atividade industrial em todo o mundo. Se você entrar neste exato instante em qualquer fábrica de grande porte, em qualquer lugar do planeta, poderá constatar que Taylor e Ford iriam sentir-se em casa. Linhas de montagem correm carregando todos os tipos de produtos, em diferentes estágios de acabamento. Engenheiros de produção ou especialistas em organização e métodos continuam circulando, fazendo anotações em pranchetas, desenhando fluxogramas, cronometrando e filmando as operações, para, em seguida, torná-las mais eficientes. A tecnologia sofisticou-se, há robôs ao lado de pessoas, computadores, cronômetros digitais e câmaras de vídeo. No entanto, os princípios são exatamente os mesmos. Taylor continua a ter razão: as técnicas são apenas auxiliares dos princípios.

Uma importante consequência da produção em massa é o desenvolvimento da escola da qualidade. No início, o controle focalizava a qualidade do produto, por meio da inspeção. Em 1924, Walter Shewhart criou os princípios e as técnicas do controle do processo, lançando com isso as bases da moderna administração da qualidade. Avance até o próximo capítulo para estudar essa história.

2.3 Fayol e o processo administrativo

Ao lado de Taylor, o engenheiro francês Fayol é um dos contribuintes mais importantes do desenvolvimento do conhecimento administrativo moderno (Figura 2.6). De acordo com Fayol, a administração é uma atividade comum a todos os empreendimentos humanos (família, negócios, governo), que sempre exigem algum grau de planejamento, organização, comando, coordenação e controle. Portanto, todos deveriam estudá-la, o que exigiria uma teoria geral da administração que pudesse ser ensinada.

Figura 2.6
Henri Fayol, pioneiro na definição da administração como processo de planejar, organizar, dirigir e controlar.

Para responder a essa necessidade, Fayol criou e divulgou sua própria teoria, com base em sua experiência de administrador bem-sucedido.

Fayol chegou a diretor-geral de uma empresa de mineração em 1888. A empresa estava à beira da falência, mas quando Fayol se aposentou, em 1918, sua situação financeira era sólida. Esse resultado ele atribuiu a seu sistema de administração, uma ideia que se dividia em três partes principais:

I. A administração é uma função distinta das demais funções, como finanças, produção e distribuição.

II. A administração é um processo de planejamento, organização, comando, coordenação e controle. (Na atualidade, há outras interpretações dessa ideia: comando e coordenação foram substituídos por liderança e outras funções da gestão de pessoas; a função de execução foi acrescentada.)

III. O sistema de administração pode ser ensinado e aprendido.

Fayol foi o pioneiro no reconhecimento de que a administração deveria ser vista como uma função separada das demais funções da empresa. O maior impacto dessa ideia está na identificação do trabalho dos gerentes como sendo distinto das operações técnicas da empresa. Os gerentes que não conseguem perceber essa distinção envolvem-se com os detalhes técnicos da produção e prestação de serviços, negligenciando as funções de administrar toda a empresa. Ao apontar essa distinção, Fayol ajudou a tornar mais nítido o papel dos executivos – os administradores de nível mais alto na hierarquia da organização.

2.3.1 O papel do dirigente

Fayol considerava a empresa uma entidade abstrata, conduzida por um sistema racional de regras e de autoridade, que justifica sua existência à medida que atende ao objetivo primário de fornecer valor, na forma de bens e serviços, a seus consumidores. Uma ideia que se aplica a qualquer tipo de organização, embora Fayol tivesse usado como ponto de partida uma empresa industrial. O trabalho do dirigente consiste em tomar decisões, estabelecer metas, definir diretrizes e atribuir responsabilidades aos integrantes da organização, de modo que as atividades de planejar, organizar, comandar, coordenar e controlar estejam numa sequência lógica. Uma vez organizada uma empresa, seus colaboradores necessitam de ordens para saber o que fazer, e suas ações precisam de coordenação e controle gerencial. Combater o excesso de regulamentos e a burocracia e a papelada também, de acordo com Fayol, são responsabilidades do gerente.

2.3.2 Princípios de administração

Fayol completa sua teoria com a proposição de catorze princípios que devem ser seguidos para que a administração seja eficaz:

I. Divisão de trabalho, a designação de tarefas específicas para cada indivíduo, resultando na especialização das funções e separação dos poderes.

II. Autoridade e responsabilidade, sendo a primeira o direito de mandar e o poder de se fazer obedecer, e a segunda, a sanção – recompensa ou penalidade – que acompanha o exercício do poder.

III. Disciplina, o respeito aos acordos estabelecidos entre a empresa e seus agentes.

IV. Unidade de comando, de forma que cada indivíduo tenha apenas um superior.

V. Unidade de direção, um só chefe e um só programa para um conjunto de operações que visam ao mesmo objetivo.

VI. Subordinação do interesse individual ao interesse geral.

VII. Remuneração do pessoal, de forma equitativa e com base tanto em fatores externos quanto internos.

VIII. Centralização, o equilíbrio entre a concentração de poderes de decisão no chefe, sua capacidade de enfrentar suas responsabilidades e a iniciativa dos subordinados.

IX. Cadeia de comando (linha de autoridade), ou hierarquia, a série dos chefes desde o primeiro ao último escalão, dando-se aos subordinados de chefes diferentes a autonomia para estabelecer relações diretas (a ponte de Fayol).

X. Ordem, um lugar para cada pessoa e cada pessoa em seu lugar.

XI. Equidade, o tratamento das pessoas com benevolência e justiça, não excluindo a energia e o rigor quando necessários.

XII. Estabilidade do pessoal, a manutenção das equipes como forma de promover seu desenvolvimento.

XIII. Iniciativa, que faz aumentar o zelo e a atividade dos agentes.

XIV. Espírito de equipe.

Fayol cuidou da administração da empresa de cima para baixo, a partir do nível do executivo, ao contrário de Taylor, que se preocupou predominantemente com as atividades operacionais. Taylor cuidou da administração do trabalho; Fayol cuidou do trabalho da administração. Algumas das ideias de Fayol estão ligadas a uma noção de empresa hierárquica, em que o dirigente é a principal fonte de energia para as operações. Mesmo que essa noção viesse a ser aprimorada mais tarde, com a prática dos grupos inteligentes e autogeridos, as ideias fundamentais continuam válidas em qualquer espécie de organização ou sistema de administração.

2.4 Max Weber e a burocracia

Se, para você, a palavra *burocracia* tem conotação negativa e lembra excesso de papéis e regulamentos, pense novamente. A palavra *burocracia*, em seu sentido original, indica uma forma de organização que se baseia na racionalidade das leis. A conotação negativa dos papéis e regulamentos tem sua origem nas disfunções das organizações burocráticas.

Foi o cientista social alemão Max Weber (Figura 2.7), na década de 1920, quem fez os estudos pioneiros sobre as burocracias e o que ele chamou o tipo ideal de burocracia Esses estudos foram traduzidos para o inglês nos anos 1940.

Figura 2.7 Max Weber, pesquisador das organizações formais e autor do conceito de "tipo ideal" de burocracia.

Para Weber, a sociedade e as organizações modernas são sistemas de normas impessoais. São as normas (ou leis) que regem o comportamento das pessoas. Nas sociedades primitivas, ao contrário, é a vontade ou capricho dos governantes que rege o comportamento das pessoas.

Weber não tentou definir as organizações, nem estabelecer padrões de administração que elas devessem seguir. O tipo ideal não é um modelo prescritivo, mas uma abstração descritiva. É um esquema que procura sintetizar os pontos comuns à maioria das organizações formais modernas. Weber descreveu as organizações burocráticas como máquinas totalmente impessoais, que funcionam de acordo com regras que ele chamou de racionais – regras que dependem de lógica e não de interesses pessoais.

As características do tipo ideal estão presentes em todas as organizações da sociedade moderna. Em resumo, todas as organizações formais modernas, desde as pequenas empresas até as grandes corporações, são burocracias, que se fundamentam na autoridade legal-racional (ou seja, a autoridade das leis).

Segundo Weber, a administração burocrática é a forma mais racional de exercer a dominação. A organização burocrática possibilita o exercício da autoridade e a obtenção da obediência com precisão, continuidade, disciplina, rigor e confiança. Para Weber, a burocracia é tão racional que, "mesmo no caso de revolução ou guerra, continua a funcionar exatamente como o fazia no governo legal anterior". Há inúmeras evidências históricas que comprovam essa afirmação de Weber.

Tão importante é a contribuição de Weber para o estudo das organizações que alguns autores o consideram fundador de uma escola, a *escola burocrática*.

3 Enfoque Comportamental

Nas proposições de Taylor, Fayol e Weber, a preocupação básica é o desempenho dos recursos e processos, de um sistema ou de toda a empresa. As pessoas não são negligenciadas. No entanto, são colocadas em segundo plano, consideradas apenas recursos de produção. No início do século XX, essa visão mecanicista das pessoas era reflexo da orientação que vinha da Revolução Industrial. A prioridade era a eficiência da produção. Naquele momento de expansão industrial, o importante era aproveitar as oportunidades do mercado. As pessoas eram apenas "peças humanas".

O enfoque comportamental considera as pessoas em sua totalidade e como parte mais importante das organizações e de seu desempenho. Quando você usa o enfoque comportamental, as pessoas ficam em primeiro plano. Em segundo, fica o sistema técnico – máquinas, equipamentos, produtos e regras.

O enfoque comportamental cobre inúmeros assuntos, que se dividem em dois grandes ramos, sintetizados na Figura 2.8. O primeiro ramo abrange as teorias sobre o comportamento das pessoas como indivíduos, abordando temas relacionados com suas características pessoais, como habilidades e interesses. O segundo ramo abrange as teorias sobre o comportamento coletivo nas organizações, cobrindo temas como clima e cultura organizacional e grupos informais. A história do desenvolvimento do enfoque comportamental é muito longa. Neste capítulo, será analisado um dos principais marcos dessa história: a experiência de Hawthorne. Da experiência de Hawthorne nasceu a escola das relações humanas, que você estudará em seguida.

Figura 2.8 Dois eixos do enfoque comportamental: as pessoas como indivíduos e como membros de grupos.

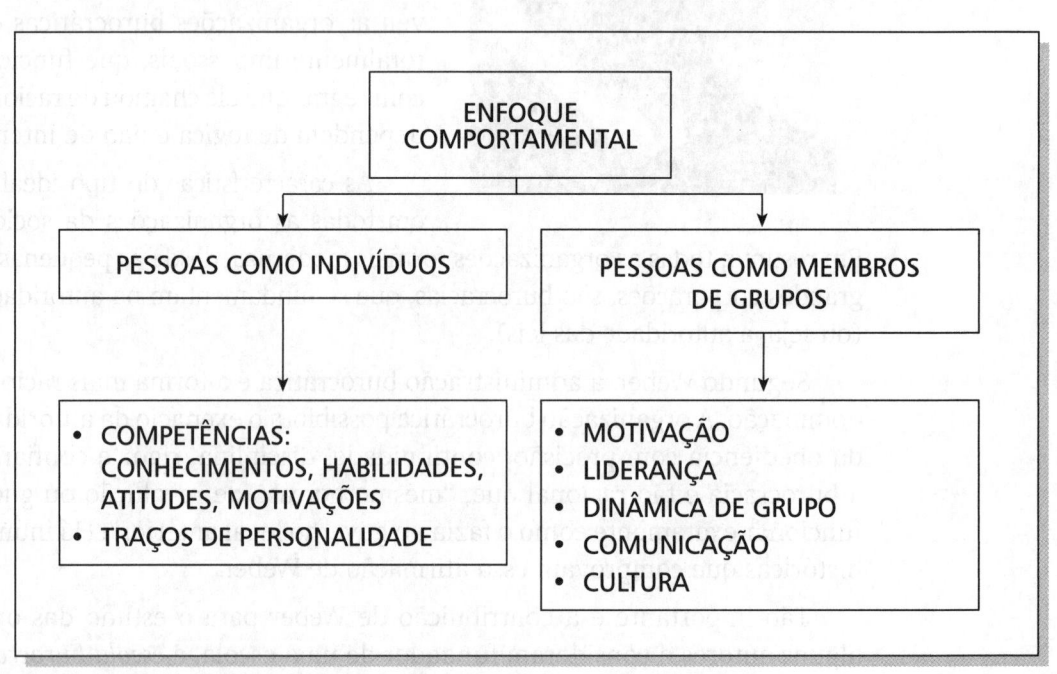

```
                    ENFOQUE
                 COMPORTAMENTAL
                  /           \
    PESSOAS COMO INDIVÍDUOS    PESSOAS COMO MEMBROS
                                   DE GRUPOS

  • COMPETÊNCIAS:              • MOTIVAÇÃO
    CONHECIMENTOS, HABILIDADES,• LIDERANÇA
    ATITUDES, MOTIVAÇÕES       • DINÂMICA DE GRUPO
  • TRAÇOS DE PERSONALIDADE    • COMUNICAÇÃO
                               • CULTURA
```

3.1 A experiência de Hawthorne

O principal componente e "pedra fundamental" do enfoque comportamental é a escola das relações humanas, que nasceu de um experimento famoso, realizado nos Estados Unidos, nos anos de 1927 a 1933.

Um grupo de pesquisadores da Universidade Harvard foi contratado para desenvolver um estudo numa fábrica da Western Electric, uma empresa fornecedora de materiais para o sistema telefônico. O estudo foi feito para descobrir se as variações na iluminação teriam algum efeito sobre o desempenho dos trabalhadores.

O estudo começou apresentando resultados estranhos. Aumentava-se a intensidade da luz e a produção aumentava. Diminuía-se a luz e... a produção aumentava também! Em seguida, os pesquisadores ofereceram benefícios: lanches e intervalos de descanso. A produção continuou aumentando. Finalmente, todos os benefícios foram retirados. A produção, em vez de cair, subiu para uma quantidade espantosa. Os pesquisadores somente conseguiram demonstrar que não havia qualquer correlação simples e direta entre os fatores que eles estavam manipulando (iluminação e benefícios) e a produtividade (peças produzidas). Foi nessa altura que chamaram Elton Mayo, australiano radicado nos Estados Unidos, para ajudar a explicar o que estava acontecendo.

3.2 A escola das relações humanas

Como resultado de um trabalho de entrevistas em profundidade, Mayo e seus colaboradores interpretaram os resultados do experimento e formularam uma série de conclusões que criaram uma nova filosofia de administração. Em essência, essas conclusões diziam que o desempenho das pessoas era determinado não apenas pelos métodos de trabalho, segundo a visão da administração científica, mas também pelo comportamento. As conclusões mais importantes de Mayo são as seguintes:

- A qualidade do tratamento dispensado pela gerência aos trabalhadores influencia fortemente seu desempenho. Bom tratamento, bom desempenho.
- O sistema social formado pelos grupos determina o resultado do indivíduo, que é mais leal ao grupo do que à administração. Se o grupo resolve ser leal à administração, o resultado é positivo para a empresa. O resultado é negativo para a empresa quando o grupo resolve atender a seus próprios interesses.
- Os supervisores deveriam fazer o papel não de capatazes, mas de intermediários entre os grupos de trabalho e a administração superior.

As conclusões de Mayo lançaram as bases de uma nova filosofia de administração: a filosofia das relações humanas. Outros autores, alguns dos quais vinham desenvolvendo trabalhos anteriores, produziram outras contribuições que se juntaram para compor o moderno enfoque comportamental. Na década de 1930, Kurt Lewin liderou pesquisas a respeito da influência do grupo sobre o comportamento individual, e a partir de seu trabalho desenvolveram-se os conceitos e as técnicas da chamada dinâmica de grupo. Nos anos 1950 e 1960, tiveram grande expansão os estudos e as pesquisas sobre liderança e motivação. Nos anos 1990, surgiu a teoria da inteligência emocional.

O enfoque comportamental compreende hoje grande quantidade de conceitos e técnicas, que exigem de você muito estudo para ser conhecido de forma adequada.

4 Pensamento Sistêmico

A essência do pensamento ou enfoque sistêmico é a ideia de elementos que interagem e formam conjuntos complexos. Complexidade significa que o conjunto tem muitas partes. Um dos mais importantes criadores do enfoque sistêmico é o cientista alemão Ludwig von Bertalanffy (Figura 2.9). No final dos anos 1930, Bertalanffy propôs a Teoria Geral dos Sistemas.

Figura 2.9
Ludwig von Bertalanffy, idealizador da Teoria Geral dos Sistemas.

4.1 Teoria Geral dos Sistemas

A Teoria Geral dos Sistemas, que explora "todos" e "totalidades", tem duas ideias básicas:

I. A realidade é feita de sistemas, que são feitos de elementos interdependentes. A realidade não é feita de elementos isolados, sem qualquer relação entre si.

II. Para compreender a realidade, é preciso analisar não apenas elementos isolados, mas também suas inter-relações.

Segundo Bertalanffy, a tecnologia e a sociedade tornaram-se tão complexas que as soluções tradicionais não são mais suficientes. É necessário utilizar abordagens de natureza holística ou sistêmica, generalistas ou interdisciplinares.

Portanto, de acordo com Bertalanffy, a teoria dos sistemas é a reorientação do pensamento e da visão do mundo a partir da introdução dos sistemas como um novo paradigma científico, que contrasta com o paradigma analítico, mecanístico e linear, de causa e efeito, da ciência clássica.

4.2 Conceitos fundamentais do enfoque sistêmico

O ponto de partida do enfoque sistêmico é a ideia de sistema. Sistema é um todo complexo ou organizado; é um conjunto de partes ou elementos que formam uma totalidade unitária ou complexa. Um conjunto de partes que interagem e funcionam como totalidade é um sistema. Qualquer entendimento da ideia de sistema compreende:

- Um conjunto de entidades chamadas **partes**, **elementos** ou **componentes**.
- Alguma espécie de **relação** ou **interação** das partes.
- A visão de uma **entidade** nova e distinta, criada por essa relação, que se consegue enxergar focalizando o todo e não suas partes.

Como um exemplo, pense nas mercadorias que estão dentro de um depósito de materiais de construção. Apenas componentes isolados, sem nenhuma relação entre si. Junte-os por meio de um projeto e de esforço humano e pronto, você constrói uma casa, um sistema de habitação, uma nova entidade. Você nem precisa construir a casa de fato: basta construí-la em sua imaginação e – pronto – você enxergará os materiais dentro de um enquadramento sistêmico.

4.3 Estrutura dos sistemas

Qualquer sistema pode ser representado como conjunto de elementos ou componentes interdependentes, que se organizam em três partes: entradas, processo e saída. A entidade concreta que mais facilmente ilustra um sistema é uma fábrica (ou qualquer sistema de produção). A fábrica processa (transforma) entradas como matérias-primas e mão de obra para fornecer produtos – as saídas.

As entradas e as saídas têm a função de fazer o sistema interagir com outros sistemas, que formam o ambiente (Figura 2.10). O ambiente é um sistema de sistemas.

- Entradas. As entradas ou componentes (*inputs*) compreendem os elementos ou recursos físicos e abstratos de que o sistema é feito, incluindo todas as influências e recursos recebidos do meio ambiente.
- Processo. Todo sistema é dinâmico e tem processos que interligam os componentes e transformam os elementos de entrada em resultados.
- Saídas. As saídas ou resultados (*outputs*) são os produtos do sistema. Para uma empresa, considerada sistema, as saídas compreendem os produtos e serviços

para os clientes ou usuários, os salários e impostos que paga, o lucro de seus acionistas, o aumento das qualificações de sua mão de obra e outros efeitos de sua ação, como a poluição que provoca ou o nível de renda na cidade em que se localiza. O sistema empresa é formado de inúmeros sistemas menores, como o sistema de produção e o sistema administrativo, cada um dos quais tem suas saídas específicas.

Figura 2.10 Os sistemas mantêm com o ambiente uma relação de troca de energia, na forma de importação de insumos e exportação de resultados.

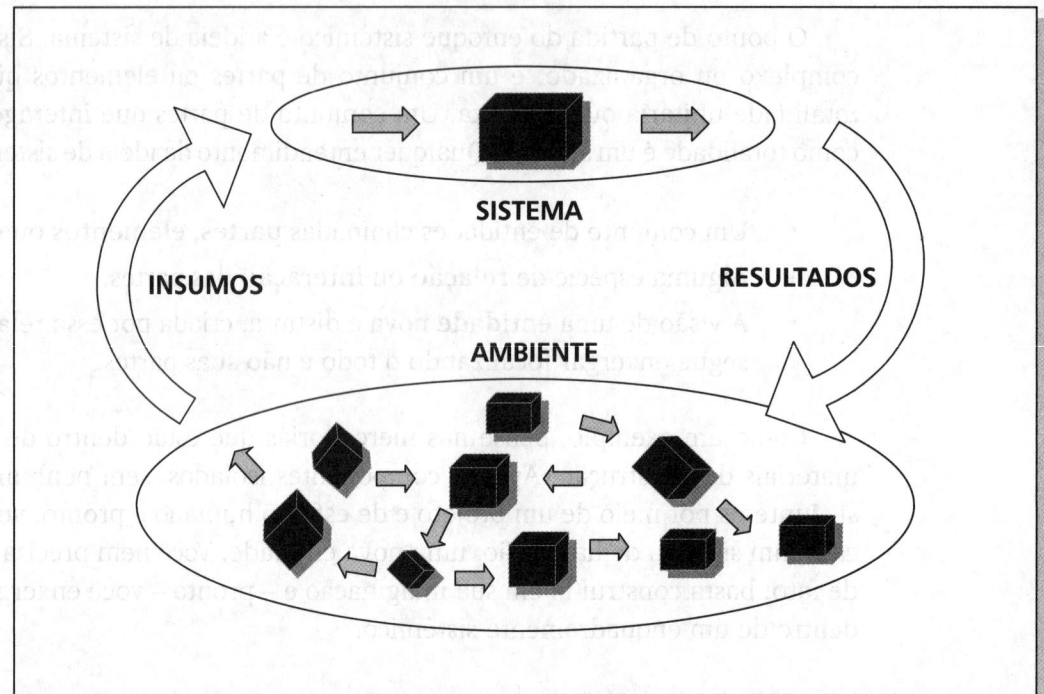

- *Feedback. Feedback* (palavra que significa retorno da informação, efeito retroativo ou realimentação) é o que ocorre quando a energia, informação ou saída de um sistema a ele retorna (Figura 2.11). O *feedback* reforça ou modifica o comportamento do sistema.

4.4 Aprendendo a usar o enfoque sistêmico

Uma das ideias mais importantes do moderno enfoque sistêmico é a noção de que a natureza dos sistemas é definida pelo observador. Para enfrentar a complexidade, é preciso ter a capacidade de entendê-la. Quem pretende utilizar o enfoque sistêmico deve aprender a enxergar sistemas e sua complexidade. Para enxergar sistemas, é preciso educar-se para perceber os elementos da realidade como parte de sistemas.

Por exemplo, uma rodovia é parte de um sistema de transportes, que abrange veículos, motoristas, postos de serviços, praças de pedágio, empresas de manutenção e muitos outros componentes. Da mesma forma, todas as organizações são sistemas que podem fazer parte de outros sistemas maiores. Ampliando o foco, as fronteiras do sistema expandem-se demasiadamente e a perspectiva se perde. O sistema de transporte exemplificado anteriormente inclui poços de petróleo, fornecedores de plataformas marítimas, condições meteorológicas no mar, que dificultam ou facilitam a extração, e que dependem do movimento do Sol e da Lua, que interagem com o Sistema Solar. No final das contas, para andar de automóvel, você depende do comportamento da galáxia. Para usar o enfoque sistêmico, é preciso aprender a delimitar fronteiras de sistemas para entendê-los e manejá-los.

Figura 2.11
Feedback, ou realimentação, é o retorno para o sistema de energia por ele produzida. Lucros reinvestidos, materiais recicláveis, avaliações feitas por clientes e informações sobre o mercado são formas de realimentação.

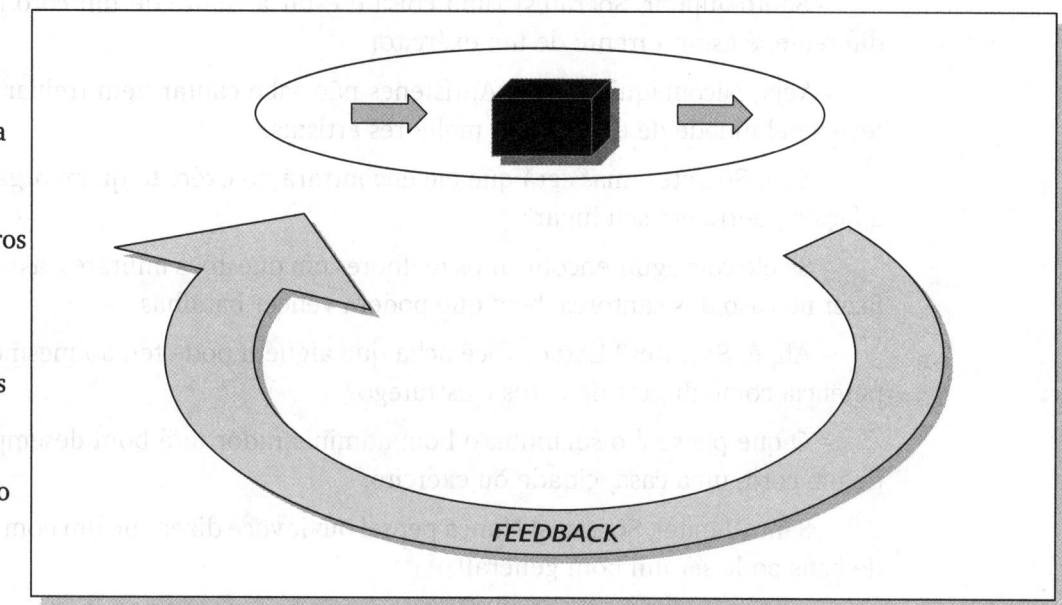

Em resumo, os limites de qualquer sistema sempre dependem do observador. Os sistemas são como você os enxerga. Portanto, é preciso fazer "recortes na realidade", para dividi-la em sistemas menores que possam ser estudados isoladamente.

Finalmente, o enfoque sistêmico é uma forma de olhar e estruturar a realidade. A maioria das escolas e ideias da administração, na atualidade, tem natureza sistêmica.

Estudo de Caso: Diálogo em Atenas

Estamos no século V a.C., mas você não sabe disso. Você só sabe que tem o privilégio de ser discípulo do grande filósofo Sócrates e, como ele, nada sabe. Acompanhando o mestre numa de suas andanças pela gloriosa Atenas, que hoje está elegendo seus dirigentes, você e seus colegas tiveram mais uma valiosa oportunidade de vê-lo utilizar seu famoso método de fazer perguntas. Vocês cruzaram com Nicomáquides, candidato a estratego (comandante ou general do exército ateniense), a quem Sócrates perguntou:

– Então, Nicomáquides, quais são os estrategos eleitos?

— Ah, Sócrates, você não acha que os atenienses foram injustos? Em lugar de elegerem a mim, que tenho tanta experiência militar e fui tantas vezes ferido (e mostrava suas cicatrizes), escolheram um tal de Antístenes, que nunca foi soldado e até hoje só se dedicou a acumular dinheiro.

— Mas, você não acha que essa é uma boa qualidade?

— Ora, Sócrates, saber juntar dinheiro não significa saber comandar exércitos.

— Antístenes – continuou Sócrates – já demonstrou que é o nosso melhor mestre de coro.

— Santo Júpiter, Sócrates! Uma coisa é estar à frente de um coro e outra, muito diferente, é estar à frente de um exército!

— Veja, Nicomáquides, que Antístenes não sabe cantar nem treinar cantores, mas teve a habilidade de escolher os melhores artistas.

— Sim, Sócrates, mas será que ele encontrará no exército quem organize as tropas e faça a guerra em seu lugar?

— Se ele conseguir encontrar os melhores em questões militares, assim como soube fazer no caso dos cantores, bem que poderá vencer batalhas.

— Ah, é, Sócrates? Então, você acha que alguém pode ter, ao mesmo tempo, competência como diretor de coros e estratego?

— O que penso é o seguinte: o bom administrador terá bom desempenho à frente de um coro, uma casa, cidade ou exército.

— Santo Júpiter, Sócrates! Nunca pensei ouvir você dizer que um bom administrador de bens pode ser um bom general!

— Pois bem, Nicomáquides. Vamos ver se as responsabilidades de um e outro são iguais ou diferentes.

— Está bem, Sócrates, concordo.

— Cercar-se de colaboradores competentes não é responsabilidade de ambos?

— Com certeza.

— Designar aos colaboradores as tarefas para as quais são mais aptos, sim ou não?

— Sim, é claro.

— Punir os relaxados e recompensar os aplicados?

— Certamente.

— Confraternizar com os colaboradores, para criar um clima positivo e espírito de colaboração?

— Sem dúvida.

— Cuidar do patrimônio não devem ambos?

— Isso também é certo.

— Enfim, não devem ser igualmente dedicados em suas atribuições? Não é certo que ambos têm inimigos ou concorrentes? Não têm o mesmo interesse em vencê-los?

– Sim, é claro.

– Então, Nicomáquides, se os negócios particulares são tão parecidos com os negócios públicos, por que o administrador de um não pode ser o administrador de outro?

Questões

1. Que ponto de vista Sócrates defende?
2. Que ponto de vista Nicomáquides defende?
3. Entre Nicomáquides e Sócrates, com quem você concorda? Que argumentos você usaria para defender cada um dos pontos de vista?
4. Até que ponto esse diálogo continua atual? Descreva uma situação, se você conhecer, na qual haja pontos de vista conflitantes sobre as competências necessárias para alguém administrar um empreendimento de qualquer tipo.

3

Teorias da administração – Tendências contemporâneas

Objetivos

Ao completar o estudo deste capítulo, você deverá estar preparado para explicar e exercitar as seguintes ideias:

- Desenvolvimento das teorias da administração no século XX, com base nas contribuições de Taylor, Fayol e outros.
- Tendências mais importantes da teoria e da prática da administração na atualidade.

Introdução

Ao mesmo tempo em que prosperavam e eram aplicadas as ideias de Taylor, Ford, Fayol e Weber, outras contribuições eram feitas para o estudo e a prática da administração, ainda no início do século XX. Essas contribuições foram feitas por empresas que desenvolveram suas próprias soluções para problemas de administração. Como numa reação em cadeia, todas essas ideias, juntando-se, deram origem a novas ideias.

Figura 3.1
Principais ideias da administração do século XX.

PERÍODO	AUTOR E LOCAL	CONTRIBUIÇÃO	ESCOLA	ENFOQUE
1920-30	Pierre du Pont e Alfred Sloan, Estados Unidos	Desenvolvimento do modelo de gestão das grandes corporações	Estratégia	Organização em unidades de negócios e planejamento estratégico
1920	Diversos autores	Desenvolvimento do processo da administração de Fayol	Clássica	Aplicação do processo da administração a diferentes situações: qualidade, projetos
1920	Shewhart, Deming, Juran, Ishikawa, Feigenbaum, Estados Unidos e Japão	Desenvolvimento das técnicas e práticas da qualidade total	Qualidade, pensamento sistêmico	Qualidade como problema sistêmico e compromisso da organização
1940	Peter Drucker, Estados Unidos	Administração por objetivos	Estratégia	Ideia que foi popular mas se tornou obsoleta
1950	Ohno e Toyota, Japão	Modelo japonês de administração	Modelo japonês	Eliminação de desperdícios
1960	Igor Ansoff, Estados Unidos	Matriz de Ansoff, estratégia corporativa	Estratégia	Análise da situação estratégica e tomada de decisão
1960	Diversos autores e locais	Qualidade de vida no trabalho	Comportamental, pensamento sistêmico	Visão sistêmica da pessoa e de seu bem-estar
1960	Diversos autores e locais	Administração de projetos	Pensamento sistêmico	Gerenciamento de empreendimentos singulares
1980	Diversos autores e locais	Administração de/por processos	Pensamento sistêmico	Administração de atividades interdependentes

Neste capítulo, retomaremos a trilha das ideias que marcaram a segunda metade do século XX e a passagem para o Terceiro Milênio. Antes de prosseguir, veja na Figura 3.1 a linha do tempo e a descrição sucinta dessas ideias. Outras ideias serão estudadas no texto do capítulo.

1 Evolução da Escola Clássica – Escola Neoclássica

Há autores que dão o nome de *Escola Neoclássica* ao conjunto de teorias que evoluíram da Escola Clássica de Taylor, Fayol e Ford. É uma designação elástica, que abrange diversas contribuições distintas. A principal contribuição da chamada Escola Neoclássica é o conceito de que a administração é um processo – como estamos vendo neste livro. Esse conceito permite classificar outros conceitos e técnicas dentro das funções – planejamento, organização, e assim por diante. É uma ideia simples, mas muito poderosa, que permite estudar a administração de forma lógica.

Outra contribuição importante da Escola Neoclássica foi o desenvolvimento de estruturas organizacionais para os empreendimentos de grande porte.

Estudaremos em seguida as pessoas e organizações que fizeram essas contribuições, nos seguintes tópicos:

- Estruturação das grandes corporações.
- Evolução do processo administrativo.
- Administração por objetivos.

1.1 Organização das grandes corporações

A ênfase de Henry Ford e de Frederick Taylor era a eficiência dos sistemas de produção e de suprimentos. Eles e seus colegas da época não se preocuparam com a estrutura organizacional necessária para administrar o conjunto das fábricas e das demais funções das grandes empresas que estavam surgindo.

Com o crescimento das empresas e com o aumento da concorrência, a ênfase deslocou-se, da produção eficiente para a estratégia e a estrutura da organização. Deve--se a duas pessoas – Pierre du Pont e Alfred Sloan – a proposição de soluções práticas para resolver esse problema. Essas soluções contribuíram para finalizar o modelo das grandes corporações, que domina o cenário dos negócios a partir do século XX.

Na companhia DuPont, Pierre du Pont ampliou os conceitos de Taylor. Ele desenvolveu formas de medir o desempenho global da empresa e não apenas a eficiência fabril. No período de 1902 a 1914, Pont criou uma estrutura organizacional hierárquica e centralizada e desenvolveu técnicas de administração financeira e previsão de vendas. Em 1903, a DuPont havia desenvolvido o conceito de retorno sobre o investimento. Em 1910, a empresa tinha objetivos e políticas uniformes e práticas de desenvolvimento de executivos.

A experiência da DuPont transferiu-se para a General Motors. Em 1914, Pierre du Pont comprou ações da então desorganizada General Motors, tornando-se presidente do conselho de acionistas. Em 1923, Alfred Sloan foi nomeado presidente (executivo principal) da empresa por Du Pont. Sloan decidiu que deveria resolver dois problemas críticos, para superar a Ford e ter sucesso na produção em massa:

I. Em primeiro lugar, era preciso profissionalizar a administração.
II. Em segundo lugar, era preciso modificar o produto básico de Ford, para que pudesse servir a "qualquer bolso e propósito".

Para resolver esses problemas, Sloan criou divisões descentralizadas e transformou-as em centros de lucro, cada uma produzindo carros ou componentes, como baterias, caixas de direção e carburadores, que eram administrados "com base nos números" pelo quartel-general. A intervalos regulares, Sloan e seus executivos exigiam relatórios detalhados sobre vendas, participação no mercado, estoques, lucros e perdas, e orçamentos de capital, sempre que as divisões pediam dinheiro. Sloan achava que os executivos do nível corporativo não deviam se ocupar de detalhes de cada centro de lucro, mas concentrar-se no exame dos resultados.

Sloan havia introduzido na GM o conceito de administração e operação descentralizadas, com planejamento e controle centralizados. Dessa forma, a GM tornou-se um conglomerado multidivisional, que possibilitava a suas unidades crescerem sem as limitações da estrutura funcional clássica. Alfred Sloan também criou o conceito de administração por objetivos, mas não usou esse nome, que foi inventado por Peter Drucker.

As soluções de Sloan fizeram o caminho de volta e, em seguida, a DuPont também adotou o plano de reestruturação de Sloan. Em 1961, a DuPont vendeu suas ações da GM, por pressão do governo americano.

As ideias de Sloan foram implantadas na década de 1920, mas somente foram completamente divulgadas na década de 1960, quando Sloan, perto dos 90 anos, escreveu suas memórias.

Sloan e Pierre du Pont criaram o modelo da administração das grandes corporações, compreendendo a estrutura das unidades de negócios e as práticas de planejamento estratégico. Assim como Taylor e Ford ficariam em casa se entrassem em qualquer fábrica neste exato momento, o mesmo aconteceria com Sloan e Du Pont se visitassem a matriz de qualquer grande empresa e examinassem seus organogramas e manuais.

A etapa seguinte da evolução foi o desenvolvimento de uma teoria geral, para administrar não apenas essas grandes empresas, mas também qualquer tipo de organização. Estudemos agora como essa teoria se desenvolveu.

1.2 Evolução do processo administrativo

Com a expansão da atividade industrial e o crescimento no número e no tamanho das organizações, surgiu a necessidade de uma teoria para orientar os executivos de primeiro nível no processo de administrá-las. Alguns autores trabalharam então para atender a essa necessidade e desenvolveram uma disciplina da *administração geral*. Foi esse esforço que resultou na concepção do processo administrativo como é estudado na atualidade (Figura 3.2).

Figura 3.2
Três concepções sobre o processo de administração.

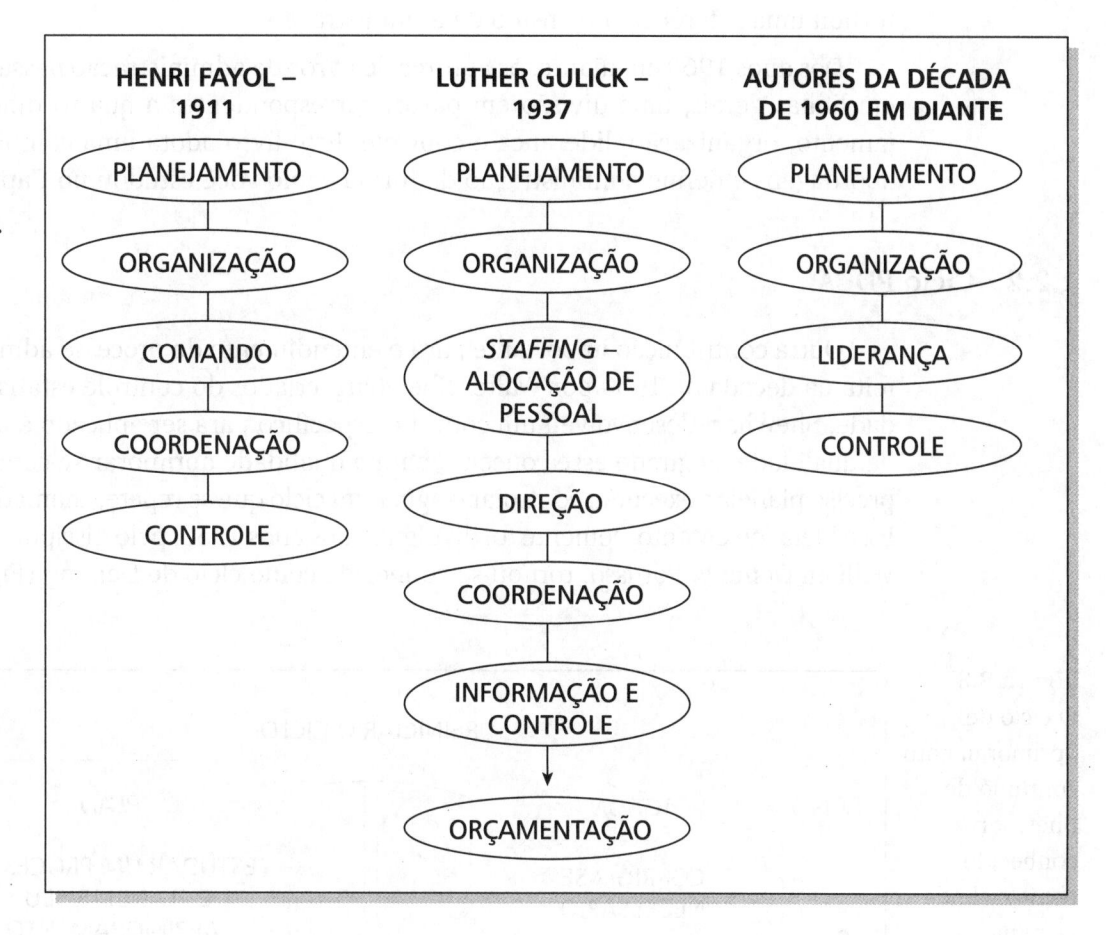

HENRI FAYOL – 1911	LUTHER GULICK – 1937	AUTORES DA DÉCADA DE 1960 EM DIANTE
PLANEJAMENTO	PLANEJAMENTO	PLANEJAMENTO
ORGANIZAÇÃO	ORGANIZAÇÃO	ORGANIZAÇÃO
COMANDO	*STAFFING* – ALOCAÇÃO DE PESSOAL	LIDERANÇA
COORDENAÇÃO	DIREÇÃO	CONTROLE
CONTROLE	COORDENAÇÃO	
	INFORMAÇÃO E CONTROLE	
	ORÇAMENTAÇÃO	

Fayol só foi traduzido para o inglês em 1949. Suas ideias, no entanto, há muito vinham influenciando estudiosos do processo administrativo. Entre os mais conhecidos estão Gulick e Urwick.

1.2.1 *Posdcorb*

Em 1937, Luther Gulick e Lyndall Urwick publicaram uma coletânea intitulada *Papers on the Science of Administration*. Nessa coletânea, Gulick apresentou sua versão das funções do gerente (ou da administração), ampliando a ideia de Fayol:

- Planejamento (*Planning*).
- Organização (*Organizing*).
- Alocação de pessoas (*Staffing*).
- Direção (*Directing*).
- Coordenação (*Coordinating*).
- Informação e controle (*Reporting*).
- Orçamentação (*Budgeting*).

As primeiras letras de cada palavra, em Inglês, formam a sigla POSDCORB, que se tornou uma referência no ensino da administração.

Dos anos 1960 em diante, os autores de livros de administração passaram a adotar, em linhas gerais, uma divisão em partes correspondentes a quatro funções – planejamento, organização, liderança e controle. Este livro adota uma combinação dessas abordagens e define administração da forma como você estudou no Capítulo 1.

1.2.2 Ciclo PDCA

Outra contribuição importante para o entendimento do processo administrativo foi feita na década de 1930 por Walter Shewhart, criador do controle estatístico da qualidade. Shewhart desenvolveu um conceito específico para ser aplicado à administração da qualidade. Segundo esse conceito, para a qualidade aprimorar-se continuamente, é preciso planejar, executar, controlar e agir, num ciclo que se repete, chamado ciclo PDCA. Essa ideia, no entanto, somente foi divulgada nos anos 1950, pelo discípulo de Shewhart, William Deming. Por isso, tornou-se conhecida como ciclo de Deming (Figura 3.3).

Figura 3.3 O ciclo de aprimoramento contínuo de Shewhart, conhecido como ciclo de Deming.

REINICIAR O CICLO

- ACTION — CORRIGIR SE NECESSÁRIO
- PLAN — ESTUDAR UM PROCESSO E PLANEJAR SEU APRIMORAMENTO
- CHECK — OBSERVAR OS RESULTADOS
- DO — IMPLEMENTAR A MUDANÇA

Apesar de sua aplicação original no campo da administração da qualidade, o ciclo PDCA é frequentemente usado como modelo para o planejamento e implementação de soluções de aprimoramento constante em qualquer área e também como modelo genérico de processo de tomada de decisões administrativas.

1.2.3 Processo de administração de projetos

Na década de 1980, outra versão do processo administrativo foi proposta pelo Project Management Institute (Instituto de Administração de Projetos, PMI). Segundo essa concepção, a administração de um projeto, ou de uma de suas fases, é um processo finito, que compreende cinco grupos de processos menores: planejamento, execução, monitoramento e controle, e conclusão (Figura 3.4).

Figura 3.4 Processos principais da administração de um projeto, segundo o Guia do PMBOK (Project Management Body of Knowledge – Guia do Corpo de Conhecimentos da Administração de Projetos) © PMI 2008.

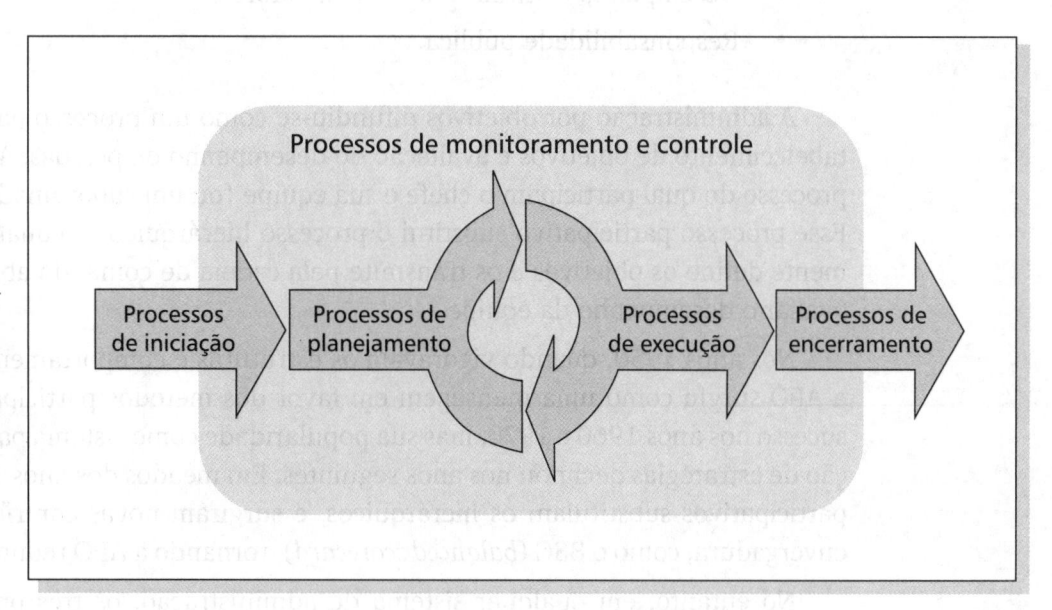

[Diagrama: Processos de iniciação → Processos de planejamento → Processos de execução → Processos de encerramento, com Processos de monitoramento e controle envolvendo planejamento e execução]

Como os projetos são atividades temporárias, que devem fornecer produtos singulares, o processo de administrá-los também deve chegar a um final. Assim, a diferença entre a concepção do PMI e as dos demais autores é a existência de uma conclusão.

1.2.4 Administração por objetivos

Administração por objetivos (APO) é uma expressão cunhada por Peter Drucker em 1955, no livro *A prática da administração*. A administração por objetivos é um procedimento sugerido para aplicação prática do processo de planejar, organizar, executar e controlar. Essa ideia foi desenvolvida por Alfred Sloan na General Motors, na década de 1920. Um dos componentes da filosofia de administração de Sloan era a definição de objetivos e a cobrança de resultados pela matriz da empresa, ficando as divisões responsáveis pela operacionalização e execução dos detalhates. Essa prática foi elaborada por Drucker, que acrescentou outros componentes e a chamou de administração por objetivos.

No livro *A prática da administração*, em que apresenta essa ideia, Drucker enfatizou a necessidade de definir objetivos e avaliar resultados em áreas-chaves de desempenho, tais como:

- Participação no mercado.
- Inovação.
- Produtividade.
- Recursos físicos e financeiros.
- Rentabilidade.
- Desempenho e aprimoramento gerencial.
- Desempenho e atitudes dos trabalhadores.
- Responsabilidade pública.

A administração por objetivos difundiu-se como um processo participativo de estabelecimento de objetivos e avaliação do desempenho de pessoas. A base da APO é o processo do qual participam o chefe e sua equipe (ou um subordinado em particular). Esse processo participativo substitui o processo hierárquico, no qual o chefe simplesmente define os objetivos e os transmite pela cadeia de comando abaixo, para depois avaliar o desempenho da equipe.

Nos anos 1950, quando vigoravam as estruturas e comportamentos hierárquicos, a APO surgiu como uma mensagem em favor dos métodos participativos. Fez muito sucesso nos anos 1960 e 1970, mas sua popularidade como sistema para a implementação de estratégias declinou nos anos seguintes. Em meados dos anos 1980, os métodos participativos substituíam os hierárquicos, e surgiram novas contribuições de maior envergadura, como o BSC (*balanced scorecard*), tornando a APO redundante e obsoleta.

No entanto, em qualquer sistema de administração, os três princípios da APO, analisados a seguir, continuam válidos (Figura 3.5).

Figura 3.5 Princípios da administração por objetivos.

OBJETIVOS ESPECÍFICOS	• Metas quantitativas devem ser definidas para as principais áreas de resultados (vendas, por exemplo).
PRAZO	• As metas devem ser cumpridas dentro de um prazo definido.
FEEDBACK	• O desempenho da equipe é avaliado ao final do prazo.

I. Objetivos específicos

Para começar, são identificadas as chamadas áreas principais de resultados (ou desempenho) de uma equipe ou unidade da organização. Para uma equipe de vendas, por exemplo, as áreas principais de resultados são o volume de vendas e a quantidade de contatos feitos com clientes potenciais. Em seguida, são estabelecidos objetivos (como aumentar as vendas em 7% ou conseguir uma venda em pelo menos cada dez contatos). Os objetivos sempre devem ser definidos de maneira específica e mensurável.

II. Tempo definido

Um prazo específico é definido para a realização dos objetivos, com prazos intermediários para verificação do desempenho da equipe.

III. *Feedback* sobre o desempenho

Ao longo do período estabelecido para a realização dos objetivos, o desempenho da equipe é avaliado. No final do prazo, um novo plano de ação é definido para um período seguinte. Caso o desempenho da equipe tenha ficado aquém do esperado, o plano de ação pode ser complementado por algum tipo de reforço, como um programa de treinamento.

2 Escola da Qualidade

A Escola da Qualidade nasceu e se desenvolveu junto com a moderna indústria. Outros autores, além de Taylor, Fayol, Du Pont e Sloan, preocuparam-se especificamente com a questão da uniformidade e da intercambiabilidade dos produtos e, por causa disso, com a regularidade dos processos. Na metade do século XX, a Escola da Qualidade juntou-se a outras ideias – combate a desperdícios, estratégia etc. – e tornou-se uma disciplina de envergadura sistêmica (Figura 3.6).

Figura 3.6 Evolução da Escola da Qualidade.

1920	1940	1950	1960	1980	SÉCULO XXI
Linha de montagem, controle estatístico da qualidade	Segunda Guerra Mundial, controle estatístico da qualidade	Controle da qualidade chega ao Japão por meio de Deming	Qualidade total de Feigenbaum e Ishikawa	Normas ISO, Garantia da qualidade	Qualidade como estratégia de negócios

2.1 Origem da Escola da Qualidade

No início do século XX, quando a produção em massa se tornou comum, qualidade significava uniformidade ou ausência de variação. Era (e continua sendo) necessário fabricar grandes quantidades de peças como parafusos, virtualmente idênticas, de forma que cada uma pudesse ser montada, indiferentemente, em qualquer produto.

As peças deveriam ser idênticas, feitas de acordo com as especificações dos técnicos. Para evitar que fossem usadas peças defeituosas, fora das especificações, era preciso controlar a qualidade por meio de inspeção dos produtos. A inspeção não garantia a qualidade dos produtos e serviços inspecionados – apenas encontrava os defeitos. Até hoje, provavelmente, quando ouve "aprovado por nosso controle de qualidade" ou "produtos selecionados", você conclui: "não encontraram nenhum defeito" ou "os produtos defeituosos foram separados e estão vendendo apenas os melhores".

Como era impossível inspecionar os milhões de peças produzidas, aplicou-se ao controle da qualidade a ideia da amostragem estatística. O pioneiro dessa aplicação foi Walter A. Shewhart, que, em 1924, preparou o primeiro rascunho do que viria a ser conhecido como carta de controle.

A Segunda Guerra Mundial deu grande impulso ao controle estatístico da qualidade. Precisando de grande quantidade de itens com elevados padrões de qualidade e uniformidade, as Forças Armadas americanas adotaram procedimentos de inspeção por amostragem e instituíram um grande programa de treinamento, destinado ao pessoal da indústria bélica e compradores das Forças Armadas. Esses cursos espalharam-se logo em seguida, atraindo muitos professores universitários que desejavam preparar-se para dar aulas de controle da qualidade. Uma das figuras importantes desse movimento foi William Edwards Deming, que se tornaria um guru da qualidade nos anos 1980. Deming ficou famoso quando se soube que ele, nos anos 1950, havia sido o responsável por ajudar a estabelecer uma cultura da qualidade no Japão.

2.2 Ideias de Deming

Em 1950, o Sindicato dos Cientistas e Engenheiros do Japão (JUSE) convidou William Edwards Deming para visitar o país e ministrar o curso padrão de estatística que ele havia ajudado a criar. Sua plateia, a princípio, era formada por técnicos e engenheiros. Ele percebeu que, se a alta administração das empresas japonesas não se empenhasse no esforço de aprimoramento da qualidade, em pouco tempo o interesse pelo controle estatístico cairia no vazio.

Ele dirigiu seu esforço, então, para a sensibilização dos altos dirigentes de um grupo das principais empresas do Japão, que haviam sido reunidos pela JUSE. A essas pessoas Deming disse que a melhoria da qualidade (que ele definiu como a redução da variabilidade) era o caminho para a prosperidade, por meio do aumento da produtividade, da redução de custos, da conquista de mercados e da expansão do emprego. A responsabilidade da alta administração começava na identificação das necessidades do cliente ou consumidor e prosseguia pelos diversos estágios da transformação de insumos, até chegar como produtos ou serviços ao mesmo cliente. Deming introduziu também a ideia da corrente de clientes – em cada estágio do processo, o estágio precedente é o fornecedor e o estágio seguinte é o cliente. Desse modo, a corrente de clientes começa nos fornecedores de insumos e termina no cliente, que é quem paga a conta e sustenta a empresa.

Muitas mensagens de grande alcance, que viriam a se tornar alicerces do moderno enfoque da qualidade, foram apresentadas por Deming aos japoneses:

- Predominância do cliente.
- Importância da mentalidade preventiva.
- Necessidade do envolvimento da alta administração.

Reverenciado no Japão, somente perto dos 80 anos Deming ganhou o reconhecimento que merecia em seu próprio país. Apesar de sua idade avançada, dedicou-se a intensa atividade de consultoria e treinamento, até o final de sua vida, nos últimos dias de 1993.

Em 1982, como texto de apoio a seus cursos, Deming publicou o livro *Quality, productivity and competitive position* (*Qualidade, produtividade e posição competitiva*), que se transformou em *Out of the crisis* (*Superando a crise*) em 1986. Nesse livro, Deming discorre sobre um método para a administração da qualidade. Trata-se do método Deming, que compreende 14 pontos. Alguns desses pontos são:

I. Estabelecer a constância do propósito de melhorar o produto e o serviço, com a finalidade de tornar a empresa competitiva, permanecer no mercado e criar empregos.

II. Acabar com a dependência da inspeção em massa. Eliminar a necessidade da inspeção em massa, construindo a qualidade junto com o produto desde o começo.

III. Cessar a prática de comprar apenas com base no preço. Em vez disso, deve-se minimizar o custo total. É preciso desenvolver um fornecedor único para cada item, num relacionamento de longo prazo fundado na lealdade e na confiança.

IV. Melhorar sempre e constantemente o sistema de produção e serviço, para melhorar a qualidade e a produtividade e, dessa maneira, reduzir constantemente os custos.

V. Eliminar *slogans*, exortações e metas para os empregados, pedindo zero defeitos e níveis mais altos de produtividade.

VI. Eliminar as quotas numéricas. Eliminar a administração por objetivos.

2.3 A qualidade total de Feigenbaum

Depois da metade do século XX, outras ideias importantes surgiram a respeito da administração da qualidade:

- Qualidade não é apenas controlar a uniformidade de produtos, de acordo com especificações criadas por engenheiros. Qualidade é uma questão de satisfação do cliente. A qualidade nasce com a definição das especificações do produto, ouvindo-se a voz do cliente. A qualidade, depois disso, é construída passo a passo, nos processos de desenvolvimento de fornecedores, produção, distribuição, vendas e assistência técnica.

- A qualidade tem de ser embutida no produto ou serviço desde o começo, a partir dos desejos e interesses do cliente. A questão importante é garantir a qualidade ao longo de todo o processo e não apenas encontrar os defeitos no final da linha de produção. Com uma filosofia de garantia da qualidade ao longo de todo o processo, os produtos e serviços chegariam ao fim virtualmente sem defeitos. Essa era a ideia da corrente de clientes, que já havia sido apresentada aos japoneses por Deming nos anos 1950.
- Construir e melhorar a qualidade não depende apenas dos engenheiros e dos especialistas do controle da qualidade. Todos, na empresa, são responsáveis pela qualidade, desde as pessoas que estão no início da hierarquia, até o presidente.
- Essa responsabilidade de todos pela qualidade e a garantia da qualidade dos produtos e serviços, do começo ao fim do processo, exige um enfoque sistêmico, para integrar ações das pessoas, máquinas, informações e todos os outros recursos envolvidos na administração da qualidade. Toda empresa deveria ter um sistema da qualidade, com padrões, normas, especialistas, manuais, instrumentos de medição, e assim por diante.

Armand Feigenbaum, que apresentou essas ideias na década de 1960, criou o rótulo TQC (*Total Quality Control*, Controle da Qualidade Total).

2.4 A qualidade total de Ishikawa

Kaoru Ishikawa é outro especialista que trabalhou com o conceito de qualidade total. Segundo Ishikawa, o desenvolvimento dos princípios e das técnicas da qualidade total tiveram sua própria evolução no Japão, vindo posteriormente a encontrar-se com as ideias de Feigenbaum.

Ishikawa foi o criador dos círculos da qualidade, ou círculos de controle da qualidade, uma das formas de colocar em prática a concepção japonesa da qualidade total. No formato original, o círculo da qualidade é um grupo de voluntários de um mesmo setor ou área de trabalho, que se reúnem regularmente para estudar e propor a solução de problemas que estejam comprometendo a qualidade e a eficiência dos produtos. Essa ideia disseminou-se rapidamente, primeiro no Japão e logo em seguida em outros países.

No final, a administração da qualidade combinou as proposições de Feigenbaum e de Ishikawa: a qualidade é uma responsabilidade de todos, coordenada e orientada por uma gerência de qualidade. Mais tarde, a amplitude dos conceitos e técnicas fez a expressão evoluir para administração da qualidade total (ou TQM, *Total Quality Management*).

2.5 Qualidade assegurada ou garantida

Na passagem dos anos 1970 para os 1980, as técnicas de controle da qualidade e os princípios de administração da qualidade, que já haviam evoluído para a filosofia da qualidade total, espalharam-se por todo o mundo. A disseminação de qualquer técnica não ocorre de maneira uniforme e, assim como havia acontecido com outros movimentos, o da qualidade teve altos e baixos. Um dos desdobramentos bem-sucedidos dessa expansão foi a ideia da qualidade assegurada ou garantia da qualidade.

À medida que se viam forçadas a aprimorar a qualidade de seus próprios produtos e serviços, muitas grandes empresas industriais perceberam que elas também eram responsáveis pela qualidade de seus fornecedores. O controle da qualidade das matérias-primas e componentes era feito pelo comprador, que assim tinha o duplo trabalho (e os custos correspondentes) de zelar por sua própria qualidade e pela de seus fornecedores. Algumas das grandes empresas montadoras de produtos finais resolveram então instituir programas da qualidade assegurada ou qualidade garantida (ou, ainda, de garantia ou asseguramento da qualidade).

Por meio de um programa de garantia da qualidade, uma empresa qualquer, numa cadeia de produção, procura aprimorar e controlar a administração da qualidade de seus fornecedores, e não a qualidade de seus produtos e serviços. A empresa compradora passa a exigir que seus fornecedores tenham um departamento da qualidade, especificações precisas para todos os seus produtos, sistemas e métodos de medição, procedimentos explícitos para lidar com defeitos, e assim por diante. Ou seja, a empresa exige que seu fornecedor tenha um sistema da qualidade, porque é esse sistema que garante a qualidade dos produtos e serviços (e não a inspeção). Certificando-se disso, a empresa compradora pode então reduzir ao mínimo ou mesmo dispensar a inspeção da qualidade dos produtos que vêm de fora.

2.6 Auditoria do sistema da qualidade

Para certificar-se da qualidade garantida de seu fornecedor, a empresa compradora faz a auditoria do sistema da qualidade. Seus auditores visitam as instalações do fornecedor e inspecionam seu sistema da qualidade, com base numa lista de perguntas ou critérios (ou manual de avaliação). A inspeção ou auditoria serve para decidir se um fornecedor tem ou não condições de continuar como tal e também para escolher novos fornecedores.

No princípio, quando os programas de asseguramento da qualidade começaram a ser instituídos, os manuais de avaliação tinham também papel orientador, uma vez que muitas grandes empresas os entregaram a fornecedores selecionados, os quais foram avisados de que, depois de certo tempo, eles seriam avaliados com base nos critérios constantes nesses manuais. A empresa compradora estava assim dando a esses fornecedores um prazo para que procurassem se enquadrar dentro das exigências do manual de avaliação.

2.7 Normas ISO

A International Organization for Standardization (ISO) é uma organização internacional, privada e sem fins lucrativos, que foi criada em 1947 e tem sede em Genebra. A Associação Brasileira de Normas Técnicas (ABNT), membro fundador da ISO, é a organização nacional de normalização que representa o Brasil.

Em 1987, a ISO colocou em vigor seus próprios manuais de avaliação do sistema da qualidade, chamados Normas ISO série 9000, que sintetizavam diversas normas nacionais já existentes, que regulamentavam as relações entre fornecedores e compradores. As Normas ISO 9000 foram adotadas por alguns países, especialmente na Comunidade Econômica Europeia, para credenciar os fornecedores internacionais de suas empresas. Assim, esses países adotaram procedimentos de qualificação dos fornecedores de outros países, para garantir a qualidade dos produtos importados. A inspeção da adoção das Normas ISO é feita por empresas e escritórios internacionais de credenciamento, que são contratados e fornecem os certificados de conformidade.

Em vez de criar seus próprios manuais de avaliação de fornecedores, algumas grandes empresas preferem usar as Normas ISO. No ano de 2000, a ISO publicou uma versão aprimorada das normas 9000.

3 Modelo Japonês de Administração

A história da administração da qualidade total confunde-se com a história do modelo japonês de administração. De fato, o modelo japonês é uma combinação dos princípios e técnicas da qualidade total, da administração científica e das tradições culturais japonesas (Figura 3.7).

Figura 3.7
Bases do modelo japonês de administração.

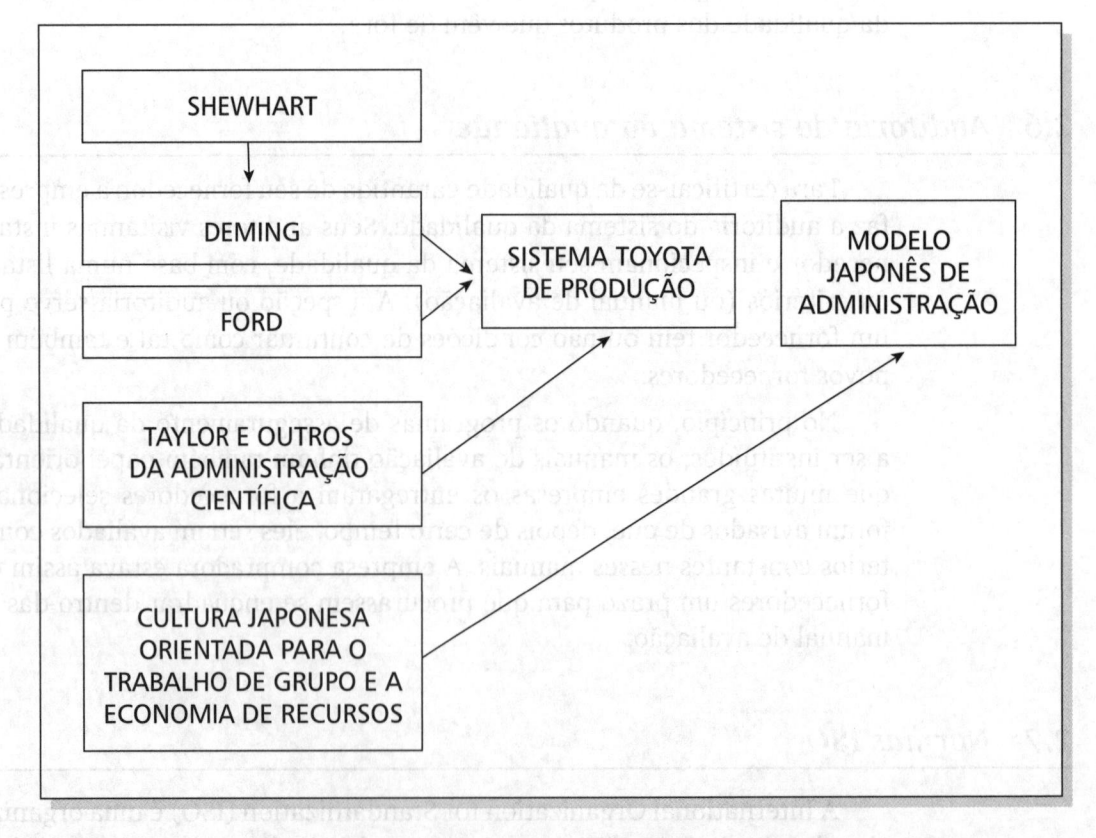

O desenvolvimento desse modelo é uma história que começa nos anos 1950, quando a economia japonesa estava debilitada e a Toyota, uma empresa de pequeno porte, tinha um programa de produção de 1.000 carros por mês. Se fabricasse mais, não conseguiria vender. Bem diferente da situação no século XXI, quando a Toyota fabricava milhares de carros por minuto e era a segunda maior fabricante mundial, atrás apenas da General Motors.

Como foi feita essa transição?

Eiji Toyoda, da família proprietária da Toyota, e Taiichi Ohno, o chefe da engenharia da empresa, foram os principais responsáveis pelo conjunto de técnicas de manufatura que se tornou conhecido como Sistema Toyota de Produção. Nos anos 1950, ambos concluíram que o sistema Ford não poderia funcionar na Toyota, que era sensivelmente menor e precisava de soluções mais eficientes e menos dispendiosas. Ao longo de um período de cerca de 20 anos, Toyoda e Ohno colocaram em prática os princípios que formam a base do Sistema Toyota de Produção e que são os seguintes: eliminação de desperdícios e produção de veículos com qualidade, analisados a seguir. Como procura mostrar a Figura 3.8, esses dois princípios assentam-se numa base comportamental.

Figura 3.8
Princípios do sistema Toyota de produção.

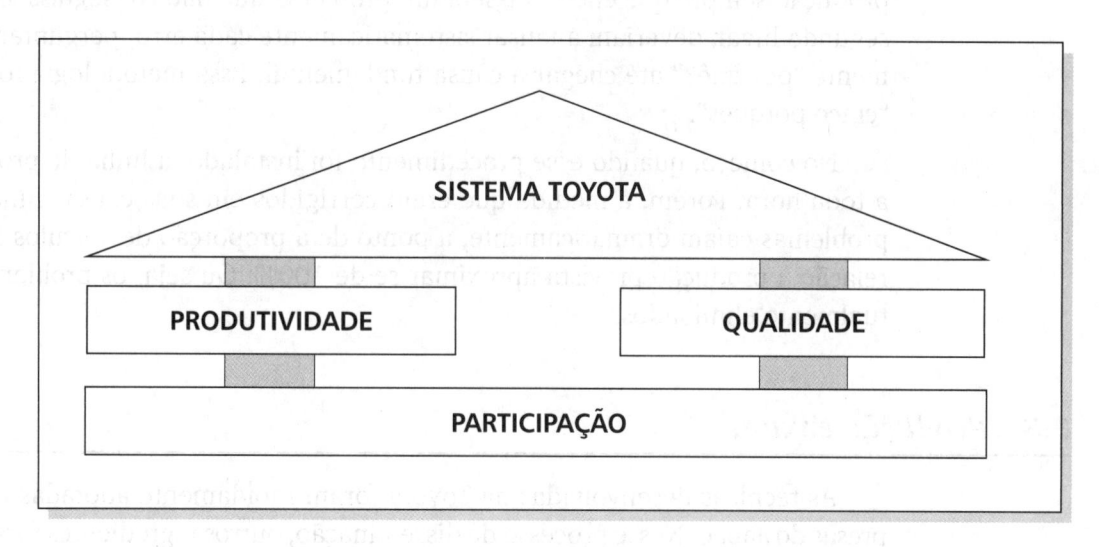

3.1 Eliminação de desperdícios

Nos anos 1950, a indústria ocidental tinha muito do que para os japoneses era desperdício de esforços, materiais, espaço e tempo. O mesmo era verdadeiro no caso dos recursos humanos: muita gente cuidando de planejamento e controle da produção, compras, controle da qualidade, manutenção e limpeza.

A indústria tradicional, que se expandiu para atender a uma sociedade de consumo, sem muita preocupação com a eficiência, segue uma filosofia conhecida como *just-in--case* – expressão que quer dizer "por via das dúvidas". *Just-in-case* significa manter recursos abundantes, particularmente máquinas e estoques, em estado de prontidão, para cumprir a programação da produção e enfrentar as flutuações. O que os ocidentais enxergavam como precaução e abundância de recursos para proteger a empresa das emergências, os japoneses enxergavam como desperdício. O primeiro componente do sistema Toyota de administração, que deu origem ao modelo japonês, é a eliminação desses desperdícios, por meio da aplicação das técnicas de racionalização do trabalho criadas pelo movimento da administração científica. *Kaizen* é a palavra japonesa que significa aprimoramento contínuo. É usada para designar os esforços sistemáticos de redução de desperdícios, levados a efeito por meio do procedimento inventado por Taylor: análise de uma tarefa, proposição de um modo mais eficiente de realizá-la e implantação da tarefa modificada.

3.2 Produção com qualidade

Depois dos desperdícios, a segunda inconveniência que a Toyota procurou evitar foi a maneira tradicional de enfrentar os problemas do processo produtivo. Os defeitos são tratados de forma pontual – um a um, sem a preocupação de ir às causas.

Em primeiro lugar, os trabalhadores receberam a instrução de parar a linha de produção sempre que encontrassem um problema que não conseguissem resolver. Em segundo lugar, deveriam analisar sistematicamente cada erro, perguntando sucessivamente "por quê?" até chegar à causa fundamental. Essa metodologia foi chamada de "cinco porquês".

No começo, quando esse procedimento foi instalado, a linha de produção parava a toda hora. Porém, à medida que eram corrigidos em suas causas fundamentais, os problemas caíam dramaticamente, a ponto de a proporção de veículos fabricados em relação à produção prevista aproximar-se de 100%. Ou seja, os problemas foram virtualmente eliminados.

3.3 Produção enxuta

As técnicas desenvolvidas na Toyota foram rapidamente adotadas em outras empresas do Japão. Nesse processo de disseminação, outros ingredientes foram agregados, originando um conjunto de soluções que se tornou conhecido como "as artes industriais japonesas" ou "o modelo japonês de administração". O conjunto dessas técnicas e soluções também ficou conhecido como sistema de produção enxuta, por causa de sua orientação para a economia de recursos. Posteriormente, a ideia central da produção enxuta – a eliminação de desperdícios – ganhou maior envergadura e alcançou toda a administração da empresa. Nos anos 1990, a expressão *organização (ou empresa) enxuta* passou a fazer parte do vocabulário da administração, já como um elemento que integra os chamados novos paradigmas da administração.

Estudo de Caso: Teoria *versus* Prática

"Se soubesse que iria perder meu tempo, não teria aceitado o convite", pensou o consultor Sérgio Ozawa, ao final de uma visita frustrada a um empresário. Ele imaginava que o empresário seria um potencial cliente. "Mas nem tudo está perdido. Pelo menos, ganhei mais um pouco de experiência sobre empresários centralizadores."

Sérgio Ozawa é um bem-sucedido consultor de administração. Tem vários clientes que são empresas multinacionais de grande porte.

A visita de Sérgio

Há uma semana, Sérgio fez uma visita à Alfa Monitores (AM), empresa que está crescendo rapidamente. A empresa fabrica monitores para hospitais: aparelhos que acompanham variáveis como pulsação, respiração e batimentos cardíacos de pacientes. Fundada há três anos, a empresa tem um único dono, Pedro Batalha, engenheiro eletrônico que anteriormente trabalhava em um instituto de pesquisas. Nesse instituto, Pedro havia desenvolvido os equipamentos que formaram a base dos negócios da empresa.

Há um mês, ele contratou um assistente para ajudá-lo a organizar a empresa. Marcos Delverde, o assistente, havia conhecido Sérgio como professor em um curso de gerência no banco em que trabalhara antes. Marcos convidou Sérgio para passar um dia na empresa, a fim de analisar a situação e dar sua opinião de especialista. Marcos concluíra que a empresa precisava urgentemente definir uma estrutura organizacional e dissera isso a Pedro. Este havia concordado com a visita de Sérgio.

Para começar, Sérgio e Marcos deram uma volta pelas instalações da empresa. Era um conjunto de duas salas em prédios diferentes e uma casa. Na casa ficavam o escritório do empresário, um grupo de engenheiros que desenhavam os novos produtos e alguns funcionários administrativos. Em uma das salas ficavam os empregados que faziam a montagem dos produtos e o estoque de peças técnicas. Em outra sala ficavam os vendedores. Nenhum desses grupos tinha supervisor. Todos eles subordinavam-se diretamente a Pedro.

A conversa com Pedro

Logo em seguida, Sérgio foi apresentado a Pedro, que lhe contou como havia começado o negócio, sozinho, e o transformara em uma empresa de 50 funcionários. A conversa foi interrompida duas vezes. Na primeira, um funcionário disse que não conseguia encontrar certo tipo de parafuso. O empresário respondeu que o parafuso se encontrava "na prateleira 25-B do estoque". Na segunda interrupção, um engenheiro veio pedir explicação sobre como o chefe queria que um detalhe de um novo produto fosse projetado. A entrevista foi então suspensa, porque Pedro foi trabalhar nesse produto.

Depois, a conversa com Pedro continuou. Ele disse que o objetivo da empresa era sempre ter uma receita do ano atual maior que a do ano anterior. A empresa não tinha nenhum programa de treinamento dos funcionários. Havia dois benefícios, além dos obrigatórios por lei: um programa de crédito a juros irrisórios, para compra de imóveis ou automóveis, e participação nos lucros da empresa, proporcional ao salário. Marcos, mais tarde, disse que, apesar dos benefícios, havia insatisfação entre os funcionários, pois Pedro era um patrão duro, que vivia dando ordens e ficava muito impaciente quando via alguém sem fazer nada. Um dos principais engenheiros da empresa havia pedido demissão por causa disso. O escritório de contabilidade contratado pela empresa cuidava dos procedimentos de administração de pessoal. Por fim, Pedro perguntou:

– E então, Sérgio, o que achou?

Sérgio propôs-se a fazer um relatório e Pedro concordou. Para fazer o relatório, Sérgio conversou com um cliente, diretor de um grande hospital. O cliente disse que estava satisfeito com a empresa, mas que o atendimento poderia ser melhor. Às vezes, quando os produtos precisavam de assistência, os funcionários da empresa demoravam a chegar e o serviço tinha de ser refeito. O hospital tinha outros fornecedores, que eram muito mais rápidos e cuidadosos. Além disso, empresas multinacionais poderosas também atuavam nesse mercado. A vantagem da empresa de Pedro era a proximidade com o cliente. Essa vantagem seria perdida se as multinacionais aprendessem a ter um contato mais próximo com os clientes. A empresa de Pedro também ficaria ameaçada se não fosse capaz de acompanhar a evolução da tecnologia.

O relatório de Sérgio

Ontem, Sérgio terminou seu relatório, que era muito enxuto e direto, e o enviou para Pedro. No relatório, Sérgio elogiou o crescimento da empresa e disse o que era evidente. Faltava um mínimo de organização. A empresa deveria ter três departamentos: engenharia, ou projetos, montagem e vendas. A assistência aos clientes poderia ficar na área de vendas, para reforçar a proximidade com os clientes.

O objetivo mencionado por Pedro era muito simples, escreveu Sérgio. Em sua opinião, a empresa deveria ter um conjunto de objetivos mais ambiciosos. Por exemplo:

- Fornecer bens e serviços com qualidade e eficiência, para atender aos desejos e necessidades dos clientes.
- Operar com lucro.
- Promover a saúde, o bem-estar e a capacitação técnica e gerencial dos empregados.
- Manter boas relações com a comunidade, em especial com os clientes.
- Proteger o meio ambiente.
- Observar as leis e regulamentos de todos os níveis de governo.
- Promover o crescimento da empresa e de seus lucros.
- Promover a obtenção de conhecimentos necessários para a atualização tecnológica da empresa.

Na parte final do relatório, Sérgio tratou do papel de Pedro como executivo principal. Pedro poderia e deveria dedicar-se a questões prioritárias, em vez de cuidar de parafusos no estoque. Questões como o acompanhamento da tecnologia e os contatos com os clientes importantes. Para isso, ele deveria criar cargos de gerentes dos departamentos sugeridos por Sérgio.

A reação de Pedro

Hoje, Sérgio foi conversar com Pedro sobre o relatório.

– Sérgio, você tem razão, eu sei disso (mostrando o relatório), já percebi. No entanto, você esqueceu alguns pontos importantes. Quem desenvolveu esses produtos fui eu e quem faz o acompanhamento da tecnologia sou eu. Acho que sou muito capaz de cuidar dos aspectos mais importantes da empresa. De seu relatório, só gostei de quando você fala do lucro. Tem muita teoria aqui. Isso pode funcionar nas grandes multinacionais que você atende. Não aqui. Na minha empresa, a teoria é dar resultados, e isso está acontecendo. Deixe-me dizer, tudo vai ficar exatamente como está. A empresa é minha e eu faço dela o que quiser.

– Bem, Pedro, então tenho o direito de saber: por que você me chamou?

– Foi Marcos quem insistiu. E, escute, Marcos, daqui para a frente, acho que você deveria manter-se em sua missão. Sérgio, foi um prazer conhecê-lo. Até mais.

Na saída, Sérgio disse:

– Marcos, foi muito constrangedor. Acho que você deveria ter me dito que esse cara não queria saber de consultoria. Ele não acredita em princípios de administração profissional. Será que ele não percebe que está colocando em risco o emprego de seus funcionários, se a empresa não der certo?

– Puxa, Sérgio, eu disse a ele que você viria. Desculpe-me, acho que deveria ter esclarecido melhor as coisas.

Questões

1. Se você fosse Sérgio, como teria feito e apresentado o relatório a Pedro? Você tentaria convencê-lo?
2. O que você acha da opinião de Pedro, de que "as teorias só funcionam nas grandes multinacionais"?
3. Você faria a defesa das teorias que Pedro atacou?
4. Como se explica o comportamento de Pedro?
5. Sérgio deveria ter feito algo para evitar o que aconteceu?

4

Desempenho das organizações

Objetivos

Ao terminar o estudo deste capítulo, você deverá estar preparado para explicar e exercitar as seguintes ideias:

- Critérios de mensuração e avaliação do desempenho das organizações: eficiência, eficácia e competitividade.
- Ferramentas para o aprimoramento do desempenho da organização.
- Análise comparativa das ferramentas.

Introdução

Todas as organizações são sistemas de recursos que perseguem objetivos. Recapitulando, eficiência e eficácia são os dois conceitos usados para avaliar o desempenho de uma organização. Uma organização é eficaz quando realiza seus objetivos e eficiente quando utiliza corretamente seus recursos. Algumas organizações, além de eficientes e eficazes, precisam também ser competitivas: elas precisam ser mais eficientes e eficazes que seus concorrentes.

1 Desempenho das Organizações

As pessoas que administram organizações de qualquer tamanho, são responsáveis pela realização de objetivos e pela utilização dos recursos. Eficiência, a medida de utilização dos recursos, e eficácia, a medida de realização dos objetivos, são os dois critérios básicos para avaliar o desempenho das organizações. Algumas organizações, além de eficientes e eficazes, precisam também ser competitivas, porque enfrentam outras organizações que perseguem os mesmos objetivos.

O desempenho de uma organização reflete o desempenho de seus administradores. Uma organização eficiente, eficaz e competitiva evidencia que tem uma administração de alto desempenho (Figura 4.1).

Figura 4.1
O desempenho de uma organização é reflexo do desempenho de sua administração.

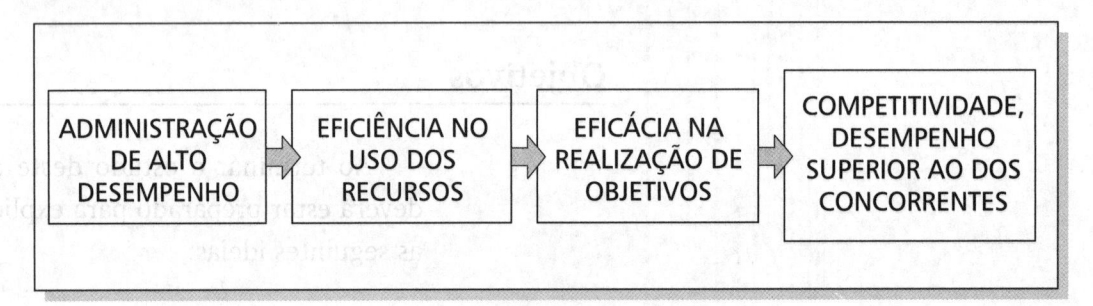

ADMINISTRAÇÃO DE ALTO DESEMPENHO → EFICIÊNCIA NO USO DOS RECURSOS → EFICÁCIA NA REALIZAÇÃO DE OBJETIVOS → COMPETITIVIDADE, DESEMPENHO SUPERIOR AO DOS CONCORRENTES

Os critérios básicos de avaliação de desempenho desdobram-se e são complementados por outros. Os administradores de todos os tipos de organizações dispõem de sistemas complexos de avaliação, formados por grande número de critérios. Na Figura 4.2, estão retratados alguns dos critérios mais importantes que todos os administradores de organizações devem considerar e que são estudados neste capítulo.

2 Eficiência e Desperdício

A eficiência de uma organização ou sistema depende de como seus recursos são utilizados. Eficiência significa:

- Realizar atividades ou tarefas da maneira certa.
- Realizar tarefas de maneira inteligente, com o mínimo de esforço e com o melhor aproveitamento possível de recursos.
- Realizar tarefas de maneira econômica, empregando a menor quantidade possível de recursos.

Figura 4.2
Alguns dos critérios mais importantes para a avaliação do desempenho de uma organização e de seus administradores.

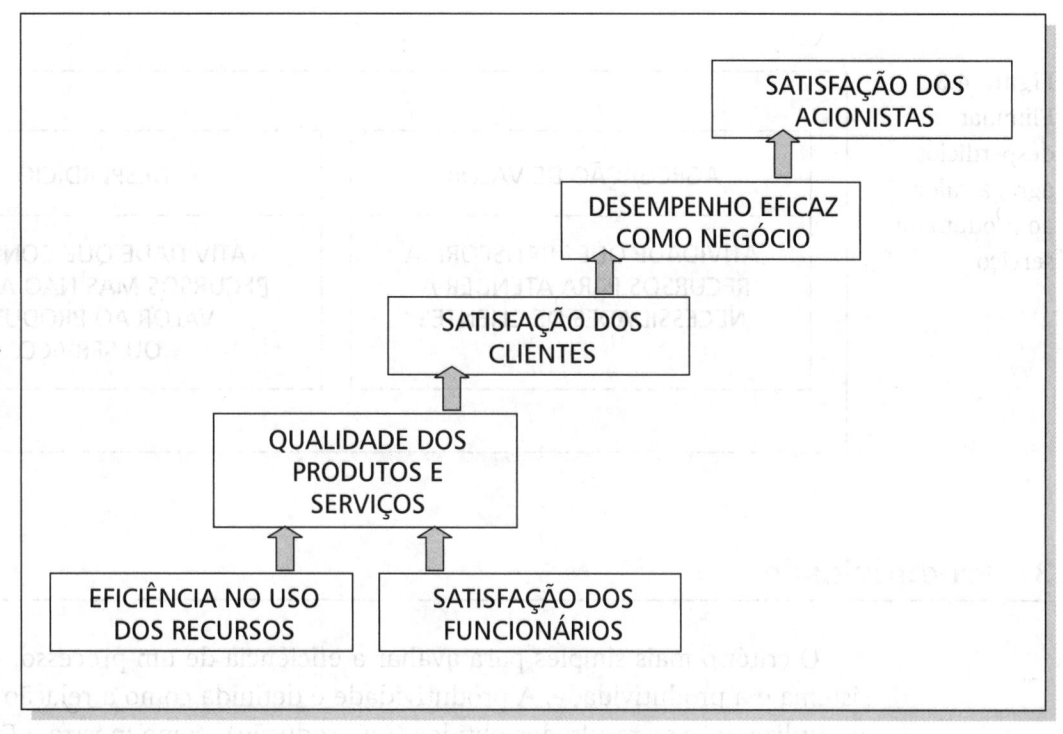

```
                                    SATISFAÇÃO DOS
                                      ACIONISTAS
                                           ↑
                                  DESEMPENHO EFICAZ
                                    COMO NEGÓCIO
                                           ↑
                                   SATISFAÇÃO DOS
                                      CLIENTES
                                           ↑
                                   QUALIDADE DOS
                                     PRODUTOS E
                                      SERVIÇOS
                                      ↑      ↑
                          EFICIÊNCIA NO USO   SATISFAÇÃO DOS
                             DOS RECURSOS      FUNCIONÁRIOS
```

Eficiência é um princípio de administração de recursos, mais que uma simples medida numérica de desempenho. O princípio da eficiência é o da relação entre esforço e resultado. Quanto menor o esforço necessário para produzir um resultado, mais eficiente é o processo. A antítese da eficiência é o desperdício. É o que ocorre quando:

- Mais recursos são usados do que os necessários para realizar um objetivo.
- Consomem-se recursos e nenhum objetivo é realizado.
- Produtos e serviços (objetivos) desnecessários são realizados.

Eliminar desperdícios significa reduzir ao mínimo a atividade que não agrega valor ao produto ou serviço. Agregação de valor é a contrapartida da eliminação de desperdícios. É, também, um dos conceitos mais importantes da administração moderna.

Depois de eliminados ou reduzidos ao mínimo indispensável os desperdícios, o que resta é atividade ou esforço que agrega valor ao produto (Figura 4.3). Agregar valor significa realizar operações estritamente relacionadas com a elaboração do produto ou prestação do serviço. São as operações de transformação de materiais e componentes e de atendimento de clientes. Um produto ou serviço fornecido sem desperdícios tem o máximo possível de valor agregado para o cliente. Assim, a eliminação de desperdícios diminui os custos de produção, sem que o valor do produto para o cliente fique comprometido.

Figura 4.3
Eliminar desperdícios agrega valor ao produto ou serviço.

AGREGAÇÃO DE VALOR	DESPERDÍCIO
ATIVIDADE QUE TRANSFORMA RECURSOS PARA ATENDER A NECESSIDADES DE CLIENTES	ATIVIDADE QUE CONSOME RECURSOS MAS NÃO AGREGA VALOR AO PRODUTO OU SERVIÇO

3 Produtividade

O critério mais simples para avaliar a eficiência de um processo, organização ou sistema é a produtividade. A produtividade é definida como a relação entre os recursos utilizados e os resultados obtidos (ou produção), como mostra a Figura 4.4. Todo sistema tem um índice de produtividade, que é a quantidade de produtos/serviços que cada unidade de recursos fornece. Por exemplo: a quantidade de alunos por professor, a quantidade de pessoas atendidas por hora, ou a quantidade de produtos fornecidos por funcionário.

Figura 4.4
Produtividade é a relação entre resultados obtidos e recursos utilizados.

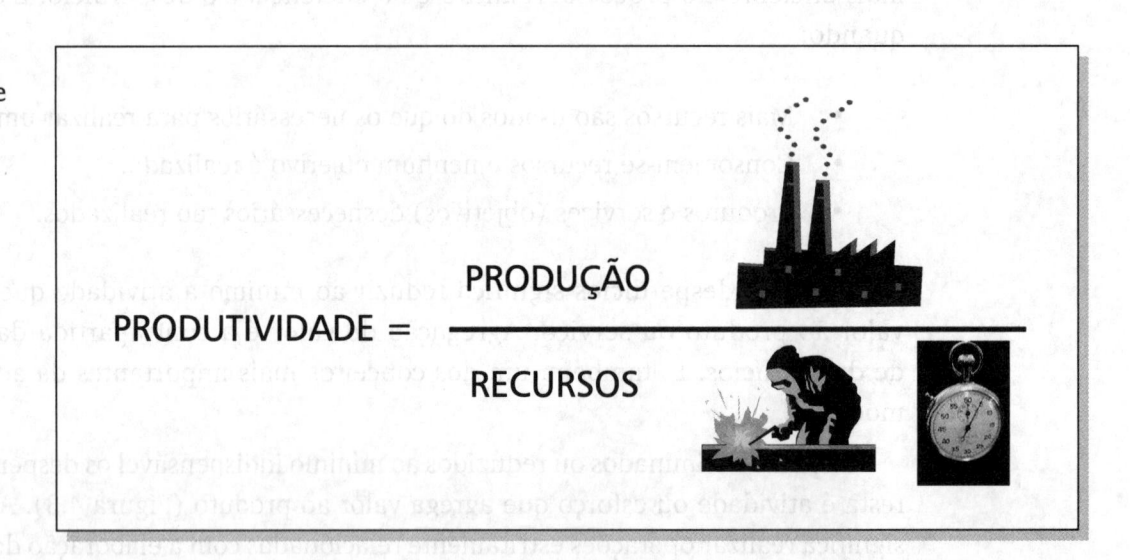

$$PRODUTIVIDADE = \frac{PRODUÇÃO}{RECURSOS}$$

A ideia básica da produtividade tem diversas variações:

- Entre dois sistemas que utilizam a mesma quantidade de recursos, é mais produtivo aquele que produz maior quantidade de resultados.

- Entre dois sistemas que produzem a mesma quantidade de resultados, é mais produtivo aquele que o faz com menor quantidade de recursos.
- A produtividade de um sistema aumenta à medida que a quantidade de recursos diminui para produzir os mesmos resultados.
- A produtividade de um sistema aumenta à medida que a mesma quantidade de recursos produz resultados cada vez maiores.
- A produtividade diminui com o aumento da quantidade de recursos aplicados.

De forma geral, quanto mais elevada a quantidade de resultados obtidos com a mesma unidade de recursos, mais produtivo o sistema é. Ao longo de um período, a produtividade pode aumentar porque a produção aumenta e, ao mesmo tempo, porque diminui o volume de recursos empregados. A Figura 4.5 mostra como isso ocorre.

Figura 4.5 Aumento da produtividade da mão de obra.

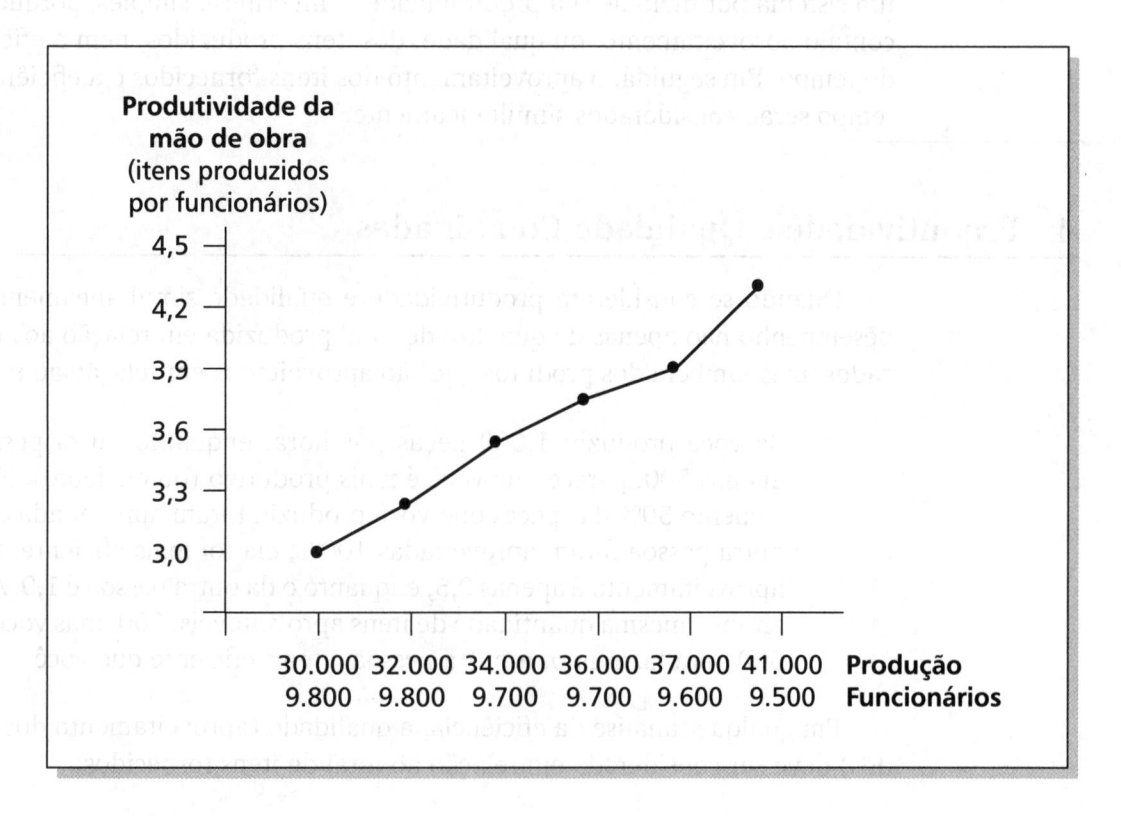

Produção	30.000	32.000	34.000	36.000	37.000	41.000
Funcionários	9.800	9.800	9.700	9.700	9.600	9.500

Produtividade da mão de obra (itens produzidos por funcionários): 3,0 — 3,3 — 3,6 — 3,9 — 4,2 — 4,5

3.1 Produtividade de fatores isolados

A produtividade pode ser calculada para fatores de produção isolados: alunos por professor, vendas por metro quadrado, produção por quilowatt/hora. Por exemplo, pode-se considerar o trabalhador/ano como fator de produção, ou unidade de recursos. A produtividade é medida contando-se a quantidade de qualquer item, como automóveis, que cada trabalhador produz em um ano.

3.2 Produtividade de fatores múltiplos

A produtividade também pode ser analisada para diversos fatores simultaneamente, como no exemplo a seguir.

- Uma fábrica trabalha 1.000 horas para produzir 1.000 peças (uma peça por hora). Com uma mudança no equipamento, a fábrica passa a produzir 2.000 peças em 1.000 horas (2 peças por hora). A produtividade aumentou 100%. O novo equipamento exigiu um aumento, no investimento de capital, de 100.000 para 150.000 reais. A produtividade do capital aumentou 33%, de 0,01 (1.000 peças/100.000) para 0,0133 (2.000 peças/150.000). No total, houve um aumento de 66,5%: [(100% + 33%) : 2].

Produtividade é uma das traduções mais conhecidas da ideia de eficiência, e muitas vezes as duas palavras são usadas como sinônimos. No entanto, avaliar a eficiência de um sistema por meio de sua produtividade é um critério simples, porque não leva em conta o aproveitamento, ou qualidade, dos itens produzidos, nem a eficiência no uso do tempo. Em seguida, o aproveitamento dos itens fornecidos e a eficiência no uso do tempo serão considerados simultaneamente.

4 Produtividade e Qualidade Combinadas

Quando se consideram produtividade e qualidade simultaneamente, mede-se o desempenho não apenas da quantidade total produzida em relação aos recursos utilizados, mas também dos produtos que são aproveitados em relação ao total fornecido.

- Se você produziu 1.000 peças por hora, enquanto outra pessoa produziu apenas 500, parece que você é mais produtivo (ou eficiente). No entanto, se somente 50% das peças que você produziu foram aproveitadas, enquanto da outra pessoa foram aproveitadas 100%, ela foi mais eficiente. Seu índice de aproveitamento é apenas 0,5, enquanto o da outra pessoa é 1,0. Ambos produziram a mesma quantidade de itens aproveitáveis, 500, mas você desperdiçou 500 para fazer isso. A outra pessoa é mais eficiente que você.

Em qualquer análise da eficiência, a qualidade (aproveitamento dos itens fornecidos) deve ser considerada em relação ao total de itens fornecidos:

- Qualidade = Quantidade de itens aproveitados em relação ao total de itens fornecidos = Índice de aproveitamento.

5 Eficiência no Uso do Tempo

Além disso, deve-se perguntar se o tempo foi usado de maneira eficiente.

Há três formas principais de avaliar a eficiência no uso do tempo:

5.1 Produtividade do tempo

Suponha que, em uma hora, 2.000 peças deveriam ter sido produzidas. Isso significa que uma hora é o tempo padrão para produzir 2.000 itens, mas você produziu apenas 1.000. A outra pessoa produziu apenas 500. Para produzir a quantidade desejada, você deverá trabalhar quatro horas, já que seu índice de aproveitamento é 50%. A outra pessoa, que tem índice de aproveitamento de 100%, também deve trabalhar quatro horas.

- Você: 1.000 peças (quantidade) × 0,5 (aproveitamento) × 4,0 horas = 2.000 peças.
- A outra pessoa: 500 peças × 1,0 (aproveitamento) × 4,0 horas = 2.000 peças.

Em resumo, você e a outra pessoa estão trabalhando o mesmo tempo para produzir a mesma quantidade de peças. No entanto, a outra pessoa está desperdiçando apenas tempo. Você está desperdiçando tempo e metade das peças que produz. A outra pessoa ainda é mais eficiente que você.

5.2 Tempo de ciclo

O tempo de ciclo refere-se ao tempo que transcorre entre o início e o fim de um processo. Por exemplo: o tempo durante o qual o cliente fica em uma fila, o tempo que transcorre entre o cliente chegar a uma agência dos Correios e receber uma encomenda, ou o tempo necessário para a montagem de um produto.

5.3 Velocidade do processo

A velocidade do processo é representada por um índice. É o tempo total consumido por um processo que fornece um produto ou serviço, dividido pelo tempo usado para agregar valor a esse mesmo produto ou serviço. Por exemplo, suponha que você recebeu uma encomenda e demorou cinco semanas para entregá-la. Desse tempo, quatro horas foram efetivamente usadas para fazer o produto ou serviço e o tempo restante foi perdido ou usado para outras finalidades.

- Velocidade do processo = Tempo total de processo / Tempo de valor agregado = 6,0 semanas × 5,0 dias × 8,0 horas / 4,0 horas = 60.

O índice 60 significa que o tempo diretamente usado para fazer o produto ou serviço está sendo multiplicado por 60. Se você tivesse entregado a encomenda em cinco horas, o índice seria:

- Velocidade do processo = 5,0 horas / 4,0 horas = 1,25.

Em resumo, quanto menor o índice, mais veloz é o processo e mais eficiente o uso do tempo.

5.4 Flexibilidade

A flexibilidade de um processo ou sistema indica sua capacidade de fornecer produtos e serviços customizados para atender a determinadas necessidades. Nas empresas industriais, esse conceito se operacionaliza por meio da *manufatura ágil*. A flexibilidade tem três indicadores:

- A velocidade, associada à flexibilidade, mede com que rapidez a empresa consegue mudar seus processos para fornecer produtos e serviços diferentes.
- Capacidade de atender a grandes flutuações na demanda por produtos e serviços, como acontece nos restaurantes em diferentes horários.
- Capacidade de fazer diferentes produtos simultaneamente.

6 Ferramentas para Aprimorar a Eficiência

Desde que Frederick Taylor lançou a administração científica, muitas ideias surgiram para ajudar as organizações a aumentar a eficiência de seus processos e tarefas. Todas essas ideias fundamentam-se no princípio de Taylor: estude um processo ou tarefa, identifique os desperdícios e suas causas, proponha um processo ou tarefa mais eficiente e faça a implantação (Figura 4.6).

Figura 4.6
Todas as ferramentas de aprimoramento da eficiência baseiam-se nos procedimentos da administração científica desenvolvidos por Taylor.

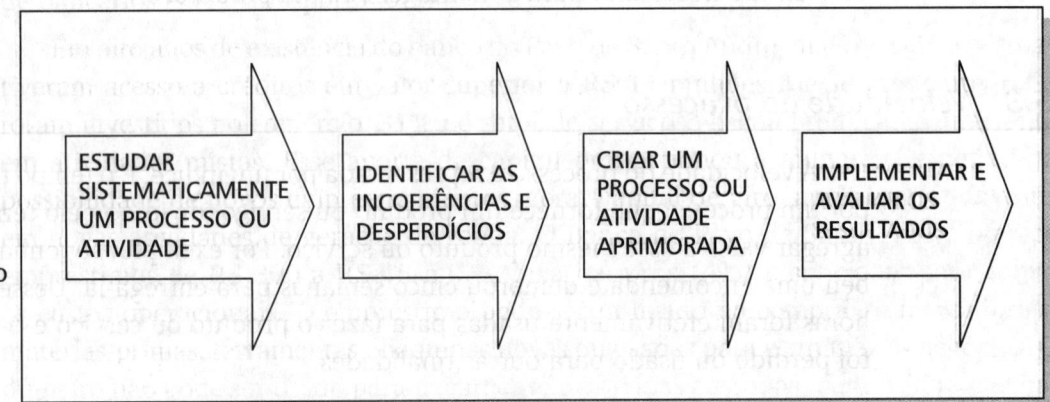

ESTUDAR SISTEMATICAMENTE UM PROCESSO OU ATIVIDADE → IDENTIFICAR AS INCOERÊNCIAS E DESPERDÍCIOS → CRIAR UM PROCESSO OU ATIVIDADE APRIMORADA → IMPLEMENTAR E AVALIAR OS RESULTADOS

Três técnicas recentes serão estudadas em seguida: reengenharia, redesenho de processos e Seis Sigma. No próximo capítulo, serão analisadas algumas ideias sobre aumento da eficiência que se originaram no campo da administração da qualidade.

6.1 Reengenharia e redesenho de processos

Reengenharia e redesenho de processos são duas técnicas que buscam aumentar a eficiência ou reduzir o desperdício por meio do aprimoramento dos processos da organização (que foram apresentados no Capítulo 1). Um processo pode ser aprimorado, por exemplo, pela redução do número de suas etapas ou dos recursos que utiliza. A reengenharia propõe a substituição radical dos processos ineficientes; o redesenho dos processos propõe o aprimoramento contínuo.

Na década de 1980, a reengenharia foi um marco na história do aprimoramento da eficiência nas organizações. O autor desse conceito foi Michael Hammer, que o divulgou no artigo *Promovendo a reengenharia do trabalho: não automatize, destrua*. Em seu livro de 1993, *Reengeneering the corporation*, escrito em parceria com James Champy, as ideias originais foram ampliadas e acrescidas de uma metodologia para a implantação da reengenharia (Figura 4.7).

Figura 4.7
A metodologia de reengenharia é uma sequência de passos similar ao procedimento de Taylor.

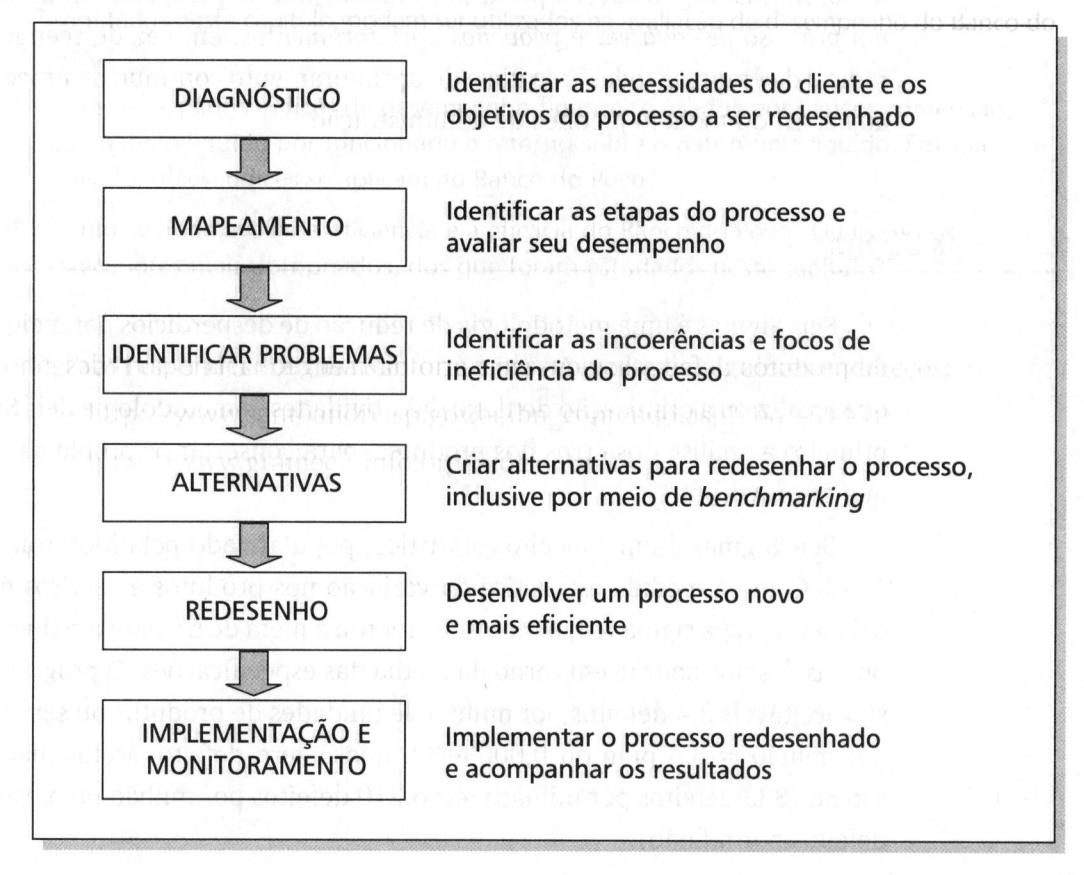

- DIAGNÓSTICO — Identificar as necessidades do cliente e os objetivos do processo a ser redesenhado
- MAPEAMENTO — Identificar as etapas do processo e avaliar seu desempenho
- IDENTIFICAR PROBLEMAS — Identificar as incoerências e focos de ineficiência do processo
- ALTERNATIVAS — Criar alternativas para redesenhar o processo, inclusive por meio de *benchmarking*
- REDESENHO — Desenvolver um processo novo e mais eficiente
- IMPLEMENTAÇÃO E MONITORAMENTO — Implementar o processo redesenhado e acompanhar os resultados

- A ideia central da reengenharia era (e continua sendo) a substituição de um processo ineficiente por outro totalmente redesenhado, com menor quantidade de etapas e de recursos. Essa proposição focalizava os processos a serem informatizados. Segundo Hammer, nenhum ganho de eficiência seria obtido com a informatização de um processo ineficiente. Antes de informatizar, era necessário redesenhar radicalmente os processos de trabalho.

- No entanto, a reengenharia, assim como ocorreu com a administração científica, ficou com má reputação. Na prática, foram chamados de reengenharia esforços orientados exclusivamente para a redução de custos, especialmente por meio do corte de pessoal. Assim, quando se ouvia falar em reengenharia, a palavra significava demissões em massa.

- Outra crítica foi feita à própria filosofia da reengenharia. A radical mudança de todos os recursos e processos poderia levar à perda da identidade e à desestruturação da organização. Os riscos eram muito maiores que os benefícios potenciais.

Apesar das críticas, os princípios da reengenharia permaneceram e foi criada uma nova denominação, que passou a conviver com a original: *redesenho de processos*. Além disso, muitas organizações preferiram adotar outras perspectivas: *aprimoramento de um processo de cada vez* e *pequenos aprimoramentos*, em vez de reengenharia total e radical da empresa toda. Essa ideia do aprimoramento contínuo de processos é idêntica ao *kaizen* do modelo japonês de administração.

6.2 Seis Sigmas

Seis Sigmas é uma metodologia de redução de desperdícios por meio da eliminação de produtos defeituosos. Ao contrário da reengenharia e do redesenho de processos, que focalizam a otimização do fluxo das atividades, a metodologia Seis Sigmas focaliza primeiro a análise dos erros nos produtos, para consertar os problemas nos processos que os provocam.

Seis Sigmas é um conceito estatístico, popularizado pela Motorola na década de 1980. Como a medida estatística da variação nos produtos e serviços é representada pela letra grega sigma (σ), a Motorola adotou a meta de 6σ para a redução da variação, ou seis desvios-padrão em torno da média das especificações. O programa implica que são aceitáveis 3,4 defeitos por milhão de unidades de produtos ou serviços (3,4 partes por milhão = 3,4 ppm ou 0,00034%), quase zero defeito. Metas menos ambiciosas são 5σ (333 defeitos por milhão), 4σ 6.210 defeitos por milhão ou mesmo 3σ (66.807 defeitos por milhão).

O Seis Sigmas tornou-se uma ferramenta de uso universal, tanto na fabricação de produtos quanto na prestação de serviços, assim como havia acontecido com os sistemas Ford e Toyota e outras criações.

DMAIC

Para implantar projetos Seis Sigmas usa-se o procedimento ou método DMAIC (Figura 4.8): *Define* (Definir), *Measure* (Medir), *Analyse* (Analisar), *Improve* (Melhorar) e *Control* (Controlar).

Figura 4.8
Procedimentos para um projeto de Seis Sigmas.

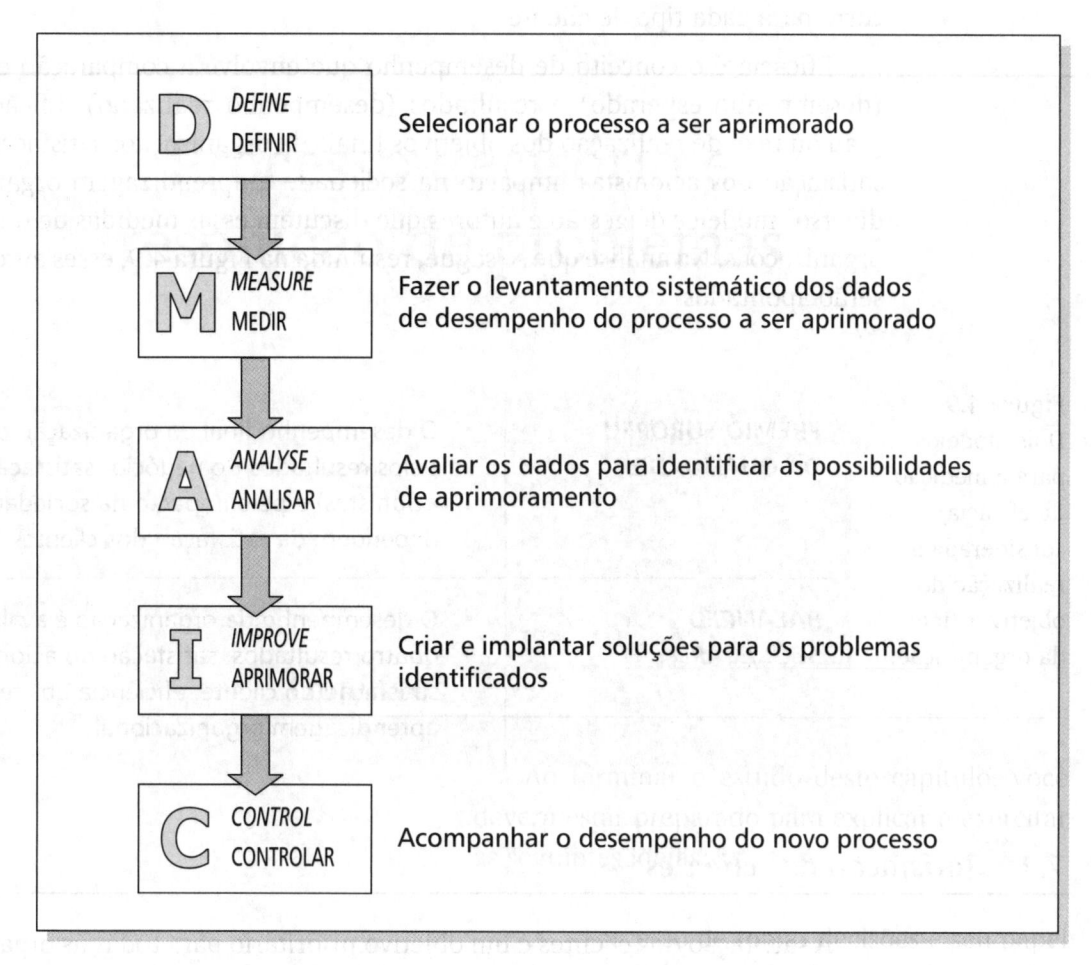

```
D  DEFINE
   DEFINIR        Selecionar o processo a ser aprimorado
        ↓
M  MEASURE        Fazer o levantamento sistemático dos dados
   MEDIR          de desempenho do processo a ser aprimorado
        ↓
A  ANALYSE        Avaliar os dados para identificar as possibilidades
   ANALISAR       de aprimoramento
        ↓
I  IMPROVE        Criar e implantar soluções para os problemas
   APRIMORAR      identificados
        ↓
C  CONTROL
   CONTROLAR      Acompanhar o desempenho do novo processo
```

7 Eficácia

O museu das organizações está cheio de histórias de eficiência. São os restos fossilizados das empresas que fabricavam máquinas de escrever, discos de vinil, calculadoras mecânicas e outros produtos que foram superados pela evolução da tecnologia, por um concorrente mais apto ou pela mudança de preferências dos consumidores. São também histórias de profissões que se tornaram obsoletas, como os perfuradores de cartões, torneiros mecânicos ou os programadores de produção. Por mais que essas empresas e profissões fossem eficientes, perderam a razão de ser e sua eficácia, sua capacidade de resolver problemas. Não adianta muito produzir resultados de maneira eficiente, se não forem os resultados corretos.

A diferença entre eficiência e eficácia pode ser ilustrada pela história das duas principais empresas automobilísticas do mundo: Ford e General Motors. Embora Henry Ford fosse um mestre da eficiência, Alfred Sloan transformou a GM na maior e mais bem-sucedida empresa do ramo. Esse desempenho é o resultado de sua orientação para o mercado e não apenas para o processo produtivo. Enquanto a Ford tinha uma estratégia de fazer eficientemente o mesmo carro, a GM orientou-se para fazer um carro para cada tipo de cliente.

Eficácia é o conceito de desempenho que envolve a comparação entre objetivos (desempenho esperado) e resultados (desempenho realizado). Eficácia significa o grau ou taxa de realização dos objetivos finais da organização: satisfação dos clientes, satisfação dos acionistas, impacto na sociedade e aprendizagem organizacional. Há diversos modelos de gestão e autores que discutem essas medidas de desempenho das organizações. Na análise que se segue, resumida na Figura 4.9, esses autores e modelos serão apontados.

Figura 4.9
Dois modelos para a medição da eficácia, considerada a realização dos objetivos finais da organização.

PRÊMIO EUROPEU DA QUALIDADE	• O desempenho final da organização é avaliado pelos resultados do negócio (satisfação dos acionistas) e pelo impacto na sociedade, que dependem da satisfação dos clientes.
BALANCED SCORECARD	• O desempenho da organização é avaliado por quatro resultados: satisfação do acionista, satisfação do cliente, eficiência dos recursos e aprendizagem organizacional.

7.1 Satisfação dos clientes

A satisfação dos clientes é um objetivo prioritário para todas as organizações. Sem clientes satisfeitos, as demais medidas de desempenho da organização ficam comprometidas. Diversos indicadores podem ser usados pelas organizações para planejar e controlar seu desempenho na dimensão da satisfação dos clientes. O modelo de gestão da Fundação Européia para a Administração da Qualidade (EFQM) e o Prêmio Nacional da Qualidade Malcom Baldrige (MBNQA) propõem os seguintes indicadores:

- Satisfação manifesta dos clientes com os produtos e serviços da organização.
- Retenção (fidelização) de clientes.
- Ganho de novos clientes.
- Volume de reclamações.
- Atendimento de reclamações.
- Facilidade de acesso aos serviços de assistência aos clientes.
- Repetição de negócios (ou retorno de clientes).

Quando a eficácia é considerada, a definição de qualidade se amplia. A inclusão do cliente na definição da qualidade torna-se prioritária. Qualidade passa a ser mais que fazer produtos sem defeitos de fabricação. Qualidade, quando se pensa no cliente, significa fornecer o produto ou serviço certo, que atende a necessidades específicas. As especificações do produto ou serviço certo foram planejadas de maneira a atender aos interesses de um mercado ou cliente e, ao mesmo tempo, as necessidades econômicas da organização que o fornece. Um produto ou serviço planejado assim tem qualidade de projeto. Certos produtos têm qualidade de projeto tão elevada que encontram grande receptividade e tornam-se clássicos no mercado. Canetas esferográficas, barbeadores descartáveis, computadores pessoais e interfaces gráficas são exemplos do conceito de qualidade de projeto.

Um produto pode ter qualidade de projeto e defeitos de fabricação, ou vice-versa. O produto que apresenta os dois atributos ao mesmo tempo, qualidade de projeto e qualidade de aceitação, tem adequação ao uso porque está livre de deficiências, um conceito proposto por Joseph Juran.

O problema de administrar a qualidade, portanto, não se resume a planejar especificações e fazer o produto da maneira certa. Dentro da perspectiva da eficácia, qualidade é fazer da maneira certa o produto certo.

7.2 Satisfação dos acionistas

O conceito de satisfação dos acionistas é elástico. Acionistas podem ser investidores privados, que desejam retorno apropriado para seu capital. Podem ser fundos de pensão, que também precisam de retorno, para pagar a previdência de seus associados. Pode ser o poder público, que representa a comunidade e exige a aplicação eficiente dos recursos sociais. Esses diferentes tipos de acionista podem avaliar o desempenho da organização por meio de uma combinação dos seguintes indicadores, propostos pelo modelo da EFQM, pelo Prêmio Malcom Baldrige e por Kaplan e Norton, autores da ideia do *balanced scorecard* (ou painel balanceado de avaliação):

- Fluxo de caixa positivo.
- Lucro.
- Retorno sobre o investimento ou ganhos por ação.
- Controle do orçamento.
- Participação no mercado.
- Valor da propriedade intelectual (patentes, direitos, programas de computador).
- Crescimento dos negócios.
- Conquista de novos mercados e lançamento de novos produtos.
- Porcentagem da receita de vendas produzida pela venda de novos produtos.
- Crescimento e *mix* da receita.
- Redução de custos e aumento da produtividade.
- Utilização dos ativos (estratégia de investimento).

No Capítulo 16, retornaremos à ideia do *balanced scorecard*.

7.3 Impacto na sociedade

O papel e o impacto de uma organização na sociedade tornaram-se temas obrigatórios da administração desde meados da década de 1960, quando emergiram os movimentos de defesa do consumidor e do meio ambiente. Na transição para o terceiro milênio, o papel e o impacto social das organizações traduzem-se em tendências como a responsabilidade social da empresa, governança e cidadania corporativa. Os indicadores recomendados pelo Prêmio Baldrige são os seguintes:

- Respeito a normas ambientais.
- Providências implementadas para proteger o ambiente.
- Apoio a empreendimentos comunitários.
- Punições recebidas por incidentes comprometedores do ambiente.

7.4 Aprendizagem organizacional

O desempenho na dimensão da aprendizagem pode ser avaliado pela capacidade de obtenção e utilização de conhecimentos pela organização. Vários autores trabalharam a ideia da aprendizagem e do conhecimento como vantagens competitivas, que permitem à organização enfrentar com êxito as mudanças e a concorrência. Entre eles, Peter Senge, que você conheceu no Capítulo 3.

A aprendizagem é resultado do processo de tomar decisões para resolver problemas. Quando se enfrentam novos problemas, é preciso buscar, produzir e aplicar novas informações. Essas novas informações devem ser processadas e armazenadas em bancos de dados, para utilização posterior. Novos produtos ou sistemas de informações precisam ser protegidos, para que a organização mantenha sua propriedade.

Alguns indicadores de desempenho relativos à aprendizagem e ao domínio do conhecimento pela organização são os seguintes:

- Aquisição de competências pelos funcionários.
- Nível de treinamento dos funcionários (qualidade do material humano).
- Bancos de dados estratégicos.
- Propriedade de *software* estratégico.
- Patentes e direitos autorais.
- Métodos de mapeamento e utilização das competências dos funcionários.
- Capacidade de trabalhar em equipe.
- Delegação de autoridade e poder de decisão para os funcionários.

A capacidade de inovação é um dos benefícios da aquisição de conhecimentos e um fator de competitividade. Inovação significa a capacidade de apresentar e desenvolver novos produtos e serviços que efetivamente chegam ao mercado. Por exemplo, uma companhia aérea teve a ideia de oferecer milhagem grátis para os passageiros frequentes.

Essa ideia inovadora foi logo copiada e hoje não se sabe mais quem a inventou. Como a ideia inovadora de hoje será trivial amanhã, a produção contínua de novas ideias é uma condição para a sobrevivência.

8 Competitividade

Competitividade é uma tradução particular da ideia de eficácia. As empresas têm natureza competitiva – elas concorrem entre si disputando a preferência dos mesmos clientes e consumidores. O sucesso de uma pode significar o fracasso de outra. Há várias empresas que querem vender seus automóveis, sabonetes e computadores. A mais competitiva é aquela que consegue transformar grande número de pessoas em seus clientes, obter lucro e sobreviver com isso.

Para serem competitivas, as empresas precisam ter desempenho melhor que outras que disputam os mesmos clientes. Uma empresa é competitiva quando tem alguma vantagem sobre seus concorrentes. A vantagem competitiva faz uma empresa ser preferida pelos clientes, ser mais competente em alguma forma de relacionamento com o ambiente ou dispor de algum recurso singular.

As vantagens competitivas estão embutidas nos indicadores de eficiência e eficácia já estudados neste capítulo. Uma organização eficiente e eficaz tem alta probabilidade de ser competitiva. No entanto, há outros indicadores de competitividade que as organizações e seus administradores devem considerar. A Figura 4.10 apresenta um resumo das mais importantes vantagens competitivas que as organizações podem incluir em suas estratégias, mas, no final das contas, a competitividade é medida pela preferência dos consumidores.

Figura 4.10
Algumas das vantagens competitivas mais importantes de uma organização.

- QUALIDADE DO PRODUTO OU SERVIÇO.
- DOMÍNIO DE FONTES DE MATÉRIA-PRIMA.
- DOMÍNIO DE TECNOLOGIA.
- POSSE DE CAPITAL.
- IMAGEM POSITIVA JUNTO AOS CLIENTES E À SOCIEDADE.
- SISTEMA EFICAZ DE DISTRIBUIÇÃO.
- SISTEMA EFICIENTE DE PRODUÇÃO.

Estudo de Caso: Um Banco sem Fins Lucrativos

O conceito de microcrédito surgiu em Bangladesh no final dos anos 1970, inventado pelo economista Muhammad Yunus, professor da Universidade de Chittagong. Yunus liderou nessa época um projeto para estudar a viabilidade de um sistema de crédito destinado às pessoas pobres demais para terem acesso ao sistema bancário oficial. Em 1983, Yunus criou o Grameen Bank (Banco Rural, no idioma de Bangladesh), com o objetivo principal de emprestar pequenos montantes, a juros baixos, a pessoas muito pobres. O modo de operação criado por Yunus envolve a formação de grupos de cinco tomadores de empréstimos. Inicialmente, apenas dois deles recebem crédito. Somente quando esses dois começam a pagar a dívida os outros três podem tomar empréstimos. Dessa forma, a responsabilidade coletiva torna-se a garantia do pagamento do empréstimo.

A ideia passou a ser copiada em todo o mundo. Bill Clinton, ex-presidente dos Estados Unidos, fundou um quando era governador do Arkansas. Clinton advogou por diversas vezes a concessão do Prêmio Nobel para Yunus. Em 2006, Yunus e o Grameen Bank receberam o Prêmio em conjunto.

Em fevereiro de 2007, o Grameen Bank tinha sete milhões de tomadores de empréstimos, 97% dos quais eram mulheres. Tinha nesse ano 2.381 agências, oferecendo serviços em 76.000 localidades, cerca de 90% do total de Bangladesh. Seus empréstimos até essa data chegavam a seis bilhões de dólares, com uma taxa de inadimplência de menos de 1,5%.

No Brasil, a ideia transformou-se no Banco do Povo.

O Banco do Povo de Santo André, cidade da Grande São Paulo, foi criado em 1998, autorizado pelo Banco Central como associação civil sem fins lucrativos. Seu capital inicial era de R$ 500 mil, sendo R$ 400 mil da Prefeitura e o restante de sócios mantenedores (Associação Comercial e Industrial de Santo André) e sindicatos de Metalúrgicos, de Bancários e das Transportadoras de Cargas.

Em oito anos de existência do banco do Povo de Santo André, mais de 5.100 pessoas tiveram acesso a créditos em valor superior a R$ 11 milhões. Desse montante, 62% foram investidos no comércio, 31% no setor de serviços, 4% na produção e o restante em atividades mistas. Esse aporte de capital proporcionou a milhares de pessoas a possibilidade de novos empreendimentos, gerar capital de giro, aprimorar ou investir em novas atividades de geração de renda. O Banco do Povo de Santo André oferece empréstimos de R$ 300 a R$ 15 mil. A taxa de juros (4%) é suficiente para cobrir os custos operacionais. O empréstimo pode ser utilizado na compra de mercadorias, matérias-primas, ferramentas, máquinas novas ou usadas para estimular os negócios. O dinheiro não pode ser usado para pagamento de dívidas passadas, nem crédito pessoal para consumo.

Os Bancos do Povo costumam ter inadimplência zero. Três modalidades de garantia são utilizadas:

(1) Avalista com comprovação de renda; por exemplo, no mínimo, um ano de carteira assinada na mesma empresa.

(2) Alienação fiduciária. O cliente pode deixar como garantia um bem próprio (automóvel, máquina e equipamento quitado).

(3) Aval de grupo solidário. Um grupo de três a sete pessoas que toma empréstimo em conjunto, sendo avalistas um dos outros.

Mais importante do que as garantias oferecidas pelos clientes, o Banco leva em conta a capacidade de os projetos vingarem e os efeitos sociais dos investimentos. Os agentes de crédito do Banco, responsáveis pela análise das propostas, buscam projetos de empresas com mais de seis meses de atuação, que gerem renda e vagas.

Questões

1. Em sua opinião, o conceito de competitividade se aplica ao Banco do Povo? E, de forma geral, às instituições sem finalidade lucrativa? Se sim ou não, por quê?

2. Se você acha que o conceito de competitividade se aplica, quais critérios, entre os apontados neste capítulo, podem ser utilizados na avaliação de desempenho do Banco do Povo?

3. Considere alguns índices de desempenho financeiro usados por bancos comerciais, como lucro líquido por funcionário e retorno sobre o patrimônio líquido. Em sua opinião, esses índices se aplicam ao Banco do Povo?

4. Como se pode avaliar a eficiência e a eficácia do Banco do Povo? Quais são os indicadores mais apropriados, dos que foram estudados neste capítulo?

Para responder com mais informações, consulte os seguintes endereços:
<http://www.santoandre.sp.gov.br/bn_conteudo.asp?cod=5147>
<http://www.grameen-info.org/index.html>

5

Processo decisório e resolução de problemas

Objetivos

Ao terminar o estudo deste capítulo, você deverá estar preparado para explicar e exercitar as seguintes ideias:

- Processo de tomar decisões e seu papel na administração das organizações.
- Habilidades, conceitos e técnicas envolvidas no processo de tomar decisões.
- Dificuldades que se apresentam ao longo do processo de tomar decisões e que podem produzir decisões de má qualidade.

Introdução

O processo de tomar decisões, como parte do trabalho dos administradores, foi destacado por diversos praticantes e estudiosos da administração, como Fayol e Mintzberg. Estudar o processo de tomar decisões ajuda a compreender o trabalho gerencial e a desenvolver as habilidades de administrador.

- Na seleção de futuros gerentes, muitas organizações procuram avaliar a aptidão dos candidatos para analisar e resolver problemas, individualmente e em grupo. Esse é um indício a mais da importância da capacidade de tomar decisões no elenco das competências dos gerentes.
- Por causa dessa importância, o processo de tomar decisões firmou-se como disciplina com vida própria dentro do campo da administração. Diversas técnicas foram desenvolvidas para ajudar os gerentes e outros profissionais nesse aspecto de seu trabalho.

1 Decisões

Uma decisão é uma escolha entre alternativas ou possibilidades. As decisões são tomadas para resolver problemas ou aproveitar oportunidades. O processo de tomar decisões (ou processo decisório) é a sequência de etapas que vai da identificação de um problema ou oportunidade, até a escolha e colocação em prática de uma ação ou solução. Quando a decisão é colocada em prática, o ciclo se fecha. Uma decisão que se coloca em prática cria uma situação nova, que pode gerar outras decisões ou processos de resolver problemas (Figura 5.1).

Figura 5.1 Uma decisão é uma escolha para enfrentar um problema. A decisão conduz a outra situação, que pode exigir novas decisões.

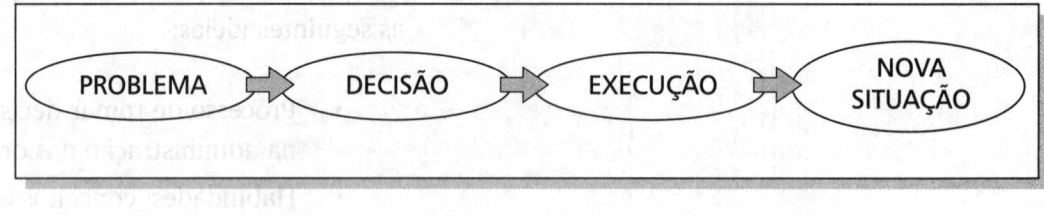

PROBLEMA → DECISÃO → EXECUÇÃO → NOVA SITUAÇÃO

2 Principais Tipos de Decisões

As decisões nas organizações, de acordo com uma ideia muito conhecida de Simon, dividem-se em duas categorias principais: programadas e não programadas.

2.1 Decisões programadas

As decisões programadas fazem parte do acervo de soluções da organização. Resolvem problemas que já foram enfrentados antes e que se comportam sempre da mesma maneira. Não é necessário, nesses casos, fazer diagnóstico, criar alternativas e escolher um curso de ação original. Basta aplicar um curso de ação predefinido. Exemplos de decisões programadas são políticas, algoritmos, procedimentos e regras de decisão.

- Por exemplo, o limite de crédito do cheque especial funciona como um empréstimo automático. Quando o cliente usa esse crédito, imediatamente entra em ação uma regra de decisão: os juros começam a ser cobrados. Não é necessário o cliente ir ao banco, pedir o empréstimo e ter seu caso analisado. O procedimento já está instalado, pronto para funcionar.
- Outro exemplo: em um lote de produtos, determinada peça é defeituosa. A empresa que fabricou os produtos convoca os proprietários para fazer a troca da peça. A convocação é a decisão programada para esse tipo de problema.

As decisões programadas economizam tempo e energia intelectual, evitando que os gerentes se desgastem resolvendo problemas que já estão resolvidos. Assim, um dos objetivos do processo decisório deve ser o de procurar o maior número possível de oportunidades para criar decisões programadas.

2.2 Decisões não programadas

As decisões não programadas são preparadas uma a uma, para atacar problemas que as soluções padronizadas não conseguem resolver. São as situações novas, que a organização está enfrentando pela primeira vez e admitem diferentes formas de serem resolvidas, cada uma com suas vantagens e desvantagens. Situações desse tipo precisam de um processo de análises sucessivas, desde o entendimento do problema até a tomada de uma decisão. Por exemplo:

- O ataque terrorista às torres gêmeas de Nova Iorque, no dia 11 de setembro de 2001, provocou, além da perda de vidas, inúmeros problemas de grande magnitude para empresas que lá tinham operações. Nenhuma forma de resolver esses problemas estava disponível. Muitos deles eram até mesmo de difícil diagnóstico – como as próprias causas do acidente.
- Uma empresa industrial está de mudança para o interior. Não há nenhuma referência sobre isso na história da empresa. Esse é o tipo de problema que requer uma decisão não programada. Na verdade, muitas decisões não programadas, em forma de um projeto de mudança.

3 Processo de Resolução de Problemas

O processo de tomar decisões, para resolver problemas e aproveitar oportunidades, tem cinco fases principais (Figura 5.2):

Figura 5.2
Cinco fases do processo de tomar decisões.

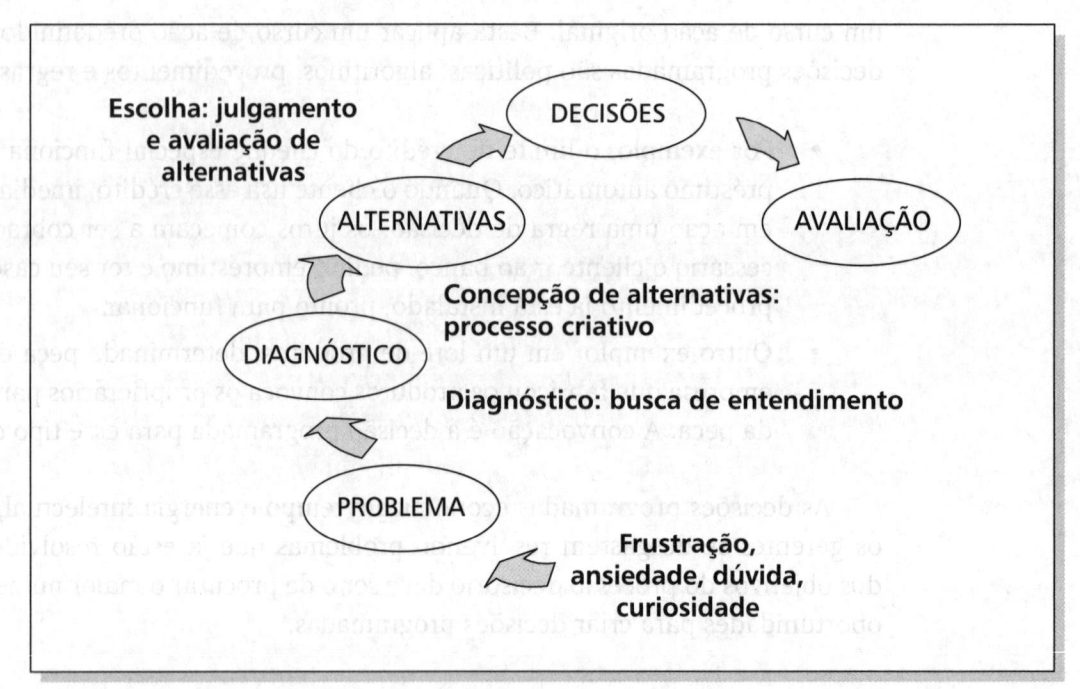

Diagrama do ciclo de decisão:
- PROBLEMA ← Frustração, ansiedade, dúvida, curiosidade
- DIAGNÓSTICO ← Diagnóstico: busca de entendimento
- ALTERNATIVAS ← Concepção de alternativas: processo criativo
- AVALIAÇÃO ← Escolha: julgamento e avaliação de alternativas
- DECISÕES

- Identificação do problema ou oportunidade.
- Diagnóstico.
- Geração de alternativas.
- Escolha de uma alternativa.
- Avaliação da decisão.

Para ajudar os gerentes em sua tarefa de tomar decisões, diversas técnicas foram desenvolvidas. Algumas técnicas são dirigidas a problemas específicos, na área da administração da qualidade, por exemplo. Outras são genéricas e se prestam a grande variedade de problemas. A Figura 5.3 sumariza essas técnicas, indicando em que fase do processo decisório podem ser usadas.

Esses recursos não fornecem soluções automáticas para os problemas que os gerentes enfrentam. O processo de tomar decisões sempre será uma atividade humana, passível de erros. O papel das técnicas é estruturar o processo decisório, ajudando os gerentes a eliminar a improvisação e aumentar o grau de certeza na tomada de decisões. Um processo estruturado de resolução de problemas procura assegurar uma decisão lógica, que seja coerente com o problema e que diminua a probabilidade dos erros.

Em seguida, um processo estruturado, que utiliza essas técnicas, será apresentado.

3.1 Identificação do problema ou oportunidade

O processo de tomar decisões começa com uma situação de frustração, interesse, desafio, curiosidade ou irritação. Há um objetivo a ser atingido e apresenta-se um obstáculo, ou acontece uma condição que se deve corrigir, ou está ocorrendo um fato que exige algum tipo de ação, ou apresenta-se uma oportunidade que pode ser aproveitada. Esta é a fase em que se percebe que o problema está ocorrendo e que é necessário tomar uma decisão.

Figura 5.3
Fases e técnicas do processo de tomar decisões.

FASE DO PROCESSO	TÉCNICAS
5. AVALIAÇÃO DA DECISÃO	• ANÁLISE DE VANTAGENS E DESVANTAGENS
4. ESCOLHA DE UMA ALTERNATIVA	• ÁRVORE DE DECISÕES • ANÁLISE DO CAMPO DE FORÇAS • PONDERAÇÃO DE CRITÉRIOS • ANÁLISE DO PONTO DE EQUILÍBRIO
3. GERAÇÃO DE ALTERNATIVAS	• *BRAINSTORMING* • *BRAINWRITING* • MDPO OU PARADIGMA DE RUBINSTEIN
2. DIAGNÓSTICO	• DIAGRAMA DE ISHIKAWA • PRINCÍPIO DE PARETO
1. IDENTIFICAÇÃO DO PROBLEMA OU OPORTUNIDADE	

3.2 Diagnóstico

A etapa de diagnóstico consiste em procurar entender o problema ou oportunidade e identificar suas causas e consequências. Certas situações são facilmente caracterizáveis como problemas, porque têm efeitos indesejáveis evidentes, que não exigem muita pesquisa para serem identificados. É o caso dos acidentes de trânsito, cujas causas são bem conhecidas: imprudência, excesso de velocidade, má conservação dos veículos. Outros problemas precisam de estudos demorados para serem analisados e entendidos. É o caso da falta de água, energia elétrica ou espaço para despejar lixo nas grandes cidades brasileiras.

Algumas técnicas foram desenvolvidas para ajudar os gerentes a analisar problemas de forma sistemática, estudando suas causas, consequências e prioridades. Duas dessas técnicas serão examinadas a seguir: o diagrama de Ishikawa e o princípio de Pareto.

3.2.1 Diagrama de Ishikawa

O diagrama que tem a forma de uma espinha de peixe (também conhecido como diagrama de Ishikawa ou diagrama 4M) é um gráfico que tem por finalidade organizar o raciocínio e a discussão sobre as causas de um problema.

Os problemas estudados por meio da espinha de peixe começam com uma pergunta: "por quê?".

Para identificar as causas, as pessoas encarregadas de estudar o problema fazem levantamentos no local da ocorrência, estudam dados ou consultam outras pessoas. Cada uma das causas identificadas é então classificada de acordo com as categorias representadas pelas linhas inclinadas. Problemas de fábrica, de forma geral, têm quatro tipos de causas, das quais se originou a designação 4M: mão de obra, método, materiais e máquinas (Figura 5.4). Outros critérios de organização podem ser usados, dependendo do tipo de problema e empresa. Veja na Figura 5.5 o estudo de um problema cujas causas foram organizadas segundo outros critérios.

Figura 5.4 A estrutura padronizada do diagrama de Ishikawa classifica os problemas com quatro tipos de causas.

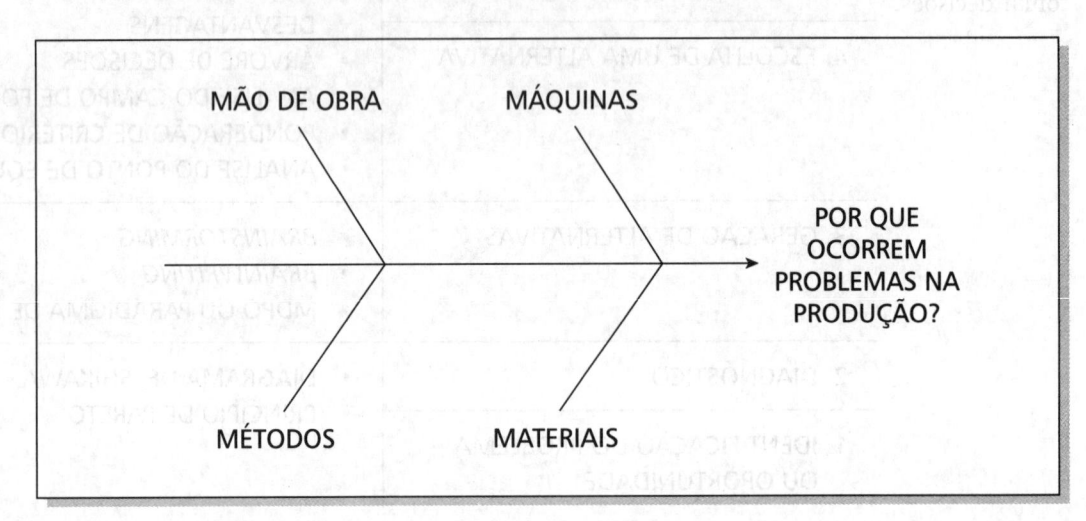

Figura 5.5 Um desempenho do diagrama de Ishikawa com critérios diferentes dos 4M.

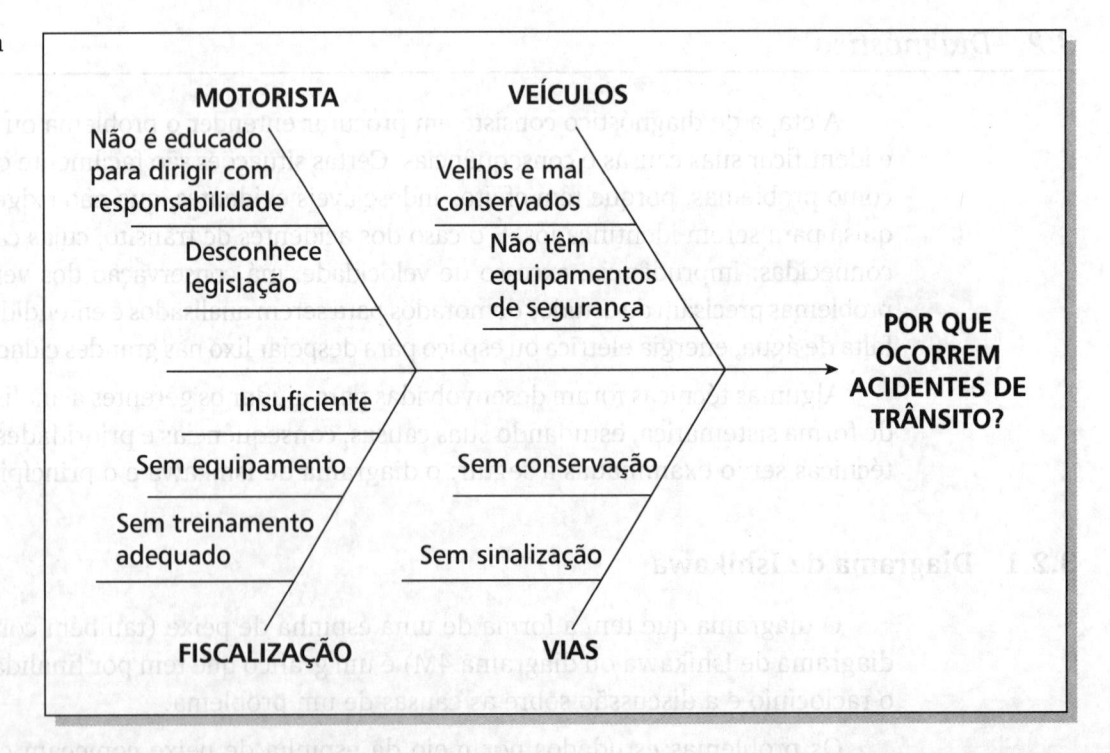

3.2.2 Princípio de Pareto

O princípio de Pareto (ou análise de Pareto) é uma técnica que permite selecionar prioridades quando se enfrenta grande número de problemas ou quando é preciso localizar as mais importantes de um grande número de causas.

- Dentro de uma coleção de itens, os mais importantes, segundo algum critério de importância, normalmente representam pequena proporção do total. Por exemplo, a maioria dos acidentes de trânsito acontece num número relativamente pequeno de cruzamentos das cidades, nas faixas da esquerda das rodovias e em determinadas horas do dia. O maior número de acidentes fatais ocorre com jovens. Um número relativamente pequeno de clientes responde pelo maior volume de negócios e um número relativamente pequeno de materiais responde pela maior parte do valor do estoque. São esses os itens significativos do total de cruzamentos, horas, clientes ou materiais em estoque. Significativo é sinônimo de quantidade e de mais importante, em todos esses casos.
- Segundo o princípio de Pareto, a maior quantidade de ocorrências ou efeitos depende de uma quantidade pequena de causas. Isso também é conhecido como princípio 80-20 (Figura 5.6). Portanto, focalizar as poucas causas significativas permite resolver a maioria dos problemas. O primeiro problema a ser resolvido torna-se encontrar as prioridades – as causas ou problemas que provocam as consequências mais danosas.

Figura 5.6
O princípio de Pareto. A maior parte dos efeitos é produzida por um número pequeno de causas.

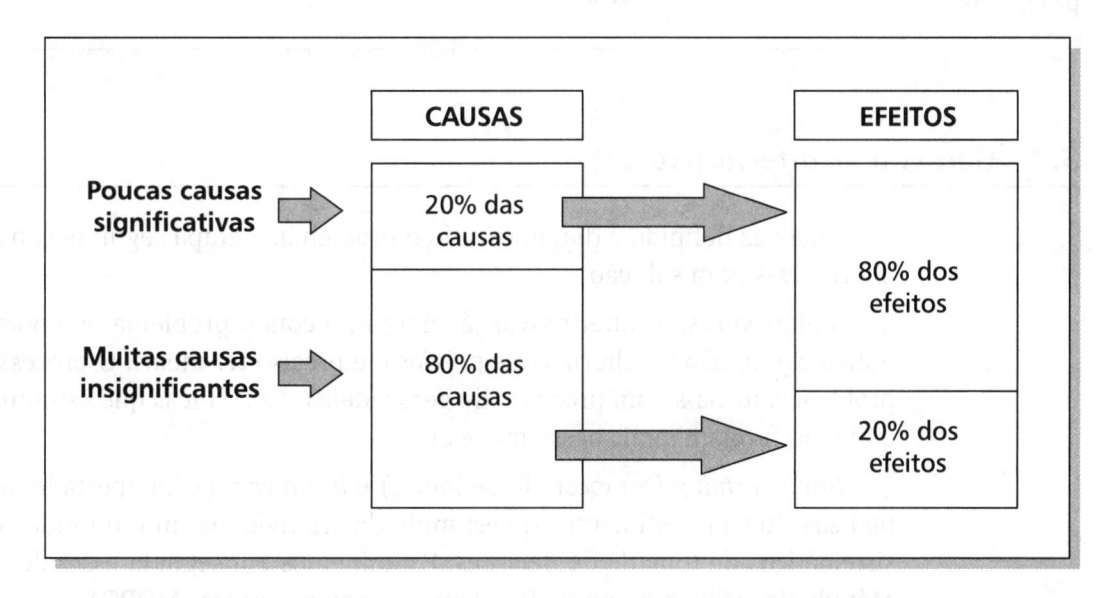

- Uma das formas de utilizar o princípio de Pareto consiste em fazer o levantamento das causas de uma ocorrência e contar quantas vezes cada causa ocorre. Por exemplo, podemos perguntar: "por que os clientes reclamam de nossos serviços?" e, em seguida, classificar as reclamações em categorias, como: demora no atendimento, falta de atenção, solução incorreta e assim por diante.

Finalmente, as causas das reclamações mais numerosas seriam identificadas como prioritárias para solução.

A representação gráfica do princípio de Pareto é a curva ABC (Figura 5.7).

Figura 5.7
A curva ABC representa graficamente o princípio de Pareto. Mão de obra representa 60% das causas de problemas e assim por diante. Mão de obra e método juntos, causam 80% dos problemas e representam o segmento A da curva, que indica as prioridades na solução de problemas.

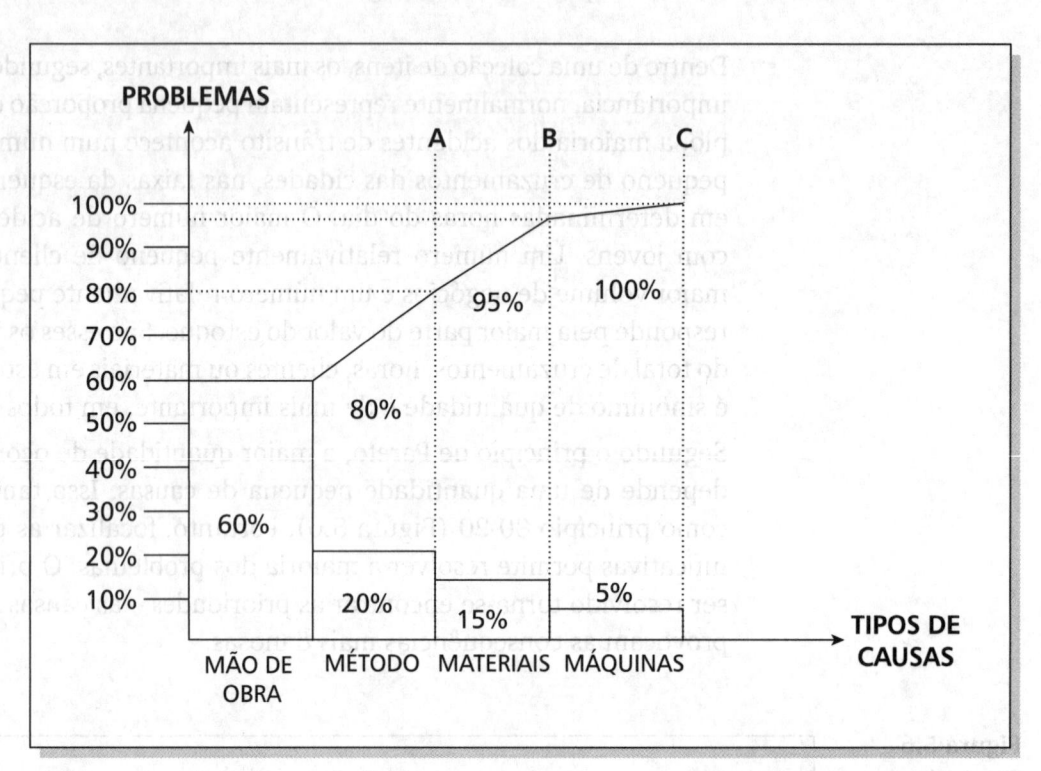

3.3 Geração de alternativas

Uma vez definido e diagnosticado o problema, a etapa seguinte consiste em gerar alternativas para solução.

Muitas vezes, as alternativas já vêm junto com o problema ou oportunidade. Em outros casos, não há alternativas prévias e é preciso ter ideias. O processo de resolver problemas torna-se um processo de gerar ideias. As técnicas que estimulam a criatividade são fundamentais nesse processo.

Brainstorming (tempestade de ideias) e *brainwriting* (tempestade de ideias escritas) são dois procedimentos de estímulo da criatividade, muito usados em processos sistemáticos de tomada de decisões. Examinemos em seguida esses dois recursos e o Método de Delineamento de Problemas Organizacionais (MDPO).

3.3.1 *Brainstorming*

O *brainstorming* opera com base em dois princípios: a suspensão do julgamento e a reação em cadeia. Esses dois princípios fazem as pessoas exprimir-se livremente, sem receio de críticas. Também fazem as ideias se associarem e gerarem novas ideias, num processo em que o objetivo é assegurar grande quantidade de alternativas.

- A palavra *brainstorming* foi criada para designar um processo em que as pessoas interagem verbalmente, dentro dessas condições. Cada pessoa fala, dando sugestões para resolver um problema, sem que essas sugestões sejam criticadas pelos outros participantes.
- Quando houver um número suficiente de ideias, ou quando o fluxo de ideias se esgotar, o processo é interrompido, as diversas sugestões são sintetizadas e agrupadas em categorias. Finalmente, cada sugestão ou categoria de sugestões é então avaliada e criticada.

3.3.2 *Brainwriting*

Quando as pessoas interagem por escrito, sem comunicação verbal, o processo chama-se *brainwriting*. Cada participante recebe uma folha de papel, na qual anota suas ideias ou sugestões para resolver um problema. As folhas de papel são então trocadas aleatoriamente entre os participantes, de modo que cada um possa ler as contribuições dos colegas e acrescentar outras, por meio da associação de ideias. A troca de folhas prossegue até o ponto em que as ideias se esgotam. Desse ponto em diante, o grupo procede como no *brainstorming*, sintetizando e agrupando as diversas ideias.

As diversas ideias produzidas por meio de *brainstorming* e *brainwriting* são analisadas uma a uma, ponderando-se suas vantagens e desvantagens. Muitas vezes, uma decisão nasce automaticamente desse processo, quando se evidenciam as vantagens de uma alternativa particular.

3.3.3 Método de delineamento de problemas organizacionais (MDPO)

O MDPO (ou paradigma de Rubinstein) é um recurso que permite organizar, em um diagrama, as relações de causa e efeito existentes em um problema. Quando se usa o MDPO, deve-se fazer uma pergunta que começa com um "como?".

Por exemplo: Como melhorar o atendimento do Hotel X?

- Para utilizar o MDPO, identificam-se, em primeiro lugar, os efeitos desejados, ou indicadores da solução do problema. Os indicadores procuram mostrar como ficará a situação quando o problema estiver resolvido. Por exemplo, se o atendimento do Hotel X melhorar, os clientes ficarão satisfeitos e a taxa de retorno aumentará. Satisfação dos clientes e aumento da taxa de retorno são efeitos desejados.
- Em segundo lugar, listam-se os fatores que podem ser manipulados – aqueles nos quais se pode interferir – como forma de resolver o problema. São as chamadas variáveis. Por exemplo, se os apartamentos forem arrumados com mais cuidado, a satisfação dos clientes aumentará.

- Finalmente, identificam-se os parâmetros – as condições que, ao contrário das variáveis, não se podem alterar. Um parâmetro, por exemplo, é a localização do hotel.

Um exemplo da aplicação do paradigma, para a questão "Como melhorar o atendimento do Hotel X?", encontra-se na Figura 5.8.

Figura 5.8
MDPO é uma técnica para organizar informações em uma estrutura de causas e efeitos.

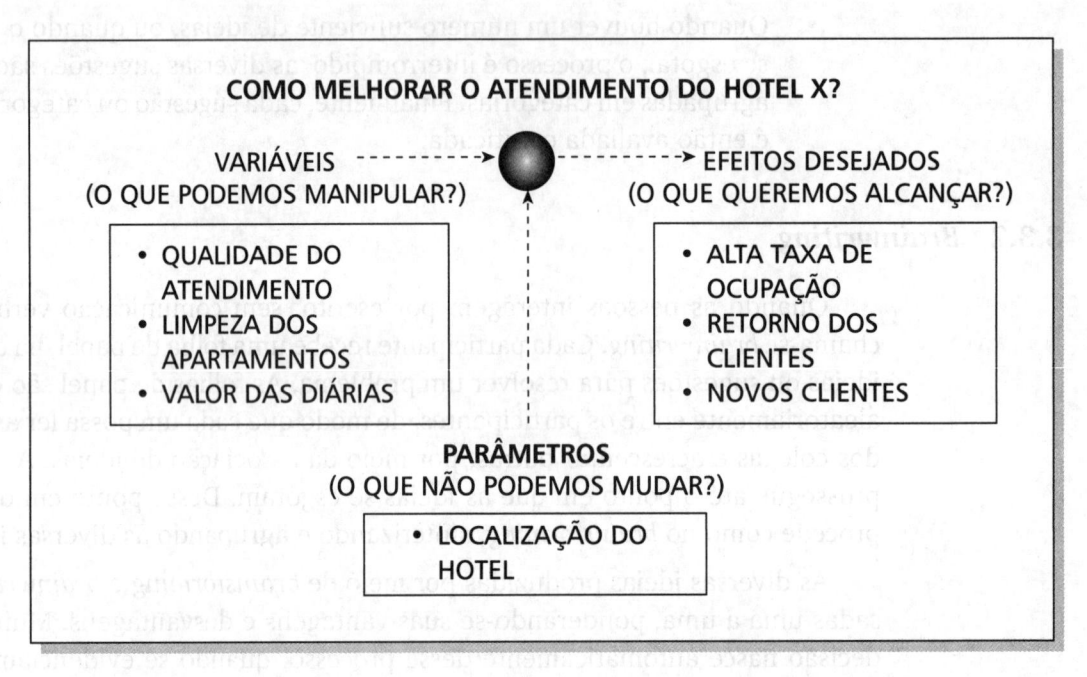

COMO MELHORAR O ATENDIMENTO DO HOTEL X?

VARIÁVEIS
(O QUE PODEMOS MANIPULAR?)
- QUALIDADE DO ATENDIMENTO
- LIMPEZA DOS APARTAMENTOS
- VALOR DAS DIÁRIAS

EFEITOS DESEJADOS
(O QUE QUEREMOS ALCANÇAR?)
- ALTA TAXA DE OCUPAÇÃO
- RETORNO DOS CLIENTES
- NOVOS CLIENTES

PARÂMETROS
(O QUE NÃO PODEMOS MUDAR?)
- LOCALIZAÇÃO DO HOTEL

Depois disso, formulam-se as proposições para resolver o problema. As proposições são alternativas para a solução do problema: maneiras de se chegar aos critérios pretendidos.

3.4 Escolha de uma alternativa

Na tomada de uma decisão, as alternativas são avaliadas, julgadas e comparadas, para que uma escolha possa ser feita. A escolha depende de avaliação e julgamento de alternativas, permitindo selecionar a ideia que apresenta maiores vantagens. O pensamento crítico, além da criatividade, é fundamental para as decisões. Quatro técnicas podem ser usadas pelos administradores para organizar o processo de fazer escolhas:

3.4.1 Análise de vantagens e desvantagens

As alternativas podem ser avaliadas por meio de informações que permitem uma análise das vantagens e desvantagens de cada uma. Essa é a maneira mais simples de avaliar as possibilidades de decisão.

Por exemplo:

Uma empresa industrial enfrentava o problema de decidir o que fazer com um resíduo produzido pelo processo de utilização de uma matéria-prima. Foram consideradas três alternativas:

I. Vender o material como sucata. Havia uma proposta de uma empresa para comprar os 214 kg estocados de resíduo ao preço de $ 100,00 por quilo, e outra proposta de $ 140,00 por quilo.

II. Beneficiar e reaproveitar o material na própria empresa. Não havia condições técnicas para isso.

III. Beneficiar o material num laboratório especializado e receber uma parte de volta, como pagamento. Uma empresa propôs-se a beneficiar os 214 kg de resíduo, devolvendo 52,8% (113 kg), transformados em barras, como pagamento. Dos 47,2% com os quais o laboratório ficaria, uma parte seria descartada como impureza não aproveitável e outra seria também beneficiada, a título de pagamento. Esse laboratório cobraria um frete pelo transporte do material.

Considerando o custo de $360,00 do quilo da matéria-prima, a empresa fez as contas e concluiu que a terceira alternativa era a mais atraente. Você concorda?

3.4.2 Árvore de decisões

A árvore de decisões é uma técnica de representação gráfica de alternativas. À medida que as alternativas são identificadas, são desenhadas como ramos de uma árvore. A técnica é útil como auxílio para a visualização das possibilidades que o tomador de decisões deve considerar.

- Por exemplo, o prefeito de uma cidade estava preocupado com a possibilidade de chuvas intensas. Se chovesse, haveria inundações, queda de árvores e destruição de casas, exigindo socorro imediato, além de gerar pedidos de indenizações. Para enfrentar essa situação, o prefeito deveria mobilizar grande quantidade de funcionários, caminhões, máquinas e material de limpeza. A mobilização desses recursos, à espera da chuva, significaria despesas adicionais com horas-extras e a contratação de prestadores de serviços, além do trabalho de deixar tudo de prontidão. Se os recursos não fossem mobilizados e não chovesse, não haveria problema. Porém, se os recursos não fossem mobilizados e chovesse, haveria uma catástrofe. Então, ele começa a pensar que talvez seja adequado consultar a meteorologia, para saber se vai chover ou não. Esse serviço, porém, não é confiável. Para melhor analisar a situação, ele resolve desenhar uma árvore de decisões (Figura 5.9).

Figura 5.9
Uma árvore de decisões permite visualizar todos os resultados das decisões que podem ser tomadas para lidar com situações incertas.

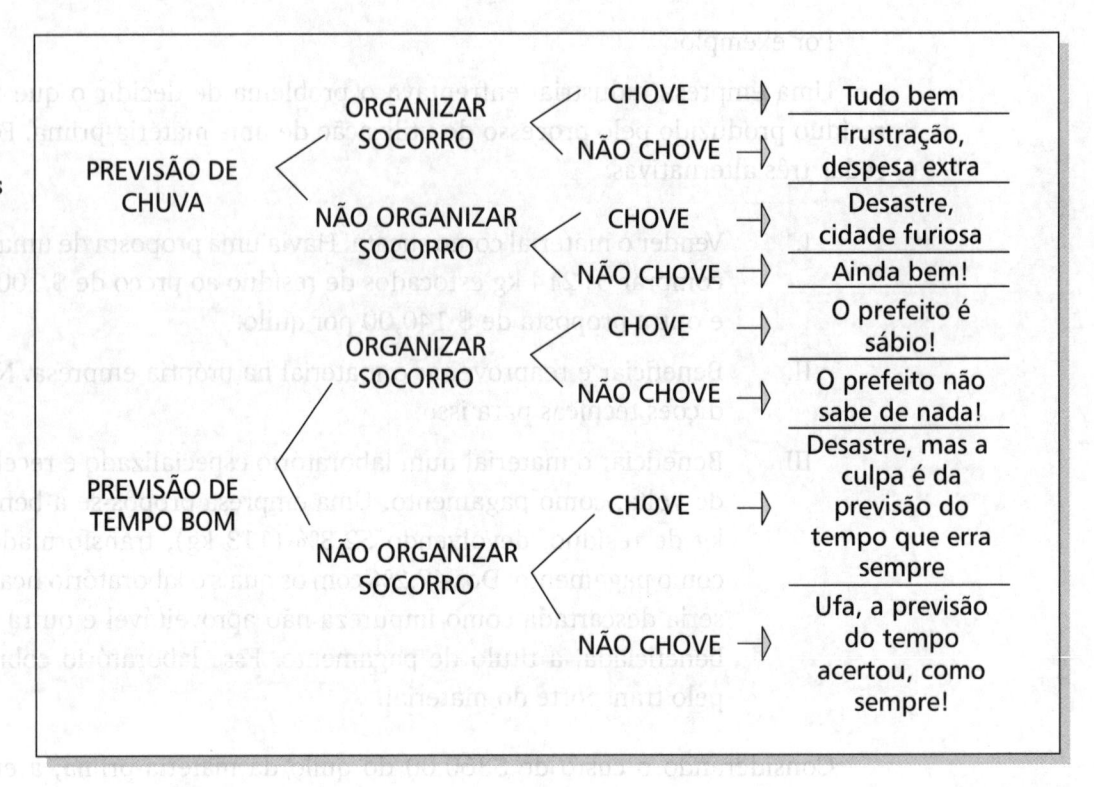

```
                      ORGANIZAR      ─ CHOVE    → Tudo bem
                      SOCORRO       ─ NÃO CHOVE → Frustração,
PREVISÃO DE                                       despesa extra
CHUVA                 NÃO ORGANIZAR ─ CHOVE    → Desastre,
                      SOCORRO                    cidade furiosa
                                    ─ NÃO CHOVE → Ainda bem!

                      ORGANIZAR     ─ CHOVE    → O prefeito é sábio!
                      SOCORRO       ─ NÃO CHOVE → O prefeito não
PREVISÃO DE                                       sabe de nada!
TEMPO BOM             NÃO ORGANIZAR ─ CHOVE    → Desastre, mas a
                      SOCORRO                    culpa é da
                                                  previsão do
                                                  tempo que erra
                                                  sempre
                                    ─ NÃO CHOVE → Ufa, a previsão
                                                  do tempo
                                                  acertou, como
                                                  sempre!
```

O desenho da árvore resume a complexidade do problema, mas não aponta que a decisão a tomar. De forma geral, o mesmo ocorre com outras técnicas. Elas ajudam a organizar o raciocínio, registrar as alternativas e mostrar suas vantagens e desvantagens. A decisão, porém, continua sendo uma ação humana, que envolve a escolha pessoal de uma alternativa.

3.4.3 Análise do campo de forças

O campo de forças é um conceito desenvolvido por Kurt Lewin, para explicar que qualquer comportamento é o resultado de um equilíbrio entre forças que se opõem: de um lado, as forças restritivas; de outro, as forças propulsoras. As forças restritivas são as que inibem o comportamento, enquanto as propulsoras o estimulam. Havendo mais peso de uma das duas, o comportamento será, respectivamente, inibido ou estimulado.

O campo de forças também pode ser ilustrado graficamente: desenha-se uma linha para representar o comportamento e, de cada um dos lados, em posição perpendicular, colocam-se as forças restritivas e as propulsoras (Figura 5.10). Esta técnica pode ser utilizada para fazer a análise de uma solução que se pretende implantar, funcionando também com informações fornecidas por pessoas que estejam familiarizadas com as condições que poderão facilitar ou dificultar o funcionamento da solução pretendida.

Figura 5.10
Análise do campo de forças é uma técnica para organizar ideias e respeito das forças que favorecem e dificultam uma solução. Quais forças vencerão?

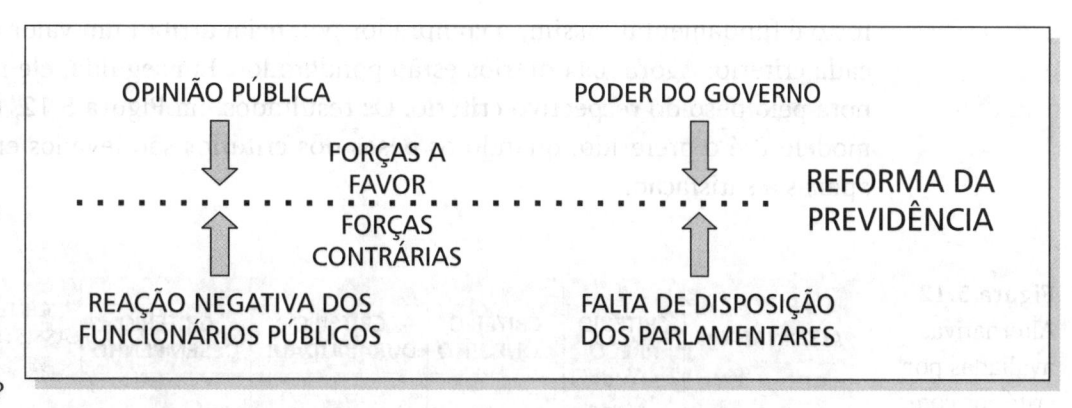

```
        OPINIÃO PÚBLICA              PODER DO GOVERNO
              ↓                            ↓
          FORÇAS A
           FAVOR
     · · · · · · · · · · · · · · · · · · · · · · · ·    REFORMA DA
           FORÇAS                                       PREVIDÊNCIA
          CONTRÁRIAS
              ↑                            ↑
      REAÇÃO NEGATIVA DOS           FALTA DE DISPOSIÇÃO
      FUNCIONÁRIOS PÚBLICOS         DOS PARLAMENTARES
```

3.4.4 Ponderação de critérios

A avaliação de alternativas sempre é feita por meio de critérios, implícitos ou explícitos. Um critério é um indicador de importância, que permite ponderar as alternativas e colocá-las em ordem. Os critérios referem-se a propriedades, condições ou atributos das alternativas, definindo sua qualidade ou utilidade para o tomador de decisões. Os critérios, implícitos ou explícitos, refletem os valores do tomador de decisões. Para um casal com filhos, o conforto e a segurança são critérios importantes na decisão de comprar um carro. Para um jovem que gosta de esportes radicais, a robustez do veículo e a tração 4 × 4 são critérios prioritários.

O processo de escolher torna-se mais racional quando as alternativas são avaliadas objetivamente, com base em critérios ponderados, identificados explicitamente. Supondo que o potencial comprador de um veículo utilitário familiar estivesse visitando concessionárias e testando cinco diferentes modelos, ele atribuiria uma nota para cada um dos cinco critérios, de acordo com sua satisfação. Testando o modelo A, ficou extremamente satisfeito com o conforto e atribuiu nota 10 neste item. Testando o modelo B, ficou extremamente insatisfeito com o conforto e atribuiu nota 1 neste item. E assim por diante, com todos os modelos. Os resultados, na Figura 5.11, mostram que o modelo A seria a primeira escolha.

Figura 5.11
Alternativas avaliadas por critérios sem ponderação: o modelo A vence.

ALTERNATIVAS	CRITÉRIO PREÇO	CRITÉRIO CONFORTO	CRITÉRIO DURABILIDADE	CRITÉRIO DESEMPENHO	CRITÉRIO ASSISTÊNCIA TÉCNICA	TOTAL DE PONTOS
MODELO A	2	10	9	10	1	32
MODELO B	10	1	3	8	8	30
MODELO C	4	10	6	8	1	29

Os critérios, porém, são desigualmente importantes. Se o comprador tem alto poder aquisitivo, o critério preço é secundário. Se a família é grande, o critério conforto é fundamental. Assim, o comprador potencial atribui um valor (ou peso) para cada critério. Agora, os critérios estão ponderados. Em seguida, ele multiplica cada nota pelo peso do respectivo critério. Os resultados, na Figura 5.12, mostram que o modelo B é o preferido, quando os pesos dos critérios são levados em conta, e não apenas a satisfação.

Figura 5.12 Alternativas avaliadas por critérios com ponderação o modelo B vence.

ALTERNATIVAS	CRITÉRIO PREÇO PESO 3	CRITÉRIO CONFORTO PESO 1	CRITÉRIO DURABILIDADE PESO 3	CRITÉRIO DESEMPENHO PESO 1	CRITÉRIO ASSISTÊNCIA TÉCNICA PESO 2	TOTAL DE PONTOS
MODELO A	6	10	27	10	2	55
MODELO B	30	1	9	8	16	64
MODELO C	12	10	18	8	2	50

Este é o papel dos critérios e seus pesos: possibilitar a avaliação de alternativas de forma objetiva, com base em fatores que refletem as preferências e necessidades do tomador de decisões. Em muitas situações, os gerentes podem aprimorar consideravelmente o processo decisório, se identificarem e anunciarem no início os critérios que serão usados.

3.4.5 Análise do ponto de equilíbrio

Um dos modelos mais simples e mais importantes para analisar determinados tipos de alternativas é a análise do ponto de equilíbrio (Figura 5.13). Esse modelo baseia-se na equação:

Custo Total = Custo Fixo + Custo Variável ou

CT = CF + CV

Essa equação permite aos tomadores de decisões estudar o comportamento dos custos totais, em função de mudanças nos custos fixos (instalações, mão de obra permanente, equipamentos etc.) e nos custos variáveis (custos unitários de produção).

A análise do ponto de equilíbrio permite identificar o volume de operações em que as receitas são equivalentes aos custos totais. Esse é o ponto de equilíbrio, a partir do qual as receitas superam os custos e a empresa começa a ter lucro.

Receita total = Preço unitário de venda (P) × Quantidade vendida (X) ou

RT = PX

Figura 5.13
A análise do ponto de equilíbrio possibilita estudar decisões sobre diferentes volumes de operações.

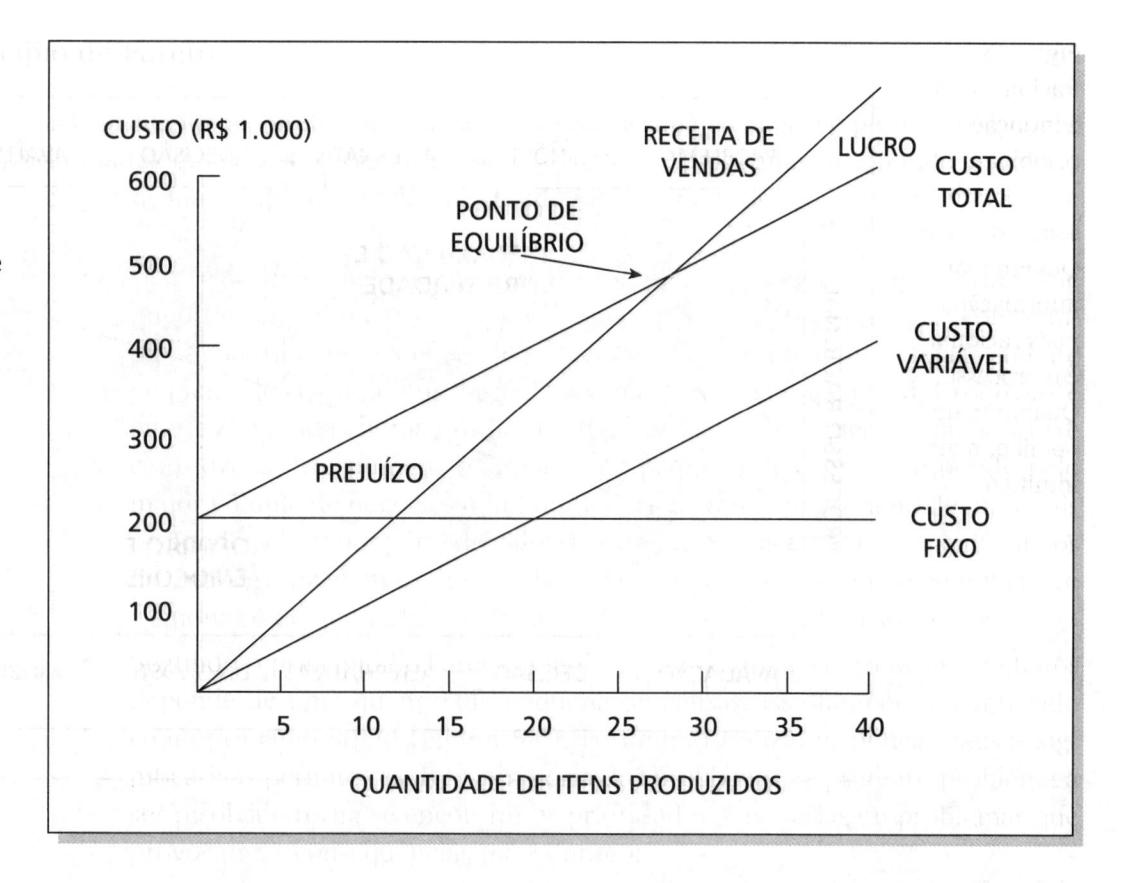

Como as demais ferramentas de avaliação de alternativas, a análise do ponto de equilíbrio não toma a decisão automaticamente. Sua finalidade é gerar informações sobre os diferentes caminhos que os administradores podem tomar, no processo de tomar decisões sobre diferentes volumes de operações, em que os custos e as receitas são variáveis em jogo.

3.5 Avaliação da decisão

O processo de resolver problemas completa-se quando a decisão é implementada e seus efeitos são avaliados. A avaliação de uma decisão reinicia o ciclo do processo de resolver problemas. Uma decisão pode gerar outras decisões ou processos de resolver problemas.

4 Racionalidade e Intuição no Processo de Tomar Decisões

Outra ideia importante de Simon é a combinação de racionalidade e intuição no processo decisório. A diferença entre racionalidade e intuição está na proporção de informação, de um lado, e opinião e sentimentos, de outro. Quanto maior a base de informações, mais racional é o processo. Quanto maior a proporção de opiniões e sentimentos, mais intuitivo se torna (Figura 5.14). A racionalidade e a intuição são atributos humanos complementares e não concorrentes.

Figura 5.14
Racionalidade e intuição combinam-se no processo de somar decisões. Quanto mais informação, mais racional é o processo. Quanto mais opinião, mais intuitivo.

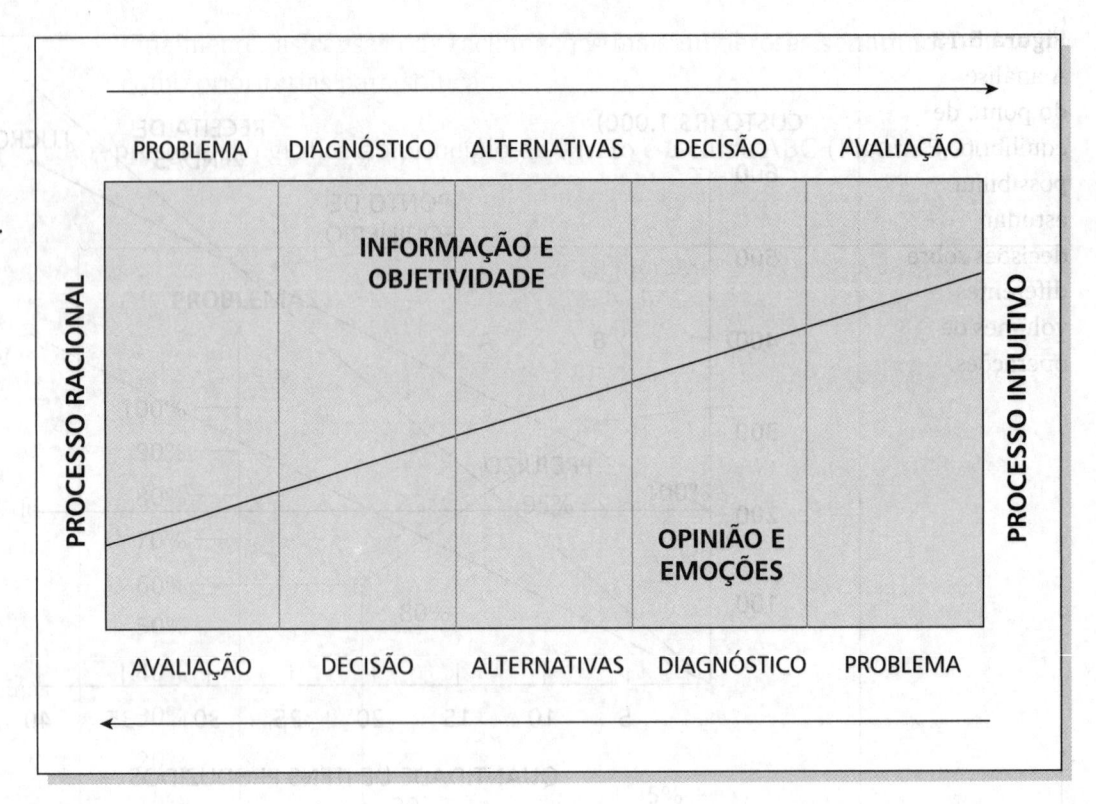

PROBLEMA — DIAGNÓSTICO — ALTERNATIVAS — DECISÃO — AVALIAÇÃO

PROCESSO RACIONAL

INFORMAÇÃO E OBJETIVIDADE

OPINIÃO E EMOÇÕES

PROCESSO INTUITIVO

AVALIAÇÃO — DECISÃO — ALTERNATIVAS — DIAGNÓSTICO — PROBLEMA

4.1 Racionalidade

Uma decisão racional baseia-se totalmente em informações e não em sentimentos, emoções ou crenças infundadas sobre a situação e as escolhas que ela requer. Além disso, a racionalidade pressupõe uma ordem lógica: se uma regra for criada, explicando quais passos devem ser seguidos, todos os problemas serão resolvidos. Isso é verdade apenas para os problemas que são resolvidos por meio de decisões programadas. Também é verdade no caso de problemas de natureza técnica. Por exemplo: por meio de uma regra, é possível fazer o orçamento de uma construção, porque há gabaritos de todos os custos de materiais, mão de obra etc. Não é necessário fazer diagnóstico, estudo e avaliação de alternativas e assim por diante.

O comportamento totalmente racional é utópico. Muitos problemas, provavelmente a grande maioria, não podem ser resolvidos por meio de regras. Além disso, é impossível obter todas as informações necessárias. Os tomadores de decisões, sabendo que a forma "correta" de decidir deve seguir um processo, e sendo impraticável obter todas as informações necessárias, tendem a adotar um comportamento de racionalidade limitada. Por meio desse comportamento, os tomadores de decisões procuram entender as características essenciais dos problemas, sem abranger toda sua complexidade.

A racionalidade limitada é uma simplificação da realidade. É a racionalidade limitada que permite simplificar situações complexas, lidar com as restrições de tempo e outros recursos e procurar tomar decisões que equilibram vantagens e desvantagens da melhor forma possível.

4.2 Intuição

Em certas situações, a informação é tão insuficiente que a intuição se torna mais apropriada. Intuição é uma forma de percepção e aprendizagem: "saber sem saber como se sabe", segundo Michael Shermer. A intuição nasce da experiência e de sentimentos a respeito dos estímulos, como a percepção de que uma pessoa está mentindo ou dizendo a verdade, pelo estudo de suas expressões faciais. A intuição também é útil para preencher espaços vazios de dados.

As decisões intuitivas não são feitas de modo totalmente consciente e lógico. A intuição também pode fazer uma pessoa tirar conclusões apressadas com base em dados insuficientes ou pular diretamente da identificação do problema para a decisão, sem passar pelo diagnóstico e pela avaliação das alternativas.

Em certos casos, a intuição recomenda tomar qualquer decisão, porque é melhor do que não tomar nenhuma decisão.

A utilidade da intuição também é limitada e oferece muitos riscos. O principal deles é o engano a respeito do significado dos estímulos. Basta você tirar uma conclusão incorreta e a intuição produz preconceito e injustiça. "Os homens de barba comprida são revolucionários perigosos", por exemplo. Em ambientes complexos e dinâmicos, em que há grande disponibilidade de informações de conteúdo técnico, a intuição não funciona. Numa organização de grande porte, que atua num ambiente de grande complexidade competitiva, é essencial adotar uma perspectiva profissional baseada em informações e não em opiniões sem fundamento.

5 Quem Deve Tomar Decisões?

Até aqui, foi analisado um processo, sem focalizar sua principal figura: o tomador de decisões. Quem é o tomador de decisões? A responsabilidade primária pelas decisões é das pessoas que ocupam cargos de administradores ou gerentes, mas isso não significa que eles devam tomar todas as decisões. Uma das principais decisões dos gerentes é: decidir quem toma decisões. Essa decisão diz respeito ao grau de participação da equipe no processo decisório. Basicamente, há três possibilidades nessa participação (Figura 5.15):

Figura 5.15 Três possibilidades de participação da equipe nas decisões do líder.

LÍDER ←——— DECISÕES AUTOCRÁTICAS ——|—— DECISÕES COMPARTILHADAS ——|—— DECISÕES DELEGADAS ———→ EQUIPE

- O gerente decide tomar a decisão de forma autocrática, unilateral. Não há nenhuma participação da equipe no processo decisório.

- O gerente decide compartilhar as decisões com a equipe. Há participação no processo decisório.
- O gerente transfere totalmente as decisões para a equipe. Há delegação do processo decisório.

5.1 Decisões autocráticas

As decisões autocráticas são tomadas por gerentes ou pessoas que não ocupam cargo gerencial, mas têm responsabilidade e autoridade pela administração de algum tipo de recurso. As decisões autocráticas não precisam de discussão, informação ou acordo do grupo. Essas decisões são tomadas para acelerar o processo de resolver os problemas. São aceitas por todos e as pessoas que as tomam não esperam que sejam questionadas. Muitas decisões autocráticas são estratégicas ou dos acionistas, ou têm conteúdo estritamente técnico, para as quais a participação pode não trazer nenhum benefício.

5.2 Decisões compartilhadas

As decisões compartilhadas são tomadas pelos gerentes junto com sua equipe. São compartilhadas as decisões que não podem ser impostas e precisam de discussão, participação e aconselhamento das pessoas que serão afetadas por elas. As decisões compartilhadas dividem-se em dois grupos principais: consultivas e participativas.

- As decisões consultivas, como o nome indica, são tomadas após consulta a uma pessoa ou grupo.
- As decisões participativas são tomadas junto com outra pessoa ou grupo.

Fazer uma consulta não significa que o tomador de decisões seja forçado a concordar com as opções fornecidas pelos outros. Ao pedir colaboração, a pessoa não abriu mão do direito de tomar a decisão final. Essa regra de decisão deve ficar muito clara, para evitar conflitos. Se ocorrerem conflitos, significa que as expectativas a respeito da participação não ficaram bem claras e o grupo acreditou que deveria tomar decisões, em vez de apenas fazer recomendações.

5.3 Decisões delegadas

As decisões delegadas são tomadas pela equipe ou pessoa que recebeu poderes para isso. As decisões delegadas não precisam ser aprovadas ou revistas pela administração. A pessoa ou grupo assume plena responsabilidade pelas decisões, tendo para isso a informação, a maturidade, as qualificações e as atitudes suficientes para decidir da melhor forma possível.

A chave da administração participativa é especificar com clareza as responsabilidades de todos os envolvidos. Informação e clareza quanto aos limites de decisão condicionam o sucesso das decisões, especialmente quando são delegadas.

6 Características das Decisões de Grupos

A principal característica do processo de decisão em grupos é a influência que cada pessoa recebe das demais. Nem sempre, em um grupo, a decisão é democrática. Uma discussão pode ser acalorada, mas, no final de uma longa reunião, as pessoas podem concordar com uma solução, não porque achem que seja a melhor, mas porque estão cansadas demais para continuar. Algumas pessoas, sabendo disso, podem fazer uma reunião arrastar-se de propósito e cansar o grupo.

Outra característica importante das decisões em grupo é o aumento da propensão ao risco. Em grupo, as pessoas sentem-se mais protegidas e tendem a tomar decisões que, individualmente, evitariam.

Um grupo que está tomando uma decisão não é formado por indivíduos independentes. Em um grupo, os indivíduos interagem e são interdependentes. Uma pessoa, individualmente, pode tomar a decisão que ela quiser. Em grupo, isso dificilmente acontece. A decisão deixa de depender apenas das competências e das preferências do indivíduo. O que é bom para um pode ser péssimo para outro.

Uma decisão em grupo depende de fatores que todos os estudantes de administração, gerentes e, de forma geral, pessoas que trabalham em grupo devem conhecer. Esses fatores são os seguintes:

- Habilidades de liderança de alguns integrantes. A presença de uma ou mais pessoas com personalidade forte e habilidades de liderança pode influenciar profundamente o desempenho de um grupo. Isso é especialmente verdadeiro no caso em que essa pessoa é um gerente e o grupo precisa de uma direção. O líder pode facilmente fazer o grupo adotar suas decisões. O mesmo não aconteceria com um grupo de pessoas semelhantes a esse líder e que, além disso, tivesse alto nível de treinamento técnico e de capacidade de julgamento. Com um grupo assim, as decisões compartilhadas funcionam melhor. De forma geral, o sucesso do líder depende de seu estilo ser adequado às motivações, competências e experiência dos demais integrantes.

- Persuasão. É comum, em um grupo, uma pessoa mudar de opinião após ouvir as opiniões e informações dos demais. A troca de informações e a elaboração progressiva das ideias muitas vezes provocam a mudança de opiniões. A mudança de opiniões pode ocorrer também devido às habilidades de comunicação e persuasão de alguns integrantes, que conseguem fazer os demais aceitar suas ideias.

- Formação de subgrupos. Interesses comuns e amizade são as principais razões que levam as pessoas a formar subgrupos dentro de um grupo formal. Em um processo de decisão coletivo, os integrantes de um subgrupo tendem a apoiar as proposições de seus colegas. Às vezes, os integrantes de um subgrupo, ou de grupos diferentes, fazem um acerto prévio: "Vocês defendem esta nossa ideia que nós defendemos aquela sua." Vendo uma proposição ser apoiada, o restante do grupo tende a apoiá-la também.

- Temperamento dos integrantes do grupo. Os traços de personalidade (por exemplo: uns são tímidos e outros são extrovertidos; uns são conservadores e outros têm propensão ao risco). A combinação de competências em um grupo é outra força.

7 Problemas no Processo de Resolver Problemas

Em lugar de resolver um problema, uma decisão pode criar outros problemas maiores, quando algum erro é cometido ao longo do processo decisório. Isso pode acontecer quando o problema não é percebido como tal, o diagnóstico é malfeito, as alternativas não são apropriadas ou não foram corretamente avaliadas. Nesta parte final do Capítulo 5, estudaremos esses e outros problemas do processo de resolver problemas.

7.1 Dificuldades no processo de resolver problemas

O processo decisório pode ter resultados satisfatórios ou desastrosos. Conhecer as dificuldades que interferem com o processo, produzindo erros e criando problemas maiores, é uma forma de o gerente aprimorar sua habilidade para tomar decisões. As principais dificuldades são as seguintes:

- Incapacidade de reconhecer o problema. Vê-se o problema, mas não se consegue enxergá-lo. É o que acontece quando chega um novo concorrente mais capaz, e as empresas já estabelecidas só vão preocupar-se com ele quando já é tarde demais.
- Interpretação diferente segundo o observador. Diferentes pessoas têm diferentes interpretações do problema e de suas soluções, e não conseguem harmonizá-las. A resolução do problema torna-se mais complicada que o problema original.
- Decisão precipitada. Os tomadores de decisão pulam precipitadamente do problema para a solução, muitas vezes levados por um impulso emocional, sem tentar um processo sistemático de análise da solução e avaliação de alternativas. Frequentemente, há outros problemas mais importantes do que o primeiro problema que foi resolvido precipitadamente.
- Avaliação prematura ou premissas insuficientes. Em vez de procurar mais informações sobre o problema, o tomador de decisões deixa-se influenciar pelas primeiras impressões.

- Excesso de confiança na experiência. O tomador de decisões acredita que sua experiência é suficiente para resolver qualquer novo problema que apareça. O conhecimento e a experiência alheia são desprezados.
- Comprometimento prematuro. O tomador de decisões encontra uma primeira solução satisfatória e fica incapaz de aceitar outras, por melhores que sejam.
- Confusão entre problema e sintomas. Os sintomas do problema são atacados, mas o problema persiste porque suas causas não foram removidas. Um exemplo é a falta de qualidade do produto, que é apenas sintoma dos problemas que existem no processo produtivo.
- Ênfase em apenas uma solução. Há problemas que são uma combinação complexa de muitos pequenos problemas, e não uma única situação problemática singular. Assim, atacar apenas um deles não resolve muita coisa, porque é necessário um tratamento sistêmico da situação.
- Avaliação subestimada da implementação. Encontrar uma solução teórica é muito mais fácil do que colocá-la em prática. Frequentemente, os tomadores de decisão negligenciam as implicações da decisão, esquecendo-se de que tão importante quanto chegar a uma solução é pensar em sua implementação. Esta dificuldade é conhecida como o problema de colocar o guizo no pescoço do gato.
- Incapacidade de definir prioridades. Os problemas menos importantes são atacados em primeiro lugar ou ocupam a maior parte do tempo disponível. As prioridades não estão bem estabelecidas e os tomadores de decisão usam mal seu tempo e seus recursos.
- Falta de tempo. Não há tempo suficiente para enfrentar racionalmente o problema ou implementar uma solução. O tempo pode ter sido mal planejado.
- Falta de competência ou de capacidade de decisão. Os tomadores de decisão não têm competência nem a respeito do problema nem das técnicas que podem resolvê-lo. As pessoas erradas estão nos lugares certos.
- Confusão entre informação e opinião. Uma das grandes dificuldades que afetam o processo de resolução de problemas é uma tendência a confundir informação com opinião, dificuldade que se apresenta particularmente quando o processo é coletivo. Muitas vezes, com base em informações insuficientes, as pessoas passam a manifestar opiniões sobre como acham que o problema deveria ser resolvido. Nesse caso, a intuição predomina sobre a racionalidade.

Estudo de Caso: Comandante Fred

Fred recebeu sua espada de oficial e foi iniciar sua carreira militar em um quartel na cidade de São Paulo. Nessa cidade, encontrou-se com quatro antigos colegas do curso médio, de quem se separara ao entrar na academia. Agora, eram todos engenheiros, um deles trabalhando como projetista de veículos. Cada um deles trabalhava em uma organização diferente.

Fred tinha bons conhecimentos de eletrônica e procurava manter-se atualizado, mas não era especialista como seus amigos. Reuniam-se frequentemente e costumavam trocar ideias sobre suas profissões.

A ideia de uma empresa

Em uma das reuniões, o projetista falou de um pequeno empresário da Inglaterra, que havia conhecido em uma viagem. Esse empresário tinha trabalhado em uma empresa de brinquedos. A empresa fazia os projetos na Inglaterra e depois enviava os desenhos para a China, onde os brinquedos eram fabricados. O empresário, que era um dos projetistas, havia decidido se estabelecer como fabricante. Ele teria que fazer um grande investimento para concorrer com seu antigo empregador. Se desse certo, o retorno seria recompensador. Fred e seus amigos ficaram entusiasmados com a ideia de serem empresários também. Os cinco chegaram à conclusão de que seriam capazes de montar pelo menos um protótipo de um brinquedo, para ver como funcionava. Um deles deu a ideia de um veículo transparente, uma *minivan* do tamanho de uma caixa de sapatos, com bonecos de passageiros que se movimentavam.

Um empreendimento tem início

Fred percebeu a oportunidade e propôs uma sociedade de negócios aos amigos, para fabricar e vender aquele brinquedo. Convenceu-os a se cotizarem em uma empresa e ofereceu-se para ser o presidente-vendedor. Os quatro trabalhariam no desenvolvimento e montagem do protótipo, que não demorou a ficar pronto. Com o brinquedo debaixo do braço, em seus dias de folga, Fred começou a visitar os clientes potenciais. Enquanto isso, seus amigos aprimoravam o projeto e organizavam uma linha de montagem rudimentar. Fred encarregou-se dos suprimentos para a linha de produção, da administração do dinheiro em caixa, para o qual todos contribuíam, e do material de propaganda. Ficou acertado que os direitos e deveres, bem como os benefícios da empresa, seriam iguais para todos.

Em pouco tempo, já havia perspectivas de vendas, desde que algumas pequenas modificações fossem feitas no projeto. Os compradores potenciais queriam que o brinquedo atendesse a toda a legislação e não oferecesse qualquer risco para as crianças que o usassem. Além disso, havia modificações sugeridas no projeto do veículo, que deveria ter o formato de jipe e não de *minivan*. Apesar disso, os clientes só não haviam comprado porque não havia talão de pedidos. Um dos clientes potenciais, uma fábrica de brinquedos, havia levantado a ideia de adquirir o projeto e pagar direitos à empresa de Fred. Outro havia perguntado se a empresa de Fred tinha outros projetos, como aviões e trens.

O comandante começa a comandar

Ansioso com as possibilidades, Fred passou a pressionar os colegas para fazer as modificações que os clientes queriam e para iniciar a produção. A demora era inevitável, porque eles só dedicavam as horas vagas à empresa. A ansiedade evoluiu para o nervosismo e daí para a tensão. Nenhum deles pensava em abandonar seus empregos para se dedicar integralmente à empresa. Todos estavam enfrentando problemas em casa, por causa de seus horários e da distância das famílias.

Além disso, eles começaram a discutir por causa dos direitos e deveres. Em uma reunião, um deles disse:

– Essa história de dividir igualmente os rendimentos não está certa. Em minha opinião, tem mais valor a capacidade de fazer o produto do que o trabalho de vendê-lo.

– Estamos contando com os ovos antes da galinha – disse Fred. – Até agora, não vendemos nada. Devemos discutir a divisão somente depois de vender algo. Por falar nisso, se não fosse eu a vender...

– Você só pode vender porque nós fazemos – disse outro. – Você não sabe fazer o produto. Vender, isso qualquer um é capaz de fazer.

O conflito

Fred teve que se segurar na cadeira para responder:

– Ah, é? Você já tentou vender algo? E montar a empresa e organizá-los, não vale nada? Afinal, nós éramos apenas um grupo de amigos. A tarefa de transformar amigos em uma sociedade exige que alguém assuma o comando. Foi isso o que fiz. E isso vale tanto ou mais do que fazer o produto. Se não fosse meu trabalho, estaríamos apenas observando os acontecimentos.

Daí para a frente, a discussão se exaltou. Fred tentava convencer os amigos de que a administração e as vendas eram tão importantes quanto a engenharia e a tecnologia. Seus amigos diziam que não e que a cobrança de prazos era descabida.

Dizia um:

– Você pensa que isto aqui é seu quartel, onde você manda e os outros obedecem.

– Você não conhece as dificuldades técnicas para fazer o produto – dizia outro. – Essas modificações são desnecessárias. O brinquedo não oferece riscos. Além disso, por que jipe e não *minivan*? Os clientes têm que aceitar o produto conforme nós o fazemos.

– Não estou disposto a me matar para tocar esse negócio – completava outro. – Quero ter o direito de descansar e viver com minha família. Atrasou, fica atrasado. Os projetos do avião e do trem só vão ficar prontos quando eu tiver tempo.

Fred propôs então que eles abandonassem os empregos e se tornassem integralmente empresários, mas ninguém queria correr o risco. Um deles propôs que Fred se tornasse empresário, e eles lhe venderiam consultoria técnica. Outro insistiu para que aceitassem a oferta da empresa que queria comprar os direitos do projeto. Nesse momento a discussão voltou ao ponto de partida:

– Para dividir igualmente os direitos? Ah, com isso não concordo. O projeto é meu, a ideia é minha. Fred apenas fez a venda – reclamava o projetista.

– Sim – respondeu Fred –, mas, e a ideia do avião e do trem, que eu trouxe?

– Ora, Fred, você só trouxe a ideia... Tente fazer o produto.

– Querem saber de uma coisa? Diante de tanta boa vontade, eu me retiro – disse Fred por fim. – Se quiserem continuar, continuem sem mim. Vou procurar outras pessoas que tenham mais boa vontade e vou levar a ideia comigo.

– Não faça isso, Fred, ou você vai conversar com nossos advogados.

Questões

1. Quais problemas esse grupo está enfrentando? Há um problema mais importante que outros?

2. Com base no processo de tomada de decisão, faça o diagnóstico dos problemas, crie e pondere alternativas e faça sugestões de decisão.

3. Alguém está com a razão no grupo? Ou todos têm razão? Justifique sua resposta.

4. Explique as diferentes expectativas dos cinco amigos em relação a sua participação e suas recompensas na empresa.

5. Afinal, esse grupo é uma organização ou não? Se sua resposta for "não", indique o que falta para que o grupo se torne uma organização.

6. Quais são seus prognósticos para esse grupo: dissolução ou sucesso como empresa?

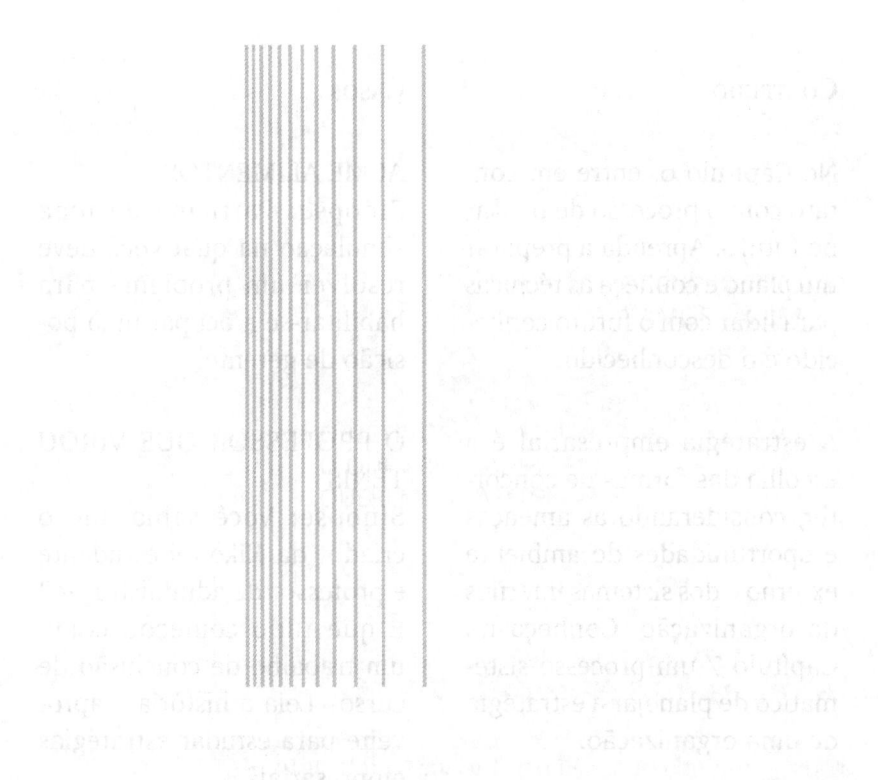

Parte II

Planejamento

CAPÍTULOS	CONTEÚDO	CASOS
6. PROCESSO DE PLANEJAMENTO	No Capítulo 6, entre em contato com o processo de pensar no futuro. Aprenda a preparar um plano e conheça as técnicas para lidar com o futuro conhecido e o desconhecido.	ACME ALIMENTOS Sinopse: Participe de uma simulação na qual você deve resolver um problema para habilitar-se a ocupar uma posição de gerente.
7. PLANEJAMENTO ESTRATÉGICO	A estratégia empresarial é a escolha das formas de concorrer, considerando as ameaças e oportunidades do ambiente externo e dos sistemas internos da organização. Conheça no Capítulo 7 um processo sistemático de planejar a estratégia de uma organização.	O PROFESSOR QUE VIROU TÊNIS Sinopse: Você sabia que o criador da Nike foi estudante e professor de administração? E que tudo começou como um trabalho de conclusão de curso? Leia a história e aproveite para estudar estratégias empresariais.
8. PLANEJAMENTO OPERACIONAL	Planejamento operacional é o processo de definir ações específicas e recursos, que possibilitam a realização de objetivos. O Capítulo 8 apresenta as técnicas básicas para a elaboração de planos operacionais.	O ESTÁGIO DE MARIA APARECIDA Sinopse: Ela quer ser gerente e para isso precisa estagiar em uma agência do banco. O colega que é o gerente lhe pede que faça um plano de trabalho. O que ela deve colocar no plano?

6

Processo de planejamento

Objetivos

Quando finalizar o estudo deste capítulo, você deverá estar preparado para explicar e exercitar as seguintes ideias:

- Processo de planejamento.
- Componentes de um plano.
- Principais técnicas para o estudo do futuro.

Introdução

Planejar é ao mesmo tempo um processo, uma habilidade e uma atitude. Assim como o contrário de eficiência é desperdício, o contrário de planejamento é improvisação. O que é planejar? Planejar, para começar, é um processo de refletir e tomar decisões sobre o futuro. Você certamente passa uma parte de seu tempo "fazendo planos". Já não fez a alguém ou ouviu a pergunta "quais são seus planos"? Pensar no futuro é um processo mental – quando tratamos esse processo de maneira formal, com o apoio de técnicas e passamos dos planos à ação, estamos tentando administrar o futuro.

Para que planejar?

As duas razões principais são: incerteza e certeza.

- Incerteza é a condição que ocorre quando se dispõe de poucas informações ou quando não se tem controle sobre os eventos. Para uma organização, o futuro é incerto quando não há informações suficientes sobre o comportamento da concorrência, dos consumidores, fornecedores, fontes de financiamento, evolução da tecnologia e outros segmentos relevantes do ambiente.

- A incerteza é maior quando há concorrentes tentando alcançar o mesmo objetivo: conquistar os mesmos clientes, desenvolver um produto para o mesmo mercado ou assegurar o controle da mesma fonte de matéria-prima. É preciso não só planejar as próprias ações, mas também antecipar o que os concorrentes farão.

- Nem todo futuro é desconhecido ou incerto. É possível antever com razoável grau de precisão alguns eventos, porque estão sob controle, são consequências previsíveis de atos e decisões passadas, ou estão dentro de um calendário de acontecimentos regulares. Em muitos casos é possível prever, com maior ou menor precisão, os fatos futuros e seus efeitos. Portanto, nada melhor do que preparar-se para eles, em vez de se deixar atropelar por eles.

1 Definição de Planejamento

O processo de planejamento é a ferramenta para administrar as relações com o futuro. É uma aplicação específica do processo de tomar decisões. As decisões que procuram, de alguma forma, influenciar o futuro, ou que serão colocadas em prática no futuro, são decisões de planejamento.

Como processo de tomar decisões, planejar é uma dimensão das competências intelectuais. Para a moderna psicologia, planejar é uma função cognitiva superior, um tipo refinado de habilidade. A decisão e a capacidade de lidar com o futuro por meio do planejamento refletem, portanto, uma forma de inteligência.

Não há uma definição singular de planejamento. Há várias definições.

Planejar é:

- Definir objetivos ou resultados a serem alcançados.
- Definir meios para possibilitar a realização desses resultados desejados.
- Interferir na realidade, para passar de uma situação conhecida a uma outra situação desejada, dentro de um intervalo definido de tempo.

- Imaginar e trabalhar para construir uma situação nova, que não resultaria da simples evolução dos acontecimentos presentes. Ou: "A melhor forma de prever o futuro é inventá-lo" (Alan Kay).
- É definir um objetivo, avaliar as alternativas para realizá-lo e escolher um curso específico de ação.

2 Atitudes em Relação ao Planejamento

Planejar é também uma questão de atitude: é um processo associado a atitudes favoráveis à mudança – que reconhecem a necessidade de fazer as mudanças acontecerem. Ao longo de um período de dez anos, ou menos, você terá oportunidade de observar grandes mudanças no mundo das organizações e na sociedade em geral. Num período maior que esse, as mudanças são dramáticas.

Por exemplo:

- Até os anos 1960, Matarazzo era um grande grupo de empresas de São Paulo. Depois dessa época, as empresas do grupo foram gradativamente desaparecendo ou sendo vendidas e incorporadas por outras. Dependendo de sua idade, talvez você nem reconheça o nome Matarazzo.
- Antes da década de 1980, Microsoft e Windows eram nomes desconhecidos.
- Até os anos 1950, as três maiores empresas produtoras de automóveis do mundo eram General Motors, Ford e Chrysler. No início do século XXI, eram Toyota, General Motors e Volkswagen.
- Em 1989, depois de 70 anos de existência, a União Soviética entrou em colapso, desmembrando-se em países independentes, sendo a Rússia o maior deles. O desaparecimento da União Soviética acabou com a Guerra Fria e colocou em xeque a ideia do comunismo. A Alemanha, separada em duas partes desde o final da Segunda Guerra Mundial, voltou a ser um país só.
- Com a crise do mercado das hipotecas de alto risco, o sistema financeiro mundial ficou abalado, afetando as economias nacionais e a imagem de solidez dos grandes bancos. Diferentes ações de socorro foram postas em prática pelos governos nacionais, enquanto a situação mostrava a necessidade de iniciativas sistêmicas.

As organizações de todos os tipos e as sociedades transformam-se para crescer e sobreviver, ou desaparecem. Tudo depende de sua capacidade de lidar com a mudança. Se o desaparecimento é inevitável em alguns casos, é uma discussão que está fora do escopo deste livro. No entanto, um condicionante da sobrevivência é a atitude dos administradores em relação ao futuro. A atitude pode ser proativa ou reativa (Figura 6.1). Dependendo da atitude predominante dos administradores, a organização será mais ou menos afetada pelos eventos.

Figura 6.1
Duas atitudes em relação ao futuro.

ATITUDE PROATIVA	• ENTENDIMENTO DAS FORÇAS DO AMBIENTE. • IMPULSO E DESEJO DE MUDANÇA. • ANTECIPAÇÃO AOS EVENTOS.
ATITUDE REATIVA	• REJEIÇÃO DAS INFORMAÇÕES DO AMBIENTE. • TENDÊNCIA PARA A ESTABILIDADE. • REAÇÃO AOS EVENTOS.

2.1 Atitude proativa

A atitude proativa é representada pelas forças que desejam e impulsionam as mudanças. É a atitude dos administradores que processam de maneira positiva os *inputs* que vêm do ambiente e de dentro da própria organização. Essa informação, usada proativamente, provoca mudanças que permitem à organização alterar dinamicamente seus sistemas internos e suas relações com o ambiente.

- Eis um exemplo de atitude proativa que faz parte da história da administração: a invenção das práticas da administração enxuta e da filosofia japonesa de fazer produtos de alta qualidade e baixo custo. Antes dos japoneses, alta qualidade era sinônimo de alto custo de produção e preço alto para o consumidor. Os japoneses processaram positivamente as informações que vinham do ambiente e de seus próprios sistemas internos: eles não tinham eficiência e qualidade, os consumidores queriam qualidade e preço baixo, e os fabricantes tradicionais também não conseguiam oferecer isso. Com essas informações, decididos a mudar, planejaram e fizeram acontecer a mudança.
- Em seguida, muitas organizações processaram positivamente o exemplo japonês e conseguiram fazer mudança semelhante.

A atitude é mais proativa quanto mais rapidamente a organização antecipar-se ao futuro e fizer as mudanças necessárias. À medida que o tempo de reação diminui, a administração torna-se reativa.

2.2 Atitude reativa

A atitude reativa é representada pelas forças que desejam e preservam a estabilidade, a manutenção do *status quo*. É a atitude dos administradores que processam negativamente as informações que vêm do ambiente externo e de dentro da própria organização. Essa informação não é capaz de provocar nenhuma mudança, seja na forma como a organização trata seus recursos, seja na forma como se relaciona com o ambiente.

A estabilidade é preservada por forças poderosas, que oferecem resistência à mudança. São exemplos dessas forças: a comodidade da situação presente, a tradição e a força dos hábitos, o pensamento conservador, os sistemas de controle e os procedimentos padronizados, que definem o comportamento aceitável e fazem as pessoas agir de acordo com as convenções. Estão nesse caso os ciclos contábeis, que forçam os administradores a raciocinar em termos de períodos, ao final dos quais as contas devem ser fechadas e os demonstrativos devem ser preparados, mesmo que isso não seja conveniente para as operações produtivas.

2.3 Equilíbrio de forças

Em todas as organizações, os dois tipos de força estão presentes e são necessários. A atitude proativa é importante para o crescimento e a mudança; a atitude reativa é importante para manter o equilíbrio e para impedir as mudanças abruptas e desnecessárias. Uma organização, especialmente uma de grande porte, não pode nem consegue alterar seus objetivos ou mesmo um programa de trabalho a todo momento. É necessária uma certa permanência de comportamento ao longo do tempo.

Em algumas organizações, as forças que preferem a estabilidade são mais fortes; em outras, a mudança é favorecida. O equilíbrio entre os dois tipos de atitudes influencia o desempenho da organização. Predominando a atitude proativa entre os administradores, a organização torna-se capaz de ajustar-se às mudanças no ambiente e eleva sua eficácia. Predominando a atitude reativa, a organização preocupa-se pouco com a necessidade de inovar e compromete sua eficácia.

3 Processo de Planejamento

O processo de planejar é uma operação mental, que pode ser individual ou colaborativa, e que funciona como um sistema com dois subprocessos ou etapas:

- (1) produção e análise de informações e (2) tomada de decisões e elaboração de planos.

Estudaremos em seguida uma forma sistemática de trabalhar com essa ideia (Figura 6.2).

Figura 6.2
Três etapas ou decisões do processo de planejamento.

PRODUÇÃO DE INFORMAÇÕES → BUSINESS CASE (ANÁLISE DA SITUAÇÃO) → TOMADA DE DECISÕES

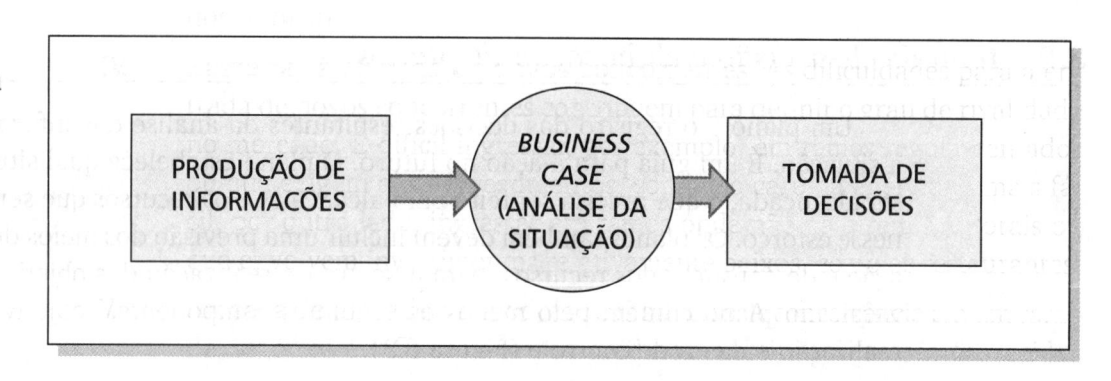

3.1 Produção e análise de informações

Um processo sistemático de planejamento começa com a produção (ou obtenção) e análise de informações sobre uma situação presente, passada ou futura. Essas informações mostram necessidades, ameaças, oportunidades, decisões a serem implementadas ou uma condição com a qual você, como administrador, quer ou deve lidar. Por exemplo:

- Uma empresa precisa aumentar a eficiência de seus processos produtivos e decide fazê-lo por meio de um programa de Seis Sigmas (veja o Capítulo 4). O programa terá por base um exaustivo diagnóstico da produtividade, apontando as prioridades.
- Anualmente, as grandes corporações lançam programas de recrutamento para atrair os *trainees* e que serão seus executivos. A cada ano, apesar de o programa ser idêntico ao do ano anterior, é necessário planejar os detalhes dos meios de recrutamento e seleção, a contratação de empresas especializadas, a colaboração dos executivos da empresa nas entrevistas com os candidatos etc.
- Um banco compra outro. Os dois precisam ser fundidos para fazer um só. Sistemas, identidade visual, planos de gestão de pessoas, procedimentos, formulários... tudo precisa ser transformado em uma única empresa.
- Periodicamente, surge uma nova geração de tecnologias, que exige a renovação de todos os sistemas e o retreinamento de todo o pessoal.

Essas três situações contêm problemas que não se resolvem sozinhos – é preciso agir deliberadamente para a solução. É preciso planejar e, para planejar, é preciso dispor de informações – sobre a situação, sobre a solução e sobre o que fazer para sair de uma e chegar à outra. Nesses casos, uma etapa importante de um processo sistemático de planejamento é preparar um documento chamado *business case*, que descreve esses elementos e fornece a base e as justificativas para a elaboração do plano.

Um *business* case contém:

- Descrição da situação presente e da situação desejada.
- Identificação das alternativas para lidar com a situação.
- Avaliação das alternativas e escolha de cursos de ação, objetivos e recursos para colocá-las em prática.

3.2 Tomada de decisão e elaboração de planos

Um plano é o registro das decisões resultantes da análise das informações sobre a situação. É um guia para a ação no futuro. O plano estabelece qual situação deverá ser alcançada, o que precisa ser feito para alcançá-la e os recursos que serão aplicados nesse esforço. Os planos também devem incluir uma previsão dos meios de controle da ação e do consumo dos recursos, para assegurar a realização dos objetivos. De forma geral, um plano contém pelo menos os seguintes componentes: objetivos, meios de realização e meios de controle (Figura 6.3).

Figura 6.3 Principais componentes de um plano.

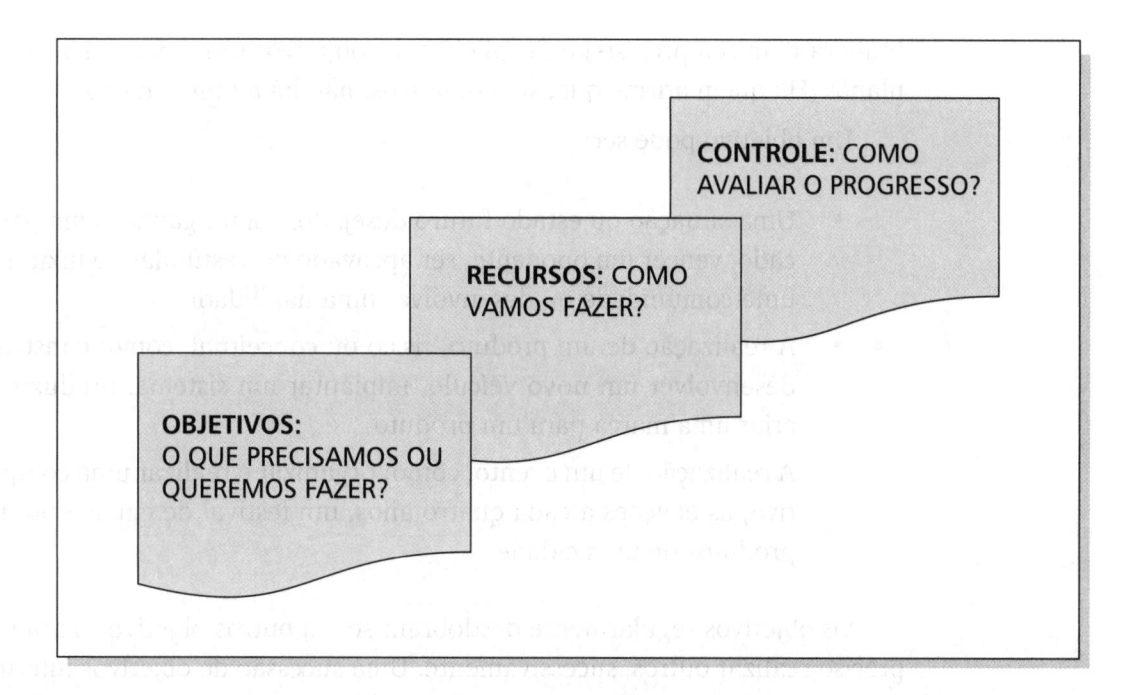

- **OBJETIVOS:** O QUE PRECISAMOS OU QUEREMOS FAZER?
- **RECURSOS:** COMO VAMOS FAZER?
- **CONTROLE:** COMO AVALIAR O PROGRESSO?

Alguns planos são informais e não chegam a ser registrados no papel. Por exemplo, no curso em que está usando este livro, você pretende formar-se algum dia. Esse é seu objetivo. Certamente, você tem ideia da data, mas, provavelmente, isso não está escrito em lugar nenhum. Em outros casos, os planos precisam ser formalizados e documentados. Algumas organizações, como o governo e as grandes burocracias, são altamente regulamentadas e documentam todos os seus planos, para consulta posterior, definição de responsabilidades, comunicação e exigências legais. Organizações informais, como os grupos de amigos e famílias, têm planos, mas não costumam passá-los para o papel.

É prática usual, no processo de planejamento, elaborar um plano principal e um de reserva (chamado plano B, plano reserva ou plano de contingência).

4 Componentes de um Plano

Estudemos em seguida os principais componentes dos planos: objetivos, meios de realização dos objetivos e meios de controle.

4.1 Objetivos e metas

Uma palavra importante no vocabulário do administrador, que indica um conceito central em administração, é *objetivo*. *Objetivos* são os resultados desejados, que orientam o intelecto e a ação. São os fins, propósitos, intenções ou estados futuros que as pessoas e as organizações pretendem alcançar, por meio da aplicação de esforços e recursos.

Embora nem sempre estejam explícitos, os objetivos são a parte mais importante dos planos. Há quem afirme que, sem objetivos, não há administração.

Um objetivo pode ser:

- Uma situação ou estado futuro desejado, como: ganhar uma parcela do mercado, vencer um oponente, ser aprovado no vestibular, reduzir a violência em uma comunidade ou desenvolver uma habilidade.
- A realização de um produto, físico ou conceitual, como: construir uma casa, desenvolver um novo veículo, implantar um sistema, produzir um filme ou criar uma marca para um produto.
- A realização de um evento, como: organizar e realizar uma competição esportiva, as eleições a cada quatro anos, um festival de cinema ou uma feira dos produtos de uma cidade.

Os objetivos regularmente desdobram-se em outros objetivos. Para realizar um, é preciso realizar outros, sucessivamente. Uma sucessão de objetivos interligados forma uma *cadeia de meios e fins*, que dispõe os objetivos numa hierarquia (Figura 6.4).

Figura 6.4
As decisões do processo de planejamento dispõem-se em uma cadeia de meios e fins.

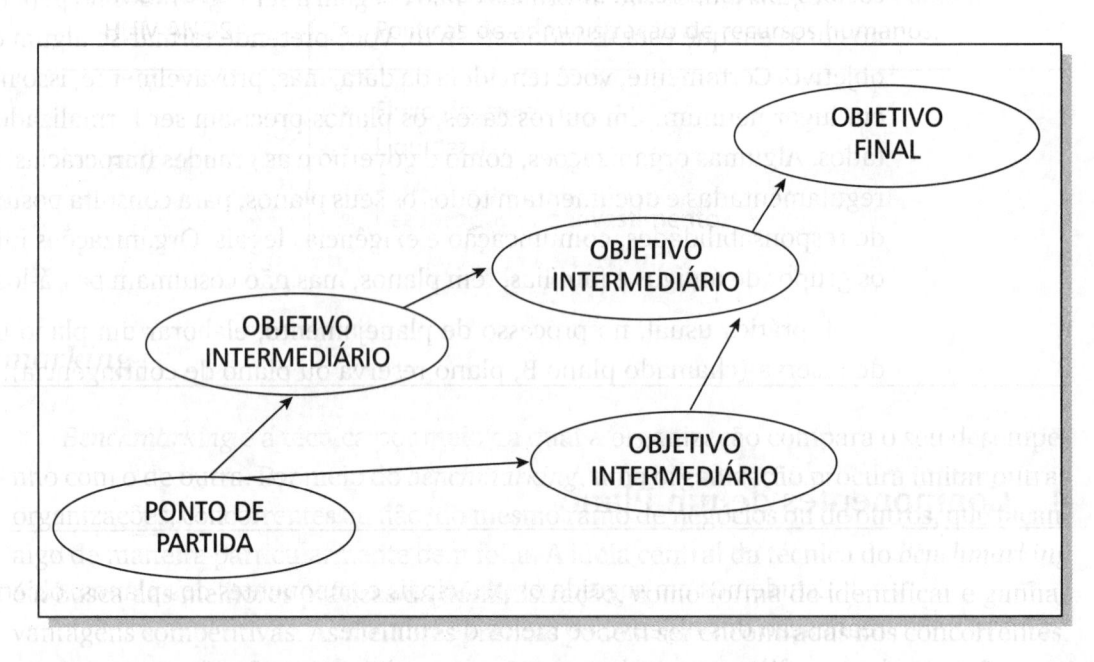

Sempre que possível, os objetivos devem ser quantitativos. Devem ser formulados em termos numéricos, associados a indicadores específicos de desempenho, como quantidade, data, nível de qualidade ou ordem de grandeza dos recursos empregados. Quando são enunciados dessa forma, os objetivos são também chamados *metas*. Por exemplo:

- Produzir 140 itens, até o dia 10, com 97,5% de qualidade de aceitação, utilizando no máximo 200 homens-hora.

4.2 Meios de realização

Para realizar objetivos, é preciso definir um ou mais cursos de ação, executar atividades e empregar recursos. Um plano deve conter uma definição dos cursos de ação, das atividades operacionais e dos recursos necessários para realizar os objetivos.

- Os cursos de ação, como o próprio nome diz, definem o caminho a ser seguido e, em certos casos, também são chamados *estratégias*. Por exemplo, fabricantes de diversos tipos de produtos, como calçados brasileiros, decidiram mudar suas empresas para a China. Transformaram-se, assim, de vítimas, em agentes da concorrência chinesa.
- As ações ou atividades envolvem o dispêndio de energia física, intelectual e social: fazer, elaborar, desenvolver, construir, realizar, alcançar, colaborar. Em certos casos, as atividades cessam quando o objetivo é atingido. Por exemplo, com o término da construção de um edifício. Em outros, as atividades são permanentes, como ocorre nas operações de uma agência bancária.
- As atividades são realizadas com a aplicação de recursos: tempo, espaço, instalações, pessoas, equipamentos e informações. No processo de planejamento, a definição dos meios de execução estabelece os diferentes tipos de recursos que serão necessários, bem como seu custo.

4.3 Meios de controle

Os meios de controle são informações para avaliar até que ponto os objetivos estão sendo atingidos e os cursos de ação escolhidos são apropriados.

Por exemplo:

- Suas notas e outros indicadores de seu desempenho escolar são as informações ou meios de controle de seu objetivo de obter um diploma.

5 Tipos de Plano

Os planos podem ser classificados segundo diferentes critérios. Um dos critérios mais relevantes para os administradores é o critério da permanência, que classifica os planos em temporários e permanentes (Figura 6.5).

5.1 Planos temporários

Planos temporários, também chamados de planos de finalidade singular, extinguem-se quando os objetivos são realizados. São exemplos de planos temporários: o calendário deste curso, o cronograma da construção de uma casa e o orçamento de uma campanha publicitária. De forma geral, os planos temporários contêm decisões não programadas.

Figura 6.5
Classificação dos planos de acordo com o critério da permanência.

PLANOS PERMANENTES	PLANOS SINGULARES ou TEMPORÁRIOS
• POLÍTICAS • PROCEDIMENTOS • MISSÃO E OUTROS OBJETIVOS PERMANENTES	• CRONOGRAMAS • CALENDÁRIOS • ORÇAMENTOS • PROJETOS

5.2 Planos permanentes

Os planos permanentes contêm as decisões programadas, que devem ser usadas em situações predefinidas. Políticas, procedimentos e certos tipos de objetivos são planos permanentes.

5.2.1 Políticas

Política é sinônimo de diretriz. Uma política ou diretriz é uma orientação genérica, que define em linhas gerais o curso de ação a ser seguido quando determinado tipo de problema se apresenta. A política orienta o processo de tomar decisões, deixando aos gerentes a seleção dos detalhes. A orientação para admitir apenas recém-formados como candidatos a gerentes é uma política de recursos humanos usada por muitas organizações. As políticas são feitas e classificadas de acordo com as áreas funcionais das organizações.

Por exemplo:

- Fornecer bolsa integral de estudos em cursos de pós-graduação para funcionários que atingiram o nível "excelente" na avaliação de desempenho (política de recursos humanos).
- Evitar endividamento (política de finanças).
- Comprar apenas de fornecedores com certificação de qualidade (política de compras).
- Atender imediatamente a qualquer reclamação feita por consumidores (política de qualidade e relacionamento com clientes).

As políticas, como todas as decisões programadas, servem para economizar a energia intelectual dos gerentes, evitando a solução de problemas um a um. Além disso, as políticas definem a identidade da organização. Um veículo com a estrela da Mercedes-Benz, por exemplo, é o resultado de uma secular política de qualidade.

5.2.2 Procedimentos

Procedimentos, também chamados rotinas ou normas, são descrições detalhadas de sequências de atividades, que devem ser realizadas para que um objetivo possa ser cumprido. Os procedimentos procuram reduzir ao mínimo as possibilidades de erro e, para isso, definem com precisão o comportamento a ser seguido. Ao contrário das políticas, os procedimentos não deixam nenhuma margem de autonomia para os tomadores de decisão. Por exemplo:

- O funcionário deverá conferir as informações e preencher os campos em branco. No final da tela, clicar sobre o botão "enviar".

Os procedimentos padronizam a conduta das pessoas, uniformizando o processo de tomar decisões para resolver determinados tipos de problemas.

6 Técnicas para Estudar o Futuro

Para auxiliar os administradores em seu papel de planejadores, há diversas técnicas de estudo do futuro. Algumas delas destinam-se a lidar com o futuro conhecido. São as técnicas que seguem um processo decisório de base predominantemente racional, que processa informações concretas para produzir novas informações.

Outras destinam-se a lidar com a incerteza e com o futuro desconhecido. São as técnicas que têm base predominantemente intuitiva e dependem de opiniões e imaginação, além de informações, para produzir cenários.

6.1 Lidando com a certeza

Muitos aspectos e fatos do futuro são conhecidos, porque decorrem de evoluções previsíveis do presente. Aumento da capacidade de memória e velocidade dos computadores e substituição do dinheiro pelos meios eletrônicos de pagamento são tendências que há muito eram previstas, porque já existiam nos projetos dos engenheiros e laboratórios de pesquisa das empresas. O futuro conhecido é apenas parcialmente conhecido, porque a evolução de uma tendência – como o envelhecimento da população ou a diminuição das taxas de natalidade – não revela outras tendências que podem interferir e alterá-la mais tarde.

As técnicas de estudo do futuro conhecido baseiam-se na projeção de dados da realidade presente. Se há um evento ou tendência que ocorre na atualidade, deverá continuar ocorrendo no futuro. Se nos últimos anos a população vem crescendo a uma determinada taxa, o mesmo acontecerá nos próximos anos, a menos que um evento altere essa tendência. Há quatro técnicas principais para lidar com o futuro (mais ou menos) previsível: análise de séries temporais, projeções derivadas, relações causais e pesquisas de opiniões e atitudes.

6.1.1 Análise de séries temporais

A análise de séries temporais é o estudo de dados ao longo de determinados períodos, como as vendas diárias de automóveis, ou o número de casamentos ou nascimentos, mês a mês, nos últimos anos. Esses dados são dispostos em gráficos e estudados estatisticamente, de maneira a possibilitar a identificação de tendências e flutuações. Exemplos de tendências são as taxas de crescimento ou diminuição da população, das vendas ou de outros fatores. A análise de séries temporais baseia-se na premissa de que o futuro é continuação do passado. Por exemplo: é possível fazer projeções sobre a composição etária, a distribuição de religiões e as preferências musicais da população brasileira nos próximos dez anos, com base nos dados dos últimos dez. No entanto, esse método nem sempre é seguro e muitas projeções acabam não se confirmando.

6.1.2 Projeções derivadas

Projeções derivadas são estudos que procuram identificar associações entre o comportamento de duas variáveis. Por exemplo, pode-se estudar a relação entre a construção de casas e a venda de mobiliário, o crescimento da renda da população e o aumento do consumo de determinados produtos, a quantidade de acidentes de trânsito ou ocorrências criminais e as horas do dia, ou as regiões da cidade. Essas informações podem ser usadas para tomar decisões sobre colocação de produtos nas prateleiras dos supermercados, realização de feiras de móveis, ou sobre a disponibilização de policiais nas ruas.

6.1.3 Relações causais

O estudo das relações causais procura determinar o que provoca determinados acontecimentos e a existência de possíveis "leis" de comportamento ou regularidade. Por hipótese, pode-se supor que a cada cinco clientes que entrem numa loja, ou então, a cada cinco visitas, uma venda é efetuada. O vendedor e o gerente de vendas, portanto, podem planejar a realização de pelo menos cinco visitas ou contatos para efetuar uma venda.

6.1.4 Pesquisas de opinião e atitudes

As pesquisas de opiniões e atitudes são úteis para a compreensão das tendências no presente e também para fazer projeções. Pode-se pedir aos consumidores atuais que julguem a qualidade dos produtos, ou aos consumidores potenciais que preço se disporiam a pagar, usando escalas ou outros tipos de indicadores de julgamentos. Pesquisas de opiniões e atitudes em geral têm alta probabilidade de acerto, como é o caso das pesquisas de intenções de voto nas eleições.

6.2 Lidando com a incerteza

O futuro desconhecido não é uma simples projeção do presente. As técnicas de prospecção baseiam-se na tentativa de entender o futuro desconhecido, que não é mostrado pela análise da situação no presente. Visionários e escritores de ficção científica muitas vezes têm essa capacidade. Por exemplo:

- No século XIX, Jules Verne previu o submarino e a viagem à Lua.
- Nos anos 1950, Arthur Clarke previu os satélites artificiais.
- Nos anos 1970, Anthony Burgess previu uma sociedade dominada pela violência, no romance *A laranja mecânica*, transformado em filme por Stanley Kubrick.
- No século XIX, H. G. Wells, no livro *A máquina do tempo*, previu uma sociedade futura dividida em duas classes: os elóis, que viviam no ócio, e os morlocks, trabalhadores que os sustentavam e se alimentavam deles à noite.
- Nos anos 1940, no romance *1984*, George Orwell previu uma sociedade totalitária, dominada por um Grande Irmão – o Big Brother. A televisão se incumbiu de transformar a previsão em realidade. Os telespectadores dos *reality shows* assumiram o papel de Grande Irmão...

No entanto, muitos eventos de grande impacto escaparam e continuam escapando de qualquer previsão. Por exemplo:

- Os microcomputadores pessoais e a Internet surgiram repentinamente, enquanto os cientistas e as empresas fabricantes de computadores previam um futuro em que as máquinas de grande porte predominariam.
- A ficção científica previa um futuro sombrio, em que os seres humanos seriam dominados por grandes computadores inteligentes.
- Ninguém imaginava que o *software* se tornaria mais importante que os equipamentos de computação.

Duas técnicas de prospecção são analisadas a seguir: o método Delfos e a construção de cenários.

6.2.1 Método Delfos

O método Delfos usa o nome do antigo oráculo grego ao qual se recorria para pedir conselhos sobre o futuro. É uma forma de pesquisa de opiniões, focalizada num assunto específico, em que se fazem perguntas a um grupo de especialistas, em geral por meio de questionários. A pesquisa é feita em várias rodadas, sendo que a cada rodada os especialistas são informados sobre os resultados da rodada anterior. Esse procedimento de informar os resultados anteriores pressupõe que o conhecimento da opinião dos colegas ajuda a aprimorar o grau de acerto das projeções. É uma técnica usada para previsão tecnológica e identificação de tendências.

6.2.2 Construção de cenários

No início da década de 1970, ocorreu o chamado choque do petróleo. Os países árabes, maiores produtores mundiais, fundaram a Organização dos Países Exportadores de Petróleo (Opep) restringiram a produção e aumentaram o preço do petróleo. Apesar da surpresa, uma das empresas produtoras mundiais, a Shell, havia considerado essa hipótese e tinha desenvolvido planos de contingência para enfrentá-la. Alguns anos antes, a Shell havia começado a trabalhar com cenários que mostravam a possibilidade do choque do petróleo, que, finalmente, aconteceu.

A técnica dos cenários baseia-se em perguntas do tipo "e se...?". E se os países árabes se organizarem e nacionalizarem os postos de petróleo? Qual será o efeito sobre o nosso negócio? E se os países desenvolvidos decidirem "importar" mão de obra, como os descendentes dos imigrantes, para repor suas perdas populacionais? Qual será o impacto sobre a população? "E se...?" é a pergunta chave de um estudo de cenários.

Como os cenários lidam com o imprevisível, as respostas dependem muito mais de especulações intuitivas do que de informações concretas. Em linhas gerais, um cenário consiste em especulações sobre eventos possíveis, mas que não têm base em nenhuma tendência do presente.

A informação para construir cenários é fornecida pela análise das relações entre variáveis relevantes do meio ambiente. Para uma empresa como a Shell, as variáveis relevantes eram a guerra entre Israel e os árabes, o sentimento nacionalista dos árabes, o impacto da política sobre a economia no Oriente Médio e assim por diante. Analisando a influência que cada uma dessas variáveis poderia ter sobre as outras, foi possível identificar um cenário no qual aparecia o choque do petróleo.

7 Níveis de Planejamento Organizacional

Dependendo da abrangência e do impacto que têm sobre a organização, os planos podem ser classificados em três níveis principais: estratégicos, funcionais e operacionais (Figura 6.6).

Figura 6.6 Três tipos de planos elaborados pelas organizações.

PLANOS ESTRATÉGICOS	• DEFINEM A MISSÃO, O FUTURO E AS FORMAS DE ATUAR NO AMBIENTE (PRODUTOS E SERVIÇOS, CLIENTES E MERCADOS, VANTAGENS COMPETITIVAS), BEM COMO OS OBJETIVOS DE LONGO PRAZO.
PLANOS FUNCIONAIS ou ADMINISTRATIVOS	• DEFINEM OS OBJETIVOS E CURSOS DE AÇÃO DAS ÁREAS FUNCIONAIS (MARKETING, FINANÇAS, OPERAÇÕES, RECURSOS HUMANOS) PARA REALIZAR OS PLANOS ESTRATÉGICOS.
PLANOS OPERACIONAIS	• DEFINEM ATIVIDADES, RECURSOS E FORMAS DE CONTROLE NECESSÁRIOS PARA REALIZAR OS CURSOS DE AÇÃO ESCOLHIDOS.

7.1 Planos estratégicos

Planejamento estratégico é o processo de definir a missão e os objetivos da organização, considerando as ameaças e oportunidades do ambiente e outros fatores. Os planos estratégicos estabelecem os produtos e serviços que a organização pretende oferecer, os mercados e clientes que pretende atender e as formas de lidar com a concorrência. A responsabilidade pela definição dos planos estratégicos é da alta administração. Os métodos participativos de muitas empresas promovem a participação de funcionários de outros níveis nesse processo. Há empresas que dispõem de unidades de trabalho especialmente dedicadas a essa tarefa. São os chamados departamentos de novos negócios.

7.2 Planos funcionais

Planos funcionais (também chamados estratégias ou planos administrativos, departamentais ou táticos) são elaborados para possibilitar a realização dos planos estratégicos. Os planos funcionais abrangem áreas de atividades especializadas da empresa (marketing, operações, recursos humanos, finanças, novos produtos). São de responsabilidade dos gerentes dessas áreas, que também podem ser auxiliados por unidades especializadas.

7.3 Planos operacionais

Planejamento operacional é o processo de definir meios para a realização de objetivos, como atividades e recursos. Os planos operacionais, também chamados estratégias operacionais, especificam atividades e recursos que são necessários para a realização de qualquer espécie de objetivos. Embora os planos operacionais sejam mais característicos da base da pirâmide organizacional, sempre há um conteúdo operacional em qualquer tipo de plano.

Nos próximos capítulos desta parte do livro, esses três níveis de planejamento serão explorados.

Estudo de Caso: Como desenvolver novos produtos?

Há uma semana, você foi contratado como estagiário de gerência pela filial brasileira de um conglomerado de capital europeu. Você faz parte do programa *Executivos de Amanhã*. O estágio é a porta de entrada para uma recompensadora carreira executiva na empresa.

O mercado é muito concorrido. Nos últimos anos, surgiram empresas de pequeno porte, que são especializadas em determinados produtos (por exemplo, massas ou achocolatados) e que trabalham com as chamadas marcas B. Essas marcas, de preço e custo menor, são consumidas pelo mercado de baixa renda, muito maior que o mercado dos consumidores das marcas de primeira linha, formado pela população das faixas mais altas de renda.

As grandes empresas, como a sua, concorrem umas com as outras no mercado das marcas de primeira linha e não têm conseguido, até agora, ser competitivas no mercado de baixa renda. Para complicar, as marcas alternativas vêm sistematicamente melhorando a qualidade de seus produtos. Isso a ganha a fidelidade de seus consumidores tradicionais e pode representar, em algum momento, uma ameaça no mercado de alta renda. Todas as grandes empresas reagem a esse cenário com pesados investimentos em marketing e P&D, procurando desenvolver continuamente produtos e marcas novas, para conquistar nichos de mercado e consolidar suas posições tradicionais.

Em outros países, a conjuntura não é muito diferente. A principal diferença é a participação menor das marcas B nos mercados dos países mais desenvolvidos. Nos países emergentes, a situação é muito parecida com a do Brasil.

Desenvolvimento de novos produtos

Nos últimos anos, sua empresa teve altos e baixos em suas atividades de desenvolvimento de novos produtos. Houve sucessos, como os flocos de milho com sabores e as *pizzas* prontas, e fracassos, como uma papinha para bebês, que não conseguiu concorrer com outras marcas e não sobreviveu.

A diretoria de sua empresa sabe que o desenvolvimento de novos produtos é uma área sensível, mas acha que faltam resultados. Entre outros problemas, não há processos sistemáticos de captação de novas ideias.

Uma das fontes de novas ideias que tem sido ignorada é o próprio contingente de pessoas que trabalham para a empresa. Os mais de 300.000 funcionários da companhia, em todo o mundo, representam um painel de todos os segmentos da sociedade. Somente no Brasil, são dezenas de milhares de pessoas que retratam as diferentes faixas etárias, educacionais, raciais e econômicas da complexa sociedade brasileira. Para conhecer o cliente, a providência mais imediata a tomar é dar atenção para essa força de trabalho e encontrar maneiras de ouvir suas opiniões.

Essa ideia não é nova. Na verdade, foi posta em prática pioneiramente numa fábrica, há dois anos. Num projeto conjunto das Diretorias de Marketing e Produção, a fábrica montou em seu pátio uma feira de produtos, com vários estandes. Para visitar a feira, que durou uma semana, de sábado a sábado, foram convidados todos os funcionários da própria fábrica e funcionários da empresa que estivessem em visita. Amostras de produtos alimentícios da empresa foram expostos e distribuídos na feira, para que os visitantes os experimentassem no local. O projeto forneceu informações valiosas sobre a reação dos consumidores reais e potenciais aos produtos, bem como algumas ideias sobre aprimoramentos a serem introduzidos nas marcas e até mesmo novos produtos.

Uma ideia que ocorre a você é repetir essa experiência, convidando não apenas funcionários, mas pessoas da comunidade para participar.

De outro lado, há um problema no entendimento e na maneira de lidar com a questão da idade dos consumidores. A população está envelhecendo em todo o mundo industrializado, mas parece que o marketing e a propaganda não conseguem lidar com isso.

Por exemplo, é raro ver personagens com mais de 30 anos nos comerciais de TV. Gente mais velha, acima dos 60 anos, só aparece em pontas ou para ajudar a difundir mensagens destinadas às gerações mais jovens.

Segundo uma estimativa de um publicitário francês, especializado nesse mercado, 95% dos investimentos em publicidade e marketing são voltados para consumidores abaixo de 50 anos. No entanto, é a partir dessa faixa de idade que se concentra mais da metade dos consumidores de bens e serviços – de automóveis a viagens de turismo.

São grandes as dificuldades com o lançamento de produtos para a terceira idade. A americana Gerber, fabricante de potinhos de comida infantil, lançou uma linha, a Senior Citizen, para pessoas com problemas de dentes e estômago. Foi um fracasso, porque as pessoas se constrangiam ao chegar com os purezinhos nas caixas dos supermercados.

Um exemplo de sucesso é o lançamento, na Europa, da margarina Proactiv, que reduz o colesterol. A publicidade desse produto exibia consumidores de mais de 50 anos felizes ao atestar seu baixo nível de colesterol. O lançamento foi tão bem-sucedido que revigorou o negócio de margarinas da empresa.

Questões

1. Com base nas informações fornecidas, escreva um *business case* para o desenvolvimento de novos produtos da empresa – explique quais são os problemas que devem ser resolvidos.

2. Que planos você propõe para resolver esses problemas? Liste suas principais ideias. Quais desses planos devem ser singulares e quais devem ser permanentes?

7

Planejamento estratégico[1]

Objetivos

Terminando o estudo deste capítulo, você deverá estar preparado para explicar e exercitar as seguintes ideias:

- Estratégia e planejamento estratégico.
- Diagnóstico dos pontos fortes e fracos e das ameaças e oportunidades do ambiente.
- Componentes e processo de preparação de um plano estratégico.

Introdução

Estratégia é um conceito usado pelas organizações militares há muito tempo. Entre os gregos, há mais de 2.000 anos, os estrategos eram os generais, os comandantes gerais do exército.

No século XX o conceito de estratégia cresceu na prática das organizações empresariais e no mundo da teoria. Peter Drucker foi um dos pio-

---

[1] O autor agradece ao Prof. Martinho Isnard Ribeiro de Almeida a contribuição no desenvolvimento deste capítulo.

neiros desse tema, abordado em seu livro *A prática da administração*, de 1955. Drucker associou o conceito de estratégia às decisões que afetavam os objetivos da empresa. Em 1962, foi publicado outro trabalho importante sobre o assunto, *Estratégia e estrutura*, de Chandler. Nessa obra, o autor afirmou que "a estrutura segue a estratégia" e estabeleceu a estratégia como disciplina no mundo acadêmico e no empresarial.

Foi H. Igor Ansoff, em 1965, quem formulou a noção de estratégia envolvendo a definição de objetivos com base na análise de ameaças e oportunidades no ambiente. Na atualidade, a administração estratégica abrange os processos de planejamento, implementação, execução e avaliação da estratégia.

Neste capítulo, você irá estudar um processo formal para desenvolver um processo de planejamento estratégico para uma organização.

1 Estratégia e Planejamento Estratégico – Definições

O conceito de estratégia nasceu da guerra, em que a realização de objetivos significa superar um concorrente, que fica impedido de realizar os seus. Cada um dos dois lados quer derrotar o outro. Vem daí a definição de Aristóteles, de que finalidade da estratégia é a vitória.

Fora do contexto militar, a palavra *estratégia* é de uso corrente e indica uma forma de enfrentar um problema ou uma forma de realizar objetivos. Certamente você já ouviu a palavra *estratégia* associada a educação, esporte e outras áreas de atividades.

De maneira genérica, estratégia pode ser definida como a escolha das ações e dos meios para realizar objetivos (Figura 7.1).

Figura 7.1
Estratégia é o caminho para chegar a um objetivo.

1.1 Concorrência ou não?

Na atualidade, as organizações competem e colaboram ao mesmo tempo. Os acordos de cooperação são chamados de alianças estratégicas. Por isso, a estratégia, na atualidade, compreende tanto as situações de concorrência quanto as de colaboração entre organizações. Por exemplo: empresas automobilísticas que se enfrentam no mercado, colaboram quando se trata de desenvolver e utilizar componentes.

A ideia de estratégia está presente em qualquer situação que envolva a definição de objetivos e a escolha dos meios para realizá-los. Por exemplo: estratégia de combate a uma epidemia, estratégia de uma instituição filantrópica, estratégia para atrair clientes, estratégia de ensino de um curso e estratégia de governo. A estratégia é usada por todas as organizações, lucrativas ou não, com ou sem concorrência.

1.2 Estratégia empresarial

Estratégia empresarial é o curso de ação que uma empresa adota para assegurar seu desempenho e sua sobrevivência. Esse curso de ação inclui o tamanho que a empresa pretende alcançar, as formas de enfrentar os concorrentes, a posição que pretende ter no mercado e o controle de seus suprimentos, entre outras definições.

As estratégias também são chamadas *políticas de negócios*. Algumas empresas concentram-se em um único negócio. Outras são diversificadas e atuam em diferentes ramos de negócios. Empresas que são concorrentes em alguns negócios adotam a diretriz da colaboração em outros. Esses são exemplos de estratégias ou políticas de negócios.

1.3 Planejamento estratégico

Planejamento estratégico é o processo de estruturar e esclarecer os cursos de ação da empresa e os objetivos que deve alcançar. Há diversos componentes nesse processo intelectual, principalmente (Figura 7.2):

- A missão, que é a razão de ser da organização, e que reflete seus valores, sua vocação e suas competências.
- O desempenho da organização – os resultados efetivamente alcançados.
- Os desafios e oportunidades do ambiente.
- Os pontos fortes e fracos dos sistemas internos da organização.
- As competências dos planejadores – seu conhecimento de técnicas, suas atitudes em relação ao futuro, seu interesse em planejar.

O processo de planejamento estratégico aplica-se à organização em sua totalidade (estratégia corporativa) e também a cada uma de suas partes: estratégias de produção, de marketing, recursos humanos e assim por diante. As formas de colocar em prática as estratégias da organização e das áreas funcionais podem ser chamadas de estratégias operacionais. A estratégia chega até o nível do indivíduo. Você, como pessoa ou funcionário de uma empresa, pode ter seu próprio plano estratégico, definindo o caminho que você quer seguir em sua vida ou sua profissão e os objetivos que pretende realizar.

Figura 7.2
Planejamento estratégico é um processo de organizar ideias a respeito do futuro.

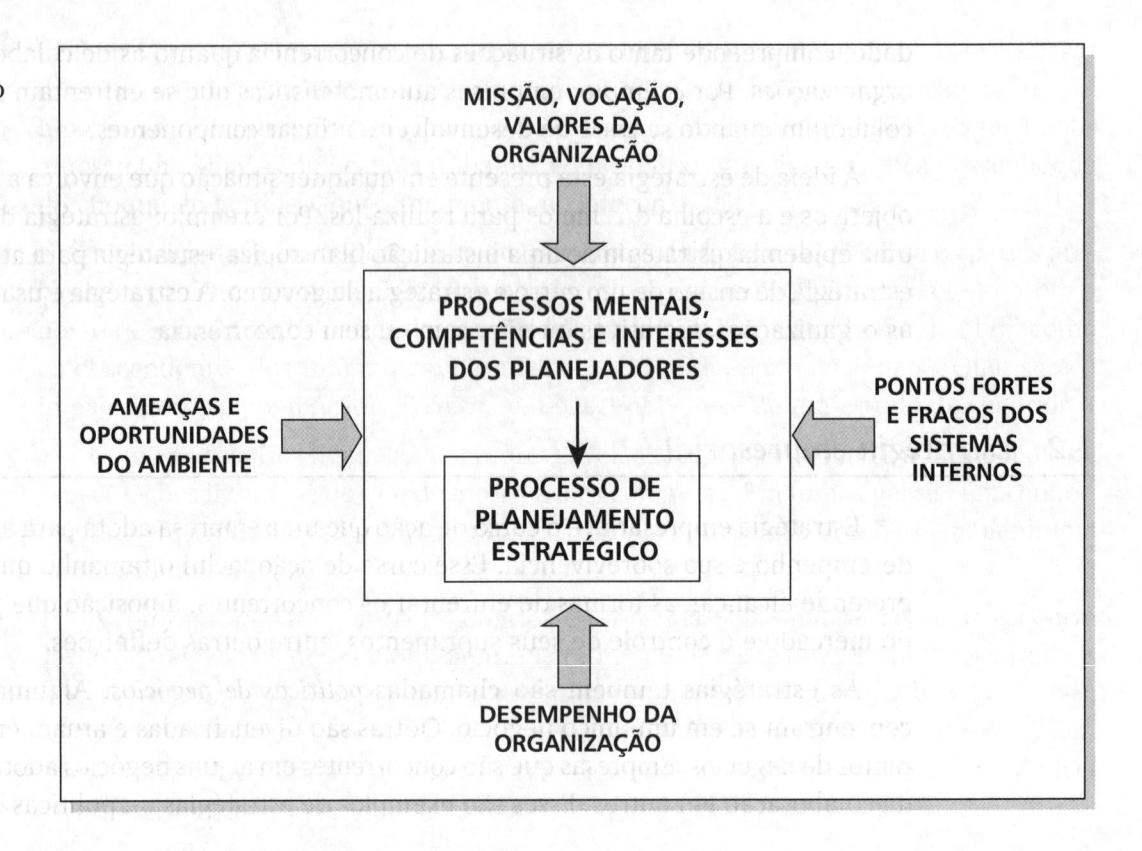

```
                    MISSÃO, VOCAÇÃO,
                    VALORES DA
                    ORGANIZAÇÃO
                          ↓
                  PROCESSOS MENTAIS,
                  COMPETÊNCIAS E INTERESSES
                  DOS PLANEJADORES
  AMEAÇAS E          ↓                    PONTOS FORTES
  OPORTUNIDADES  →  PROCESSO DE      ←   E FRACOS DOS
  DO AMBIENTE        PLANEJAMENTO          SISTEMAS
                     ESTRATÉGICO           INTERNOS
                          ↑
                    DESEMPENHO DA
                    ORGANIZAÇÃO
```

1.4 Todos fazem planos estratégicos?

Toda organização tem uma estratégia, ou plano estratégico, formal ou informal, do passado para o presente. Em algum momento do passado, os administradores de qualquer organização tomaram decisões estratégicas e aplicaram recursos para aproveitar oportunidades ou enfrentar desafios. Essas decisões trouxeram a organização até a situação em que se encontra no presente. Na maior parte dos casos, provavelmente, a estratégia fica implícita. Assim, em qualquer organização sempre é possível identificar estratégias implícitas, que se refletem na situação estratégica presente e que foram elaboradas por meio de tentativa e erro. Algumas organizações têm estratégias explícitas, feitas de modo deliberado, do presente para o futuro (Figura 7.3).

Figura 7.3 Todas as organizações têm estratégias, implícitas ou explícitas, do passado para o presente. Do presente para o futuro, algumas organizações têm planos estratégicos explícitos.

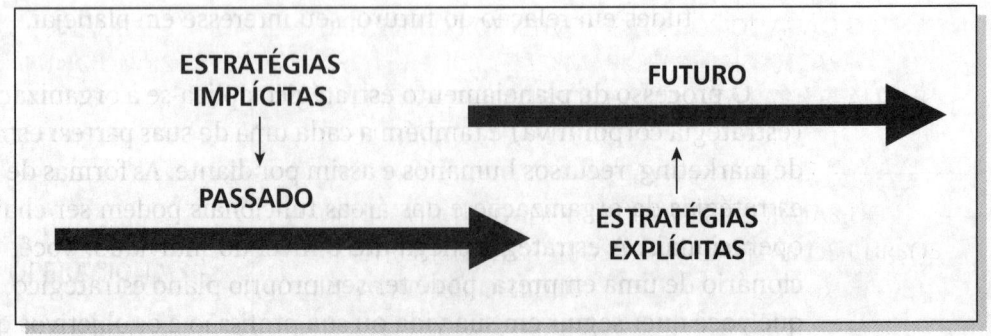

```
   ESTRATÉGIAS                    FUTURO
   IMPLÍCITAS          ──────────────────→
        ↓
                                    ↑
   PASSADO                      ESTRATÉGIAS
   ──────────────────→          EXPLÍCITAS
```

2 Processo de Planejamento Estratégico – Visão Panorâmica

Um processo sistemático de planejamento estratégico é uma sequência de análises e decisões que compreende os seguintes componentes principais (Figura 7.4):

Figura 7.4 Processo de planejamento estratégico.

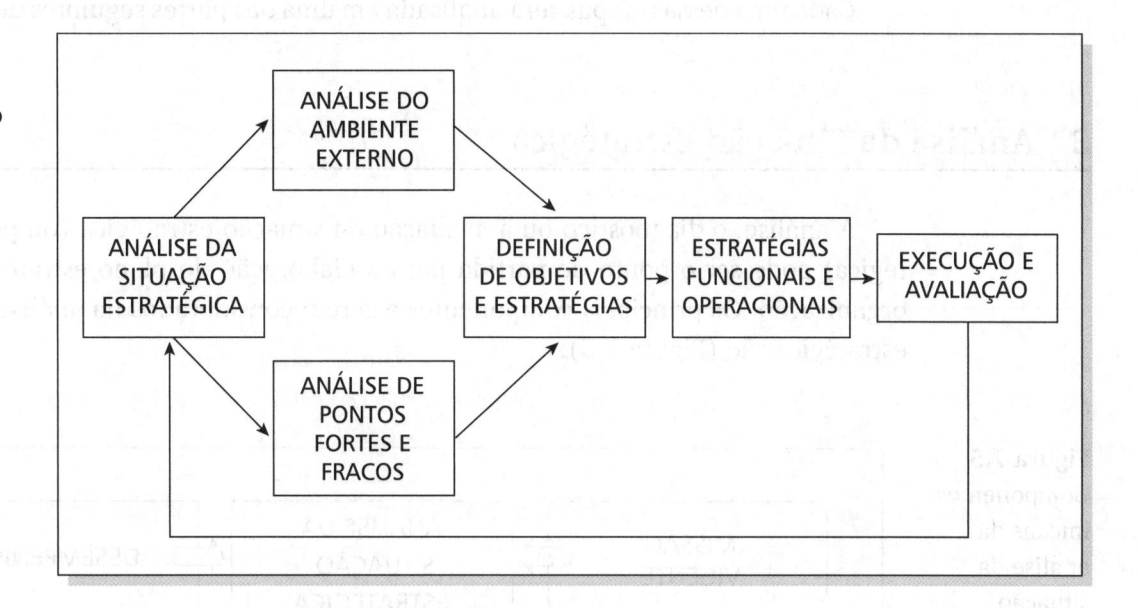

```
                    ANÁLISE DO
                    AMBIENTE
                    EXTERNO
                   ↗         ↘
   ANÁLISE DA              DEFINIÇÃO      ESTRATÉGIAS       EXECUÇÃO E
   SITUAÇÃO      →         DE OBJETIVOS → FUNCIONAIS E   →  AVALIAÇÃO
   ESTRATÉGICA              E ESTRATÉGIAS OPERACIONAIS
                   ↘         ↗
                    ANÁLISE DE
                    PONTOS
                    FORTES E
                    FRACOS
```

- Análise da situação estratégica presente da organização. (Onde estamos? Como chegamos aqui?)
- Análise do ambiente. (Quais são as ameaças e oportunidades do ambiente?)
- Análise interna. (Quais são os pontos fortes e fracos dos sistemas internos da organização?)
- Definição do plano estratégico. (Para onde devemos ou queremos ir? O que devemos fazer para chegar até lá?)

O processo de planejamento estratégico é complexo e dinâmico.

- **Complexo.** Na prática, essas etapas podem ser cumpridas em qualquer ordem, ou simultaneamente, dependendo da situação e das pessoas. Em alguns casos, ou em determinados momentos, o processo de planejamento estratégico pode enfatizar uma ou outra etapa. Alguns administradores preferem definir os objetivos primeiro e as estratégias em seguida. Outros fazem o contrário. Alguns enfatizam a análise das ameaças e oportunidades. Outros preocupam-se apenas com as oportunidades. Repetindo: a ênfase depende da situação e das pessoas que estão planejando.
- **Dinâmico.** A cada momento, a situação é diferente do momento anterior. As análises devem ser feitas continuamente, para acompanhar a evolução

de todas as variáveis que afetam a organização. As decisões dos administradores criam novas situações, que precisam ser acompanhadas. Desse modo, o planejamento estratégico é um processo contínuo e não um procedimento burocrático periódico.

Cada uma dessas etapas será analisada em uma das partes seguintes deste capítulo.

3 Análise da Situação Estratégica

A análise, o diagnóstico ou a avaliação da situação estratégica (ou posição estratégica) pode ser o ponto de partida para a elaboração do plano estratégico de uma organização. Os principais componentes a serem considerados na análise da situação estratégica são (Figura 7.5):

Figura 7.5
Componentes iniciais da análise da situação estratégica.

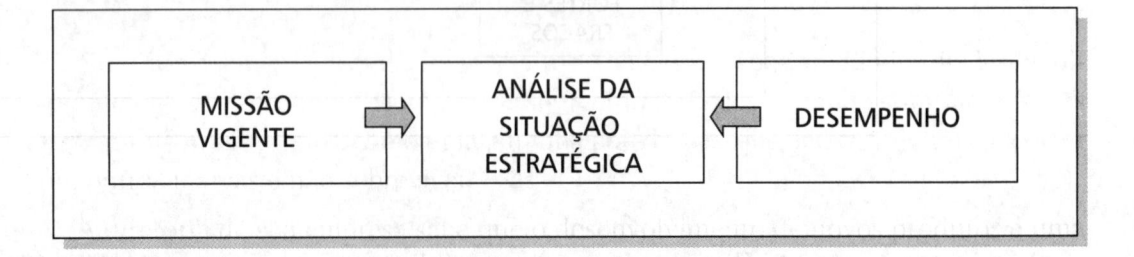

MISSÃO VIGENTE → ANÁLISE DA SITUAÇÃO ESTRATÉGICA ← DESEMPENHO

- Missão ou negócio da organização até o presente.
- Desempenho da organização até o presente (resultados alcançados, em comparação com os objetivos).

3.1 Negócio e missão

O negócio define a área de atuação ou o ramo de atividades a que a empresa se dedica – os produtos e serviços que fornece aos mercados e clientes de sua escolha. A missão estabelece a utilidade da organização para seus mercados e clientes e para a sociedade. Identificar a missão é entender qual problema a empresa está resolvendo no ambiente. Para analisar a missão da organização no presente, é preciso responder a perguntas como as seguintes:

- Quem são nossos clientes?
- Em que negócio estamos?
- Que necessidades estamos atendendo? Ou: qual nossa utilidade para os clientes?

O entendimento da missão possibilita compreender o papel que a organização desempenha para seus clientes e partes interessadas (ou *stakeholders*) relevantes. A administração contemporânea dá grande ênfase às partes interessadas, que devem ser incorporadas na missão. De acordo com essa visão, a missão implícita de qualquer organização empresarial é não apenas maximizar o lucro dos acionistas, mas também criar valor para todas as partes interessadas: acionistas, empregados, clientes, comunidades, instituições sociais e governamentais, fornecedores e até mesmo os concorrentes. A análise da situação estratégica presente deve enfatizar a identificação do valor que está sendo criado para as partes interessadas.

Muitas empresas não têm missões explícitas nem se preocupam em defini-las. Outras apenas sugerem sua missão. Muitas preferem usar apenas a palavra *negócio*, em lugar de missão. A ideia de negócio, para definir um ramo de atuação, é mais prática. Inúmeras empresas declaram explicitamente seu negócio. Outras parecem achar que seu negócio é tão óbvio que não precisa ser explicitado. As editoras, por exemplo, declaram estar no negócio da informação e educação, em lugar de produção e venda de livros. Cultura e diversão ou entretenimento são os negócios do cinema, da televisão e do teatro. As companhias de aviação, os bancos e as redes de televisão, no entanto, atuam em negócios tão óbvios, que não sentem a necessidade de explicitá-los. Instituições filantrópicas e organizações de promoção social, por outro lado, têm apenas missões e não negócios.

O negócio e a missão refletem a percepção de oportunidades e ameaças, dos valores da organização e de sua vocação. A vocação compreende as áreas em que a organização tem facilidade para atuar, devido a suas competências e recursos. A vocação dos países que têm grandes reservas de petróleo é evidente.

3.2 Análise do desempenho

A análise do desempenho produz informações sobre os resultados obtidos pela organização, em comparação com seus objetivos e com o desempenho da concorrência. A análise do desempenho pode focalizar os seguintes itens principais: participação dos clientes no faturamento, participação dos produtos e serviços no faturamento, participação no mercado e análise das vantagens competitivas. A análise do desempenho é um dos componentes para a identificação de pontos fortes e fracos da organização.

3.2.1 Participação dos clientes no faturamento

A análise histórica da participação dos clientes no faturamento revela uma faceta importante no desempenho da empresa, que são as tendências e flutuações nos negócios com os diferentes segmentos do mercado. O diagnóstico deve buscar informações sobre quais e quantos são os clientes, em que mercados se situam e qual o volume de negócios que têm com a organização. Esses números mostram o comportamento dos clientes – se seus negócios com a empresa estão aumentando ou diminuindo. Isso permite identificar problemas e situações vantajosas, fornecendo assim uma base para a definição de objetivos (Figura 7.6).

Figura 7.6
A participação dos clientes no faturamento é uma das bases do planejamento estratégico.

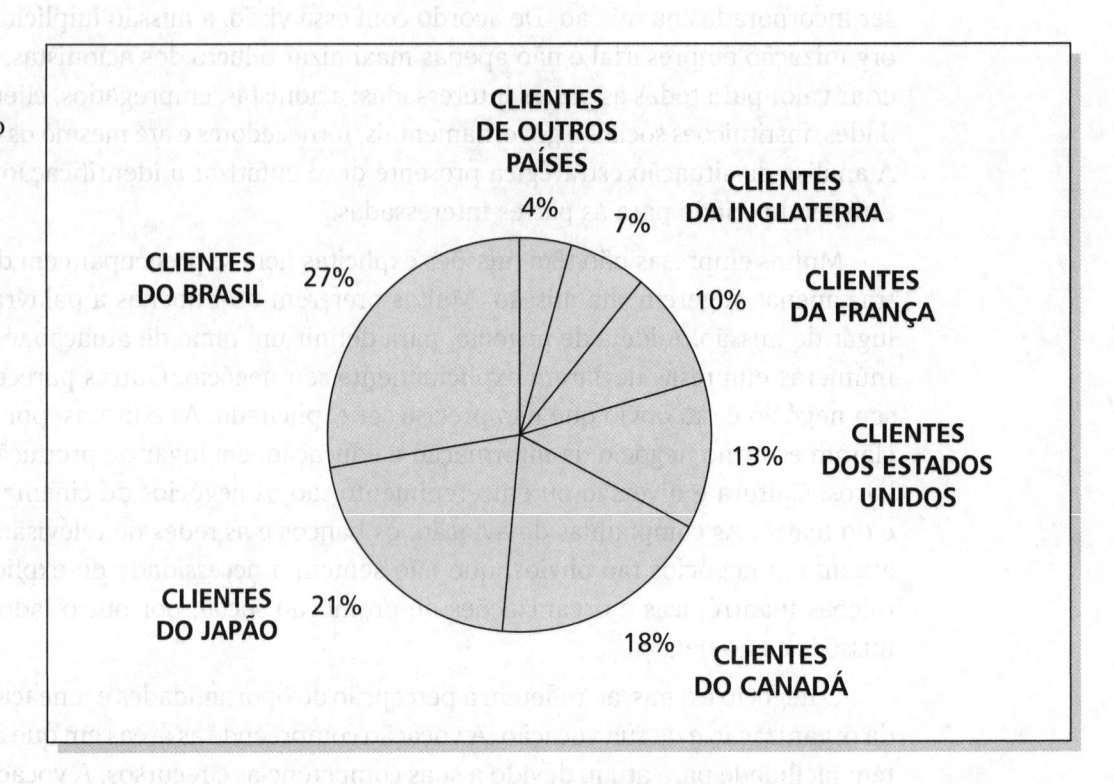

CLIENTES DE OUTROS PAÍSES 4%
CLIENTES DA INGLATERRA 7%
CLIENTES DO BRASIL 27%
CLIENTES DA FRANÇA 10%
CLIENTES DOS ESTADOS UNIDOS 13%
CLIENTES DO JAPÃO 21%
CLIENTES DO CANADÁ 18%

As organizações não lucrativas e de prestação de serviços devem adaptar esse conceito, analisando a participação dos diferentes tipos de clientes no total de atendimentos ou de serviços, bem como a participação dos diferentes tipos de patrocinadores no total de receitas obtidas.

3.2.2 Participação dos produtos e serviços no faturamento

A análise histórica da participação dos produtos e serviços no faturamento mostra sua contribuição para o desempenho da organização. As organizações de serviços e as organizações não lucrativas devem fazer uma adaptação, para estudar a distribuição de cada tipo de serviço ou atendimento no total de serviços prestados ou no total de atendimentos.

A análise deve identificar o volume de negócios de cada produto ou serviço, mostrando as flutuações e tendências. Essa análise, ao longo de um período, também permite identificar ameaças, oportunidades, tendências e a necessidade de decisões (Figura 7.7).

Figura 7.7
A participação dos produtos nas vendas (ou dos serviços nas diversas áreas de atuação) é uma das bases do planejamento estratégico.

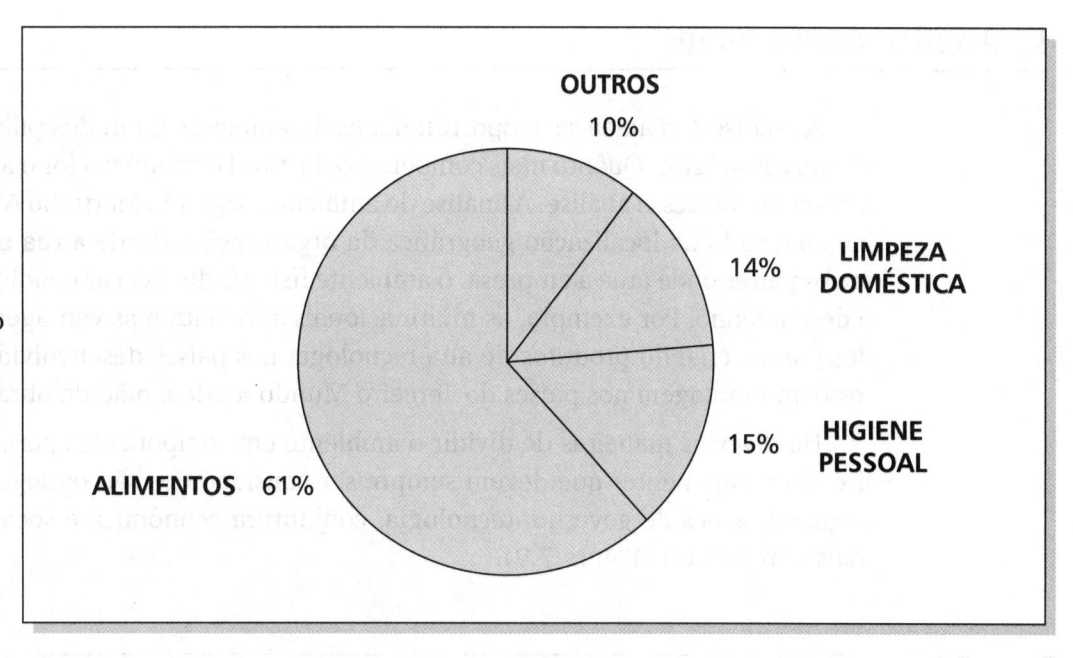

- OUTROS 10%
- LIMPEZA DOMÉSTICA 14%
- HIGIENE PESSOAL 15%
- ALIMENTOS 61%

3.2.3 Participação no mercado

Outro foco importante da análise do desempenho é a participação no ramo de negócios em que a organização atua (Figura 7.8). Essa informação mostra o crescimento ou declínio dos diversos concorrentes e as preferências do consumidor ou usuário.

Figura 7.8
A participação no mercado mostra o declínio ou crescimento dos diversos concorrentes e as preferências do consumidor.

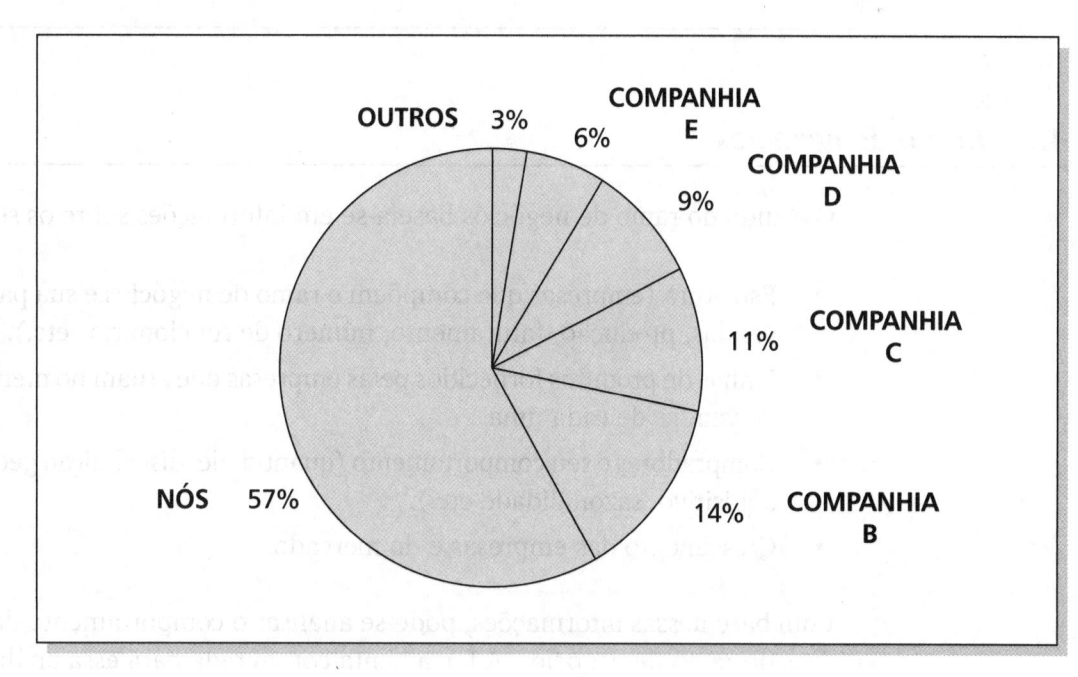

- OUTROS 3%
- COMPANHIA E 6%
- COMPANHIA D 9%
- COMPANHIA C 11%
- COMPANHIA B 14%
- NÓS 57%

4 Análise do Ambiente

A análise das ameaças e oportunidades do ambiente é um dos pilares do planejamento estratégico. Quanto mais competitivo, instável e complexo for o ambiente, maior a necessidade dessa análise. A análise do ambiente, segundo Martinho Almeida, começa com o estudo da localização geográfica da organização. Desde a rua onde se localiza até os países onde atua a empresa, o ambiente físico influencia as condições que afetam o desempenho. Por exemplo, as multinacionais aproveitam as vantagens competitivas dos países, criando produtos de alta tecnologia nos países desenvolvidos e enviando-os para montagem nos países do Terceiro Mundo, onde a mão de obra é mais barata.

Há diversas maneiras de dividir o ambiente em componentes para facilitar a análise. Os componentes que devem sempre ser considerados são os seguintes: ramo de negócios, ações de governo, tecnologia, conjuntura econômica e sociedade, entre os mais importantes (Figura 7.9).

Figura 7.9 Componentes da análise ambiental.

AMBIENTE
- RAMO DE NEGÓCIOS
- MUDANÇAS TECNOLÓGICAS
- AÇÃO E CONTROLE NO GOVERNO
- CONJUNTURA ECONÔMICA
- TENDÊNCIAS SOCIAIS

4.1 Ramo de negócios

O estudo do ramo de negócios baseia-se em informações sobre os seguintes itens:

- Estrutura (empresas que compõem o ramo de negócios e sua participação nas vendas, produção, faturamento, número de funcionários etc.).
- Linhas de produtos fornecidos pelas empresas que atuam no mercado e volume de vendas de cada uma.
- Compradores e seu comportamento (quantidade, distribuição geográfica, poder aquisitivo, sazonalidade etc.).
- Crescimento das empresas e do mercado.

Com base nessas informações, pode-se analisar o comportamento das forças competitivas do ramo de negócios. A ferramenta consagrada para essa análise é o modelo de Porter (Figura 7.10). Nesse modelo, as cinco forças que atuam numa situação competitiva são:

Figura 7.10
O modelo de cinco forças de Porter.

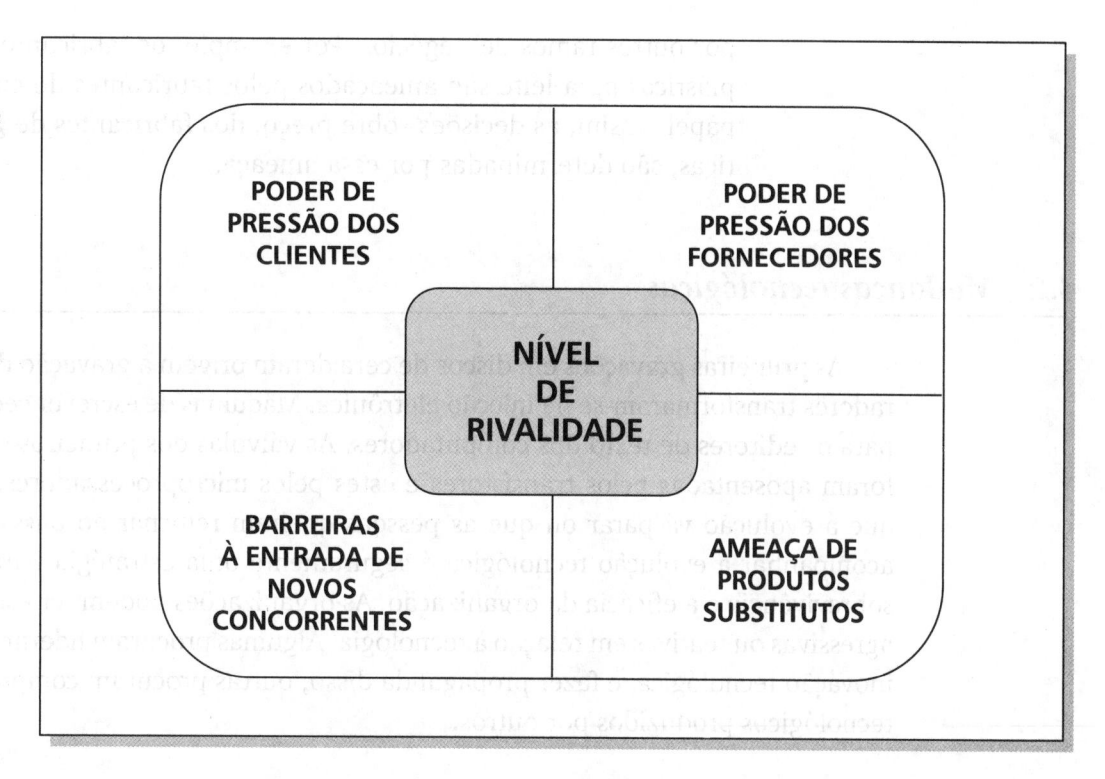

[Diagrama: PODER DE PRESSÃO DOS CLIENTES | PODER DE PRESSÃO DOS FORNECEDORES | NÍVEL DE RIVALIDADE (centro) | BARREIRAS À ENTRADA DE NOVOS CONCORRENTES | AMEAÇA DE PRODUTOS SUBSTITUTOS]

I. **Nível de rivalidade.** O primeiro componente do sistema de forças compreende os próprios concorrentes de um ramo de negócios e a intensidade da rivalidade entre eles. Por exemplo, considere a concorrência em um ramo que todos conhecem, a indústria automobilística, com a intensa competição entre as montadoras. Sobre essas forças agem as outras quatro.

II. **Poder de pressão dos clientes.** Em muitos ramos de negócios, os compradores têm muitas escolhas. O poder dos compradores aumenta quando há muitas escolhas ou quando compram grandes volumes (como é o caso do governo) ou compram muito da produção de um fornecedor.

III. **Poder de pressão dos fornecedores.** O poder de pressão dos fornecedores aumenta quando há poucos que controlam suprimentos importantes, como é o caso dos combustíveis. Seu poder também aumenta quando seus clientes têm custos muito grandes para substituí-los, como é o caso dos *softwares*.

IV. **Barreiras à entrada de novos concorrentes.** As dificuldades para a entrada de novos concorrentes contribuem para definir o grau de rivalidade no mercado. É difícil ingressar, por exemplo, em ramos regulamentados ou que exigem altos investimentos, como é o caso da energia. É mais fácil, por outro lado, ingressar em ramos onde não há direitos autorais ou que envolvem investimentos relativamente baixos, como os restaurantes.

V. **Ameaça de entrada de produtos substitutos.** A concorrência em um ramo de negócios é influenciada por produtos substitutos que são fornecidos por outros ramos de negócios. Por exemplo, os fabricantes de garrafas plásticas para leite são ameaçados pelos fabricantes de embalagens de papel. Assim, as decisões sobre preço, dos fabricantes de garrafas plásticas, são determinadas por essa ameaça.

4.2 Mudanças tecnológicas

As primeiras gravações em discos de cera deram origem à gravação digital. Carburadores transformaram-se na injeção eletrônica. Máquinas de escrever cederam espaço para os editores de texto dos computadores. As válvulas dos primeiros computadores foram aposentadas pelos transistores e estes pelos microprocessadores. Nada indica que a evolução vá parar ou que as pessoas queiram retornar ao passado. Portanto, acompanhar a evolução tecnológica é seguramente uma estratégia para assegurar a sobrevivência e a eficácia da organização. As organizações podem ter estratégias mais agressivas ou reativas em relação à tecnologia. Algumas procuram liderar o processo de inovação tecnológica, e fazer propaganda disso; outras procuram comprar os avanços tecnológicos produzidos por outros.

4.3 Ação e controle do governo

Qualquer estratégia deve sempre levar em conta a ação e o controle do governo. Por um lado, todas as organizações são obrigadas a seguir diversos tipos de legislações: trabalhista, tributária, de proteção do meio ambiente, de defesa do consumidor e de regulamentação do formato das embalagens, entre muitas outras. O descumprimento de qualquer desses códigos pode representar sérios riscos.

- Por outro lado, as políticas governamentais criam oportunidades e ameaças que as organizações devem sempre procurar acompanhar. Por exemplo, a política de integração do Brasil à economia global facilitou a concorrência por parte dos fornecedores internacionais em inúmeros ramos de negócios. Brinquedos, tecidos, bicicletas e automóveis são produtos cuja facilidade para entrar no país criou sérias ameaças para as empresas fabricantes locais, nacionais ou subsidiárias de multinacionais. As organizações ameaçadas por essa concorrência atuaram de diversas maneiras para defender-se, aprimorando sua competitividade ou atuando no sentido de influenciar o governo.

4.4 Conjuntura econômica

Diversos indicadores do funcionamento da economia mostram sinais de ameaças e oportunidades:

- Emprego e desemprego.
- Demissões e admissões.
- Taxa de juros.
- Valor das ações.
- Movimento dos negócios.
- Endividamento e inadimplência.
- Flutuação do poder aquisitivo.
- Flutuação no consumo de determinados produtos, indicativos de alterações no poder de compra e nos hábitos dos compradores.
- Poupança.

Associações de classe, publicações especializadas, institutos de pesquisas econômicas, órgãos governamentais, organismos internacionais e a grande imprensa produzem e disponibilizam todos os dias informações sobre esses e outros indicadores, para a economia em sua totalidade e para cada ramo de negócios. Obter e utilizar essas informações para tomar decisões é extremamente importante para qualquer administrador e empresa.

4.5 Sociedade

O acompanhamento das tendências sociais procura estudar as variáveis comportamentais do ambiente. Atitudes e preferências, estilos de vida, expectativas e medos coletivos, tendências e hábitos são as informações que podem indicar oportunidades e ameaças. Por exemplo, algumas tendências nas normas sociais que modificaram o contexto da administração das empresas na transição para o III Milênio são as seguintes:

- Valorização da saúde e do empregado saudável, e a consequente emergência do conceito de qualidade de vida do trabalho.
- Perda de importância da ideia da autoridade e emergência da administração participativa.
- Valorização da empresa socialmente e ambientalmente responsável, e crescimento da importância das normas de proteção do ambiente.

5 Análise Interna

A identificação de pontos fortes e fracos dentro da organização é outra base do processo de planejamento da estratégia. Uma das ferramentas para identificar pontos fortes e fracos é a avaliação do desempenho, estudada no Capítulo 4. A avaliação do desempenho deve ser complementada com a análise das áreas funcionais e os projetos de *benchmarking*.

5.1 Análise das áreas funcionais

A avaliação do desempenho pode ser segmentada de acordo com as áreas funcionais da organização, focalizando especificamente os pontos fracos em cada uma delas, como mostra a Figura 7.11.

Figura 7.11 Alguns tipos específicos de pontos fracos que podem ocorrer nas áreas funcionais.

PRODUÇÃO – OPERAÇÕES	• Arranjo físico, sequência das operações, métodos de trabalho. • Idade e limpeza das máquinas, equipamento e instalações. • Flexibilidade dos recursos produtivos.
MARKETING E VENDAS	• Capacidade de entender o mercado, conhecimento de técnicas de pesquisa e marketing, experiência com o mercado. • Desempenho no lançamento de produtos.
RECURSOS HUMANOS	• Existência de um departamento de recursos humanos. • Políticas de administração de recursos humanos.
FINANÇAS	• Fluxo de caixa. • Liquidez. • Solvência. • Retorno sobre o investimento.

5.2 Benchmarking

Benchmarking é a técnica por meio da qual a organização compara o seu desempenho com o de outra. Por meio do *benchmarking*, uma organização procura imitar outras organizações, concorrentes ou não, do mesmo ramo de negócios ou de outros, que façam algo de maneira particularmente bem feita. A ideia central da técnica do *benchmarking* é a busca das melhores práticas da administração, como forma de identificar e ganhar vantagens competitivas. As melhores práticas podem ser encontradas nos concorrentes, ou numa organização que esteja num ramo completamente diferente de atuação.

A utilização do *benchmarking* começa pela definição de como serão pesquisadas as melhores práticas. Os procedimentos básicos iniciais consistem em selecionar o produto ou processo a ser comparado e o marco de referência (com quem iremos nos comparar?), e escolher um método de obtenção de dados. Não há um método único para a obtenção de dados sobre as empresas que têm as melhores práticas. Alguns dados são públicos. Outros podem exigir procedimentos de pesquisa e observação direta, se isso for possível.

Em seguida, são feitos a coleta, o estudo e a interpretação dos dados sobre a organização escolhida como marco de referência. Os procedimentos básicos nesta segunda etapa do processo procuram entender em que se baseia a superioridade da empresa selecionada para comparação e quais de suas práticas podem ser copiadas e implementadas. O processo completo do *benchmarking* vai desde essas duas fases iniciais até a implementação e maturação das práticas selecionadas para implementação.

6 Preparação do Plano Estratégico

A preparação de um plano estratégico é a resposta às ameaças e oportunidades do ambiente e aos pontos fortes e fracos da organização. De uma empresa para outra, os planos estratégicos podem ter diferentes graus de formalidade, abrangência, periodicidade de preparação e muitos outros atributos.

Um plano estratégico define três elementos básicos do futuro da empresa: missão, objetivos e estratégias. A esses elementos básicos podem agregar-se outros (Figura 7.12).

Figura 7.12 Elementos básicos de um plano estratégico.

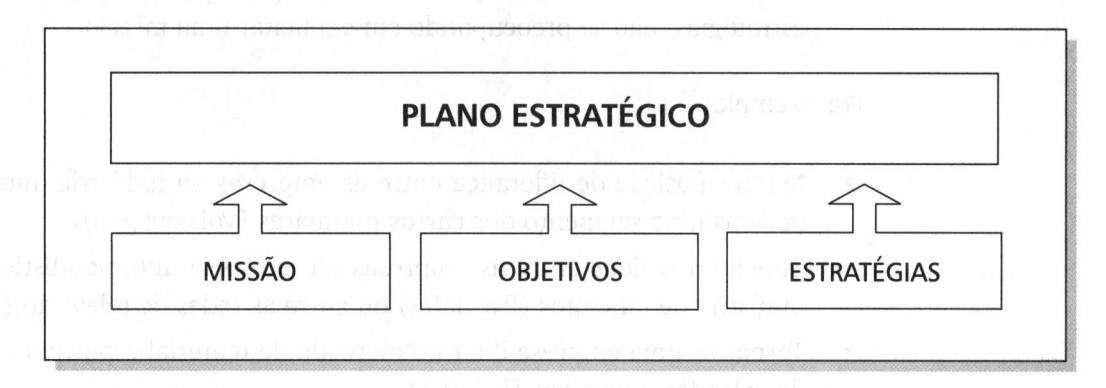

```
┌─────────────────────────────────────────────┐
│            PLANO ESTRATÉGICO                │
└─────────────────────────────────────────────┘
       ↑              ↑              ↑
  ┌─────────┐   ┌──────────┐   ┌────────────┐
  │ MISSÃO  │   │OBJETIVOS │   │ ESTRATÉGIAS│
  └─────────┘   └──────────┘   └────────────┘
```

6.1 Definição do negócio e da missão

Devido ao ambiente e à situação interna, a missão de uma organização pode permanecer ou variar no tempo. Eis alguns exemplos de definição e redefinição de negócio ou missão:

- Depois da crise do petróleo dos anos 1970, algumas empresas petrolíferas mudaram sua área de atuação, que antes era extração, refino e distribuição de óleo. Exxon, Shell e Mobil tornaram-se empresas de energia, envolvendo-se nos ramos de carvão, energia solar, nuclear e outras formas de energia.
- Devido ao cenário do esgotamento do petróleo no III Milênio, as mesmas empresas petrolíferas deslocaram-se da produção para o refino e distribuição de petróleo, estreitando o foco de seus negócios nesse ramo.

- A SKF, empresa sueca de rolamentos, descobriu que sua especialidade básica era o tratamento de superfícies, quando o negócio dos rolamentos começou a andar mal. A SKF conseguiu, assim, ingressar em outros ramos e explorar novas oportunidades no negócio do tratamento de superfícies.

6.2 Definição de objetivos estratégicos

Os objetivos são os resultados concretos que a organização pretende realizar. Os objetivos, que podem ser enunciados como alvos muito precisos ou intenções, focalizam:

- Clientes e mercados.
- Produtos e serviços.
- Vantagens competitivas.
- Participação no mercado.
- Qualquer indicador de desempenho.
- Dado o dinamismo do planejamento estratégico, algumas empresas partem deste ponto em seu planejamento estratégico, para em seguida pensar nas estratégias, não se preocupando em explicitar uma missão.

Por exemplo:

- Manter posição de liderança entre as empresas da indústria automobilística no Brasil, no segmento dos carros populares (Volkswagen).
- Suplantar o líder entre as empresas da indústria automobilística (Fiat), da indústria de laticínios (Parmalat) ou entre as redes de televisão (SBT).
- Tornar-se uma empresa líder no mercado de material esportivo e não apenas de calçados esportivos (Nike).

7 Estratégias

O negócio, a missão, os objetivos e outros cursos de ação escolhidos pela empresa caracterizam sua estratégia. A estratégia varia de uma organização para outra. Algumas organizações gostam de arriscar e enfrentam agressivamente os concorrentes; outras são cautelosas e evitam o confronto. Algumas organizações procuram ter forte identidade própria e distinguir-se da multidão; outras preferem o anonimato e trabalhar com produtos absolutamente iguais aos dos concorrentes.

As estratégias podem ser comparadas e classificadas em tipos ou categorias. Diferentes autores estudaram e categorizaram as estratégias empresariais. Os principais tipos ou categorias de estratégias, segundo esses autores, serão examinados a seguir (Figura 7.13).

Figura 7.13 As principais estratégias das organizações, segundo diversos autores.

AUTOR	ESTRATÉGIAS	SIGNIFICADO
ANSOFF	PENETRAÇÃO NO MERCADO	EXPLORAÇÃO DE PRODUTOS TRADICIONAIS EM MERCADOS TRADICIONAIS
ANSOFF	DESENVOLVIMENTO DE MERCADO	PRODUTOS TRADICIONAIS EM NOVOS MERCADOS
ANSOFF	DESENVOLVIMENTO DE PRODUTO	PRODUTOS NOVOS EM MERCADOS TRADICIONAIS
ANSOFF	DIVERSIFICAÇÃO	NOVOS PRODUTOS EM NOVOS MERCADOS
PORTER	DIFERENCIAÇÃO	IDENTIDADE FORTE DO PRODUTO
PORTER	LIDERANÇA DO CUSTO	BAIXO CUSTO E BAIXO PREÇO DO PRODUTO
PORTER	FOCO	ATUAÇÃO EM NICHOS DE MERCADO
MILES E SNOW	DEFESA	PERMANÊNCIA NO MESMO MERCADO
MILES E SNOW	PROSPECÇÃO	BUSCA DE NOVAS OPORTUNIDADES
MILES E SNOW	ANÁLISE	ATUAÇÃO EM DOIS TIPOS DE MERCADO
MILES E SNOW	REAÇÃO	INCAPACIDADE DE FAZER AJUSTES
CERTO	ESTABILIDADE	PERMANÊNCIA NO MESMO MERCADO
CERTO	CRESCIMENTO	BUSCA DE NOVAS OPORTUNIDADES
CERTO	REDUÇÃO DE DESPESAS	ELIMINAÇÃO DE DESPERDÍCIOS

7.1 Estratégias de crescimento segundo Ansoff

Igor Ansoff desenvolveu um esquema pioneiro, conhecido como matriz de Ansoff (Figura 7.14), que classifica as estratégias empresariais em quatro categorias: penetração no mercado, desenvolvimento de mercado, desenvolvimento de produto e diversificação.

Figura 7.14
Matriz de Ansoff.

	PRODUTOS	
	TRADICIONAIS	NOVOS
MERCADOS TRADICIONAIS	PENETRAÇÃO NO MERCADO	DESENVOLVIMENTO DE MERCADO
MERCADOS NOVOS	DESENVOLVIMENTO DE PRODUTO	DIVERSIFICAÇÃO

7.1.1 Penetração no mercado

Penetração no mercado é a estratégia de explorar produtos tradicionais em um mercado tradicional. Por exemplo: uma companhia de aviação que obtém a maior parte de suas receitas com vendas para empresas.

7.1.2 Desenvolvimento de mercado

Desenvolvimento de mercado é a estratégia de explorar um mercado novo com produtos tradicionais. Por exemplo: uma operadora de cartões de crédito que lança o produto para um público específico, como os torcedores de um time.

7.1.3 Desenvolvimento de produto

Desenvolvimento de produto é a estratégia de explorar mercados tradicionais com produtos novos. Por exemplo: uma empresa de turismo que desenvolve novos roteiros de excursões para oferecer a seu cadastro de clientes.

7.1.4 Diversificação

Diversificação é a estratégia de explorar novos mercados com novos produtos. Por exemplo, uma empresa de venda de passagens que entra no mercado de venda de excursões.

7.2 Estratégias segundo Porter

Segundo Porter, as estratégias podem ser classificadas em três categorias: diferenciação, liderança do custo e foco.

7.2.1 Diferenciação

A estratégia da diferenciação consiste em procurar projetar uma forte identidade própria para o serviço ou produto, que o torne nitidamente distinto dos produtos e serviços concorrentes. Isso significa enfatizar uma ou mais vantagens competitivas, como qualidade, serviço, prestígio para o consumidor, estilo do produto ou aspecto das instalações. Por exemplo:

- O McDonald's enfatiza a qualidade uniforme de seus produtos, rapidez do atendimento, limpeza e higiene das instalações e da preparação de refeições.
- A Montblanc enfatiza a exclusividade e o prestígio de seus clientes; a Bic enfatiza a praticidade.

7.2.2 Liderança do custo

Na estratégia que busca a liderança por meio do custo, o objetivo não é diferenciar-se dos concorrentes, mas oferecer um produto ou serviço mais barato. Essa estratégia é largamente utilizada pelos fabricantes de computadores, à medida que a tecnologia torna os produtos muito semelhantes e barateia os componentes. Também foi a estratégia usada pelos fabricantes japoneses de automóveis e relógios digitais, que destruíram o mito de que qualidade superior significa preço mais alto. E quem quer que use um relógio Ironman deixou-se convencer pela mesma estratégia, usada pela Texas Instruments.

7.2.3 Foco

Segundo Porter, a estratégia do foco (também chamada estratégia da concentração ou do nicho) consiste em escolher um nicho ou segmento do mercado e concentrar-se nele. Quando adota a estratégia do foco, a empresa procura dominar os recursos para explorar o nicho escolhido da melhor forma possível, ao invés de procurar enfrentar todos os concorrentes no grande mercado. A estratégia, portanto, é ser o melhor e tirar o máximo proveito de mercados ou produtos e serviços selecionados de forma estreita. A escolha pode focalizar:

- Produtos ou serviços em particular. Lojas de produtos naturais, empresas organizadoras de excursões, vendedores de lenha para lareiras, administradoras de condomínios, vendedores de livros.
- Grupos específicos de clientes. Empresas especializadas em prestação de serviços ou venda de produtos para a terceira idade, vendedores de equipamentos para dentistas.
- Mercados geográficos específicos. Empresas que se especializam em obter patrocínio para promover eventos esportivos e artísticos nas praias, no verão.

7.3 Estratégias segundo Miles e Snow

A classificação das estratégias pode basear-se nos tipos de desafios que a organização deve resolver para adaptar-se ao ambiente. Miles e Snow identificaram quatro estratégias ou padrões de adaptação, que refletem diferentes taxas de mudança de produtos e mercados.

7.3.1 Comportamento defensivo (*defenders*)

O comportamento de defesa é característico das empresas que têm foco muito estreito, são altamente especializadas e relutam em procurar oportunidades novas ou atuar em situações diferentes daquelas a que estão acostumadas. Por causa desse foco estreito, essas empresas raramente modificam sua tecnologia, estruturas ou sistemas operacionais.

7.3.2 Comportamento prospectivo (*prospectors*)

A prospecção é a marca das empresas que continuamente procuram novas oportunidades no mercado e fazem tentativas para lidar com ameaças emergentes. Portanto, essas organizações são criadoras de exemplos, incertezas e desafios para as demais, especialmente para seus competidores. Contudo, devido a seu foco nas inovações no produto e no mercado, tais organizações tendem a ser algo ineficientes.

7.3.3 Comportamento analítico (*analysers*)

O comportamento analítico é característico, segundo Miles e Snow, das organizações que atuam em dois mercados – um relativamente estável e o outro em processo de mudança. No mercado estável, essas organizações atuam de maneira rotineira, usando seus processos e estruturas consolidadas. Nos mercados em mudança, elas procuram acompanhar e adotar as inovações mais promissoras introduzidas pela concorrência.

7.3.4 Comportamento de reação (*reactors*)

O comportamento de reação caracteriza as empresas que atuam em ambientes turbulentos e em constante mudança, mas a alta administração é incapaz de dar respostas eficazes. A menos que forçadas pelas pressões ambientais, essas empresas frequentemente ficam como estão, sem fazer qualquer ajuste em sua estratégia ou estrutura.

7.4 Estratégias segundo Certo

Para Samuel Certo, há estratégias de três tipos: estabilidade, crescimento e redução de despesas.

7.4.1 Estratégia da estabilidade

A estratégia da estabilidade é o mesmo comportamento defensivo, é característica das empresas que têm foco muito estreito, são altamente especializadas e relutam em procurar oportunidades novas ou atuar em situações diferentes daquelas a que estão acostumadas. Às vezes, a estratégia da estabilidade é uma necessidade. Isso ocorre quando a empresa atua em um ramo de negócios que não cresce ou que não oferece novas oportunidades.

7.4.2 Estratégia do crescimento

A estratégia do crescimento, também chamada de comportamento prospectivo, é a marca das empresas que continuamente procuram novas oportunidades no mercado e fazem tentativas para lidar com ameaças emergentes. Portanto, essas organizações são criadoras de exemplos, incertezas e desafios para as demais, especialmente para seus competidores. O crescimento pode ser alcançado por meio de diferentes outras estratégias, como: compra de concorrentes, fornecedores ou distribuidores, ingresso em outros ramos de negócios (às vezes, por meio da compra de empresas) e estabelecimento de parcerias com empresas de ramos de negócios complementares.

7.4.3 Estratégia de redução de despesas

A estratégia da redução de despesas torna-se necessária quando a organização está ameaçada e sua eficiência está comprometida. Uma empresa pode reduzir despesas por meio das seguintes medidas:

- Eliminação de linhas de produtos, redução da força de trabalho ou aumento da eficiência.
- Desinvestimento, ou venda de negócios para empresas concorrentes.
- Liquidação de negócios: encerramento de operações e venda dos ativos.

8 Estratégias Combinadas

As organizações, em sua maioria, usam diversas estratégias simultaneamente, ou em diferentes momentos, dependendo das circunstâncias. As grandes organizações, que têm muitos negócios diferentes, podem ter estratégias distintas para cada um deles, dependendo das peculiaridades dos respectivos ramos de negócios. Elaborar estratégias para as corporações grandes e diversificadas é um processo complexo. O mesmo ambiente pode oferecer diferentes ameaças e oportunidades para diferentes negócios e, em cada um deles, os pontos fortes e fracos podem ser completamente diferentes dos que há nos outros. Diferentes estratégias precisam ser harmonizadas na cúpula da organização, para que os objetivos principais possam ser atingidos.

9 Seleção de Estratégias

Uma técnica para a seleção de estratégias, que se baseia no estudo da participação no mercado, é a análise de portfólio, desenvolvida pela empresa americana de consultoria BCG (Boston Consulting Group). A matriz do portfólio de produtos, também chamada matriz de crescimento e participação, é o ponto central dessa técnica. A matriz permite classificar as unidades de negócios ou produtos de acordo com sua participação no mercado e a taxa de crescimento do mercado em que atuam. A Figura 7.15 representa a matriz, que retrata as seguintes quatro fontes de lucros ou resultados: estrelas, pontos de interrogação, vacas leiteiras e vira-latas.

Figura 7.15
Matriz BCG de participação no mercado.

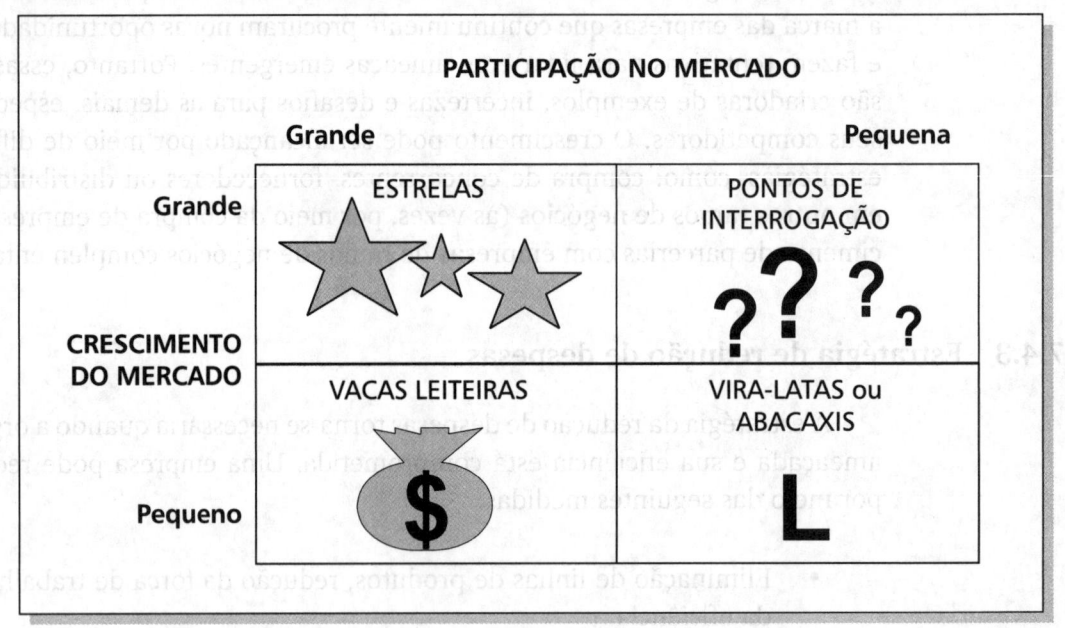

	PARTICIPAÇÃO NO MERCADO	
	Grande	Pequena
Grande (Crescimento do Mercado)	ESTRELAS	PONTOS DE INTERROGAÇÃO
Pequeno	VACAS LEITEIRAS	VIRA-LATAS ou ABACAXIS

- Estrelas (*stars*): são os produtos ou unidades de negócios que têm participação elevada em mercados com altas taxas de crescimento e que, portanto, têm alto potencial de lucratividade. Por causa disso, as estrelas são unidades de negócios ou produtos ganhadores de dinheiro.
- Pontos de interrogação (*question marks*): são os produtos ou unidades de negócios que têm pequena participação em mercados com altas taxas de crescimento. Portanto, são pontos de interrogação porque precisam de dinheiro para um investimento cujo retorno é incerto.
- Vacas leiteiras (*cash cows*): são produtos e negócios que têm alta participação em mercados estabilizados, com pequenas taxas de crescimento. Por causa disso, as vacas leiteiras ganham dinheiro, mas não precisam de grandes investimentos.
- Vira-latas (*dogs*): os vira-latas (ou abacaxis) são os produtos e negócios que têm pequena participação em mercados com pequenas taxas de crescimento.

Precisam de dinheiro para sobreviver e não ganham o suficiente para tanto. Portanto, não representam boas oportunidades de investimento.

Muitos produtos e negócios têm um ciclo de vida que passa pelos quatro quadrantes da matriz: começam como pontos de interrogação e tornam-se estrelas. À medida que surgem novos concorrentes, transformam-se em vacas leiteiras e, finalmente, em vira-latas. A utilização da matriz de crescimento e participação, que é uma ferramenta para a administração de carteiras de produtos e negócios, necessita, em primeiro lugar, da identificação de cada produto ou negócio como vira-lata, vaca leiteira, estrela ou ponto de interrogação. Com base nessa classificação, a empresa pode analisar o desempenho de seus produtos, para planejar uma estratégia.

10 Implementação da Estratégia

Para realizar a missão, as estratégias e os objetivos estratégicos, a organização escolhe diferentes cursos de ação, chamados de estratégias funcionais e operacionais, que se encadeiam em meios e fins. Por exemplo, para ingressar no mercado de futebol, a Nike precisou desenvolver novos produtos, instalar um novo sistema de produção e fazer uma campanha de propaganda. Para isso, precisou mobilizar pessoas e fazer investimentos. Nesse exemplo, a implementação dos planos estratégicos é feita por meio de ações nas áreas funcionais: marketing, produção, finanças, recursos humanos e investimentos.

As ações nas áreas funcionais juntam-se a outras formas de colocar o plano estratégico em prática. Em resumo, os planos estratégicos podem ser implementados por meio de (Figura 7.16):

Figura 7.16
Formas de implementar o plano estratégico.

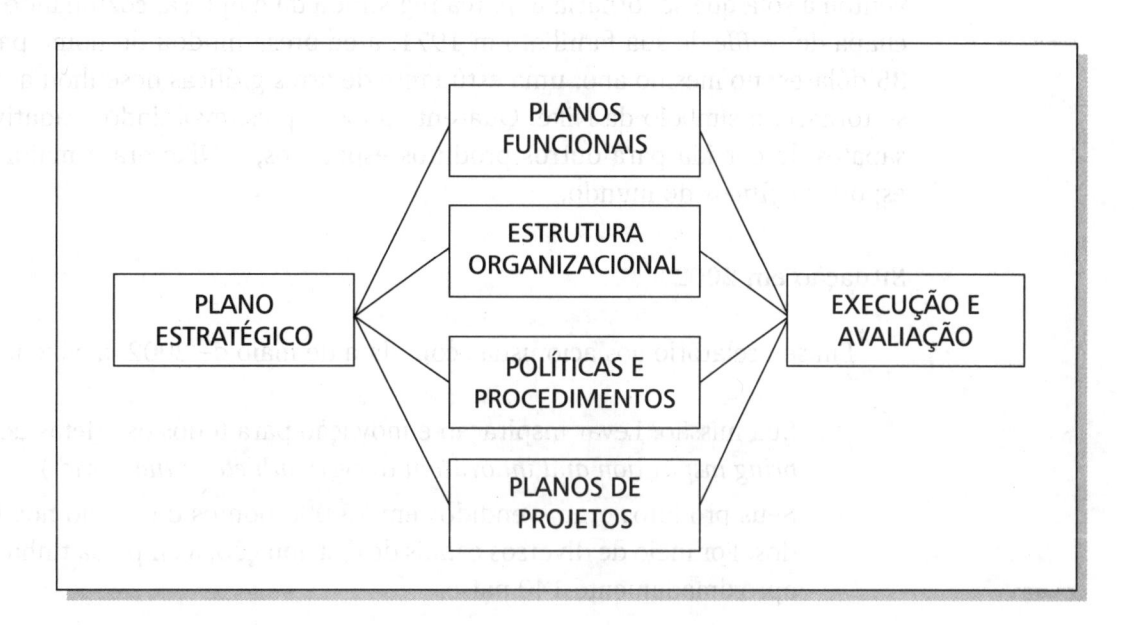

- Planejamento e ação nas áreas funcionais.
- Estrutura organizacional.
- Políticas, procedimentos e planos operacionais.
- Projetos.

Estudo de Caso: O Professor que Virou Tênis

A Nike foi fundada em 1964 por Phil Knight, como um negócio de fundo de quintal, em Portland, Oregon, Estados Unidos. Phil Knight havia sido estudante de administração e atleta da Universidade de Oregon. Em 1962, Knight, então estudante de MBA na Universidade de Stanford, na Califórnia, teve a ideia de importar calçados esportivos do Japão. Essa ideia ele defendeu em seu trabalho de conclusão do curso de MBA e deu origem ao negócio que se tornaria a Nike. Nesse trabalho, Knight afirmava que as importações do Japão conseguiriam derrotar a hegemonia dos produtos esportivos da Alemanha nos Estados Unidos.

Origem da empresa

Em 1964, Knight e seu antigo treinador de atletismo, Bowerman, aplicaram 500 dólares cada um, para fundar uma empresa, chamada Blue Ribbon Sports. A empresa começou trazendo 200 pares de calçados de corrida da marca Onitsuka para os Estados Unidos. Knight, então empregado de um escritório de contabilidade, guardava os produtos no porão de sua casa e os transportava no porta-malas de seu carro para vendê-los em eventos esportivos, em suas horas livres. Em 1969, Knight abandonou o emprego de professor de administração para dedicar-se integralmente à companhia.

Esse foi o modelo de negócios até o dia, em 1970, em que o sócio de Knight inventou a sola que se tornaria a marca registrada da empresa, cozinhando borracha na chapa de *waffle* de sua família. Em 1971, a empresa mudou de nome para Nike. Por 35 dólares, no mesmo ano, uma estudante de artes gráficas desenhou a "vírgula" que se tornaria o símbolo da Nike. Quarenta anos depois, evoluindo gradativamente dos sapatos de corrida para outros produtos esportivos, a Nike era a maior empresa de esportes e *fitness* do mundo.

Situação em 2002

Em seu relatório aos acionistas, com data de maio de 2002, a Nike informava:

- Sua missão: Levar inspiração e inovação para todos os atletas do mundo. (*To bring inspiration and innovation to every athlete in the world.*)
- Seus produtos eram vendidos em 18.000 pontos de varejo nos Estados Unidos. Por meio de diversos canais de distribuição, a empresa tinha negócios em aproximadamente 140 países.

- Suas receitas totais haviam sido: 8,99 bilhões de dólares em 2.000, 9,48 bilhões de dólares em 2001 e 9,89 bilhões de dólares em 2002. As vendas nos Estados Unidos haviam correspondido, respectivamente, a 53%, 54% e 56% das receitas totais.
- Toda sua produção de calçados era feita praticamente fora dos Estados Unidos. Dessa produção, 97% eram fabricados na China (38%), Indonésia (30%), Vietnã (15%) e Tailândia (14%). Itália, Taiwan e Coreia do Sul produziam 1% cada um. As fábricas que produziam os produtos Nike eram contratadas. A empresa não tinha instalações fabris de sua propriedade.
- Para ajudar as vendas, a Nike tinha contratos com atletas de alto desempenho e muito conhecidos, e com treinadores, escolas, equipes e ligas esportivas de destaque.
- A empresa tinha 22.700 empregados em todo o mundo, dos quais cerca de 11.000 nos Estados Unidos. Apenas 450 nos Estados Unidos e 150 na Itália eram sindicalizados.

Em seu código de conduta, a Nike dizia:

- As subcontratadas devem respeitar a dignidade de todo empregado e o direito de trabalhar em local onde não sofra assédio, abuso ou castigo corporal. Toda e qualquer decisão sobre contratação, salário, benefícios, rescisão ou aposentadoria deve fundamentar-se somente na capacidade do empregado de desempenhar o trabalho. É proibida toda e qualquer distinção de raça, credo, sexo, estado civil ou de maternidade, religião ou opinião política, idade ou orientação sexual.
- Não importa onde no mundo a Nike opera, observamos este Código de Conduta e obrigamos as subcontratadas a seguir estes princípios. As subcontratadas devem não só afixar este Código nos principais locais de trabalho, traduzido para o idioma dos empregados, como também instruir seus empregados sobre os direitos e as obrigações que lhes cabem, conforme definido por este Código e as leis locais.
- As subcontratadas não podem utilizar qualquer tipo de mão de obra forçada – penitenciária, sob contrato de escravidão ou servidão, ou outra. A subcontratada não pode empregar menores de 18 anos na fabricação de calçados. A subcontratada não pode empregar menores de 16 anos na fabricação de vestuário, acessórios ou equipamentos.

Cinco anos antes

Em 1997, a Nike vendeu 3,77 bilhões de dólares somente nos Estados Unidos, mercado do qual tinha 47%. O segundo colocado era a Reebok, com vendas de 1,28 bilhão de dólares e participação de 16%. No mundo, a Nike vendeu 9,2 bilhões de dólares em 1997, capturando 38% do mercado. Seu lucro nesse ano: 796 milhões de dólares.

Na passagem de 1997 para 1998, o desempenho da Nike começou a cair. No último trimestre de 1997, as vendas de calçados nos Estados Unidos caíram 18%. As vendas da Nike, 8%. Suas ações caíram de um pico de US$ 75 em 1997 para US$ 44 em março de 1998.

Algumas tendências nesse período eram as seguintes:

- Consumo anual *per capita* de produtos Nike: US$ 20 (Estados Unidos), US$ 2,5 (Alemanha), US$ 6,5 (resto do mundo).
- Os comerciantes diziam que todo mundo vendia os mesmos produtos. As marcas não se diferenciavam umas das outras.
- Estava ocorrendo uma migração para produtos de outro tipo (sapatos esportivos e botas marrons). A Reebok estimava que de 15% a 20% do negócio "branco" ficou "marrom" em 1997.
- A concorrência por parte da Adidas, da Reebok e da New Balance tornava-se mais agressiva.
- No Japão, os produtos Nike encalharam.
- Um grupo americano de ativistas chamado Comitê Nacional do Trabalho acusou a Nike e outras empresas de administrar fábricas de trabalho escravo no Oriente. A revista *Time* visitou uma dessas fábricas e informou que eram modernas e limpas. O trabalho de montagem era manual, não muito diferente da época em que Knight havia começado. Os operários ganhavam US$ 73 por mês.
- O *site* Boycott Nike (Boicote a Nike, <http://www.saigon.com/~nike~>), lançado em 1996, pedia para que as pessoas não comprassem produtos Nike. (Em 2001, segundo esse *site*, os salários pagos pela Nike eram os mais baixos entre os das fábricas estrangeiras no Vietnã. A conduta da Nike em relação aos empregados de suas fábricas havia melhorado, mas a empresa continuava a sabotar a representação dos trabalhadores por meio dos sindicatos.)
- A revista *Time* também informou que nos Estados Unidos algumas pessoas perguntavam se era justo pagar 100 dólares por um par de tênis que alguém ganhava 3 dólares por dia para fazer.

Nessa época, a Nike definiu a meta de se tornar líder mundial no futebol até 2002, na Copa Mundial seguinte. O futebol é o esporte mundial. A empresa percebeu que não podia ter credibilidade como marca esportiva sem atuar com produtos para o futebol. Para ser líder, a Nike tinha que vencer Umbro, Diadora, Puma e Adidas (que era três vezes maior que a Nike no futebol no mundo). Nos Estados Unidos, a Nike era a segunda no futebol.

Em 1998, a Nike aumentou seus investimentos em P&D para lançar novos produtos:

- Alpha era uma nova linha de produtos coordenados (calçados, roupas e equipamentos, inclusive relógios e óculos). Somente a linha Alpha representava o triplo de investimentos em P&D desde 1995.

- As almofadas de ar estavam sendo expandidas, do calcanhar para toda a sola do sapato. A Nike prometia um novo calçado, que se amoldaria ao pé e teria peso reduzido.
- Camisetas e *shorts* deveriam tornar-se "*total performance products*", feitos de um novo tecido que imitava a pele humana.
- A empresa projetou uma nova chuteira para Ronaldo, o jogador brasileiro de futebol, chamada Mercurial. A chuteira usava um material sintético, em lugar de couro de canguru, e pesava 50% menos que modelos similares.
- Os investimentos em promoção, nesse ano, eram de 200 milhões de dólares para patrocinar a seleção brasileira de futebol e 130 milhões de dólares para a seleção americana.

Questões

1. Qual era a estratégia da Nike até 1998? Era a mesma estratégia que a empresa pretendia ter de 1998 em diante? A mudança de estratégia significou uma mudança de negócio? Use a seção 7 deste capítulo para responder.
2. Quais eram seus objetivos estratégicos?
3. Que forças externas e internas estavam influenciando os planos estratégicos da Nike? Faça uma síntese dos pontos fortes e fracos e das oportunidades e ameaças.
4. Em sua opinião, que variáveis do ambiente externo poderiam frustrar os objetivos estratégicos da Nike?
5. Hoje, qual é o grau de sucesso da Nike na realização de seus planos de cinco anos antes?
6. Avalie a missão da Nike e outros aspectos da administração da empresa.

8

Planejamento operacional

Objetivos

Ao terminar a leitura deste capítulo, você deverá estar preparado para:

- Explicar o que é planejamento operacional.
- Enumerar as principais variáveis do planejamento operacional.
- Descrever as principais técnicas de planejamento operacional.

Introdução

O processo de planejamento consiste em uma cadeia de meios e fins, que se encaminham para a realização de resultados. Nessa cadeia, há pelo menos dois níveis, que se dividem em outros.

- Primeiro, são definidos os objetivos e os cursos básicos de ação para realizá-los. Os objetivos estabelecem aonde a organização (ou qualquer empreendimento) pretende chegar – ou seja, os resultados a serem alcançados.

- Em seguida, os planos operacionais definem *como* chegar aos objetivos – as ações específicas e os recursos necessários para implementar os cursos de ação selecionados e realizar os objetivos.

Neste capítulo, você estudará um procedimento sistemático para trabalhar com o processo de planejamento operacional.

1 O que é Planejamento Operacional

Para realizar objetivos, é preciso definir quais atividades devem ser executadas e quais recursos são necessários para a execução das atividades. O processo de definir atividades e recursos chama-se planejamento operacional. O processo de planejamento operacional compreende as seguintes etapas ou decisões principais:

1. Análise dos objetivos = que resultados devem ser alcançados?
2. Planejamento das atividades e do tempo = o que deve ser feito e quando?
3. Planejamento dos recursos = quem fará o que, usando quais recursos?
4. Avaliação dos riscos = que condições podem ameaçar as atividades e a realização dos resultados?
5. Previsão dos meios de controle = como saber se estamos no caminho certo?

Na prática do planejamento operacional, a ordem em que essas etapas ocorrem depende das circunstâncias. Uma etapa ou decisão pode predominar, em função de sua importância para o processo de planejamento operacional. Por exemplo, no planejamento de uma expedição a um lugar desconhecido, é importante fazer uma avaliação cuidadosa dos riscos.

As decisões de planejamento operacional são auxiliadas por ferramentas administrativas – cronogramas, orçamentos, tabelas de organização, organogramas lineares, processos, políticas e procedimentos. A Figura 8.1 apresenta a relação entre o processo de planejamento operacional e as ferramentas utilizadas.

2 Processo de Planejamento Operacional

Nesta parte do Capítulo 8, cada uma das etapas ou decisões e as respectivas ferramentas do processo de planejamento operacional será estudada.

Figura 8.1
Processo e ferramentas do planejamento operacional.

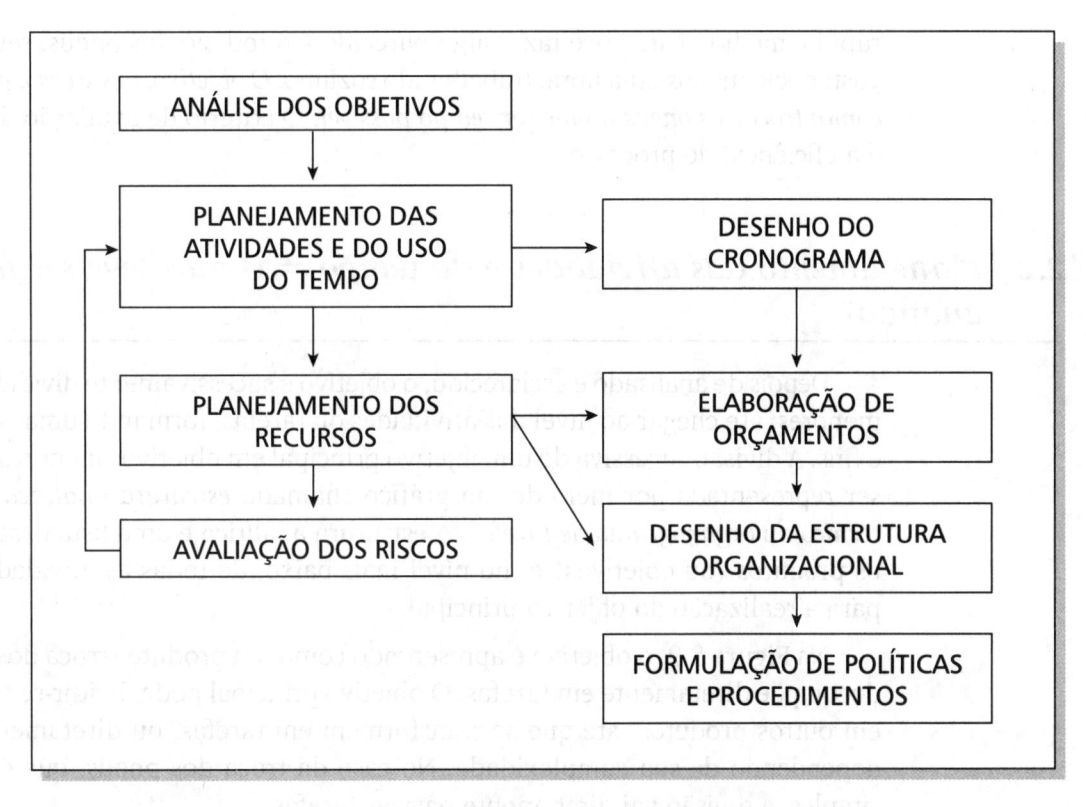

```
ANÁLISE DOS OBJETIVOS
         │
         ▼
PLANEJAMENTO DAS          →  DESENHO DO
ATIVIDADES E DO USO          CRONOGRAMA
DO TEMPO
         │                        │
         ▼                        ▼
PLANEJAMENTO DOS          →  ELABORAÇÃO DE
RECURSOS                     ORÇAMENTOS
         │                        │
         ▼                        ▼
AVALIAÇÃO DOS RISCOS   →  DESENHO DA ESTRUTURA
                             ORGANIZACIONAL
                                  │
                                  ▼
                          FORMULAÇÃO DE POLÍTICAS
                          E PROCEDIMENTOS
```

2.1 Análise dos objetivos = Que resultados devem ser alcançados?

A identificação dos objetivos é o ponto de partida para a elaboração dos planos operacionais. Retomando os conceitos apresentados no Capítulo 6, um objetivo é um resultado desejado, que pode ser:

- Uma situação ou estado futuro desejado, como: ser o vencedor de uma competição, ganhar uma parcela do mercado, derrotar um oponente, ser aprovado no vestibular, reduzir a violência em uma comunidade ou desenvolver uma habilidade.
- A realização de um produto, físico ou conceitual, como: construir uma casa, desenvolver um novo veículo, implantar um sistema, fabricar uma quantidade de produtos, produzir um filme, criar determinada marca para um produto ou escrever um livro.
- A realização de um evento, como: organizar e realizar uma competição esportiva, as eleições a cada quatro anos, um festival de cinema ou uma feira dos produtos de uma cidade.

Vejamos um exemplo que certamente você conhece. Imagine que pretenda realizar uma tarefa complexa em pouco tempo e precise de muita gente para isso. Você já viu a cena em que um carro de Fórmula 1 faz o *pit-stop* para trocar os pneus. Um mecânico para tirar os parafusos de cada roda, um para tirar cada pneu e um para colocar cada pneu novo. Em quanto tempo? A *performance* é medida em segundos. Quanto mais rápido, melhor. Para você fazer algo parecido – o rodízio dos pneus, seu mecânico vai gastar pelo menos uma hora, trabalhando sozinho. *O objetivo, neste caso, pode ser descrito como: trocar os pneus no menor tempo possível.* O critério de avaliação de desempenho é a eficiência do processo.

2.2 Planejamento das atividades e do tempo = O que deve ser feito e quando?

Depois de analisado e esclarecido, o objetivo é sucessivamente dividido em objetivos menores, até chegar ao nível das atividades ou tarefas, formando uma cadeia de meios e fins. A divisão sucessiva de um objetivo principal em objetivos menores e tarefas pode ser representada por meio de um gráfico chamado *estrutura analítica, organograma técnico* ou *organograma de tarefas*. A estrutura analítica é uma lista exaustiva de todos os produtos (ou objetivos) e, no nível mais baixo, de todas as atividades necessárias para a realização do objetivo principal.

Na Figura 8.2, o objetivo é apresentado como um produto (troca dos pneus) que se decompõe diretamente em tarefas. O objetivo principal pode dividir-se sucessivamente em outros produtos, até que se transformem em tarefas, ou diretamente em tarefas, dependendo de sua complexidade. No caso da troca dos pneus, que é um problema simples, a divisão vai diretamente para as tarefas.

No próximo capítulo, o mesmo princípio será usado para tratar do processo de organização – que é a divisão de tarefas entre pessoas.

Figura 8.2
Divisão dos objetivos em tarefas no *pit-stop*.

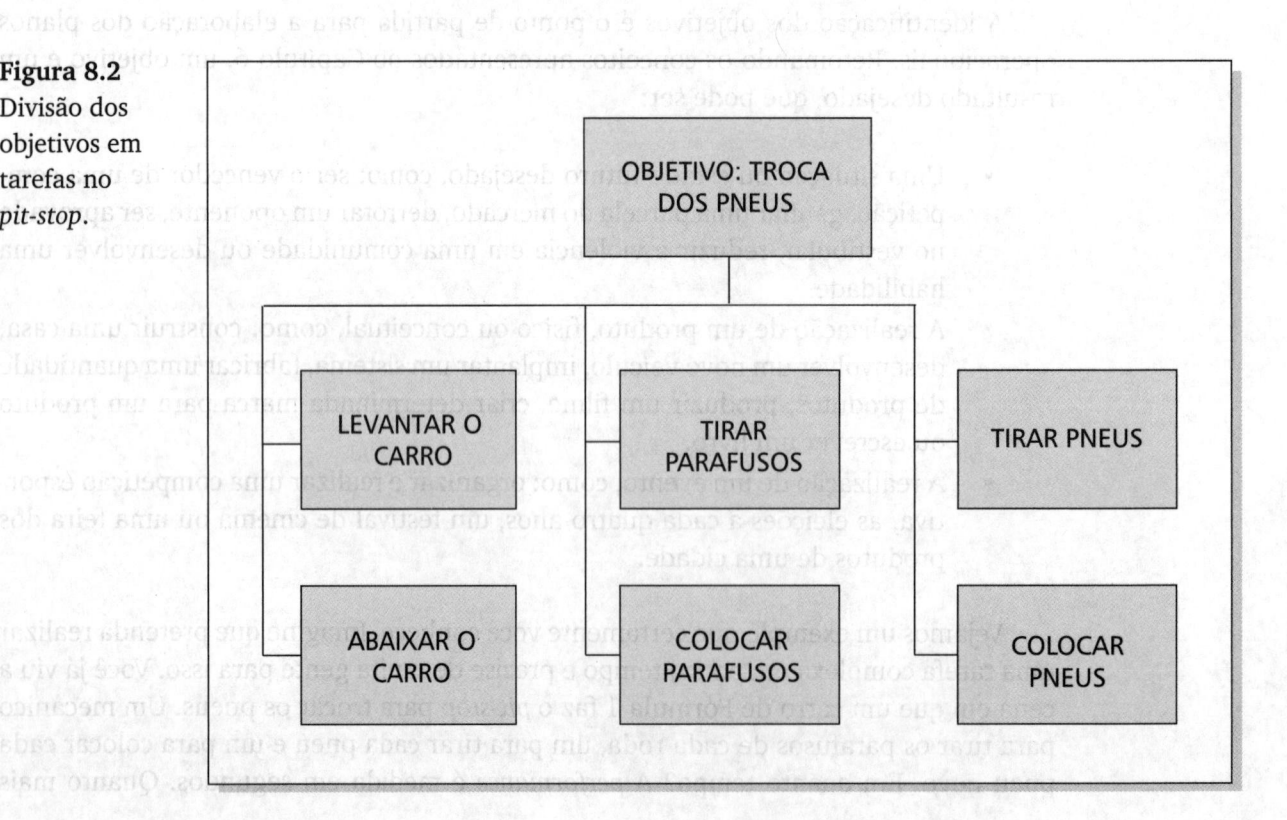

```
                    OBJETIVO: TROCA
                       DOS PNEUS
                           |
     ┌─────────────────────┼─────────────────────┐
     |                     |                     |
LEVANTAR O             TIRAR                TIRAR PNEUS
  CARRO              PARAFUSOS
     |                     |                     |
ABAIXAR O              COLOCAR               COLOCAR
  CARRO              PARAFUSOS               PNEUS
```

O planejamento do tempo reflete o trabalho ou esforço necessários para realizar as atividades e, por fim, os objetivos. Para planejar o uso do tempo, é necessário fazer a estimativa da duração das atividades, incluindo os momentos de início e término, e definir a sequência em que devem ser realizadas. A distribuição de qualquer sequência de atividades ao longo do tempo necessário para sua realização chama-se *programação*. O planejamento operacional, nesta etapa, transformou-se em uma sequência de ações específicas associadas a um calendário.

Esse princípio aplica-se tanto a atividades realizada sob encomenda, quanto às que são realizadas regularmente. Por exemplo: seu calendário de aulas, que se repetem da mesma forma todas as semanas, é um exemplo de programação de atividades regulares e contínuas. A festa de formatura, por outro lado, é um exemplo de programação de uma atividade singular, feita sob encomenda.

2.2.1 Sequenciamento

Sequenciamento é o processo de decidir em que ordem (ou sequência) as atividades serão realizadas – quais atividades devem ser feitas primeiro, quais em seguida, quais dependem de quais. O processo de *sequenciamento* responde às seguintes questões:

a) Para que a atividade *n* possa acontecer, quais outras devem ter sido realizadas? As respostas a esta pergunta identificam as atividades das quais a atividade *n* depende.

b) Uma vez que a atividade *n* tenha sido realizada, quais outras devem ocorrer em seguida? As respostas a esta pergunta identificam as atividades que dependem da atividade *n*.

O sequenciamento estabelece a ordem e os pontos de início e término das atividades. Lógica, decisão, condicionantes externos e sorteio são os fatores que determinam o sequenciamento das atividades.

- Lógica. A lógica independe de decisão: para que uma atividade seja feita, outra deve ter sido feita antes. Se uma atividade for realizada, segue-se obrigatoriamente outra. Por exemplo: o desenho do questionário antecede a pesquisa de campo, que antecede a análise dos dados; se as amostras forem produzidas, precisarão ser armazenadas em condições especiais ou se deteriorarão.

- Decisão. Há dependências entre atividades que são definidas arbitrariamente. Nesse caso, quem define a sequência não é a lógica, mas a vontade de um tomador de decisões. O dono do projeto pode escolher começar e terminar por onde quiser, desde que não viole nenhuma lógica. Você escolhe como começar, continuar e terminar. Por exemplo: o cardápio de um jantar de confraternização pode ser escolhido sem que os convidados sejam consultados.

- Condicionantes externos. Os fatores externos, alheios à vontade do dono do projeto, afetam a lógica das dependências. Por exemplo: os fornecedores estabelecem prazos para a entrega de peças ou serviços; você precisa esperar que uma instalação seja desocupada, para abrigar uma equipe.

- Sorteio. Sorteio é o modo de decisão que se aplica a situações nas quais se quer neutralidade total. É o que se faz quando se organizam as chaves de um campeonato de futebol ou de qualquer outro esporte, por exemplo.

Quando as atividades estão sendo realizadas pela primeira vez, as decisões de sequenciamento podem ser registradas e feitas com o auxílio de uma tabela de precedências (Figura 8.3) e, simultaneamente, de um *diagrama de precedências* (Figura 8.4).

Figura 8.3
Uma tabela de atividades e precedências, que indica a duração e o sequenciamento das atividades. O sequenciamento é indicado pela coluna "atividade precedente" e depende de lógica ou decisão arbitrária dos organizadores. O número na primeira coluna indica apenas a ordem das atividades na lista. A tabela deve ser feita com o auxílio do diagrama de precedências.

NÚMERO	ATIVIDADE	DURAÇÃO	ATIVIDADE PRECEDENTE
1	Convocar atletas e equipes	1 mês	2
2	Divulgar o evento	9 meses	4
3	Realizar a competição	1 semana	Todas
4	Organizar o local das competições	6 meses	5
5	Identificar e garantir o uso dos locais para as competições	6 meses	4
6	Definir as chaves das competições	1 mês	1
7	Contratar juízes	1 mês	6

Figura 8.4
Diagrama de precedências, das atividades da competição esportiva. O diagrama, uma ferramenta de auxílio à decisão, mostra a sequência das atividades.

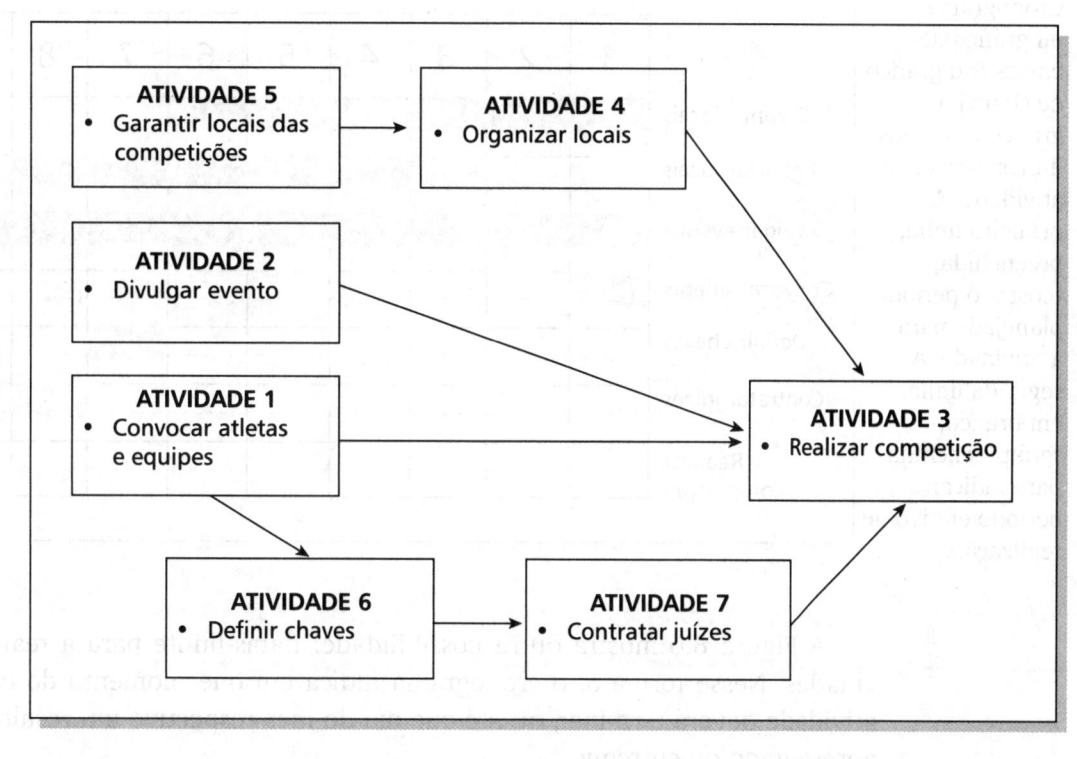

```
ATIVIDADE 5                    ATIVIDADE 4
• Garantir locais das    →     • Organizar locais
  competições

ATIVIDADE 2
• Divulgar evento

ATIVIDADE 1                                        ATIVIDADE 3
• Convocar atletas                          →     • Realizar competição
  e equipes

ATIVIDADE 6                    ATIVIDADE 7
• Definir chaves         →     • Contratar juízes
```

2.2.2 Cronogramas

Um cronograma é um gráfico que mostra a distribuição de atividades ao longo do tempo. Repetindo: é a representação de uma sequência de atividades ao longo de um calendário.

Há vários tipos de cronograma. Uma forma muito comum é o *cronograma de barras* (ou gráfico de Gantt, de Henry Gantt, seu criador). Esse gráfico tem colunas que representam a passagem do tempo e linhas ou barras, que representam as atividades (Figura 8.5).

Figura 8.5
Cronograma ou gráfico de barras (ou gráfico de Gantt). O gráfico tem duas linhas para cada atividade. A primeira linha, preenchida, mostra o período planejado para a atividade. A segunda linha, em branco, será preenchida para indicar o período efetivo de realização.

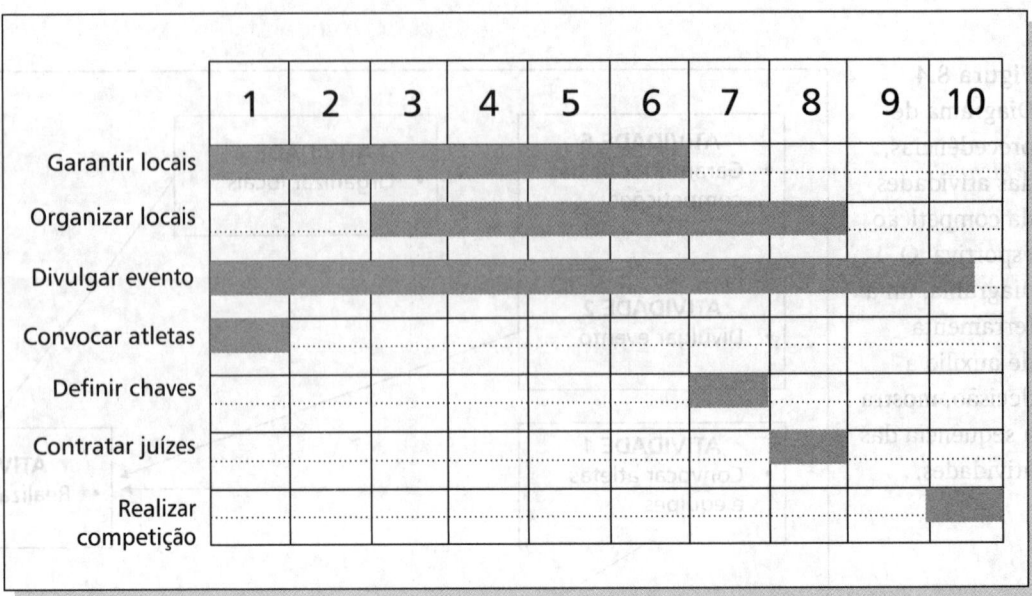

A Figura 8.6 mostra outra possibilidade: datas-limite para a realização das atividades. Nesse formato, o cronograma indica em que momento do calendário uma atividade deverá terminar, ou até que dia do mês respectivo um resultado deverá ser apresentado ou entregue.

Figura 8.6
Cronograma em forma de gráfico de marcos (*milestone chart*) para a competição esportiva. Os marcos indicam as datas em que as atividades devem ser concluídas.

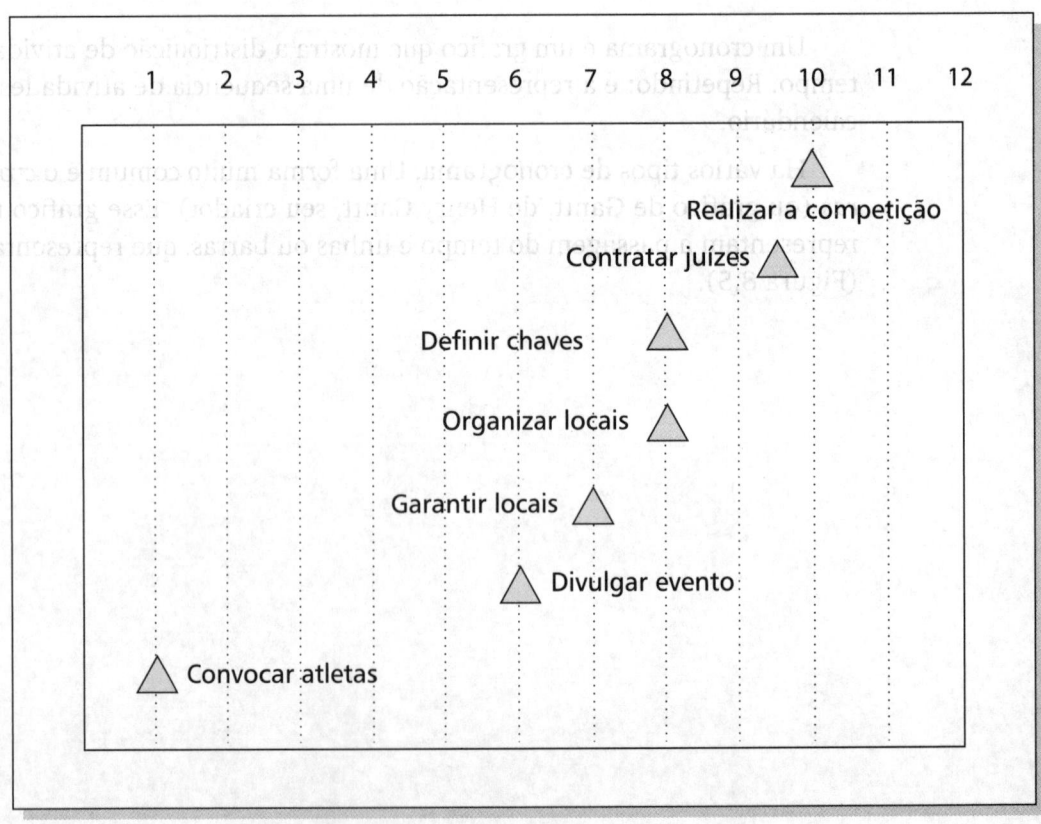

As Figuras 8.7, 8.8 e 8.9 apresentam modalidades adicionais de cronograma, entre muitas outras possibilidades.

Figura 8.7 Cronograma no formato de linha do tempo.

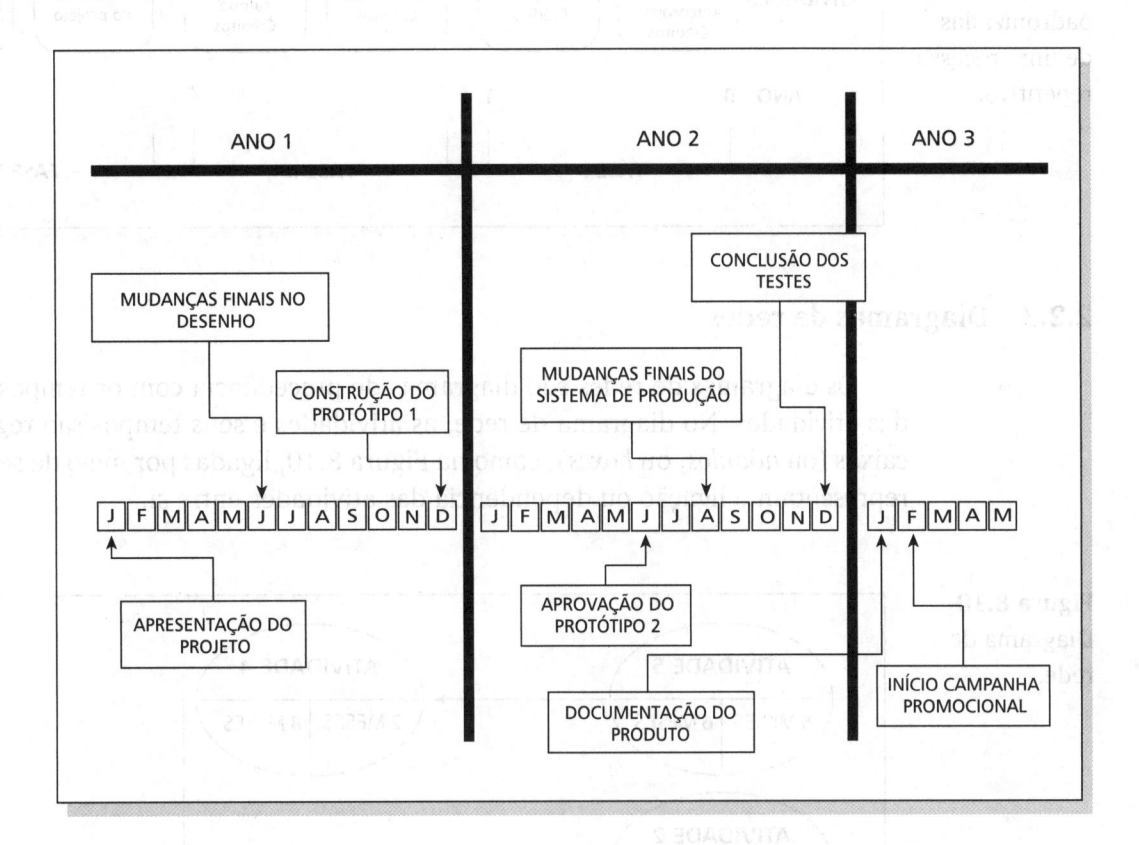

```
         ANO 1              |         ANO 2              |    ANO 3
─────────────────────────────┼────────────────────────────┼──────────────

         MUDANÇAS FINAIS NO
         DESENHO
                                    CONCLUSÃO DOS
                                    TESTES
                CONSTRUÇÃO DO
                PROTÓTIPO 1
                              MUDANÇAS FINAIS DO
                              SISTEMA DE PRODUÇÃO

   J F M A M J J A S O N D  | J F M A M J J A S O N D  | J F M A M

         APRESENTAÇÃO DO           APROVAÇÃO DO
         PROJETO                   PROTÓTIPO 2
                                                          INÍCIO CAMPANHA
                                                          PROMOCIONAL
                                    DOCUMENTAÇÃO DO
                                    PRODUTO
```

Figura 8.8 Cronograma no formato de fases ao longo da linha do tempo.

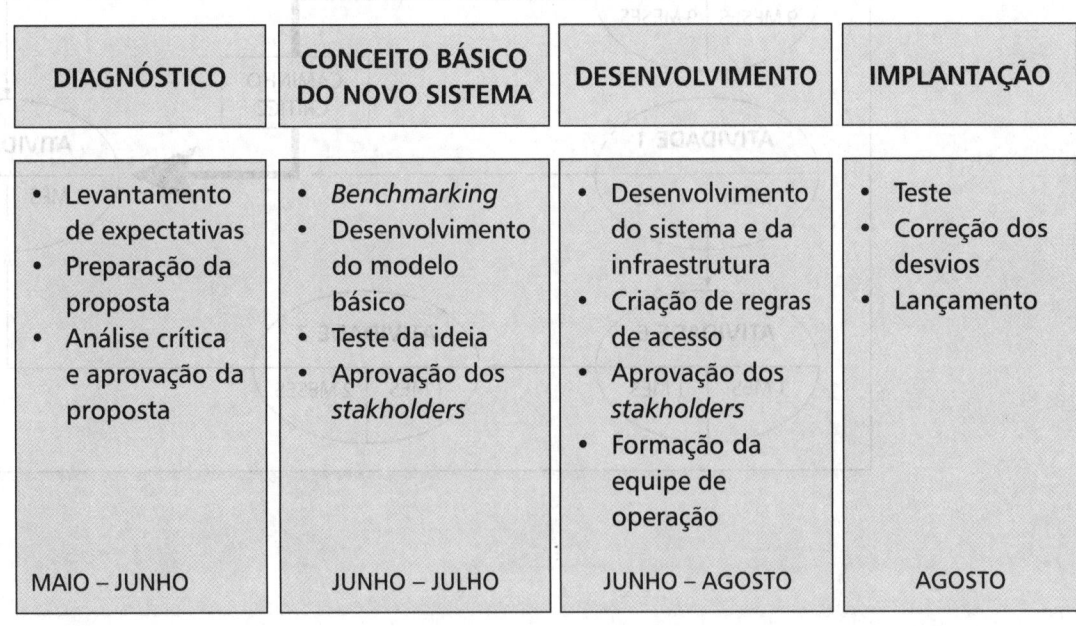

DIAGNÓSTICO	CONCEITO BÁSICO DO NOVO SISTEMA	DESENVOLVIMENTO	IMPLANTAÇÃO
• Levantamento de expectativas • Preparação da proposta • Análise crítica e aprovação da proposta	• *Benchmarking* • Desenvolvimento do modelo básico • Teste da ideia • Aprovação dos *stakeholders*	• Desenvolvimento do sistema e da infraestrutura • Criação de regras de acesso • Aprovação dos *stakeholders* • Formação da equipe de operação	• Teste • Correção dos desvios • Lançamento
MAIO – JUNHO	JUNHO – JULHO	JUNHO – AGOSTO	AGOSTO

Figura 8.9
Cronograma com etapas padronizadas de um processo repetitivo.

| ATIVIDADES | Escolha do tema Anteprojeto Créditos | Projeto Créditos | Qualificação Créditos | Pesquisa de campo Créditos | Finalização do projeto | Defesa Obtenção do título |

ANO 0 — 1 — 2 — 3

FASE I — FASE II — FASE III

2.2.3 Diagramas de redes

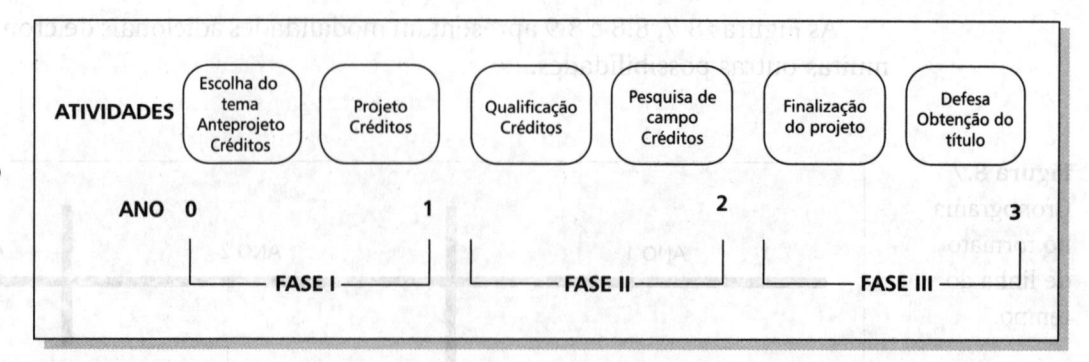

Os diagramas de redes são diagramas de precedência com os tempos de duração das atividades. No diagrama de rede, as atividades e seus tempos são registrados em caixas (ou *nódulos*, ou *boxes*), como na Figura 8.10, ligadas por meio de setas. As setas representam a ligação ou dependência das atividades entre si.

Figura 8.10
Diagrama de rede.

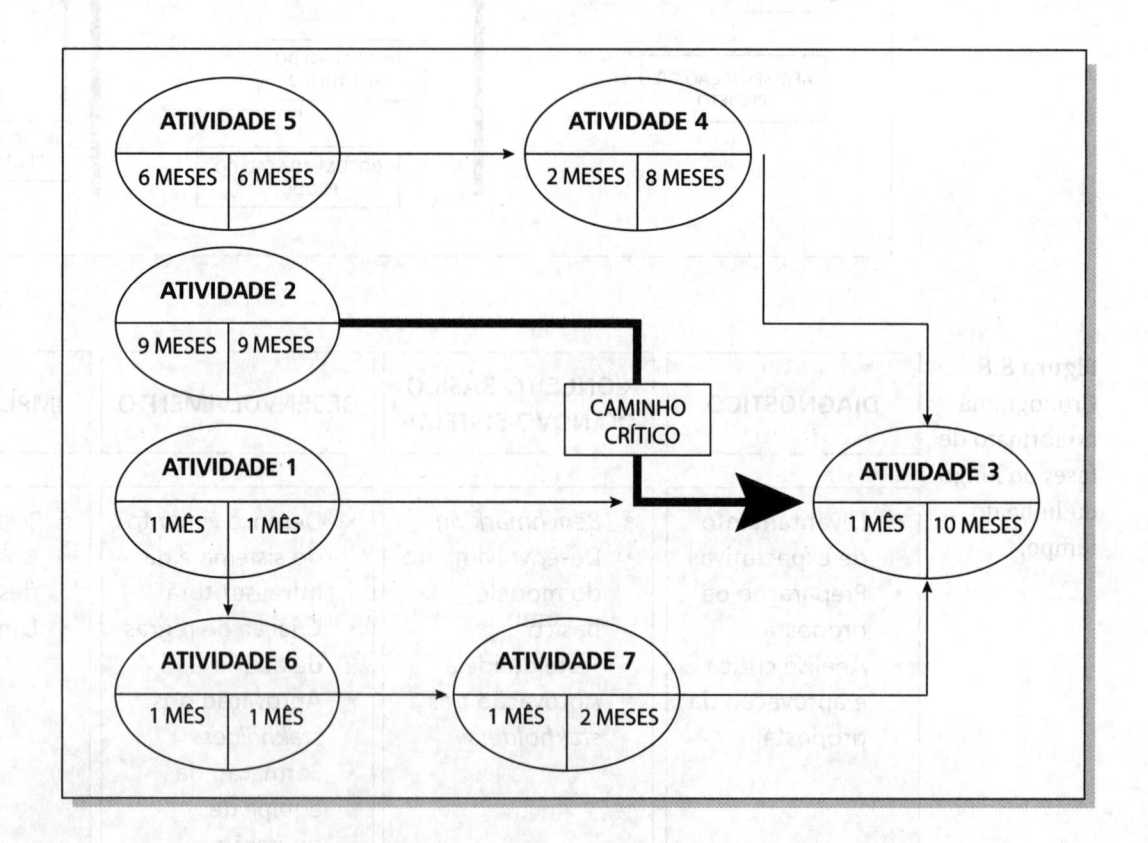

ATIVIDADE 5 — 6 MESES | 6 MESES
ATIVIDADE 4 — 2 MESES | 8 MESES
ATIVIDADE 2 — 9 MESES | 9 MESES
ATIVIDADE 1 — 1 MÊS | 1 MÊS
ATIVIDADE 6 — 1 MÊS | 1 MÊS
ATIVIDADE 7 — 1 MÊS | 2 MESES
ATIVIDADE 3 — 1 MÊS | 10 MESES

CAMINHO CRÍTICO

Como as atividades são paralelas, há vários caminhos ou sequências que vão do início ao fim da rede. O *caminho mais longo* é a sequência de atividades que consome mais tempo. Esse é o *caminho crítico*, cuja extensão determina a duração total da rede. As outras sequências que não fazem parte do caminho crítico podem ser atrasadas ou adiantadas, mas o caminho crítico não pode ter atrasos. Se houver, o tempo total de execução da rede aumenta.

2.3 Planejamento de Recursos = Quem fará o que, usando quais recursos?

Para realizar atividades, é necessário utilizar recursos. A etapa seguinte do processo de planejamento operacional, depois da identificação e da programação das atividades, define quais recursos são necessários para realizá-las.

Os recursos necessários para a realização de atividades classificam-se em cinco categorias principais, que se desdobram em categorias menores:

- *Mão de obra* (gerentes, engenheiros, funcionários de secretaria, serviços de terceiros etc.).
- *Material permanente* (equipamentos e instalações).
- *Material de consumo* (combustível, material de escritório, peças de reposição, materiais de manutenção etc.).
- *Serviços* (viagens, transporte, hospedagem, serviços técnicos especializados etc.).
- *Outros recursos*.

Da mesma forma como ocorre com o emprego do tempo, os recursos são estimados para planos de atividades recorrentes (como a operação de um restaurante) ou para atividades singulares e temporárias (como projetos ou ordens de serviço). O volume de trabalho a realizar, em função dos objetivos, determina o número de pessoas e a quantidade de outros recursos – mais objetivos, mais trabalho, mais pessoas. Outra variável importante, no dimensionamento do trabalho e dos recursos, é o tempo. Se você pretende realizar uma tarefa complexa em pouco tempo, precisará de muita gente e concentração de recursos. Lembre-se do exemplo da troca de pneus na Fórmula 1.

A Figura 8.11 apresenta uma tabela que resume as necessidades de recursos para uma atividade temporária – um projeto.

Figura 8.11 Tabela com as necessidades de recursos de um projeto (desenho de Marisa Villas Bôas Dias).

WBS	ATIVIDADES	RECURSOS HUMANOS	DETALHAMENTO	VIAGENS	SERVIÇOS DE TERCEIROS	EQUIPAMENTOS
1	**PLANEJAMENTO**					
1.1	• LEVANTAR INFORMAÇÕES	Analista, Gerente de projeto	Analista Nível SR (50%) Gerente de projeto Nível SR, Experiência ERP (50%)	2		
1.1	• PREPARAR ESBOÇO	Analista	Analista Nível SR (100%)			
1.2	• REVISAR ENTENDIMENTO	Analista, Gerente de projeto	Analista Nível SR (25%) Gerente de projeto Nível SR, Experiência ERP (50%)			
1.3						
1.4	• PREPARAR PLANO	Gerente de projeto	Gerente de projeto Nível SR, Experiência ERP (50%)			
2	**EXECUÇÃO**					
2.1	• DESENVOLVIMENTO	2 projetistas	Projetista 1 Nível JR (100%) Projetista 2 Nível PL (50%)			
2.2	• TESTES	Projetista Analista	Projetista 1 Nível PL (50%) Analista Nível SR (50%)	4		
3	**ENTREGA**					
3.1	• IMPLANTAÇÃO	2 projetistas	Projetista 1 Nível JR (75%) Projetista 2 Nível PL (50%)			
3.2	• TESTES	Projetista Analista	Projetista 1 Nível PL (50%) Analista Nível SR (50%)			
3.3	• TREINAR USUÁRIOS	Instrutor	Instrutor Nível PL, ERP (100%)			
3.4	• OPERAÇÃO ASSISTIDA	Supervisor	Supervisor Nível PL, ERP (100%)			

2.3.1 Emprego e organização de pessoas

Além de identificar os recursos necessários para realizar atividades, é preciso responder à pergunta: quem fará qual atividade?

A resposta a essa pergunta envolve a definição de responsabilidades e de pessoas pela execução de atividades. O organograma linear ou matriz de atribuição de responsabilidades (RAM = *responsibility assignment matrix*) é um gráfico que mostra como as responsabilidades e a autoridade estão distribuídas entre os cargos e os departamentos. Esse gráfico consiste de uma matriz com os seguintes elementos:

a) Uma lista de atividades, nas linhas.

b) Departamentos ou pessoas envolvidas na execução das atividades, nas colunas.

c) Nas células, a divisão das responsabilidades e da autoridade entre os departamentos, para execução das atividades.

A Figura 8.12 é o organograma linear da troca de pneus no *pit-stop*, no qual as responsabilidades estão atribuídas a pessoas, representadas por números. Você pode ver um exemplo no endereço <http://www.youtube.com/watch?v=Q_A89Tv5Rl4.> Cerca de oito pessoas de cada lado, para fazer em segundos um trabalho que seu borracheiro leva horas para fazer. A letra "R" indica quem é responsável por qual tarefa.

Vejamos agora um exemplo com mais definições de responsabilidades e autoridade (Figura 8.13). Nesse exemplo, as letras significam:

- R = Responsável (tem responsabilidade sobre a tarefa, não importa se executando pessoalmente ou supervisionando sua execução).
- A = Tem autoridade para aprovar ou vetar a execução da atividade ou o resultado final.
- C = Deve ser consultado, antes da execução da atividade, ou como condição para a execução da atividade.
- I = Deve ser informado sobre a execução da atividade ou seus resultados.

2.3.2 Preparação do orçamento

Para fazer uma estimativa de custos e preparar um orçamento, três informações são importantes:

- *Custo unitário de cada recurso* (por exemplo, salários calculados de acordo com uma taxa horária ou mensal, acrescidos de encargos sociais, preço de um pacote de papel, preço de um mês de utilização de uma instalação etc.).
- *Duração das atividades*. Multiplicada pelo custo unitário, a duração de cada atividade permite a estimativa de seu custo. Por exemplo, os valores dos salá-

rios mensais, multiplicados pelo número de meses da duração das atividades, possibilitam estimar o custo total de salários.

- *Custos indiretos*. Custos indiretos referem-se a despesas que não são produzidas pelas atividades, mas são necessárias para sua realização, ou são difíceis de calcular e atribuir diretamente a atividades específicas. Em geral, estão relacionados com a administração geral da organização, previsão de reserva para períodos de inatividade, benefícios, materiais de uso geral etc.

Figura 8.12 Organograma linear da troca de pneus.

ATIVIDADES – DECISÕES	RESPONSABILIDADES – AUTORIDADE – MECÂNICOS													
	1	2	3	4	5	6	7	8	9	10	11	12	13	14
LEVANTAR CARRO – FRENTE	R													
TIRAR PARAFUSO 1 RODA 1		R												
TIRAR PNEU RODA 1						R								
COLOCAR PNEU RODA 1											R			
RECOLOCAR PARAFUSO RODA 1		R												
TIRAR PARAFUSO RODA 2			R											
TIRAR PNEU RODA 2							R							
COLOCAR PNEU RODA 2												R		
RECOLOCAR PARAFUSO RODA 2			R											
TIRAR PARAFUSO RODA 3 etc.				R										
ABAIXAR CARRO – FRENTE	R													
LEVANTAR CARRO – ATRÁS etc.													R	

Figura 8.13
Organograma linear.

ATIVIDADES / DECISÕES	DIRETORIA	GERENTE DO PROJETO	GERENTE FUNCIONAL	DIVISÃO DE PLANEJAMENTO
• PREPARAR A PROPOSTA BÁSICA DO PROJETO	A	R	C	I
• CONSTRUIR O PRIMEIRO PROTÓTIPO	A	R	C	
• ELABORAR RELATÓRIOS TÉCNICOS	A	I	R	
• MONTAR A EQUIPE DO PROJETO		R	A	I

O orçamento (ou *orçamento de despesas*) é a estimativa dos custos totais das atividades necessárias para realizar objetivos. O orçamento também pode ser apresentado no formato de um *cronograma de desembolsos* (Figura 8.14), que mostra a distribuição das despesas ao longo do período da execução das atividades. O orçamento, em qualquer formato, é também o principal instrumento de controle das despesas.

2.4 Avaliação de Riscos

Riscos são eventos ou condições que afetam a realização ou o resultado das atividades, podendo ameaçá-las. Alguns riscos são causados pelas atividades. Por exemplo, a possibilidade de um acidente é um risco em qualquer tipo de viagem. A possibilidade de chuva é um risco para qualquer evento ao ar livre. No entanto, às vezes o risco é a contrapartida de um benefício potencial ou oportunidade. Se você não viajar, fica sem estudar, trabalhar ou fazer negócios. O risco é inerente a muitas situações. Os empreendedores são pessoas dispostas a correr riscos, uma vez que o resultado de qualquer novo negócio sempre é incerto. A incerteza, que resulta do desconhecimento ou falta de informações sobre as atividades, é a mãe do risco. Há quem julgue que na vida não há certezas, apenas riscos e oportunidades.

No processo de planejamento operacional, os riscos devem ser identificados e analisados, para possibilitar o planejamento de ações que reduzam sua ocorrência ou minimizem suas consequências.

A identificação dos riscos é feita com base nos objetivos e nas listas de atividades e recursos. O estudo de eventos passados ou de atividades similares, a análise do local da realização das atividades e do cadastro dos fornecedores de recursos, por exemplo, são estratégias para aumentar a quantidade de informações e, dessa forma, reduzir a incerteza.

ITEM DE CUSTO	CUSTO UNITÁRIO	QUANTIDADE	ANO 1	ANO 2	ANO 3	ANO 4	ANO 5	TOTAL
Gerente-geral	6.000,00	1	6.000,00	6.000,00	6.000,00	6.000,00	6.000,00	30.000,00
Gerente-executivo	3.480,00	1	3.480,00	3.480,00	3.480,00	3.480,00	3.480,00	17.400,00
Assistente 1	2.660,00	1	2.660,00	2.660,00	2.660,00	2.660,00	2.660,00	13.300,00
Assistente 2	2.660,00	10	26.600,00	26.600,00	26.600,00	26.600,00	26.600,00	133.000,00
Especialista em mecanização	2.660,00	2	5.320,00	5.320,00	5.320,00	5.320,00	5.320,00	26.600,00
Veterinário	1.100,00	4	4.400,00	4.400,00	4.400,00	4.400,00	4.400,00	22.000,00
Auxiliares	640	15	9.600,00	9.600,00	9.600,00	9.600,00	9.600,00	48.000,00
Subtotal			58.060,00	58.060,00	58.060,00	58.060,00	58.060,00	290.300,00
Veículos	4.000	6	24.000,00	24.000,00	24.000,00	24.000,00	24.000,00	120.000,00
Manutenção e reparos	5%		200,00	200,00	200,00	200,00	200,00	1.000,00
Despesas diversas			2.500,00	2.500,00	2.500,00	2.500,00	2.500,00	12.500,00
Subtotal			26.700,00	26.700,00	26.700,00	26.700,00	26.700,00	133.500,00
TOTAL			84.760,00	84.760,00	84.760,00	84.760,00	84.760,00	423.800,00

Figura 8.14
International Livestock Research Institute <www.ilri.org http://64.95.130.4/html/trainingMat/policy_X5547e/x5547eli.htm>.

Os riscos, depois de identificados, são analisados, para serem classificados quanto à probabilidade de ocorrência e gravidade dos impactos. A análise possibilita, finalmente, o planejamento de ações para responder aos riscos, de maneira a reduzir sua ocorrência ou minimizar suas consequências.

A Figura 8.15 apresenta um plano de identificação e resposta aos riscos, para um projeto de mudança de residência. Uma família está vendendo a residência em que mora (chamada imóvel de origem) e mudando-se para outra. A primeira coluna de porcentagens indica a probabilidade de o risco ocorrer. A segunda, o impacto sobre a mudança. Assim, há um risco de 25% de o imóvel de origem não ser vendido. Se esse risco ocorrer, indicado pelo fato de nenhuma oferta ser feita até a data indicada, o impacto será de 100%, comprometendo totalmente a mudança. Veja como a família pretende lidar com os riscos que identificou.

Figura 8.15 Matriz para identificação e planejamento de respostas aos riscos em uma mudança de residência.

	RISCO	%	IMPACTO	%	RESPOSTAS (AÇÃO PREVENTIVA)	EVENTO DEFLAGRADOR (EVIDÊNCIA OBJETIVA)	PLANO CONTINGENCIAL (AÇÃO CORRETIVA)
1	Imóvel de origem não ser vendido	25	Recursos financeiros não disponíveis	100	Mapear previamente potenciais compradores	Nenhuma oferta de compra feita até Ago./03	Solicitar empréstimo bancário
2	Deixar de receber correspondências e entregas costumeiras	25	Dificuldades em ser localizado pelos contatos	25	Fazer lista completa de contatos durante os nove meses que antecedem a mudança	Ausência de correspondências ou entregas de periódicos por um mês após a mudança	Verificar, durante quatro meses, se há entregas no endereço antigo
3	Dano a bens durante a mudança	25	Aumento do custo do projeto	75	Fazer um seguro da mudança	Bem danificado	Acionar o seguro
4	Atraso no transporte	10	Aumento do prazo do projeto	100	Selecionar bem a empresa transportadora (inclusive veículo)	Transporte não chegar ao destino no horário	Reservar outro local para pernoite
5	Atraso na preparação do novo apartamento	50	Inviabilização da mudança	100	Trabalhar com folga no cronograma dos fornecedores	Móveis e equipamentos não instalados no prazo desejado	Preparar equipamentos e móveis alternativos

Fonte: MONTEIRO, Daniel Bernardino. *Projeto de mudança residencial*. FEA-USP, Curso de Pós-Graduação em Administração, São Paulo.

3 Políticas e Procedimentos

Políticas e procedimentos são planos operacionais permanentes. Retornando ao Capítulo 6, as políticas definem os critérios que devem orientar a tomada de decisão para resolver determinados problemas. Os procedimentos especificam quais atividades devem ser realizadas para cumprir um objetivo. Algumas das técnicas de planejamento operacional estudadas neste capítulo são úteis para a definição de procedimentos. Por exemplo, é possível desenhar diagramas padronizados de precedências para serviços como as revisões periódicas de automóveis nas concessionárias ou para a fabricação de produtos sob encomenda.

4 Estrutura Organizacional

A estrutura organizacional funciona como um plano permanente que define as responsabilidades, a autoridade e o sistema de comunicações dentro da organização. Os capítulos da parte seguinte deste livro tratam exclusivamente desse assunto.

5 Previsão dos Meios de Controle

O processo de planejamento operacional é concluído com a previsão dos meios de controle das atividades, do consumo de recursos, dos riscos, dos objetivos e de outras variáveis que tenham sido incluídas nos planos. Este assunto será discutido no Capítulo 16 deste livro.

Estudo de Caso: O Estágio de Maria Aparecida

Maria Aparecida é funcionária de carreira do Banco Estatal há alguns anos e pretende ser gerente de uma agência. Os novos gerentes do Banco devem passar por testes e fazer estágios em campo, com os veteranos. Maria Aparecida pediu para fazer seu estágio em uma agência na qual pudesse enfrentar desafios, porque acreditava que assim aprenderia muito mais.

Ela foi enviada para uma agência na qual o gerente era seu colega Augusto, nomeado dois meses antes. No primeiro dia, Maria Aparecida sentou-se ao lado do gerente, para observá-lo em ação. Antes do início do expediente, Augusto mostrou a Maria Aparecida qual era a situação dele e da agência:

- A agência estava em situação de equilíbrio. Nem lucro, nem prejuízo. Em mais 30 dias, ele deveria entregar o Plano de Metas da agência para o Diretor.

- Os primeiros 45 dias Augusto havia passado conhecendo a agência, sua estrutura e seus problemas. Nesse período, não foram feitas operações de crédito, apenas renovações de operações e cadastros.
- Augusto contava com a motivação dos funcionários, em sua maioria jovens com pouco tempo de casa. O quadro havia sido renovado recentemente, com a aposentadoria de funcionários antigos.
- Augusto pensou inicialmente em dividir os funcionários em equipes, cada uma atuando em um segmento – venda de cartões de crédito e de seguros, recuperação de crédito e assim por diante. Tudo com valores mínimos e rentabilidade prevista calculada.
- No entanto, ele acreditava que seria melhor fazer o planejamento junto com os funcionários. Ele já havia dado uma palestra sobre a importância do planejamento para seus funcionários e esperava que todos ajudassem a definir os meios para realizar os objetivos definidos no programa de trabalho. Também ficou claro para todos que as metas seriam usadas nas avaliações para aumentos salariais e promoções.
- Nas reuniões com os funcionários, além da discussão das metas, os seguintes problemas e situações indesejáveis haviam sido levantados:
- Concentração das fontes de resultados da agência em poucos clientes.
- Elevada insatisfação dos clientes.
- Precárias condições de trabalho e de segurança.
- Baixo volume de empréstimos.
- Imagem neutra do Banco na praça – os clientes não percebiam nenhuma vantagem em relação aos concorrentes.
- Os funcionários tinham dúvidas sobre a ligação entre o plano de metas e a avaliação de desempenho.
- A agência enfrentava algumas pendências administrativas. A agência não tinha alvará de funcionamento, mas os funcionários antigos asseguravam que a Prefeitura não criaria problemas, porque tinha interesse na presença do Banco na cidade. Também não havia um plano de segurança.

Augusto também contou a Maria Aparecida que a agência tinha casos antigos de grandes dívidas. Esses casos vinham-se arrastando de um gerente para outro, sem se resolver. Um dos casos era muito curioso. Em uma operação, um cliente dera um cheque para comprar um lote de gado. Sem dinheiro na conta, telefonou e pediu para pagarem o cheque e prepararem uma operação de crédito, dizendo que logo em seguida passaria na agência para assinar os documentos. O cheque foi pago. No caminho entre sua fazenda e a agência, o cliente sofreu um acidente e faleceu.

Maria Aparecida notou que a vida pessoal de Augusto está complicada. Ele vem trabalhando muito para consertar a situação da agência. Além de tudo, à noite, ele está fazendo um curso de auditoria, pois já pensou em mudar de área no Banco. Com a sobrecarga de trabalho e estudos, sua família tem reclamado que ele nunca está em casa. Além disso, sua saúde não está boa. Um médico lhe disse que precisa cuidar do corpo e da mente, pois o estado de tensão em que se encontra tem prejudicado suas condições físicas. O quadro é agravado pelo fato de que Augusto se alimenta muito mal, à base de sanduíches e refeições rápidas, porque precisa de tempo para o trabalho e o estudo.

Augusto havia sido chamado à Diretoria alguns dias antes da chegada de Maria Aparecida, para conhecer as medidas que deveria tomar para reverter a situação deficitária da agência. Uma das providências é a redução do quadro da agência, de 32 para 25 funcionários. Augusto acha essa providência muito difícil de tomar, pois suas relações com os funcionários são positivas.

Finalizando, Augusto disse a Maria Aparecida:

— É isso aí, colega, você queria desafios, eu vou arranjar um para você. Eu estou meio atrapalhado, correndo atrás do dia a dia e, ao mesmo tempo, tendo de pensar em planejamento e controle. Será que você pode me ajudar, preparando um plano de trabalho, dizendo quais são as prioridades que devo atacar?

Questões

1. Se você fosse Augusto, qual seria sua expectativa em relação ao plano de trabalho solicitado a Maria Aparecida? Ou seja, quais são as prioridades profissionais de Augusto?

2. Como Maria Aparecida deve fazer o plano de Augusto? Como ela pode, em seu plano, conciliar recomendações para a vida pessoal e a vida profissional de Augusto?

3. Como dizer isso a ele?

Parte III

Organização

Capítulos	Conteúdo	Casos
9. PROCESSO DE ORGANIZAÇÃO	No Capítulo 9, você estuda os fundamentos do processo de organização: divisão do trabalho, definição de responsabilidades, autoridade. Veja como lidar com esses fundamentos e com a ideia de estrutura organizacional.	A COMISSÃO DE ESTUDOS Sinopse: O gerente de tecnologia criou um grupo de trabalho para ajudá-lo a desenvolver um produto. O grupo assume o controle do produto e deixa Joaquim em dúvidas a respeito de sua autoridade.
10. ESTRUTURA ORGANIZACIONAL	As estruturas organizacionais agrupam as tarefas com base em critérios de departamentalização. No Capítulo 10, conheça os critérios mais importantes e as condições em que devem ser aplicados.	ORGANIZAÇÃO DE VENDAS DA PLURIBIZ Sinopse: A Pluribiz, uma corporação diversificada, não sabe como organizar sua área de vendas. O problema fica mais complicado quando a empresa decide comprar outra. Vocês, grandes especialistas em administração, são convocados para resolver o problema.
11. SOBRE MÁQUINAS E ORGANISMOS	Estruturas organizacionais são soluções dinâmicas. Sua eficácia depende de como se adaptam ao ambiente, estratégia, tecnologia e fator humano. Estude esses fatores e seu efeito sobre a mudança da estrutura no Capítulo 11.	ARCO-ÍRIS EMBALAGENS Ana Lúcia, estudante de administração, está em dúvidas a respeito da organização da empresa de embalagens da qual é diretora. Outra vez, as opiniões dos especialistas são necessárias.

9

Processo de organização

Objetivos

Terminando a leitura deste capítulo, você deverá estar preparado para explicar e exercitar as seguintes ideias:

- Princípios e as etapas do processo de organizar.
- Responsabilidade e autoridade e suas implicações – especialização, hierarquia, amplitude de controle e centralização e descentralização.
- Organograma e seus componentes.

Introdução

Uma organização é um sistema de pessoas e recursos que procura alcançar objetivos. O processo de definir quais objetivos a organização pretende alcançar, com quais recursos, chama-se *planejamento. O processo de dividir o trabalho entre pessoas, para realizar objetivos, chama-se processo de organização.*

- O processo de organizar é uma sequência ou conjunto de decisões ou procedimentos, que cria uma estrutura estável (não estática) e dinâmica. Essa estrutura, chamada estrutura organizacional, define o trabalho que as pessoas, como indivíduos ou integrantes de grupos, devem realizar. A estrutura organizacional é retratada em um gráfico chamado *organograma*.
- Assim como ocorre com o planejamento estratégico e outras técnicas de administração, toda organização tem uma estrutura organizacional. Grandes organizações têm estruturas complexas, explícitas e formalizadas. As organizações de pequeno porte têm esquemas simples para definir quem realiza quais atividades.

1 Processo de Organização

Organizar é o processo de dispor qualquer coleção de recursos (ou conjunto de partes) em uma estrutura, classificação ou ordem. Um conjunto de partes, classificadas ou ordenadas é um conjunto organizado. Organização é um atributo de qualquer conjunto estruturado ou ordenado segundo algum critério.

Organizar é, como todas as funções da administração, um processo de tomar decisões. As decisões de dividir o trabalho, atribuir responsabilidades a pessoas e estabelecer mecanismos de comunicação e coordenação são decisões de organização. As principais etapas (ou decisões) no processo de organizar são analisadas a seguir (Figura 9.1). Dependendo das circunstâncias, a ordem das etapas ou decisões pode variar.

Figura 9.1 Principais etapas, decisões ou subprocessos do processo de organizar.

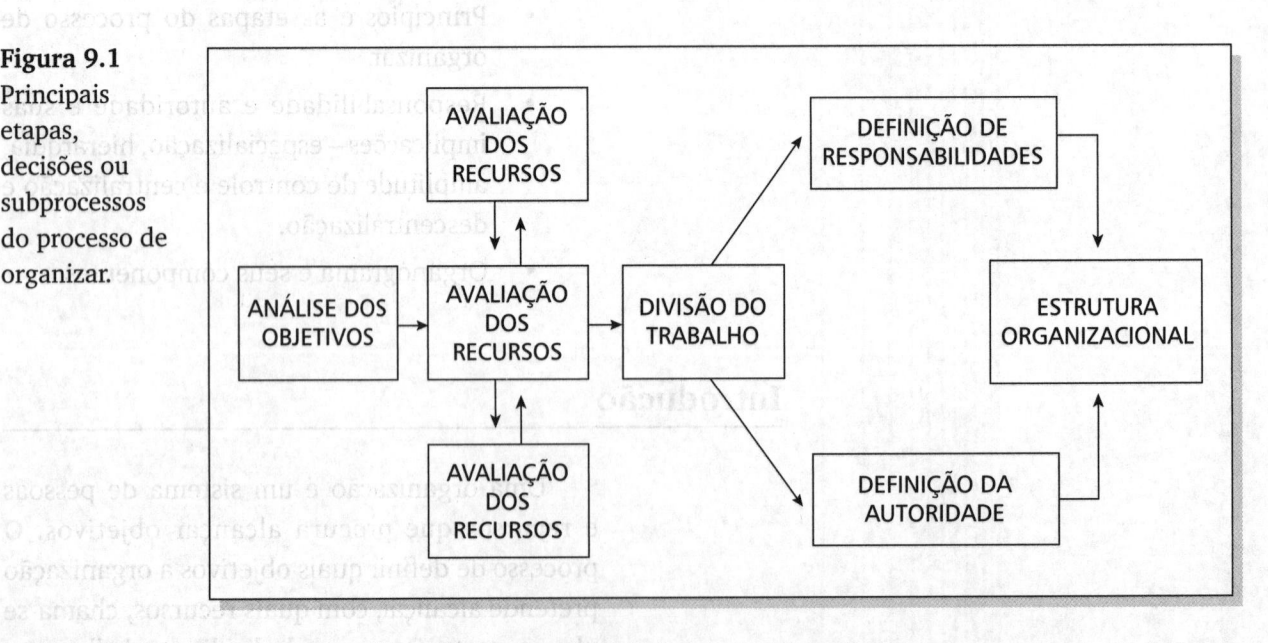

- Analisar os objetivos e o trabalho a realizar.

- Dividir o trabalho, de acordo com os critérios mais apropriados para a realização dos objetivos.
- Definir as responsabilidades pela realização do trabalho.
- Definir os níveis de autoridade.
- Desenhar a estrutura organizacional.

A estrutura organizacional é a síntese do processo de organizar. No estudo da estrutura organizacional, e nos tópicos que se seguem, todas essas etapas serão examinadas.

2 Divisão do Trabalho

Divisão do trabalho é o processo por meio do qual uma tarefa é dividida em partes. Em seguida, cada dessas partes é atribuída a uma pessoa ou grupo de pessoas. A divisão do trabalho permite às organizações realizar objetivos complexos, como montar equipamentos de grande porte, fabricar produtos em grande quantidade e atender a diferentes tipos de clientes, em diferentes localidades. A base para a divisão do trabalho são os objetivos. Sabendo qual objetivo precisa ser realizado, você pode dimensionar o trabalho necessário e, em seguida, dividir esse trabalho entre pessoas ou grupos. Por exemplo, para construir ou reformar uma casa, normalmente emprega-se um arquiteto, que emprega um pedreiro, que emprega ajudantes. Com base na planta, o arquiteto orienta o pedreiro, que divide o trabalho entre ele próprio e seus ajudantes. Agora imagine o trabalho para construir um navio petroleiro ou uma rodovia. O princípio é o mesmo. Como os objetivos são mais ambiciosos, o trabalho é maior e é preciso empregar mais pessoas.

Em todas as organizações existe divisão do trabalho. Uma barraca na feira, ou uma pizzaria, permite observar que os funcionários se especializam em tarefas distintas, como prestar o serviço, atender aos clientes nas mesas, cuidar do suprimento de mercadorias e cuidar do caixa. Nas grandes organizações, como as cadeias de pizzarias, bancos ou companhias aéreas, há grande quantidade de pessoas especializadas em realizar essas e muitas outras tarefas.

Como você estudou no capítulo anterior, o objetivo e o tempo são as variáveis que determinam entre quantas pessoas o trabalho será dividido.

2.1 Identificação das unidades de trabalho

Definidos os objetivos, o trabalho a ser realizado é dividido em unidades, blocos, operações ou tarefas, de acordo com os critérios que sejam mais apropriados para a realização desses objetivos (Figura 9.2).

Figura 9.2
Princípios da divisão do trabalho.

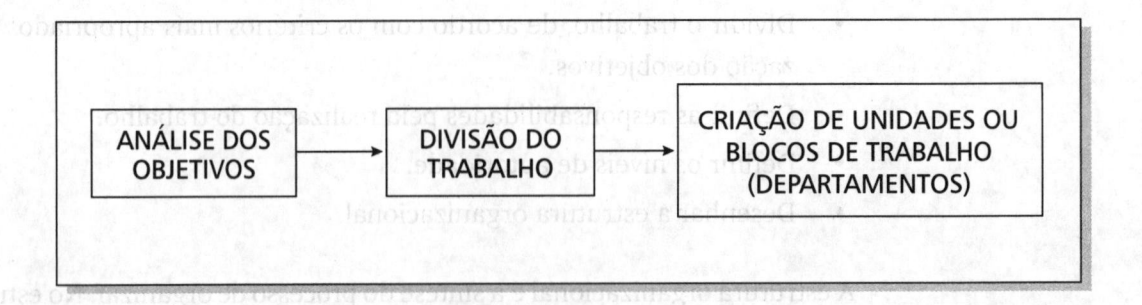

ANÁLISE DOS OBJETIVOS → DIVISÃO DO TRABALHO → CRIAÇÃO DE UNIDADES OU BLOCOS DE TRABALHO (DEPARTAMENTOS)

Suponha que você faça parte de um grupo de estudos com cinco pessoas e a professora pediu uma pesquisa sobre os modelos de administração usados em cinco empresas diferentes. Nessa pesquisa, há três operações, tarefas ou blocos de trabalho: pesquisa bibliográfica, levantamento no campo e redação do relatório. Novamente, estamos apenas identificando e dividindo o trabalho, sem ainda atribuir as tarefas aos integrantes do grupo. Veja na Figura 9.3 como representar o organograma desse projeto. Se você notou a semelhança com a estrutura analítica da troca de pneus, no capítulo anterior, nenhuma surpresa – a estrutura analítica e o organograma são ferramentas que usam o mesmo princípio: divisão do trabalho.

Figura 9.3
Divisão de trabalho para o projeto de pesquisa escolar.

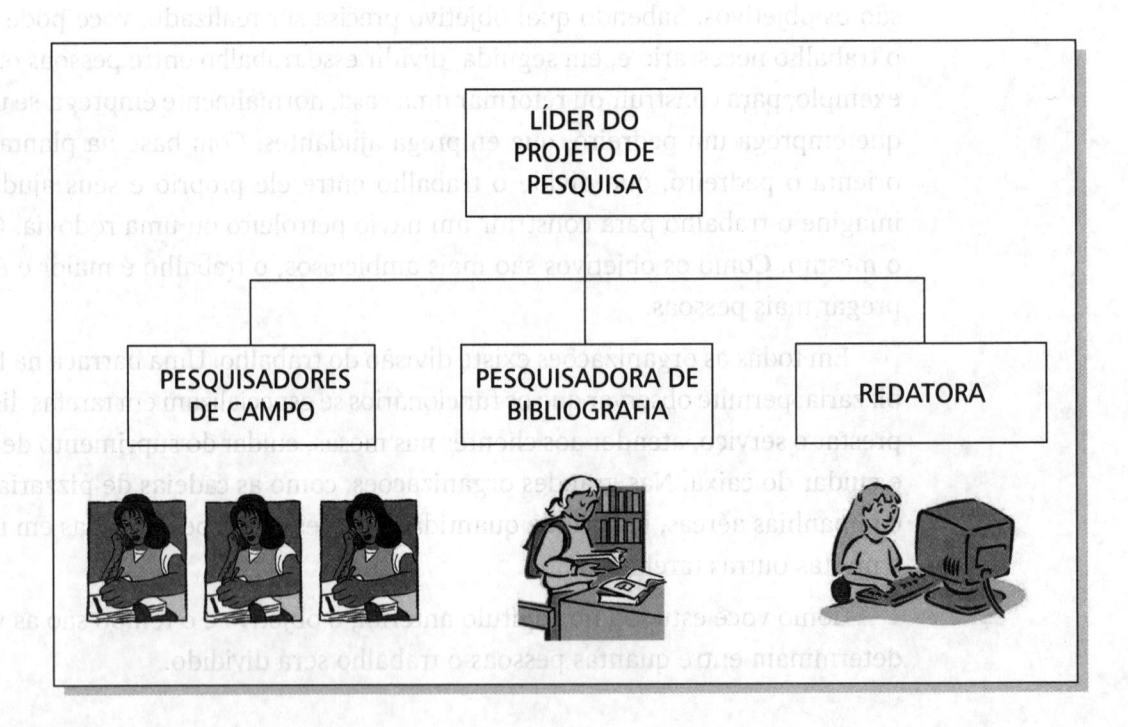

LÍDER DO PROJETO DE PESQUISA
- PESQUISADORES DE CAMPO
- PESQUISADORA DE BIBLIOGRAFIA
- REDATORA

2.2 Denominação das unidades de trabalho

Os blocos ou unidades de trabalho do organograma podem ser chamados de departamentos, gerências, divisões, diretorias, seções, áreas – as denominações variam de uma organização para outra. Cada unidade (ou bloco) realiza uma parte do trabalho total, que é necessária para a realização dos objetivos. Departamento é uma designação genérica – provavelmente, a mais frequente, especialmente no caso das grandes organizações. Ministérios, divisões, batalhões, secretarias, dioceses, paróquias e outros semelhantes são nomes especializados, usados em exércitos, governos e na Igreja.

- Em certos casos, o departamento tem uma única função da organização (por exemplo, departamento de administração de recursos humanos). Em outros, um departamento concentra diversas funções (departamento de administração de recursos humanos e de serviços gerais, por exemplo).
- No nível mais baixo do organograma, o trabalho divide-se em operações ou tarefas.

3 Organograma

Os organogramas retratam a estrutura organizacional de grandes organizações ou de pequenos empreendimentos (como a troca dos pneus). Num organograma se veem as seguintes informações (Figura 9.4):

Figura 9.4 Informações de um organograma.

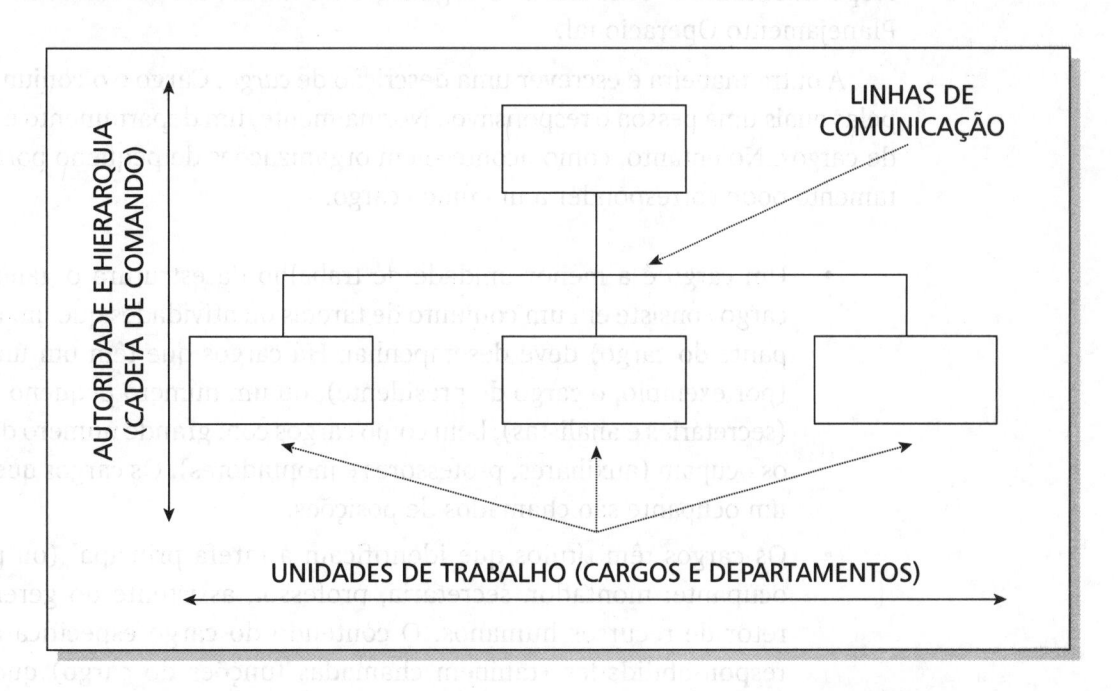

- Divisão do trabalho e responsabilidades. Os retângulos indicam como foi feita a divisão do trabalho. Cada retângulo representa uma parte do trabalho e, ao mesmo tempo, as responsabilidades de cada pessoa ou grupo de pessoas pela execução de atividades. A definição de responsabilidades é também um dos processos de gestão de pessoas, que serão estudados na Parte IV do livro.

- Autoridade e hierarquia. No organograma, o número de níveis em que os retângulos estão distribuídos mostra como a autoridade está graduada, do gerente que tem mais autoridade, no topo da estrutura, até o que tem menos autoridade, na base da estrutura. Hierarquia é sinônimo de cadeia de comando – o poder de dirigir desce de cada nível para o imediatamente inferior, que tem a obrigação de obedecer. Adiante trataremos da autoridade com mais detalhes.

- Comunicação. As linhas que ligam os retângulos mostram também sua interdependência. O sistema de comunicações de uma estrutura organizacional fornece a interligação das unidades ou blocos de trabalho e possibilita sua ação coordenada.

3.1 Definição de responsabilidades

Junto com a divisão do trabalho, vem a definição das responsabilidades. Responsabilidades são as obrigações ou deveres das pessoas pela realização de tarefas ou atividades. Há duas maneiras principais de tratar a definição e atribuição de responsabilidades. Uma delas, o *organograma linear*, foi estudada no Capítulo 8 – Planejamento Operacional.

A outra maneira é escrever uma descrição de *cargo*. Cargo é o conjunto das tarefas pelas quais uma pessoa é responsável. Normalmente, um departamento é um agregado de cargos. No entanto, como acontece em organizações de pequeno porte, um departamento pode corresponder a um único cargo.

- Um cargo é a menor unidade de trabalho da estrutura organizacional. Um cargo consiste em um conjunto de tarefas ou atividades que uma pessoa (ocupante do cargo) deve desempenhar. Há cargos que têm um único ocupante (por exemplo, o cargo de presidente), ou um número pequeno de ocupantes (secretárias e analistas), bem como cargos com grande número de pessoas que os ocupam (auxiliares, professores e montadores). Os cargos que têm mais de um ocupante são chamados de posições.

- Os cargos têm títulos que identificam a tarefa principal (ou profissão) do ocupante: montador, secretária, professor, assistente do gerente-geral, diretor de recursos humanos. O conteúdo do cargo especifica as tarefas ou responsabilidades (também chamadas funções do cargo) que o ocupante deve desempenhar.

A relação das responsabilidades de um cargo chama-se descrição de cargo. A Figura 9.5 apresenta uma descrição de cargo resumida. O cargo chama-se *analista de administração de pessoal*.

Figura 9.5
Exemplo de descrição de cargo.

> CARGO: ANALISTA DE ADMINISTRAÇÃO DE PESSOAL RESPONSÁVEL PELAS ATIVIDADES DE ANÁLISE E EXECUÇÃO RELACIONADAS A MOVIMENTAÇÃO E REGISTRO DE FUNCIONÁRIOS, FOLHA DE PAGAMENTO, RESCISÃO, CÁLCULOS DE RECOLHIMENTOS, VISANDO CONTRIBUIR PARA O CUMPRIMENTO DA LEGISLAÇÃO PREVIDENCIÁRIA, TRABALHISTA E PROCEDIMENTOS INTERNOS DA EMPRESA.
>
> TAREFAS ESPECÍFICAS:
> CONTRIBUIR PARA A CORRETA MANUTENÇÃO DO SISTEMA DE FOLHA DE PAGAMENTO, POSSIBILITANDO OS CÁLCULOS PARA CONFERÊNCIA E DEPÓSITOS, ATRAVÉS DA APURAÇÃO E CONTROLE DOS DADOS DE ADMISSÃO, RECOLHIMENTOS, FÉRIAS, RESCISÕES E DAS INFORMAÇÕES RECEBIDAS DA ÁREA DE BENEFÍCIOS.
> CONTRIBUIR PARA OS CÁLCULOS DE RESCISÕES DE CONTRATO DE TRABALHO, ATRAVÉS DA ANÁLISE DOS DADOS E EXTRATOS DE FGTS, E PARA A HOMOLOGAÇÃO CONFORME O TEMPO DE SERVIÇO DO EX-FUNCIONÁRIO.
> CONTRIBUIR PARA O CUMPRIMENTO DA LEGISLAÇÃO TRABALHISTA E ORGANIZAÇÃO DA ÁREA, MEDIANTE MANUTENÇÃO DO BANCO DE DADOS, FICHAS DE REGISTROS, CONTROLE DE ALTERAÇÕES DE TRANSPORTES, CARTEIRAS DE TRABALHO, EMISSÃO E ARQUIVO DA DOCUMENTAÇÃO DOS EMPREGADOS E NA DISTRIBUIÇÃO DOS BENEFÍCIOS DE VALE-REFEIÇÃO E VALE-TRANSPORTE.

3.2 Autoridade

O processo de organizar cria *figuras de autoridade* – chefes, gerentes, coordenadores, presidentes, comandantes etc., que se distribuem em níveis. Autoridade (a rigor, autoridade formal) é o direito legal das figuras de autoridade, em um nível, de dirigir ou comandar o comportamento das pessoas que estão nos níveis inferiores – pessoas de sua equipe, chamadas subordinados, colaboradores ou funcionários, dependendo do tipo de organização. (Subordinado é uma palavra que está caindo em desuso.) A autoridade significa também o poder de utilizar ou comprometer os recursos organizacionais. A autoridade pode ser atribuída a pessoas, unidades de trabalho de uma organização ou a organizações, como o departamento de auditoria das empresas, uma comissão de sindicância, a polícia ou o poder judiciário. A autoridade é a contrapartida da responsabilidade. Como os gerentes têm responsabilidade pelo desempenho de outras pessoas, as organizações dão-lhes autoridade sobre essas mesmas pessoas.

A atribuição de autoridade implica dois conceitos fundamentais do processo de organização: hierarquia e amplitude de controle.

3.2.1 Hierarquia

Repetindo, a autoridade divide-se verticalmente, em níveis. As pessoas que estão em determinado nível têm autoridade sobre as que estão no nível inferior. Inversamente, em qualquer nível, as pessoas têm responsabilidades e prestam contas para as que estão acima (ou reportam-se para as que estão acima). Essa disposição da autoridade em níveis chama-se *hierarquia* ou *cadeia de comando*. A quantidade de níveis chama-se *número de escalões hierárquicos*.

Na maioria das organizações, a hierarquia gerencial divide-se em quatro níveis principais: presidente e diretores (executivos), gerentes intermediários e supervisores ou equipes autogeridas (Figura 9.6).

- No alto da hierarquia, no primeiro nível, ou primeiro escalão, encontram-se os executivos. *Diretor, superintendente* e *presidente* são palavras que indicam os ocupantes dos cargos mais importantes da hierarquia, que formam a alta administração e têm autoridade sobre todos os demais gerentes. Acima dos executivos, encontram-se em algumas organizações órgãos colegiados ou conselhos, que representam acionistas ou membros de uma sociedade.
- No segundo nível, abaixo dos executivos, encontram-se os gerentes intermediários, responsáveis pela coordenação das áreas especializadas: produção, finanças, marketing, recursos humanos. São eles que transformam os objetivos da alta administração em objetivos específicos, definem e mobilizam recursos e controlam a realização das atividades.
- No primeiro degrau da escada, encontram-se os supervisores de equipes operacionais ou equipes operacionais autogeridas, cuja liderança é exercida por todos seus integrantes. As equipes operacionais são responsáveis pela realização de tarefas que fornecem produtos e serviços aos clientes.

Figura 9.6
A hierarquia compreende quatro níveis principais.

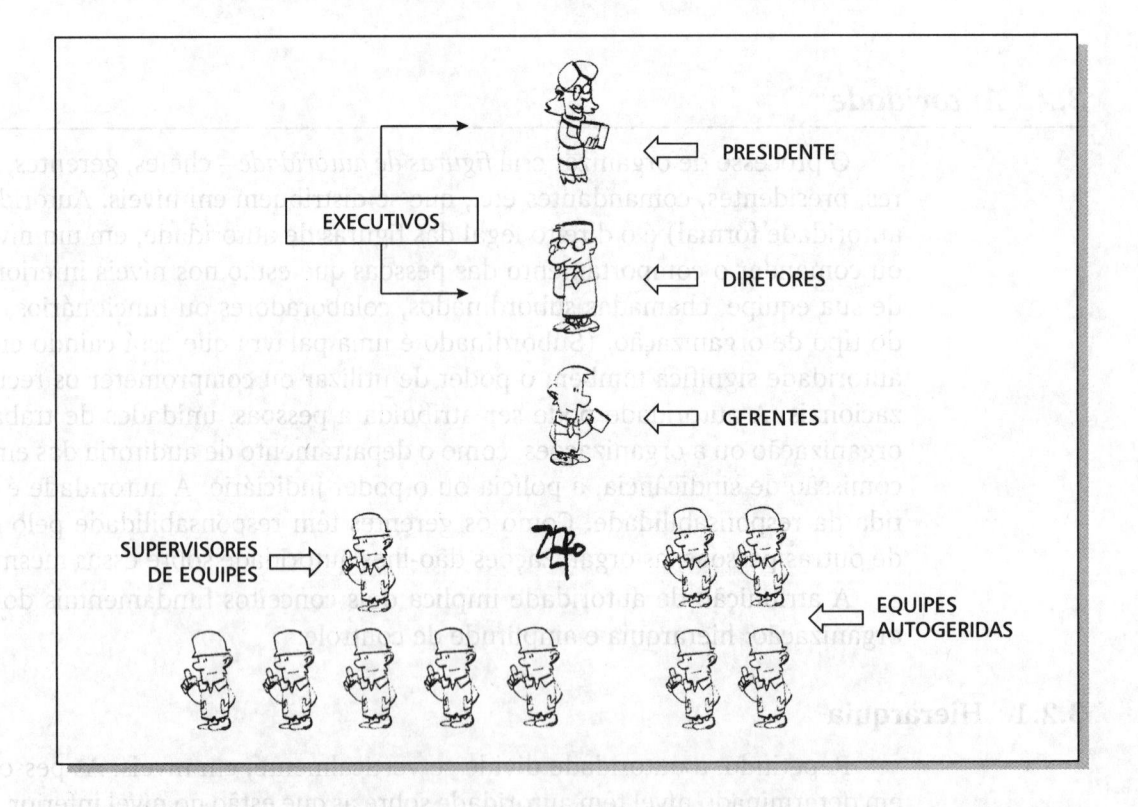

3.2.2 Amplitude de controle

Em qualquer nível, cada gerente tem determinado número de pessoas que se reportam a ele, pessoas que podem estar agrupadas em conjuntos de cargos ou outros departamentos. O número de pessoas subordinadas a um gerente define a amplitude de controle, ou amplitude de comando, desse gerente. A amplitude de controle, normalmente, não é padronizada. Em muitas organizações, o número de pessoas que trabalham para cada gerente é muito variado. Outra decisão importante do processo de organizar é a definição da amplitude ideal de controle – a quantidade de pessoas que um chefe consegue administrar eficazmente.

As decisões sobre a amplitude de controle, de forma geral, apresentam duas possibilidades principais. Essas duas possibilidades apresentam-se nos casos de crescimento da organização e de mudança da estrutura organizacional.

I. Estrutura achatada, com grande número de subordinados por chefe, e um pequeno número de chefes (Figura 9.7).

Figura 9.7
Estrutura achatada.

II. Estrutura aguda, com grande número de chefes e pequeno número de subordinados por chefe (Figura 9.8).

Figura 9.8
Estrutura aguda.

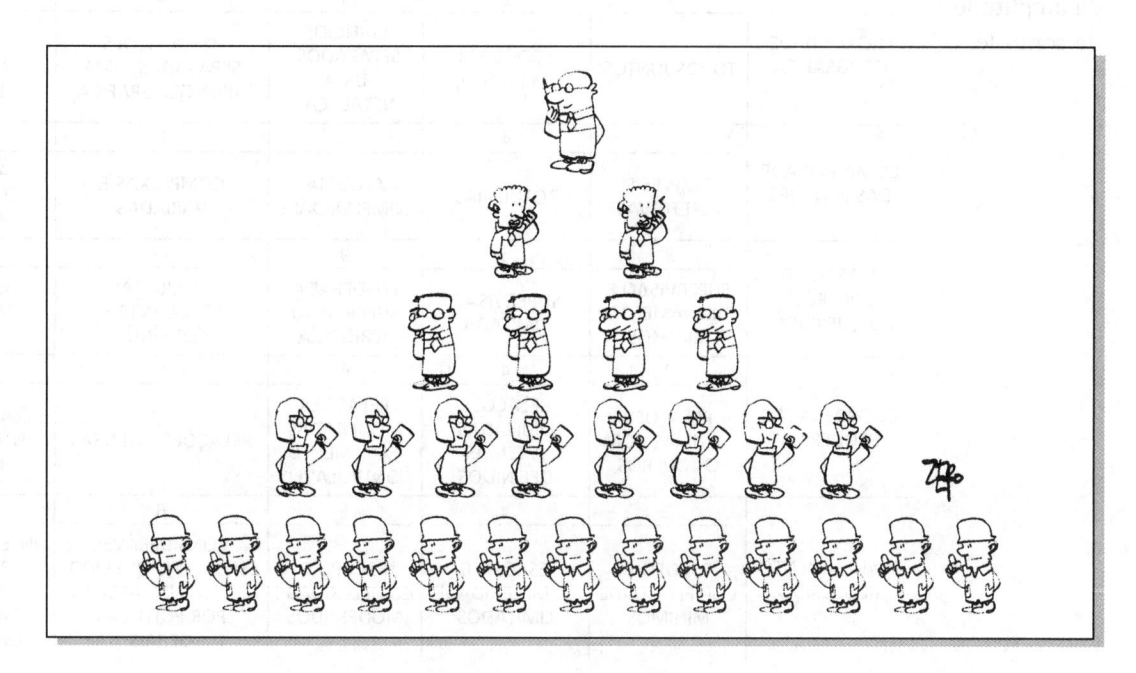

Na primeira alternativa, a amplitude de controle é grande e o número de escalões é pequeno. No segundo caso, ocorre a situação inversa. Para identificar a amplitude de controle de uma organização, conta-se o número de gerentes que se subordinam a outros gerentes e calcula-se a média.

Definir a amplitude ideal é uma questão que já foi objeto de vários estudos. Um desses estudos, feito por Barkdull, analisou os seguintes fatores que afetam a eficácia da amplitude de controle:

- Similaridade das funções supervisionadas.
- Proximidade dos subordinados.
- Complexidade das funções subordinadas.
- Direção e controle requeridos pelos subordinados.
- Coordenação requerida.
- Importância, complexidade e tempo de planejamento exigido pelas tarefas.

Cada um desses fatores foi dividido em graus, e cada grau foi ponderado, de modo a refletir a influência sobre a amplitude de controle. Por exemplo, quanto maior a similaridade das funções supervisionadas, maior poderá ser a amplitude de controle, como acontece com os alunos de uma escola de informática. Por outro lado, se os subordinados precisam de muita supervisão e controle (como é o caso de um grupo de aprendizes), a amplitude de controle deve ser menor. A ponderação usada por Barkdull está retratada na Figura 9.9: quanto mais alto o número associado a um grau (ou ponto da escala), menor deve ser a amplitude de controle.

Figura 9.9 Ponderação de Barkdull para a determinação da amplitude de controle.

FATOR	GRAUS DOS FATORES				
	1	2	3	4	5
SIMILARIDADE DAS FUNÇÕES	IDÊNTICAS	ESSENCIALMENTE PARECIDAS	SIMILARES	INERENTEMENTE DIFERENTES	ESSENCIALMENTE DISTINTAS
	1	2	3	4	5
PROXIMIDADE GEOGRÁFICA	TODOS JUNTOS	TODOS EM UM EDIFÍCIO	EDIFÍCIOS SEPARADOS, UMA INSTALAÇÃO	INSTALAÇÕES SEPARADAS, UMA ÁREA GEOGRÁFICA	ÁREAS GEOGRÁFICAS DISPERSAS
	2	4	6	8	10
COMPLEXIDADE DAS FUNÇÕES	SIMPLES E REPETITIVAS	ROTINEIRAS	ALGUMA COMPLEXIDADE	COMPLEXAS E VARIADAS	ALTAMENTE COMPLEXAS E VARIADAS
	3	6	9	12	15
DIREÇÃO E CONTROLE REQUERIDOS	SUPERVISÃO E TREINAMENTO MÍNIMOS	SUPERVISÃO LIMITADA	MODERADA SUPERVISÃO PERIÓDICA	SUPERVISÃO FREQUENTE E CONTÍNUA	CONSTANTE SUPERVISÃO CERRADA
	2	4	6	8	10
COORDENAÇÃO REQUERIDA	RELAÇÕES MÍNIMAS COM OS OUTROS	RELAÇÕES LIMITADAS A TEMAS DEFINIDOS	RELAÇÕES MODERADAS FACILMENTE CONTROLÁVEIS	RELAÇÕES INTENSAS	RELAÇÕES MÚTUAS INTENSAS E NÃO REPETITIVAS
	2	4	6	8	10
PLANEJAMENTO REQUERIDO	ESCOPO E COMPLEXIDADE MÍNIMOS	ESCOPO E COMPLEXIDADE LIMITADOS	ESCOPO E COMPLEXIDADE MODERADOS	CONSIDERÁVEL ESFORÇO REQUERIDO, ORIENTADO APENAS POR POLÍTICAS GERAIS	INTENSO ESFORÇO REQUERIDO; POLÍTICAS E ÁREAS NÃO ESPECIFICADAS

Qualquer cargo gerencial pode ser avaliado por meio dos fatores identificados por Barkdull. Para isso, o cargo escolhido é associado a um índice de supervisão. Esse índice é a soma dos pontos da escala que descrevem esse cargo gerencial, no conjunto dos fatores. Para cada valor do índice, há uma sugestão de amplitude de controle. As sugestões de Barkdull para diversos valores possíveis estão apresentadas na Figura 9.10.

Figura 9.10
Diferentes valores de índices de supervisão e amplitude de controle sugerida.

ÍNDICES DE SUPERVISÃO	AMPLITUDE DE CONTROLE SUGERIDA
40-42	4-5
37-39	4-6
34-36	4-7
31-33	5-8
28-30	6-9
25-27	7-10
22-24	8-11

4 Centralização e Descentralização

Outra decisão no processo de organização é o grau de centralização ou descentralização de autoridade. Uma organização em que a autoridade está concentrada em uma pessoa, ou em poucas pessoas, é uma organização centralizada. Uma organização na situação oposta, em que o poder de decisão está distribuído, é descentralizada. A autoridade é descentralizada por meio do processo de delegação.

Por meio da delegação, os ocupantes de determinados cargos transferem parte de suas atribuições e sua autoridade para os ocupantes de outros cargos. A delegação pode alcançar apenas tarefas específicas ou um conjunto de tarefas.

A delegação é parte integrante do processo de divisão do trabalho. Sempre que uma tarefa passa por um processo de divisão, alguém fica responsável pela execução de certas tarefas. Quando as tarefas são acompanhadas pelo poder para tomar decisões, a autoridade foi delegada.

4.1 Delegação entre pessoas

A delegação pode ser feita de uma pessoa para outra, com a transferência de poder de decisão para a execução de tarefas específicas. Quanto mais tarefas e poder de decisão forem transferidos para uma pessoa, mais autonomia ela tem. Delegar não é o mesmo que dar ordens. Delegar é transferir um problema para outra pessoa, para que ela o resolva.

O dirigente que sabe delegar pode supervisionar mais pessoas. Além disso, a delegação ajuda o desenvolvimento da equipe, porque envolve as pessoas na resolução de problemas e tomada de decisões. Delegar é, portanto, uma habilidade gerencial. Os gerentes que não conseguem delegar são chamados centralizadores.

4.2 Descentralização entre departamentos

Em escala mais ampla, a delegação de atribuições e de autoridade é feita entre cargos e departamentos, e não de uma pessoa para outra. O microempresário que contrata um auxiliar de vendas está delegando sua tarefa de atender aos clientes; a grande empresa que elimina seus gerentes intermediários e transfere suas atribuições e sua autoridade para os grupos autogeridos está descentralizando-se. A descentralização entre departamentos é formal e altera a divisão do trabalho entre os cargos e os departamentos. Por causa disso, é mais duradoura e tem mais alcance que a delegação entre pessoas.

A descentralização da autoridade não deve ser confundida com a descentralização de atividades, ou dispersão geográfica das operações (que pode ser ou não ser acompanhada de descentralização de autoridade). As grandes organizações, que têm operações em muitas localidades, costumam ter atividades descentralizadas. Por exemplo, muitas multinacionais que operam no Brasil, assim como em outros países, têm atividades de produção, vendas e finanças descentralizadas geograficamente. Com frequência, as subsidiárias locais têm o poder para tomar decisões sobre produtos, preços, promoções e assim por diante.

4.3 Centralização ou descentralização?

Tanto a centralização quanto a descentralização apresentam vantagens e desvantagens. A centralização produz uniformidade e controle. A descentralização estimula a autonomia e possibilita melhor aproveitamento do potencial das pessoas. Essas e outras vantagens e desvantagens dos dois modelos de uso da autoridade estão resumidas na Figura 9.11.

5 Linha e Assessoria

Para finalizar este capítulo, trataremos da escolha entre a estrutura organizacional de linha e a de linha e assessoria. Na estrutura organizacional ou organização de linha, não há nenhuma interferência entre cada nível hierárquico e o nível hierárquico inferior.

Na organização de linha e assessoria, há unidades de trabalho situadas ao lado da linha. Essas unidades de assessoria prestam serviços às unidades de linha, em particular ao nível hierárquico imediatamente superior.

Figura 9.11 Vantagens e desvantagens das organizações centralizadas e descentralizadas.

VANTAGENS		DESVANTAGENS	
ORGANIZAÇÃO CENTRALIZADA	**ORGANIZAÇÃO DESCENTRALIZADA**	**ORGANIZAÇÃO CENTRALIZADA**	**ORGANIZAÇÃO DESCENTRALIZADA**
• Uniformidade de procedimentos	• Gerentes autônomos e responsáveis por suas decisões	• Dependência da hierarquia para tomar decisões	• Perda de uniformidade
• Facilidade de controle	• Facilidade de avaliar gerentes	• Uniformidade impede competição	• Tendência ao desperdício e duplicação
• Rapidez na comunicação vertical	• Competição positiva entre unidades	• Dependência da hierarquia para avaliar gerentes	• Comunicação dispersa
• Acesso rápido à informação	• Criatividade na busca de soluções	• Desestímulo à criatividade	• Dificuldade de localizar responsáveis
• Reduzida duplicação de esforços	• Agilidade na tomada de decisões	• Ineficiência no uso dos recursos	• Dificuldade de controle e avaliação

Em geral, são unidades de assessoria:

- Planejamento estratégico.
- Departamento jurídico.
- Relações públicas.
- Estudos econômicos.

A assessoria pode ser um órgão composto por executivos dos departamentos de linha, que se reúnem periodicamente para estudar e propor decisões para assuntos como estratégia, novos produtos, projetos etc.

Na Figura 9.12, os dois tipos de estrutura organizacional – linha e linha e assessoria – estão representados.

Figura 9.12
Dois tipos de estrutura organizacional.

ORGANIZAÇÃO DE LINHA: não há interferência entre chefe e subordinados.

ORGANIZAÇÃO DE LINHA E ASSESSORIA: o chefe é auxiliado por uma função de apoio, ao lado da linha de comando.

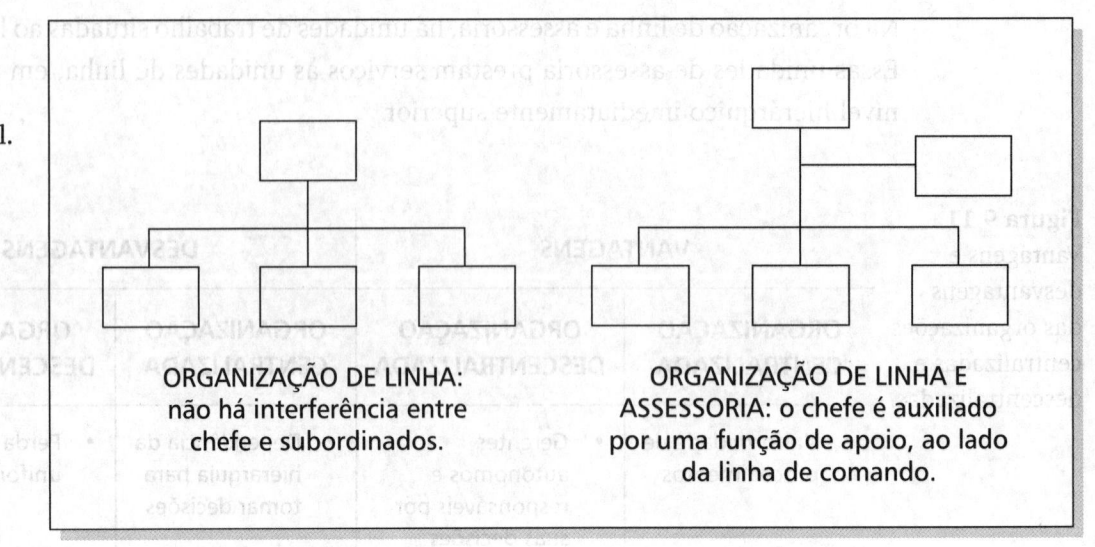

Estudo de Caso: A Comissão de Estudos

A Empresa de Produção de Equipamentos (Epaq) é tradicional fabricante de máquinas de grande porte para empresas industriais. A Epaq tem um Centro de Tecnologia e Novos Produtos, subordinado à Diretoria de Engenharia, onde trabalham três engenheiros, dez técnicos de nível médio e outros funcionários de apoio, totalizando 18 pessoas. O Gerente do Centro de Tecnologia chama-se Joaquim Cohen.

Há pouco tempo, Joaquim recebeu a solicitação de começar a pensar no desenvolvimento de uma nova máquina.

Numa reunião da Diretoria, Joaquim foi convidado para debater preliminarmente a ideia e propôs a formação de uma comissão para facilitar o andamento do projeto. Ele tinha estudado e lido a respeito de trabalho de grupo e decidiu que esta era a oportunidade para aplicar essa ideia.

– E como seria essa comissão?, perguntou um dos diretores.

Joaquim respondeu:

– O projeto vai interferir em toda a empresa. Não vai ficar confinado no Centro de Tecnologia e Novos Produtos, embora deva ser desenvolvido lá dentro. Vai ser preciso obter informações e empregar recursos de várias áreas, subordinadas a outras diretorias. Além da minha, naturalmente. É importante lembrar que o projeto oferece interesse para muitas unidades desta empresa. Assim, penso que seria desejável contar com uma comissão de estudos para acompanhar e facilitar o andamento do projeto dentro da empresa. Essa comissão, estou achando, deve ter representantes do Centro de Tecnologia, da Engenharia de Produção, do Departamento de Marketing e da Assistência aos Clientes.

– Duas perguntas, Joaquim – disse um dos diretores – Primeira: por que essa composição? Segunda: o representante da tecnologia seria você mesmo, exercendo a liderança da comissão?

– Bem, primeira pergunta. A área de marketing tem muito interesse no projeto. Eles vão comercializar o produto e têm informações sobre o mercado. A engenharia de produção vai detalhar o projeto para entrar em linha de fabricação. A assistência técnica conhece os problemas de funcionamento de nossas máquinas no mercado e vive insistindo em dar palpites nos nossos projetos. Segunda pergunta... vejam, já estou muito ocupado com outros projetos e essa comissão vai-me ajudar a evitar sobrecarga. Eu gostaria de indicar Maurício Zimmer, um dos meus engenheiros, para representante da tecnologia. Além disso, se vocês concordarem, eu sugiro que o Marcos Carneiro seja o representante da área de marketing. Ele é muito objetivo, comunica-se com facilidade, tem capacidade de síntese e acesso a vocês. Essas qualidades ajudariam muito o projeto, e, se alguém deve liderar a comissão, ele é a pessoa indicada.

A diretoria continuou debatendo o papel da comissão e terminou por aprová-la. Ficou decidido que o trabalho da comissão seria estudar alternativas técnicas e apresentá-las à diretoria para aprovação, com Joaquim presente. Estudar alternativas exigiria trabalhos teóricos e práticos. Por exemplo, escolhida uma opção de peça da máquina, ela seria, em seguida, posta à prova nos laboratórios do Centro de Tecnologia. As informações assim obtidas seriam então debatidas na diretoria.

Uma primeira reunião foi marcada e os diretores assumiram o compromisso de convocar e enviar seus representantes. Voltando a seu escritório, Joaquim chamou Maurício Zimmer, seu principal engenheiro.

– Zimmer, a diretoria aceitou a proposta da comissão. Depois de amanhã vai ser realizada a primeira reunião e você vai representar nosso centro. Como você se lembra, essa comissão deverá estudar e propor soluções para o projeto, conciliando os interesses de todas as unidades envolvidas.

– Fico satisfeito com a aprovação de sua ideia e com essa responsabilidade que você me entregou. Acho que a oportunidade é excelente para integrar diversas áreas da empresa num projeto nosso. Isso chamará atenção sobre nosso trabalho e ganharemos maior reconhecimento dentro da empresa.

Logo de início, a comissão desenvolveu grande senso de responsabilidade e entusiasmo pelos destinos do projeto. Para todos ali, o trabalho era uma completa novidade. Por consenso, a comissão passou a tomar decisões por conta própria, superando o papel previsto por Joaquim, de atividade meramente consultiva.

As decisões criavam tarefas que eram divididas entre os membros da equipe. Ao sair das reuniões, cada um ia cuidar dos compromissos que tinha assumido ou que lhe tinham sido atribuídos pelo grupo. Na reunião seguinte, cada um fazia um relatório verbal do cumprimento dessas tarefas. A função de liderança diluiu-se entre todos, e Marcos Carneiro, o homem de marketing, ficou fazendo o papel de "pino de ligação" com a diretoria executiva. A comissão, por meio de Marcos Carneiro, passou a relacionar-se diretamente com a diretoria.

Em pouco tempo, a equipe transformara-se no gerente do projeto, para o qual estabeleceu a data de término. Todas as decisões eram imediatamente implementadas, criando atividades que passaram a ser realizadas no centro de tecnologia.

A certa altura, Joaquim começou a pensar que havia perdido a autoridade sobre seu próprio projeto. Ficou certo disso quando propôs a Zimmer uma solução técnica para uma etapa do projeto e ele respondeu:

– Lamento, Joaquim, mas antes de implantar sua proposta tenho de consultar os outros colegas da comissão. Aliás, a comissão poderá até mesmo recusar sua ideia.

De fato, a comissão desconsiderou a proposta de Joaquim. Depois, Joaquim pediu que a comissão fizesse atas de suas reuniões, mas eles recusaram também isso, com o argumento de que seria improdutivo "burocratizar" o projeto. Com muito custo, acabaram concordando em fazer resumos das decisões e encaminhar cópias a Joaquim. Depois de outros sintomas como esses, Joaquim foi falar com seu chefe, o diretor de engenharia.

– Chefe, eles se apossaram de poderes de decisão que sempre julguei serem meus. Acho que, dessa maneira, estou perdendo a autoridade, e não quero ser visto como gerente fraco.

– Joaquim, você está preocupado sem motivo. O mais importante é o seguinte: a comissão está funcionando, não está? Quanto a isso, a diretoria está muito satisfeita. O projeto vai muito bem, graças a eles. Veja que isso tem reflexos sobre minha própria autoridade, e eu não estou preocupado. Quando você apresentou a ideia, não podíamos prever como o grupo iria se comportar, mas acho que deveríamos ter-nos preparado. Em todo caso, não há conflitos, o que é muito positivo. Além do mais, tudo isso gera uma experiência que será muito benéfica no futuro.

Mais tarde, depois do trabalho, Joaquim encontrou-se com um antigo colega de escola e contou-lhe o caso. Respondendo a seu pedido de uma opinião, disse o amigo:

– Parece que seu diretor tem razão, camarada. Criando a comissão, você e a empresa delegaram-lhe funções gerenciais. Ou seja, vocês criaram um núcleo de autoridade que, sabendo ou não disso, assumiu plenamente suas responsabilidades, o que me parece muito favorável. Ultimamente tenho ouvido falar de autogestão. Eu acho que se trata de competência gerencial sinérgica dessa comissão. Veja bem, não sei se essa expressão é correta. Estou apenas tirando minhas conclusões do que você me contou.

Questões

1. Que tipo de autoridade tem Joaquim sobre o Centro de Tecnologia?
2. Que tipo de autoridade tem a diretoria sobre Joaquim?
3. Que tipo de autoridade tem Joaquim sobre a comissão?
4. Que tipo de autoridade tem a diretoria sobre a comissão?
5. A criação da comissão é um exemplo de descentralização?
6. Que tipo de comunicação a comissão passou a ter com a diretoria depois de criada?
7. Como se explica o comportamento da comissão, que provocou as dúvidas de Joaquim?
8. Quais são as razões das dúvidas de Joaquim?
9. Coloque-se no lugar de Joaquim. Como você teria agido?
10. Coloque-se no lugar do colega de Joaquim, no final do caso. O que você teria dito a ele?

10

Estrutura organizacional

Objetivos

Terminando de estudar este capítulo, você deverá estar preparado para explicar e exercitar as seguintes ideias:

- Critérios para a montagem da estrutura organizacional.
- Diferença entre função e departamento.
- Situações a que se aplicam os diferentes critérios de departamentalização.
- Fatores que influenciam a escolha da estrutura organizacional.

Introdução

Todas as organizações realizam aproximadamente as mesmas atividades, para resolver aproximadamente os mesmos problemas: fornecer produtos e serviços para clientes, operar um sistema de transformação, contratar e remunerar pessoas, receber dos compradores e pagar os fornecedores. Você já leu sobre essas atividades, no Capítulo 1 – são as chamadas funções organizacionais. Mesmo que as funções sejam similares em todas as organizações, a forma de dividir o trabalho varia de uma para outra.

Cada unidade de trabalho (departamento) pode ficar responsável por toda uma função, um grupo de tarefas, um tipo de cliente, um produto ou uma área geográfica. Esses e outros *critérios de departamentalização* definem a estrutura organizacional, retratada no organograma. Critérios de departamentalização são as bases para tomar as decisões de dividir o trabalho em partes (ou unidades de trabalho) e atribuí-las a pessoas ou departamentos.

Por exemplo:

- Pode-se atribuir a cada departamento a tarefa de atender a um tipo específico de cliente, se o objetivo é atender diferentes tipos de clientes. Cada departamento se especializa no atendimento de um tipo de cliente.
- Pode-se atribuir a cada departamento a tarefa de fornecer um tipo específico de produto ou serviço, se o objetivo é fornecer diferentes tipos de produtos e serviços. Cada departamento se especializa no fornecimento de um tipo de produto ou serviço.
- Pode-se atribuir a cada departamento a tarefa de atender a determinada área geográfica, se o objetivo é cobrir um grande território. Cada departamento se especializa na cobertura de determinada área geográfica.

Nos exemplos apresentados, cliente, produto e área geográfica são os critérios de departamentalização. Os principais critérios de departamentalização são os seguintes:

- Pessoas.
- Funcional.
- Territorial ou geográfico.
- Produto.
- Cliente.
- Áreas do conhecimento.
- Projetos – projeto funcional, projeto autônomo e estrutura matricial.
- Processos.
- Unidades de negócios.

1 Pessoas

A forma mais simples de estrutura organizacional consiste em designar responsabilidades para pessoas, de acordo com suas competências (Figura 10.1). Não há descrições formalizadas de cargos, apenas a distribuição de tarefas entre as pessoas. A estrutura organizacional muda de acordo com o deslocamento das pessoas para a execução de tarefas. Quando isso acontece, as responsabilidades são redistribuídas. Esse critério de organização é muito comum em pequenas empresas. Já que qualquer pessoa pode resolver qualquer problema e a comunicação é muito direta, essa estrutura é eficaz, mas apenas para as empresas de pequeno porte. Com o crescimento, as vantagens podem tornar-se desvantagens. O organograma baseado em pessoas é chamado "humanograma".

Figura 10.1
Pessoas como critério de organização.

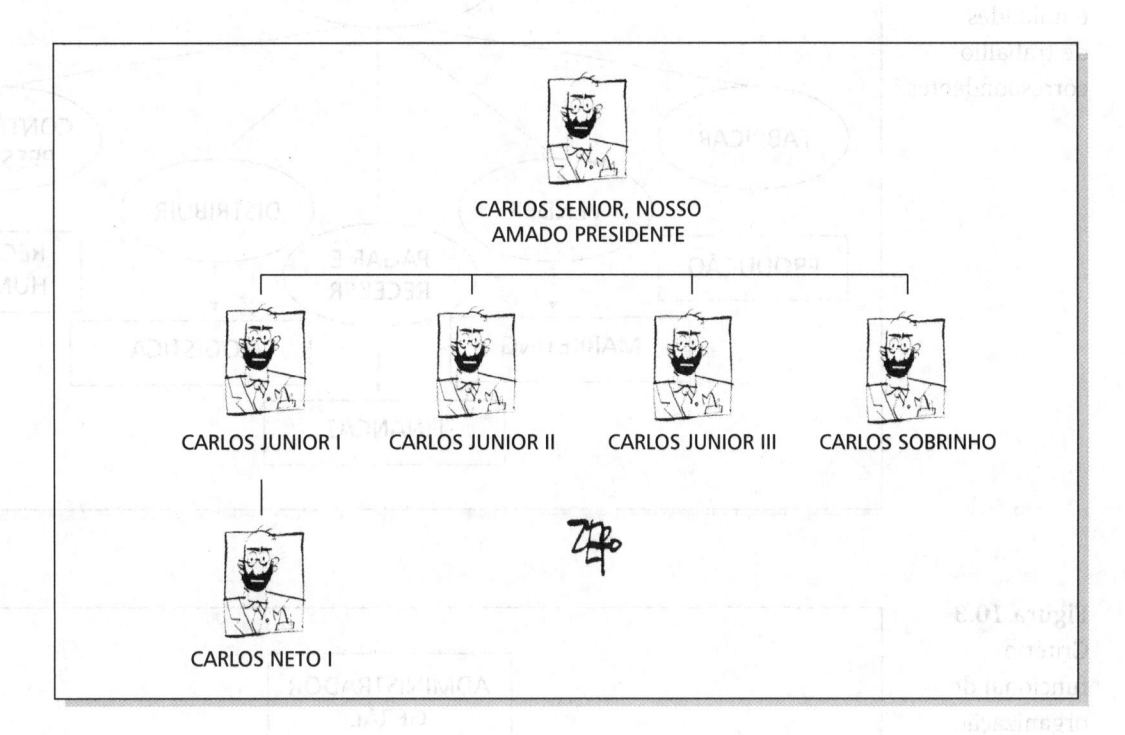

2 Organização Funcional

O segundo modo mais simples de departamentalização é o que se baseia no critério funcional, que tanto pode ser usado pelas organizações de grande como de pequeno porte. A partir de uma departamentalização funcional, a estrutura pode evoluir para outras formas mais complexas.

A departamentalização funcional consiste em atribuir a cada uma das unidades de trabalho a responsabilidade por uma função organizacional – operações, marketing, finanças, recursos humanos e assim por diante (mais uma vez, reveja o Capítulo 1). A Figura 10.2 apresenta as principais funções de qualquer organização e as unidades de trabalho correspondentes.

Em uma estrutura organizacional dividida segundo o critério funcional, há um administrador principal que comanda o conjunto todo e, logo abaixo, cada integrante do primeiro escalão hierárquico é responsável por uma função específica: produção, vendas, finanças e assim por diante. O critério funcional também é usado sucessivamente, dentro dos departamentos. Nessa divisão sucessiva, o trabalho é organizado de acordo com as operações principais dos departamentos de primeiro nível. A Figura 10.3 mostra o critério funcional aplicado à organização total e a cada um de seus departamentos.

Figura 10.2
Principais funções da organização e unidades de trabalho correspondentes.

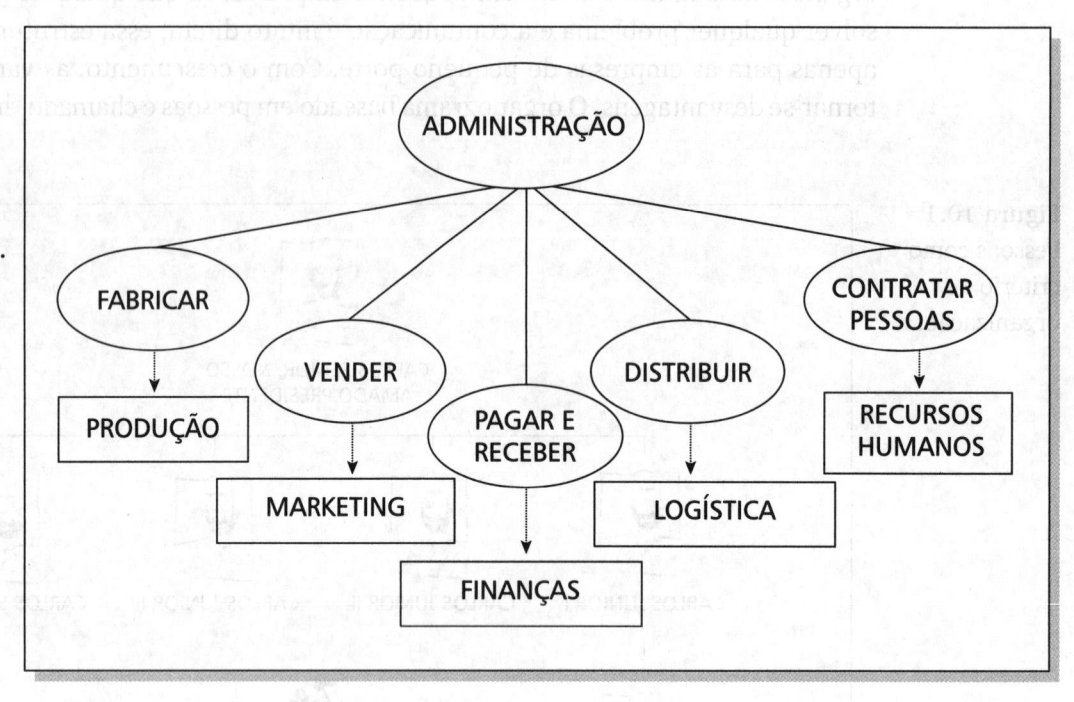

```
                    ADMINISTRAÇÃO
        ┌──────┬─────────┬─────────┬──────────┐
     FABRICAR VENDER  PAGAR E  DISTRIBUIR  CONTRATAR
        │      │     RECEBER    │         PESSOAS
        ▼      ▼        │        ▼            ▼
    PRODUÇÃO MARKETING  ▼     LOGÍSTICA    RECURSOS
                     FINANÇAS               HUMANOS
```

Figura 10.3
Critério funcional de organização.

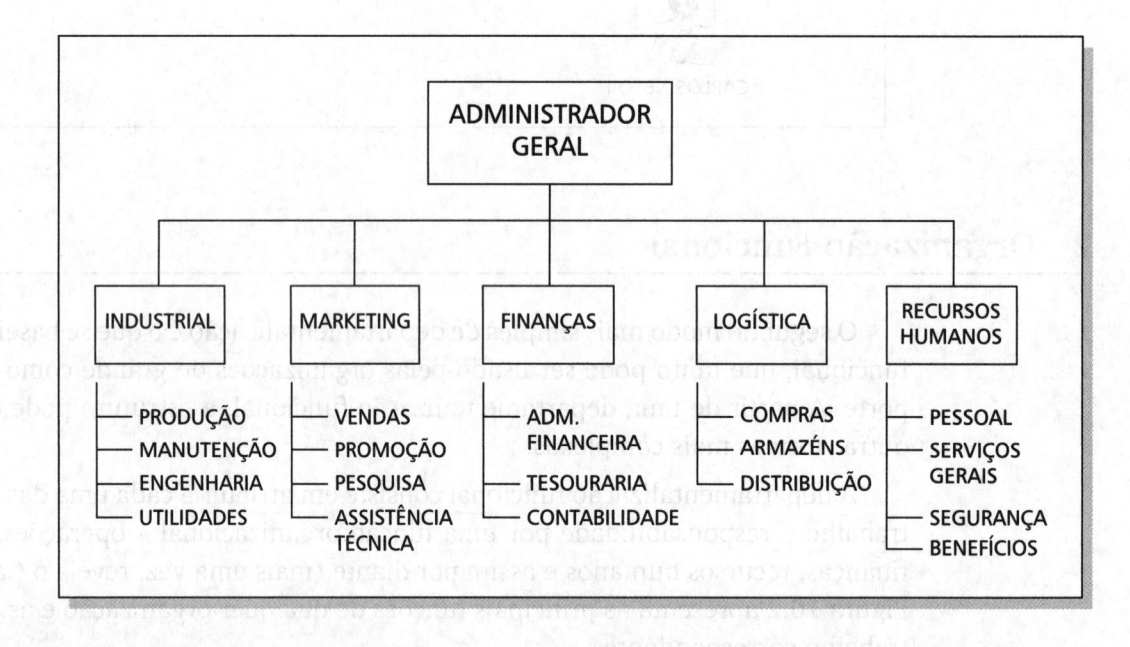

```
                   ADMINISTRADOR
                       GERAL
    ┌───────────┬──────────┬──────────┬──────────┬───────────┐
 INDUSTRIAL  MARKETING  FINANÇAS   LOGÍSTICA   RECURSOS
                                               HUMANOS
 — PRODUÇÃO  — VENDAS   — ADM.     — COMPRAS   — PESSOAL
 — MANUTENÇÃO— PROMOÇÃO   FINANCEIRA— ARMAZÉNS — SERVIÇOS
 — ENGENHARIA— PESQUISA — TESOURARIA— DISTRIBUIÇÃO GERAIS
 — UTILIDADES— ASSISTÊNCIA CONTABILIDADE        — SEGURANÇA
               TÉCNICA                          — BENEFÍCIOS
```

2.1 Aplicações do modelo funcional

O modelo funcional de departamentalização pode ser aplicado a um grande número de situações. Para começar, o modelo funcional é apropriado para organizações que:

- Estão no começo de sua vida.
- São de pequeno porte.

- Manufaturam apenas um produto ou fornecem apenas um serviço.

Nesses três casos, há um problema básico muito claro a ser resolvido: fabricar e vender um produto ou prestar um serviço a um tipo específico de clientes, que são poucos ou se distribuem num território limitado. O fornecimento do produto ou serviço é a missão. A missão é critério principal a partir do qual as funções se desdobram e os departamentos são criados.

O modelo funcional também é usado por grandes empresas que apresentam as seguintes condições:

- Pequena diversificação tecnológica ou de produtos (pequena variedade de produtos ou todos os produtos fabricados usando a mesma tecnologia básica).
- Venda e distribuição dos produtos pelos mesmos tipos de canais.
- Execução de operações em uma mesma área geográfica.
- Ambiente externo estável (consumo, fornecimento e concorrência relativamente constantes).

Nas organizações estruturadas pelo critério funcional, nem sempre há um departamento para cada função, nem um gerente individual para cada departamento. Nas pequenas organizações, é provável que os responsáveis principais tenham de se deslocar de uma função para outra ou acumular cargos, conforme as necessidades e as competências individuais. É o caso do sócio-presidente de uma empresa de pequeno porte que acumula o cargo de diretor de vendas e de vendedor. Isso também pode acontecer num grande empreendimento, quando uma pessoa é promovida e passa a ocupar um novo cargo, permanecendo também no antigo até que venha um substituto, ou quando alguém pede demissão e não há condições de substituí-lo de imediato, sendo necessário que outro gerente acumule seu cargo. Embora o ocupante seja a mesma pessoa, a divisão do trabalho deixa claro que se trata de cargos e responsabilidades distintas.

2.2 Características da organização funcional

Em todos os casos, de organizações simples ou complexas, a estrutura funcional apresenta as seguintes características:

- O administrador principal tem pleno controle dos destinos da organização e segurança de que as atividades se orientam para a missão. É muito fácil atribuir, localizar e cobrar responsabilidades dentro de uma estrutura onde a divisão de tarefas é cristalina.
- Há pequena confusão em relação às responsabilidades. As tarefas são nitidamente distintas umas das outras e muito bem definidas.
- O número de gerentes tende a ser econômico.

- O desenvolvimento da experiência e da competência técnica é facilitado por causa da concentração de especialistas funcionais, que ficam juntos dentro dos mesmos grupos.
- Com o aumento da especialização e da competência, torna-se fácil absorver novas técnicas e conceitos relacionados com as operações de cada área funcional.
- Se o tamanho aumenta muito, certos problemas podem surgir. Entre eles, a excessiva especialização: as funções vão-se subdividindo sucessivamente e criando novas camadas funcionais e novos cargos especializados. A estrutura tende a tornar-se complexa, piramidal e feudal, acarretando um distanciamento dos objetivos principais.

Nos demais tipos de departamentalização analisados a seguir, a ênfase desloca-se das funções para outros critérios. Isso significa apenas que as funções deslocam-se para outros níveis hierárquicos ou outras posições no organograma. Em todos os tipos de organização, as funções *sempre* estão presentes. Por essa razão, todas as estruturas organizacionais, com exceção das organizações de projetos, são chamadas de *estruturas funcionais*.

Em seguida, serão analisadas três estruturas importantes derivadas da estrutura funcional básica: territorial, por produto e por cliente.

3 Organização Territorial

Quando se usa o critério geográfico de departamentalização, cada unidade de trabalho corresponde a um território (ou *pedaço do mapa*). O critério geográfico ou territorial (ou regional) pode ser utilizado quando a organização opera numa área grande, ou em locais diferentes, e em cada local é necessário disponibilizar certo volume de recursos ou certa autonomia. Desde que seja possível promover algum tipo de agregação de recursos ou de clientes, de acordo com sua proximidade dentro dos territórios, o critério geográfico torna-se a base da divisão do trabalho.

É isso o que ocorre quando os clientes estão dispersos ou quando a própria organização, para atendê-los ou para satisfazer a alguma outra necessidade sua, como a obtenção de insumos, tem instalações com certo grau de autonomia em localidades distintas.

3.1 Aplicações do modelo territorial

O emprego dos territórios como critério de organização pode ocorrer tanto no primeiro nível hierárquico, logo abaixo do administrador principal, quanto em níveis inferiores. O critério territorial é usado no primeiro nível hierárquico quando há muita dispersão geográfica de todas as atividades. Nesse caso, cada território torna-se virtualmente uma empresa distinta (ou unidade territorial de negócios). É o caso das grandes corporações multinacionais, para as quais cada país é, normalmente, uma divisão.

Nos níveis que ficam abaixo do administrador principal, é muito comum usar o critério territorial para organizar as áreas de vendas e de prestação de serviços, especialmente quando a organização concentra suas atividades produtivas e administrativas num lugar (ou matriz), mas tem operações comerciais e de serviços em áreas dispersas.

A Figura 10.4 mostra a estrutura básica de uma empresa que segue o critério territorial no primeiro nível e o funcional no nível seguinte.

Figura 10.4 Critério geográfico de organização.

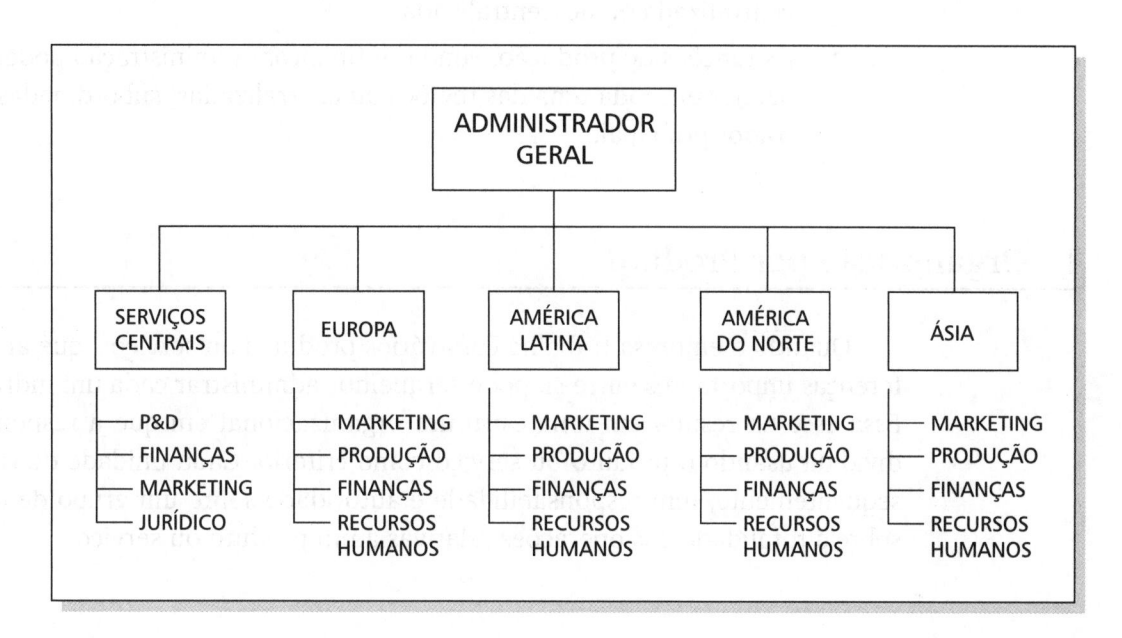

```
                        ADMINISTRADOR
                           GERAL
    ┌──────────┬──────────┬──────────┬──────────┬──────────┐
 SERVIÇOS    EUROPA   AMÉRICA   AMÉRICA      ÁSIA
 CENTRAIS              LATINA   DO NORTE
  ─ P&D      ─ MARKETING  ─ MARKETING  ─ MARKETING  ─ MARKETING
  ─ FINANÇAS ─ PRODUÇÃO   ─ PRODUÇÃO   ─ PRODUÇÃO   ─ PRODUÇÃO
  ─ MARKETING─ FINANÇAS   ─ FINANÇAS   ─ FINANÇAS   ─ FINANÇAS
  ─ JURÍDICO ─ RECURSOS   ─ RECURSOS   ─ RECURSOS   ─ RECURSOS
              HUMANOS      HUMANOS      HUMANOS      HUMANOS
```

3.2 Características do modelo territorial

Muitas das características do modelo funcional repetem-se no modelo territorial. Outras são específicas:

- A administração geral tem pleno controle do desempenho em cada unidade regional e no conjunto. É possível individualizar e visualizar os resultados esperados para a organização como um todo, região por região. Os administradores de cada região podem ser responsabilizados e cobrados individualmente.

- Os administradores e funcionários de cada região tornam-se especialistas em seus respectivos territórios. A organização, como um todo, pode operar eficazmente em territórios totalmente distintos uns dos outros, com características culturais diversificadas.

- Assessorado pelos administradores regionais, o administrador principal pode tornar-se um generalista eficaz, com domínio das especificidades de todas as regiões.

- A estrutura territorial oferece grande potencial de treinamento de mão de obra com visão de diferentes culturas regionais.
- Com o crescimento, podem aparecer disfunções. Quando há diversificação de produtos e clientes nas diferentes regiões, a divisão de responsabilidades pode ficar confusa. As unidades regionais podem tornar-se tão independentes umas das outras, e da administração central, que tende a haver redundância de funções. A organização, no conjunto, pode tornar-se ineficiente.
- Se um mesmo produto ou serviço for comercializado em diferentes regiões, a organização pode ter dificuldades para decidir se sua administração deve ser centralizada ou descentralizada.
- As funções de produção, vendas e finanças/administração podem estar localizadas em cada uma das regiões ou centralizadas, subordinadas ao administrador principal.

4 Organização por Produto

Quando a empresa trabalha com vários produtos ou serviços, que apresentam diferenças importantes entre si, pode ser melhor administrar cada um individualmente. Essa escolha resulta em uma estrutura organizacional em que a responsabilidade é dividida usando o produto ou serviço como critério. Cada unidade de trabalho, consequentemente, tem responsabilidade e autoridade sobre um grupo de operações ou sobre a totalidade das operações relativas a um produto ou serviço.

4.1 Aplicações da organização por produto

O critério do produto ou serviço pode ser usado tanto em empresas industriais, para estruturar linhas de produção, ou comerciais, para especializar o processo de fornecimento de serviços. Pode ser usada tanto no primeiro escalão, logo abaixo do administrador principal, quanto em níveis inferiores. As concessionárias de veículos utilizam esse critério para especializar o processo de venda: veículos novos num departamento, usados em outro.

4.2 Características da organização por produto

As principais características da organização por produto são as seguintes:

- À medida que a linha de produtos e serviços de uma empresa se diversifica, as tarefas necessárias para fornecê-los tendem a criar necessidades específicas, que, por sua vez, exigem pessoas especializadas. A organização por produto é capaz de atender às necessidades específicas de planejamento, fabricação e distribuição dos diferentes produtos e serviços. Numa organização funcional generalista, essas tarefas oferecem grandes dificuldades quando a linha de produtos é diversificada.

- A preocupação com o produto e suas necessidades de planejamento, fabricação e distribuição pode estimular o aprimoramento contínuo e a inovação. Os funcionários tornam-se extremamente competentes no entendimento dos produtos, seu modo de fabricação e suas aplicações.

- Paradoxalmente, pode haver uma tendência a aprimorar continuamente o processo de fabricar o produto sem introduzir inovações. Este risco pode ocorrer se a empresa não enfrentar concorrência. No Brasil, esse problema ocorreu com a indústria automobilística antes da abertura para a concorrência internacional. Sem concorrência, os fabricantes introduziam a cada ano pequenas modificações nos mesmos modelos, sem se preocupar com inovações significativas.

- A organização por produto obriga as pessoas a concentrar sua atenção nas necessidades específicas que os produtos atendem. O foco no cliente tende a ser reforçado. Os funcionários tendem a compreender com precisão o cliente e suas necessidades.

- As funções de produção, vendas e finanças/administração podem estar localizadas dentro dos departamentos responsáveis pelos produtos, ou centralizadas, subordinadas ao administrador principal.

A Figura 10.5 mostra uma organização departamentalizada por produto.

Figura 10.5 Critério da organização por produtos na gerência de vendas de uma concessionária de veículos.

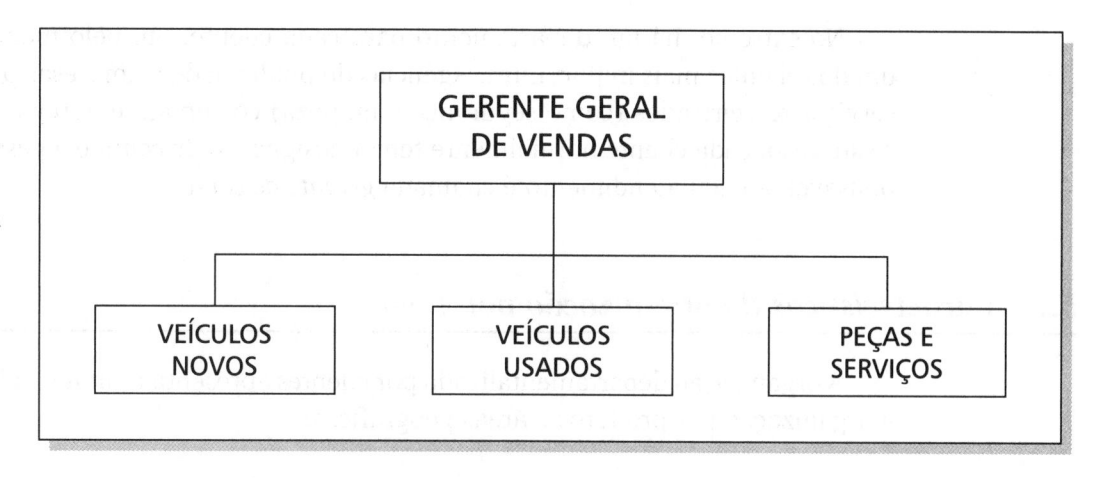

```
         GERENTE GERAL
          DE VENDAS
        ┌──────┼──────┐
     VEÍCULOS VEÍCULOS  PEÇAS E
      NOVOS   USADOS   SERVIÇOS
```

5 Organização por Cliente

O critério do cliente é apropriado quando a organização atende a diferentes tipos de clientes, com necessidades muito distintas, ou quando os clientes são iguais, mas têm necessidades diferentes. Este tipo de departamentalização é uma forma segura de garantir a satisfação dos clientes. São usuários tradicionais do critério da departamentalização por clientes:

- Lojas de departamentos (que utilizam simultaneamente o critério do produto).
- Fabricantes de certos produtos destinados tanto ao consumidor final quanto ao mercado industrial, como produtores de alimentos, veículos e vestuário, que vendem aos concessionários e aos grandes consumidores, como as forças armadas, hospitais e fábricas de produtos alimentícios.
- Agências de propaganda.
- Bancos (crédito industrial, crédito rural, crédito ao consumidor).

5.1 Aplicações da organização por cliente

A organização por cliente pode ser utilizada em qualquer nível hierárquico e área funcional da estrutura, sempre que houver diferenças marcantes entre os clientes, que justifiquem algum tipo de tratamento especializado. Volume de compras, características especiais dos produtos, intensidade e frequência do atendimento exigido são alguns critérios que normalmente diferenciam os clientes uns dos outros. Nas fábricas de veículos, por exemplo, as características que atendem às necessidades das forças armadas são diferentes das que atendem ao mercado dos transportadores de cargas. Essa diferença pode justificar a existência de um departamento exclusivamente para atender as forças armadas, se o volume de vendas for alto e constante. Se, por outro lado, as forças armadas fizerem compras eventuais, o departamento destinado a atendê--las poderá ter existência temporária.

No extremo, há um departamento para cada cliente, ou, pelo menos, para cada um dos clientes mais importantes. Agências de publicidade e empresas prestadoras de serviços terceirizados (como segurança e limpeza) costumam empregar esta solução. Neste caso, cada cliente normalmente tem a designação de *conta* e a pessoa que é responsável por seu atendimento é chamada *gerente de conta*.

5.2 Características da organização por cliente

A organização departamentalizada por clientes apresenta muitas similaridades com a organização por produtos e áreas geográficas:

- A principal característica é o aprimoramento da competência dos funcionários no entendimento das necessidades do cliente e das formas de atendê-lo. Isso permite o atendimento personalizado, uma vantagem quando os clientes são importantes e exigentes.
- As responsabilidades em relação ao atendimento do cliente são definidas e cobradas com maior facilidade. Numa estrutura funcional pura, as responsabilidades podem ser evitadas ou transferidas. Se o cliente não ficou satisfeito

com o produto ou serviços, a culpa sempre pode ser atribuída a um outro departamento. Numa estrutura orientada para o cliente, isso é impossível.

- Assim como acontece com a organização por produto, a avaliação de desempenho é facilitada numa organização por cliente. A medição de custos e resultados é mais facilmente atribuível a cada cliente ou grupo de clientes.
- A organização por cliente, muitas vezes, é uma estrutura funcional em miniatura dentro de uma estrutura maior. Essa característica permite a visão generalista e favorece o treinamento de gerentes nas diversas áreas operacionais de um negócio. Ao contrário, a estrutura funcional pura tende à especialização e incentiva a visão fragmentada do negócio.

A Figura 10.6 mostra uma organização departamentalizada por clientes.

Figura 10.6
Critério da organização por clientes na área de atendimento de uma agência de propaganda.

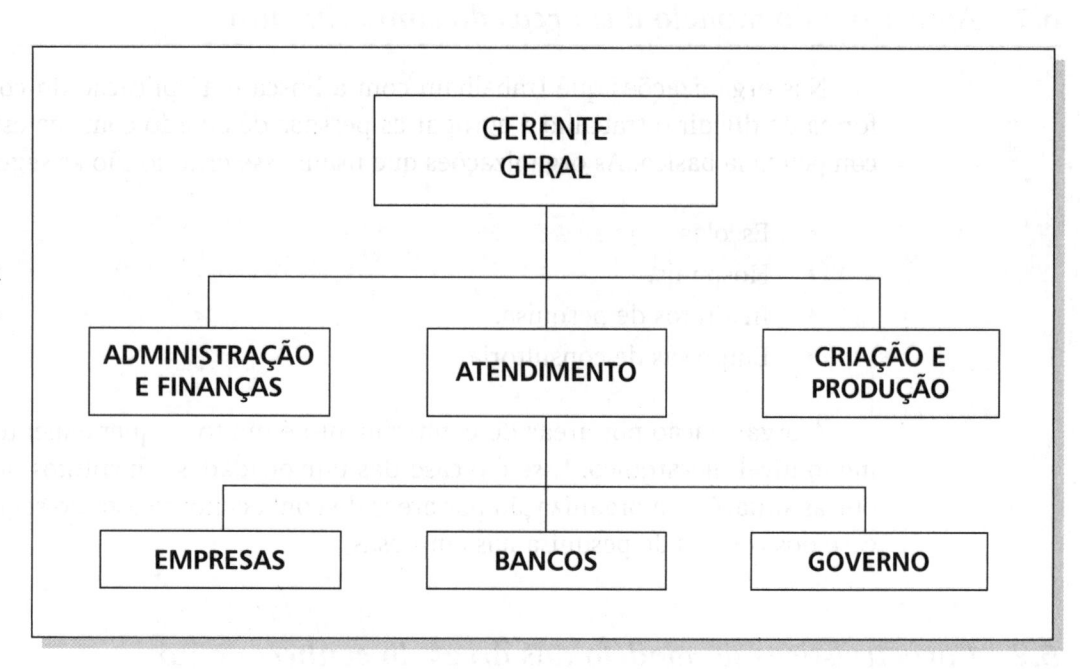

```
                    GERENTE
                     GERAL
                        |
        ┌───────────────┼───────────────┐
ADMINISTRAÇÃO       ATENDIMENTO       CRIAÇÃO E
 E FINANÇAS                           PRODUÇÃO
                        |
            ┌───────────┼───────────┐
         EMPRESAS     BANCOS      GOVERNO
```

6 Organização por Áreas do Conhecimento

Escolas, laboratórios, institutos de pesquisa trabalham com diferentes áreas do conhecimento, que são suas linhas de produtos. Nessas organizações, os departamentos são criados para realizar atividades especializadas nas diferentes áreas do conhecimento. Por exemplo: contabilidade, administração e economia ou engenharia civil, mecânica e elétrica (Figura 10.7). A organização por áreas do conhecimento (ou organização por disciplinas) promove a concentração de pessoas com as mesmas competências e que normalmente têm interesses similares de estudo e ensino. Por isso, facilita o desenvolvimento da competência técnica e a acumulação de conhecimentos.

Figura 10.7
Organização departamentalizada por área do conhecimento.

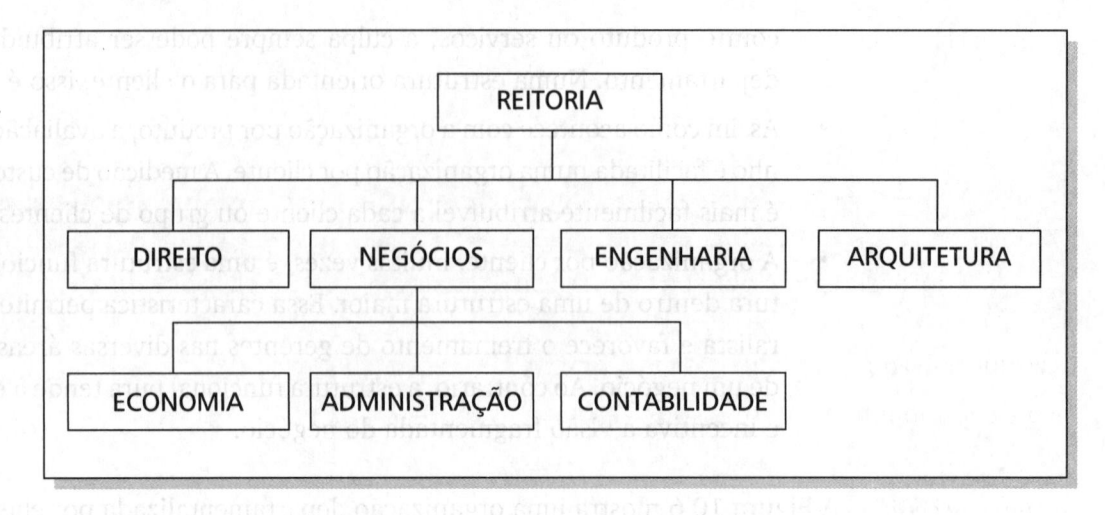

```
                    REITORIA
        ┌──────────┬─────┴──────┬──────────────┐
     DIREITO    NEGÓCIOS    ENGENHARIA    ARQUITETURA
                    │
        ┌───────────┼───────────┐
     ECONOMIA  ADMINISTRAÇÃO  CONTABILIDADE
```

6.1 Aplicações do modelo das áreas do conhecimento

Nas organizações que trabalham com a busca e a aplicação do conhecimento, a forma de dividir o trabalho é agrupar as pessoas de acordo com sua especialidade ou competência básica. As organizações que usam esse critério são as seguintes:

- Escolas.
- Hospitais.
- Institutos de pesquisa.
- Empresas de consultoria.

A organização por áreas do conhecimento é muito frequentemente usada no primeiro nível hierárquico. Esse é o caso das universidades e institutos de pesquisa. Em outras situações, a organização por áreas do conhecimento está no segundo nível. É o caso dos centros de pesquisa nas empresas.

6.2 Características do modelo das áreas do conhecimento

Cada área do conhecimento é um produto, oferecido para usuários, como acontece nas escolas e nos hospitais, ou é usado para desenvolver produtos, como acontece nos institutos de pesquisa e nas empresas de consultoria.

- A principal característica é a concentração de pessoas com a mesma competência técnica em unidades especializadas de trabalho: centro de ciências humanas, centro de ciências exatas e assim por diante. A concentração favorece o aprimoramento contínuo e a acumulação de conhecimentos. Também facilita os processos de recrutamento e seleção de novos integrantes, uma vez que os candidatos são avaliados por pessoas que sabem exatamente como medir suas competências.
- Nas organizações em que há grandes contingentes de pessoas com formação educacional de alto nível (graduação e pós-graduação), são muito fortes a ten-

dência à autonomia, a capacidade de autogestão e o respeito pela competência dos colegas. Consequentemente, essas organizações tendem a ser orgânicas, valorizando os processos coletivos de decisão e a delegação de autoridade para os níveis mais baixos da hierarquia.

- A concentração de pessoas com a mesma especialidade pode tornar difíceis a comunicação e a colaboração entre pessoas de especialidades diferentes. A colaboração e a comunicação dependem de atitudes favoráveis ao entendimento da forma como os outros veem o mundo e de uma abordagem sistêmica. Por exemplo: especialistas de diferentes áreas podem colaborar para ministrar cursos interdisciplinares ou para desenvolver projetos interdisciplinares aos estudantes.

7 Projetos

Os diversos tipos de estruturas funcionais (funcional propriamente dita, produtos, clientes, territórios) servem para lidar com atividades contínuas, como produção e fornecimento de bens e serviços, atendimento de clientes, processamento de materiais e documentos, manutenção de instalações e formação de estudantes. São também chamadas atividades funcionais, que se repetem dia após dia praticamente da mesma forma. As operações das agências de bancos, as aulas nas escolas, a produção e distribuição de energia elétrica ou sabonetes são exemplos de atividades funcionais.

Projetos são empreendimentos ou sequências de atividades que têm começo e fim programados, e que devem realizar um objetivo singular. Os objetivos dos projetos são chamados *resultados*, *produtos* ou *entregáveis*. Os produtos combinam elementos físicos, conceitos ou ideias e serviços. Um exemplo é a preparação e execução de um plano de negócios, que envolve ideias (concepção do produto e da empresa), produtos físicos (construção das instalações) e eventos (inauguração, promoção). Outro exemplo é a realização de uma competição esportiva, que envolve ideias (planejamento e organização), produtos físicos (construção de estádios e alojamentos) e eventos (os jogos). Para realizar projetos, é preciso criar organizações temporárias, alojadas dentro de estruturas funcionais permanentes, ou como empreendimentos independentes, que são encerrados quando o projeto termina. Uma organização temporária, criada para realizar um projeto, é chamada *organização de projeto*.

7.1 Aplicações da organização de projeto

Uma organização de projeto deve criada quando houver um empreendimento temporário que tenha o objetivo de fornecer um produto singular. São exemplos de projetos:

- Projetar, montar e colocar em operação grandes equipamentos feitos sob encomenda, como navios ou turbinas de usinas hidrelétricas.

- Projetar e construir instalações, especialmente de grande porte, como edifícios, *shopping centers*, aeroportos, rodovias e pontes.
- Organizar eventos e fornecer serviços, como congressos, convenções, feiras, competições de grande porte e eleições.
- Pesquisar, desenvolver e lançar novos produtos.

Os projetos em geral são realizados com prazos e orçamentos programados e por encomenda de um cliente externo ou interno. Pode-se dizer também que, sempre que houver uma tarefa que deva ser realizada dentro de restrições de tempo e custo, uma organização de projeto é apropriada.

7.2 Modalidades de organizações de projetos

Há três tipos principais de organizações de projetos: projetos funcionais, projetos autônomos e estruturas matriciais. Cada um desses tipos tem suas características, analisadas a seguir.

7.2.1 Projetos funcionais

Os projetos funcionais são aqueles realizados dentro de uma única área funcional. Por isso, de forma geral, são monodisciplinares e têm a estrutura mais simples. Por exemplo: um projeto de *kaizen* dentro da área de produção ou um projeto de treinamento dentro da área de recursos humanos (Figura 10.8).

Figura 10.8
Projetos funcionais em uma empresa de consultoria (cada projeto ocupa pessoas de apenas uma especialidade e corresponde a um cliente).

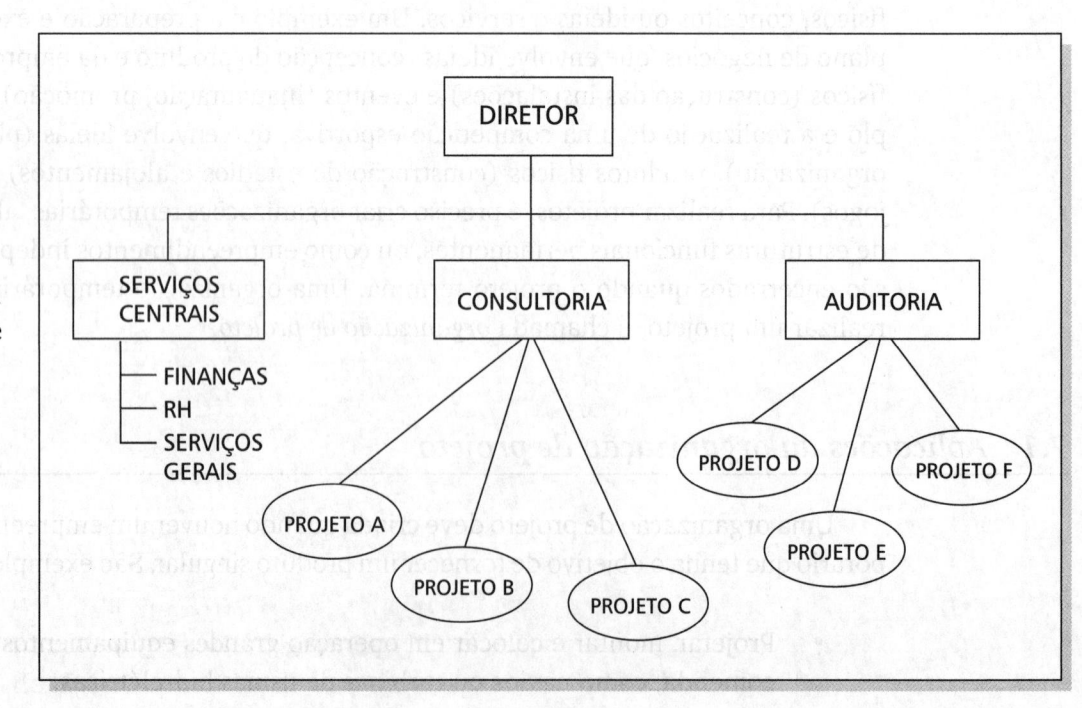

- Todos os recursos necessários à realização do projeto pertencem a uma única especialidade ou área funcional e estão sob controle da equipe. Por estarem dentro de uma única área funcional, há uma cadeia de comando que vai diretamente da administração superior até o gerente do projeto, passando pelo gerente da área funcional. Por isso, as responsabilidades e a autoridade são definidas com clareza.
- O gerente de um projeto funcional monodisciplinar é o responsável direto pelos resultados do projeto. Eventualmente, o gerente deste tipo de projeto é o próprio líder ou chefe da área funcional.
- Certas organizações, especializadas em determinados tipos de projetos, são conjuntos de projetos funcionais monodisciplinares. Nessas organizações, há um fluxo contínuo de projetos semelhantes. Por exemplo: empresas de consultoria e auditoria, escritórios de arquitetura e advocacia.

7.2.2 Projetos autônomos

Quando o projeto precisa de uma equipe multidisciplinar temporária, em regime de dedicação exclusiva, o modelo do projeto autônomo é recomendado (Figura 10.9). Este modelo de organização de projeto (também conhecido como *organização projetizada*) concentra a equipe nos objetivos do projeto e no atendimento da encomenda do cliente.

Figura 10.9
Uma organização autônoma de projeto está separada da organização funcional permanente. Em geral, é um grupo multidisciplinar, ligado diretamente ao executivo principal.

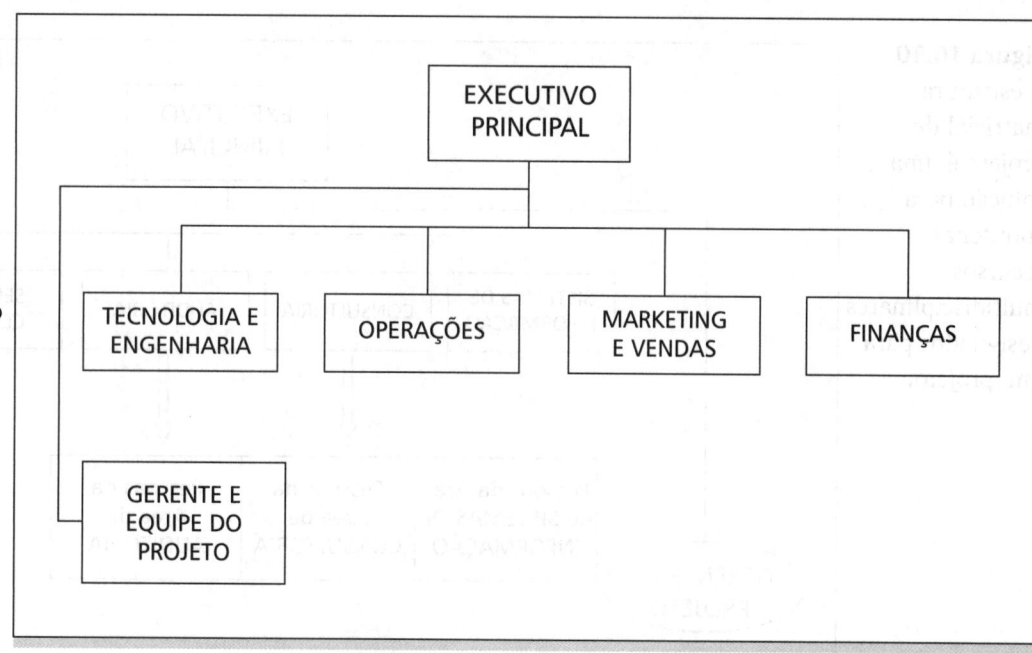

- Um gerente é designado, as pessoas são escolhidas e a equipe é separada da organização principal, para concentrar-se na realização do projeto. O projeto está no mesmo nível dos departamentos permanentes, ou até mesmo em posição relativamente mais importante, recebendo grande atenção da administração superior.

- O projeto autônomo é apropriado para empreendimentos de grande porte, estratégicos, com alto grau de inovação e que contam com recursos suficientes. Esta alternativa coloca o gerente de projeto em situação de grande autonomia e autoridade e comunicação direta permanente com a equipe do projeto.
- Eventualmente, a equipe do projeto autônomo recebe a colaboração de profissionais recrutados de fora dos quadros permanentes da organização principal. O projeto autônomo é uma solução usada quando a missão é tão importante que justifica a dedicação integral de uma equipe.

Algumas empresas são conjuntos de projetos autônomos. É o caso das empresas de construção civil e naval, montagem de equipamentos e fabricação de aviões.

7.2.3 Estrutura matricial

Quando o projeto precisa de uma equipe multidisciplinar temporária, cujos integrantes poderão dedicar-se simultaneamente a outros projetos, a estrutura matricial é recomendada (Figura 10.10).

Figura 10.10
A estrutura matricial de projeto é uma solução para coordenar recursos multidisciplinares designados para um projeto.

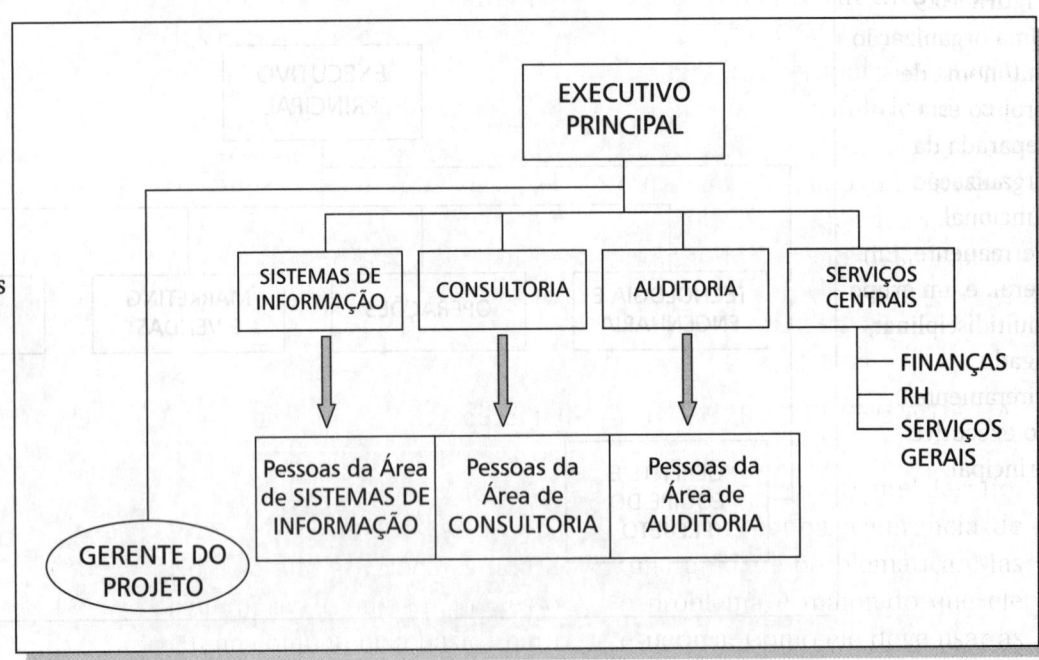

- A equipe de uma organização matricial é composta por funcionários das áreas funcionais, "emprestados" ao projeto por períodos determinados, até o limite da duração do projeto. Este tipo de arranjo é estrutura horizontal de coordenação das competências das áreas funcionais permanentes.

- Cada um dos especialistas funcionais envolvidos no projeto mantém sua ligação e seus compromissos em seu departamento funcional permanente. Os integrantes de uma equipe matricial podem trabalhar em diversos projetos ao mesmo tempo, sendo coordenados em diferentes momentos por diferentes gerentes de projetos.
- A vantagem da estrutura matricial decorre da combinação de dois tipos de enfoques. Enquanto a organização funcional favorece a especialização e a acumulação de conhecimentos, a organização por projetos favorece a orientação para algum tipo de resultado ou problema a ser resolvido. A estrutura matricial equilibra esses dois tipos de vantagens, combinando a competência técnica da estrutura funcional com a ação orientada para o resultado da organização de projeto.
- A estrutura matricial compromete os princípios clássicos da unidade de comando e da equivalência entre responsabilidade e autoridade. Há dupla subordinação, porque os integrantes da equipe trabalham ao mesmo tempo com seus chefes permanentes e com o gerente do projeto. Além disso, nem sempre o gerente de projeto tem a dose necessária de poderes formais para garantir o desempenho dos profissionais que lhe são "emprestados". Essa falta de poder formal deve ser compensada pela capacidade de negociação, que, junto com a maturidade e a cooperação, passam a ser requisitos para o sucesso de uma organização com esse modelo.

8 Organização por Processos

Uma importante tendência do Terceiro Milênio é administrar as organizações como conjuntos de processos interligados e não como conjuntos de departamentos independentes. A administração por processos (ou organização por processos) consiste em administrar as funções permanentes como elos de uma corrente e não como departamentos isolados uns dos outros. O resultado é uma cadeia horizontal de processos, em lugar da estrutura vertical criada pela cadeia de comando. A horizontalização produz resultados porque reformula o modo de administrar as operações, orientando todas as funções para a solução de um problema.

8.1 Aplicações da organização por processos

Processos organizacionais são sequências de atividades que transformam insumos em produtos ou resultados. O principal processo é o processo produtivo, que transforma matérias-primas e componentes em produtos acabados. O processo produtivo é apenas parte de um processo maior, chamado *cadeia de suprimentos*, que começa no desenvolvimento de fornecedores e termina quando o produto ou serviço chega ao cliente (Figura 10.11). A cadeia de suprimentos é um processo que envolve muitas funções organizacionais, que são desempenhadas por departamentos diferentes: compras, administração da qualidade, produção, marketing, distribuição e serviço ao cliente, entre outras.

Figura 10.11
A cadeia de suprimentos é a sequência de processos que vai desde os fornecedores até os clientes.

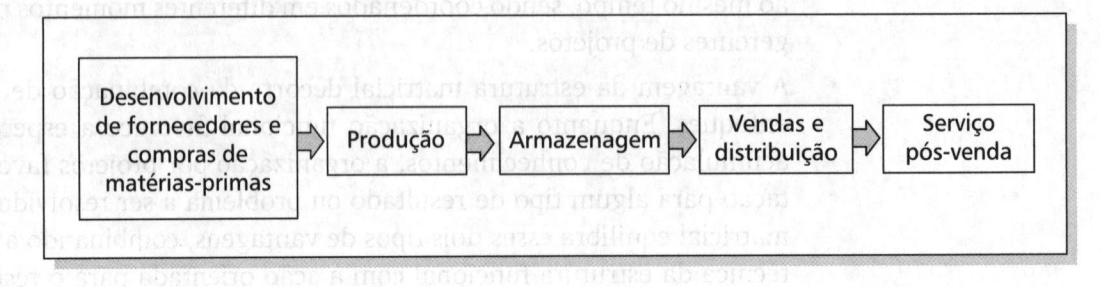

Desenvolvimento de fornecedores e compras de matérias-primas → Produção → Armazenagem → Vendas e distribuição → Serviço pós-venda

- A organização por processos é apropriada quando a organização pretende que todas essas funções trabalhem de forma coordenada, por meio de comunicação entre todos os departamentos envolvidos, para aumentar a eficiência ao longo de todo o processo.
- A necessidade de uma ligação estreita entre as fontes de fornecimento e os mercados e clientes é um fator determinante da adoção do modelo da organização por processos. Para fazer chegar regularmente ao supermercado o tubo de pasta de dentes, dentro de uma embalagem, que o cliente quer, é preciso uma ligação muito forte entre todos os elos da cadeia de suprimentos.
- Alguns processos envolvem normalmente muitas funções e departamentos, como é o caso da cadeia de suprimentos. Outros processos são desenvolvidos dentro de um ou poucos departamentos, ou envolvem poucas funções. É o caso da contratação de pessoas, que envolve quase exclusivamente o departamento de recursos humanos. O processo da contratação de pessoas e outros semelhantes, no entanto, podem ser administrados como processos multidisciplinares, que envolvem pessoas de diferentes departamentos.

8.2 Características da organização por processos

A principal característica da organização por processos é a orientação para a eficiência e a eficácia dos *processos-chave* (*core processes*), com objetivos específicos de desempenho, como o atendimento de um pedido no menor tempo possível. As funções envolvidas em um processo são administradas em seu conjunto, por meio de uma equipe. A adoção da organização por processos é também chamada *horizontalização da empresa*. Empresas horizontais, ou horizontalizadas, são as que adotam esse modelo.

Numa estrutura horizontalizada, os departamentos não são destruídos. A mudança consiste em implantar uma forma diferente de administrá-los. A cadeia clássica de comando é substituída por equipes formadas com pessoas de diferentes departamentos.

- Os processos são administrados por meio dessas equipes interdisciplinares autogeridas. As equipes precisam de um propósito claro e senso de responsabilidade em relação a objetivos mensuráveis de desempenho. A equipe, ou uma pessoa dela, torna-se a *dona* de um processo. Representantes dos clientes e fornecedores podem ser colocados como membros de equipes internas (Figura 10.12).

Figura 10.12 Estrutura organizacional para administrar a cadeia de suprimentos.

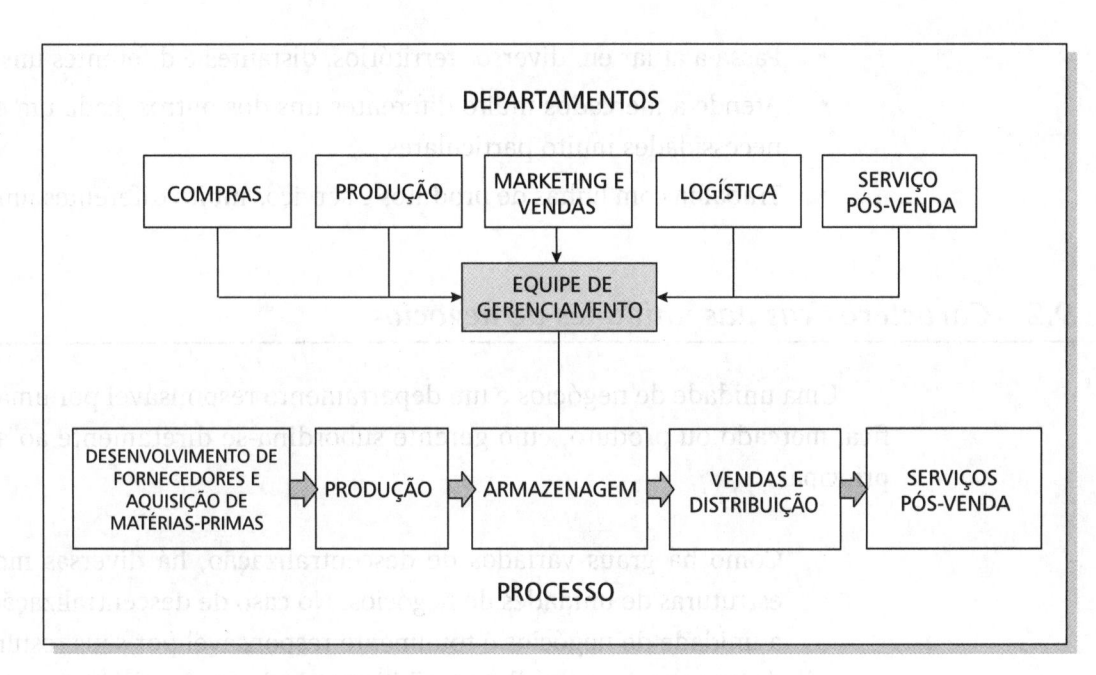

- O principal indicador de desempenho é a satisfação do cliente, e não a valorização das ações ou a lucratividade. As ações sobem e os lucros crescem quando o cliente está satisfeito.
- Os integrantes de uma equipe de gestão de um processo devem ser recompensados por suas contribuições coletivas, e não apenas por seu desempenho individual. Uma norma é estimular os contatos diretos e frequentes com os fornecedores e clientes.
- Uma organização que pretenda adotar o modelo da gestão horizontal deve fornecer todos os dados para seus funcionários, treinando-os para fazerem suas próprias análises e tomar suas próprias decisões.

9 Unidades de Negócios

Conforme as organizações crescem, seus negócios (ou áreas de atuação) tendem a diversificar-se, fazendo aumentar a necessidade de descentralizar as atividades e a autoridade. Quando isso ocorre, algumas organizações adotam o modelo das *unidades de negócios*, ou unidades estratégicas de negócios.

9.1 Aplicações do modelo das unidades de negócios

As unidades de negócios tornam-se necessárias quando a organização:

- Passa a atuar em diversos territórios, distantes e diferentes uns dos outros.
- Atende a mercados muito diferentes uns dos outros, cada um dos quais com necessidades muito particulares.
- Trabalha com linhas de produtos e serviços muito diferentes umas das outras.

9.2 Características das unidades de negócios

Uma unidade de negócios é um departamento responsável por uma área geográfica, mercado ou produto, cujo gerente subordina-se diretamente ao administrador principal.

- Como há graus variados de descentralização, há diversas modalidades de estruturas de unidades de negócios. No caso de descentralização ao extremo, a unidade de negócios é totalmente responsável por seus resultados, dispondo dos recursos que lhe possibilitam total autonomia. É o caso em que cada unidade de negócios é uma empresa autônoma, subordinada a uma *holding* (empresa proprietária de outras empresas). No caso em que há descentralização moderada, as unidades de negócios são divisões de uma mesma empresa (também chamada empresa divisionalizada).
- A organização estruturada em unidades de negócios tem um grupo de serviços centralizados, chamados serviços corporativos (ou áreas corporativas), conforme mostra a Figura 10.13. A quantidade e a natureza dos serviços centralizados dependem do grau de descentralização da estrutura toda.
- A estrutura das unidades de negócios oferece a grande vantagem de concentrar recursos especializados (em produtos ou áreas geográficas) para possibilitar o aproveitamento de muitas oportunidades diferentes. Quanto mais a empresa se diversifica, entrando em mercados distintos, mais atraente se torna a estrutura das unidades de negócios. Contudo, esse tipo de estrutura pode ser dispendioso, uma vez que há tendência a duplicar recursos nas diferentes unidades. Além disso, a organização pode tentar entrar em negócios simplesmente para aproveitar oportunidades, mesmo que elas estejam distantes de sua vocação original.

Figura 10.13
Empresa estruturada em unidades de negócios. Cada retângulo representa uma empresa. Cada empresa tem sua própria estrutura funcional interna.

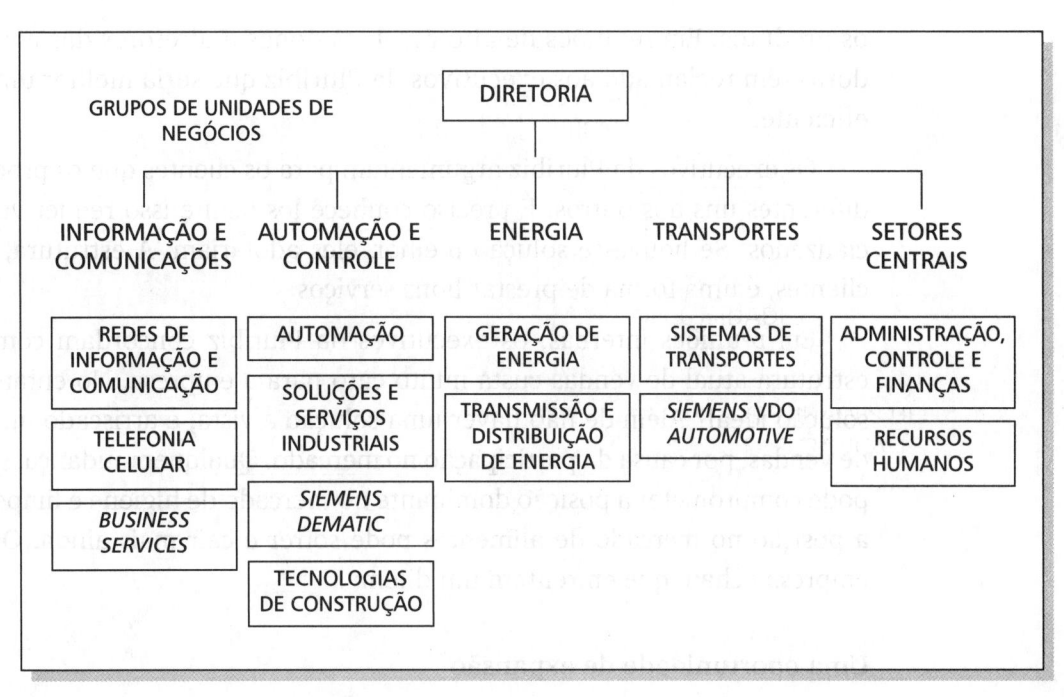

```
                              DIRETORIA
                                  |
GRUPOS DE UNIDADES DE
     NEGÓCIOS
   ┌──────────────┬──────────────┬──────────────┬──────────────┐
INFORMAÇÃO E   AUTOMAÇÃO E     ENERGIA       TRANSPORTES     SETORES
COMUNICAÇÕES    CONTROLE                                     CENTRAIS

REDES DE       AUTOMAÇÃO       GERAÇÃO DE    SISTEMAS DE    ADMINISTRAÇÃO,
INFORMAÇÃO E                   ENERGIA       TRANSPORTES    CONTROLE E
COMUNICAÇÃO    SOLUÇÕES E                                   FINANÇAS
               SERVIÇOS        TRANSMISSÃO E  SIEMENS VDO
TELEFONIA      INDUSTRIAIS     DISTRIBUIÇÃO   AUTOMOTIVE    RECURSOS
CELULAR                        DE ENERGIA                   HUMANOS
               SIEMENS
BUSINESS       DEMATIC
SERVICES
               TECNOLOGIAS
               DE CONSTRUÇÃO
```

Fonte: <www.siemens.com.br>.

Estudo de Caso: Organização de Vendas da Pluribiz

A Pluribiz é uma grande empresa de capital europeu que atua em dois mercados: alimentos e produtos de higiene pessoal e limpeza. Sua sede fica na cidade de São Paulo. No Brasil, com negócios desde o início do século XX, tem a maior participação no mercado de higiene e limpeza. No entanto, está em terceiro lugar no mercado de alimentos. Seus principais concorrentes, uma empresa também europeia e outra americana, são poderosos. Outros concorrentes importantes são empresas do Brasil. A principal delas é a Saudável, que tem fábricas e sede na região Sul.

A Pluribiz está organizada em três unidades de negócios: alimentos, produtos de limpeza e produtos de higiene pessoal. Cada uma dessas unidades de negócios tem sua própria estrutura de vendas e produção. As funções de marketing, finanças e recursos humanos são centralizadas.

Estrutura de vendas da Pluribiz

As gerências de vendas da Pluribiz têm vendedores que ficam sediados nas diferentes regiões do país. Como acontece em outras empresas semelhantes, os mesmos clientes são atendidos por diferentes vendedores da mesma empresa. Por exemplo: uma rede regional de supermercados, na região Norte, é atendida por vendedores de alimentos, produtos de limpeza e produtos de higiene pessoal. O mesmo acontece em todas as outras regiões do país.

Essa situação causa estranheza aos clientes há muito tempo. Os clientes dizem que gostariam de ser atendidos por um único vendedor, que trabalhasse com todos os produtos. Em reuniões de alto nível, os donos e diretores das empresas compradoras têm reclamado aos executivos da Pluribiz que seria melhor uma solução mais eficiente.

Os executivos da Pluribiz argumentam para os clientes que os produtos são muito diferentes uns dos outros. É preciso conhecê-los bem e isso requer vendedores especializados. Se houvesse solução melhor, eles adotariam. A estrutura, eles dizem aos clientes, é uma forma de prestar bons serviços.

Em reuniões internas, os executivos da Pluribiz concordam com os clientes. A estrutura atual de vendas custa muito caro para a empresa. No entanto, qual seria a solução ideal? Além de não haver uma solução a vista, é arriscado mudar a estrutura de vendas, por causa da participação no mercado. Qualquer mudança, se não der certo, pode comprometer a posição dominante no mercado de higiene e limpeza. Além disso, a posição no mercado de alimentos pode sofrer e cair mais ainda. Os executivos da empresa acham que enfrentam um dilema.

Uma oportunidade de expansão

Para complicar, a Pluribiz agora está analisando a oportunidade de um novo negócio. Corre o boato de que a Saudável será vendida. A Saudável, uma empresa familiar que faliu, foi comprada há alguns anos por um consórcio de bancos privados e fundos de pensão. Trabalha com produtos de origem animal (que não fazem parte das linhas da Pluribiz) e outros produtos, como massas. Estes concorrem com os da Pluribiz. Os produtos de origem animal da Saudável são imbatíveis no mercado.

A Saudável foi completamente saneada pelos novos proprietários, que a puseram à venda porque não tiveram o retorno esperado. Além disso, os conflitos entre eles são muito acentuados.

Em situação financeira muito favorável, assim como seus principais concorrentes, a Pluribiz receia que um deles compre a Saudável e ganhe uma vantagem competitiva. Quem quer que compre a Saudável irá concorrer muito vantajosamente com os outros dois competidores.

Nas últimas reuniões da diretoria da Pluribiz, muito se tem discutido como lidar com essa nova situação. Se o boato se confirmar, a Pluribiz está preparada para comprar. Se isso ocorrer, as estruturas serão fundidas. No entanto, o problema na organização das vendas aumentará. Uma das principais vantagens da Saudável é justamente sua estrutura de vendas, que cobre todo o território nacional. Seus vendedores conhecem profundamente os produtos. Simplesmente agregar esses vendedores à atual estrutura de vendas de alimentos da Pluribiz pode prejudicar o desempenho do novo negócio.

A diretoria da Pluribiz sabe que precisa comprar a Saudável, mas está vendo um futuro no qual seus clientes são atendidos por quatro vendedores: alimentos, produtos de higiene, produtos de limpeza e, agora, os da Saudável. Que fazer?

Questões

1. Que alternativas (critérios de departamentalização) a Pluribiz deveria considerar para organizar suas atividades de vendas? Desenhe os organogramas de cada alternativa.

2. Quais são as vantagens e desvantagens de cada alternativa?

3. Explique quais são as condições que favorecem cada uma das alternativas.

4. Você, como especialista em administração, que alternativa recomenda? Prepare uma justificativa para sua escolha.

11

Sobre máquinas e organismos

Objetivos

Terminando de estudar este capítulo, você deverá estar preparado para explicar e exercitar as seguintes ideias:

- Modelo mecanicista e modelo orgânico de organização.
- Fatores que condicionam a orientação para o modelo mecanicista ou o orgânico.

Introdução

Na história moderna dos estudos organizacionais, a ideia de que as organizações podem parecer-se com máquinas, em que as pessoas são peças, nasceu com a sociologia do tipo ideal de Max Weber. Volte rapidamente ao Capítulo 2 e releia Weber. Na história das organizações reais, a analogia com as máquinas está presente em muitos episódios: os exércitos, os navios a remo (particularmente os operados por escravos) e, desde a Revolução Industrial, as linhas de montagem, sempre foram similares a máquinas. Essa orientação das organizações para o modelo da máquina é chamada de *mecanicismo*. Charlie Chaplin retratou esse mundo no filme *Tempos Modernos*, de 1933.

Na década de 1960, os estudos organizacionais propuseram modelos alternativos ao tipo ideal de Weber. Esses modelos retratam organizações cujo funcionamento depende mais das pessoas do que de regras impessoais. Essa orientação oposta é chamada *organicismo*. A Figura 11.1 sintetiza o contraste entre as duas orientações, criadas pelos pesquisadores ingleses Burns e Stalker (1961). Mecanicismo e organicismo são dois modelos para o entendimento da estrutura e do funcionamento das organizações.

Figura 11.1
Dois modelos de organização.

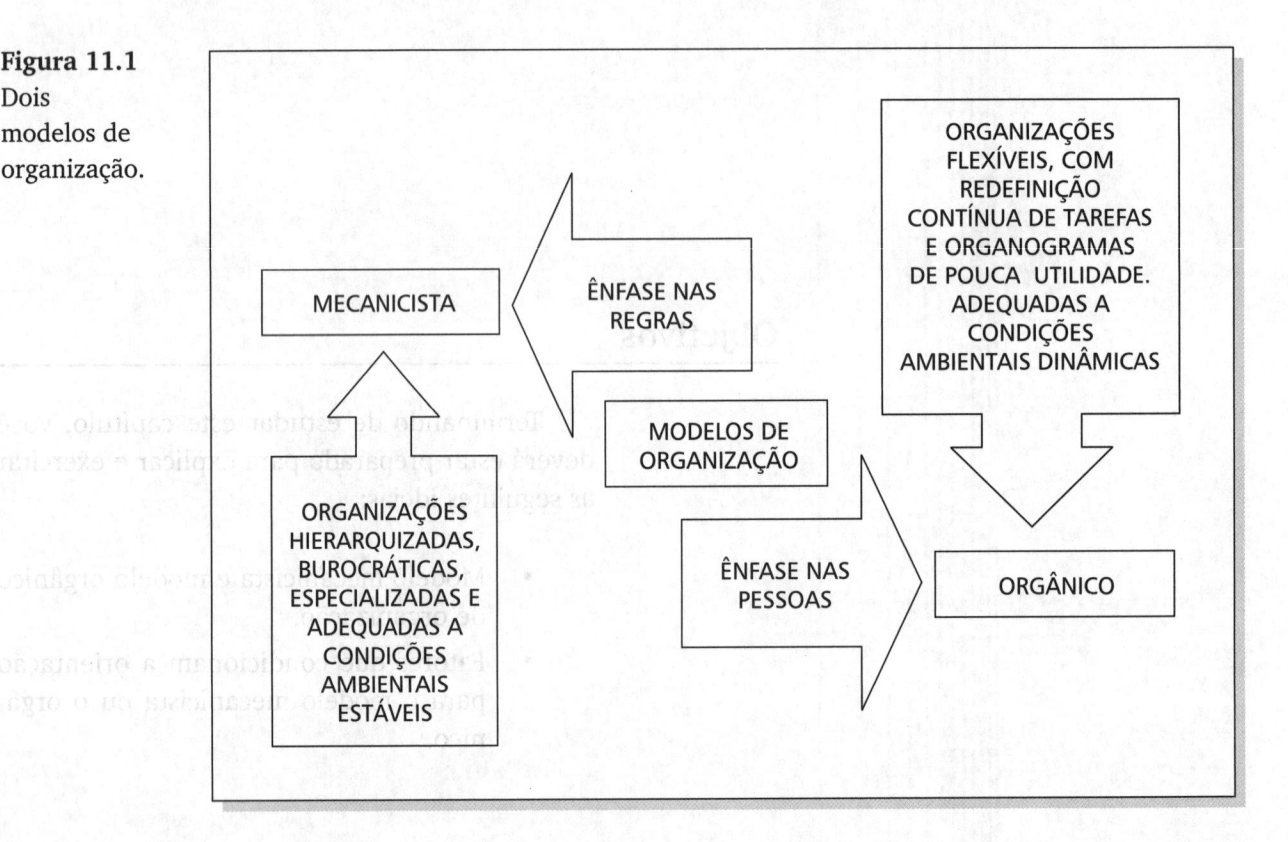

```
                                    ORGANIZAÇÕES
                                    FLEXÍVEIS, COM
                                    REDEFINIÇÃO
                                    CONTÍNUA DE TAREFAS
                                    E ORGANOGRAMAS
                                    DE POUCA UTILIDADE.
   [MECANICISTA] ← ÊNFASE NAS       ADEQUADAS A
                   REGRAS            CONDIÇÕES
                                    AMBIENTAIS DINÂMICAS
                ↑
                │     [MODELOS DE
                      ORGANIZAÇÃO]
   ORGANIZAÇÕES
   HIERARQUIZADAS,
   BUROCRÁTICAS,
   ESPECIALIZADAS E   ÊNFASE NAS → [ORGÂNICO]
   ADEQUADAS A        PESSOAS
   CONDIÇÕES
   AMBIENTAIS
   ESTÁVEIS
```

Antes de todos eles, outro autor importante havia abordado o mesmo assunto. Trata-se de Émile Durkheim, considerado o criador da sociologia. Durkheim (1893), em um estudo sobre a divisão social do trabalho, tratou da solidariedade orgânica e da solidariedade mecânica. *Atenção: as definições de Burns e Stalker* são o contrário das de *Durkheim*. A solidariedade mecânica é característica das sociedades em que quase não há divisão do trabalho. As atividades e os valores são homogêneos e não há lugar para o individualismo. É precisamente a similaridade que une mecanicamente os indivíduos uns aos outros. Nas sociedades caracterizadas pela solidariedade orgânica, há muita divisão do trabalho, criando diferenças entre os indivíduos. As atividades das pessoas são singulares e complementares, criando a necessidade de articulação. É a complementaridade dentro da diversidade que cria o tipo oposto de solidariedade – a orgânica.

Assim como aconteceu com Weber, o trabalho de Burns e Stalker inspirou outros estudiosos das organizações. Os principais dentre eles são Henry Mintzberg, Gareth Morgan e Charles Handy.

1 Modelos de Organização

Modelo (também padrão ou estilo) de organização é uma noção evidente. Você já deve ter notado que os bancos são parecidos entre si, e diferentes dos centros acadêmicos, que, por sua vez, são parecidos uns com os outros. Os bancos são cheios de regras e as pessoas são funcionárias. Os centros acadêmicos são informais e as pessoas são voluntárias ou associadas, que podem desligar-se à vontade. Bancos e centros acadêmicos adotam modelos organizacionais diferentes.

- O modelo mecanicista, é retratado na organização burocrática descrita por Max Weber. As organizações que seguem esse modelo procuram imitar o funcionamento automático das máquinas. Os bancos, com seus regulamentos e suas estruturas altamente especializadas, são exemplos do modelo mecanicista.
- As organizações que adotam modelo orgânico imitam o comportamento dinâmico dos organismos vivos. O modelo orgânico é também chamado pós-burocrático ou adhocrático (que significa, aproximadamente, um modelo para cada situação). Uma equipe esportiva, durante um jogo, e um centro acadêmico são organizações que exemplificam o modelo orgânico.

Nenhuma organização é exclusivamente mecanicista ou orgânica. Uma força militar é mecanicista durante um desfile e orgânica em combate. O departamento de produção de uma fábrica, assim como o de contabilidade, são mecanicistas – já o pessoal de pesquisa e desenvolvimento trabalha dentro de um padrão orgânico. O governo é uma grande máquina, mas suas universidades e institutos de pesquisa funcionam como organismos vivos e pensantes.

1.1 Modelo mecanicista

A organização mecanicista (ou burocratizada) repete o funcionamento padronizado de uma máquina. Até hoje, a linha de montagem é o retrato da máquina, assim como o desfile militar. As pessoas fazem um trabalho repetitivo, sem autonomia e nem espaço para improvisação. Ninguém tem individualidade – a organização-máquina é impessoal e rígida – ninguém é importante e nada pode fugir do previsto. Isso é possível com hierarquia centralizada, que exige obediência às normas.

Algumas características das organizações desse padrão são as seguintes:

- A administração enfatiza critérios de desempenho tais como eficiência, previsibilidade, segurança e aversão ao risco.

- Regras, regulamentos e procedimentos são bem definidos e estão escritos. A organização procura prever todas as possibilidades de comportamento e submetê-las a normas.
- As pessoas desempenham tarefas de escopo reduzido, ocupando cargos com responsabilidades específicas e bem definidas.
- A autoridade é centralizada e dá poder aos chefes, especialmente para produzir obediência. Em hipótese alguma a cadeia de comando pode ser questionada. A fonte da autoridade é a posição da pessoa na estrutura organizacional.
- Os processos de gestão de pessoas são formalizados. A seleção faz-se por meios que colocam todos os interessados em igualdade de condições.

1.1.1 O modelo mecanicista segundo Mintzberg

Grandes empresas industriais, companhias aéreas e usinas siderúrgicas são exemplos da *organização máquina*, que é a designação dada por Henry Mintzberg ao modelo mecanicista. As atividades da organização máquina têm caráter repetitivo, que favorece a uniformidade dos procedimentos e a padronização das práticas administrativas. Na organização máquina, segundo Mintzberg, a parte mais importante é a **tecnoestrutura**, que compreende os especialistas e dirigentes de áreas como planejamento, finanças, treinamento, pesquisa operacional ou programação da produção.

A tecnoestrutura busca a padronização, que rotiniza as tarefas e possibilita o controle por meio de regulamentos. É altamente centralizada, embora o poder esteja dividido entre a cúpula estratégica e a tecnoestrutura. O ambiente estável favorece a configuração da organização máquina.

1.1.2 O modelo mecanicista segundo Morgan

Segundo Morgan, as lojas de cadeias de *fast food*, os desfiles militares e os departamentos de contabilidade funcionam como máquinas. Disciplina, estabilidade e tratamento uniforme das pessoas são características que a máquina valoriza. Para Morgan, o ponto forte deste tipo de organização é o mesmo das máquinas reais: o funcionamento regular. Mas, seu ponto fraco é a desumanização do trabalho.

1.1.3 O modelo mecanicista segundo Handy

Para Charles Handy, o deus grego Apolo, deus da ordem e das regras, preside a *cultura dos papéis* e simboliza o modelo mecanicista. A imagem das organizações que seguem Apolo é o templo grego, cujos pilares representam as funções e departamentos. Dentro do templo, predomina a racionalidade. As pessoas desempenham papéis bem definidos, de acordo com regras e procedimentos padronizados. Muitas organizações de grande porte, que apreciam a estabilidade e a previsibilidade, seguem a cultura de Apolo. A grande vantagem da organização de Apolo é a capacidade de lidar com o futuro idêntico ao passado. Inversamente, a lentidão para enfrentar a mudança ambiental é sua principal desvantagem.

1.2 Modelo orgânico

As organizações com modelo orgânico repetem o comportamento dos organismos vivos e pensantes, que decidem sobre o próprio comportamento. As organizações desse tipo enfatizam o sistema social e a autonomia para resolver problemas, em vez da capacidade de obedecer.

Algumas características desse modelo de organização são as seguintes:

- A administração enfatiza critérios de desempenho tais como iniciativa, sensibilidade para a necessidade de mudanças e propensão ao risco.
- Os objetivos organizacionais são definidos com ampla participação, incluindo pessoas de todos os níveis organizacionais.
- A fonte da autoridade é a competência. O estilo de liderança tende para o democrático.
- Os processos de gestão de pessoas são formais. As pessoas que já estão dentro, porém, podem influenciar a decisão sobre quem de fora pode entrar.
- Há reduzido nível de especialização: as tarefas têm escopo amplo, e os cargos são definidos mais em termos de resultados esperados do que de tarefas. A capacidade de resolver problemas com autonomia e iniciativa é mais importante do que seguir regras.
- A hierarquia é imprecisa: as pessoas desempenham indiferentemente o papel de chefe ou de subordinado. De uma situação para outra, a relação de comando pode inverter-se, o que é impensável numa organização mecanicista.

1.2.1 O modelo orgânico segundo Morgan

Segundo Gareth Morgan, o modelo orgânico tem pelo menos duas variantes. Uma é o organismo vivo, que é a imagem biológica das organizações. A ênfase do organismo vivo está na capacidade de adaptação e não no arranjo ordenado das coisas. Os centros acadêmicos e os departamentos de criação das agências de propaganda são exemplos de organizações vivas. As tarefas e as linhas de autoridade podem ser mudadas continuamente, para permitir a sintonia da organização com seu ambiente. Os pontos fortes dos organismos vivos são a flexibilidade dos sistemas abertos e a ênfase no desenvolvimento das competências humanas. Isso é particularmente apropriado para lidar com ambientes turbulentos e competitivos, como é o caso dos ramos de alta tecnologia. Os organismos vivos, no entanto, não são indefinidamente adaptativos. O conflito interno que é característico dos sistemas orgânicos pode levá-los à obsolescência e à extinção.

Outra variante do modelo orgânico, identificada por Morgan, é o cérebro. A imagem do cérebro aplica-se às organizações em que a inteligência e o conhecimento estão espalhados em todos os lugares, como acontece nas instituições de pesquisa e nas universidades. Assim, qualquer parte da organização pode reproduzir e fazer o papel do todo. Além disso, cada parte aprende por si e, além disso, aprende a aprender e a questionar as condições que provocam os erros. Nas organizações mecanicistas, essa possibilidade é reduzida. No entanto, o cérebro pode ser feito de partes que não aprendem com as outras, ou não conseguem questionar sua própria forma de trabalhar.

1.2.2 O modelo orgânico segundo Mintzberg

Entre os tipos de estrutura estudados por Mintzberg, três se identificam com o modelo orgânico. Os três tipos são a organização empresarial, a organização profissional e a organização inovadora.

- A *organização empresarial* é o tipo mais simples de organização identificado por Mintzberg. O exemplo da organização empresarial é a empresa dirigida por seu fundador ou proprietário, que atua num ambiente relativamente simples, embora dinâmico, com o qual uma única pessoa consegue lidar. Concessionárias de veículos, pequenas redes de lojas, uma nova agência do governo ou uma empresa industrial de pequeno porte são exemplos deste tipo de estrutura. As organizações empresariais permitem acesso direto ao chefe e proximidade com a missão. Há uma semelhança com a teia da aranha. Todas as linhas levam ao centro da teia, onde está a cúpula estratégica, formada pelo chefe e seus auxiliares diretos. A equipe de especialistas funcionais (finanças, marketing) é mínima, assim como a hierarquia. A supervisão direta, a partir da figura do executivo principal, é o mecanismo de coordenação dos departamentos, que pouco se diferenciam entre si. A organização deste tipo tem pouca atividade de planejamento ou treinamento formal, ou procedimentos semelhantes. Dado o alto grau de informalidade e dependência das pessoas, não de sistemas estruturados, as organizações empresariais exemplificam o modelo orgânico.

- Segundo Mintzberg, uma *organização profissional* baseia-se na administração do conhecimento. São exemplos de organizações profissionais as escolas, os hospitais, os escritórios de advocacia, contabilidade e arquitetura, as empresas especializadas em *design* de moda e as agências de publicidade. Quem tem o conhecimento e domina as organizações profissionais são os especialistas. São as pessoas como os professores nas escolas, os médicos nos hospitais, os contadores nos escritórios de contabilidade e assim por diante. Esses especialistas (ou profissionais) exercem atividades que exigem habilidades técnicas ou artesanais. Eles precisam de autonomia e a apreciam. Os profissionais são independentes. Além disso, normalmente a demanda por seus serviços é elevada. Assim, o poder do conhecimento das pessoas prevalece na organização profissional, que também segue o modelo orgânico. A estrutura da organização profissional tende a ser democrática, mas oferece dificuldades de coordenação e incertezas quanto à definição de responsabilidades.

- Agências espaciais, produtoras de filmes de arte e fábricas que produzem protótipos são exemplos das *organizações inovadoras* estudadas por Mintzberg. São organizações jovens, que enfatizam a pesquisa e precisam inovar constantemente, para lidar com ambientes dinâmicos. São singularmente orgânicas e descentralizadas. A *organização inovadora* busca encontrar novos conhecimentos, por meio de equipes multidisciplinares que trabalham em projetos de pesquisa e desenvolvimento: pesquisadores, cientistas, *designers*, criadores e artistas. A cooperação é o mecanismo básico de coordenação entre essas pessoas e outras partes da organização. O modelo é altamente orgânico, caracterizado por uma orientação adhocrática: uma estrutura diferente para cada tipo de problema.

1.2.3 O modelo orgânico segundo Handy

Na concepção de Handy, há dois deuses gregos que simbolizam o modelo orgânico: Athena e Dioniso.

Athena, a deusa do conhecimento e da sabedoria, preside a *cultura da tarefa*. A imagem da organização presidida por Athena é a rede, na qual os recursos transitam em todas as direções. A rede é feita de estruturas matriciais e equipes temporárias de todos os tipos, interligadas para realizar objetivos específicos. Empresas de consultoria, departamentos de P&D e agências de propaganda exemplificam as organizações que desenvolvem a cultura da tarefa. Elas funcionam bem nas situações em que a flexibilidade é necessária para lidar com problemas pontuais. No entanto, seus pontos fracos se evidenciam quando a situação requer repetitividade e previsibilidade, ou quando a eficiência dos custos baixos é um fator crítico para o sucesso.

Adiante, neste mesmo capítulo, retomaremos o estudo das redes.

Dioniso, deus do vinho, da música e do prazer, preside a *cultura existencial*. Neste caso, a organização existe para permitir a realização dos objetivos das pessoas. Grupos de profissionais como médicos, advogados e arquitetos que trabalham juntos em empresas próprias (em geral, compartilhando um escritório, telefone e secretária) são exemplos de organizações que seguem a cultura de Dioniso. Os profissionais são supremos neste tipo de organização. Eles não têm chefe, embora aceitem coordenação, em geral de uma comissão de colegas. As organizações deste tipo são de tal modo democráticas que os administradores quase não são controlados. A administração é vista como um encargo e requer consenso, característica que conduz a intermináveis negociações para se conseguir um mínimo de coordenação. Nenhuma organização depende exclusivamente da cultura existencial. Entretanto, à medida que terceirizam serviços, as organizações passam a lidar cada vez mais com profissionais independentes, que têm uma visão dionisíaca do mundo.

2 Organizações em Forma de Rede

As organizações em forma de rede são um estágio avançado do modelo orgânico. Não devem ser confundidas com as redes sociais, que se tornaram possíveis com a tecnologia da informação. Uma organização em forma de rede tem por base uma rede social e também usa as ferramentas da tecnologia da informação e da comunicação. Como qualquer organização, a rede é dotada de propósito – o objetivo vai além da simples convivência ou troca de informações. "Rede organizacional", "rede organizada" e "organizações em rede" são algumas das designações para esse fenômeno. A rede é muito mais do que "uma organização" – é uma entidade que congrega inúmeras pessoas e organizações.

A rede organizada é uma estratégia para combinar os recursos de diversas entidades – que podem ser organizações, pessoas ou grupos de pessoas. As organizações em forma de rede também são chamadas *organizações virtuais*, porque, na grande maioria dos casos, são totalmente informais – os vínculos são arranjos entre pessoas, muitas vezes sem nenhum contato visual – apenas troca de informações por celular ou computador. As redes ganharam notoriedade depois dos ataques terroristas de 11 de setembro de 2001. Desde então, a palavra *terrorista* anda, com frequência, junto com a palavra rede – rede terrorista Al-Qaeda, especialmente. *Crime* é outra palavra que anda junto com *rede*. Dada essa associação entre as redes e as atividades ilícitas, muita atenção tem sido dada ao estudo desse modelo organizacional, que se pode considerar uma variante avançada do modelo orgânico que estudaremos no próximo capítulo.

A teoria e a prática das redes não são novas. Em 1660, quando nasceu a *Royal Society*, uma das matrizes da comunidade científica moderna, nasceu junto a ideia de "colégio invisível". A *Royal Society* foi, desde o início, concebida como fórum internacional de cientistas. Por meio de uma teia de sócios-correspondentes, pertencentes a diferentes organizações, seria possível pesquisar questões em todo o mundo. A *Royal Society* e o "colégio invisível" eram, ao mesmo tempo, uma rede de indivíduos e de organizações científicas. Esse princípio está na base de projetos de pesquisas científicas de alcance global – por exemplo, no projeto do genoma humano. Wikipedia e Wikileaks também são exemplos de iniciativas organizadas que funcionam graças a redes.

Os participantes da rede são autônomos entre si, mas são dependentes da rede como um todo e podem ser parte de outras redes. Qualquer rede, assim, faz parte de uma constelação de redes – ou seja, de um sistema de meios destinados a diversos objetivos. A rede tem dois atributos fundamentais: *conectividade* e *coerência estratégica*. A conectividade é a facilidade de fazer, desfazer e refazer as conexões e a facilidade com que as informações fluem entre os componentes da rede; a coerência estratégica indica a existência ou não de propósitos ou objetivos comuns entre esse componentes. Quanto melhor a conectividade e maior a coerência estratégica entre os elementos, mais forte a rede (ANSELMO, 2005). A conectividade levada ao extremo significa que a rede pode se auto-organizar de maneira eficiente, ficando cada vez mais poderosa (ARQUILLA, 2001).

Há vários tipos de redes, quando se trata da forma de organização – assim como acontece com as estruturas convencionais, cada tipo serve para uma finalidade (ANSELMO, 2005). As redes em forma de estrela são centralizadas. No centro, está uma empresa principal, que se relaciona com os consumidores; em volta, estão diversos fornecedores e prestadores de serviços. É o modelo usado na indústria das confecções, em que as empresas no centro frequentemente não são fabricantes, mas agenciadoras de mão de obra. As empresas da indústria automobilística são, há muito tempo, centros de redes de fornecedores – não é por outra razão que são chamadas *montadoras*. As redes em forma de linha ou cadeia são usadas na distribuição de alimentos: do agricultor até o consumidor final, há uma autêntica cadeia de intermediários. Contrabandistas, organizadores da emigração ilegal e traficantes também gostam das redes em linha. A Figura 11.2 ilustra os diferentes tipos de redes organizacionais.

Figura 11.2 Tipos de estruturas de redes (ANSELMO, 2005).

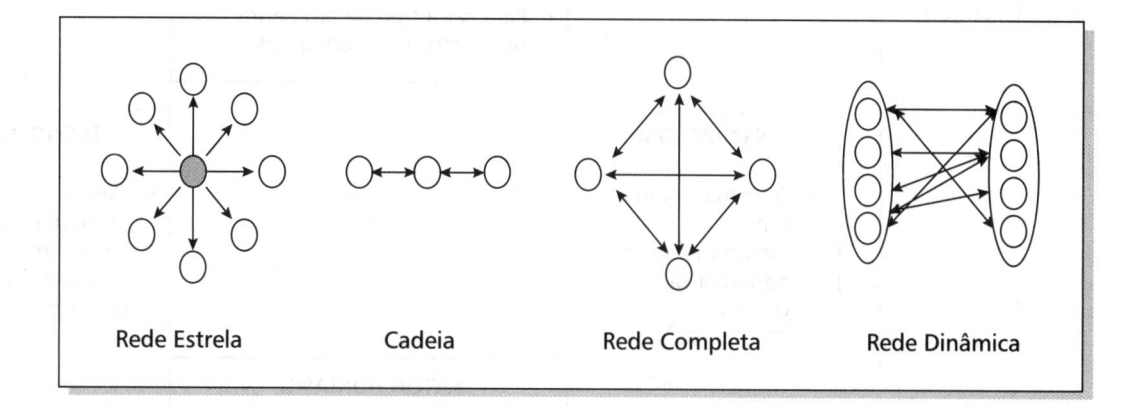

Rede Estrela — Cadeia — Rede Completa — Rede Dinâmica

3 Fatores que Influenciam a Estrutura e o Modelo de Organização

De acordo com a *escola situacional*, não há uma estrutura ou modelo de organização que seja melhor que outra – cada estrutura é mais adaptada a diferentes circunstâncias ou situações. Sistema de produção, estratégia, tecnologia, recursos humanos e ambiente são os fatores que se combinam para formar as situações. Nesta parte deste capítulo, estudaremos como esses fatores condicionam a escolha da estrutura organizacional apropriada a cada situação (Figura 11.3).

3.1 Sistema de produção

Uma das situações que afeta a escolha da estrutura e o modelo de organização é o sistema de produção. Nas empresas de produção em massa, o modelo mecanicista adapta-se melhor. Essas empresas têm processos sistematizados, planos e controles detalhados, regras e definições e regulamentos precisos das responsabilidades dos gerentes. Em resumo, são administradas com maior grau de formalidade. Nas empresas de produção unitária ou de produção sob encomenda, a estrutura orgânica é mais apropriada, já que o produto não é padronizado e, muitas vezes, tem natureza experimental. No caso do processo contínuo, a tecnologia de fabricação é tão automatizada que funciona como um sistema de controle automático sobre os trabalhadores – a empresa toda funciona como uma grande máquina. Essa característica torna desnecessária a supervisão praticada na produção em massa (WOODWARD, 1965). Outra máquina organizacional que você pode observar com facilidade é a lanchonete da McDonald's. Você não pode nem mesmo pedir que seu sanduíche seja bem ou malpassado. É aquilo que eles oferecem e pronto. A máquina não se adapta a nenhum pedido extra.

Figura 11.3
Relações entre variáveis situacionais e estrutura organizacional.

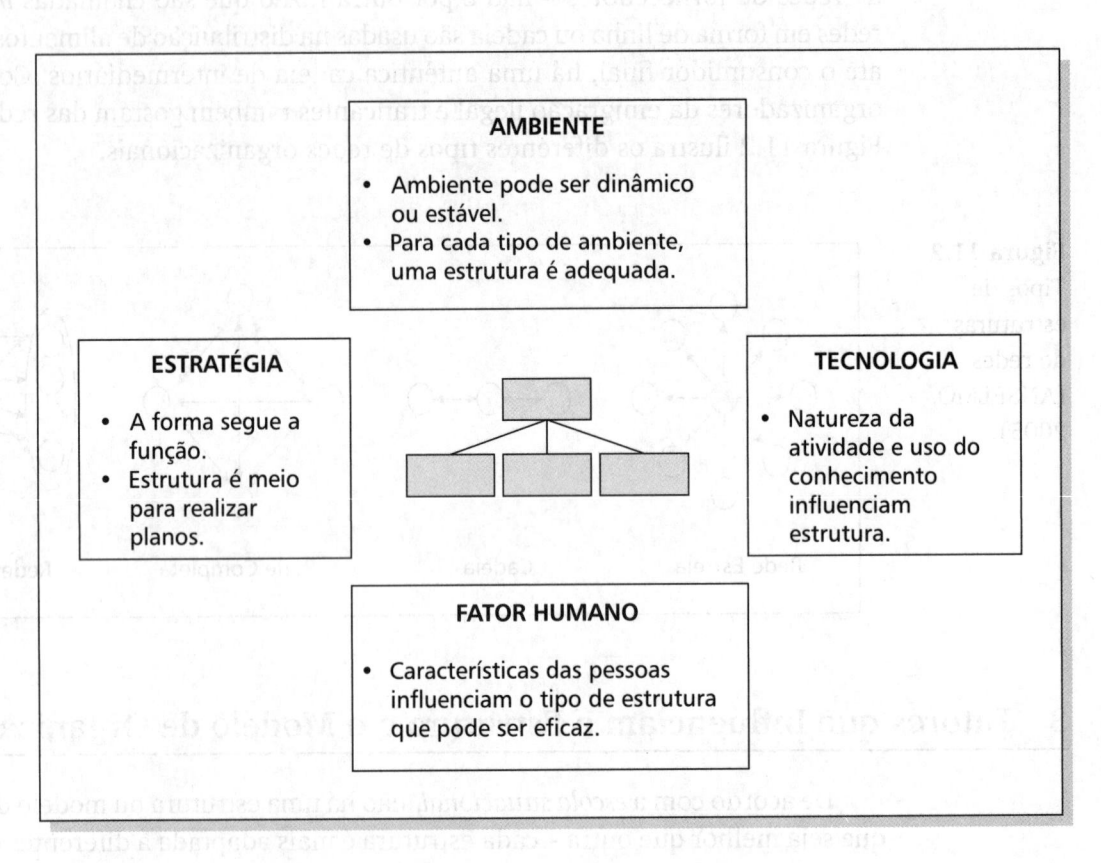

AMBIENTE
- Ambiente pode ser dinâmico ou estável.
- Para cada tipo de ambiente, uma estrutura é adequada.

ESTRATÉGIA
- A forma segue a função.
- Estrutura é meio para realizar planos.

TECNOLOGIA
- Natureza da atividade e uso do conhecimento influenciam estrutura.

FATOR HUMANO
- Características das pessoas influenciam o tipo de estrutura que pode ser eficaz.

3.2 Estratégia

A variável mais importante que afeta o tipo de estrutura é a estratégia (Figura 11.4). Foi Alfred Chandler quem consagrou o princípio de que "a estrutura segue a estratégia". Essa é uma variação do princípio de que "a forma segue a função". De acordo com esse princípio, a estrutura organizacional é uma ferramenta para realizar objetivos.

- As estratégias de inovação e crescimento, por exemplo, exigem organizações de projetos.
- As empresas que têm o objetivo de atender apenas o mercado local, com um produto ou serviço, e não pretendem crescer, podem usar eficazmente uma estrutura do tipo funcional
- As empresas que pretendem atender a diversos locais, precisam de uma estrutura organizada territorialmente.
- Um desfile militar é o retrato da organização máquina; uma organização criminosa, que precisa viver nas sombras, usará uma rede.

Sobre máquinas e organismos 229

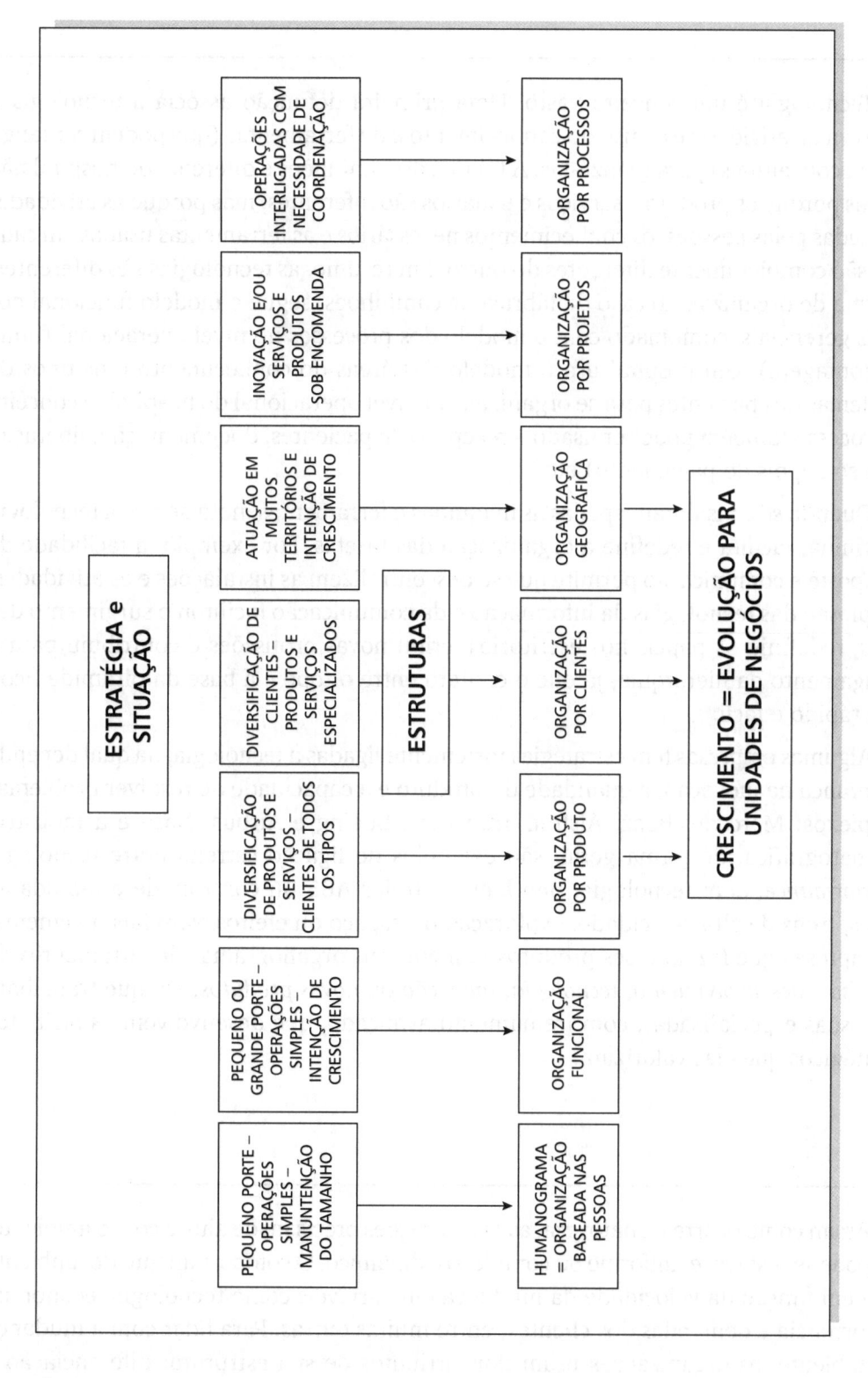

Figura 11.4 "A estrutura segue a estratégia" (Chandler).

ESTRATÉGIA e SITUAÇÃO

- PEQUENO PORTE – OPERAÇÕES SIMPLES – MANUNTENÇÃO DO TAMANHO
- PEQUENO OU GRANDE PORTE – OPERAÇÕES SIMPLES – INTENÇÃO DE CRESCIMENTO
- DIVERSIFICAÇÃO DE PRODUTOS E SERVIÇOS – CLIENTES DE TODOS OS TIPOS
- DIVERSIFICAÇÃO DE CLIENTES – PRODUTOS E SERVIÇOS ESPECIALIZADOS
- ATUAÇÃO EM MUITOS TERRITÓRIOS E INTENÇÃO DE CRESCIMENTO
- INOVAÇÃO E/OU SERVIÇOS E PRODUTOS SOB ENCOMENDA
- OPERAÇÕES INTERLIGADAS COM NECESSIDADE DE COORDENAÇÃO

ESTRUTURAS

- HUMANOGRAMA = ORGANIZAÇÃO BASEADA NAS PESSOAS
- ORGANIZAÇÃO FUNCIONAL
- ORGANIZAÇÃO POR PRODUTO
- ORGANIZAÇÃO POR CLIENTES
- ORGANIZAÇÃO GEOGRÁFICA
- ORGANIZAÇÃO POR PROJETOS
- ORGANIZAÇÃO POR PROCESSOS

CRESCIMENTO = EVOLUÇÃO PARA UNIDADES DE NEGÓCIOS

3.3 Tecnologia

Tecnologia é um conceito vasto. Uma primeira definição associa a tecnologia à natureza da atividade e ao uso do conhecimento e de ferramentas (que podem ser tangíveis ou conceituais) para realizá-las. A fábrica de caminhões é diferente do hospital não apenas porque os produtos, serviços e usuários são diferentes, mas porque as atividades realizadas pelas pessoas, os conhecimentos necessários e as ferramentas usadas em cada caso são completamente diferentes do outro. Em resumo, as tecnologias são diferentes. A forma de organizar, no caso da fábrica de caminhões, segue o modelo funcional nos níveis gerenciais, combinado com o modelo dos processos no nível operacional (linha de montagem). Um hospital usa o modelo das áreas do conhecimento e os tipos de problemas dos pacientes para se organizar. No nível operacional do hospital, o conceito de processo também pode ser usado – recepção de pacientes, documentação, liberação (mas só depois do pagamento) etc.

Quando se consideram apenas as máquinas e ferramentas, nota-se que a tecnologia determina, facilita e redefine a organização das tarefas. Por exemplo, a facilidade de transporte e comunicação permite que se descentralizem as instalações e as atividades. A explosão das tecnologias da informação e da comunicação facilitou o surgimento das redes, redefiniu os papéis nos escritórios, criou novas profissões e contribuiu para o enxugamento da hierarquia, já que o contato entre o topo e a base da pirâmide ficou mais rápido e fácil.

Algumas empresas têm estratégias fortemente ligadas à tecnologia, da qual depende a liderança na inovação, a qualidade do produto e a capacidade de resolver problemas complexos: Mercedes-Benz, Alstom Transport, Boeing e Airbus, Nasa e a indústria cinematográfica, de forma geral, são exemplos de ligação estreita entre tecnologia e *performance*. Sem tecnologia, não haveria freios ABS ou controle de estabilidade, aviões, trens de alta velocidade, exploração do espaço ou efeitos especiais no cinema. As empresas que fazem esses produtos têm em seus organogramas departamentos de *pesquisa e desenvolvimento, tecnologia, inovação* ou *novos produtos*, em que trabalham as pessoas especializadas, com treinamento avançado, que desenvolvem os atributos estratégicos que elas valorizam.

3.4 Ambiente

Assim como ocorre na natureza, as organizações precisam de ajuste com o ambiente, que pode ser estável e uniforme ou complexo e dinâmico. O comportamento do ambiente varia em função da velocidade da mudança em variáveis como tecnologia, economia, concorrência e demandas dos clientes, entre muitas outras. Para lidar com a mudança do ambiente, as organizações usam dois atributos de sua estrutura: diferenciação e integração (LAWRENCE; LORSCH, 1973).

- Diferenciação: significa o grau de detalhamento da divisão do trabalho. Quanto mais dividido o trabalho, maior o número de unidades ou departamentos e maior a diferenciação. A diferenciação básica encontrada em muitas empresas é representada pela estrutura funcional: departamentos ou unidades de marketing, produção e administração/finanças. Quanto mais diferentes, dinâmicos e complexos os ambientes com os quais a organização lida (por exemplo, clientes de diversas faixas de renda, operações em muitos países ou concorrência intensa em diferentes mercados), maior deve ser a diferenciação na estrutura organizacional – isso significa que a especialização dentro da empresa varia com a complexidade do ambiente. As empresas que interagem com ambientes estáveis e simples, por outro lado, não precisam de muita diferenciação (Figura 11.5).

- Integração: significa a colaboração entre departamentos, para alcançar a unidade de esforço necessária para a realização dos objetivos organizacionais. Para se integrar, as organizações utilizam os gerentes, a comunicação, as equipes de gerenciamento de processos e as estruturas de projetos. A eficácia de uma organização depende, em primeiro lugar, de alcançar a diferenciação exigida pelo ambiente, e, em segundo lugar, de integrar-se para interagir com o ambiente total. Quanto mais diferenciada a empresa, mais necessária é a integração, mas, ao mesmo tempo, mais difícil.

Figura 11.5
Relação entre ambiente e estrutura.

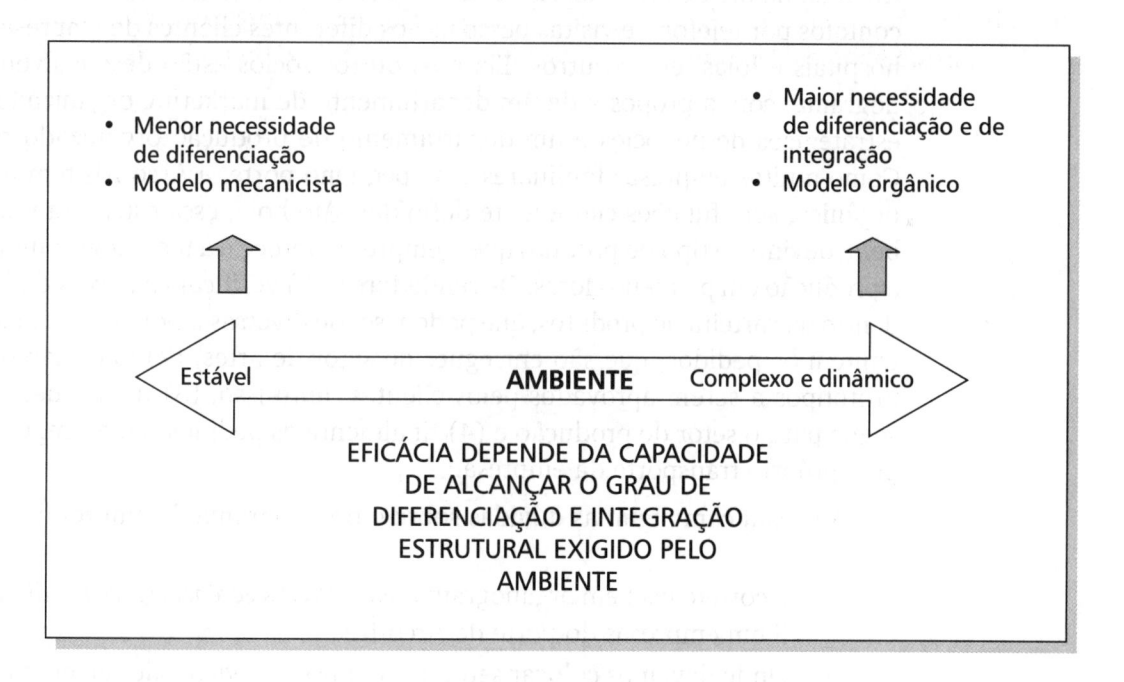

- Menor necessidade de diferenciação
- Modelo mecanicista

- Maior necessidade de diferenciação e de integração
- Modelo orgânico

⟨Estável — **AMBIENTE** — Complexo e dinâmico⟩

EFICÁCIA DEPENDE DA CAPACIDADE DE ALCANÇAR O GRAU DE DIFERENCIAÇÃO E INTEGRAÇÃO ESTRUTURAL EXIGIDO PELO AMBIENTE

3.5 Fator humano e estrutura

O fator humano relaciona-se com as características das pessoas que a organização emprega, tais como tipo de formação, experiência, perfil psicológico, motivações e mesmo relações pessoais, bem como com a ênfase em determinadas funções, como pesquisa e desenvolvimento, recrutamento e seleção ou treinamento.

As forças armadas, em todos os países, por causa da importância que dão à formação de pessoas, têm grandes estruturas para lidar com essa função: academias de oficiais, centros de treinamento básico e especializado, instrutores, escolas de comando e assim por diante. O mesmo ocorre com os hospitais, universidades e centros de pesquisa. Empresas que precisam de criatividade, previsivelmente, têm departamentos de criação – como as agências de publicidade e os fornecedores de efeitos especiais para a indústria cinematográfica. Para as empresas pequenas e familiares, que têm a estratégia da estabilidade, basta o "humanograma".

Estudo de Caso: Arco-Íris Embalagens e Etiquetas[1]

Fundada há cerca de 30 anos, em Petrópolis, Rio de Janeiro, a Arco-Íris começou fabricando papéis impressos para embalar picolé e macarrão de pequenas empresas industriais da região. Hoje, com 20 funcionários e 7 vendedores externos, é administrada pelos sucessores de seu fundador.

As embalagens personalizadas são o principal foco da Arco-Íris. A empresa atende clientes de perfis variados em diversos setores do mercado.

Ana, estudante de administração da Fase (<www.fog.br>), é uma das herdeiras e trabalha na área comercial. As vendas são feitas de forma ativa. Os vendedores fazem contatos por telefone e visitas pessoais aos diferentes clientes de empresas industriais, hospitais e lojas, entre outros. Ela e os outros sócios estão desenvolvendo um organograma, com a proposta de um departamento de marketing organizado por núcleos estratégicos de negócios e um departamento de produção organizado por produtos. Como muitas empresas familiares e de pequeno porte, a Arco-Íris tem uma estrutura orgânica, sem funções claramente definidas. Até hoje, essa estrutura tem funcionado bem, devido ao tipo de produto que a empresa oferece e à tecnologia empregada, que é a produção em pequenos lotes. Os vendedores: (1) verificam a necessidade dos clientes dentro da carteira de produtos, que podem ser de diversas medidas e modelos diferentes, emitem os pedidos, que são entregues ao setor de artes, (2) onde são desenvolvidos protótipos a serem aprovados pelos clientes; feito isso, (3) uma ordem de produção segue para o setor de produção e (4) finalmente os pedidos são entregues aos clientes pelo próprio transporte da empresa.

Ana está com algumas dúvidas sobre o organograma da empresa:

- É correto usar em organogramas as palavras *gerência/gerente, diretoria/diretor*? E em empresas do porte da Arco-Íris?
- Onde devemos colocar setores em que os serviços são terceirizados (limpeza, manutenção etc.)?
- Os outros sócios acharam o organograma muito compacto. Seria adequado um organograma mais detalhado? Que tal usar um organograma linear?
- No organograma de empresas com estrutura de modelo orgânico, a representação gráfica tem a mesma forma de uma estrutura de modelo mecanicista?

---

[1] Elaborado com a colaboração de Ana Lúcia Borsato.

Parte IV
Liderança e gestão de pessoas

Capítulos	Conteúdo	Casos
12. MOTIVAÇÃO	Motivação é um processo fundamental do comportamento, que afeta o desempenho das pessoas e das organizações. Todo administrador deve compreender os mecanismos básicos da motivação. O Capítulo 12 apresenta as principais ideias a esse respeito.	O QUE DEU ERRADO? Sinopse: Aconteceu algo estranho. Quanto mais aumentavam os incentivos, mais o desempenho diminuía naquele grupo de trabalhadores temporários. Qual é a explicação? Será que o problema tem solução?
13. LIDERANÇA	Motivação e liderança são processos interligados. No Capítulo 13, a liderança é examinada sob dois ângulos: como processo social complexo e como papel ou função de todo administrador. Conheça os estilos básicos de liderança e o conceito de liderança situacional.	COOPERMAMBRINI Depois da falência, a empresa é comprada por seus antigos funcionários. De empregados, eles se transformam em patrões. Qual é o estilo de liderança apropriado?
14. GRUPOS	Grupos são as engrenagens das organizações. O Capítulo 14 apresenta os principais conceitos para o entendimento da dinâmica dos grupos e de seu impacto sobre as pessoas e as organizações. Veja como os grupos se desenvolvem e se transformam em equipes de alto desempenho.	COMO IMPLANTAR GRUPOS AUTOGERIDOS Comprada por uma corporação multinacional, a fábrica de autopeças substituiu sua linha de produção por grupos autogeridos. Ao contrário do que se esperava, os resultados são desastrosos. Falhou a teoria ou a prática?
15. COMUNICAÇÃO GERENCIAL	Comunicação é o ingrediente que faz funcionar os processos da administração e todas as formas de trabalho de grupo. No Capítulo 15, você estuda a comunicação como um processo e uma competência básica para seu papel de administrador.	A PRIMEIRA GERÊNCIA DE HAMILTON DUTRA Para se entregar a um desafio, Hamilton ocupa a gerência de uma unidade problemática. Mas o problema é maior do que ele esperava. Como ele deve usar as habilidades de comunicação?

12

Motivação

Objetivos

Quando terminar de estudar este capítulo, você deverá estar preparado para explicar e exercitar as seguintes ideias:

- Motivação.
- Principais teorias da motivação.
- Interação dos motivos interiores das pessoas com os estímulos do ambiente para produzir estados de motivação.

Introdução

A palavra *motivação* deriva do latim *motivus, movere*, que significa mover. Em seu sentido original, a palavra indica o processo pelo qual o comportamento humano é incentivado, estimulado ou energizado por algum tipo de motivo ou razão. Motivo, motor e emoção são outras palavras que têm a mesma raiz. O comportamento humano sempre é motivado. Sempre há um motor funcionando, que movimenta o comportamento humano.

1 Motivação

O estudo da motivação busca entender quais são as forças que movem as pessoas nas diferentes dimensões do comportamento – pensamento, ação e palavras. O que faz nosso motor funcionar?

A motivação é um processo que tem três propriedades (Figura 12.1):

- Direção: o objetivo do comportamento motivado.
- Intensidade: a magnitude ou força dos motivos.
- Permanência: o tempo durante o qual a motivação se manifesta.

A motivação é específica. Você pode estar muito motivado para estudar e não ter nenhuma motivação para sair hoje à noite – ou o contrário. Não há um estado geral de motivação, que leve uma pessoa a entusiasmar-se por tudo. *Entusiasmo*, outra palavra antiga e muito expressiva, é derivada do grego. Significa "ter um deus dentro de si". Poderíamos estar agora estudando a administração do entusiasmo em vez da motivação, que tal?

Figura 12.1
Intensidade, direção e tempo são propriedades da motivação.

INTENSIDADE = força dos motivos

TEMPO = permanência da motivação

DIREÇÃO = objetivo do comportamento motivado

Neste capítulo, estudaremos as principais teorias (ou seja, explicações) sobre a motivação, de interesse para todo administrador, bem como algumas ideias práticas sobre a motivação.

2 Motivação para o Trabalho

No campo da administração, o estudo da motivação tenta explicar as forças ou motivos que influenciam o desempenho das pessoas em situações de trabalho. Uma vez que o desempenho das pessoas no trabalho depende, em parte, de sua motivação, e o desempenho da organização depende do desempenho das pessoas, a compreensão desse processo é de grande interesse na administração das organizações.

O desempenho no trabalho é o resultado que uma pessoa consegue com a aplicação de algum esforço. O desempenho é positivo quando o resultado está de acordo com a intenção ou objetivo. Ser aprovado num concurso, vencer uma competição, atender satisfatoriamente a um cliente ou montar corretamente um produto são exemplos de desempenho positivo. O desempenho na realização de qualquer tipo de tarefa ou objetivo é influenciado por inúmeras forças. Entre elas estão as forças chamadas *motivos*, que produzem a *motivação para o trabalho*.

Motivação para o trabalho é um estado psicológico de disposição, interesse ou vontade de perseguir ou realizar uma tarefa ou meta. Dizer que uma pessoa está motivada para o trabalho significa dizer que essa pessoa apresenta disposição favorável ou positiva para realizar o trabalho.

3 Motivos Internos e Externos

A motivação para o trabalho é resultante de uma interação complexa entre os motivos internos das pessoas e os estímulos da situação ou ambiente.

- Motivos internos são as necessidades, aptidões, interesses, valores e habilidades das pessoas. Os motivos internos fazem cada pessoa ser capaz de realizar certas tarefas e não outras; sentir-se atraída por certas coisas e evitar outras; valorizar certos comportamentos e menosprezar outros. São os impulsos interiores, de natureza fisiológica e psicológica, afetados por fatores sociológicos, como os grupos ou a comunidade de que a pessoa faz parte.

- Os motivos externos são estímulos ou incentivos que o ambiente oferece ou objetivos que a pessoa persegue. Os motivos externos satisfazem necessidades, despertam sentimentos de interesse ou representam recompensas desejadas. São motivos externos todas as recompensas e punições oferecidas pelo ambiente, os padrões estabelecidos pelo grupo de colegas, os valores do meio social, as oportunidades de carreira e muitos outros componentes da situação de trabalho.

Todos esses motivos combinam-se de forma complexa para influenciar o desempenho (Figura 12.2).

Neste capítulo, serão estudadas teorias da motivação que explicam os motivos internos, os motivos externos e a interação entre essas duas categorias.

4 Necessidades Humanas

As teorias a respeito das necessidades humanas fornecem a primeira explicação importante sobre o papel dos motivos internos na motivação. Segundo essa ideia, o comportamento humano é motivado por estímulos interiores chamados necessidades, que são estados de carência. As pessoas agem, nas mais diferentes situações, para satisfazer a esses estados de carência.

Figura 12.2
A motivação é resultante de uma interação de motivos complexos, internos e externos.

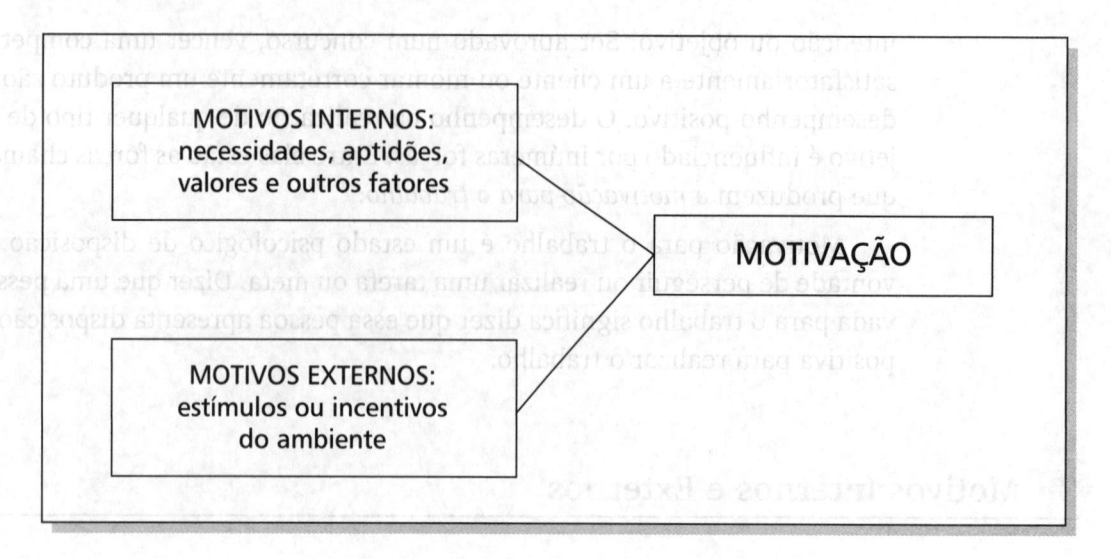

```
┌─────────────────────────────────────────────┐
│   ┌─────────────────────────┐               │
│   │   MOTIVOS INTERNOS:     │               │
│   │  necessidades, aptidões,│╲              │
│   │   valores e outros fatores│ ╲            │
│   └─────────────────────────┘   ╲  ┌──────────┐
│                                  ──│ MOTIVAÇÃO│
│   ┌─────────────────────────┐   ╱  └──────────┘
│   │   MOTIVOS EXTERNOS:     │  ╱            │
│   │  estímulos ou incentivos│╱              │
│   │      do ambiente        │               │
│   └─────────────────────────┘               │
└─────────────────────────────────────────────┘
```

- Por exemplo, a fome é uma necessidade que motiva o organismo a procurar alimento (direção da motivação). Quanto mais forte essa necessidade, maior é o empenho em realizar o objetivo de conseguir alimento (intensidade da motivação). Uma vez satisfeita a necessidade, o organismo passa para um estado de saciedade ou satisfação, e o alimento deixa de representar um estímulo, porque se extinguiu o impulso interno para persegui-lo. A motivação para aquele determinado comportamento deixou de existir (duração da motivação).

- Outras necessidades podem ter um ciclo de satisfação mais longo, não sendo atendidas pontualmente, de momento a momento. É o caso da motivação para o poder, que não provoca a saciedade, mas pode ficar mais intensa a cada momento.

- Certas necessidades são *instrumentais* para a satisfação de outras. Há necessidades que são *terminais*, satisfazendo-se em si mesmas. Para algumas pessoas, a necessidade de ganhar dinheiro é instrumental (ou, é um instrumento) para o atendimento das necessidades de sobrevivência. Para outras pessoas, a necessidade de ganhar dinheiro é terminal – é uma finalidade em si mesma.

- Segundo as teorias sobre as necessidades humanas, a realização de objetivos e o desempenho estão ligados à busca da satisfação de carências. Sabendo que, se o objetivo for alcançado, uma carência será satisfeita, a pessoa empenha-se na perseguição, tanto mais intensamente quanto mais forte seja a carência.

4.1 Hierarquia de Maslow

A noção de que as necessidades humanas estão organizadas numa espécie de ordem ou hierarquia desempenha um papel importante no estudo da motivação. Uma das principais teorias que se baseia nessa noção foi proposta por Abraham Maslow. Segundo esse autor, as necessidades humanas são divididas em cinco categorias (Figura 12.3).

Figura 12.3
Pirâmide das necessidades humanas, uma ideia de Abraham Maslow.

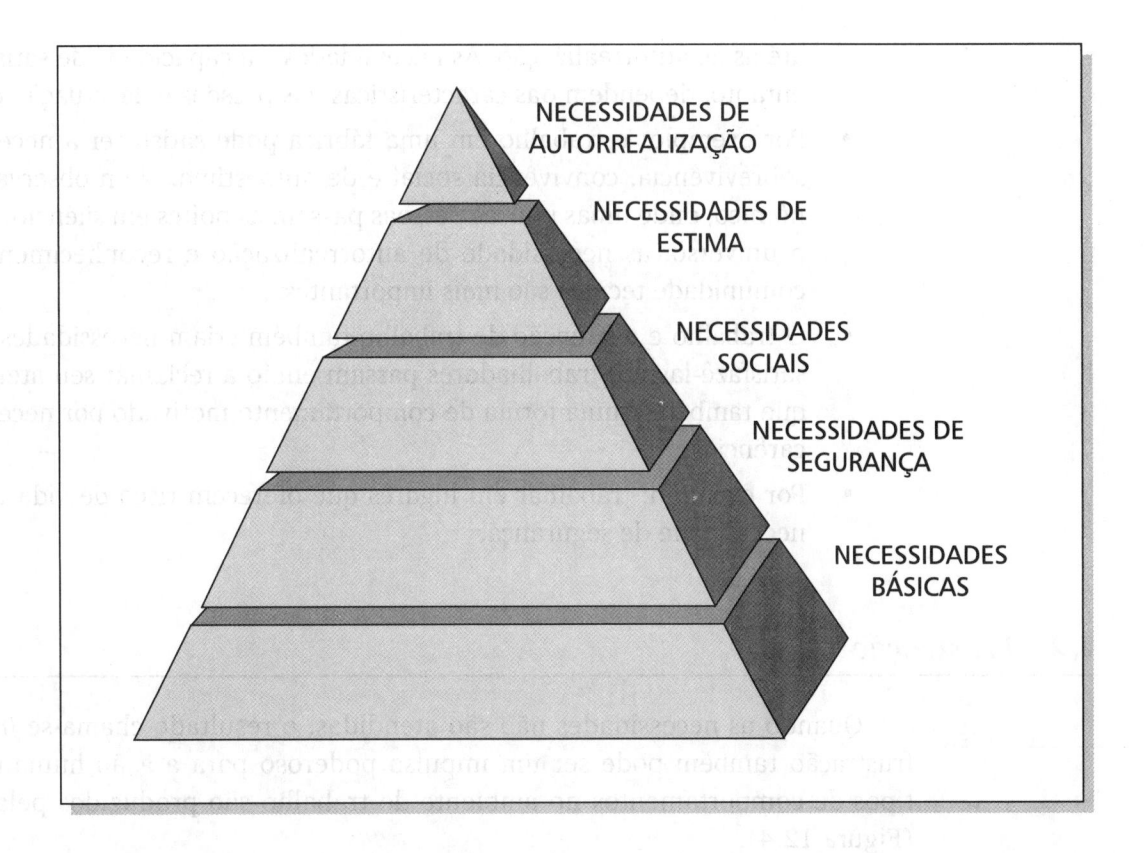

- NECESSIDADES DE AUTORREALIZAÇÃO
- NECESSIDADES DE ESTIMA
- NECESSIDADES SOCIAIS
- NECESSIDADES DE SEGURANÇA
- NECESSIDADES BÁSICAS

De acordo com a teoria de Maslow:

- As necessidades fisiológicas estão na base da hierarquia. As pessoas procuram satisfazê-las antes de se preocupar com as de nível mais elevado.
- Uma necessidade em qualquer ponto da hierarquia precisa ser atendida antes que a necessidade de nível seguinte se manifeste. Se uma necessidade não for satisfeita, a pessoa ficará estacionada nesse nível de motivação.
- Uma vez atendida, uma necessidade deixa de se fazer sentir. A pessoa passa a ser motivada pela ordem seguinte de necessidades.
- As pessoas estão num processo de desenvolvimento contínuo. As pessoas tendem a progredir ao longo das necessidades, buscando atender uma após outra, e orientam-se para a autorrealização.
- Uma necessidade pode predominar sobre as demais, devido a fatores como idade, meio social ou personalidade. Por exemplo, a necessidade de autoafirmação é predominante na juventude.

Aplicando a teoria de Maslow ao desempenho no trabalho:

- O trabalho e o ambiente de trabalho podem satisfazer uma ampla gama de necessidades, instrumentais e terminais, desde as necessidades de sobrevivência até as de autorrealização. As necessidades e a capacidade de satisfazê-las, no entanto, dependem das características das pessoas e da situação de trabalho.

- Por exemplo: o trabalho em uma fábrica pode satisfazer a necessidades de sobrevivência, convivência social e de autoestima. Num observatório astronômico, onde umas poucas pessoas passam as noites em silêncio, observando o universo, as necessidade de autorrealização e reconhecimento em uma comunidade técnica são mais importantes.
- O trabalho e a situação de trabalho também criam necessidades, em vez de satisfazê-las. Os trabalhadores passam então a reclamar seu atendimento, o que também é uma forma de comportamento motivado por necessidades ou carências.
- Por exemplo: trabalhar em lugares que oferecem risco de vida intensifica a necessidade de segurança.

4.2 Frustração

Quando as necessidades não são atendidas, o resultado chama-se *frustração*. A frustração também pode ser um impulso poderoso para a ação humana. Diversos tipos de comportamentos no ambiente de trabalho são produzidos pela frustração (Figura 12.4).

Figura 12.4
Consequências da frustração.

FUGA OU COMPENSAÇÃO	• Busca de atividade ou recompensa alternativa.
RESIGNAÇÃO	• Conformidade, apatia.
AGRESSÃO	• Ira e hostilidade e ataque verbal ou físico.

- Fuga ou compensação. Quando não consegue satisfazer a uma necessidade, que se torna cada vez mais intensa, a pessoa fica crescentemente frustrada e ansiosa. Como consequência dessa frustração, pode ser que ela adote um comportamento de fuga ou compensação. Comportamentos desse tipo são: a procura de outro emprego ou profissão, quando não há possibilidade de progresso no emprego atual, ou a filiação a uma associação profissional ou sindicato, para defesa de interesses não atendidos pelo empregador.
- Resignação. A resignação ocorre quando um grupo ou pessoa se deixa abater pela frustração e se entrega a um estado de desânimo ou fatalidade ("eu desisto", "não adianta lutar", "é assim que tem de ser"). Como todas as saídas parecem fechadas, a pessoa se rende. Numa situação de trabalho, a resignação manifesta-se por meio da apatia, da depressão e do desinteresse pela organização e seus objetivos.

- Agressão. A agressão representa uma forma de ataque físico ou verbal, associado a um sentimento de ira e hostilidade. Pode ser um palavrão, um chute na parede, ou um martelo que o operário "deixa cair" do edifício em construção, na cabeça do engenheiro ou do mestre de obras. Quando não é possível descarregar a agressão contra o objeto ou pessoa que a provocou, a pessoa frustrada pode adotar um comportamento de substituição ou deslocamento: o general repreende o coronel, que repreende o major, e assim por diante, até que o soldado chuta o cachorro do quartel. O supervisor maltrata um operário, que joga uma ferramenta dentro de uma engrenagem delicada.

5 Características Individuais

As características individuais representam outro motivo interno. As características individuais definem as diferenças entre as pessoas.

O conhecimento das diferenças entre as pessoas é uma ferramenta básica para entender os processos motivacionais.

As pessoas são singulares e, ao mesmo tempo, compartilham características. Somos todos semelhantes e diferentes uns dos outros ao mesmo tempo. As necessidades são comuns a todas as pessoas, mas cada pessoa tem uma situação específica em termos de necessidades. O mesmo acontece com todas as outras características que singularizam as pessoas e que afetam a motivação: competências, atitudes, emoções e personalidade. Todas essas características interagem com as necessidades e entre si, fazendo de cada pessoa um caso único de motivação. Em seguida, este capítulo apresenta uma visão panorâmica das características individuais.

- Competências. As competências influenciam os interesses, as escolhas de carreiras e, consequentemente, o desempenho. Se você tem aptidão numérica e lógica, há grande probabilidade de que tenha mais interesse e entusiasmo para realizar atividades que exigem essa competência. Se tiver a oportunidade, você procurará desenvolver essas aptidões e transformá-las em habilidades. Suas decisões a respeito de trabalho, estudo e carreira são influenciadas por essas competências. Em resumo, a direção, a intensidade e a permanência da motivação são determinadas pelas competências. As competências se modificam com a educação e a experiência, modificando também os padrões de motivação.
- Atitudes e interesses. Atitudes e interesses representam outra explicação importante sobre a forma como o desempenho é motivado. Por exemplo, há uma forte correlação entre atitude favorável ao próprio cargo e desempenho positivo. As pessoas que se sentem atraídas pela carreira gerencial têm grande probabilidade de sucesso como gerentes. As atitudes também explicam por que a competência não significa, automaticamente, desempenho. Uma pessoa pode ser extremamente competente em um campo, mas, se lhe faltar o interesse (ou motivação), seu desempenho ficará prejudicado.

- Emoções. Não há dúvida sobre o papel das emoções e da inteligência emocional sobre certos tipos de desempenho. Todas as atividades nas organizações exigem algum grau de inteligência emocional, uma competência que tem os seguintes componentes: autoconhecimento, autocontrole, automotivação, empatia e habilidades interpessoais (ou habilidade social). O melhor da inteligência emocional é a ideia de que essa aptidão pode ser desenvolvida. As pessoas podem ser "emocionalmente alfabetizadas" e educadas para lidar com suas emoções e seu comportamento.
- Personalidade. Personalidade é um conceito dinâmico, que procura descrever o crescimento e desenvolvimento do sistema psicológico individual como um todo. Todas as características que individualizam as pessoas convergem para a personalidade. Não se separam necessidades, competências, atitudes e emoções da personalidade. No entanto, a personalidade tem outros ingredientes. O conceito de personalidade abrange todos os traços de comportamento e características fundamentais de uma pessoa (ou das pessoas de forma geral) que permanecem com a passagem do tempo, e que explicam as reações às situações do dia a dia. Os traços de personalidade explicam como e por que as pessoas funcionam. Os traços de personalidade, em algumas teorias, são propostos como pares de comportamentos que se contrapõem: pessoas extrovertidas em contraposição a introvertidas, independentes em contraposição a dependentes, confiantes em contraposição a inseguras e assim por diante.

6 Teoria dos Dois Fatores

Os motivos internos interagem com os motivos externos, presentes na situação de trabalho. São motivos externos: iluminação do local de trabalho, arranjo dos instrumentos de trabalho, o chefe, os colegas e o próprio trabalho, entre muitos outros.

Segundo a *teoria dos dois fatores*, proposta por Frederick Herzberg, os motivos que estão presentes na situação de trabalho e que influenciam o desempenho podem ser divididos em duas categorias principais:

- O próprio trabalho.
- As condições de trabalho.

Essa teoria é um dos mais influentes estudos sobre a motivação para o trabalho. Para entender a teoria dos dois fatores, pense em um estudante. O curso é o próprio trabalho, enquanto o professor, os colegas e a sala de aula fazem parte das condições de trabalho. Agora, responda a pergunta: em seu caso, qual dos dois fatores – o curso ou as condições – é motivo de maior satisfação?

Foi essa pergunta o ponto de partida de Herzberg. Ele e seus colegas fizeram uma série de entrevistas com engenheiros e contadores, perguntando-lhes quais aspectos de seu trabalho os deixavam satisfeitos ou insatisfeitos. Analisando as respostas, chegaram à conclusão de que os aspectos satisfatórios diziam respeito principalmente ao conteúdo do trabalho (a tarefa em si executada por aqueles profissionais). A esses aspectos foi dado o nome de *fatores intrínsecos* ou *fatores M*, de motivação propriamente dita. Por outro lado, os aspectos insatisfatórios diziam respeito ao contexto do trabalho, às condições dentro das quais o trabalho era realizado. A esses aspectos foi dado o nome de *fatores extrínsecos* ou *fatores H*, de higiênicos. Veja na Figura 12.5 um elenco dos principais fatores de cada categoria.

Figura 12.5 Teoria dos dois fatores, uma ideia de Herzberg.

FATORES MOTIVACIONAIS OU INTRÍNSECOS	FATORES HIGIÊNICOS OU EXTRÍNSECOS
• TRABALHO EM SI. • REALIZAÇÃO DE ALGO IMPORTANTE. • EXERCÍCIO DA RESPONSABILIDADE. • POSSIBILIDADE DE APRENDIZAGEM E CRESCIMENTO.	• ESTILO DE LIDERANÇA. • RELAÇÕES PESSOAIS. • SALÁRIO. • POLÍTICAS DE ADMINISTRAÇÃO DE RECURSOS HUMANOS. • CONDIÇÕES FÍSICAS E SEGURANÇA DO TRABALHO.

A partir desses estudos, Herzberg e seus colaboradores criaram a teoria dos dois fatores.

- Segundo essa teoria, em situações de trabalho, somente *os fatores intrínsecos produzem a satisfação com o trabalho*. Em outras palavras, apenas o trabalho em si e os fatores que lhe são diretamente relacionados podem fazer as pessoas sentir-se satisfeitas.

- Os fatores extrínsecos não fazem a pessoa sentir-se satisfeita com o trabalho. Os fatores extrínsecos influenciam apenas o estado de satisfação com as condições dentro das quais o trabalho é realizado. Para Herzberg, *os fatores extrínsecos reduzem a insatisfação*.

- O principal aspecto da teoria dos dois fatores é a proposição de que a satisfação e a insatisfação não são extremos opostos de uma mesma régua (como se "0" de satisfação fosse igual a "10" de insatisfação). Segundo a teoria de Herzberg, há uma régua de "0" a "10" para a satisfação e uma régua de "0" a "10" para a insatisfação. Os dois estados – satisfação e insatisfação – são processos diferentes influenciados por diferentes fatores. Como se o estudante, por exemplo, estivesse satisfeito com o curso e insatisfeito com as condições da escola, ou vice-versa (Figura 12.6).

Figura 12.6
Satisfação e insatisfação, segundo Herzberg, representam duas dimensões independentes da motivação.

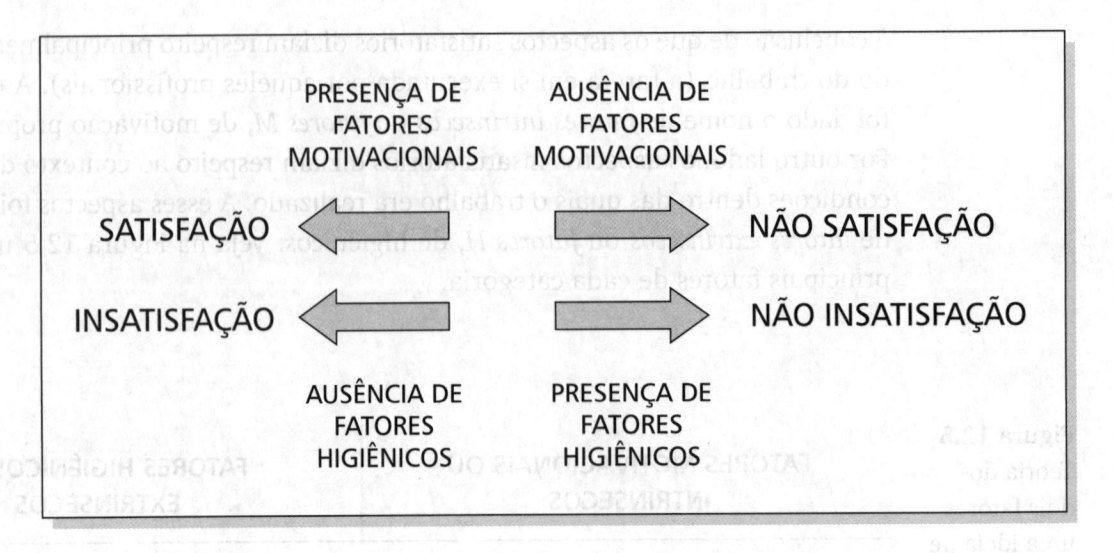

```
         PRESENÇA DE              AUSÊNCIA DE
          FATORES                  FATORES
        MOTIVACIONAIS            MOTIVACIONAIS

    SATISFAÇÃO    ←           →    NÃO SATISFAÇÃO

    INSATISFAÇÃO  ←           →    NÃO INSATISFAÇÃO

         AUSÊNCIA DE              PRESENÇA DE
          FATORES                  FATORES
         HIGIÊNICOS               HIGIÊNICOS
```

Nas palavras de Herzberg, *o oposto de satisfação não é insatisfação, mas não satisfação; o oposto de insatisfação não é satisfação, mas não insatisfação*. De acordo com a teoria de Hezberg, a presença dos fatores higiênicos cria um clima psicológico e material saudável. Quanto melhores, por exemplo, as relações entre colegas, o tratamento recebido do supervisor e o ambiente físico de trabalho, melhor será o clima. Mais higiênico o ambiente, porque melhores as condições de sanidade psicológica do contexto do trabalho. Quanto mais contente a pessoa estiver com seu salário, menor será sua disposição para reclamar desse aspecto de sua relação com a empresa. Consequentemente, maior a satisfação do trabalhador com o ambiente de trabalho. Em resumo:

- O ambiente de trabalho produz satisfação com o próprio ambiente.

As condições ambientais, de acordo com a teoria dos dois fatores, não são suficientes para induzir um estado de motivação para o trabalho. Para que haja essa motivação, é preciso que a pessoa esteja satisfeita com seu trabalho, que enxergue nele a possibilidade de exercitar suas habilidades ou desenvolver suas aptidões. Ou seja:

- O conteúdo do trabalho produz satisfação com o próprio trabalho.

De acordo com a teoria de Herzberg, é a combinação do ambiente de trabalho e do conteúdo do trabalho que faz funcionar o motor interno – um sem o outro tende a ser ineficaz (Figura 12.7). Para que os fatores de motivação sejam eficazes, é preciso haver uma base de segurança psicológica e material, representada pela presença dos fatores extrínsecos. Da mesma forma, para que os fatores extrínsecos tenham o efeito positivo desejado sobre o desempenho, é preciso que o trabalho ofereça algum grau de desafio ou interesse para o trabalhador.

Figura 12.7
Efeitos da combinação de fatores higiênicos e motivacionais no trabalho.

		Totalmente ausente ←——————→ Totalmente presente	
		FATORES HIGIÊNICOS AUSENTES • Salários baixos • Não há benefícios • Condições de trabalho precárias • Equipe sem sintonia	**FATORES HIGIÊNICOS PRESENTES** • Salários e benefícios satisfatórios • Ambiente físico de trabalho agradável • Ambiente humano amigável
Totalmente ausente ↕ Totalmente presente	**FATORES MOTIVACIONAIS AUSENTES** • Trabalho sem desafio • Não há oportunidades de avanço • Não se oferecem programas de capacitação • Não há recompensas pelo desempenho	Ausência de fatores motivacionais e higiênicos é a pior situação, que só se aceita na absoluta falta de alternativa. O desempenho só pode ser resultante do senso de responsabilidade ou do receio da perda do emprego. Exemplos: atividades realizadas por imigrantes ilegais ou por pessoas sem qualificações profissionais.	Satisfação com as condições de trabalho, mas insatisfação com o trabalho em si, devida à falta de desafio ou, em outro extremo, à tensão inerente. O desempenho pode tender à mediocridade ou levar a aposentadoria precoce ou a problemas de conduta.
	FATORES MOTIVACIONAIS PRESENTES • Trabalho que envolve desafio, responsabilidade e tomada de decisão. • Possibilidades de crescimento na carreira. • Reconhecimento pelo desempenho.	A ausência de fatores higiênicos, com presença de fatores motivacionais, é exemplificada pelos missionários e socorristas voluntários que trabalham em condições de extrema penúria. O desempenho é resultante da motivação inerente à tarefa. Numa empresa, essa situação compromete o desempenho.	Motivação com o trabalho e satisfação com as condições formam a melhor combinação possível. Em tese, podem-se esperar os melhores níveis de desempenho quando o trabalho se encontra nessa situação.

7 Impacto dos Fatores Sociais

Finalmente, entre os motivos externos, estão os fatores sociais. Os fatores sociais compreendem as tradições, os valores e o padrão econômico, educacional e tecnológico da sociedade. Esses fatores produzem as *necessidades socialmente adquiridas*. Devido aos fatores sociais, certos estímulos e recompensas são perseguidos não pela importância intrínseca que têm para a pessoa, mas porque são valorizados pelo meio social – vizinhos, colegas ou conterrâneos (Figura 12.8).

Figura 12.8
Fatores sociais que influenciam as necessidades.

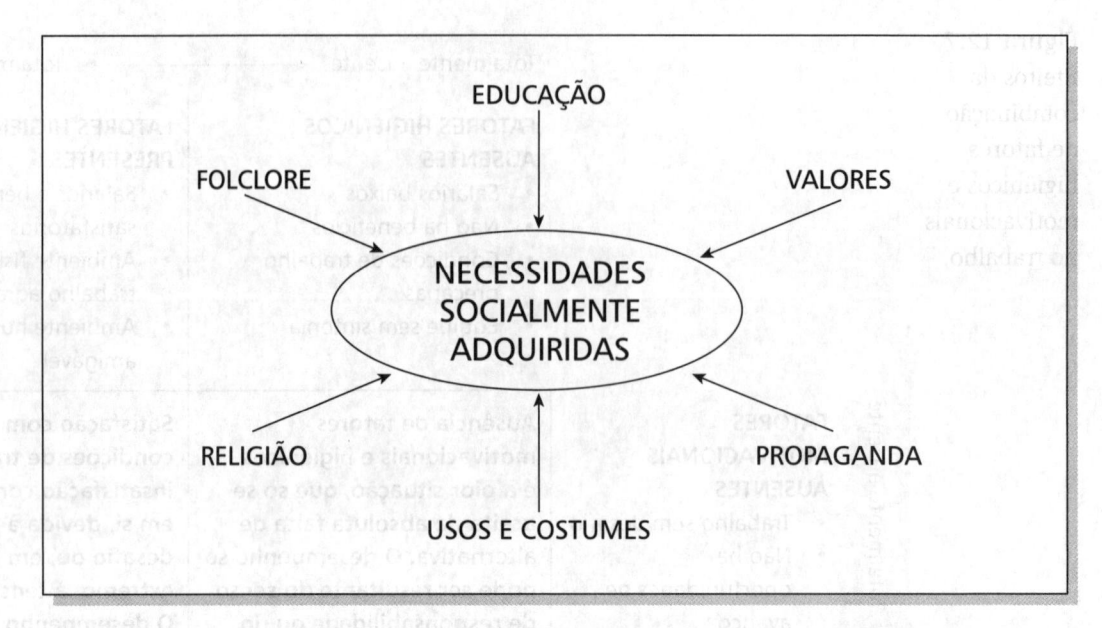

```
         EDUCAÇÃO
FOLCLORE           VALORES
      NECESSIDADES
      SOCIALMENTE
      ADQUIRIDAS
RELIGIÃO           PROPAGANDA
       USOS E COSTUMES
```

- Devido às necessidades socialmente adquiridas, o que é motivador para os membros de um grupo pode não oferecer qualquer atrativo para os membros de outro. As profissões que fornecem prestígio social oferecem forte apelo para os membros de uma sociedade e podem ser irrelevantes em outras. Esse apelo reflete-se não apenas na busca e rejeição de profissões, como também na intensidade da motivação para o desempenho em cada profissão. No Japão, os japoneses transferiram para os imigrantes certas profissões que para eles deixaram de ser atraentes. Brasileiros e outros latino-americanos descendentes de japoneses, no entanto, sentiam-se suficientemente motivados a viajar à terra de seus ancestrais para ocupar essas posições.

- A mudança tecnológica, a conjuntura econômica e a evolução dos costumes podem contribuir para alterar os valores sociais e a disposição para o trabalho. Desde o início da década de 1990, os operários da Volkswagen na Alemanha passaram a trabalhar apenas 28 horas por semana, em resposta à crise da indústria automobilística e como contribuição à redução do desemprego. Todos trabalhando menos, há trabalho para mais gente. A necessidade de uma resposta de consenso (entre empresa e empregados) ao problema produziu uma solução que motivou as pessoas a reduzir sua carga de trabalho e seus rendimentos.

- O grupo de trabalho representa os fatores sociais em escala menor. O nível de desempenho de alguém que trabalha em grupo é determinado não apenas por sua competência ou motivação, mas também pelo nível de desempenho que o grupo define como apropriado. Cada grupo de trabalho cria seus padrões específicos de valores e comportamentos, que estabelecem o que é certo ou errado, e o que seus integrantes devem fazer ou não. Um recém-chegado deve amoldar-se às regras do grupo de trabalho, ou não consegue integrar-se socialmente. Pode até mesmo ser castigado de alguma forma, seja sendo ignorado, ameaçado ou até expulso do grupo.

8 Juntando as Peças: Teoria da Expectativa

Cada empresa e cada situação de trabalho oferecem às pessoas um conjunto de incentivos – o próprio trabalho, o ambiente e recompensas materiais e psicológicas, como prêmios e o reconhecimento pelo bom desempenho. Qual é a eficácia e o efeito desses incentivos sobre a motivação?

Suponha que um gerente raciocinasse da seguinte maneira:

- Para conseguir os níveis mais altos de desempenho, devo oferecer aos empregados todas as vantagens materiais possíveis, como residência, alimentação e benefícios. Paralelamente, devo oferecer-lhes a oportunidade de exercitar suas melhores aptidões, e assim eles sentir-se-ão motivados e trabalharão bem. Para garantir que nada falhe, acrescentarei também alguns incentivos, como recompensas pelo desempenho.

Certo ou errado? A resposta é: depende. Qualquer incentivo pode funcionar, desde que esteja sintonizado com os motivos internos da pessoa a quem é oferecido (Figura 12.9). A principal explicação sobre a interação dos motivos internos com os estímulos do ambiente é a teoria da expectativa.

Figura 12.9
Qualquer estímulo funciona, desde que sintonizado com os motivos internos da pessoa. A teoria da expectativa explica como isso ocorre.

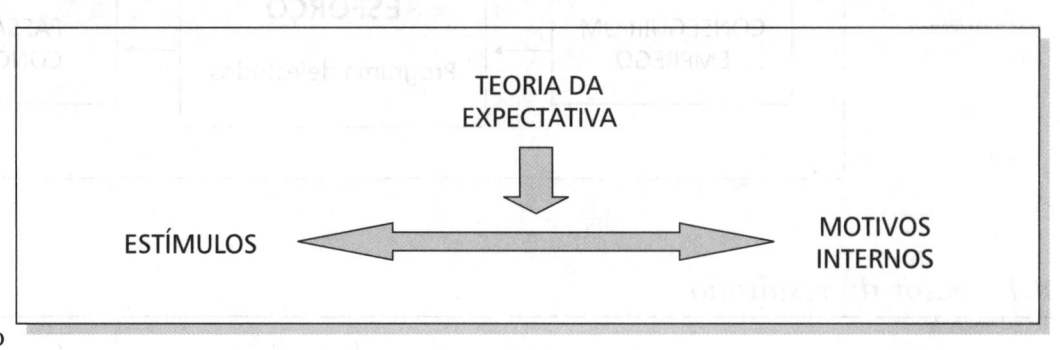

A teoria da expectativa procura explicar como as crenças e expectativas das pessoas combinam-se com os estímulos, para produzir algum tipo de força motivacional. Essa teoria retrata a ideia intuitiva de que o esforço depende do resultado que se deseja alcançar. Em essência, a teoria da expectativa estabelece que:

- O desempenho é proporcional ao esforço.
- O esforço é proporcional à importância que se atribui ao resultado do desempenho e também à crença de que o esforço produz o desempenho.
- Se o resultado for importante, a motivação para o esforço será intensa. Em resumo, a motivação para fazer algum tipo de esforço depende da importância atribuída ao resultado.

Suponha que você seja candidato a um emprego, que você deseja muito (resultado com alto grau de importância). Para conseguir o emprego, você precisa ser aprovado em um concurso (desempenho). Para ser aprovado no concurso, você precisa estudar bastante (esforço). Sua motivação para fazer o esforço é explicada a seguir pela teoria da expectativa (Figura 12.10).

Figura 12.10
Mecanismos da teoria da expectativa.

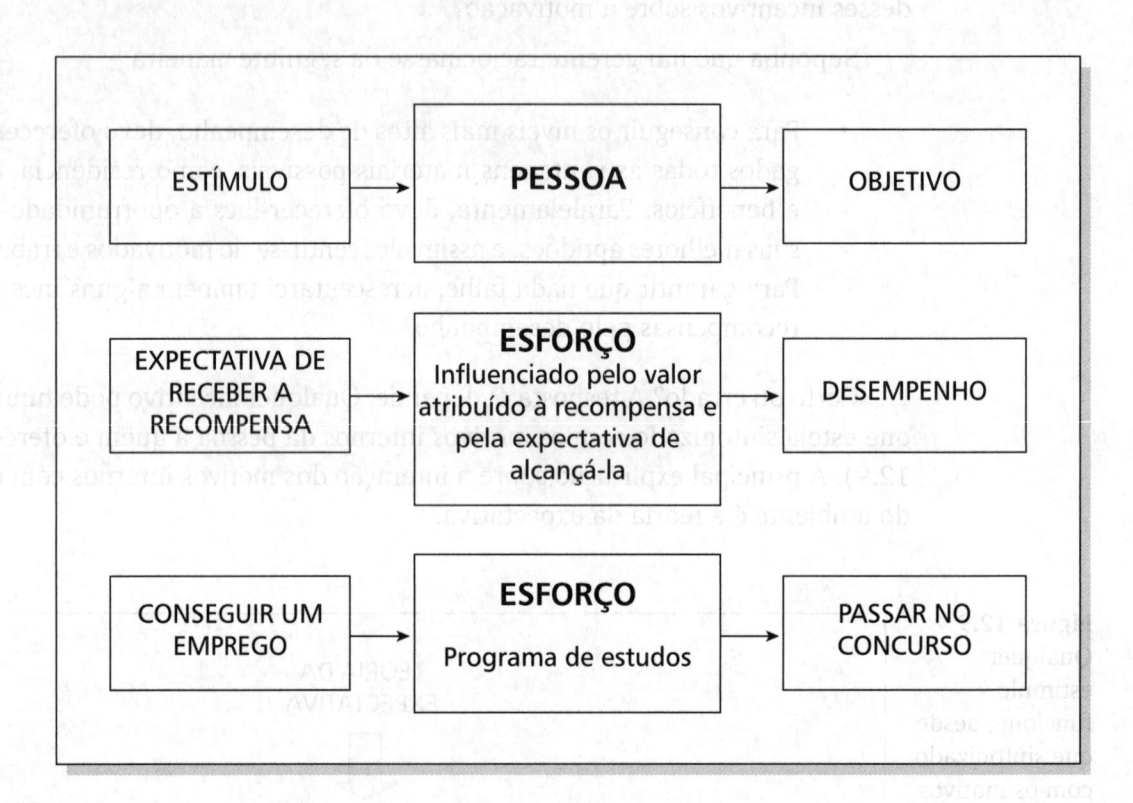

```
ESTÍMULO  →  PESSOA  →  OBJETIVO

EXPECTATIVA DE     ESFORÇO
RECEBER A      →   Influenciado pelo valor      →  DESEMPENHO
RECOMPENSA         atribuído à recompensa e
                   pela expectativa de
                   alcançá-la

CONSEGUIR UM   →   ESFORÇO              →  PASSAR NO
EMPREGO            Programa de estudos     CONCURSO
```

8.1 Valor do resultado

O primeiro componente da teoria da expectativa é a importância do resultado. A importância (ou valor) do resultado final do esforço é relativa e depende de cada pessoa. Para alguém, um emprego pode ser uma recompensa muito atraente. Para outra pessoa, pode não significar nada. Para outra, um estágio no exterior pode ser a recompensa desejada. Para outra pessoa, o estágio pode ser indesejável, porque significa ficar longe de casa e da família. A importância do resultado depende da satisfação associada a sua obtenção. A satisfação associada ao resultado, por sua vez, depende de necessidades e características que variam de uma pessoa para outra.

8.2 Desempenho e resultado

O segundo componente da teoria da expectativa é a crença de que o desempenho permite alcançar o resultado. Se acreditar que a aprovação no concurso garante o emprego, você se esforçará para ser aprovado. Se acreditar que o concurso é uma farsa, porque alguns protegidos receberam antecipadamente as respostas, sua motivação ficará bastante reduzida. Se acreditar que o bom desempenho no trabalho produzirá algum resultado indesejável, tal como uma transferência para outra cidade, que vai afastá-lo de sua família, sua motivação também diminuirá e seu desempenho, provavelmente, cairá.

8.3 Esforço e desempenho

O terceiro componente da teoria da expectativa é a crença de que o esforço produz o desempenho (que produz o resultado). Se o desempenho esperado é passar no concurso, é preciso estudar. Se você acredita que do esforço depende alta probabilidade de aprovação, sua motivação será alta.

A teoria da expectativa liga o esforço ao desempenho e o desempenho ao resultado. De acordo com a teoria da expectativa, tudo depende da importância do resultado. Administrar a motivação torna-se um processo de administrar recompensas que sejam compatíveis com as necessidades, características e crenças das pessoas. Desse modo, a teoria da expectativa fornece uma explicação sobre o processo de interação entre os motivos externos e os internos.

9 Práticas Motivacionais

As práticas motivacionais compreendem todos os tipos de incentivos e recompensas que as organizações oferecem a seus empregados na tentativa de conseguir o desempenho que possibilite a realização de seus objetivos. As práticas motivacionais abrangem desde os elogios e desafios propostos pelos gerentes até a participação dos funcionários no processo decisório, nos lucros ou na propriedade da empresa, passando por benefícios, prêmios, programas de enriquecimento do trabalho e planos de carreiras. Qual é a eficácia desses incentivos? Agora, você já sabe: tudo depende dos pressupostos da teoria da expectativa.

Nesta parte final do Capítulo 12, você estudará práticas motivacionais usadas por organizações da atualidade: redesenho de cargos, programas de incentivos e participação nos lucros e resultados.

9.1 Redesenho de cargos

As técnicas de redesenho de cargos foram criadas para resolver problemas de desempenho humano causados por atividades muito especializadas, com tarefas muito simples e repetitivas. Em cargos que são formados com tarefas desse tipo, as pessoas cansam-se, tornam-se alienadas e sua capacidade de atenção e concentração diminui com o tempo, assim como seu desempenho. As principais técnicas de redesenho de cargos são: alargamento de tarefas, rodízio e *empowerment*.

9.1.1 Alargamento de tarefas

Alargamento de tarefas, como o próprio nome indica, significa aumentar a quantidade de tarefas que uma pessoa desempenha, diminuindo sua especialização. É a forma mais simples de reduzir as desvantagens da especialização excessiva. Por exemplo, um recepcionista pode ser encarregado também da coordenação do trabalho dos mensageiros. O alargamento refere-se apenas ao aumento de atividades, sem afetar o poder de decisão do funcionário.

Por exemplo, em uma linha de montagem convencional, o funcionário tem uma tarefa fixa e um inspetor avalia a qualidade de seu trabalho. As atividades desse funcionário podem ser ampliadas, de modo que ele seja responsável não apenas pela produção, mas também pela avaliação da qualidade e envio de seu trabalho para as operações seguintes, sem que alguém precise controlar. As atividades também podem incluir tarefas de administração, como programação das atividades e organização do próprio tempo e manutenção do local de trabalho.

9.1.2 Rodízio de cargos

O rodízio de cargos consiste em fazer as pessoas trocarem de posição dentro de uma unidade de trabalho. A cada período, por exemplo, a cada dia, as pessoas assumem atividades diferentes, de maneira que todas as pessoas desempenhem todas as atividades e o processo recomeça continuamente. Por exemplo, em uma loja de venda de telefones, um funcionário é vendedor em um dia, recepcionista em outro, caixa em outro, retaguarda em outro e assim sucessivamente. Todos os funcionários desempenham todas as atividades, o que possibilita reduzir o cansaço e o tédio, bem como aumentar as qualificações.

9.1.3 *Empowerment*

Empowerment significa "atribuir poderes a alguém" e é uma palavra que traduz a prática de transferir poderes de decisão a funcionários individuais e a equipes. Levado ao extremo, o *empowerment* envolve não apenas a redefinição das atividades do funcionário, como também de suas competências e do papel do gestor. O *empowerment* vai além do simples alargamento e enriquecimento de cargos.

- O *empowerment* envolve, primeiro, a transferência de atividades de planejamento, organização e controle, de um gestor para um funcionário ou uma equipe. Assim, o funcionário e a equipe tornam-se autogeridos, absorvendo parte importante das atribuições do chefe.
- Segundo, o *empowerment* compreende o incremento das competências do funcionário, por meio de programas de capacitação contínua, de modo a assegurar a eficácia no desempenho de suas atribuições ampliadas.

- Terceiro, o *empowerment* envolve a redefinição do papel de chefe, que assume funções semelhantes às de um técnico de equipe esportiva. O técnico orienta os jogadores, mas eles, uma vez em campo, são responsáveis por suas ações. O técnico fornece treinamento, apoio e orientação, para que os jogadores possam fazer seu trabalho sozinhos. Como técnico, o gestor esclarece quais são os obstáculos e como superá-los, procura eliminar regras desnecessárias e outras restrições e fornece recursos para a equipe.

Por exemplo:

- Uma equipe pode realizar coletivamente atividades que antes estavam separadas. Em uma seguradora, os sinistros eram processados por funcionários que cuidavam, individualmente, de cada uma das etapas, como em uma linha de montagem. As etapas e os funcionários foram juntados em um grupo, que passou a ser responsável por todo o processo, sem a atribuição de tarefas especializadas a indivíduos. Além disso, o grupo toma decisões de natureza gerencial que são necessárias para seu funcionamento, tais como a programação do próprio trabalho, a escolha dos métodos e ferramentas de trabalho, a divisão de tarefas entre seus integrantes e a redistribuição dessas tarefas, no caso de alguém faltar.
- Em algumas empresas industriais, as linhas convencionais de montagem foram substituídas por grupos autogeridos, que são responsáveis por todas as fases de um processo complexo, como a montagem de grandes equipamentos ou de veículos. Certas equipes autogeridas são responsáveis pelas compras de seus materiais, contando com recursos para isso, pela avaliação de seu próprio desempenho, são auto-organizadas e têm poder para autorizar faltas de seus integrantes e redistribuir o trabalho entre eles.

9.2 Programas de incentivos

Os programas de incentivos têm o objetivo de estimular ou premiar o desempenho. Os programas de incentivos são um ramo de negócios que se desenvolveu bastante no século XX, mas a ideia de incentivo é muito antiga. Na Grécia helênica, os vencedores dos jogos olímpicos recebiam coroas de louros e subiam no pódio; às vezes, eram homenageados com bustos e poemas. O mesmo é feito hoje com os vencedores da Fórmula 1 e dos Jogos Olímpicos modernos. As homenagens do passado tinham um valor simbólico, assim como ainda são simbólicos alguns incentivos da atualidade. A grande maioria dos incentivos, no entanto, tem uma natureza de recompensa ou estímulo material.

Os incentivos representam o reconhecimento da administração e dos colegas pelo desempenho do trabalhador. É estimulante para muitos perseguir um incentivo em competição com outros ou consigo mesmo, em busca de reconhecimento ou autorrealização. "Não estou tentando vencer os outros; estou tentando vencer a mim mesmo", disse uma vez um campeão, quando lhe perguntaram qual sua razão para concorrer. Há muitas evidências de que correr atrás da coroa de louros faz parte da natureza humana. Muitas pessoas estão dispostas a fazê-lo pela satisfação intrínseca de ganhar o prêmio e mostrá-lo à multidão, ou pela simples satisfação de concorrer; e muitas outras estão dispostas a aplaudir, admirar e recompensar o vencedor. Reconhecimento e autoestima são necessidades importantes para qualquer pessoa. Os programas de incentivos reconhecem e procuram atender a essas necessidades.

Os programas de incentivos estão normalmente associados a algum tipo de campanha, competição interna ou projeto de aprimoramento do desempenho das pessoas e da empresa. Há quatro categorias principais de incentivos: programas de reconhecimento, incentivos monetários, mercadorias e viagens.

- Programas de reconhecimento. Os programas de reconhecimento são semelhantes às honrarias militares e artísticas, como a Ordem do Cruzeiro do Sul ou o Oscar do Melhor Ator. Associações profissionais e entidades de classe costumam fazer uso desses programas, premiando o Executivo Financeiro do Ano ou o Operário Padrão, ou então oferecendo prêmios como o Top de Marketing ou o Leão de Prata para filmes publicitários. Os programas de reconhecimento estabelecem premiações de natureza psicológica ou social, recompensando de alguma forma os vencedores. Os Funcionários do Mês têm suas fotos colocadas nas paredes, para que os colegas e clientes possam vê-los, em muitas empresas.

A vantagem dos programas de reconhecimento é a possibilidade de serem combinados com outras modalidades de incentivos. Por exemplo, pode-se oferecer uma viagem de incentivo ao campeão e um prêmio mais modesto ao segundo colocado. A grande desvantagem é a possibilidade de colocar apenas uma medalha no peito do vencedor, quando ele poderia estar desejando uma recompensa material.

- Incentivos monetários. A premiação em dinheiro é a mais simples que uma empresa pode usar. É também muito tradicional e largamente usada: comissões de vendas, bonificações por peças produzidas, participação nos lucros e prêmios por sugestões são apenas alguns dos inúmeros exemplos que essa modalidade de premiação oferece. O dinheiro é fácil de manejar; é algo de que todos precisam e tem a vantagem de que o ganhador pode escolher o que fazer com ele. Os incentivos monetários também podem ser combinados com outras modalidades de premiação. Pode-se oferecê-los em ocasiões especiais, como um salário extra pela realização de uma meta de desempenho.
- Mercadorias. A utilização de mercadorias como premiação também é muito comum e representa o dinheiro transformado em algo material, como uma caneta, relógio ou até mesmo um automóvel. A mercadoria tem apelo diferente do dinheiro. Os concorrentes sabem que o ganhador irá levar para casa um prêmio que pode ser visto e admirado. Dessa forma, se não dá a sensação de glória dos programas de reconhecimento, o presente material pode ser exibido. Também é possível distribuir mercadorias de valores variados, para recompensar as diferenças de realização: um carro para o primeiro colocado, uma moto para o vice, um videocassete para o terceiro colocado e assim por

diante. A premiação por meio de mercadorias tem a vantagem de oferecer apelo até mesmo para os últimos colocados. Em vez de entregar mercadorias diretamente, podem ser dados cupons de valores diversificados, que o funcionário pode acumular para gastar de acordo com sua conveniência. Os funcionários vencedores recebem os cupons que permitem o livre acesso a produtos e serviços, oferecidos em redes de estabelecimentos conveniados, pelas empresas especializadas em gerenciamento de programas de incentivos.

- Viagens. As viagens de incentivo representam a maneira mais dispendiosa de premiar o desempenho. No entanto, as viagens certamente são o que há de mais atraente para muitas pessoas. Não há prêmio que se compare ao clima de fantasia e romance que cerca uma viagem de lazer à Amazônia, ao Caribe ou à Disneyworld. As viagens de incentivos são extremamente comuns nos Estados Unidos e na Europa. As viagens também podem ser combinadas com outros prêmios. Ao primeiro colocado de um concurso de vendas pode-se oferecer uma viagem a título de Grande Prêmio. As viagens envolvem uma logística complicada: companhia aérea, hotéis, deslocamentos, passeios, passaportes. No entanto, suas vantagens suplantam esses inconvenientes e, além disso, há companhias especializadas que resolvem facilmente todos esses problemas.

9.3 Participação nos lucros e resultados

A participação dos trabalhadores nos lucros ou resultados da empresa é assegurada pela Lei nº 10.101, de 19 de dezembro de 2000. A legislação em vigor determina que a PLR seja negociada entre a empresa e seus empregados, por meio de comissão formada por representantes da empresa, dos empregados e um representante do sindicato ou com a representação direta do Sindicato. A Lei nº 10.101 estabelece:

"Artigo 2º: A participação nos lucros ou resultados será objeto de negociação entre a empresa e seus empregados, mediante um dos procedimentos a seguir descritos, escolhidos pelas partes de comum acordo:

I – comissão escolhida pelas partes, integrada, também, por um representante indicado pelo sindicato da respectiva categoria.

II – convenção ou acordo coletivo.

Artigo 3º: A participação de que trata o art. 2º não substitui ou complementa a remuneração devida a qualquer empregado, nem constitui base de incidência de qualquer encargo trabalhista, não se aplicando o princípio da habitualidade."

Estudo de Caso: O que deu Errado?

A empresa em que trabalho é um conglomerado fabricante de celulose e papel. Nossa matéria-prima vem de grandes florestas artificiais, que fornecem um suprimento de certas espécies de madeira às várias fábricas do grupo. Essas áreas florestais precisam estar constantemente sendo renovadas, com um horizonte de tempo bastante longo – a árvore que está sendo cortada hoje foi plantada cerca de 15 anos atrás.

As áreas de reflorestamento exigem muitos cuidados. Um deles é a limpeza periódica em volta das mudas, removendo a vegetação concorrente que ali nasce, para que o crescimento das árvores não fique prejudicado.

Há pouco tempo, tivemos que fazer a limpeza de uma área de reflorestamento, recém-implantada num Estado do sul do Brasil. Para essa tarefa, recrutamos pessoal da periferia de uma grande cidade da região, por meio de empreiteiros de mão de obra temporária, chamados "gatos". Esses empreiteiros recrutam o pessoal, em geral desempregados, e o levam para o local de trabalho, apanhando-o no fim do dia. Nesse sistema, fazemos o pagamento diretamente aos trabalhadores, e o empreiteiro recebe uma porcentagem sobre o total dos ganhos de "seu pessoal".

Desta vez, estabelecemos tarefa e pagamento diários e fixos para os trabalhadores. Eles deveriam limpar 100 pés (mudas) por dia, ganhando para isso um pagamento que aqui designei de $ 100.

Com esse sistema, o trabalhador não tinha necessidade de trabalhar 8 horas por dia para ganhar seus $ 100. Os 100 pés poderiam ser cuidados em 6 ou até menos horas por dia, o que, efetivamente, começou a ocorrer.

Pensando em aproveitar melhor o dia de trabalho, eu e meus colegas fizemos uma modificação no sistema de pagamento.

Em primeiro lugar, aumentamos o pagamento de $ 100 para $ 120, pela mesma quantidade de mudas. Em segundo lugar, estabelecemos um prêmio de produtividade. O número de mudas cuidadas que superasse as primeiras 100, corresponderia a um pagamento adicional.

Pensamos, assim, que os trabalhadores cuidariam, em média, de 100 mudas em 6 horas, ganhando $ 120, e trabalhariam mais duas horas, cuidando, aproximadamente, de mais 20 mudas para ganhar o prêmio de produtividade.

Sabem o que aconteceu? Eles passaram a trabalhar o suficiente para ganhar os mesmos $ 100 que ganhavam antes, ou seja, um número menor de horas, cuidando, consequentemente, de menos mudas.

Estávamos pagando, então, $ 100 pela limpeza de apenas 80 pés.

Questões

1. Por que os trabalhadores não se deixaram motivar pelo pagamento adicional?
2. Qual deveria ter sido o estímulo oferecido, para obter o aumento desejado de produtividade?
3. No lugar do personagem que está fazendo a narrativa, o que você teria feito? O que você pretende fazer em seguida?

13

Liderança

Objetivos

Quando terminar de estudar este capítulo, você deverá estar preparado para explicar e exercitar as seguintes ideias:

- Processo da liderança e seus componentes.
- Estilos básicos de liderança e suas variantes.
- Relação entre o estilo de liderança e as motivações dos liderados.

Introdução

A pessoa que desempenha o papel de líder influencia o comportamento de um ou mais liderados. A capacidade de liderar está intimamente ligada com o processo da motivação, em uma situação de mútua dependência entre líder e liderados. O líder precisa dos liderados para realizar metas e vice-versa. Só há liderança quando há liderados, que seguem o líder, ou aceitam sua influência, por algum motivo. O motivo dos liderados é a identidade de interesses entre suas necessidades, valores e aspirações e as proposições do líder. Se quiser desenvolver suas competências como líder, você deve entender as motivações das pessoas que pretende liderar.

1 Liderança como Processo Social

O que é a liderança? Há muitas respostas para essa pergunta. Eis algumas:

- Uma pessoa (ou grupo) tem liderança quando consegue conduzir as ações ou influenciar o comportamento de outras pessoas.
- Liderança é a realização de uma meta por meio da direção de colaboradores humanos. A pessoa que comanda com sucesso seus colaboradores para alcançar finalidades específicas é um líder. Um grande líder é aquele que tem essa capacidade dia após dia, ano após ano, numa grande variedade de situações.
- A liderança ocorre quando há líderes que induzem seguidores a realizar certos objetivos que representam os valores e as motivações – desejos e necessidades, aspirações e expectativas – tanto dos líderes quanto dos seguidores. A genialidade da liderança está na forma como os líderes enxergam e trabalham os valores e motivações tanto seus quanto de seus seguidores.
- Liderança é o uso da influência não coercitiva para dirigir as atividades dos membros de um grupo e levá-los à realização de seus próprios objetivos.

Em todas essas definições, assim como em outras semelhantes, a liderança é definida como uma relação de influência. Nessa relação, a figura do líder é dominante, como se a liderança fosse uma virtude ou competência que dá a algumas pessoas a capacidade de influenciar outras. No entanto, a liderança é mais que somente uma competência que, supostamente, algumas pessoas têm e outras não.

Vejamos uma definição mais complexa de liderança, que considera não apenas a competência do líder, mas também os liderados, a tarefa e a conjuntura.

A liderança, segundo Douglas McGregor, não é apenas um atributo da pessoa, mas também um processo social complexo. Nesse processo, interagem quatro variáveis ou componentes: (1) as motivações dos liderados, (2) a tarefa ou missão, (3) o líder e (4) a conjuntura ou contexto dentro do qual ocorre a relação entre o líder e os liderados. Examinemos cada um desses componentes (Figura 13.1).

Figura 13.1
Os quatro componentes do complexo processo social da liderança, segundo McGregor.

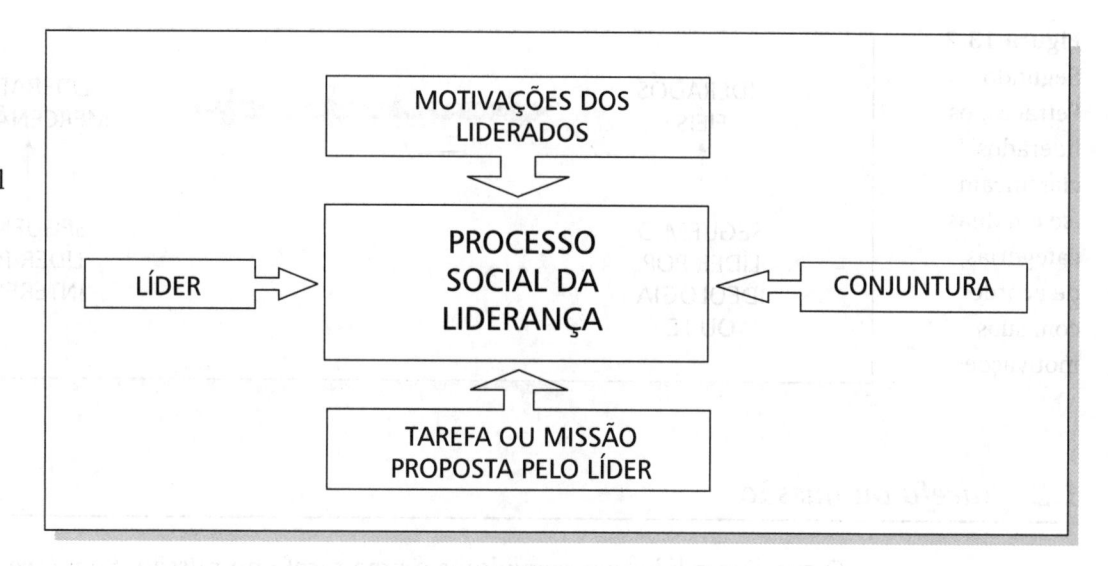

[Diagrama: LÍDER → PROCESSO SOCIAL DA LIDERANÇA ← CONJUNTURA; MOTIVAÇÕES DOS LIDERADOS ↓; TAREFA OU MISSÃO PROPOSTA PELO LÍDER ↑]

1.1 Motivações dos liderados

Que motivos levam um grupo a se deixar influenciar por um líder? Segundo Petracca, líder e liderados encontram-se numa relação de influência recíproca. Os liderados são colaboradores de quem exerce a liderança. Sem liderados, não há liderança, nem missão. O mesmo autor apresenta uma definição de líder em que as motivações dos liderados estão evidentes nessa relação de mútua dependência:

- Líderes são os que, em um grupo, ocupam uma posição de poder, e que têm condições de influenciar, de forma determinante, todas as decisões de caráter estratégico. O poder é exercido ativamente e encontra legitimação na correspondência com as expectativas do grupo.

Ainda segundo Petracca, há dois tipos de liderados: os fiéis, que seguem o líder por razões de caráter moral, e os mercenários, que atuam por motivos de interesse. No entanto, a relação entre o líder e os seguidores tem a mesma natureza de dependência recíproca nos dois casos. O líder pode influenciar ou dirigir as ações de seus liderados apenas se oferecer vantagens. As relações de fundo moral também configuram vantagens para os liderados. Se os mercenários exigem recompensas materiais, como pagamento, os fiéis impõem obrigações. Pelo menos, o líder tem a obrigação de servir a causa e agir conforme o modelo de seus ideais (Figura 13.2).

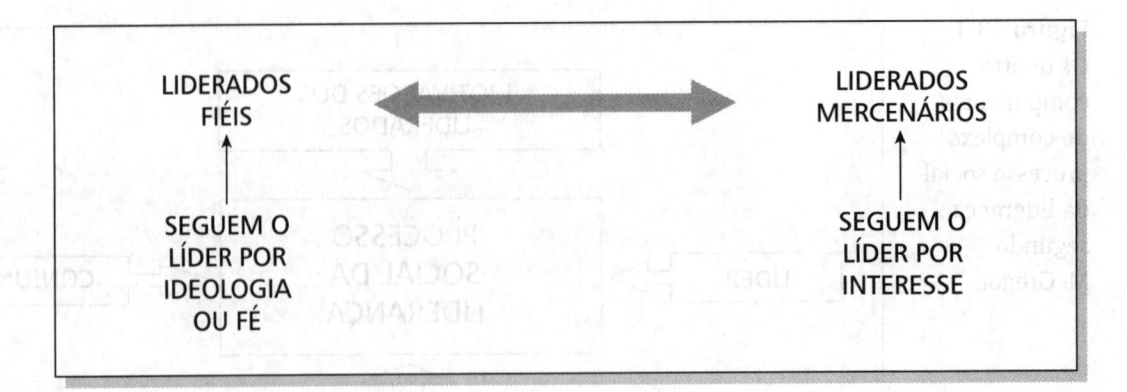

Figura 13.2
Segundo Petracca, os liderados classificam-se em duas categorias, de acordo com suas motivações.

```
LIDERADOS                      LIDERADOS
FIÉIS      <------------>      MERCENÁRIOS
  ↑                               ↑
SEGUEM O                       SEGUEM O
LÍDER POR                      LÍDER POR
IDEOLOGIA                      INTERESSE
OU FÉ
```

1.2 Tarefa ou missão

O que liga o líder aos seguidores é uma tarefa ou missão. Sem esse componente, não há liderança, apenas influência ou popularidade. Segundo William Safire, as pessoas que pretendem ser líderes se perguntam:

- Para onde quero levar esta empresa (ou grupo, exército, cidade ou nação)? Como realizo meu plano de sair do aqui e agora para o até lá e depois?

Apenas com uma missão, tarefa ou objetivo o líder potencial torna-se um líder de verdade. A primeira regra no processo de tornar-se um líder, segundo Safire, é focalizar a missão. A missão deve estar sintonizada com as motivações dos liderados. Há dois tipos de missão, que correspondem aos dois tipos de seguidores: moral (seguidor fiel) e calculista (seguidor mercenário).

- A missão que apresenta um desafio tem conteúdo moral. O líder que lança um desafio apela ao senso de responsabilidade, valores, desejos, aptidões e habilidades dos liderados. Líderes que desejam enfatizar o conteúdo moral de sua tarefa, em qualquer contexto, usam palavras como: *missão, visão, compromisso* e *comprometimento*. A recompensa que o liderado recebe não é nada mais do que a realização da missão (ou a tentativa de realizá-la). Seguidores que exemplificam esse tipo de comportamento são: missionários, adeptos de seitas e pessoas que se dedicam a atividades em que encontram recompensas psicológicas intrínsecas. A obediência dos seguidores é fruto da crença ou fé na pessoa do líder ou no que ele representa. Não há, de parte dos liderados, expectativa de alguma recompensa ou receio de alguma punição. O líder que usa o desafio como base de sua relação com os seguidores chama-se transformador ou carismático.

- O líder que promete uma recompensa (que pode ser psicológica ou material) em troca da obediência dos seguidores chama-se líder transacional. No processo da liderança transacional, não há apelos emocionais, mas relações de troca. O líder estabelece metas e oferece incentivos para sua realização. Nesse tipo de relação, governada por trocas entre contribuições e recompensas, há um *contrato psicológico do tipo calculista*. Pessoas que trabalham em regime diarista e prestadores de serviços sob encomenda, e as pessoas que os contratam, exemplificam esse tipo de contrato, regido por uma relação de compra e venda. O contrato psicológico calculista frequentemente está associado ao poder da remuneração ou à manipulação de recompensas. A obediência é conseguida por meio da expectativa ou oferecimento de recompensas, ou troca de recompensa pelo comportamento, e não pela força ou pelo comprometimento.

1.3 O líder

A liderança sempre está ligada a pessoas. É uma função, papel ou tarefa que qualquer pessoa desempenha, quando é responsável por um grupo. Independentemente de suas competências, muitas pessoas são colocadas em posições de liderança, em que precisam dirigir os esforços de outros para realizar objetivos: treinadores de equipes esportivas, professores, regentes de orquestras, sacerdotes, diretores de teatro e cinema, dirigentes de sindicatos e todos os tipos de gerentes. Todas essas pessoas têm metas para realizar com a colaboração de grupos.

- Uma das formas de estudar a liderança focaliza os traços de personalidade dos líderes. As conclusões dos estudos desse tipo não têm nenhum valor de previsão. Sabe-se que os líderes têm determinados traços de personalidade. No entanto, as pessoas que têm os mesmos traços não são nem se tornam, necessariamente, líderes. Também não se conseguiu demonstrar que os líderes têm traços de personalidade diferentes dos de outras pessoas. Apesar desses problemas, o estudo dos traços de personalidade mostra conclusões importantes. Alguns dos traços de personalidade mais característicos dos líderes são: (a) determinação, (b) iniciativa nas relações pessoais, (c) vontade de liderar e (d) autoconfiança.

- Outra forma de estudar a liderança analisa as motivações dos líderes, isoladas de outros traços de personalidade. David McClelland foi quem identificou a necessidade de poder (o interesse em perseguir, ocupar e exercitar posições de poder). A pessoa que busca a satisfação dessa necessidade realiza ações específicas para alcançar posições nas quais possa influenciar o comportamento alheio: conseguir adeptos, candidatar-se a algum cargo eletivo, fazer propostas a um grupo, aproximar-se da estrutura existente de poder ou matricular-se em uma escola de liderança, como uma academia militar.

- Segundo McClelland, a necessidade de poder tem duas manifestações principais (Figura 13.3). Na primeira manifestação, a pessoa busca a satisfação pessoal por meio da influência sobre o comportamento alheio. Quem tem essa motivação procura ser dominante e pode evocar a lealdade e a inspiração de parte de seus liderados. Ou pode ser, simplesmente, egocêntrico, e satisfazer a sua ansiedade pelo poder à custa do domínio sobre os liderados.

Figura 13.3
Segundo McClelland, a necessidade de poder manifesta-se de duas formas: o poder pessoal e o poder institucional.

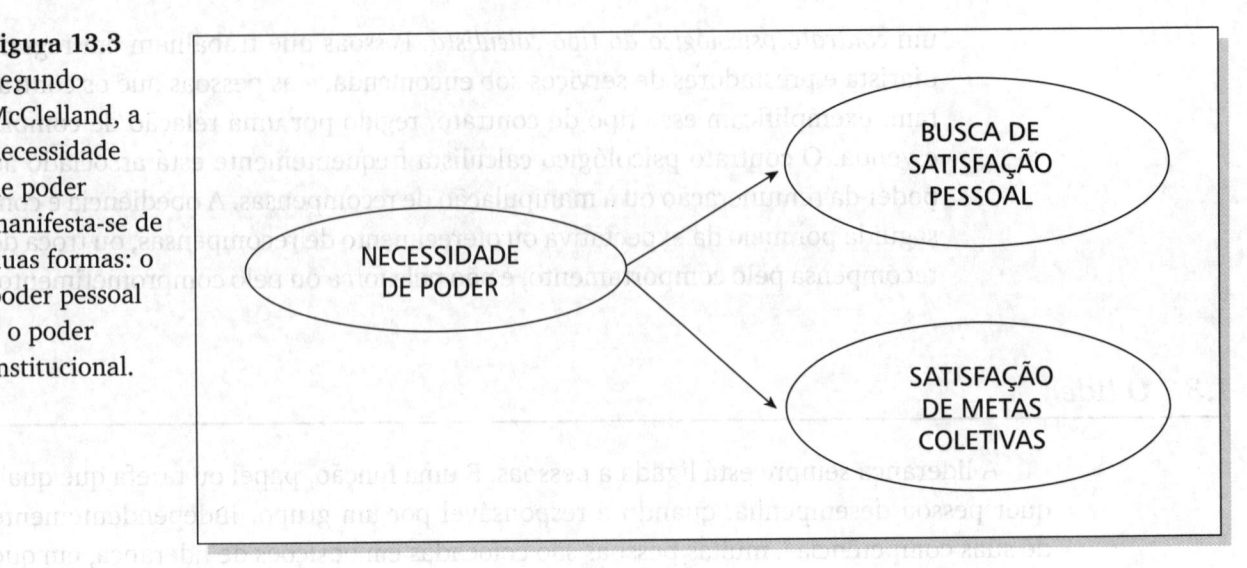

[Figura: NECESSIDADE DE PODER → BUSCA DE SATISFAÇÃO PESSOAL; NECESSIDADE DE PODER → SATISFAÇÃO DE METAS COLETIVAS]

- Na segunda manifestação, a pessoa dá ênfase ao poder social ou institucional e busca a satisfação de metas coletivas. Os líderes deste tipo não procuram a submissão alheia, mas antes a mobilização de esforços alheios no sentido de realizar a missão do grupo.
- Outra linha de pesquisa focaliza a liderança como habilidade que pode ser desenvolvida. Um dos autores mais conhecidos dessa linha é Mintzberg, que enxerga a liderança não como habilidade singular, mas como complexo de habilidades. A habilidade de comunicação oferece um dos melhores argumentos para demonstrar que certas características dos líderes podem ser e são, de fato, desenvolvidas. A comunicação é o alicerce da liderança, uma vez que o requisito básico para um líder é a capacidade de transmitir sua mensagem de modo a persuadir, inspirar ou motivar seus seguidores. Partidos políticos, sindicatos, movimentos sociais, centros acadêmicos e todos os tipos de agremiações podem ser consideradas escolas de liderança, porque desenvolvem essa competência em quem tem a motivação apropriada.

1.4 Conjuntura

A conjuntura é representada pelo meio organizacional e social em que ocorre o processo da liderança. O meio influencia o comportamento do líder e dos liderados e define o modelo de liderança a ser seguido. Ser líder em uma organização militar, em que a hierarquia é estritamente seguida, é muito diferente de ser líder de um grupo de estudos na escola. O papel dos líderes no limiar do Terceiro Milênio é muito diferente do papel dos líderes no início da Revolução Industrial. De uma empresa japonesa para uma empresa alemã e delas para uma empresa brasileira há diferenças culturais marcantes, que definem qual é o comportamento apropriado nas relações entre líderes e liderados.

Normalmente, não se percebe a cultura dentro da qual se vive. Apenas quando se muda de um contexto para outro é que se observa que os hábitos e valores são diferentes. Todo administrador deve ter um profundo entendimento da conjuntura da liderança, em particular em seus aspectos culturais. Isso é particularmente verdadeiro quando se pretende desempenhar com sucesso a liderança em diferentes conjunturas.

2 Estilo de Liderança

Os termos *autocracia* e *democracia* são empregados para definir dois estilos básicos de liderança. Esses dois estilos básicos desdobram-se em outros. Todos podem ser válidos e eficazes, dependendo da situação. Por exemplo, o estilo que serve para um grupo de funcionários maduros e experientes, que conhecem perfeitamente seu trabalho, é totalmente inadequado para um grupo de funcionários recentemente contratados, você concorda?

Em essência, o estilo pode ser autocrático ou democrático, dependendo da maneira como o líder se relaciona com os liderados. Esses estilos são reconhecidos desde a Antiguidade clássica, assim como suas disfunções: o excesso de democracia (a demagogia, que consistia em buscar a popularidade com os governados) e a tirania (o abuso da autoridade). Ao longo dos séculos, o conceito não mudou. No entanto, hoje há outros nomes para as mesmas ideias (Figura 13.4).

Figura 13.4
Autocracia e democracia, dois estilos de liderança estudados desde a Antiguidade, assim como seus excessos. Hoje, a liderança-tarefa e a liderança-pessoa correspondem a esses estilos básicos.

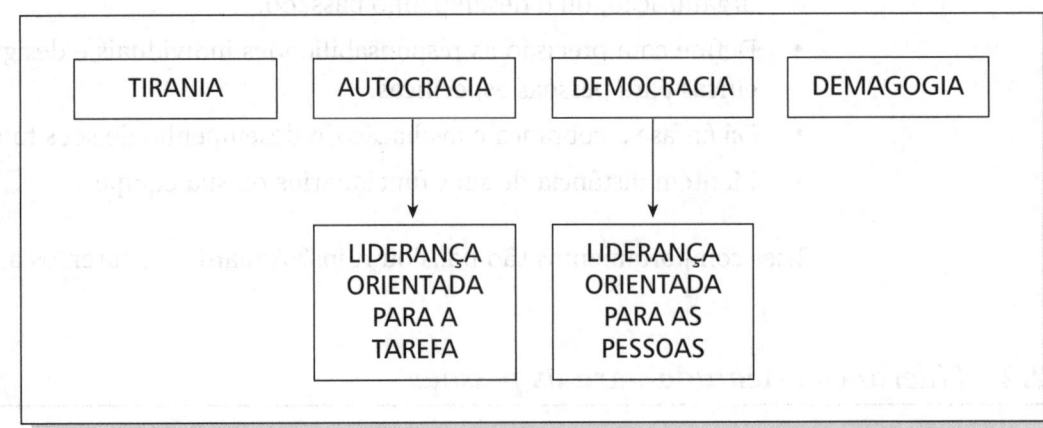

TIRANIA	AUTOCRACIA	DEMOCRACIA	DEMAGOGIA
	LIDERANÇA ORIENTADA PARA A TAREFA	LIDERANÇA ORIENTADA PARA AS PESSOAS	

2.1 Liderança orientada para a tarefa

Autocracia, liderança diretiva e liderança orientada para a tarefa são os nomes mais comuns para indicar os estilos em que o poder de tomar decisões está concentrado no líder (Figura 13.5). Um líder autocrático:

Figura 13.5
Nomes e características da liderança orientada para a tarefa.

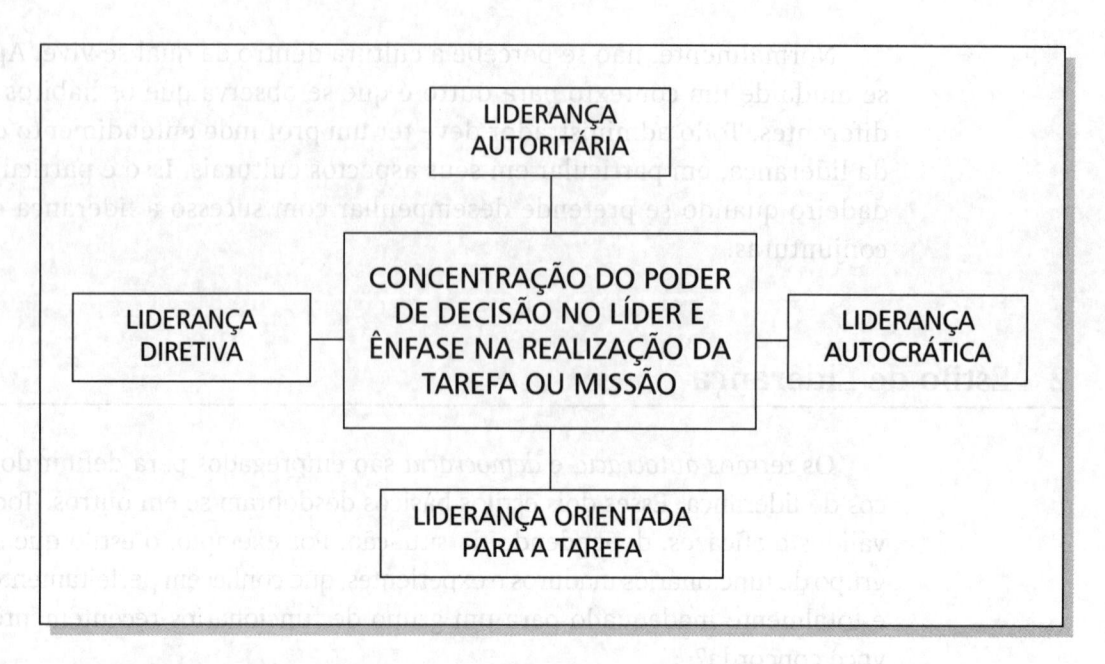

```
                    ┌─────────────┐
                    │  LIDERANÇA  │
                    │ AUTORITÁRIA │
                    └─────────────┘
                           │
┌───────────┐      ┌───────────────────┐      ┌────────────┐
│ LIDERANÇA │──────│ CONCENTRAÇÃO DO   │──────│ LIDERANÇA  │
│  DIRETIVA │      │ PODER DE DECISÃO  │      │AUTOCRÁTICA │
└───────────┘      │  NO LÍDER E       │      └────────────┘
                   │  ÊNFASE NA        │
                   │  REALIZAÇÃO DA    │
                   │  TAREFA OU MISSÃO │
                   └───────────────────┘
                           │
                   ┌───────────────────┐
                   │ LIDERANÇA ORIENTADA│
                   │   PARA A TAREFA   │
                   └───────────────────┘
```

- Toma decisões sem consultar sua equipe.
- Está muito mais preocupado com a tarefa do que com o grupo que a executa.
- Concentra sua atenção no desempenho do funcionário ou grupo, enfatizando o cumprimento de prazos, os padrões de qualidade e a economia de custos.
- Insiste na necessidade de cumprir as metas.
- Insiste na necessidade de superar a concorrência ou um rival dentro da mesma organização, ou o desempenho passado.
- Define com precisão as responsabilidades individuais e designa tarefas específicas para pessoas específicas.
- Dá ênfase à cobrança e avaliação do desempenho de seus funcionários.
- Mantém distância de seus funcionários ou sua equipe.

Esses comportamentos são bons ou ruins? Aguarde, voltaremos a essa questão.

2.2 Liderança orientada para as pessoas

Democracia, liderança participativa e liderança orientada para as pessoas são nomes que indicam algum grau de participação dos funcionários no poder do chefe ou em suas decisões. Quanto mais as decisões do líder forem influenciadas pelo grupo, mais democrático é o comportamento do líder (Figura 13.6). Um líder democrático:

- Acredita que deve criar um clima em que as pessoas sintam-se confortáveis.
- Focaliza sua atenção no próprio funcionário ou no grupo, enfatizando as relações humanas e o desenvolvimento da capacidade de trabalhar em equipe.

Figura 13.6
Nomes e características da liderança orientada para as pessoas.

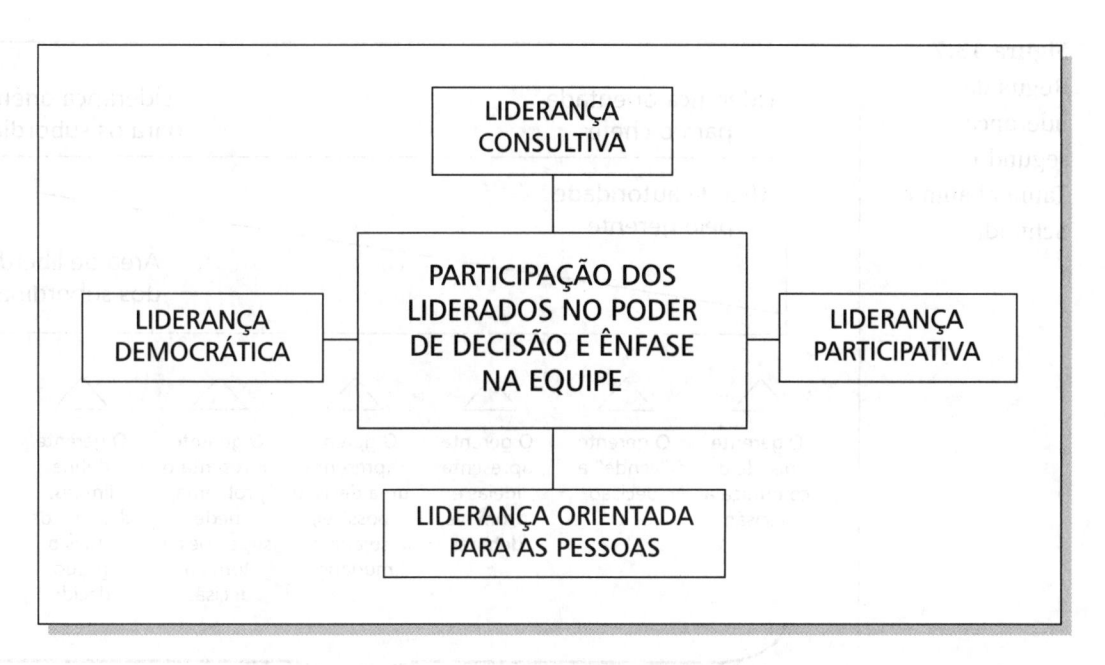

```
                    ┌──────────────┐
                    │  LIDERANÇA   │
                    │  CONSULTIVA  │
                    └──────┬───────┘
                           │
┌──────────────┐    ┌──────┴──────────┐    ┌──────────────┐
│  LIDERANÇA   │────┤ PARTICIPAÇÃO DOS│────│  LIDERANÇA   │
│  DEMOCRÁTICA │    │ LIDERADOS NO PODER│   │ PARTICIPATIVA│
└──────────────┘    │ DE DECISÃO E ÊNFASE│  └──────────────┘
                    │    NA EQUIPE    │
                    └──────┬──────────┘
                           │
                    ┌──────┴───────────┐
                    │ LIDERANÇA ORIENTADA│
                    │  PARA AS PESSOAS  │
                    └───────────────────┘
```

- Pede opiniões ou sugestões de decisões, ouve, presta atenção e usa as ideias do grupo.
- Dedica parte significativa de seu tempo à orientação dos integrantes de sua equipe.
- É amigável.
- Apoia e defende os funcionários.
- Insiste com os integrantes de sua equipe para que aceitem responsabilidades e tomem a iniciativa de resolver problemas.

2.3 A régua da liderança

Autocracia (ou liderança orientada para a tarefa) e democracia (ou liderança orientada para as pessoas) são dois estilos básicos, que se desdobram em outros. Essa ideia de que os dois estilos básicos podem variar para mais ou para menos, e desdobrar-se em outros, também é antiga. Tannenbaum e Schmidt desenvolveram a ideia de uma escala ou régua dos estilos de liderança, para explicar como isso ocorre. Nessa régua, a autoridade do gerente e a autonomia dos liderados se combinam. Conforme a autoridade do gerente aumenta, a autonomia dos liderados diminui. O grau de autocracia aumenta. Quando acontece o contrário, o grau de democracia aumenta (Figura 13.7).

2.4 Liderança bidimensional

O líder pode ser orientado para pessoas e tarefas ao mesmo tempo? Certamente, a resposta é sim. A liderança orientada para a tarefa e a liderança orientada para as pessoas, assim como a autocracia e a democracia, durante muito tempo, foram consideradas estilos opostos, mutuamente excludentes.

Figura 13.7
Régua da liderança, segundo Tannenbaum e Schmidt.

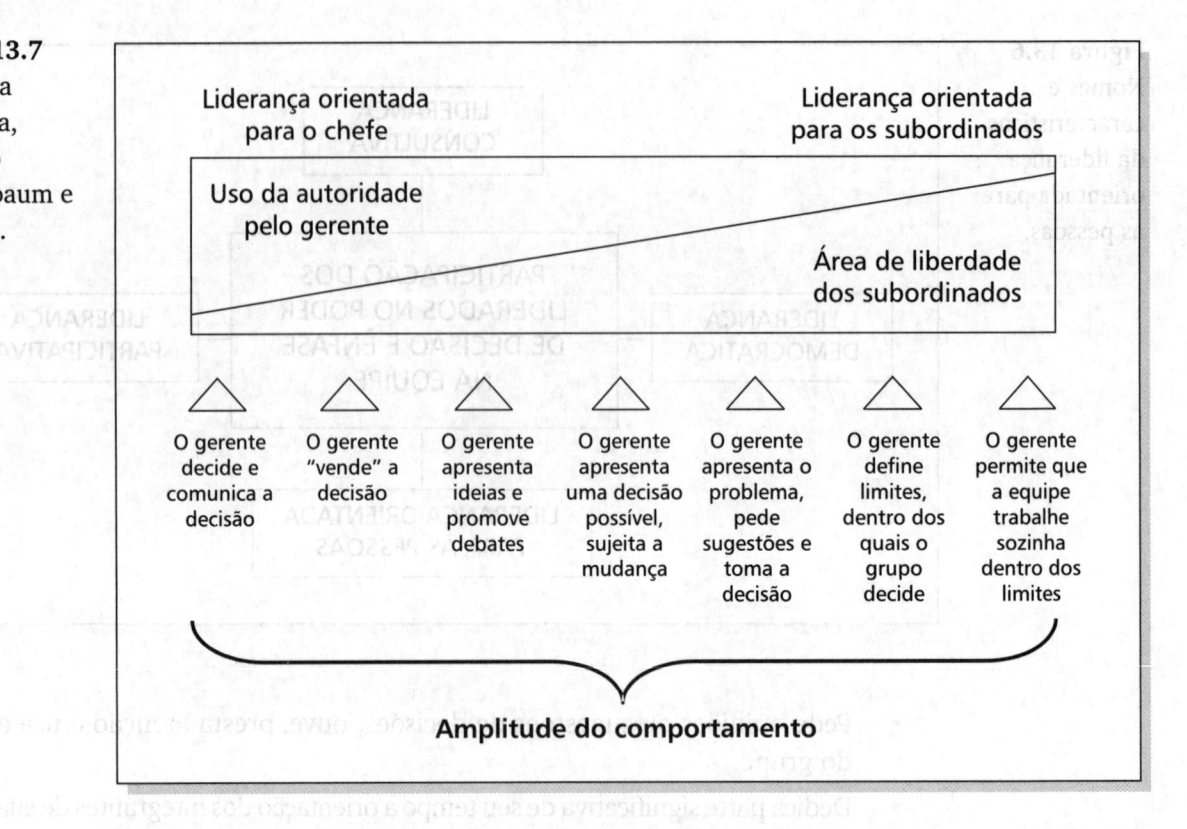

```
Liderança orientada                              Liderança orientada
para o chefe                                     para os subordinados

Uso da autoridade
pelo gerente
                                                 Área de liberdade
                                                 dos subordinados
```

| O gerente decide e comunica a decisão | O gerente "vende" a decisão | O gerente apresenta ideias e promove debates | O gerente apresenta uma decisão possível, sujeita a mudança | O gerente apresenta o problema, pede sugestões e toma a decisão | O gerente define limites, dentro dos quais o grupo decide | O gerente permite que a equipe trabalhe sozinha dentro dos limites |

Amplitude do comportamento

As mais avançadas ideias a respeito da liderança reconhecem que os dois estilos não são mutuamente exclusivos, ou ideias em conflito (se você tem um estilo, não pode ter outro). Nada disso. Todos podemos combinar diversos graus de autocracia e democracia em nossa maneira de lidar com funcionários e equipes. O estilo tarefa e o estilo pessoas não são pontos opostos de uma mesma régua, mas duas réguas que se combinam e formam os limites de um território. Essa ideia permite identificar não dois, mas pelo menos quatro estilos básicos de liderança. De acordo com essa ideia, o líder pode dar muita ou pouca ênfase para a tarefa e, ao mesmo tempo, muita ou pouca ênfase para as pessoas (Figura 13.8).

Figura 13.8
Modelo da liderança bidimensional.

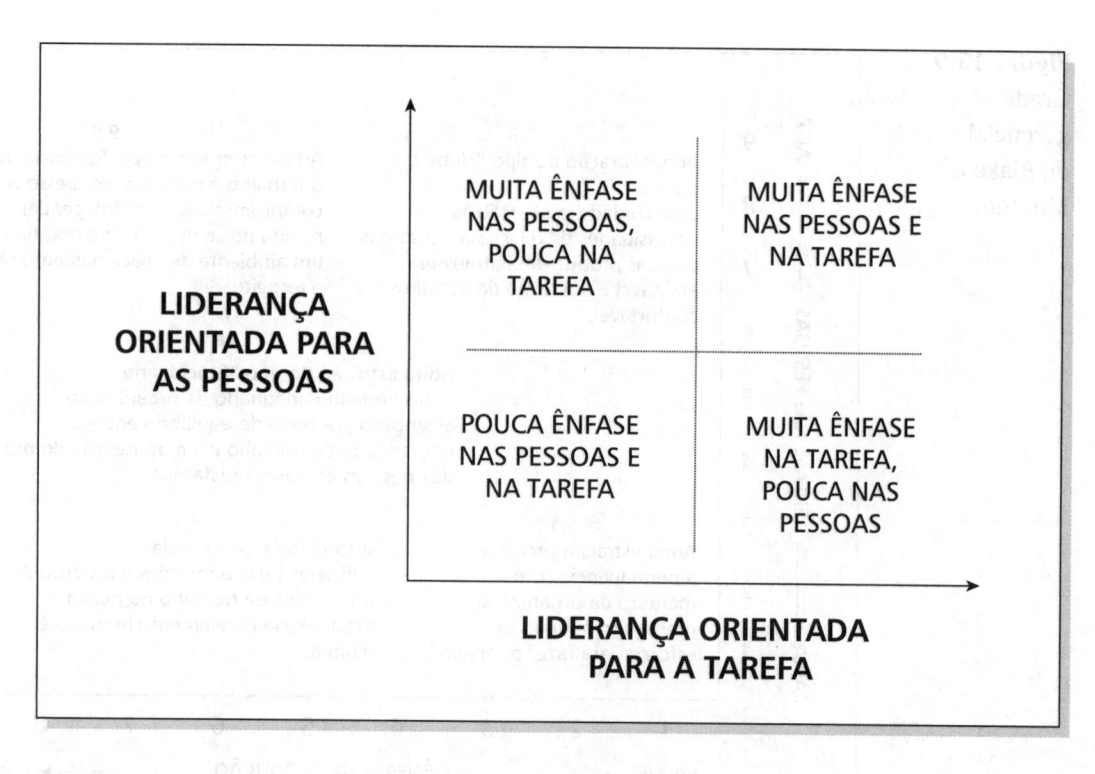

```
                    ↑
                    |
        MUITA ÊNFASE      | MUITA ÊNFASE
        NAS PESSOAS,      | NAS PESSOAS E
        POUCA NA          | NA TAREFA
LIDERANÇA    TAREFA       |
ORIENTADA PARA -----------+------------
AS PESSOAS                |
        POUCA ÊNFASE      | MUITA ÊNFASE
        NAS PESSOAS E     | NA TAREFA,
        NA TAREFA         | POUCA NAS
                          | PESSOAS
                    |
                    +----------------→
                    LIDERANÇA ORIENTADA
                    PARA A TAREFA
```

Um dos modelos mais populares que procuram explicar a liderança, e que se baseia na combinação dos dois estilos, é a grade gerencial de Blake e Mouton, autores que propõem cinco estilos. A grade atribui valores aos estilos (Figura 13.9):

I. Líder-tarefa, orientado para a produção (9,1).

II. Líder-pessoas, orientado para as pessoas (1,9).

III. Líder negligente, que não se preocupa com tarefas nem pessoas (1,1).

IV. Líder-equipe, orientado simultaneamente para pessoas e tarefas (9,9).

V. Líder "meio-termo", medianamente preocupado com resultados e pessoas (5,5).

Figura 13.9 Grade gerencial de Blake e Mouton.

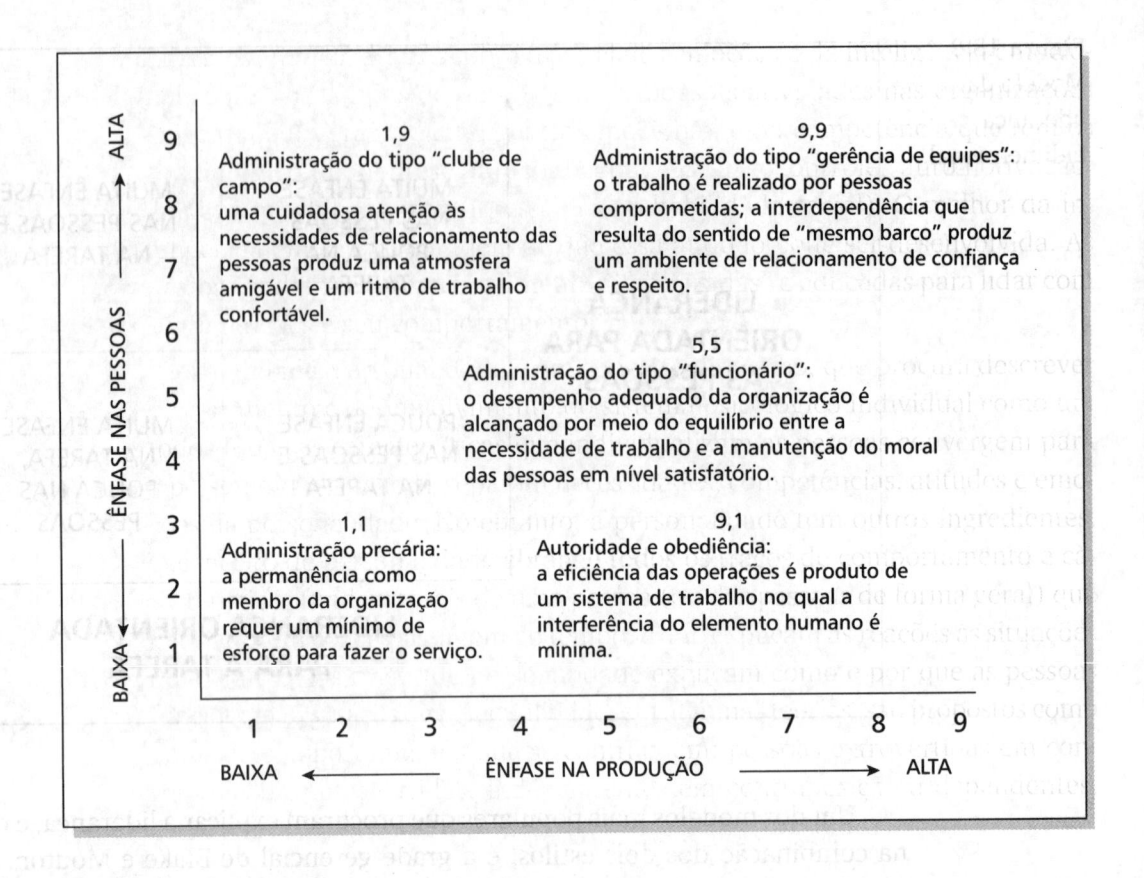

1,9 Administração do tipo "clube de campo": uma cuidadosa atenção às necessidades de relacionamento das pessoas produz uma atmosfera amigável e um ritmo de trabalho confortável.

9,9 Administração do tipo "gerência de equipes": o trabalho é realizado por pessoas comprometidas; a interdependência que resulta do sentido de "mesmo barco" produz um ambiente de relacionamento de confiança e respeito.

5,5 Administração do tipo "funcionário": o desempenho adequado da organização é alcançado por meio do equilíbrio entre a necessidade de trabalho e a manutenção do moral das pessoas em nível satisfatório.

1,1 Administração precária: a permanência como membro da organização requer um mínimo de esforço para fazer o serviço.

9,1 Autoridade e obediência: a eficiência das operações é produto de um sistema de trabalho no qual a interferência do elemento humano é mínima.

Eixo vertical: ÊNFASE NAS PESSOAS (BAIXA 1 → ALTA 9)
Eixo horizontal: ÊNFASE NA PRODUÇÃO (BAIXA 1 → ALTA 9)

3 Qual Estilo é Mais Eficaz?

A eficácia do estilo de liderança é avaliada pelo efeito sobre o desempenho da tarefa e sobre a satisfação do liderado. Se o liderado mostrar-se satisfeito e, ao mesmo tempo, apresentar desempenho satisfatório, o estilo é eficaz. Qual estilo é capaz de produzir esse efeito?

De acordo com Blake e Mouton, melhor é o estilo quanto mais se aproximar da possibilidade "9,9", ou quanto mais o comportamento do líder for o de um gerente de equipe.

Depois de alcançar grande repercussão, o modelo de Blake e Mouton foi criticado por causa de sua proposta de um comportamento que funcionaria bem em qualquer situação. Não há um estilo que seja mais eficaz que os outros, qualquer que seja a situação, diziam os críticos. A ideia de que a eficácia do estilo é condicionada pela situação resultou no desenvolvimento de diversas teorias da *liderança situacional*.

4 Liderança Situacional

A essência das teorias da liderança situacional é a ideia de que, para ser eficaz, o estilo tem de ser apropriado à situação. *Situação* é uma palavra elástica, que admite muitas interpretações. Os funcionários, a empresa e a tarefa são os elementos mais usados para definir a situação, por autores como Tannenbaum e Schmidt, Fiedler e Hersey e Blanchard.

Nenhum desses autores consegue dar explicação definitiva para a questão da eficácia do líder. Todas as ideias a esse respeito têm seus defensores e críticos. Em seguida, serão analisadas as principais hipóteses a respeito da liderança situacional, apontando seus pontos fortes e suas fragilidades.

4.1 Modelo de Tannenbaum e Schmidt

Tannenbaum e Schmidt propõem três critérios para avaliar a situação:

I. O líder. O próprio líder (ou gerente) é um dos principais componentes da situação. A forma como o líder se comporta é influenciada principalmente por sua formação, conhecimento, valores e experiência. Uma pessoa que valorize a iniciativa e a liberdade, por exemplo, tende a dar prioridade aos comportamentos democráticos.

II. Os funcionários. As características dos funcionários influenciam a escolha e a eficácia do estilo de liderança. Para Tannenbaum e Schmidt, o dirigente deveria proporcionar maior participação e liberdade de escolha para os funcionários quando estes apresentassem as seguintes características, entre outras: capacidade de identificar os objetivos da organização, desejo de assumir responsabilidade e tomar decisões, experiência para resolver o problema eficientemente, expectativa de participar e intensa necessidade de independência.

III. A organização. O clima da organização, o grupo de trabalho, a natureza da tarefa e a pressão do tempo caracterizam a situação dentro da qual os estilos funcionam com maior ou menor eficácia. Em uma organização com cultura hierarquizada, os gerentes irão preferir os estilos orientados para a tarefa.

4.2 Modelo de Fiedler

Fred Fiedler entende que as situações que os líderes enfrentam podem ser avaliadas em termos de três características. Essas três características permitem avaliar o "grau de favorabilidade" da situação para o líder (Figura 13.10).

I. As relações entre o líder e os seguidores (funcionários ou membros da equipe). Se os sentimentos dos seguidores forem positivos em relação ao líder, a situação é favorável. Se os seguidores forem hostis, a situação é desfavorável para o líder.

II. O grau de estruturação da tarefa. Tarefas muito bem definidas, com alto grau de organização e certeza, são favoráveis para o líder. Tarefas imprevisíveis e desorganizadas são desfavoráveis para o líder.

III. O poder da posição. Se o líder puder promover ou remover qualquer integrante da equipe, e se seu título indicar importância e autoridade, é porque sua posição tem poder. Se o líder não tiver poder, a situação é desfavorável.

Figura 13.10
Modelo de liderança de Fiedler. A liderança tarefa é eficaz nas situações muito favoráveis ou desfavoráveis. A liderança pessoas é eficaz quando a dificuldade é intermediária.

RELAÇÕES ENTRE LÍDER E LIDERADOS	POSITIVAS	SITUAÇÃO FAVORÁVEL
	NEGATIVAS	SITUAÇÃO DESFAVORÁVEL
GRAU DE ESTRUTURAÇÃO DA TAREFA	ALTO	SITUAÇÃO FAVORÁVEL
	BAIXO	SITUAÇÃO DESFAVORÁVEL
PODER DA POSIÇÃO	MUITO	SITUAÇÃO FAVORÁVEL
	POUCO	SITUAÇÃO DESFAVORÁVEL

Fiedler e outros pesquisadores, que analisaram diferentes situações em inúmeras organizações, por meio de questionários que medem o estilo do líder e as características da situação, chegaram às seguintes conclusões:

I. A liderança orientada para a tarefa é eficaz nas situações que são muito favoráveis ou muito desfavoráveis para o líder.

II. A liderança orientada para as pessoas é eficaz nas situações de dificuldade intermediária.

O modelo de Fiedler teve o mérito de estimular o debate sobre a ideia de liderança situacional, mas suas proposições são muito questionadas por outros pesquisadores. As críticas dirigem-se principalmente ao fato de que seus questionários de medir o estilo do líder avaliam atitudes e não comportamentos reais, que podem ser diferentes. O líder que está sendo estudado pode dizer uma coisa e fazer outra. Além disso, outras características da situação, como as competências dos subordinados e a própria competência do líder, são negligenciadas. Manteve-se, porém, do modelo de Fiedler a ideia de que o líder deve flexibilizar seu comportamento a fim de ajustá-lo à situação. Essa ideia foi decisiva no desenvolvimento subsequente dos estudos sobre a liderança.

4.3 Modelo de Hersey-Blanchard

Outra das críticas ao modelo de Fiedler é o fato de desconsiderar o seguidor. Este ponto que falta em sua teoria é o aspecto focalizado em outra teoria, proposta por Hersey e Blanchard. Para esses autores, a maturidade do subordinado, avaliada em termos de grau de capacidade e interesse de fazer um bom trabalho, é a principal característica da situação que qualquer líder enfrenta. Para Hersey e Blanchard, a maturidade deve ser analisada em relação a uma tarefa específica, de forma que uma pessoa ou grupo não é jamais imaturo de forma completa, porque pode dominar diferentes tarefas de forma diferente.

Quanto mais maduro o seguidor, menos intenso deve ser o uso da autoridade pelo líder e mais intensa a orientação para o relacionamento. Inversamente, a imaturidade deve ser gerenciada por meio do uso "forte" da autoridade, com pouca ênfase no relacionamento. Segundo Hersey e Blanchard, esta ideia principal divide-se em quatro estilos ou formas de liderança, conforme mostra a Figura 13.11:

Figura 13.11 Modelo de liderança situacional de Harsey e Blanchard.

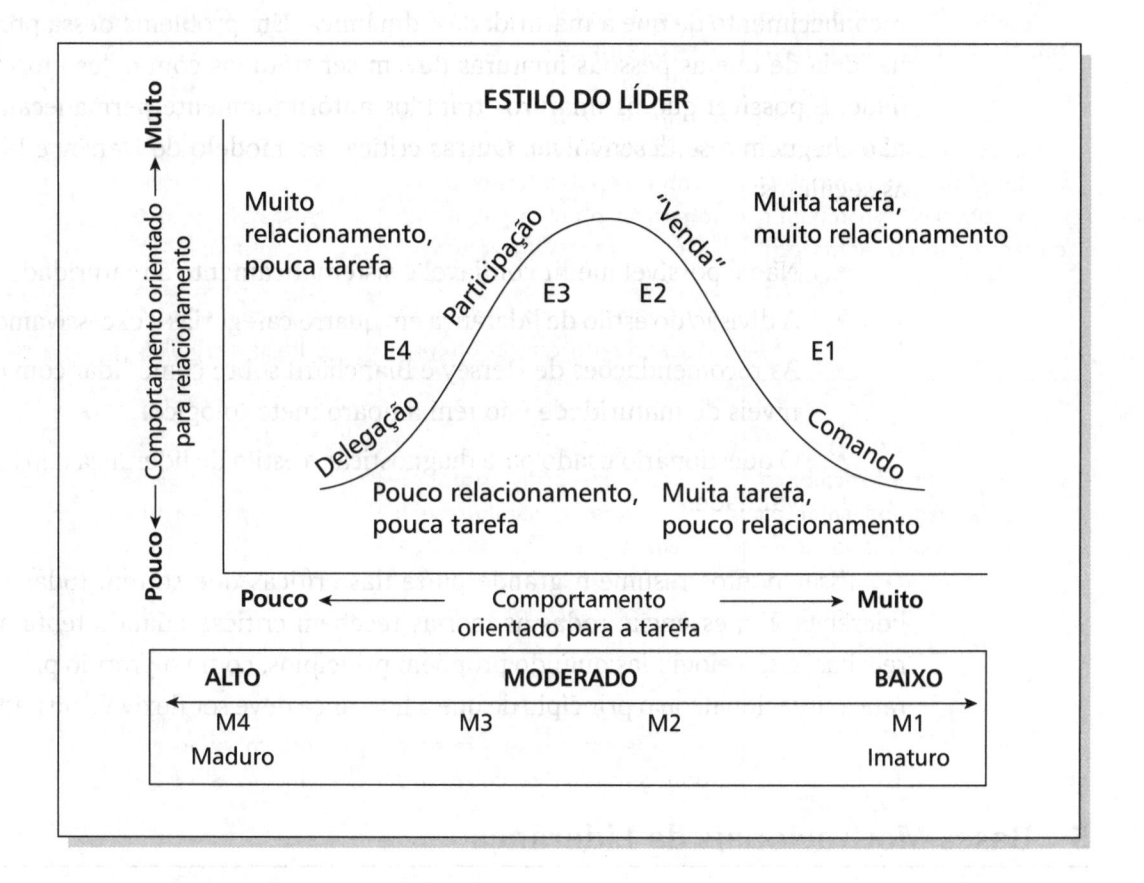

- E1: Comando. Este estilo, adequado a pessoas com baixo nível de maturidade, prevê alto nível de comportamento orientado para a tarefa, com pouca ênfase no relacionamento. Um comportamento específico nesse caso é dar ordens e reduzir o apoio emocional.
- E2: Venda. Este estilo compreende alto nível de comportamentos orientados simultaneamente para a tarefa e o relacionamento e ajusta-se a pessoas com elevada vontade de assumir responsabilidades, mas pouca experiência ou conhecimento. Assim, o líder precisa ser ao mesmo tempo diretivo e oferecer o apoio emocional que reforça o entusiasmo.

- E3: Participação. Este estilo orienta-se fortemente para o relacionamento, com pouca ênfase na tarefa, e ajusta-se com grande competência, mas pouco interesse em assumir responsabilidades, devido a sentimentos de insegurança ou motivação.
- E4: Delegação. Esse estilo consiste em dar pouca atenção tanto à tarefa quanto ao relacionamento, ajustando-se a pessoas que tenham as condições ideais para assumir responsabilidades – competência e motivação.

Um dos pontos fortes na teoria de Hersey e Blanchard é o reconhecimento da competência e motivação como elementos importantes do processo de liderança e o reconhecimento de que a maturidade é dinâmica. Um problema dessa proposição está na ideia de que as pessoas imaturas devem ser tratadas com o "uso forte" da autoridade. É possível que os imaturos tratados autoritariamente permaneçam imaturos e não cheguem a se desenvolver. Outras críticas ao modelo de Hersey e Blanchard são as seguintes:

- Não é possível medir confiável e sistematicamente a maturidade das pessoas.
- A divisão do estilo de liderança em quatro categorias é excessivamente simples.
- As recomendações de Hersey e Blanchard sobre como lidar com os diferentes níveis de maturidade não têm amparo metodológico.
- O questionário usado para diagnosticar o estilo de liderança não tem suficiente validade.

Esses pontos resumem grande parte das críticas que sofrem todas as teorias da liderança. Em essência, todas as teorias recebem críticas quando tentam estabelecer receitas, e são elogiadas quando propõem princípios, como o próprio princípio da liderança situacional, ou o princípio de que a liderança deve ser flexível, ajustada à situação.

5 Bases Motivacionais da Liderança

Os modelos de liderança estudados até este ponto baseiam-se na divisão do poder de decisão entre o líder e os liderados. São modelos que dependem da ideia de que a autoridade formal ou informal do líder pode ser mais orientada para a equipe de colaboradores ou seguidores (democracia) ou mais orientada para o próprio líder e para a execução da tarefa (autocracia).

No entanto, há outros modelos de liderança, que focalizam não a forma como as decisões são tomadas, mas o tipo de recompensa que o líder oferece. São modelos que analisam o estilo motivacional do líder. Há dois estilos motivacionais: o carismático e o transacional (Figura 13.12).

Figura 13.12
Dois estilos de liderança baseados no estilo motivacional.

LIDERANÇA CARISMÁTICA OU TRANSFORMADORA	LIDERANÇA TRANSACIONAL
• Líder inspirador • Líder transformador • Líder revolucionário • Agente de mudanças • Líder renovador	• Líder negociador • Liderança baseada na promessa de recompensas • Liderança manipulativa

5.1 Liderança carismática

Liderança carismática, inspiradora ou transformadora são nomes do estilo usados pelos líderes que oferecem como recompensa a própria realização da tarefa. Um líder é carismático quando oferece recompensas de conteúdo moral e tem seguidores fiéis (em contraposição aos mercenários). O líder carismático faz seus seguidores superarem seus próprios interesses e trabalhar excepcionalmente para realizar a missão, meta ou causa. Para alcançar esse grau de comprometimento e realização, os líderes carismáticos dão especial atenção para as necessidades e potencialidades de seus seguidores. Os líderes carismáticos afetam profundamente as emoções de seus seguidores, encorajando-os e dando-lhes inspiração para que eles vejam os problemas de maneira diferente, deem o máximo de si e apresentem novas ideias. A liderança carismática consiste em estabelecer valores e padrões e criar os meios para guiar os esforços coletivos na direção das metas. O líder carismático é capaz de incentivar os seguidores a superar seu desempenho passado e seu interesse pessoal, criando um sentido de comprometimento em relação aos objetivos. O carisma, ou capacidade de influência do líder, apela às emoções dos seguidores e estimula sua identificação com o líder.

Veja algumas recompensas que têm fundo carismático:

- Satisfação e oportunidade de crescimento pessoal decorrente da participação em um projeto ou tarefa inovadora e desafiadora.
- Satisfação proporcionada pela associação com um líder e uma equipe de prestígio.
- Promessa de participação em novos projetos, mais desafiadores; reforço do sentido de pertencer ao grupo dos "eleitos".
- Recompensas simbólicas: prestígio social pela participação em um projeto importante para a organização, títulos e cargos que dão prestígio social, projeção dentro da própria organização, participação em cerimônias e solenidades, reforço do sentido de participação em grupos.
- Agradecimentos, reconhecimento do desempenho.
- Satisfação intrínseca derivada da participação no processo decisório e na resolução de problemas.

- Promessa de desenvolvimento das competências, de crescimento ou de uma realização sobrenatural, como a salvação da alma.

5.2 Liderança transacional

O líder transacional, ou negociador, apela aos interesses, especialmente às necessidades primárias dos seguidores. Ele promete recompensas para conseguir que os seguidores (ou subordinados) trabalhem para realizar as metas. O líder transacional oferece recompensas materiais ou psicológicas, conseguindo em troca um compromisso de tipo calculista. Algumas recompensas materiais que o líder transacional pode oferecer são as seguintes:

- Promoções.
- Aumentos salariais.
- Autonomia e liberalidade no uso do tempo.
- Atendimento de solicitações relacionadas a transferências, designação para outros projetos e dispensas.
- Prêmios por desempenho, como o "diploma do melhor funcionário do mês", ou uma participação nos resultados.
- Patrocínio de programas de treinamento.

A liderança transacional baseia-se no princípio de que o desempenho e a competência devem ser recompensados segundo algum critério. O líder transacional estabelece metas e oferece incentivos para sua realização. Tanto o gerente quanto o funcionário (ou líder e liderado), em uma relação transacional, enxergam o trabalho como um sistema de trocas entre contribuições e recompensas. A troca tende a ser racional, sem o fundo emocional que caracteriza a liderança carismática.

O contrato psicológico calculista, que ocorre na liderança transacional, é um ingrediente importante em certos tipos de projetos e em certas empresas. Os sistemas motivacionais utilizados por algumas empresas são generosos no fornecimento de recompensas para quem tem competência e sabe transformá-la em resultados. Trabalhando para uma empresa como a Microsoft, é possível alcançar níveis expressivos de ganhos materiais, por meio dos programas de participação nos lucros. Está interessado?

5.3 Qual recompensa é mais eficaz?

Em muitos casos, as pessoas oferecem sua contribuição a atividades e projetos sem esperar qualquer espécie de recompensa material. A satisfação intrínseca por ter participado, como é o caso dos projetos filantrópicos e sociais, é suficiente. No entanto, em muitos outros casos, não se pode esperar que apenas as recompensas morais ou psicológicas funcionem, especialmente o reconhecimento, se não houver alguma parcela de recompensas materiais. Provavelmente, as duas espécies de recompensas são importantes para a maioria das pessoas, mesmo para aquelas que eventualmente se envolvem em projetos desinteressados. Em resumo, todo gerente deve ser capaz de equilibrar as duas espécies de recompensas.

Em certas situações, a recompensa psicológica pode ser mais eficaz; em outras, a recompensa material funciona melhor. Os dois tipos de recompensas funcionam porque produzem efeitos sobre diferentes dimensões da motivação da equipe. Para entender o efeito das recompensas sobre a motivação, volte às teorias de Maslow e da expectativa, no capítulo anterior. A eficácia da recompensa depende das necessidades, que determinam até que ponto as recompensas têm valor ou não.

6 Além da Liderança

O estudo da liderança está muito ligado ao entendimento dos mecanismos da influência entre líderes e seguidores. O objetivo final é desenvolver habilidades de liderança em gerentes, de modo a torná-los mais eficazes em suas tarefas que envolvem a direção de pessoas. Esse objetivo está ligado à tradicional concepção do gerente como "chefe de pessoas". À medida que evoluem as concepções sobre a administração de organizações e o papel dos gerentes, é natural que evoluam também as teorias sobre a liderança.

Uma das tendências mais importantes das organizações no limiar do século XXI é a autogestão. Essa tendência provocou grande transformação nas tarefas dos gerentes, que precisam muito mais das habilidades de liderança que dos poderes de chefia. Acima de tudo, a tendência da autogestão parece evidenciar que a liderança não é uma variável tão importante ou decisiva como tem sido até agora. Steven Kerr, por exemplo, afirma que certas características da organização podem, de fato, minimizar a necessidade da liderança. Essas características são condições do funcionário, da tarefa e da própria organização que podem funcionar como *substitutos da liderança*. Em resumo, essa teoria afirma que as pessoas não precisam de liderança, sendo capazes de tomar conta de si próprias, desde que as seguintes condições estejam presentes:

- As pessoas têm as competências necessárias para executar suas tarefas e avançar, aceitando novos desafios.
- As pessoas conhecem e praticam os mecanismos da autogestão.
- A organização tem suas tarefas estruturadas e é capaz de se ajustar a novas circunstâncias, por meio da participação de seus integrantes.
- A organização favorece a autonomia, a autogestão e o aprendizado contínuo.

O ponto de vista de Kerr coincide com o de A. N. Whitehead: "O problema não é como produzir grandes homens, mas como produzir grandes sociedades. A grande sociedade fornece os homens para as ocasiões."

Estudo de Caso: CooperMambrini

A CooperMambrini é uma empresa com 40 funcionários, todos cooperados, especializada na fabricação de carrocerias metálicas para caminhões. A empresa, fundada pela família Mambrini, começou a funcionar em 1946, fabricando carroças. Tornou-se grande fabricante de carrocerias de caminhões. Nos anos 1980, tinha sete filiais no Brasil e chegou a dominar 50% do mercado da América Latina. Nessa época, começaram seus problemas. Suas dívidas eram tão grandes que a família Mambrini precisou entregar seis filiais aos credores, ficando apenas com a sede, em Vespasiano, na Grande Belo Horizonte.

A entrega das filiais não liquidou as dívidas. A situação era tão crítica que, a partir de 1989, a empresa não depositava mais o FGTS dos funcionários. Em julho de 1997, o pagamento dos salários foi interrompido. Os funcionários fizeram sucessivas greves, sem resultado. Os funcionários foram à Justiça, conseguindo que a empresa desse as máquinas e equipamentos como forma de pagamento. No entanto, os funcionários não tinham instalações para produzir. Em 1997, resolveram fundar a CooperMambrini, que comprou a empresa de seus antigos proprietários.

Parte do valor foi pago a vista. O restante foi financiado para pagamento conforme o faturamento. As quotas foram divididas proporcionalmente ao valor das verbas rescisórias dos contratos de cada ex-empregado, que passou à situação de cooperado. Não havia mais pagamento de salários. As retiradas dos funcionários passaram a ser correspondentes a seus antigos salários. O restante do lucro seria dividido igualmente.

Acabaram-se os cargos de chefia. Todos os funcionários tornaram-se igualmente responsáveis pela empresa. Criou-se o cargo de um Coordenador Geral da Empresa, eleito pelos cooperados. As decisões mais simples passaram a ser tomadas por um Conselho Administrativo formado por sete cooperados com mandato de três anos, eleitos por pleito direto. Cada cooperado tem direito a um voto e qualquer cooperado pode ser candidato a membro do Conselho. As grandes decisões ficam para as Assembleias, nas quais todos os cooperados têm o direito de participar e opinar, sempre com direito a um voto cada um. Foram feitos planos de saúde e seguro de vida para todos os funcionários/cooperados.

Logo depois de sua posse, o novo Conselho colocou a casa em ordem e conseguiu fazer a empresa operar sem prejuízo. Seis meses depois, produção e produtividade aumentaram 600%. A confiança foi recuperada com os fornecedores e clientes. Grandes contratos de venda foram assinados com empresas de transportes e de compras com a Gerdau. A empresa estava negociando empréstimos com bancos comerciais e com o BNDES.

A nova empresa lançou novos produtos, como baú para caminhões, bases metálicas para carrocerias de madeira e suspensão de terceiro eixo (com custo igual a ¼ do preço do produto no mercado).

Se os negócios continuassem favoráveis, a empresa cresceria. Os primeiros a serem contratados seriam os ex-funcionários que não fizeram parte da cooperativa e que também não receberam seus salários e direitos da administração anterior. Eles tornar-

-se-iam cooperados. Os novos empregados que não fossem ex-funcionários poderiam começar a trabalhar como empregados assalariados. Depois de certo número de anos, poderiam tornar-se cooperados.

Questões

1. Numa empresa em que todos os funcionários são donos, qual é a importância da liderança? Maior ou menor do que em uma empresa tradicional, em que há um proprietário?

2. Qual é o estilo de liderança apropriado, nas relações entre colegas que compartilham a propriedade da empresa? O estilo deve ser obrigatoriamente democrático?

3. As empresas autogeridas, como a CooperMambrini, comprovam a hipótese de que, em condições apropriadas, todos podem ser líderes?

4. Se você fizesse parte de uma empresa autogerida, você preferiria participar de todas as decisões importantes ou sugeriria aos colegas que contratassem administradores profissionais, para "mandar" em vocês?

5. Algumas empresas autogeridas não conseguiram sobreviver e muitas continuam enfrentando dificuldades de administração. Em sua opinião, a autogestão produz resultados melhores, iguais ou piores do que a gestão centralizada em uma pessoa, ou autocrática? Justifique suas respostas.

14

Grupos

Objetivos

Quando terminar de estudar este capítulo, você deverá estar preparado para explicar e exercitar as seguintes ideias:

- Tipos de grupos nas organizações.
- Formação, desenvolvimento e funcionamento dos grupos.
- Avaliação do desempenho dos grupos.
- Fatores que afetam o desempenho dos grupos.
- Equipe de alto desempenho.
- Problemas que podem ocorrer com os grupos e interferir com seu desempenho.

Introdução

Toda organização é um grupo de pessoas e as grandes organizações são grandes aglomerados de grupos. Toda pessoa, em qualquer organização, faz parte de algum grupo, formal ou informal. Em muitos casos, de diversos grupos ao mesmo tempo. O desempenho de uma pessoa depende não apenas de sua competência, motivação e da forma como o trabalho está organizado, mas também dos processos sociais que ocorrem nos grupos de que participa (Figura 14.1).

Figura 14.1 Influências sobre o desempenho individual: organização, qualidade de vida, fatores extrínsecos e intrínsecos e processos sociais.

O efeito do grupo sobre as pessoas ocorre primeiro no nível do próprio grupo. Em seguida, a liderança do grupo é afetada. O desempenho de um chefe é definido pelo desempenho de seu grupo imediato de colaboradores. Se o grupo vai bem ou mal, o reflexo é o desempenho do gerente. Finalmente, o desempenho dos grupos afeta a organização como um todo. Afinal, se as organizações são conjuntos de grupos, é natural concluir que, em última instância, os resultados da organização são o produto dos resultados dos grupos. Por isso, todo aspirante a administrador eficaz deve dominar e ser capaz de aplicar os princípios do trabalho das pessoas e dos grupos, como uma de suas principais competências.

Conforme você avança, o estudo da administração torna-se a cada passo mais sistêmico, mais abrangente. Agora, o estudo dos grupos possibilita analisar, de forma integrada, os processos de liderança, comunicação e motivação, e seu efeito sobre o desempenho dos grupos. Vamos começar analisando os tipos de grupos e prosseguir para o estudo da dinâmica dos grupos.

1 Tipos de Grupo

Um grupo é um conjunto de pessoas que têm um objetivo ou característica comum (Figura 14.2). As pessoas que estão esperando o ônibus no ponto formam um grupo, assim como a multidão que vai ao estádio para ver um jogo, os atletas dos dois times que vão jogar e a massa dos eleitores anônimos que levam um candidato ao cargo de presidente ou governador. Você e seus colegas nesta disciplina formam um grupo. É claro que a palavra "grupo" tem muita latitude: o objetivo comum de "esperar o ônibus" é diferente do objetivo comum de "ganhar o jogo", dos atletas de cada um dos dois times.

Neste capítulo, focalizaremos os grupos que se formam dentro das organizações e que têm como objetivo a realização de alguma tarefa. No entanto, você deve também pensar nos grupos que estão fora das fronteiras das organizações e que também interessam aos estudantes de administração. Por exemplo, as grandes massas de consumidores ou eleitores, as redes sociais, as multidões e as ONGs, entre outros tipos.

Os grupos nas organizações classificam-se em duas categorias: formais e informais.

Figura 14.2
Um grupo é um conjunto de pessoas que compartilham alguma característica, como um objetivo, um interesse, um comportamento ou uma localização. As pessoas em uma fila formam um grupo.

1.1 Grupos formais

Os grupos formais, ou equipes de trabalho, são criados para fazer funcionar as unidades de trabalho da organização. O conjunto dos funcionários de um turno do pronto-socorro de um hospital é um grupo formal, assim como a tripulação de uma aeronave ou os funcionários da linha de produção. A cada gerente está ligado um grupo formal – sua equipe de funcionários, colaboradores ou auxiliares.

Segundo Rensis Likert, as organizações deveriam ser vistas como sistemas de grupos interligados, em que os gerentes desempenham a função de pinos de ligação (Figura 14.3), e não como estruturas hierárquicas verticais, formadas por departamentos funcionais estanques. No limiar do Terceiro Milênio, essa antevisão de Likert tornou-se uma realidade.

Há dois tipos principais de grupos formais nas organizações: grupos permanentes e grupos temporários.

I. Grupos permanentes. São representados no organograma funcional. São grupos permanentes as equipes de departamentos estáveis, também chamadas grupos funcionais: as pessoas que trabalham na seção de compras ou no laboratório de desenvolvimento de novos produtos e o conjunto dos chefes, chamado grupo de administração. Os grupos funcionais são as partes da estrutura organizacional e dividem-se em outros grupos. Todas as pessoas da divisão de produção formam o grupo funcional da produção, que se divide em grupos especializados, como montagem, pintura e acabamento. O grupo dos gerentes também se divide em outros grupos, dependendo do porte da organização. Os professores de sua escola formam um grupo permanente, mas sua turma é um grupo temporário.

Figura 14.3
Segundo Rensis Likert, as organizações deveriam ser vistas como sistemas de grupos interligados, em que os gerentes são os "pinos de ligação".

II. Grupos temporários. São criados para cumprir uma tarefa e se desmobilizar depois disso. Equipes de projetos e os chamados grupos-tarefa ou forças-tarefa são exemplos de grupos temporários. São frequentemente formados com pessoas de diversos grupos funcionais permanentes. Essas pessoas, muitas vezes, desempenham dois papéis simultaneamente, como integrantes de equipes funcionais permanentes e de grupos temporários de projetos. Encerrado o projeto ou tarefa, as pessoas retomam suas atividades normais nos grupos permanentes.

1.2 Grupos informais

Os grupos informais não têm chefes, mas podem ter líderes ou "animadores", que podem ser diferentes de uma ocasião para outra. Os grupos informais são criados pela vontade de seus próprios integrantes, ao contrário dos grupos formais, que são criados por decisões externas. Sempre há grupos informais dentro dos grupos formais. Um grupo informal pode ser apenas uma parte de um grupo formal, ou abrangê-lo por inteiro; pode haver vários grupos informais dentro de um mesmo grupo formal e uma pessoa pode pertencer a diferentes grupos informais. Há dois tipos mais importantes de grupos informais: os de amizade e os de interesse.

I. Grupos de interesse. Os grupos de interesse podem ser formados independentemente de relações de amizade entre seus integrantes. Num parlamento, pode-se observar a formação de grupos de interesse para votar ou debater assuntos que afetam seus integrantes, a despeito de estes pertencerem a partidos diferentes ou adotarem posições ideológicas distintas, às vezes até antagônicas. No congresso, líderes e representantes de diferentes partidos adversários, que não compartilham as mesmas posições, podem ter interesses em comum, que os fazem juntar-se em bancadas suprapartidárias, como as dos ruralistas, regionalistas, privatizantes, estatizantes, evangélicos e assim por diante.

II. Grupos de amizade. Os grupos de amizade surgem porque seus integrantes descobrem que têm interesses profissionais comuns, ou alguma espécie de afinidade, ou porque a proximidade física facilita a interação e a convivência é agradável. Há uma tarefa que exige mais de uma pessoa e alguém consegue mobilizar um grupo de colegas para executá-la. Sentimentos como amizade, identidade e afinidade definem os grupos de amizade. Eis três exemplos de grupos de amizade:

- Os diferentes grupos de amigos em que sua turma se divide.
- O time de futebol dos funcionários da empresa.
- Os organizadores da festa mensal dos aniversariantes.

2 Graus de Formalidade

Os grupos informais podem ter diferentes graus de informalidade. Os jogadores de futebol têm maior grau de formalidade que os amigos de sua turma, porque estão mais organizados. A atividade de jogar futebol exige mais organização que a de conviver socialmente. Muitos grupos informais têm atributos como divisão do trabalho e coordenação. Quanto mais se organizam, por meio da divisão do trabalho, da coordenação e da definição de um propósito, mais formais os grupos informais se tornam. Muitos grupos formais começam de um embrião informal. Algumas pessoas começam a trocar ideias sobre seus interesses, acham que poderiam criar uma espécie de associação, empresa ou cooperativa. Eis uma sociedade formal que tem início. A associação dos engenheiros, ou dos representantes dos funcionários, que há em muitas empresas, também é exemplo de grupo de interesse que se formalizou, assim como os sindicatos, que começaram como grupos de auxílio mútuo (Figura 14.4).

Figura 14.4
Os grupos informais são frequentemente embriões de grupos formais.

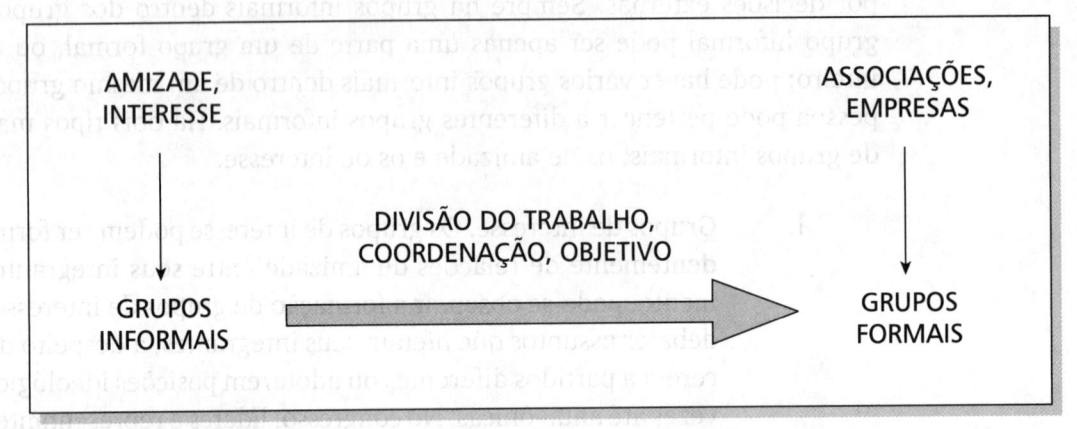

AMIZADE, INTERESSE → DIVISÃO DO TRABALHO, COORDENAÇÃO, OBJETIVO → ASSOCIAÇÕES, EMPRESAS

GRUPOS INFORMAIS → GRUPOS FORMAIS

Há grupos informais que transcendem as fronteiras das organizações empresa. São os "colégios invisíveis", já mencionados no Capítulo 11 (Sobre máquinas e organismos), formados por certos profissionais, como cientistas e pesquisadores, ou pessoas que compartilham algum interesse ou característica. A Associação dos Administradores de Recursos Humanos, o Clube dos Ex-alunos e as comunidades científicas são exemplos. Essas sociedades têm variados graus de formalidade. Elas podem reunir-se oficialmente, em simpósios, ou nos intervalos das conferências desses mesmos simpósios.

3 Estágios no Desenvolvimento de um Grupo

Desde que é formado até que começa a funcionar, um grupo passa por estágios de desenvolvimento. Segundo o pesquisador Bruce W. Tuckman, embora os grupos sejam muito diferentes uns dos outros, há uma tendência de todos passarem por cinco estágios: formação, tempestade, normatização, desempenho e encerramento (Figura 14.5). A maneira como o grupo evolui ao longo desses estágios é um dos fatores determinantes de seu desempenho.

3.1 Formação

Formação é o estágio inicial na vida do grupo. As pessoas ainda não se conhecem, estão curiosas em relação aos colegas e pode ocorrer algum desconforto. Em seu primeiro dia na escola, foi isso o que aconteceu. Leva certo tempo até as pessoas se acostumarem umas com as outras, identificarem suas preferências, desenvolverem amizades e perceberem a necessidade de interdependência.

Figura 14.5
Cinco estágios no desenvolvimento de um grupo segundo Tuckman.

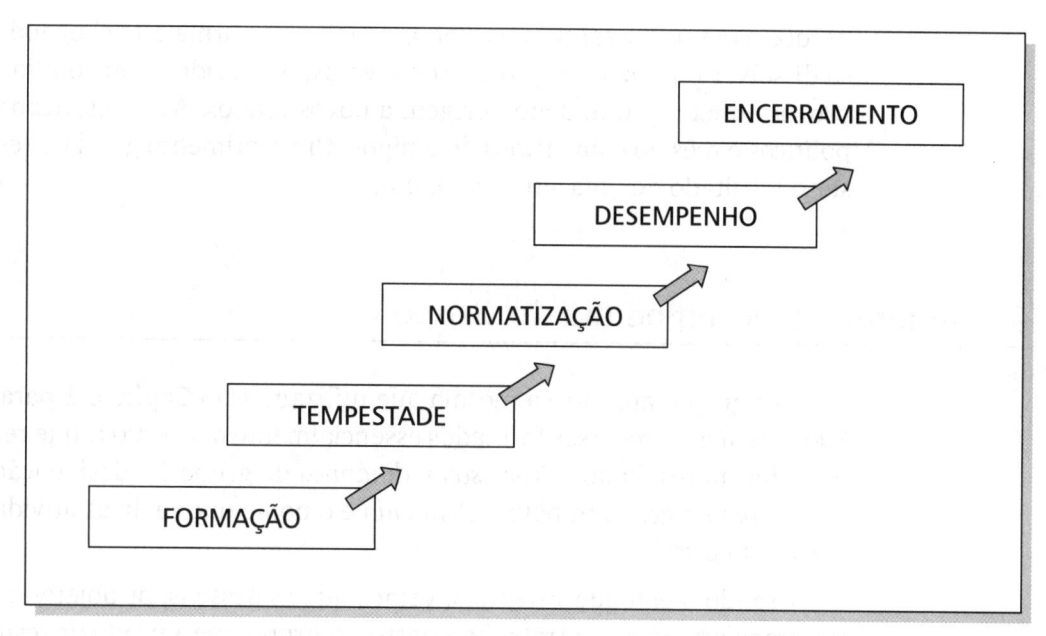

```
                                        ENCERRAMENTO
                                    ↗
                              DESEMPENHO
                           ↗
                     NORMATIZAÇÃO
                  ↗
            TEMPESTADE
         ↗
   FORMAÇÃO
```

3.2 Tempestade

Tempestade é a fase do conflito. Quando as pessoas percebem suas diferenças de opinião, de valores e de atitudes, e manifestam seu desacordo, o grupo entra em uma área de turbulência. O conflito é positivo, porque evidencia as diferenças e cria novas ideias. No entanto, conflitos de fundo emocional intenso prejudicam o grupo e impedem sua evolução para o estágio seguinte.

3.3 Normatização

O estágio da criação de normas de convivência chama-se normatização. Os integrantes do grupo percebem que, para conviver produtivamente, é preciso ter regras. O grupo desenvolve consenso em torno de valores, objetivos e atividades e seus integrantes tornam-se coesos. O grupo tem uma identidade, que o ajuda a passar para o estágio seguinte.

3.4 Desempenho

Desempenho é a condição de um grupo maduro, que superou com sucesso as fases anteriores. O nível de desempenho – alto, mediano ou baixo – depende de como ocorreu essa evolução, especialmente no estágio anterior.

3.5 Encerramento

No estágio final, o grupo se desmobiliza e encerra suas atividades. Os grupos podem encerrar suas atividades porque um problema foi resolvido ou um projeto terminou, ou porque o tempo fez sentir seus efeitos e uma nova turma está chegando. Um grupo pode se dissolver por razões objetivas como essas, ou devido a um conflito insuperável, que provoca uma ruptura, dando origem a novos grupos. Às vezes, acontece com partidos políticos e mesmo com grupos de amigos. Um sentimento geral de ressentimento pode ser o resultado de uma situação assim.

4 Dinâmica e Desempenho do Grupo

Aos grupos aplica-se a mesma que utilizamos no Capítulo 1 para as organizações. São sistemas de recursos formados essencialmente por pessoas que realizam atividades e produzem resultados. *Processo* ou *dinâmica* do grupo é a designação da interação – a forma *como* o grupo trabalha. *Conteúdo* é o nome que se dá às atividades do grupo – *o que* o grupo faz.

Usando o enfoque sistêmico, vemos que as pessoas, os objetivos e outros recursos são transformados em trabalho dentro do grupo, para produzir resultados, produtos, serviços e ideias, além de efeitos comportamentais (Figura 14.6).

Figura 14.6
A dinâmica de um grupo é um sistema que transforma pessoas, objetivos e recursos em resultados por meio de atividades.

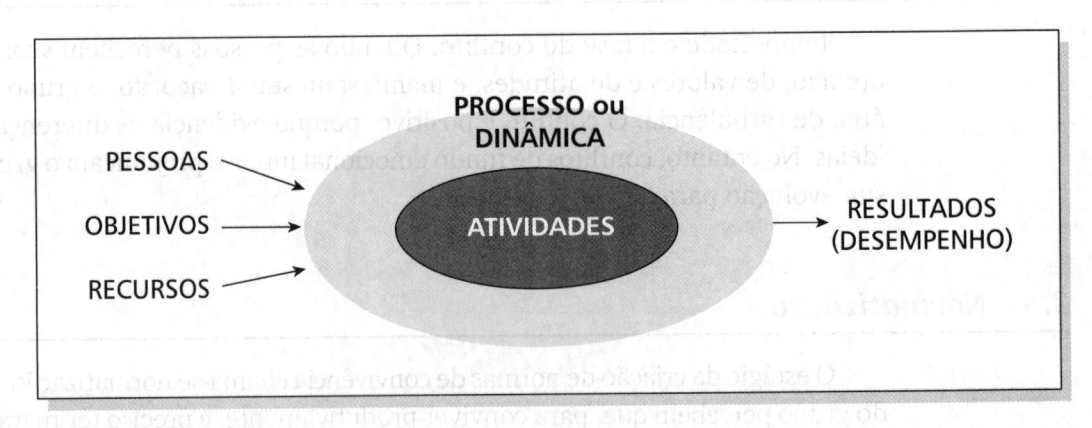

PESSOAS →
OBJETIVOS → PROCESSO ou DINÂMICA (ATIVIDADES) → RESULTADOS (DESEMPENHO)
RECURSOS →

4.1 Pessoas, objetivos e recursos

Grupos são, essencialmente, conjuntos de pessoas. As pessoas trazem para o grupo sua competência, experiência, formação, valores e personalidade. Como não há duas pessoas que sejam idênticas, cada grupo não apenas é diferente de qualquer outro, mas também de si próprio em diferentes momentos de sua existência, já que aqueles atributos pessoais se alteram com o tempo e com as modificações na composição do grupo.

- Há dois fatores principais que se alteram com a passagem do tempo: a familiaridade das pessoas umas com as outras e sua experiência profissional. Quando um grupo se forma, as pessoas não estão familiarizadas entre si, embora sua experiência possa ser extensa. Um grupo cujos integrantes sejam experientes pode ter maior velocidade inicial para realizar determinada tarefa do que outro grupo no qual as pessoas, além de desconhecidas entre si, sejam também inexperientes.

- Com o passar do tempo, os dois fatores amadurecem: as pessoas se conhecem e podem tornar-se mais competentes em relação à tarefa. Esse é o efeito da normatização nos estágios do desenvolvimento de um grupo. No entanto, um grupo maduro pode tornar-se acomodado. A idade do grupo passa a ter um efeito direto sobre seu desempenho.

- Os grupos também se modificam como resultado da interação de seus integrantes e da alteração de sua composição: cada novo indivíduo que é admitido altera todo o equilíbrio e a rotina existentes. Muitas equipes são estáveis apenas por determinado período de tempo. Vez por outra, alguém recebe uma promoção e um colega da mesma equipe é convidado para ficar em seu lugar; ou há demissões e aposentadorias. Muito frequente é também o ingresso de um novo participante, porque há necessidade de aumentar a equipe ou de substituir alguém que saiu.

- Há mobilidade em qualquer equipe, por mais estável que seja o departamento ou operação em que ela trabalha. Sempre que houver uma movimentação de qualquer tipo, mudam também a dinâmica das relações interpessoais e a experiência profissional.

Os grupos têm objetivos que podem ser temporários ou permanentes. Os objetivos temporários são intrínsecos aos grupos temporários. Os grupos permanentes, no entanto, além de seus objetivos regulares, podem ter, eventualmente, objetivos temporários – como, por exemplo, uma meta de aumento da produtividade ou de redução de custos, ou o atendimento de uma ordem especial de produção. Com base nos objetivos, os grupos usam as competências de seus integrantes e outros recursos para realizar atividades. Outros recursos são aqueles que todas as organizações usam: tempo, equipamentos, tecnologia, informações etc.

4.2 Processo – dinâmica

Os grupos são formados para realizar atividades. Nos grupos formais, as atividades consomem recursos e energia das pessoas, para realizar objetivos – fornecer bens e serviços. Nos grupos informais, a atividade muitas vezes tem como objetivo apenas a convivência social. Em qualquer tipo de grupo, a atividade é *o que* o grupo faz.

O processo ou dinâmica é *como* os integrantes do grupo interagem para realizar a atividade. No processo de interação, as pessoas desenvolvem regras, sentimentos e outras propriedades da vida social. O processo compreende dois elementos principais: comunicação e sentimentos (Figura 14.7).

Figura 14.7
O processo do grupo é feito da interação entre seus membros e compreende dois componentes principais: comunicação e sentimentos.

- Comunicação. Por meio da comunicação, os integrantes do grupo trocam informação e coordenam suas tarefas individuais. Os padrões de interação por meio dos quais a comunicação se concretiza são muito variados. Por exemplo, o grupo pode estar empenhado em tarefas coletivas (como os jogadores de um time de futebol) ou em atividades individuais paralelas (como os professores de uma escola). Embora a interação seja mais intensa entre os jogadores de um time de futebol do que entre os professores da escola (quando em aula), a comunicação sempre é a pedra de toque do trabalho eficaz em grupos.

- Sentimentos. Os integrantes do grupo desenvolvem sentimentos em relação a seus colegas ou a certos atributos do próprio grupo e da organização dentro da qual ele se encontra. Os sentimentos compreendem emoções, interesses, valores, atitudes e outras manifestações do comportamento emocional. Os sentimentos podem favorecer ou comprometer o desempenho grupal. Interesse na continuidade do grupo, relações de amizade e tarefa motivadora são fatores que produzem sentimentos favoráveis. Se em um grupo há partidos em conflito, prejudicando o desempenho do conjunto, os sentimentos são desfavoráveis.

4.3 Resultados

Os resultados de um grupo podem ser avaliados em comparação com os objetivos. Para um grupo formal, a realização da tarefa é um critério importante. Para um grupo informal, um objetivo importante é a convivência amigável. A definição de critérios permite (1) orientar a avaliação para os resultados que são relevantes, (2) fazer comparações com outros grupos e (3) planejar atividades de desenvolvimento de equipes.

A Figura 14.8 resume diversos critérios ou indicadores dos resultados de um grupo, que serão analisados a seguir.

Figura 14.8
Critérios de avaliação do desempenho de um grupo.

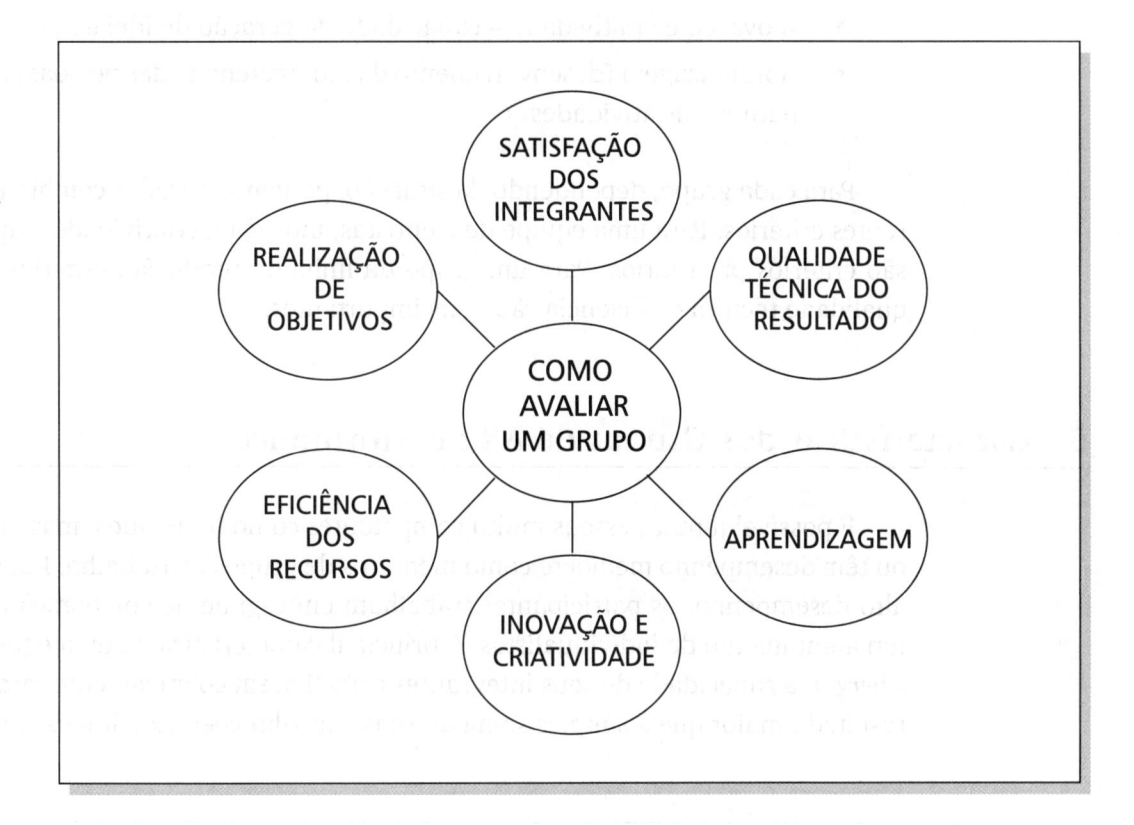

[Diagrama: COMO AVALIAR UM GRUPO no centro, conectado a: SATISFAÇÃO DOS INTEGRANTES, QUALIDADE TÉCNICA DO RESULTADO, APRENDIZAGEM, INOVAÇÃO E CRIATIVIDADE, EFICIÊNCIA DOS RECURSOS, REALIZAÇÃO DE OBJETIVOS]

- Realização de objetivos. O desempenho de um grupo pode ser avaliado, em primeiro lugar, pelo critério da eficácia – a medida da realização dos objetivos. Um grupo que tem alta taxa de realização de objetivos é chamado de grupo de alto desempenho (ou alta *performance*).
- Satisfação dos integrantes. Outro critério importante para avaliar um grupo é a satisfação dos integrantes. Num grupo de alta *performance*, as pessoas estão satisfeitas com os resultados e com o próprio grupo.

É possível alcançar um desempenho elevado com um máximo de satisfação. Por exemplo, um barco a remo de competição usa o princípio de uso intenso da energia humana, mas os remadores são voluntários que competem por um prêmio. Eles trabalham seguindo as ordens de um chefe de equipe. Também há situações de desempenho elevado, mas com um mínimo de satisfação, e o caso inverso, no qual a satisfação é elevada, mas o desempenho é medíocre. O gerente que busca apenas a popularidade pode conseguir criar um clima de satisfação dentro do grupo, mas o desempenho fica prejudicado.

Um grupo pode ser avaliado por outros critérios, além da realização dos objetivos e da satisfação das pessoas. Alguns desses critérios são os seguintes:

- Qualidade técnica do resultado.
- Eficiência no uso dos recursos, como o cumprimento de prazos e orçamentos.
- Inovação e criatividade – capacidade de geração de ideias.
- Aprendizagem (desenvolvimento das competências das pessoas) e capacitação para novas atividades.

Para cada grupo, dependendo da situação, podem ser usadas combinações de diferentes critérios. Para uma equipe de cientistas, inovação, criatividade e aprendizagem são critérios prioritários. Para um grupo da linha de produção, critérios como maior qualidade técnica e eficiência são mais importantes.

5 Características dos Grupos de Alta Performance

É possível juntar pessoas muito competentes como indivíduos, mas que fracassam ou têm desempenho medíocre como membros de grupos de trabalho. Em um grupo de alto desempenho, os participantes trabalham em regime de colaboração e não como um ajuntamento de individualistas. A principal característica de uma equipe eficaz é a *sinergia*, a capacidade de seus integrantes trabalharem coletivamente, produzindo um resultado maior que a simples soma de suas contribuições individuais (Figura 14.9).

Figura 14.9
Quatro fatores críticos para o sucesso de um grupo.

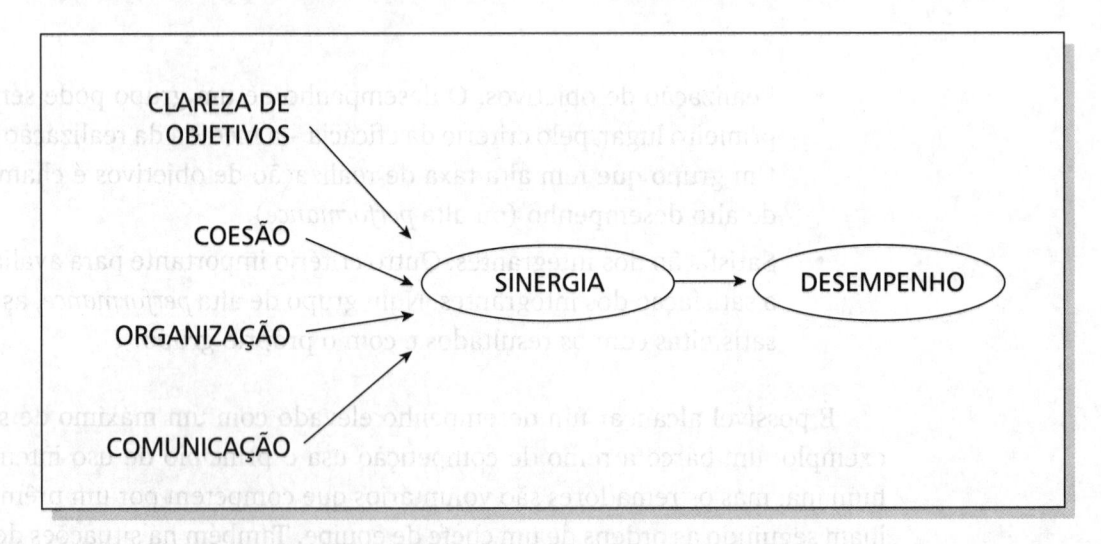

CLAREZA DE OBJETIVOS → SINERGIA
COESÃO → SINERGIA
ORGANIZAÇÃO → SINERGIA
COMUNICAÇÃO → SINERGIA
SINERGIA → DESEMPENHO

A sinergia combina-se com outras características dos grupos de alto desempenho, também chamadas *fatores críticos de desempenho*. Clareza de objetivos, coesão, organização e comunicação são os principais fatores críticos de desempenho.

5.1 Clareza de objetivos

A primeira condição para a eficácia do trabalho de um grupo é a clareza de objetivos. Sem objetivos claros, os integrantes do grupo ficam sem saber para onde ir e o esforço se perde. Falta de objetivos claros é uma fonte de desperdícios e frustração. Uma das primeiras providências que o gerente de uma nova equipe deve tomar é definir a missão e os objetivos, envolvendo os participantes nesse processo.

5.2 Coesão

Coesão é o resultado do desejo de cada integrante de permanecer no grupo, defendê-lo e continuar trabalhando com as mesmas pessoas. Em uma equipe coesa, os integrantes percebem-se como partes do mesmo conjunto de pessoas e têm interesse em continuar assim. Percepção, desafio e afinidade com os colegas são alguns dos fatores que contribuem para a coesão.

- Percepção. O fator primário que define a coesão é o sentimento de fazer parte de um mesmo grupo. A percepção de integrar o grupo é reforçada por sinais mútuos de aceitação, como "você é um dos nossos", e tem sua origem em atributos compartilhados, como a motivação pela missão do projeto, a afinidade e a experiência com os colegas e o sentimento de confiança e apoio recebido do grupo.

- Desafio ou motivação oferecida pela missão do grupo. A propensão à coesão aumenta quando a missão oferece o mesmo desafio ou motivação para todos os membros do grupo e todos percebem que a missão só pode ser realizada se trabalharem de forma colaborativa. A coesão da equipe e a motivação de seus integrantes são duas forças estreitamente correlacionadas.

- Competência técnica dos colegas. A coesão surge e cresce quando cada um percebe os demais, ou pelo menos alguns dos colegas, como tecnicamente competentes. A ideia de associar-se ou ser parte de um grupo de estrelas de primeira grandeza pode entusiasmar muitas pessoas.

- Experiência de sucesso. Pessoas que tenham tido sucesso como grupo, em outras missões, têm interesse em continuar juntas. A percepção de que o grupo foi a chave do sucesso e, portanto, repetirá o sucesso, funciona como fator de agregação. O sentimento de pertencer a um grupo vencedor também atrai muitas pessoas.

- Confiança. Em um grupo de trabalho, "confiança é o grau de conforto com os colegas. Além disso, a confiança manifesta-se na capacidade e interesse em tratar francamente de diferenças de opiniões, valores e atitudes. A confiança é o denominador comum, sem o qual ficam sem sentido as ideias de coesão e afinidade entre pessoas. A confiança pode ser avaliada pela crença das pessoas de que podem falar de conflitos e desacordos sem receio de retaliação ou censura". Em uma equipe na qual os integrantes confiam uns nos outros, é natural que haja alto grau de coesão.

5.3 Organização

Nenhum grupo pode ser eficaz sem uma clara definição dos papéis de seus integrantes. O processo de organizar uma equipe consiste essencialmente em definir papéis e suas ligações, de forma que fique claramente estabelecida uma estrutura orgânica capaz de realizar objetivos.

Além da divisão das responsabilidades, o processo de organização deve esclarecer também o mecanismo de tomada de decisão. Para facilitar as decisões, é preciso estabelecer certas regras. Por exemplo, desde que a maioria de um grupo tome uma decisão, a minoria se compromete a apoiá-la, se não tiver uma alternativa viável. Ou, as reuniões do grupo devem concentrar-se em determinadas decisões, enquanto os participantes, individualmente, têm autonomia para tomar e implementar outras. As regras de decisão evitam o desperdício de informação e de energia do grupo.

5.4 Comunicação

A comunicação é a pedra de toque em qualquer atividade coletiva. Sem troca de informações, não há decisão nem organização no grupo. Diversas evidências empíricas mostram a importância da comunicação para o desempenho de um grupo. Uma das evidências mais dramáticas surgiu dos estudos sobre acidentes com aviões. Esses estudos revelaram que muitos acidentes poderiam ter sido evitados se os integrantes das equipes de voo tivessem disposição para fornecer e receber informações. Um exemplo conhecido é do avião da Vasp que, em 1989, caiu na Amazônia, causando a morte de 12 pessoas, porque tinha tomado a direção incorreta, esgotando o combustível. Um dos passageiros percebeu o erro, porque viu o Sol do lado errado da aeronave, em relação ao que estava acostumado, e tentou dar o aviso, mas foi ignorado, porque "não entendia do assunto". Muitas vezes, a suposição de que uma pessoa não tem contribuição relevante a fornecer, porque é leiga, pode provocar a perda de informações importantes e comprometer o desempenho do grupo.

6 Desafios no Trabalho dos Grupos

As virtudes, ou características desejáveis dos grupos, confrontam-se com as dificuldades que os grupos sempre apresentam. A equipe sem aspectos negativos é obra de ficção. Quem quer que tenha participado de qualquer trabalho de grupo tem experiências boas e ruins para lembrar. Com o sinal trocado, as características positivas transformam-se nos defeitos que qualquer grupo deve procurar evitar, e a esses se acrescentam outros. As principais dificuldades que podem comprometer o desempenho da equipe estão sintetizadas na Figura 14.10. Nesta parte do Capítulo, dois problemas serão examinados: coesão excessiva e conformidade social.

Figura 14.10 Dificuldades que comprometem o desempenho dos grupos.

FALTA DE COESÃO	• Cada um dos integrantes trabalha para si.
EXCESSO DE COESÃO	• O grupo torna-se refratário a ideias alheias.
CONFORMIDADE SOCIAL	• Os membros do grupo concordam automaticamente com uma proposição, se percebem que um colega já concordou.
PARADOXO DE ABILENE	• Os membros do grupo concordam explicitamente com uma proposição da qual discordam intimamente, por acreditarem que fazem o que os colegas esperam.
PENSAMENTO GRUPAL	• Os membros do grupo tomam decisões que ignoram considerações relevantes, por se acharem acima do bem e do mal.
PRETORIANISMO	• Uma modalidade específica de pensamento grupal. Os membros do grupo acham-se melhores que seus chefes e se rebelam contra eles.
DESORGANIZAÇÃO	• Os membros do grupo não conseguem dividir e coordenar tarefas.
FALTA DE COMUNICAÇÃO	• Os membros do grupo não conseguem ou não querem trocar informações relevantes.

6.1 Coesão excessiva

Todo grupo social está sujeito ao problema do excesso de coesão. A coesão excessiva torna o grupo refratário a ideias de fora, que não fazem parte de seu pequeno universo interior. Um grupo está condenado ao isolamento e à degeneração quando rejeita ideias alheias, simplesmente porque não foram inventadas pelo próprio grupo e, portanto, não têm validade.

• A coesão excessiva pode ocorrer porque o grupo acredita na verdade e na superioridade de suas crenças, ou de alguma de suas características. Os integrantes julgam-se intrinsecamente certos ou superiores e, simultaneamente, julgam intrinsecamente errados ou inferiores os integrantes de outros grupos, vendo-se como o centro do universo. Conflitos, bairrismo, intolerância religiosa e racial e todos os tipos de preconceitos originam-se desse processo social.

- A coesão excessiva também está associada à endogenia. Toda reprodução ocorre exclusivamente dentro do grupo. Não há fertilização cruzada. Esse problema ataca as universidades e grupos técnicos cujos quadros não se renovam. Os alunos de hoje são sempre os professores de amanhã. Ao longo do tempo, os conhecimentos se deterioram, porque não há injeção de sangue novo, e o grupo torna-se improdutivo.

6.2 Conformidade social

A conformidade social é o processo pelo qual uma pessoa do grupo tende a concordar com uma proposição quando percebe que os outros já concordaram. A conformidade social transfere a decisão individual para a "sabedoria do grupo". Se os outros já decidiram de determinada forma, é a forma correta. Assim, a conformidade social anula o julgamento crítico. Esse recurso é usado como estratégia para ganhar adesões, uma a uma. Uma pessoa pode ser levada a crer que os outros já concordaram, e convidada a concordar também.

O processo da conformidade social tanto pode dever-se à coesão excessiva quanto a uma causa circunstancial, como a análise superficial de um problema, sem visão crítica, ou um grupo formado recentemente, cujos integrantes estão ansiosos para se aceitarem mutuamente. A conformidade social traduz-se em falso consenso e tem duas modalidades mais conhecidas: pensamento grupal e paradoxo de Abilene.

6.2.1 Pensamento grupal

O pensamento grupal é uma forma de raciocinar e tomar decisões que ignora fatos e informações relevantes, especialmente quando vêm de fora do grupo. A síndrome do pensamento grupal pode ocorrer porque o grupo sente-se tão pressionado a tomar uma decisão, ou tem tanta urgência de resolver um problema, que age de forma a desconsiderar e até mesmo a ignorar, deliberadamente, informações que contrariam suas escolhas. Os seguintes sintomas indicam a ocorrência do pensamento grupal:

- Ilusões de invulnerabilidade. Os participantes pensam que o grupo está acima de ataques ou da aplicação de castigos.
- Racionalização de informações desagradáveis. O grupo recusa-se a aceitar informações que contradizem suas convicções. Os integrantes não consideram com o devido cuidado as alternativas incompatíveis com seus princípios e crenças. Explicações que satisfazem a esses princípios e crenças sempre são encontradas para justificar as ações do grupo.
- Crença na moralidade intrínseca do grupo. Os integrantes do grupo pensam que estão certos e acima de reprovação por quem é de fora.

- Estereotipagem de grupos externos. Outros grupos são encarados de forma depreciativa. Por exemplo: os concorrentes são fracos e burros; o cliente não estava preparado para nosso produto, por isso não o aceitou.
- Aplicação de pressão direta sobre os rebeldes. Nenhum participante pode sugerir que o grupo esteja errado. Os que insistem em criticar são pressionados a concordar. Quem não concorda é punido com censura, exclusão e outros castigos.
- Autocensura. Os participantes censuram suas próprias opiniões se percebem que contrariam o grupo, deixando de manifestá-las.
- Ilusões de unanimidade. Os integrantes do grupo aceitam prematuramente o consenso, sem testar sua coerência e validade.
- Vigilância da mente. Ou patrulhamento das ideias. Os participantes impedem que os colegas ouçam e levem em conta ideias perturbadoras de quem é de fora.

6.2.2 Paradoxo de Abilene

O paradoxo de Abilene é um consenso formado por um grupo cujos integrantes, individualmente, prefeririam tomar uma decisão oposta. O paradoxo de Abilene é a decisão coletiva tomada com base em suposições individuais, erradas, sobre as decisões dos outros membros do grupo. A falta de comunicação tem forte influência sobre o paradoxo. Quando ninguém manifesta suas preferências, todos fazem suposições sobre o que os outros estão pensando. O paradoxo pode ocorrer em muitas situações. Por exemplo, uma organização estava desenvolvendo um projeto inviável. O projeto andou até que começou a comprometer a sobrevivência da organização. Só então todos descobriram que ninguém acreditava no projeto e achavam que devia ser interrompido. Porém, ninguém tinha tido coragem de dizer isso antes, pois todos achavam que iriam contrariar os colegas.

Todos esses problemas estão entrelaçados e têm inúmeras causas. Às vezes, têm causas comportamentais. As pessoas sentem-se confortáveis como estão e não querem mudança. Ou, então, sentem-se muito poderosas, acima de crítica ou castigo. Crimes de guerra, corrupção nos altos escalões e decisões técnicas absurdas têm sua origem nessas causas. Às vezes, têm receio de contrariar o que pensam ser a opinião do chefe ou dos colegas do mesmo nível. Às vezes, a causa é estrutural. O grupo está isolado, ou as normas impedem o ingresso de novas pessoas e ideias, ou simplesmente não há outros grupos que forneçam referências inovadoras. Isolamento, tensão, urgência, ameaças externas e muitas outras razões podem contribuir para a ocorrência desses problemas.

7 Desenvolvimento de Equipes

Desenvolvimento de equipes é um processo de aprimorar as competências dos integrantes de um grupo, com a finalidade de torná-lo um grupo de alto desempenho. O desenvolvimento de equipes é um processo contínuo, que pode ser necessário enfatizar em determinados momentos. Às vezes, uma equipe é formada sem que seus integrantes se conheçam. Às vezes, as pessoas se conhecem, mas nunca trabalharam juntas. Ou há um conflito entre duas facções. Esses são alguns dos eventos que podem justificar uma intervenção deliberada de desenvolvimento de equipes.

Algumas técnicas de desenvolvimento de equipes são derivadas diretamente dos fatores críticos de desempenho: definir objetivos, organizar o grupo, criar desafios, evitar coesão excessiva e conformidade social. Outras técnicas que um gerente e a própria equipe podem considerar são listadas a seguir (Figura 14.11).

Figura 14.11
Estratégias de desenvolvimento de equipes.

1.	DEFINIR OBJETIVOS.
2.	ORGANIZAR O GRUPO.
3.	CRIAR DESAFIOS PARA O GRUPO.
4.	EVITAR A COESÃO EXCESSIVA.
5.	EVITAR A CONFORMIDADE SOCIAL.
6.	PROMOVER O CONHECIMENTO MÚTUO.
7.	CRIAR IDENTIDADE PARA O GRUPO.
8.	INSTITUIR NORMAS DE ALTO DESEMPENHO.
9.	ESTABELECER PROCESSOS SELETIVOS RÍGIDOS.
10.	OFERECER TREINAMENTO CONTINUADO.
11.	OFERECER RECOMPENSAS PELO DESEMPENHO.
12.	CRIAR CLIMA DE ABERTURA INTELECTUAL E CRÍTICA.

- Promover o conhecimento mútuo. A primeira preocupação das pessoas recrutadas para uma nova equipe é conhecer os colegas. O líder de uma equipe recém-formada, portanto, deve ajudar os integrantes a se conhecerem.
- Criar uma identidade para o grupo. Fazer parte de um grupo prestigiado é recompensador para seus integrantes. Uniformes, distintivos, brasões e o logotipo da universidade no caderno ou na camiseta indicam que o portador dá valor a fazer parte de uma comunidade. Dar um nome para o grupo, em geral derivado do nome do produto ou atividade na qual está trabalhando, contribui para for-

talecer a identidade. O nome da atividade e outros símbolos podem ser usados para criar identidade visual. Por exemplo, fotos, logotipos e imagens podem ser aplicadas em papel, envelopes, pastas e outros documentos que o grupo usa.

- Instituir normas de alto desempenho. Qualquer nível de desempenho depende de normas sociais, criadas pelos próprios integrantes do grupo. Por meio de um processo de acordos, os integrantes estabelecem quais são os padrões corretos de qualidade, quantidade e ética. Um exemplo comum de normas determinantes da conduta ética é a corrupção entre grupos de fiscais do poder público, que extorquem sonegadores e enviam o dinheiro para a Suíça.
- Estabelecer processos seletivos rígidos. Um grupo de alto desempenho tem processos seletivos rígidos, que só permitem a entrada de pessoas com potencial comprovado de oferecer uma contribuição significativa. Padrões rígidos de admissão sinalizam para os interessados que é difícil entrar e ficar no grupo, valorizando seus participantes.
- Oferecer treinamento continuado. O treinamento, em suas diversas modalidades, é a estratégia para desenvolver competências básicas. Outras competências desenvolvem-se por meio da experiência. Uma combinação de treinamento e aprendizagem com a própria experiência é o ideal para desenvolver todas as competências necessárias para o alto desempenho em grupo.
- Oferecer recompensas pelo desempenho. Os integrantes de um grupo devem ser recompensados por seu desempenho como grupo.
- Criar um clima de abertura intelectual e crítica. Estimular a criatividade, abandonar as concepções sem fundamento, questionar as premissas, evitar a hierarquia e o julgamento crítico são formas de criar um clima de abertura intelectual. Também é produtivo esquecer a ditadura das regras rígidas e deixar as ideias correrem livremente.

8 Decisões em Grupo

Decisões são tomadas em grupos desde que foram criadas as primeiras organizações. Os conselhos tribais, a Assembleia dos gregos e o Senado Romano são exemplos históricos de grupos formados para administrar por meio de decisões coletivas. Hoje, as práticas são as mesmas: assembléia geral da ONU, parlamentos, câmaras de vereadores, G-20, conselhos diretivos, círculos de controle da qualidade, equipes de projetos, forças-tarefas para resolver problemas, grupos autogeridos nas linhas de produção, comitês e outros grupos, para analisar problemas ou tomar e implementar decisões, são ferramentas utilizadas habitualmente.

- Essa popularidade dos grupos tem suas raízes na relativa superioridade dos grupos sobre os indivíduos. "Duas cabeças pensam melhor do que uma" – esse provérbio antigo reflete a noção de que a sinergia faz um grupo funcionar melhor do que qualquer um de seus integrantes individualmente. É por essa razão também que se usam os grupos de estudos nas escolas. Há um potencial de maior rendimento da aprendizagem quando você estuda em grupo do que quando estuda individualmente – na maior parte das vezes. De vez em quando, você estuda melhor sozinho, você sabe disso.

- Isso acontece porque os grupos não têm apenas vantagens. Os grupos podem precisar de mais tempo que o indivíduo, porque é necessário que todos participem, ou porque todos querem participar. Se não há participação equilibrada, alguns podem sentir-se prejudicados e afastar-se. A falta de consenso pode degenerar em conflito.

As desvantagens podem superar as vantagens se alguns cuidados forem tomados. Além de usar as técnicas de desenvolvimento de equipes já analisadas, todo grupo deve (1) conhecer os processos básicos de decisão e (2) aprender a desempenhar papéis.

8.1 Processos básicos de decisão

Decisão em grupo é um conceito elástico, que abrange três processos básicos que interagem e permitem transformar um problema ou proposta em uma escolha (Figura 14.12). Esses processos podem tornar-se regras de decisão, ou normas que o grupo estabelece para possibilitar a resolução de problemas. Isso significa que a primeira decisão de um grupo é decidir como decidir. Por exemplo, no regime democrático, os governantes são escolhidos por meio de eleição. No parlamento, as decisões são tomadas por meio de consenso ou de eleição, dependendo do caso.

Figura 14.12 Quatro modos de decisão em grupo.

ACEITAÇÃO DA DECISÃO DO LÍDER	O GRUPO, POR CONSENSO, DECIDE QUE A DECISÃO DO LÍDER DEVE SER ACEITA SEM DISCUSSÃO.
ELEIÇÃO	O GRUPO ELEGE, POR VOTO, UMA DECISÃO. HÁ PERDEDORES E VENCEDORES.
CONSENSO	BUSCA DE DECISÃO COLETIVA POR MEIO DO DEBATE DE PROPOSTAS CONFLITANTES OU COMPLEMENTARES.
UNANIMIDADE	IDENTIDADE DE ESCOLHA ENTRE TODOS OS INTEGRANTES DE UM GRUPO. PODE-SE CHEGAR À UNANIMIDADE POR MEIO DA ELEIÇÃO OU DO CONSENSO.

- Aceitação da decisão de um líder. Nem todas as decisões precisam ser tomadas em grupo. Algumas decisões são tomadas mais eficientemente por um integrante do grupo ou pelo gerente. O grupo, por consenso, pode decidir quais são essas decisões nas quais não é necessária a participação de todos. A regra é a aceitação de determinadas decisões tomadas pelo líder, por um representante ou por um subgrupo de um grupo grande. Por exemplo, em negociações entre partidos políticos, o voto da liderança tem o peso de uma decisão coletiva. Nas negociações entre grandes grupos de patrões e empregados, as decisões são tomadas em pequenos comitês e depois submetidas a assembleias.

- Eleição. Eleição é o processo de escolha no qual cada pessoa manifesta sua opinião por meio de um voto. A opinião com o maior número de votos torna-se a decisão do grupo. A regra do grupo é aceitar a opinião que tem o maior número de votos. A eleição não é garantia de que a melhor decisão seja tomada. Além disso, a eleição impõe a vontade da maioria à minoria. Por causa disso, há quem argumente que eleição não é um processo verdadeiramente democrático, mas "ditadura da maioria". A eleição também cria um clima de vencedores e perdedores, a menos que haja uma regra de que a minoria aceite a decisão da maioria, como resultado de um processo democrático, e trabalhe para fazê-la funcionar. Essa também é uma forma de consenso.

- Consenso. Consenso é a busca de uma decisão coletiva por meio do debate de propostas conflitantes ou complementares. A regra do grupo é aceitar a decisão que surge de um debate (em certos casos, de uma eleição). Ao contrário da eleição, no entanto, em que a escolha é feita por meio do voto, na busca do consenso as opiniões são apresentadas e discutidas. A discussão pode resultar na escolha de uma das propostas ou na elaboração de uma nova proposta. O componente fundamental do consenso é a regra de aceitar a decisão final e trabalhar para que ela funcione.

- Unanimidade. Unanimidade é o que ocorre quando todos os integrantes de um grupo têm a mesma opinião. A unanimidade é um componente essencial para a aceitação de qualquer regra de decisão. Por exemplo, todos precisamos aceitar a eleição como um método válido de escolha, sabendo que a eleição não produz unanimidade. A unanimidade sem discussão, no entanto, traz os problemas da conformidade social. Por isso, sempre é bom que um grupo chegue à unanimidade por meio do consenso, e não por meio da aceitação cega de uma proposição.

8.2 Desempenho de papéis

A participação em qualquer grupo é desigual. As diferenças entre o treinamento, a experiência e o temperamento dos participantes têm efeito decisivo sobre a natureza e a qualidade das decisões do grupo. Uma pessoa falante e com muita experiência em trabalho de grupo, por exemplo, pode influenciar os tímidos, mesmo que as opiniões destes últimos sejam tecnicamente melhores. Uma decisão em grupo nem sempre é genuinamente coletiva, mas resultado da capacidade de alguns de convencerem os demais, da omissão ou da incompetência dos demais.

Em resumo, a forma como as pessoas se comportam, voluntaria ou involuntariamente, pode ajudar ou atrapalhar o grupo. Os comportamentos que ajudam e os que atrapalham o grupo estão classificados em três categorias principais de papéis: orientados para a realização da atividade, orientados para a manutenção do grupo e disfuncionais (Figura 14.13).

Figura 14.13
Três tipos de papel que os integrantes de um grupo podem desempenhar.

PAPÉIS ORIENTADOS PARA A REALIZAÇÃO DA ATIVIDADE	Solicitar ou fornecer opinião, sobre atividades ou sobre os objetivos do grupo; oferecer contribuições concretas para a realização das atividades.
PAPÉIS ORIENTADOS PARA A MANUTENÇÃO DO GRUPO	Sugerir agenda para o grupo trabalhar, negociar e propor formas de tomar decisões, equilibrar participações, administrar conflitos, trabalhar pelo consenso.
PAPÉIS DISFUNCIONAIS	Agredir, ridicularizar, impedir colegas de participar, não prestar atenção quando outros falam, falar demais.

- Papéis orientados para a realização da atividade. Os papéis orientados para a realização da atividade são os comportamentos que ajudam o grupo executar seu trabalho para realizar os objetivos. Por exemplo: alguém dá ou pede uma opinião em uma discussão, sobre a natureza da atividade do grupo, como chegar a um objetivo ou como resolver um problema técnico.

- Papéis orientados para a manutenção do grupo. Os papéis orientados para a manutenção do grupo ajudam o processo a funcionar corretamente. Quem desempenha um papel de manutenção está preocupado com a eficiência do processo, para garantir a eficácia na realização dos objetivos. Todo mundo já viu um moderador de debate entre candidatos políticos. O moderador desempenha exclusivamente um papel de manutenção do grupo, assim como qualquer pessoa, em qualquer grupo, que procure estimular todos a participarem ou ajudar os colegas a esclarecer seus objetivos.

- Papéis disfuncionais. Os papéis disfuncionais comprometem o funcionamento do grupo. Agredir, impedir colegas de participarem ou ironizar opiniões alheias são exemplos de comportamentos disfuncionais.

Estudo de Caso: Como Implantar Grupos Autogeridos

A Eletrodelta era uma empresa nacional, fabricante de componentes para a indústria automobilística, que tinha uma única fábrica em São Paulo. Recentemente, foi comprada pela Neometal, uma grande corporação multinacional, junto com duas outras concorrentes. A Neometal manteve a Eletrodelta como uma unidade de negócios, com o mesmo nome.

Redução no quadro

Para reduzir custos, a nova direção decidiu fundir as três antigas concorrentes em apenas uma companhia. Como a fábrica da Eletrodelta era a mais avançada e competitiva das três, foi escolhida para ser a sede do novo empreendimento. Primeiro, a Neometal fez um corte no quadro de funcionários, mantendo os remanescentes nas fábricas em que trabalhavam. Depois do corte, o total de cerca de 3.000 funcionários das três empresas foi reduzido para apenas 1.600, a grande maioria da linha de produção. Cerca de dois terços desse total eram funcionários da antiga Eletrodelta e o restante, em partes iguais, das duas antigas concorrentes.

Projeto de fusão

Depois de cerca de seis meses da compra, a direção da Neometal preparou um projeto de fusão, prevendo o fechamento das fábricas e a transferência dos outros funcionários e de todos os programas de produção para a fábrica da Eletrodelta. Durante uma semana, os engenheiros e executivos da Neometal, contando exclusivamente com os funcionários da antiga Eletrodelta, conduziram uma grande modificação nas instalações, máquinas e equipamentos, além de uma limpeza geral e uma nova pintura, que tomou uma semana. A antiga linha de produção seriada da Eletrodelta foi transformada em grupos autogeridos de trabalho, cada um deles responsável por um tipo determinado de produto, do começo ao fim, ou por uma fase da produção de um produto complexo, como a montagem de um motor, por exemplo.

Implantação de grupos autogeridos

O quadro de funcionários foi dividido em 80 grupos autogeridos de cerca de 20 pessoas, cada um deles com pessoas das três empresas. Eles deveriam trabalhar de maneira autônoma, funcionando como uma pequena empresa. Eles deveriam controlar seu trabalho e tomar decisões sem precisar falar com os gerentes. Seriam totalmente responsáveis pelo que produzissem. Cada grupo teria uma função de liderança, que os integrantes desempenhariam no sistema de rodízio.

Quando finalmente os funcionários das outras empresas chegaram e os grupos foram criados, a direção da Neometal reconheceu que todos iriam precisar de treinamento para essa nova situação. Eles eram operários especializados, acostumados com a linha de produção, e não tinham a visão do produto final. Precisavam de treinamento sobre como trabalhar em grupo e sobre o sistema celular de produção. Como não era possível parar a fábrica para realizar o treinamento, um programa de rodízio foi posto em prática. Turmas de 30 pessoas faziam os cursos, enquanto a fábrica continuava trabalhando. Cerca de seis meses seriam necessários para treinar todos os funcionários.

Eis o que aconteceu

Apesar do treinamento, os resultados foram decepcionantes. Vários problemas foram diagnosticados pelos técnicos da Neometal:

- A maioria dos funcionários mostrava disposição positiva para adotar os novos métodos, mas estava acostumada demais com o sistema da linha de produção, com seu ritmo automático e seus supervisores. O problema não era como trabalhar em grupo, mas como trabalhar sem chefe. Eles simplesmente não sabiam o que fazer sem alguém para dizer.
- Nem todos estavam dispostos a assumir o papel de liderança, como era necessário para que os grupos fossem autogeridos. Muitos funcionários não tinham de fato vontade nem habilidade para desempenhar as funções de liderança. Outros achavam que a liderança era um encargo adicional e não estavam ganhando para fazer isso. Em alguns grupos, algumas pessoas eram rejeitadas quando tentavam liderar. Em outros, os antigos supervisores assumiam o papel. Em resumo, não estava havendo revezamento na função de liderança.
- Os engenheiros, que nas antigas fábricas eram criaturas distantes, que olhavam a linha de produção de cima de suas cabinas envidraçadas, agora estavam próximos dos grupos, circulando para dar orientação e resolver problemas. Os funcionários os viam não como colegas, mas como supervisores, e ficavam esperando suas instruções. A continuar assim, eles se tornariam chefes dos grupos.
- Apesar da boa vontade em relação aos novos colegas, havia uma tendência à manutenção dos grupos das antigas empresas. Não estava havendo nenhuma integração, nem troca de experiências.
- Quando algum equipamento quebrava, os grupos ficavam esperando a manutenção, sem tomar nenhuma iniciativa. Eles próprios deveriam consertar suas máquinas, mas não era isso o que estava acontecendo.
- O sentido de trabalhar em grupo estava gerando algumas confusões. Para evitar conflitos, os funcionários haviam adotado o hábito de concordar rapidamente com os colegas. Em certos casos, a qualidade dos produtos tinha ficado comprometida, porque os integrantes do grupo preferiam ficar de bem uns com os outros do que fazer críticas.
- Os grupos mais eficientes, percebendo a ineficiência dos outros, estavam começando a fazer corpo mole, rebaixando seus padrões de qualidade e quantidade.
- O sistema *just in time* não estava funcionando direito. Os grupos estavam fazendo estoques particulares de componentes e de peças de reposição, porque não confiavam no funcionamento do sistema. Os materiais estavam ficando empilhados nas células, que ficavam cada vez mais parecidas com a antiga linha de produção.
- Alguns dos funcionários mais antigos, frustrados com essa situação, estavam preferindo se aposentar.

Questões

1. Como especialista em administração, qual é seu diagnóstico da Neometal? Faça uma análise da lista de problemas, identificando suas causas e os eventuais erros cometidos. Use os conceitos deste capítulo para responder.
2. Faça uma projeção, identificando as consequências possíveis dessa situação.
3. O que a Neometal deveria ter feito, em sua opinião?
4. Alguns diretores da Neometal defendem a substituição gradativa de todos os funcionários por pessoas mais jovens, qualificadas e preparadas para a autogestão. O que você acha disso?
5. Outros diretores argumentam que: "se funcionou em outros lugares, deve funcionar aqui também. É tudo uma questão de tempo e treinamento". Qual é sua opinião?
6. Qual é sua proposta para a Neometal sair dessa situação?

15

Comunicação Gerencial

Objetivos

Ao completar o estudo deste capítulo, você deverá estar preparado para explicar e exercitar as seguintes ideias:

- Processo e meios de comunicação entre pessoas e unidades das organizações.
- Dificuldades no processo de comunicação.
- Desenvolvimento das competências do processo de comunicação.

Introdução

Dois aspectos do processo de comunicação serão abordados neste capítulo: a comunicação entre pessoas e a comunicação como mecanismo de integração nas organizações.

Da qualidade do processo de comunicação depende a eficácia das relações interpessoais nas organizações (e em todas as outras instâncias da vida social). Negociação, venda de ideias e de produtos, apresentação de projetos, liderança, motivação, organização, delegação, orientação de funcionários e avaliação de desempenho, entre muitas outras funções gerenciais, exigem um alto nível de capacidade de comunicação. Relações entre o gerente e sua equipe e dentro das equipes, também. Da comunicação dependem ainda a coordenação entre unidades de trabalho e a eficácia do processo decisório.

- Muito mais do que isso, o processo de comunicação é uma extensão da linguagem e, como tal, um componente fundamental da condição humana. Cada vez que se comunica, você reafirma sua condição humana, mobilizando um conjunto complexo de competências. Intelecto, capacidade de expressão, compreensão dos outros, emoções, energia física. Milhões de anos de evolução, para que você possa conversar ou escrever. E tem gente que usa todo esse potencial para cantar música brega...

- Mesmo que não haja interação, muitas competências são mobilizadas quando você prepara um relatório, planeja uma apresentação em uma reunião ou simplesmente escreve um *e-mail*. Quanto mais você usa suas competências, com ou sem interação, mais elas se desenvolvem.

Desenvolver as competências que permitem a comunicação eficaz deve ser um objetivo primário dos administradores de organizações e das pessoas de forma geral.

1 Processo de Comunicação

O processo de comunicação compreende a transmissão de informação e de significados. Se não há transmissão de informação ou de significado, não há comunicação. Em qualquer processo de comunicação, sempre há os seguintes elementos: emissor, receptor, mensagem, canal de comunicação, ruídos e *feedback* (Figura 15.1).

1.1 Emissor e receptor

O processo de comunicação sempre envolve uma fonte (ou emissor) que transmite uma mensagem, por algum meio, para um destinatário (ou receptor). Antes de transmitir, a fonte codifica a mensagem, convertendo-a em símbolos: idioma, sons, letras, números e outros tipos de sinais. A mensagem segue por um canal, ou meio de comunicação: conversação, telefonema, *e-mail*, memorando ou outro. Na outra ponta da linha, o receptor decodifica a mensagem, desde que esteja usando o mesmo sistema de símbolos do emissor. A mensagem é, então, interpretada pelo receptor.

Figura 15.1
Componentes de um processo ou sistema de comunicação.

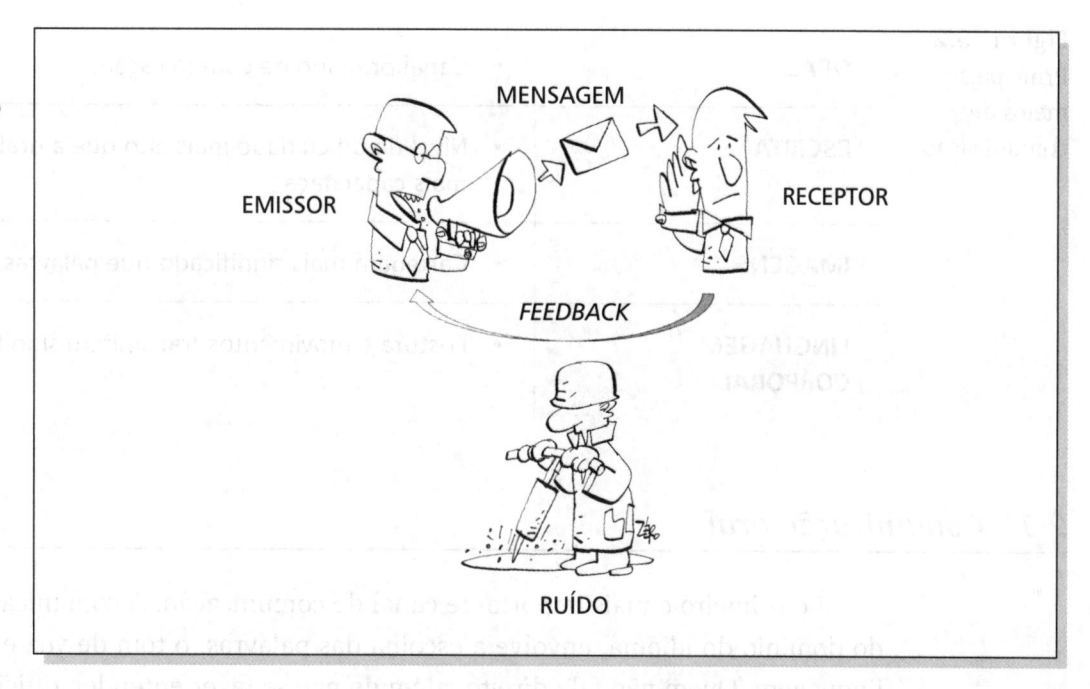

1.2 Ruídos

O processo de comunicação é sujeito a ruídos e interferências, que distorcem a mensagem ou impedem a transmissão e recepção eficazes da informação. Ruídos e interferências são: excesso de mensagens que disputam a atenção dos destinatários, desatenção por parte do receptor, dificuldades de expressão ou linguagem incorreta por parte do emissor e ruídos propriamente ditos no ambiente ou nos canais de comunicação.

1.3 Feedback

Um elemento importante no processo de comunicação é o *feedback*. *Feedback* significa realimentação – o retorno da informação para o emissor. O *feedback* pode ser natural. Por exemplo, você percebe as pessoas rindo quando conta uma anedota. O *feedback* também pode ser induzido. Por exemplo, você pede a opinião de outra pessoa sobre uma ideia que apresentou. O *feedback* é uma garantia da eficácia do processo de comunicação. Todas as pessoas, os administradores e comunicadores profissionais em particular, devem cultivar o *feedback*.

2 Meios de Comunicação

Há duas formas de comunicação: oral e escrita. Uma e outra podem ser auxiliadas por recursos visuais, como gráficos, fotografias, mapas ou objetos (Figura 15.2).

Figura 15.2
Principais meios de comunicação.

ORAL	• Canal primário de comunicação.
ESCRITA	• Nível de dificuldade mais alto que a oral – requer mais capacitação.
IMAGENS	• Carregam mais significado que palavras.
LINGUAGEM CORPORAL	• Postura e movimentos transmitem significado.

2.1 Comunicação oral

É o primeiro e mais importante canal de comunicação. A comunicação oral, além do domínio do idioma, envolve a escolha das palavras, o tom de voz e a correção da linguagem. Quem não fala direito, além de não se fazer entender, dificilmente conseguirá dominar os outros meios de comunicação. A palavra falada é o canal primário da comunicação do gerente com sua equipe, e entre os integrantes de uma equipe. Além disso, é muito comum os funcionários de organizações precisarem fazer apresentações para públicos internos e externos, que exigem um alto nível de competência na comunicação oral. Por exemplo:

- Recepção e orientação de novos funcionários.
- Exposição de ideias, projetos e relatórios para colegas de todos os níveis.
- Apresentação de propostas para clientes.
- Condução de sessões de treinamento.

2.2 Comunicação escrita

A competência na comunicação oral não significa, automaticamente, competência na comunicação escrita. A comunicação escrita é muito mais complexa que a oral, porque envolve um segundo sistema de codificação, além da fala. Nas organizações, a comunicação escrita desempenha um papel muito importante. Desde os bilhetes e *e-mails* até os relatórios para a diretoria e propostas para clientes, há grande variedade de mensagens que precisam ser postas no papel ou na tela de um computador. Com os avanços da TI, a troca de mensagens escritas tornou-se um meio muito popular de comunicação. Além disso, em todas as organizações, há necessidade de documentação. Um alto nível de competência em comunicação escrita, portanto, também é essencial para gerentes e todas as pessoas que trabalham em organizações.

2.3 Imagens

As imagens de todos os tipos complementam a comunicação verbal e a escrita, carregando significado sintético – uma cruz, estrela, águia, a Torre Eiffel e a Estátua da Liberdade evocam religiões, partidos políticos, exércitos, países etc., sem que seja preciso dizer uma palavra. Os ícones de todos os tipos, que simbolizam mensagens inteiras em uma pequena figura, simbolizam também a importância das imagens na comunicação da atualidade.

2.4 Linguagem corporal

Querendo ou não, a figura e os movimentos de quem se comunica transmitem significado. Olhar, expressão facial, gestos, postura, vestuário, odor corporal e mesmo o toque são formas de comunicação. A energia que o comunicador transmite "contamina" seu público. Saiba regular a energia que você usa ao comunicar-se. Fale em tom monótono, sem sair da cadeira, e sua audiência dormirá. Se você quer, como comunicador, atenção e participação de uma audiência, escolha cuidadosamente os recursos da linguagem corporal.

3 Obstáculos à Eficácia da Comunicação

Todas as formas de comunicação estão sujeitas a dificuldades que comprometem a transmissão, recepção e interpretação da informação e dos significados. Essas dificuldades podem ocorrer na fonte, no destino ou no próprio processo de comunicação (Figura 15.3).

3.1 Dificuldades com o emissor

Os principais problemas que comprometem o desempenho dos emissores no processo de comunicação são: falta de disposição para falar, excesso de mensagens ou mensagens complexas demais, incorreção da linguagem e uso de codificação incorreta.

- Falta de disposição para falar. A falta de disposição para falar pode ocorrer por diversos motivos. Os mais importantes são o receio do efeito que a mensagem pode provocar, sensação de inferioridade em relação ao destinatário da mensagem, ou de superioridade, e percepção de que um problema é de outra pessoa. "Ora, vejam, o cirurgião deixou os instrumentos dentro do paciente. Deve fazer parte do procedimento. Vai ver que são biodegradáveis. Não sou eu quem vai perguntar. Estou começando agora e posso passar por ignorante", pensa o médico assistente. "O combustível está acabando. Ora, o piloto deve ter visto. É um profissional muito experiente. Não sou eu, que estou começando agora, quem vai perguntar. Puxa, mas este avião está voando tão baixo e o aeroporto está tão longe...", pensa o copiloto, enquanto o avião cai.

Figura 15.3
Três fontes de dificuldades para o processo de comunicação.

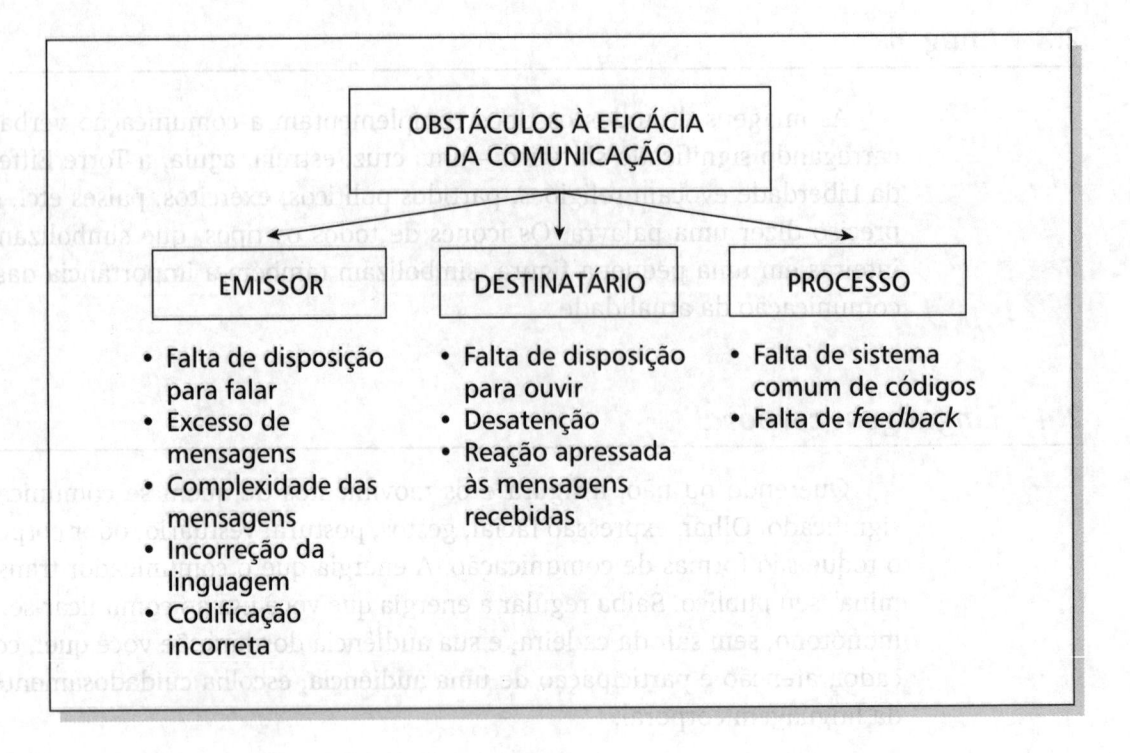

```
                    OBSTÁCULOS À EFICÁCIA
                      DA COMUNICAÇÃO
           ┌──────────────┼──────────────┐
       EMISSOR       DESTINATÁRIO      PROCESSO
```

- Falta de disposição para falar
- Excesso de mensagens
- Complexidade das mensagens
- Incorreção da linguagem
- Codificação incorreta

- Falta de disposição para ouvir
- Desatenção
- Reação apressada às mensagens recebidas

- Falta de sistema comum de códigos
- Falta de *feedback*

- Sobrecarga. É o que ocorre quando o emissor cria uma quantidade exagerada de informações. Por exemplo, relatórios muito longos ou mensagens frequentes, que os destinatários não conseguem processar adequadamente. Como há muita informação concorrendo pela atenção dos destinatários, sempre há perda de informação quando há sobrecarga.

- Complexidade. Uma mensagem complexa tem muitos componentes. Por exemplo, muitas sentenças separadas por conjunções. Mensagens assim são de difícil compreensão. Ponto final.

- Incorreção da linguagem. Um problema que se deve à falta de domínio da linguagem. A incorreção da linguagem, além de bloquear a comunicação, ridiculariza o emissor e pode prejudicá-lo, se, por exemplo, ele precisar fazer um exame que mede essa competência.

- Codificação incorreta. A codificação incorreta produz efeito diverso do esperado no processo de comunicação, porque o emissor enviou mensagem diferente da que pretendia ou deveria. Por exemplo, uma mensagem irônica em uma solenidade.

3.2 Dificuldades com o receptor

Do lado do receptor, há três problemas mais comuns: falta de disposição para ouvir, desatenção e reação apressada às mensagens (Figura 15.4).

Figura 15.4
Dificuldades com o receptor.

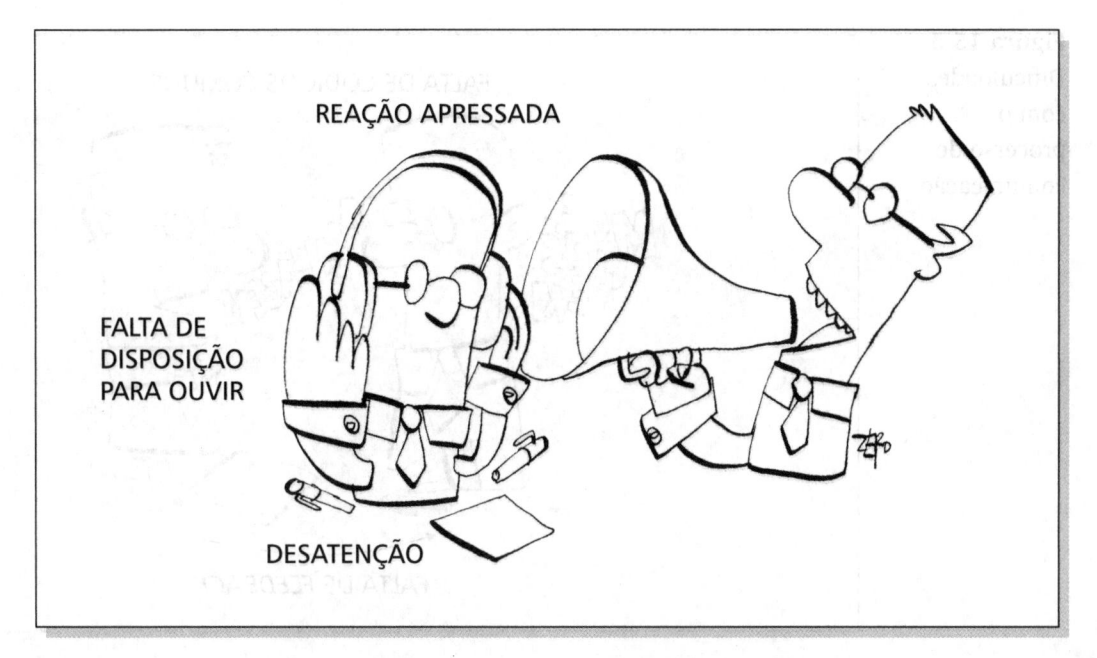

- Falta de disposição para ouvir. A falta de disposição para ouvir é a contrapartida da falta de disposição para falar. Basicamente, os motivos são os mesmos. "Como se faz mesmo? Não aprendi na academia. Eu deveria perguntar para o sargento, que é veterano aqui, mas não vou fazer isso. Onde já se viu um oficial consultar um subordinado?", pensa o tenente.
- Desatenção. A falta de atenção pode ocorrer devido a problemas na fonte (por exemplo, sobrecarga e complexidade das mensagens), ou porque o receptor não consegue concentrar-se por alguma razão. O receptor pode estar habituado a determinados tipos de mensagens e fica "desligado" quando recebe outro conteúdo. Há pessoas que têm dificuldades em prestar atenção a raciocínios abstratos, mas respondem bem a exemplos práticos. Há pessoas que ficam impacientes na situação oposta.
- Reação apressada. A reação apressada tem várias formas. No meio de uma frase, o receptor interrompe o transmissor e começa a contar sua própria história. Às vezes, o receptor reage emocionalmente, ficando irritado com algo que o emissor disse sem ter essa intenção, ou fazendo ironias a propósito de qualquer mensagem que receba. Muitas dessas dificuldades indicam falta de hábito ou que o receptor foi mal orientado.

3.3 Dificuldades com o processo

Além dos problemas com o emissor e o receptor, podem ocorrer problemas no processo ou sistema de comunicação. A falta de um sistema comum de códigos e a falta de *feedback* são dois problemas para os quais a administração deve ter medidas preventivas (Figura 15.5).

Figura 15.5
Dificuldades com o processo de comunicação.

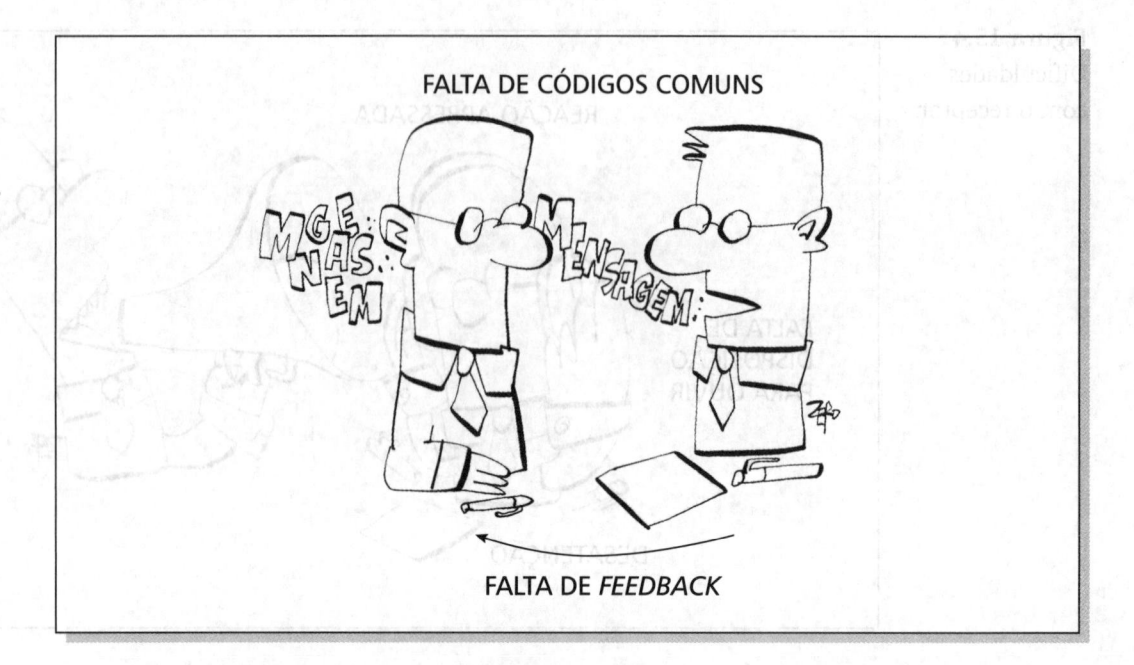

- Falta de sistema comum de códigos. A falta de um sistema comum de códigos inviabiliza o processo de comunicação. Duas pessoas, apesar de falarem o mesmo idioma, podem ter dificuldades de comunicação por falta de um mesmo vocabulário, por terem sotaques diferentes ou por terem níveis muito diferentes de escolaridade. Em qualquer situação, os comunicadores devem estar atentos para o sistema de códigos que estão usando.
- Falta de *feedback*. O *feedback* não é um dispositivo que funciona automaticamente em qualquer sistema de comunicação. O *feedback* é um dispositivo que precisa ser previsto e implementado pelos comunicadores. Sem *feedback*, a comunicação caminha em um sentido e não volta para o emissor. Quando há *feedback*, há comunicação nos dois sentidos – ida e volta. A comunicação em dois sentidos pode tornar a informação mais acurada, apesar de reduzir sua velocidade. No entanto, ao fornecer *feedback* para o emissor, o receptor torna-se também emissor, sujeito aos problemas de todos os emissores. O emissor, em contrapartida, torna-se novamente receptor, sujeito também aos problemas dos receptores. No entanto, a vantagem da precisão faz do *feedback* uma necessidade em qualquer sistema de comunicação.

4 Desenvolvendo as Competências do Emissor

Em sua grande maioria, as mensagens nas organizações, especialmente quando escritas, são informativas. Uma mensagem informativa apenas transmite informações e aciona o processo de tomar decisões: "Quinta-feira que vem, das 9:00 às 11:00, no auditório B, será realizada a reunião dos gerentes. Todos os destinatários dessa mensagem deverão estar presentes." Quanto mais direta e sucinta for a mensagem informativa, melhor para a eficácia da comunicação.

O desenvolvimento da capacidade de escrever de forma limpa e precisa é um processo contínuo, que requer prática constante. A escritora americana Gertrude Stein fez uma frase famosa sobre isso:

"Escrever é escrever, escrever, escrever, escrever, escrever, escrever, escrever, escrever, escrever, escrever, escrever, escrever, escrever, escrever..."

Contou? São quinze vezes a mesma palavra (hoje, provavelmente, ela diria: escrever, ler, editar, editar, editar...). Isso significa crítica e revisão constantes, um dos princípios mais importantes da comunicação escrita. Outros princípios, que se aplicam tanto à comunicação escrita quanto à oral, são analisados a seguir (Figura 15.6).

Figura 15.6 Estratégias para desenvolver as competências do emissor.

AUTOCRÍTICA E REVISÃO	• Um dos princípios mais importantes. Comunicadores devem sempre criticar suas próprias mensagens.
ENTENDIMENTO DO RECEPTOR	• Comunicadores devem sempre conhecer os destinatários de suas mensagens.
ARTICULAÇÃO DE IDEIAS	• Ideias claras transformam-se em mensagens compreensíveis.
ESTRUTURA	• Comunicador deve decidir a ordem das informações na mensagem.
CODIFICAÇÃO EFICAZ	• Escolha da forma de comunicação é estratégica.
OBJETIVOS NO INÍCIO	• Mensagem deve explicar finalidade logo no início.
CONTRATO PSICOLÓGICO	• Tópicos da mensagem devem ser apresentados depois dos objetivos.
ILUSTRAÇÕES	• Recurso poderoso que não deve ser exagerado.

4.1 Compreensão do receptor

Existe um princípio de comunicação retratado na ideia de que, "para ensinar matemática a alguém, é preciso conhecer muito bem tanto a matemática quanto esse alguém". Compreender o receptor é uma das principais competências dos grandes comunicadores e uma das bases da liderança.

4.2 Articulação de ideias

Tudo o que comunicamos está, primeiro, no plano das ideias. Se você não tem clareza para si próprio, não terá também para outros. As competências intelectuais devem ser usadas para cultivar a capacidade de articular ideias e transformá-las em mensagens claras. A clareza revela-se na estruturação da mensagem.

4.3 Estrutura

Estruturar a mensagem significa definir quais ideias ou informações serão apresentadas ao destinatário e em que ordem aparecerão na mensagem. Mensagens muito longas – como relatórios ou manuais de instruções – exigem obrigatoriamente estrutura, mas de forma geral, todas as mensagens devem ser organizadas. Tarefas simples dos gerentes, como transmitir uma nova diretriz para a equipe, apresentar um plano aos superiores, negociar com um cliente, ou orientar um funcionário novo, exigem organização.

Organização exige planejamento. Para apresentar mensagens com clareza, é necessário planejar o processo de comunicação, estruturando a informação, definindo a ordem de apresentação dos tópicos e decidindo quanto tempo será dedicado a cada um.

Em uma mensagem, tudo o que não está diretamente relacionado com o tema, ou que não contribui para sua compreensão, deve ser sumariamente eliminado (Theodor Adorno). Informações desnecessárias são uma forma de ruído. Evidenciam falta de foco do comunicador, que acha alguma ideia interessante e a coloca em sua mensagem, sem perceber que ela deve ser descartada.

4.4 Codificação eficaz

Codificação é a escolha de uma forma apropriada para transmitir as mensagens. Tanto quanto o conteúdo, a forma é determinante para a captura da atenção e a motivação do destinatário. Algumas formas são mais eficazes do que outras. Para exemplificar esse ponto, procure responder às seguintes perguntas:

- Você prefere ouvir uma história ou uma exposição de conceitos?
- Nas aulas, você prefere fazer um exercício ou estudar um caso, antes de ouvir os conceitos? Ou o contrário – conhecer os conceitos primeiro para depois aplicá-los em um caso ou exercício?
- Numa escala de 0 (péssimo) a 10 (excelente), como você avalia as aulas ou apresentações nas quais é convidado(a) a participar – por exemplo, por meio de debates ou estudos em pequenos grupos?

- Até que ponto, numa escala de 0 a 10, você acha que é importante o professor ou apresentador utilizar gráficos e outros tipos de imagens visuais?
- Você prefere estudar um assunto de cada vez, com profundidade, ou ver muitos conceitos rapidamente, dedicando pouco tempo a cada um?

Compare suas respostas com as de seus colegas e tire suas próprias conclusões sobre o que é codificação eficaz.

4.5 Objetivos no início

Colocar os objetivos no início é um requisito das mensagens profissionais. Há diferentes maneiras de apresentar o objetivo de uma mensagem: "Informamos as datas das reuniões do Conselho para o próximo semestre." "Por favor, manifeste sua opinião sobre a proposta a seguir até a próxima terça-feira." "Agora vou mostrar como este problema deve ser resolvido." "Recomendo reduzir os riscos de vazamento em nossas fábricas pelas razões a seguir."

4.6 Contrato psicológico com o destinatário

Fazer um contrato psicológico com o destinatário significa comunicar-lhe, logo depois dos objetivos, ou até mesmo antes, quais tópicos serão abordados e em que sequência. Em seguida, o contrato deve ser cumprido. Finalmente, o comunicador recapitula os tópicos, na ordem em que foram abordados. Em resumo:

- Informe quais serão o conteúdo e os objetivos da mensagem.
- Transmita a mensagem.
- Informe quais foram o conteúdo e os objetivos da mensagem.

4.7 Recursos audiovisuais

Recursos audiovisuais são abundantes nesta era de tecnologia da informação ao alcance de todos. Os recursos audiovisuais incluem também os objetos, como um produto, que uma vendedora explica para um cliente, ou um equipamento de segurança, que um instrutor demonstra para os voluntários da brigada de incêndios.

Muitos comunicadores, provavelmente a maioria, não dispensam o uso do *PowerPoint*, e da Internet, ao vivo, para fazer apresentações. Esses recursos podem ser mal utilizados, quando, por exemplo, se projetam *slides* em excesso, cada um deles com muitas informações. Economia na quantidade de *slides* é uma marca do comunicador eficaz, assim como a confecção dos slides somente depois do planejamento da apresentação.

5 Desenvolvendo as Competências do Receptor

A eficácia do processo de comunicação depende não apenas da eficiência do emissor e de sua mensagem, mas também do comportamento do receptor. Para aprimorar o processo de comunicação, as pessoas devem se treinar para receber mensagens. Três formas de fazer isso são: analisar a lógica, identificar a estrutura da mensagem e aprimorar o papel de ouvinte (Figura 15.7).

Figura 15.7 Estratégias para desenvolver as competências do receptor.

ANÁLISE DA LÓGICA DA MENSAGEM	• Destinatários devem aprender a reconhecer os objetivos, a coerência entre os componentes e a organização da mensagem – em qualquer lugar dela.
EFICÁCIA DO PAPEL DE OUVINTE	• Aprender a ouvir é competência de primeira necessidade.

Um receptor treinado não apenas aprimora sua capacidade de processamento de informações, como também, em muitos casos, pode ajudar o emissor a melhorar suas competências.

5.1 Análise da lógica da mensagem

Quem recebe e processa mensagens por profissão, como auditores, controladores, juízes e promotores, integrantes de conselhos ou professores que analisam monografias e revisores de editoras, entre muitos outros, deve aprender a procurar a essência: a lógica, a estrutura e o objetivo da mensagem.

- O objetivo deve estar claro e, de preferência, no começo de uma mensagem profissional escrita: "Este documento é uma proposta de trabalho conjunto", "O objetivo desta mensagem é apresentar o relatório do andamento do projeto". Certos tipos de mensagens deixam o objetivo para o final: "Em face das evidências, peço que considerem o réu inocente"; "Ao final, proponho a aprovação deste relatório". Seja qual for o caso, os leitores profissionais devem sempre buscar o objetivo da mensagem em primeiro lugar, esteja onde estiver.
- A lógica diz respeito à coerência entre os componentes da mensagem. Pode-se ler a introdução em primeiro lugar e a conclusão logo em seguida. Se as duas pontas se fecham, a mensagem tem uma primeira evidência de lógica. Depois, verifica-se a coerência de todo o trabalho, especialmente entre dados e conclusões. Nos planos de projetos, verifica-se a coerência entre os recursos previstos, as atividades a serem realizadas e o produto a ser fornecido. Quanto mais os dados ou argumentos conseguem sustentar a tese ou proposta, mais

coerentes são esses elementos. Mais lógica tem a mensagem. Em resumo, leitores e ouvintes profissionais devem buscar a lógica da mensagem.
- Identificação da estrutura da mensagem. A estrutura ou organização diz respeito tanto à quantidade quanto à sequência dos tópicos (ou partes) da mensagem. Muitas categorias de mensagens profissionais (novamente: teses e dissertações, propostas de projetos, pedidos de financiamento) têm uma estrutura padronizada. Determinadas unidades de informação, como capítulos, em uma ordem determinada, devem integrar a mensagem.

Um leitor ou ouvinte treinado é capaz de identificar se essa estrutura básica está presente e avaliar a qualidade da mensagem. Isso tanto é útil para definir se a mensagem deve ser aceita ou rejeitada quanto para, em certos casos, auxiliar o emissor.

5.2 Eficácia no papel de ouvinte

Um dos grandes problemas na comunicação é o comportamento das pessoas como ouvintes. Tão sério é esse problema que muitos cursos e livros de comunicação sempre dedicam espaço ao aprimoramento da arte de ouvir.

A capacidade de ouvir eficazmente é uma competência de primeira necessidade nas comunicações entre pessoas de culturas diferentes. Quando se conversa com uma pessoa que fala outro idioma, e há uma dificuldade potencial de compreensão mútua, o desempenho do papel de ouvinte eficaz pode resolver muitos problemas.

Por outro lado, a conversação é uma ferramenta básica da vida social e de todos os processos da administração. A maneira como se ouve é uma evidência do nível de civilidade e, portanto, da qualidade da conversação. Aprimorar o papel de ouvinte é uma regra obrigatória para a convivência civilizada.

Alguns dos princípios mais importantes para o aprimoramento do papel de ouvinte são analisados a seguir.

- Deixar o interlocutor falar. A regra número 1 do ouvinte. Interromper o emissor, para contar sua própria história, quebra a mensagem, impedindo sua recepção. Além disso, pode produzir uma escalada de interrupções, resultando em uma conversa de surdos.
- Ouvir com ouvidos de ouvir. Ouvir é diferente de escutar, que é um processo mecânico. Além de concentrar-se no que está escutando, o bom ouvinte deve buscar o significado, usando os princípios da recepção de mensagens: análise da lógica e identificação da estrutura da mensagem.
- Olhar o interlocutor nos olhos e concentrar-se no que se está ouvindo. Olhar para outro lado ou fazer alguma outra coisa – por exemplo, ler ou arrumar sua mesa – quando alguém fala com você é uma descortesia que sinaliza seu desinteresse pelo que está ouvindo.

- Usar as próprias palavras para interpretar a mensagem. Outra regra particularmente importante entre culturas distintas. Um bom ouvinte sempre fornece *feedback* para o interlocutor, usando suas próprias palavras, para se assegurar de que processou corretamente a mensagem.
- Fazer perguntas. Fazer perguntas é uma forma de fornecer e receber *feedback* e encorajar o interlocutor. Perguntas ajudam a esclarecer a mensagem, eliminando eventuais dúvidas do ouvinte.

6 Comunicação Organizacional

A comunicação nas organizações depende da qualidade da comunicação pessoal. Se as pessoas de uma organização comunicam-se de forma eficaz, os processos organizacionais de comunicação tendem a ser eficazes também. No entanto, os administradores de organizações, além de promover o desenvolvimento das competências pessoais, devem também fazer as comunicações circular em três direções: para cima, para baixo e para os lados (Figura 15.8).

Figura 15.8
Comunicação organizacional em todos os sentidos.

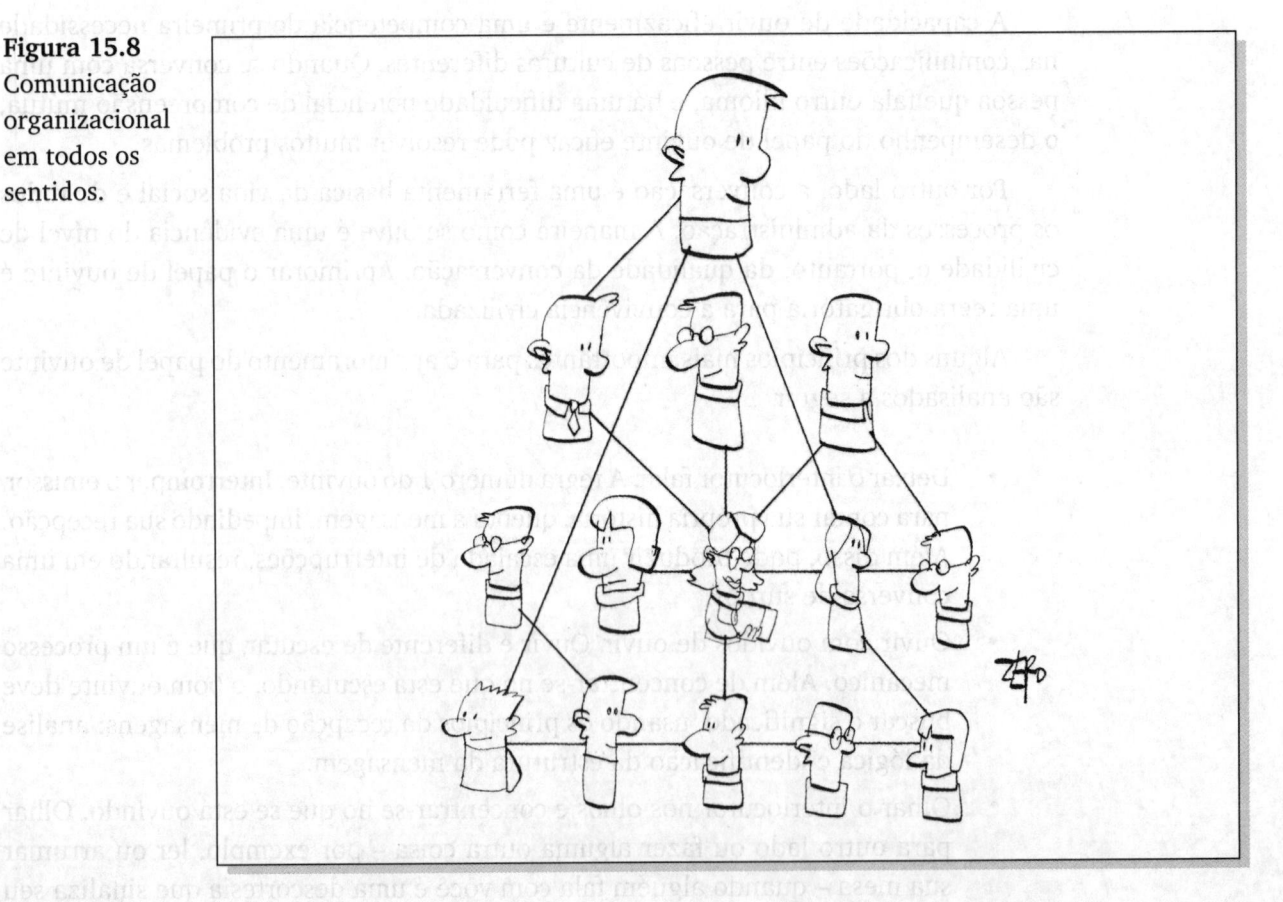

6.1 Comunicação para baixo

A comunicação para baixo vai dos níveis superiores para os inferiores da hierarquia. É a direção na qual seguem informações sobre todos os aspectos das operações e do desempenho da organização, bem como as expectativas da administração em relação a seus funcionários.

- A comunicação para baixo frequentemente tem caráter diretivo. São ordens, informações sobre políticas e programas que a administração pretende implantar, ou modificações na linha de produtos e nos métodos de trabalho. Por exemplo, a diretoria comunica que a fábrica trabalhará apenas três dias por semana a partir da semana que vem, porque os estoques estão cheios de produtos e não há clientes para comprar. É uma modalidade de comunicação predominante nas organizações autoritárias e burocratizadas.

- Muitas vezes, a comunicação para baixo procura manter as pessoas informadas para que possam trabalhar direito. São os relatórios sobre o desempenho da produção e das vendas, satisfação dos clientes e mesmo a situação financeira da empresa. A partir da divulgação dos métodos japoneses de administração, tornaram-se populares os sistemas de "administração visual", que consistem em colocar cartazes nos locais de atividade operacional (especialmente linhas de produção), para informar os trabalhadores sobre o volume de produção, nível de qualidade, satisfação dos clientes e outros dados. Essa tendência representou uma evolução em relação ao modo de comunicação predominante até então. Os funcionários operacionais eram mantidos sem informação sobre o que eles próprios faziam.

- Certos tipos de comunicação para baixo procuram estimular a comunicação para cima. São as reuniões e memorandos em que um administrador pede às pessoas nos níveis inferiores que enviem sugestões para cima ou para que manifestem suas opiniões a respeito de determinado assunto.

6.2 Comunicação para cima

A comunicação para cima tem diferentes conteúdos. Em primeiro lugar, seguem para cima as informações sobre o desempenho e os eventos nos níveis inferiores. São especialmente os diversos tipos de relatórios e a informação produzida pela observação do desempenho. Por exemplo, um inspetor de manutenção encaminha um relatório sobre danos para seu supervisor; um grupo autogerido de trabalho transmite ao coordenador de grupos os dados de produção e controle de qualidade.

Além dos relatórios, a comunicação para cima pode levar alguns tipos especiais de informação: pesquisas de atitudes e sugestões dos empregados estão entre as mais importantes.

6.3 Comunicação lateral

Comunicação lateral é a que ocorre entre unidades de trabalho do mesmo nível ou entre unidades de trabalho de níveis diferentes, mas que se situam em diferentes hierarquias (comunicação diagonal). Os canais de comunicação lateral de todos os tipos permitem o funcionamento dos processos interdepartamentais e a tomada de decisão que envolve diferentes unidades de trabalho.

A grande maioria das operações de trabalho envolve alguma forma de comunicação lateral.

Por exemplo:

- Um pedido feito por um cliente em uma loja (Operações) é enviado ao depósito para entrega (Logística) e para a cobrança (Administração Financeira).
- Uma reclamação feita por um cliente em uma loja (Operações) é enviada para a Assistência Técnica (Operações), que pede a ajuda do pessoal da engenharia (Desenvolvimento de Produtos).
- Um grupo formado por funcionários de diversas áreas e de diferentes níveis hierárquicos faz um estudo de um processo na área de produção (Operações). O estudo recomenda uma modificação no processo. A recomendação é encaminhada pelo diretor de produção para a área de engenharia (Desenvolvimento de Produtos e Processos) para estudo da implantação.
- A área de produção (Operações) faz requisições contínuas de material para os compradores (Suprimentos). O material comprado é colocado no estoque (Operações).
- Produtos acabados (Operações) são transportados pelos caminhões até os depósitos (Logística) e daí para os clientes.
- O coordenador de ensino de uma escola (Operações) informa ao departamento de pessoal (Recursos Humanos) o número de horas trabalhadas de cada professor. Com base nessa informação, são feitos pagamentos (Administração Financeira).

A comunicação lateral pode ser triangular: um funcionário comunica-se com seu chefe, que se comunica com outro chefe, que se comunica com seu funcionário. A comunicação do tipo triangular é uma exigência nas organizações muito burocratizadas e hierarquizadas. Nas organizações do tipo orgânico, a comunicação tende a ser mais livre, fluindo em todos os sentidos e direções.

Uma modalidade importante de comunicação lateral é a que envolve diferentes unidades de trabalho e diferentes níveis hierárquicos simultaneamente. Diversas práticas de administração contemporânea, que usam alguma forma de trabalho de grupo, dependem desse tipo de comunicação, como qualidade total, administração de projetos e grupos de aprimoramento contínuo, entre outros exemplos.

Estudo de Caso: A Primeira Gerência de Hamilton Dutra

Hamilton Dutra fez uma brilhante carreira como analista de investimentos no Banco Royale, depois de se formar em administração. Em poucos anos, seria promovido a diretor. Há algum tempo, o Banco Royale adquiriu o Banco do Estado, em leilão promovido pelo governo. Hamilton, achando que seria útil para sua carreira ter alguma experiência como gerente de agência, pediu para ocupar essa posição no antigo Banco do Estado. Hamilton fez o pedido a seu diretor. O diretor o colocou em contato diretamente com André Correa, diretor de operações, chefe de todas as agências.

André apreciou a disposição de Hamilton, a quem conhecia como um técnico muito competente. "Hamilton, você quer um desafio? Pois vou lhe dar um", disse André. Hamilton foi nomeado gerente de uma agência na capital, perto da matriz do Royale, onde trabalhava.

Hamilton estava preparado para enfrentar muitos problemas. O diretor de operações o havia avisado de que a agência estava em situação complicada. Pensava-se em fechá-la, depois de cinco anos de resultados negativos. A situação era agravada pela falta de definição de foco da agência. O gerente anterior havia perdido o cargo, por causa desses problemas, deixando na agência um clima tenso.

"André foi otimista" – pensou Hamilton, logo que chegou à agência e fez seu próprio diagnóstico:

- Os funcionários estavam francamente desanimados, submetidos a uma carga de trabalho bastante intensa. Muitos apresentavam um quadro de estresse em função do volume de serviços. No entanto, a produtividade era baixa e o volume de negócios não justificava essa situação.
- Quase metade dos clientes buscavam atendimentos que demandavam pouco tempo para execução. Como os atendentes priorizavam a ordem única de chegada, os clientes de serviço rápido buscavam atendimento dos Chefes de Seção (normalmente mais disponíveis) ou esperavam muito tempo por pouca coisa. Os Chefes de Seção não passavam de meros atendentes, como os outros funcionários.
- Com isso, a quantidade de pessoas em espera se acumulava, dando a impressão de morosidade. Havia muito descontentamento e reclamações dos clientes, gerando perda de negócios e angústia nos funcionários.
- A elevada demanda de tarefas contribuía para que os funcionários não lessem as instruções da matriz nem acessassem as agências de notícias ou o *site* do Banco. Consequentemente, não tinham informações suficientes e atualizadas para dialogar com os clientes.
- Havia resistência e dificuldades dos clientes no uso da tecnologia da informação.
- A organização nos setores deixava a desejar. Era visível a grande quantidade de pastas e processos sobre as mesas, colocando em risco a segurança e o atendimento aos clientes.

Hamilton pensou em transformar cada Chefe de Seção em um gerente de todos os recursos disponíveis em seu setor. Essa estratégia havia funcionado bem em um banco no qual Hamilton trabalhara, antes de se formar. O Chefe de Seção, dessa forma, administraria os resultados obtidos exclusivamente por sua equipe – como se esta fosse uma miniagência por ele administrada. "Essa medida é muito avançada. Não posso começar por aí" – pensou Hamilton. "Primeiro, preciso ganhar as pessoas."

Hamilton tentou então mudar a maneira de trabalho, por meio de reuniões nas quais procurava valorizar cada colega, suas tarefas e seu papel dentro da equipe. No entanto, Hamilton notou que, após cada reunião, todos voltavam para o local de trabalho sem sequer conversar com o colega que estava ao lado. "Além de tudo, há dificuldades de comunicação entre os membros da equipe", concluiu Hamilton. Pior de tudo, a situação continuava a mesma.

Hamilton decidiu então fazer uma confraternização fora do banco, numa sexta-feira à noite. Esse seria o primeiro de uma série de encontros regulares. No primeiro encontro, compareceram Hamilton e os Chefes de Seção. Hamilton foi para casa triste, pois os colegas não haviam demonstrado interesse em participar. A agência era um desafio enorme; um teste duríssimo para todas as suas competências.

"Talvez esteja com dificuldades para me comunicar", pensou ele. Talvez tivesse sido melhor ficar na matriz, em sua sala num dos últimos andares do prédio. Lá de cima, ele via os problemas das agências a distância. No entanto, ele pensava na imagem que ficaria dessa experiência: o "gerente que não deu certo"? E suas pretensões de ser diretor? "Será que devo mudar meu estilo de comunicação? Quem sabe, usar um estilo diretivo e dar ordens, em vez de tentar ganhar as pessoas?"

André, o diretor de operações, em uma reunião de trabalho, disse a ele: "Hamilton, se quiser continuar a experiência, mudando seu estilo de comunicação, você é quem sabe. Se você propuser, a agência será fechada. Nós o colocaremos em outra, ou você poderá voltar para a matriz. Não se preocupe, não vai ficar mal para você. Afinal, todo mundo sabe que essa agência é praticamente um caso perdido. No entanto, não demore muito. O banco não pode continuar pagando esse preço."

Questões

1. Que problemas Hamilton enfrenta: são problemas de administração (planejamento, organização etc.) ou de comunicação? Qual é sua opinião?
2. No lugar de Hamilton, você abandonaria a agência ou não? Por quê? Qual é imagem você acha que projetaria, abandonando ou continuando?
3. Se continuar, você mudaria o estilo de comunicação? Qual deveria ser o novo estilo?
4. Caso Hamilton insista, prepare para ele um programa de gestão, compreendendo ações específicas de planejamento, organização, liderança, execução e controle, para resolver os problemas encontrados e evitar sua ocorrência no futuro. Em seguida, explique como esse programa deveria ser comunicado para os funcionários e para o diretor de operações.
5. Qual é o significado da mensagem do diretor de operações para André? Em função dessa mensagem, o que ele deve fazer?

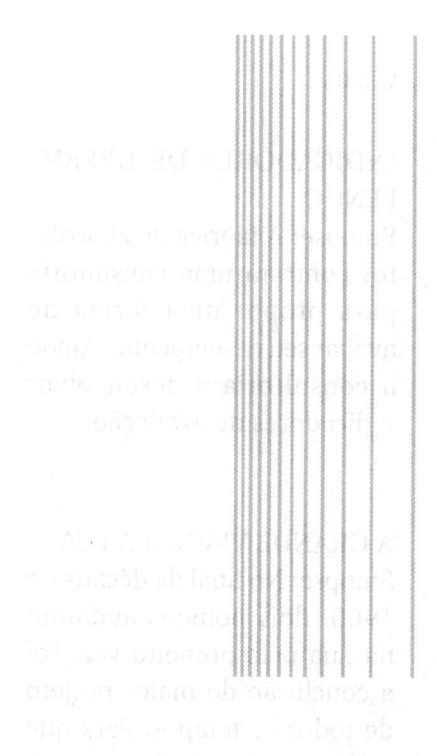

Parte V

Integração de conceitos

Capítulos	Conteúdo	Casos
16. EXECUÇÃO E CONTROLE	O processo de execução é a contrapartida do planejamento. O processo de controle é a garantia de que a execução siga os planos. Estude no Capítulo 16 os principais conceitos e técnicas de execução e controle. Entenda como lidar com a ideia de autocontrole.	INDICADORES DE DESEMPENHO Sinopse: A fábrica de chocolates contrata uma consultoria para propor uma forma de avaliar seu desempenho. Ajude a consultoria a desenvolver indicadores de avaliação.
17. ADMINISTRAÇÃO DE PROJETOS	Projetos são empreendimentos temporários que exigem a aplicação de todos os conceitos e técnicas que você estudou nos capítulos anteriores. No Capítulo 17, faça uma viagem panorâmica à terra dos projetos e da disciplina da administração de projetos.	A GRANDE VIAGEM À LUA Sinopse: No final da década de 1960, dois homens andaram na Lua pela primeira vez. Foi a conclusão do maior projeto de todos os tempos. Para que serviu esse projeto?
18. PLANO DE NEGÓCIOS	Aplique todas as ideias e ferramentas de planejamento e organização para criar e lançar uma nova empresa.	CVC AGÊNCIA DE VIAGENS Sinopse: Saiba como um empreendedor conseguiu, em 30 anos, transformar uma ideia na maior empresa de seu ramo de negócio do Brasil.
19. ÉTICA, RESPONSABILIDADE SOCIAL E AMBIENTE	Ética e responsabilidade social são ideias que estão no centro das tendências mais importantes da administração contemporânea. Nos últimos tempos, essas ideias se ampliaram para incluir o debate sobre as relações com o meio ambiente. Estude no Capítulo 19 essas ideias e veja como se encaixam no papel do administrador do Terceiro Milênio.	MICROVLAR, O ANTICONCEPCIONAL DE FARINHA DA SCHERING Sinopse: Pílulas falsas do anticoncepcional Schering, multinacional farmacêutica alemã, são comercializadas. Consumidoras engravidam. A empresa nega sua responsabilidade.

16

Execução e controle

Objetivos

Ao completar o estudo deste capítulo, você deverá estar preparado para explicar e exercitar as seguintes ideias:

- Relação entre os processos de planejamento, organização, execução e controle.
- Significado de execução e controle.
- Relação entre controle e avaliação de desempenho.
- *Autocontrole* e importância desse conceito para a administração moderna.

Introdução

O processo de execução consiste em realizar atividades planejadas. Para que as atividades sejam executadas de acordo com o planejado, os gerentes utilizam o processo de *controle*. A palavra *controle* indica um processo administrativo em que as atividades (ou seu resultado) são comparadas com o que foi planejado (os objetivos). Se houver discrepância entre os objetivos e os resultados, alguma ação corretiva é praticada para assegurar a realização dos objetivos. O processo de controle também pode indicar a necessidade de alterar o próprio objetivo.

Assim como todos os demais processos da administração, o controle está presente em muitos aspectos da vida diária das pessoas e das organizações. A cada vez que você consulta seu saldo no banco, ou o velocímetro do automóvel, um mapa, ou mesmo o relógio, a finalidade é obter informação para tomar algum tipo de decisão. Você está sendo controlado a cada vez que assina a lista de presença, ou diminui a velocidade porque viu um aviso de radar fotográfico.

As organizações, da mesma forma que as pessoas, produzem informações sobre suas operações, com o objetivo de mantê-las dentro de um padrão desejado. O controle é também um processo social. Códigos legais, semáforos, crachás e faixas de rodagem são instrumentos de controle social que todos conhecem.

O controle, em qualquer área de aplicação, consiste em obter informações e tomar decisões para preservar os objetivos ou identificar a necessidade de mudar os objetivos. Este capítulo examinará os principais conceitos e técnicas do processo de controle e sua ligação com os processos de planejamento e execução.

1 Processo de Execução

O processo de execução consiste em realizar atividades, por meio da aplicação de energia física, intelectual e interpessoal, para fornecer produtos, serviços e ideias. Nem tudo na vida das pessoas ou das organizações pode ser previsto ou planejado. No entanto, na maioria dos casos, há um plano, explícito ou implícito, sustentando a execução de qualquer atividade. A natureza das atividades varia muito de caso para caso. Tudo depende do tipo de organização, dos objetivos, da competência das pessoas, da disponibilidade de recursos e de outros fatores.

O processo de execução não é distinto dos outros processos de administração. O trabalho, de qualquer natureza, sempre é um processo de execução. Liderança, planejamento, organização e controle são formas de trabalho e, ao mesmo tempo, processos de execução.

São exemplos de atividades de execução:

- Elaborar planos e realizar as atividades neles previstas.
- Organizar uma equipe.
- Realizar uma tarefa operacional, como montar um automóvel, preencher um formulário ou atender a um cliente.
- Ministrar uma aula.
- Ler este livro.
- Preparar um trabalho escolar.

Além de energia humana, o processo de execução consome todos os outros tipos de recursos: informações, energia, tempo, instalações e assim por diante.

2 Planejamento, Organização e Execução

A execução de atividades baseia-se nos processos de planejamento e de organização. Os resultados do processo de execução, conforme mostra a Figura 16.1, são produtos, serviços ou ideias.

Figura 16.1
Os processos de planejamento e organização fornecem as entradas para o processo de execução.

PROCESSO DE PLANEJAMENTO → PROCESSO DE ORGANIZAÇÃO → PROCESSO DE EXECUÇÃO → PRODUÇÃO DE BENS E SERVIÇOS

Muitas vezes, planejamento e execução são superpostos. Os planos evoluem à medida que a execução avança; são detalhados e modificados para incorporar novas decisões e para implementar ações corretivas. Por exemplo, a esta altura dos acontecimentos, você já deverá estar pensando no que vai fazer quando terminar este curso. Seus planos serão muito mais detalhados se você estiver no final do que se você estiver no início do curso. Em qualquer caso, algumas atividades estarão sendo executadas (por exemplo, a realização de exercícios), enquanto outras estarão apenas constando dos planos.

3 Processo de Controle

No processo de administração, o processo de controle não tem o significado popular de fiscalização. Controle é o processo de produzir e usar informações para tomar decisões, sobre a execução de atividades e sobre os objetivos. As informações e decisões de controle permitem manter uma organização ou sistema orientado para seu objetivo (ou seus objetivos). Ao exercer a função de controle, você trabalha como o piloto de um veículo, monitorando constantemente o aparelho (sua organização), para que ele se mantenha na rota, desvie-se dos acidentes e chegue ao destino.

O processo de controle fornece informações e possibilita tomar decisões sobre (Figura 16.2):

- Quais objetivos devem ser atingidos por uma organização ou sistema.

- O desempenho da organização ou sistema em comparação com os objetivos.
- Riscos e oportunidades no trajeto desde o início das atividades até o objetivo.
- O que deve ser feito para assegurar a realização dos objetivos.
- A eventual necessidade de mudar o objetivo.

Figura 16.2
Informações produzidas pelo processo de controle.

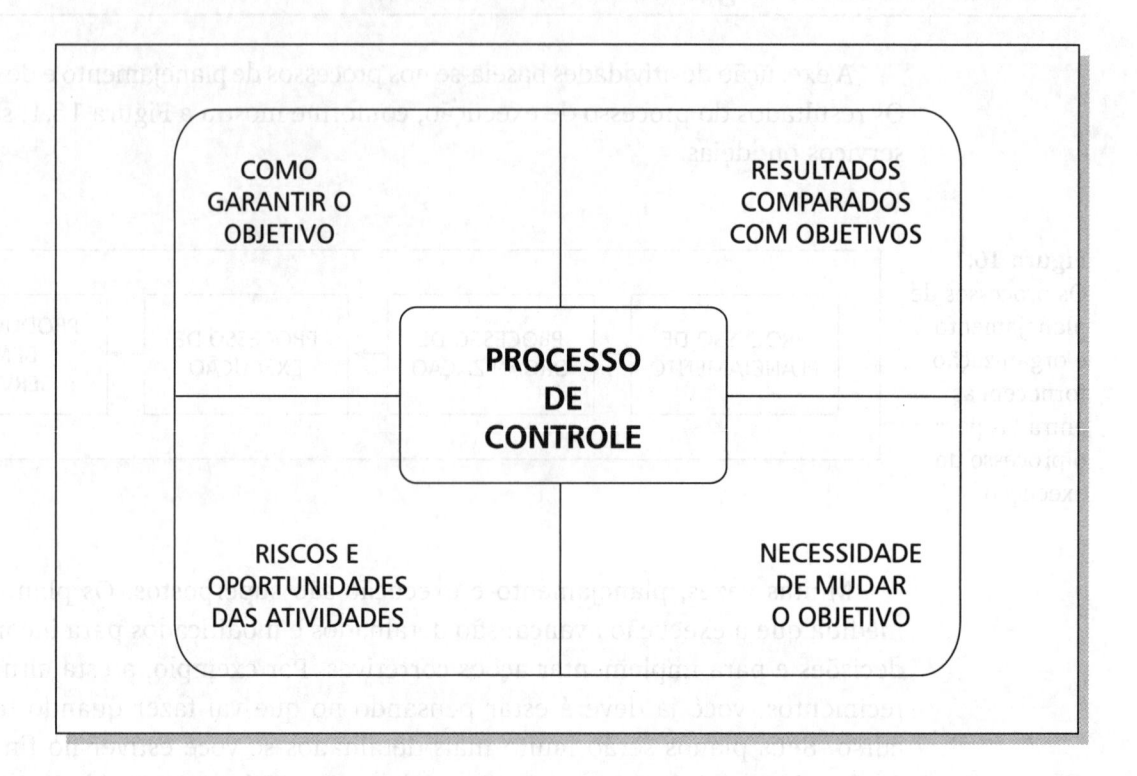

COMO GARANTIR O OBJETIVO	RESULTADOS COMPARADOS COM OBJETIVOS
PROCESSO DE CONTROLE	
RISCOS E OPORTUNIDADES DAS ATIVIDADES	NECESSIDADE DE MUDAR O OBJETIVO

O processo de controle, assim como os outros processos administrativos, é feito de outros processos. O processo de buscar informações sobre o desempenho é também chamado de monitoramento ou acompanhamento. O processo de comparar e tirar conclusões sobre o desempenho é também chamado de avaliação.

Controlar, em essência, é um processo de tomar decisões que tem por finalidade manter um sistema na direção de um objetivo, com base em informações contínuas sobre as atividades do próprio sistema e sobre o objetivo. O objetivo torna-se o critério ou padrão de controle e avaliação do desempenho do sistema, assim como o mapa mostra ao piloto do veículo para onde ele deve ir. A Figura 16.3 ilustra essa ideia.

Figura 16.3
Objetivo é o critério para o controle e avaliação da execução das atividades.

4 Componentes do Processo de Controle

Os componentes do processo de controle, conforme mostra a Figura 16.4, são: padrões de controle, aquisição de informações, comparação e ação corretiva (ou tomada de decisão), e recomeço do ciclo de planejamento. Cada um desses componentes é analisado a seguir.

4.1 Padrões de controle

Para controlar, é preciso saber o que deve ser controlado. A definição e o conhecimento de padrões de controle permitem avaliar de forma eficaz o desempenho e tomar decisões corretas. Os padrões de controle são extraídos diretamente dos objetivos (resultados esperados), das atividades que devem ser realizadas e dos planos de aplicação de recursos. Assim, por exemplo, se você se compromete com a entrega de um produto, com determinadas especificações de qualidade, até o dia tal, consumindo não mais que R$ 1,00, esses dados são seus padrões de controle. Os padrões de controle estão registrados nas ferramentas de planejamento: cronogramas, orçamentos, planilhas de recursos, especificações de qualidade, e assim por diante.

Figura 16.4
Componentes do processo de controle.

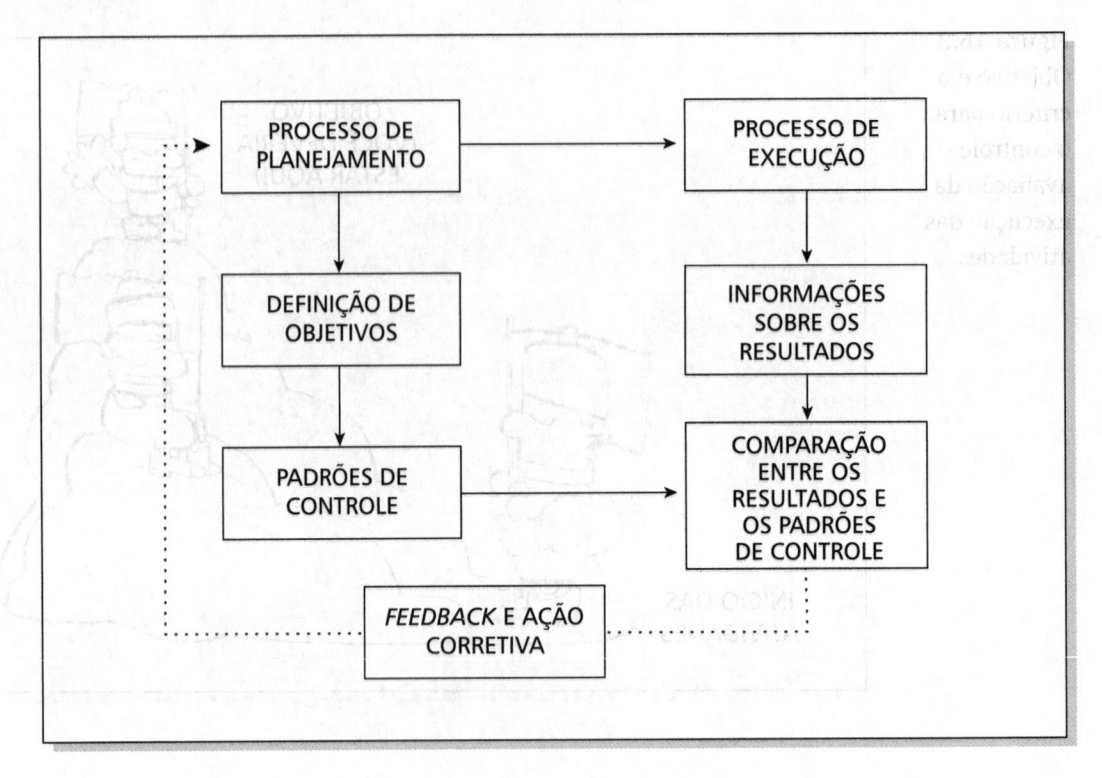

[Diagrama: PROCESSO DE PLANEJAMENTO → PROCESSO DE EXECUÇÃO; PROCESSO DE PLANEJAMENTO → DEFINIÇÃO DE OBJETIVOS → PADRÕES DE CONTROLE; PROCESSO DE EXECUÇÃO → INFORMAÇÕES SOBRE OS RESULTADOS → COMPARAÇÃO ENTRE OS RESULTADOS E OS PADRÕES DE CONTROLE; PADRÕES DE CONTROLE → COMPARAÇÃO; FEEDBACK E AÇÃO CORRETIVA]

4.2 Aquisição de informações

O processo de controle depende de informações sobre o andamento das atividades e o progresso em direção aos objetivos. A produção de informações, também chamada de processo de monitoramento ou acompanhamento, é o coração de qualquer sistema de controle. No sistema de informações, deve-se definir: qual informação deve ser produzida, como e em que momento deve ser obtida.

4.2.1 Qual informação?

A definição da informação a ser produzida depende dos padrões de controle. Se pretende controlar a qualidade de um processo, a administração precisa de informações sobre a qualidade planejada e a qualidade real dos produtos e serviços. Se pretende controlar a execução de um orçamento, as informações necessárias são o próprio orçamento e os relatórios de despesas.

4.2.2 Como adquirir informações?

Os gerentes contam com uma variedade de meios para obter informações de controle:

- Inspeção visual.

- Dispositivos mecânicos ou eletrônicos de contagem e medição, como sistemas computadorizados de informações.
- Questionários, como os usados em aviões e hotéis.
- Sistemas automatizados de captura de informações, como feixes de raios *laser* que leem códigos de barras.
- Relatórios verbais ou escritos.
- Gráficos e mapas.
- Escalas.

4.2.3 Em que momento?

Outra decisão importante é a escolha do momento em que as informações são produzidas: antes, durante ou depois da execução das atividades. Há sistemas que fazem o monitoramento contínuo das operações (Figura 16.5).

Figura 16.5
Três momentos de controle, com exemplos correspondentes.

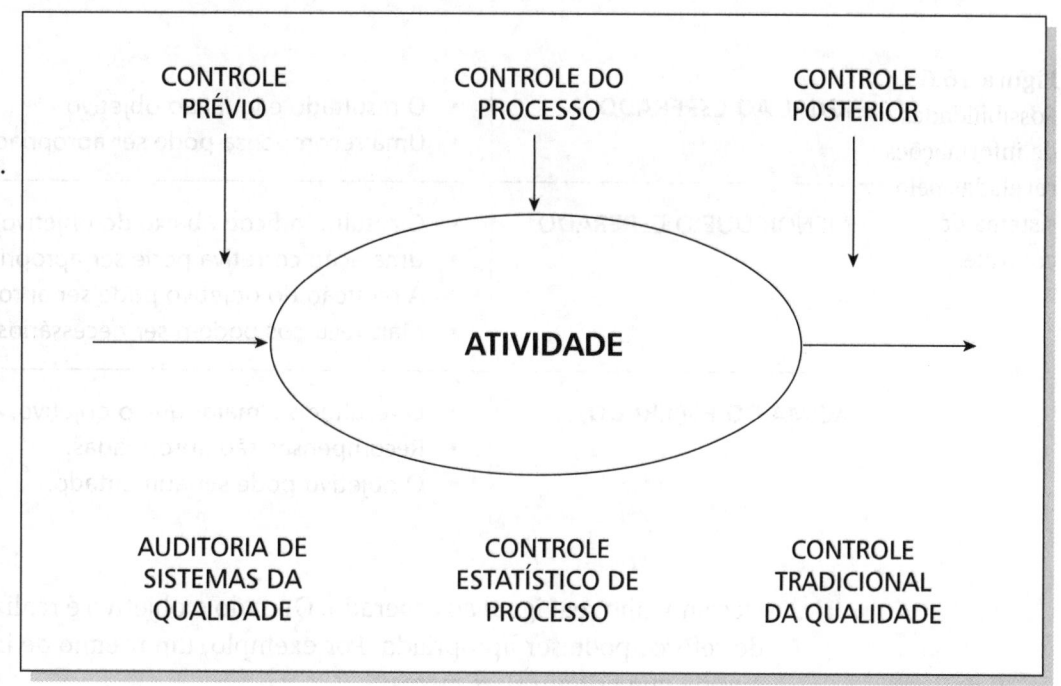

```
        CONTROLE          CONTROLE DO         CONTROLE
         PRÉVIO            PROCESSO           POSTERIOR
            │                  │                  │
            ▼                  ▼                  ▼
      ─────────▶      (   ATIVIDADE   )    ─────────▶

     AUDITORIA DE        CONTROLE            CONTROLE
     SISTEMAS DA        ESTATÍSTICO DE      TRADICIONAL
      QUALIDADE          PROCESSO           DA QUALIDADE
```

- Informação no final da atividade. Um procedimento bastante usado é produzir a informação na etapa final da execução das atividades. Por exemplo, a avaliação do desempenho de estudantes ainda é feita por meio de provas e exames no final do curso. A deficiência principal desse tipo de medição é o fato de que a atividade já ocorreu. No caso de um problema grave, poderá ser tarde demais para que qualquer ação corretiva possa ser posta em prática. Uma informação desse tipo mostra que a atividade deve ser modificada no futuro, mas não possibilita corrigir o que já aconteceu.

- Informação durante a atividade. Por causa das deficiências do controle no final, são usados procedimentos de inspeção durante a execução da atividade. Um exemplo é o controle estatístico de processo, feito ao longo do processo produtivo. Essa técnica controla o próprio processo de produção, de forma a fazer a prevenção de defeitos ou problemas, evitando assim a correção e os refugos no final da linha.
- Informação antes da atividade. Controles prévios também são utilizados em certos casos. Os testes de seleção de pessoal, a auditoria de sistemas de qualidade e os programas de manutenção preventiva são exemplos de controles prévios.

4.3 Comparação e ação corretiva

Na etapa final do processo de controle, a informação sobre o desempenho real é comparada com os objetivos ou padrões. Com base nessa comparação, pode-se iniciar uma ação para corrigir ou reforçar a atividade ou desempenho.

A comparação pode indicar três situações (Figura 16.6):

Figura 16.6 Possibilidades de informações reveladas pelo sistema de controle.

IGUAL AO ESPERADO	• O resultado é igual ao objetivo. • Uma recompensa pode ser apropriada.
MENOR QUE O ESPERADO	• O resultado ficou abaixo do objetivo. • Uma ação corretiva pode ser apropriada. • A redução do objetivo pode ser apropriada. • Mais recursos podem ser necessários.
ACIMA DO ESPERADO	• O resultado é maior que o objetivo. • Recompensas são apropriadas. • O objetivo pode ser aumentado.

- Desempenho real igual ao esperado. Quando o objetivo é realizado, uma ação de reforço pode ser apropriada. Por exemplo, um prêmio de incentivo para a equipe que atingiu suas metas.
- Desempenho real abaixo do esperado. Uma ação corretiva deve ser posta em prática para fazer o desempenho chegar até o nível desejado. Por exemplo, mais recursos podem ser aplicados. Em certos casos, algum tipo de punição pode ser apropriado, como as multas para o motorista que não respeita o limite de velocidade. Essa informação também pode revelar que o nível do objetivo foi superestimado, e é necessário reduzi-lo.
- Desempenho real acima do esperado. A ação de reforço, neste caso, tem a finalidade de sustentar um desempenho que ultrapassou o objetivo, ou um desempenho acima da média. Por exemplo, um número maior de funcionários

pode ser alocado ao departamento de produção, para atender a um volume de vendas maior que a previsão. Ou uma equipe de funcionários pode ser premiada por um desempenho excepcionalmente elevado.

4.4 Recomeço do ciclo de planejamento

A informação produzida pelo processo de controle permite tomar decisões sobre novos objetivos e novos padrões de controle. Assim como o controle complementa o planejamento, o inverso também ocorre, como mostra a Figura 16.7. Frequentemente, só é possível planejar com base em informações de controle, e em projeções ou previsões sobre o futuro.

Figura 16.7
Informações do processo de controle alimentam o processo de planejamento, reiniciando o ciclo da administração.

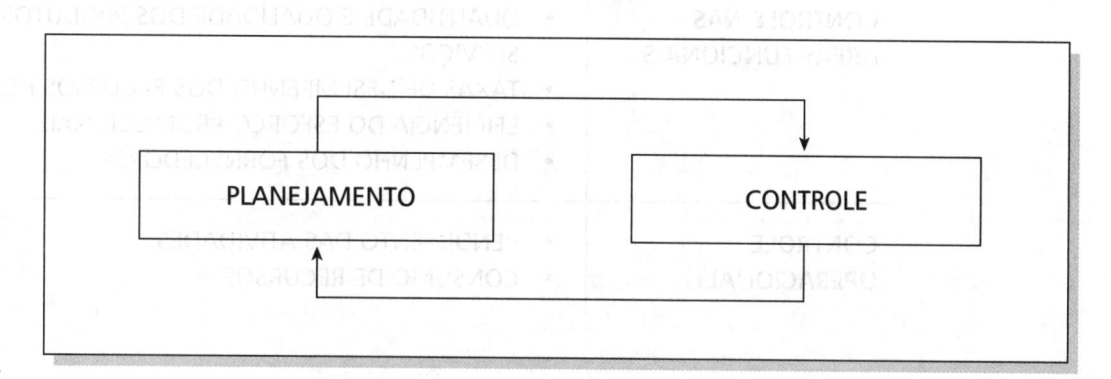

PLANEJAMENTO ⇄ CONTROLE

5 Controle por Níveis Hierárquicos

O processo de controle aplica-se a toda a organização. Todos os aspectos do desempenho de uma organização devem ser monitorados e avaliados, segundo objetivos e critérios diferentes em cada um dos três níveis hierárquicos principais: estratégico, administrativo (ou funcional) e operacional.

5.1 Controle estratégico

O controle no nível estratégico complementa o planejamento estratégico (Figura 16.8). Uma vez que o planejamento estratégico trabalha com a definição de missões, estratégias, objetivos e vantagens competitivas, o controle estratégico baseia-se em informações a respeito de:

- Grau de realização das missões, estratégias e objetivos estratégicos.
- Adequação das missões, objetivos e estratégias às ameaças e oportunidades do ambiente.
- Desempenho global da organização, medido por indicadores como a satisfação dos acionistas, clientes e imagem na sociedade.

- Concorrência e outros fatores externos.
- Eficiência e outros fatores internos.

Figura 16.8
Três níveis de controle nas organizações.

CONTROLE ESTRATÉGICO	• GRAU DE REALIZAÇÃO DAS MISSÕES, ESTRATÉGIAS E OBJETIVOS. • ADEQUAÇÃO DOS PLANOS ESTRATÉGICOS AO AMBIENTE EXTERNO. • DESEMPENHO GLOBAL DA ORGANIZAÇÃO. • CONCORRÊNCIA E OUTROS FATORES EXTERNOS. • EFICIÊNCIA DOS RECURSOS.
CONTROLE NAS ÁREAS FUNCIONAIS	• QUANTIDADE E QUALIDADE DOS PRODUTOS E SERVIÇOS. • TAXAS DE DESEMPENHO DOS RECURSOS HUMANOS. • EFICIÊNCIA DO ESFORÇO PROMOCIONAL. • DESEMPENHO DOS FORNECEDORES.
CONTROLE OPERACIONAL	• RENDIMENTO DAS ATIVIDADES. • CONSUMO DE RECURSOS.

Uma técnica de controle estratégico consiste em montar um conjunto de indicadores que mostrem essas e outras informações importantes organizadas em categorias. Foram propostas diversas formas de organizar as informações e seus respectivos indicadores. Uma das mais populares chama-se *balanced scorecard*, ou *balanced business scorecard* (BSC) e foi criada por Kaplan e Norton (1997). O BSC focaliza quatro categorias de informações sobre o desempenho da empresa. As quatro categorias, chamadas perspectivas, são as seguintes (Figura 16.9):

a) Perspectiva do cliente (Como o cliente nos enxerga?).

b) Perspectiva interna (Em que processos precisamos ser eficientes?).

c) Perspectiva da aprendizagem e do crescimento organizacional (Como podemos continuar a melhorar e a criar valor agregado?).

d) Perspectiva financeira (Como atendemos aos interesses dos acionistas?).

Para cada uma dessas categorias desenvolvem-se indicadores. Por exemplo, a produtividade da mão de obra é um indicador da eficiência. O retorno do investimento é um indicador da perspectiva financeira, e assim por diante.

Não é necessário, no entanto, ater-se a essas quatro categorias. Você pode criar seu próprio BSC com outras perspectivas, como a satisfação dos empregados, a responsabilidade social e outras.

Figura 16.9
Uma representação gráfica da ideia do *Balanced Scorecard* (BSC).

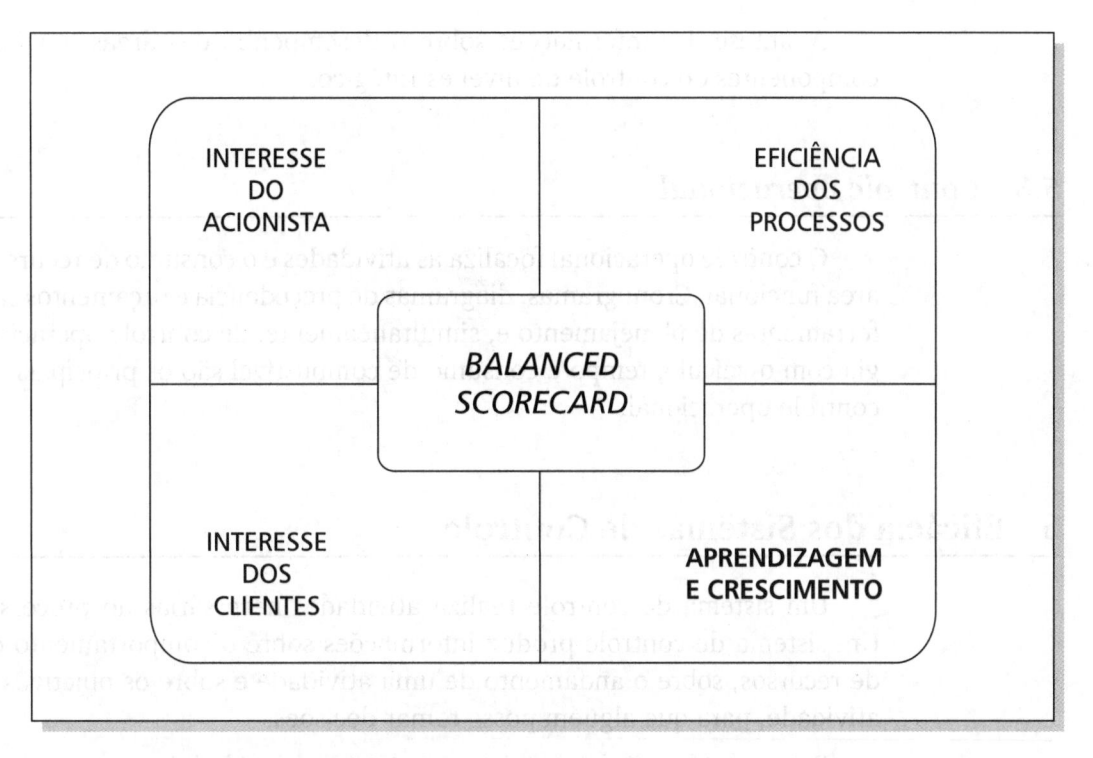

```
┌─────────────────────────┬─────────────────────────┐
│      INTERESSE          │      EFICIÊNCIA         │
│         DO              │         DOS             │
│      ACIONISTA          │      PROCESSOS          │
│                         │                         │
│            ┌────────────────────────┐             │
│            │       BALANCED         │             │
│            │       SCORECARD        │             │
│            └────────────────────────┘             │
│                         │                         │
│      INTERESSE          │     APRENDIZAGEM        │
│         DOS             │     E CRESCIMENTO       │
│      CLIENTES           │                         │
└─────────────────────────┴─────────────────────────┘
```

Com base em informações desse tipo, monitoradas continuamente, a organização define suas estratégias: como assegurar suas posições, como defender-se da concorrência, como aprimorar a competitividade de seus sistemas internos, que oportunidades explorar, e assim por diante. A organização também pode fazer *benchmarking*, que consiste em comparar seu desempenho com o de outras organizações, do mesmo ramo de negócios ou de negócios diferentes.

O BSC, ou qualquer outra ferramenta similar, pode ser usado tanto para avaliação do desempenho quanto para planejamento no nível estratégico, como veremos adiante.

5.2 Controles administrativos

Os controles administrativos, numa organização, são praticados nas áreas funcionais: produção, marketing, finanças, recursos humanos. São controles que produzem informações especializadas e possibilitam a tomada de decisão em cada uma dessas áreas. Há critérios e padrões de controle tradicionais para todas essas áreas.

Por exemplo:

- Quantidade e qualidade dos produtos e serviços e produtividade (área de produção).
- Taxas de rotatividade, absenteísmo e atrasos (área de recursos humanos).
- Participação no mercado e desempenho do esforço promocional (área de marketing).

A síntese das informações sobre o desempenho das áreas funcionais é um dos componentes do controle de nível estratégico.

5.3 Controle operacional

O controle operacional focaliza as atividades e o consumo de recursos em qualquer área funcional. Cronogramas, diagramas de precedência e orçamentos são as principais ferramentas de planejamento e, simultaneamente, de controle operacional. Na analogia com o veículo, tempo e consumo de combustível são os principais critérios para o controle operacional.

6 Eficácia dos Sistemas de Controle

Um sistema de controle realiza atividades necessárias ao processo de controle. Um sistema de controle produz informações sobre o comportamento de um sistema de recursos, sobre o andamento de uma atividade e sobre os objetivos do sistema ou atividade, para que alguém possa tomar decisões.

Para montar um sistema de controle, é preciso definir os procedimentos e as ferramentas para produção, processamento e apresentação de informações. Os sistemas de informações são sistemas de controle.

As principais características de um sistema de controle eficaz, resumidas na Figura 16.10, são as seguintes:

Figura 16.10 Características de um sistema eficaz de controle.

FOCO NOS PONTOS ESTRATÉGICOS	• Atenção às atividades de transformação. • Atenção aos elementos mais significativos das operações.
PRECISÃO	• Tomada de decisão depende de informações precisas de controle.
RAPIDEZ	• Informação de controle deve chegar rapidamente ao tomador de decisões.
OBJETIVIDADE	• Economia de palavras: vim, vi, venci.
ECONOMIA	• Benefícios devem ser maiores que os custos do controle.
ACEITAÇÃO	• Sistemas de controle devem ser aceitos pelos controlados.
ÊNFASE NA EXCEÇÃO	• Apenas os desvios devem merecer atenção.

6.1 Foco nos pontos estratégicos

Pontos estratégicos de controle são aqueles em que:

- Há maior probabilidade de ocorrência de algum desvio em relação aos resultados esperados.
- Os desvios provocariam os maiores problemas.
- As atividades, operações ou processos são críticos para o desempenho da organização.

Um modo de detectar os pontos estratégicos de controle é localizar as atividades de transformação. É o que ocorre quando um produto do estoque é deslocado para a expedição, o produto expedido transforma-se num item do estoque de um cliente, ou quando este item, num novo estoque, é requisitado para fazer parte de outro produto.

Outra forma de localizar esses pontos é identificar os elementos mais significativos de determinada operação, com a aplicação do princípio de Pareto: a menor parte dos itens de uma operação responde pela maior parte das ocorrências e problemas. Por exemplo: 10% da quantidade dos produtos representam 60% do valor das vendas, 20% da quantidade dos estoques respondem por 70% de seu valor ou em 1% dos cruzamentos da cidade acontecem 80% dos acidentes. Nessas áreas, os problemas têm consequências mais danosas e por isso mesmo a ação corretiva pode ser mais eficaz.

6.2 Precisão

A informação deve ter a precisão necessária para permitir a decisão adequada. Na execução de um orçamento, por exemplo, é importante saber quanto foi gasto e quanto ainda está disponível. Variações são difíceis de evitar e a finalidade do controle é evidenciá-las por meio da informação. Se as informações são imprecisas, a decisão poderá tornar-se extremamente difícil, ou impossível de tomar.

6.3 Rapidez

A informação produzida por um sistema de controle deve ser encaminhada o mais rapidamente possível ao tomador de decisões, para que a ação corretiva ou de reforço possa ser posta em prática a tempo de produzir os efeitos esperados. Em caso contrário, o tomador de decisões pode ser levado a agir quando já e tarde demais.

6.4 Objetividade

Outra característica de um sistema de controle eficaz é a objetividade das informações. O sistema eficaz de controle produz informações claras sobre o desempenho e indica o desvio em relação ao objetivo. O mais famoso relatório de controle de todos os tempos tem apenas três palavras. É o paradigma da objetividade. Vim, vi, venci (Júlio Cesar).

6.5 *Economia*

Um sistema eficaz de controle tem custo menor que seus benefícios. Um caso clássico de controle antieconômico é o sistema de fiscalização que custa mais caro que a arrecadação que propicia.

6.6 *Aceitação*

A aceitação do sistema de controle diz respeito tanto ao projeto do sistema, quanto à forma de implantação. As pessoas tendem a resistir a serem controladas e a sabotar os sistemas de controle, a menos que:

- Entendam por que estão sendo controladas.
- Percebam o controle como um processo importante para seu trabalho ou sua segurança.
- Enxerguem o controle como evidência de sua importância como indivíduos.

6.7 *Ênfase na exceção*

Como é impossível controlar tudo, a ênfase dos sistemas de controle deve ser colocada nas exceções. Um sistema de exceções procura focalizar a atenção da administração no que é essencial. Por exemplo, se uma equipe tem autonomia para despender certo valor, apenas os desvios acima desse valor devem merecer atenção.

7 Fator Humano no Processo de Controle

Todos os conceitos analisados até aqui pressupõem a utilização da informação para a tomada de decisões que garantem a realização de objetivos. No entanto, os fatores humanos interferem com os sistemas de controle, e vice-versa, para frustrar ou apoiar essa hipótese. Um bom exemplo é o limite de velocidade nas estradas. As placas que indicam a velocidade máxima e o controle por meio radar fotográfico informam o motorista. O motorista lê e entende a placa. Alguns motoristas tomam a decisão de respeitar a informação fornecida pelas placas. Outros não.

Como acontece com todos os outros princípios da administração, no final das contas tudo depende das pessoas. Respeito à velocidade máxima permitida nas rodovias, qualidade total nas organizações, ênfase nos fatores críticos de desempenho e todas as medidas de desempenho são influenciadas pelo comportamento das pessoas.

Neste capítulo, já foi dito que a aceitação das pessoas é uma das condições para a eficácia dos sistemas de controle. Este e outros aspectos comportamentais serão examinados nesta parte final do capítulo: tipos de controle, resistência aos sistemas de controle, avaliação do desempenho e autocontrole (Figura 16.11).

Figura 16.11 Aspectos comportamentais dos sistemas de controle.

TIPOS DE CONTROLE SOBRE PESSOAS	• Controle formal: autoridade formal. • Controle social: pressão do grupo social. • Controle técnico: pressão de próprio trabalho.
RESISTÊNCIA AOS SISTEMAS DE CONTROLE	• Provocada pelo sentimento de perda de liberdade.
AVALIAÇÃO DE DESEMPENHO	• Fornecer *feedback* à equipe é a principal finalidade.
AUTOCONTROLE	• É a técnica de controle de pessoas mais alinhadas com as modernas práticas de gestão.

7.1 Tipos de controle sobre as pessoas

Muitos dos controles sobre as pessoas destinam-se a garantir a eficácia de outros sistemas de controle. A polícia rodoviária é parte de um sistema de controle. Seu papel é garantir a eficácia de outro sistema de controle, o código de trânsito. Muitos controles são evidentes, como estes. Outros são sutis e você não percebe que está sendo controlado. Muito de seu comportamento é autocontrolado, sem que você se dê conta disso.

Os controles que agem sobre o comportamento das pessoas podem ser divididos em três grupos: controle formal, controle social e controle técnico. Esses controles e suas combinações destinam-se a garantir que as pessoas comportem-se de acordo com padrões definidos por outras pessoas.

7.1.1 Controle formal

O controle formal ou pressão formal é a possibilidade de um gerente (ou figura de autoridade) utilizar o poder racional-legal de seu cargo para induzir ou inibir algum comportamento. O controle formal utiliza diversos mecanismos: punições, recompensas, sistemas combinados de planejamento, controle e avaliação de desempenho, como a administração por objetivos. A simples existência de um chefe já é uma forma de controle formal.

Em qualquer instrumento de controle formal, a existência de objetivos é um dos ingredientes importantes. Os objetivos tanto podem referir-se aos resultados finais do trabalho (metas de desempenho) quanto a aspectos do comportamento (pontualidade, frequência, boas maneiras). Alguns objetivos são quantitativos. Outros, qualitativos.

7.1.2 Controle social

Controle social é aquele exercido por um conjunto de pessoas sobre qualquer de seus membros, para ajustar seu comportamento às crenças, aos valores e às normas criadas por esse mesmo grupo. A aceitação de crenças, valores e normas sociais chama-se conformidade social. Vestir-se e falar como os colegas, trabalhar no mesmo horário e produzir a mesma quantidade que os colegas são exemplos de comportamentos de conformidade social.

O controle social também utiliza mecanismos de punições e recompensas para estimular e inibir o comportamento humano. As punições variam desde a censura até a exclusão de alguém que não aceita a conformidade social. Fazer ironias ou mostrar surpresa porque alguém fala ou se veste de forma diferente é um exemplo de censura social.

7.1.3 Controle técnico

O controle técnico é a exigência que alguém sente para comportar-se de determinada maneira, independentemente de chefes ou colegas. Especificamente, Bernardes (1989) chama de pressão técnica a exigência que o participante da organização sente para executar ou não determinado trabalho, independentemente da chefia ou companheiros.

O controle técnico é exercido por sistemas que determinam a direção, intensidade e frequência do comportamento. São controles muitas vezes sutis, como os relógios que mostram até quando trabalhar. As faixas de rodagem que determinam em que direção seguir. As máquinas e as linhas de montagem, cuja velocidade define a intensidade do trabalho humano. Os orçamentos que estabelecem o limite de dispêndios.

Os controles técnicos não premiam o desempenho. Muitas vezes, no entanto, têm pressões implícitas e não coercitivas. Olhar o relógio e a prova faz o estudante calcular quanto tempo falta e decidir quais questões responder em primeiro lugar. É um exemplo de decisão determinada pela pressão do tempo e da tarefa simultaneamente.

O controle técnico combina-se com o controle social para formar o controle técnico-social, que consiste na ação exercida por um grupo que está interessado na execução de determinada tarefa, sobre uma pessoa envolvida na execução dessa mesma tarefa. É o que acontece quando você dirige seu carro na mesma velocidade da maioria dos outros motoristas e todos começam a correr. Outro exemplo é o do grupo de funcionários que pressiona o colega para ficar até mais tarde em nome da lealdade à empresa, apesar de ele ser mais eficiente e ter terminado antes dos outros.

7.2 Resistência ao controle

Um dos fenômenos mais importantes do comportamento humano que afeta a maneira como as organizações são administradas é a resistência ao controle. O principal motivo para a resistência ao controle é o sentimento de perda da liberdade, um dos valores centrais da existência humana. No entanto, objetivos e padrões de controle são parte do processo de administração. Para serem eficazes, precisam ser compatíveis com as pessoas.

Já foram apresentadas diversas razões específicas que fazem as pessoas resistir ao processo de controle. Essas razões sugerem que, para tornar o processo de controle mais compatível com as pessoas, é preciso:

- Definir os padrões de controle de forma que sejam reconhecidos como legítimos (necessários para o desempenho da organização).
- Promover a participação das pessoas na definição e avaliação de seu próprio desempenho.
- Ser flexíveis para possibilitar o erro.

7.3 Avaliação do desempenho

Uma das mais importantes finalidades do processo de controle é dar ao gestor elementos para fornecer *feedback* aos integrantes de sua equipe. Fornecer *feedback* às pessoas é o processo de avaliar, informar e reforçar ou corrigir o desempenho humano.

7.3.1 Rapidez

Para ser eficaz, o *feedback* precisa ser rápido. O intervalo entre a observação do desempenho e a aplicação do reforço ou correção deve ser o menor possível. Um comportamento avaliado muito tempo depois de ocorrido já terá sido esquecido. O reforço ou correção será ineficaz.

7.3.2 Descrição em lugar de julgamento

A maneira como o avaliador comunica suas observações ao avaliado exerce papel importante na eficácia do *feedback*. Para comunicar suas observações de forma mais eficaz e completa – especialmente nas situações que procuram corrigir um comportamento indesejável –, é melhor trocar o julgamento pela descrição. Ao invés de julgar os atos ou motivos do avaliado, o avaliador descreve as expectativas ou objetivos, o desempenho observado que deve ser feito para igualar os dois.

7.3.3 Administração de recompensas

O bom desempenho é incentivado por meio do mecanismo do reforço. São as recompensas, muitas delas analisadas no Capítulo 12. No entanto, a finalidade do *feedback* não deve ser apenas conceder prêmios, mas principalmente orientar o comportamento. Para orientar o comportamento, é importante corrigir as condutas problemáticas e recompensar as condutas desejadas. As recompensas são mais eficazes que as punições. O castigo tende a suprimir temporariamente, em vez de eliminar definitivamente os comportamentos indesejáveis. A recompensa incentiva o comportamento.

Uma questão importante na aplicação de recompensas é decidir até que ponto elas devem ser frequentes. Os princípios do behaviorismo defendem o padrão intermitente de recompensa após o estabelecimento do comportamento desejado. Dessa forma, as recompensas preservam sua eficácia.

7.3.4 Ação corretiva

Ação corretiva é o mecanismo que procura forçar ou obrigar o atendimento dos padrões de controle, objetivos ou expectativas da organização. Em muitos sistemas de controle, há mecanismos de correção embutidos. Os mecanismos de correção são escalonados. Vão desde uma simples advertência até a demissão ou punições mais graves. Em certos casos, a correção é feita com a aplicação das punições mais graves. Tudo depende do desajuste entre o comportamento observado e os padrões de controle. O funcionário que provocou fraudulentamente a falência do Banco Barings, por exemplo, foi demitido, processado e condenado à prisão.

7.4 Autocontrole

O sistema de controle que é totalmente compatível com as modernas práticas de gestão de pessoas é o autocontrole. A disciplina interior é o melhor substituto para a obediência forçada pelos controles de qualquer outro tipo. São tantas as vantagens do autocontrole, que muitas organizações o colocaram no lugar dos sistemas formais. Por exemplo, o inspetor de qualidade foi substituído pelo autocontrole da qualidade em muitas empresas industriais.

O autocontrole é uma das ferramentas da autogestão. Como todas as outras ferramentas, depende de compromisso e disciplina interior. Criar uma cultura orientada para o compromisso e a disciplina interior é um dos principais desafios do gestor moderno.

Estudo de Caso: Indicadores de Desempenho

A Europa Chocolate, fábrica de chocolates, começou como uma empresa familiar, em um país europeu, em meados do século passado. Atualmente, faz parte de uma grande corporação multinacional. Sua especialidade é o chocolate industrial, a matéria-prima dos *chocolatiers*, fabricantes de doces e confeiteiros. A fábrica desenvolveu diversos tipos de chocolate industrial, para atender a seus clientes, não apenas na Europa, mas também nos Estados Unidos e no Japão. Atualmente, são produzidos 400 tipos de chocolates.

Fabricação de chocolate

O cacau vem de países tropicais, especialmente da Costa do Marfim, Gana, Indonésia e Brasil. Ao chegar, os sacos de sementes de cacau são empilhados em um armazém. O processo de fabricação compreende dez passos. Somente o primeiro, a mistura, é manual. Os sacos de cacau, vindos de diferentes lugares, são esvaziados manualmente, em um grande funil. A mistura define o gosto do produto e tem de ser cuidadosamente escolhida. Depois dessa etapa, o processo é totalmente automatizado e consiste, em essência, em processar a massa de cacau para transformá-la em chocolate. Os oito primeiros passos são chamados de preparação do cacau e os dois últimos de manufatura fina.

A necessidade de indicadores de desempenho

A fábrica de chocolate precisa manter e, se possível, melhorar sua posição no mercado. A empresa tem posição importante, mas a administração e os empregados estão conscientes de que a concorrência está aumentando. Para enfrentá-la, a empresa tem dedicado grande esforço para aprimorar continuamente todos os aspectos de suas operações. Em consequência, surgiu a necessidade de avaliar esses esforços, para saber se estão produzindo os resultados esperados. A administração entendeu que a forma adequada de fazer isso é utilizar indicadores de desempenho. Disse o presidente:

– Para poder acompanhar e avaliar nosso desempenho, precisamos urgentemente de indicadores relevantes. E tem mais, acho que devemos adotar essa ideia do *balanced scorecard*, que muita gente está usando.

Um consultor externo foi contratado para ajudar a desenvolver indicadores de desempenho para as áreas de produção e apoio operacional. Na primeira reunião do consultor com os executivos, chegou-se ao consenso de que a missão da empresa era "ser a melhor empresa do mercado do chocolate industrial, reconhecida como o primeiro fornecedor, por meio da qualidade de seus recursos humanos e da excelência de suas práticas de administração".

Os indicadores

Em sucessivas reuniões com executivos e funcionários, foram criados indicadores de desempenho gerais e específicos do ramo do chocolate.

- Indicadores gerais: confiança dos clientes, retorno/lucratividade, eficiência dos processos produtivos, estoques estratégicos, qualidade das matérias-primas, absenteísmo, higiene e responsabilidade em relação ao ambiente.
- Indicadores específicos: fluidez da massa de cacau nos diferentes pontos do processo de fabricação, textura da massa, fineza do chocolate.

Em uma reunião recente, o consultor apresentou esses indicadores e o presidente reagiu da seguinte forma:

– Se entendi bem, temos uma definição de missão, indicadores gerais da empresa e indicadores específicos da qualidade do processo de fabricação. No entanto, vejo que não temos indicadores para avaliar se a missão está sendo realizada ou não e, além disso, falta uma classificação para todo o conjunto. Por fim, pergunto se há outros indicadores que devemos considerar, e nos quais ninguém pensou até agora.

Questões

1. Use a tabela abaixo para montar um *balanced scorecard* para a Europa Chocolate. Complete a tabela com os indicadores fornecidos no caso. Crie outros indicadores e outras categorias, com indicadores adicionais.

PERSPECTIVAS	INDICADORES
1. Eficiência dos processos	
2. Satisfação dos clientes	
3. Aprendizagem e crescimento	
4. Acionistas	
5.	
6.	

2. Uma faculdade de administração deseja desenvolver indicadores de desempenho, à semelhança da fábrica de chocolates. Sugira um BSC para a faculdade.

17

Administração de projetos

Objetivos

Ao terminar de estudar este capítulo, você deverá ser capaz de explicar e exercitar as seguintes ideias:

- Diferenças entre atividades funcionais e projetos.
- Principais tipos de projetos, de acordo com os tipos de produtos (ou entregáveis) que podem fornecer.
- Ciclo de vida do projeto.
- Principais etapas na elaboração de um plano de projeto.
- Responsabilidades e competências de um gerente de projetos.

Introdução

Seja qual for a profissão ou a especialidade da administração a que se dedique, mais cedo ou mais tarde você vai envolver-se com projetos. Para iniciar um novo negócio ou sua própria empresa, implantar um novo sistema em uma empresa existente, fazer uma ampliação das instalações, lançar um novo produto ou realizar qualquer empreendimento temporário, como uma convenção dos vendedores, uma campanha publicitária ou um grande programa de recrutamento e seleção, você vai precisar das técnicas e dos conceitos da administração de projetos. Até mesmo para fazer seu trabalho ou monografia de conclusão de curso, a administração de projetos é útil. Como estudante, gerente, membro de equipe autogerida ou executivo de alto nível, você é participante potencial de uma equipe de projeto.

Projetos são empreendimentos com objetivos singulares, feitos para lidar com inovações e problemas não rotineiros, que ocorrem em qualquer organização. Os projetos são diferentes das atividades funcionais – as operações regulares de fornecimento de bens e serviços, que têm objetivos permanentes. Para realizar um projeto, desde a fase da concepção intelectual até a apresentação do resultado final, é preciso utilizar técnicas que abrangem todos os campos da administração. Planejamento estratégico, organização de equipes e preparação de cronogramas e orçamentos são as técnicas que devem ser usadas de maneira sistêmica, para garantir a eficiência e a eficácia do projeto.

Este capítulo procura ajudá-lo nesse propósito.

1 Atividades Funcionais

As atividades funcionais são as atividades rotineiras que se repetem sempre da mesma forma, com pequenas variações ao longo do tempo, sem perspectiva de terminar. Elas compreendem tanto o trabalho burocrático interno normal em qualquer organização quanto a maioria das operações comerciais e industriais destinadas aos clientes. São atividades de produção, serviços, vendas e finanças de todos os tipos de organização.

As atividades funcionais predominam em organizações como lojas de supermercados, agências de bancos, empresas de seguros, refinarias de petróleo, fábricas de medicamentos, usinas de eletricidade, escolas, fábricas de peças e escritórios de contabilidade. Os produtos são fabricados e os serviços são prestados sempre da mesma forma, dia após dia. Isso é mais evidente nas fábricas que trabalham com processos contínuos (plantas químicas, refinarias, destilarias), com seu funcionamento automático e repetitivo.

2 Projetos

Os projetos são empreendimentos que fogem da rotina das atividades funcionais. São também empreendimentos que se repetem, mas que, a cada vez, resultam em um produto ou esforço diferente dos anteriores. Uma empresa de construção civil, por exemplo, está constantemente erguendo edifícios, mas cada um é um problema novo. Em geral, os projetos devem ser realizados dentro de prazo e orçamento predefinidos.

- Os projetos são atividades ou empreendimentos que têm começo e fim programados, e que devem fornecer um produto final singular. O produto do projeto é definido em função de um problema, oportunidade ou interesse de uma pessoa ou organização, que é o cliente do projeto. Para avaliar o grau de sucesso do projeto, é preciso verificar se o interesse do cliente foi atendido. Não fornecer o produto, não realizá-lo dentro do prazo previsto, ou consumir recursos além do orçamento, significa comprometer dimensões importantes do desempenho esperado.
- Muitas atividades do dia a dia têm características de projetos e são tratadas como tal, como os trabalhos e as monografias escolares. Apesar de sua simplicidade, esses projetos compartilham as mesmas características de empreendimentos de grande porte, como a construção de edifícios ou a organização e realização de uma eleição presidencial.
- Os projetos são temporários, mas seus resultados são duradouros.
- Sem projetos, não haveria mudança. Os projetos sempre têm compromisso com a evolução, que transforma a situação presente e a leva para um novo patamar. Isso acontece com produtos, tecnologias, ideias a respeito da sociedade, arte, educação... – em todos os campos das atividades humanas os projetos estão presentes, promovendo a mudança e a resolução de problemas (Figura 17.1).

Figura 17.1
Projeto é atividade com começo e fim programados, que tem o objetivo de fornecer um produto singular.

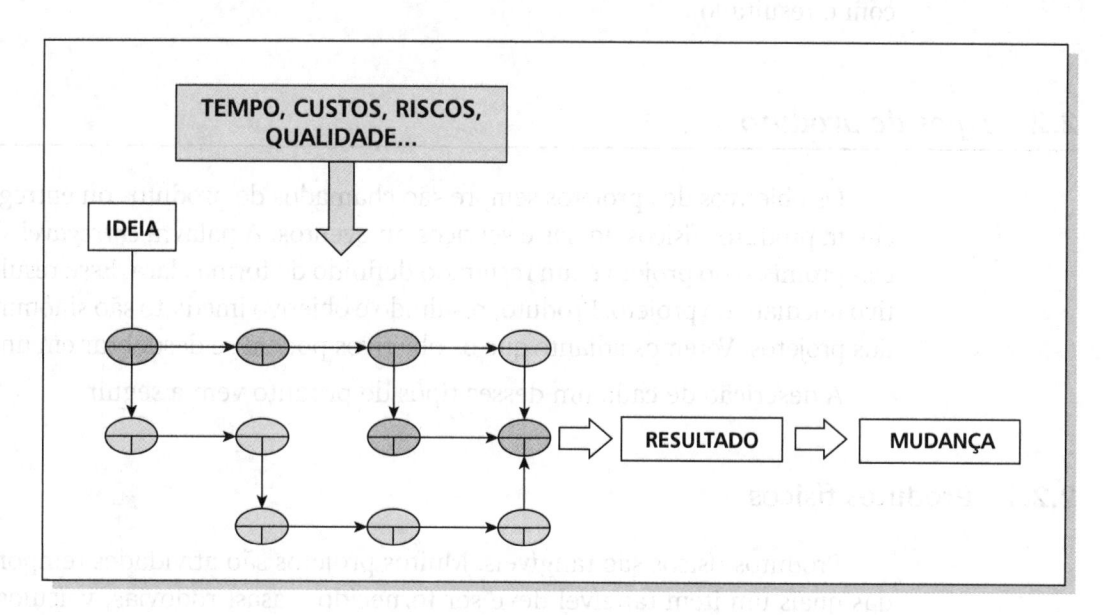

2.1 Explorando a definição

Dizer "atividade temporária" ou "restrições de prazo" implica "duração limitada". De fato, a definição consagrada afirma que projeto é um "empreendimento temporário, com começo e fim definidos" (PMI, 2008). A história dos projetos, com frequência, coloca em cheque essa ideia. A Catedral de Colônia foi construída do século XIII ao XVIII.

Duração limitada, tudo bem, mas, 600 anos? Um prazo de 150 anos (aproximadamente quanto durou a construção da Notre-Dame de Paris) era aceitável para a construção das catedrais. Diversos fatores podem ter contribuído para esse uso exagerado do tempo, mas a incompetência não é um deles. Os arquitetos sabiam fazer os desenhos, que seguiam modelos básicos; havia mão de obra especializada e organizada em confrarias, que dominava as técnicas de construção; princípios e dispositivos de recrutamento, seleção, remuneração e organização de equipes eram usados regularmente; havia matéria-prima, ferramentas, meios de transporte... enfim, estavam disponíveis todos os recursos que já vinham sendo usados desde o nascimento da engenharia civil (DU COLOMBIER, 1973). Uma explicação plausível para a longa duração de alguns projetos é a falta de dinheiro, o que leva a discutir o conceito de "restrições de custo". Quando não há fundos, um projeto deve ser interrompido ou desacelerado, mas a abundância de fundos não significa necessariamente sucesso na dimensão do uso do tempo. Por outro lado, a demora pode ser consequência do planejamento impreciso da necessidade de dinheiro. No caso das catedrais, o planejamento era feito e a obra começada sem que os construtores tivessem certeza sobre a disponibilidade de dinheiro, que era obtido à medida que se conseguiam doadores.

Projeto, portanto, às vezes é um empreendimento com começo e fim predefinidos. O compromisso básico dos projetos é a realização do resultado, que responde a uma necessidade ou oportunidade, do presente ou do futuro. Controlar tempo, custos, riscos e qualidade, assim como outras variáveis, é condição para cumprir o compromisso com o resultado.

2.2 Tipos de produto

Os objetivos dos projetos sempre são chamados de produtos ou entregáveis, que incluem produtos físicos, ideias e serviços ou eventos. A palavra *entregável* significa que o compromisso do projeto é um resultado definido de forma clara. Esse resultado é o objetivo imediato do projeto. Produto, resultado e objetivo imediato são sinônimos no mundo dos projetos. Veremos adiante que os objetivos podem se desdobrar em uma hierarquia.

A descrição de cada um desses tipos de produto vem a seguir.

2.2.1 Produtos físicos

Produtos físicos são tangíveis. Muitos projetos são atividades temporárias ao final das quais um item tangível deve ser fornecido: casas, rodovias, veículos, máquinas e equipamentos, estações espaciais e instalações de ar-condicionado de grande porte.

2.2.2 Conceitos

Produtos conceituais são intangíveis, como ideias, roteiros de filmes, mapas, sistemas, organogramas, processos, plantas, desenhos, fórmulas e teorias. Muitos projetos são esforços finitos que visam fornecer apenas ideias para que outros as coloquem em prática. Por exemplo, montar o currículo de um curso ou o programa de uma disciplina, organizar uma competição esportiva ou desenvolver o projeto conceitual de um sistema de informações.

Também pertencem ao mundo dos conceitos os projetos existenciais. Por exemplo, "quero fazer um estágio em outro país, aprender um idioma e me aperfeiçoar" ou "queremos construir uma nova sociedade" são projetos que se baseiam em intenções ou ideais e que precisam de ferramentas de administração para se transformar em realidade.

2.1.3 Eventos

Eventos são produtos que consistem na realização de tarefas, serviços ou atividades. O projeto é a própria execução da atividade que, em geral, representa apenas a parte final de um conjunto de atividades de planejamento, organização e controle. São exemplos de projetos desse tipo:

- Planejar, organizar e realizar eleições, Jogos Olímpicos, Prêmio de Fórmula I.
- Planejar, organizar e realizar estudos, pesquisas e diagnósticos, cursos e seminários, reuniões e congressos.
- Implantar sistemas, processos e modelos de organização.
- Produzir um filme, montar uma peça de teatro ou organizar uma exposição de arte.

Nenhum projeto pertence a apenas uma categoria. Todo projeto sempre combina elementos físicos, conceitos e serviços. Um exemplo é a realização dos Jogos Olímpicos, que envolve conceitos (planejamento), produtos físicos (construções) e eventos (os Jogos).

3 Ciclo da Vida do Projeto

O *ciclo de vida* é a sequência de fases que vão do começo ao fim de um projeto. O entendimento do ciclo de vida permite a visualização sistêmica do projeto, desde seu início até a conclusão, facilitando o estudo e a aplicação das técnicas de administração de projetos.

Suponha que você queira construir uma casa, realizar uma festa de formatura, escrever uma tese de pós-graduação, informatizar um processo em uma empresa, abrir um negócio ou construir uma nave espacial e viajar até o planeta Marte. Cada um desses empreendimentos deve passar por diversas fases para ser concretizado e chegar até o resultado.

3.1 *Inspiração e transpiração*

Todo projeto começa com uma ideia (às vezes, com um sonho), e passa por diferentes fases antes de se concretizar como produto que possa ser utilizado. As ideias nascem de problemas, necessidades, encomendas de clientes ou da criatividade de mentes visionárias que trabalham para si próprias. Às vezes, uma dificuldade, sugestão ou lembrança é suficiente para produzir uma ideia.

A ideia corresponde à fase da inspiração, que corresponde a 1% do projeto. De acordo com a conhecida proporção de Thomas Edison, os 99% restantes são feitos de transpiração. Isso significa que é preciso trabalhar muito e fazer muita experimentação para transformar uma ideia em resultados.

O 1% de inspiração, no entanto, é a parte mais difícil e valiosa de qualquer projeto, porque depende de criatividade e talento, que não se encontram com facilidade e que, por sua vez, não dependem de regras.

Se for resolvido o problema da inspiração, depois de conceber o produto, é preciso desenhá-lo e construí-lo. Após muita transpiração, o projeto chega ao término. É o momento de apresentar o produto. O término, porém, não é o fim do projeto, mas apenas uma fase de transição para um novo projeto ou para atividades funcionais, como fabricação, distribuição e instalação de equipamentos, manutenção e treinamento, num processo de renovação contínua (Figura 17.2). Cada uma dessas fases tem começo, meio e fim, com seus próprios resultados e seu próprio ciclo de vida.

Figura 17.2
Os projetos introduzem inovações nos processos e produtos de uma organização.

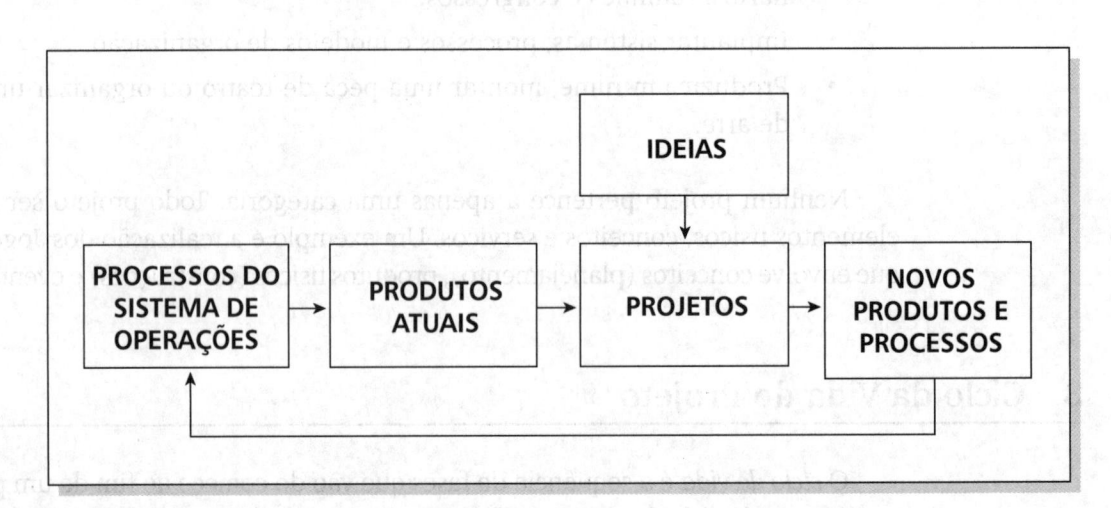

3.2 Fases do ciclo de vida

Um ciclo de vida genérico tem as seguintes fases principais (Figura 17.3):

I. Descoberta da ideia ou visão do produto. É a fase da inspiração. De alguma forma, surge uma ideia de projeto: do plano estratégico da empresa, da encomenda de um cliente, de uma oportunidade identificada no mercado, de um problema que afeta um país ou – *Eureka!* – da inspiração de um processo criativo.

II. Concepção. A ideia transforma-se em um modelo mental ou representação do produto que deverá ser fornecido ao final do projeto.

III. Desenho (ou projeto do produto). O modelo mental transforma-se em um desenho detalhado do produto. Eventualmente, é feito um protótipo ou maquete do produto.

IV. Desenvolvimento. O produto é gradativamente elaborado.

V. Entrega. No final do projeto, o produto é apresentado ao cliente.

Figura 17.3
A maioria dos ciclos de vida de projetos tem cinco fases.

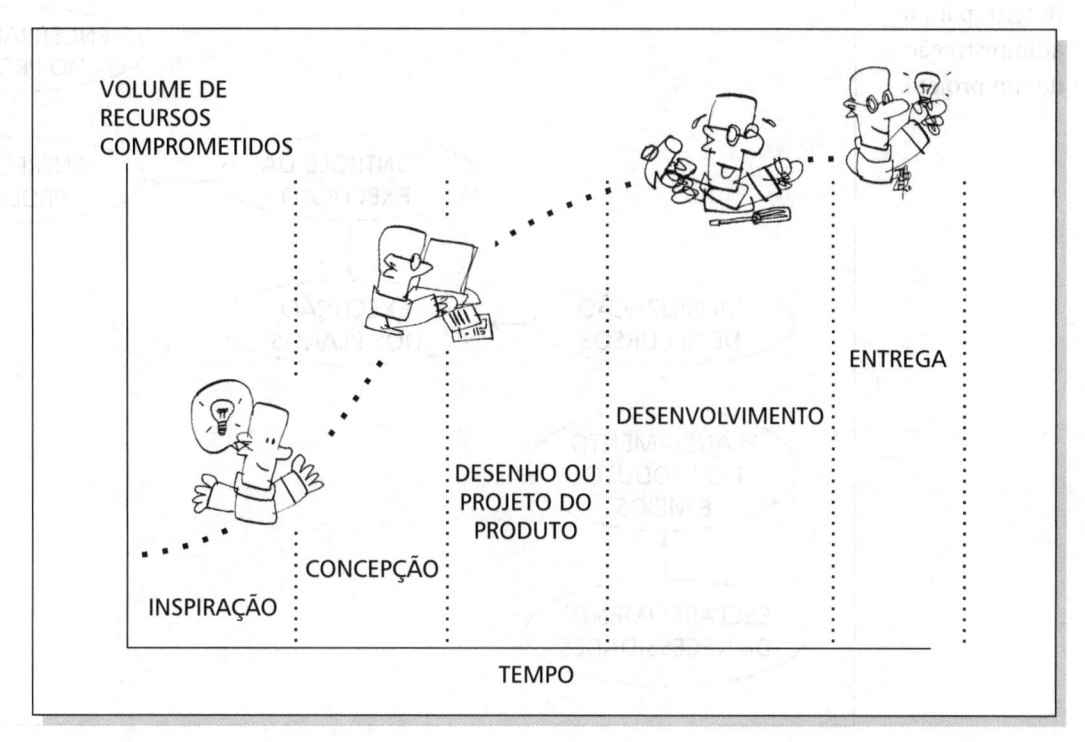

Cada tipo de projeto tem um tipo de ciclo de vida específico e o número de fases pode aumentar ou diminuir.

4 Administração de um Projeto

A administração de um projeto é o processo de tomar decisões que envolvem o uso de recursos, para realizar atividades temporárias, com o objetivo de fornecer um resultado. Dois processos básicos compõem a administração de um projeto: planejamento e execução, que se dividem em outros processos. Em termos práticos, administrar um projeto envolve (Figura 17.4):

- Entender a necessidade a que o projeto deverá atender.
- Planejar o produto a ser fornecido pelo projeto.
- Planejar o tempo e os recursos necessários para fornecer o produto.

- Mobilizar os recursos.
- Executar e controlar as atividades e o consumo de recursos.
- Fornecer o produto.
- Encerrar o projeto.

Figura 17.4 Roteiro para a administração de um projeto.

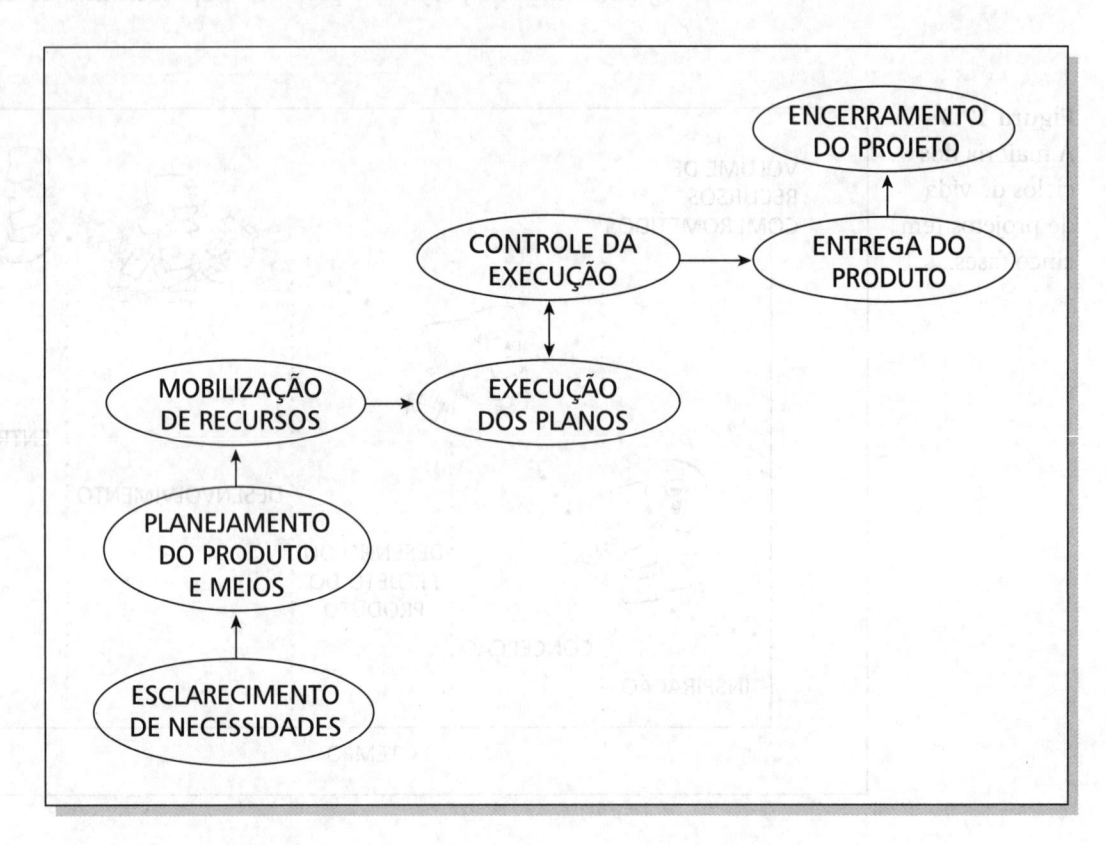

Nas próximas seções deste capítulo, os processos básicos de planejamento e execução serão detalhados.

5 Planejamento do Projeto

O processo de planejamento é gradual e sucessivo. A primeira ideia do projeto, em muitos casos, passa por um processo de avaliação de seu interesse e viabilidade. Uma empresa, por exemplo, pode avaliar ideias de produtos com base no potencial de mercado, na capacidade de fabricação dos produtos e na disponibilidade de recursos financeiros. Se a ideia for aprovada, um plano com maior número de detalhes pode ser preparado. Esse plano poderá passar por outro processo de avaliação e, assim sucessivamente, no início do projeto ou no início de cada uma de suas fases. As etapas de avaliação, ou análise crítica, são chamadas de *filtros* do projeto (Figura 17.5).

Figura 17.5
Principais etapas no processo de planejamento de um projeto – os filtros são procedimentos de avaliação que garantem a qualidade da administração do projeto.

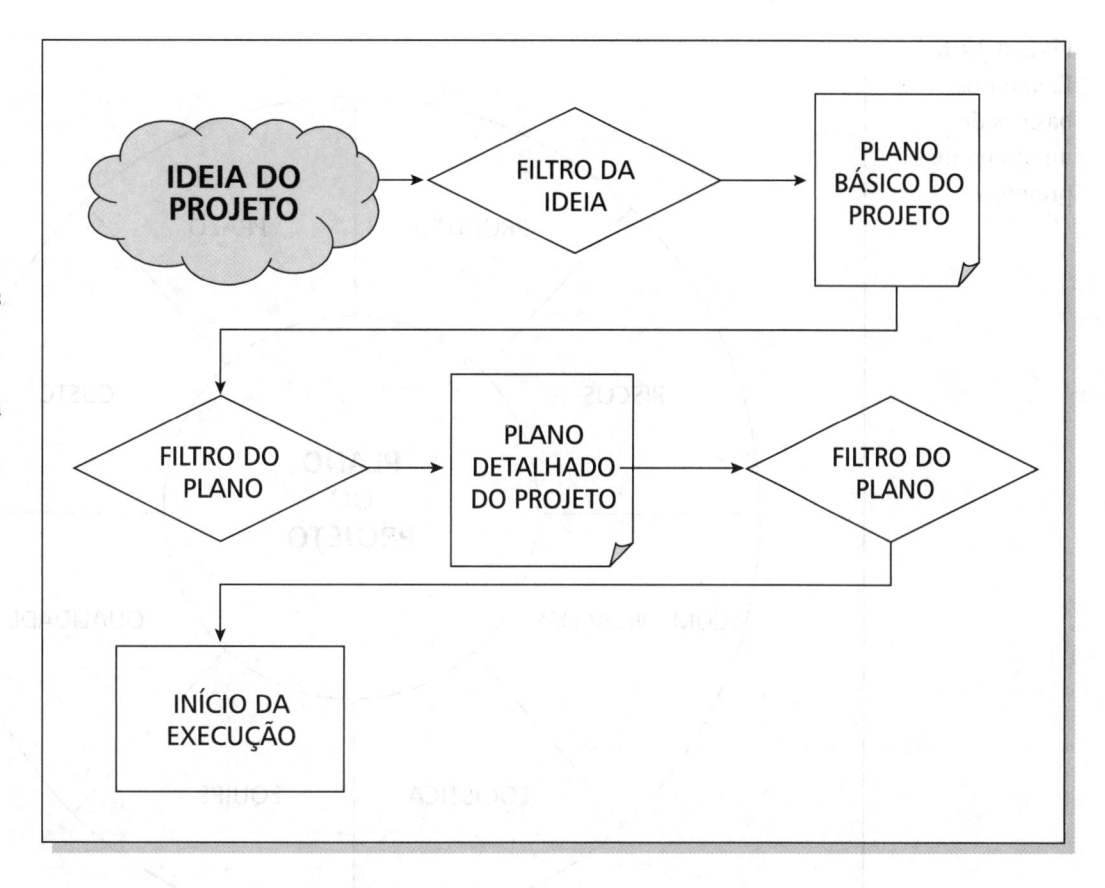

[Fluxograma: IDEIA DO PROJETO → FILTRO DA IDEIA → PLANO BÁSICO DO PROJETO → FILTRO DO PLANO → PLANO DETALHADO DO PROJETO → FILTRO DO PLANO → INÍCIO DA EXECUÇÃO]

Uma ideia de projeto deve conter informações sobre três variáveis críticas de desempenho: escopo, tempo e custo. Além disso, a ideia de um projeto normalmente apresenta justificativas.

Nos estágios seguintes do plano do projeto, é necessário incluir – além de escopo, tempo e custo – informações sobre as fontes de suprimentos dos recursos, a equipe e a organização do projeto, a documentação e os processos de comunicação, a administração da qualidade, os impactos ambientais e muitos outros detalhes (Figura 17.6). A quantidade de informações e o grau de detalhamento dependem de muitos fatores. Entre eles, o tempo investido na elaboração do plano, as exigências do cliente, a complexidade do projeto e assim por diante.

5.1 Planejamento do escopo

Escopo é a palavra usada para indicar o trabalho a ser executado pelo projeto – não as atividades, mas o produto que será fornecido. A parte mais importante do planejamento de um projeto é a definição do produto. Fornecer um produto é o objetivo ou missão do projeto. Os produtos fornecidos pelo projeto são singulares, mas sempre se dividem em partes, chamadas subprodutos, componentes ou simplesmente produtos. O processo de definir qual produto será fornecido e de dividir esse produto em componentes chama-se planejamento do escopo (ou planejamento e detalhamento do escopo).

Figura 17.6
Elementos básicos de um plano de projeto.

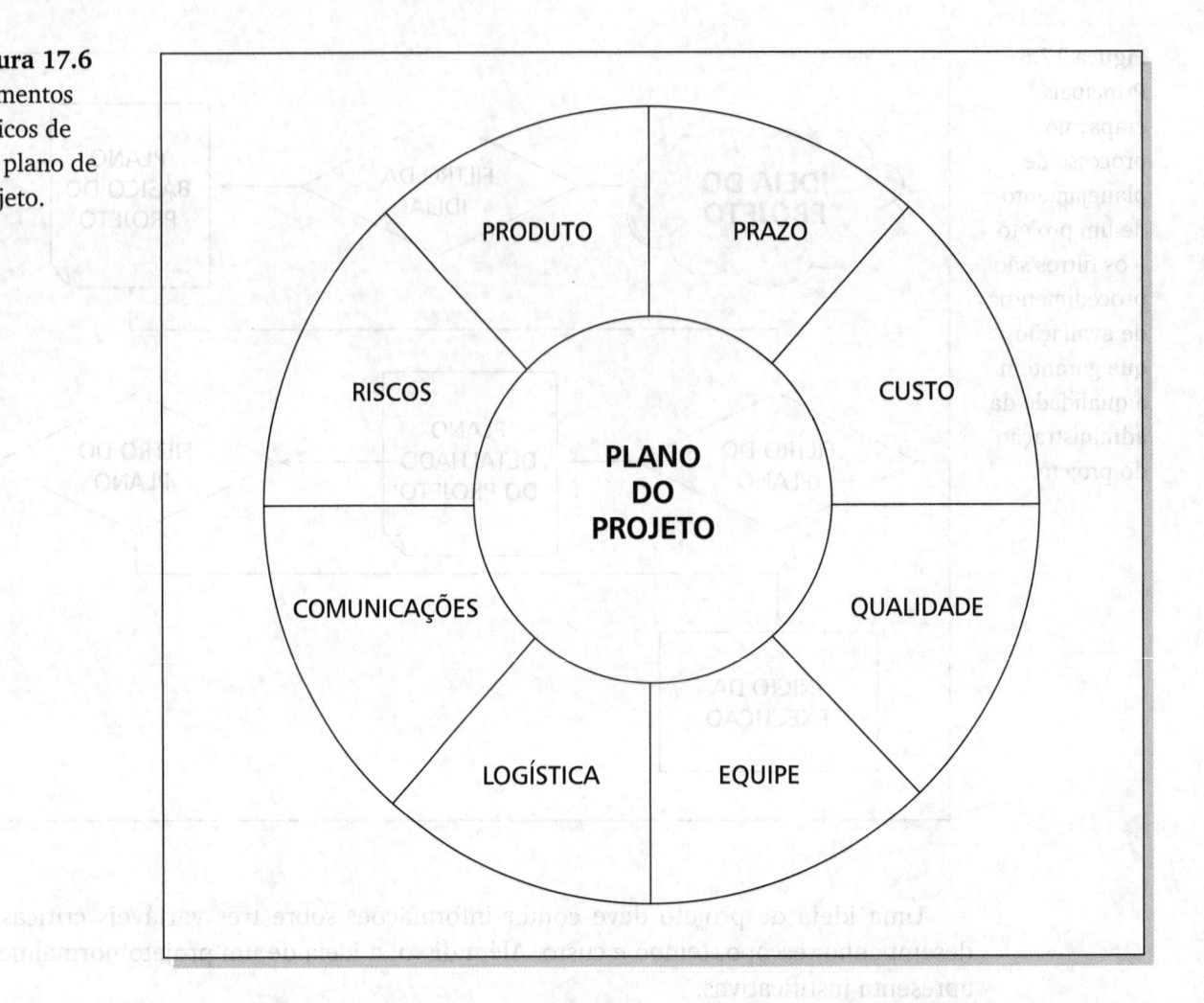

Diagrama circular com "PLANO DO PROJETO" ao centro, cercado por oito setores: PRODUTO, PRAZO, CUSTO, QUALIDADE, EQUIPE, LOGÍSTICA, COMUNICAÇÕES, RISCOS.

O processo de detalhar os produtos do projeto produz uma *estrutura analítica do projeto*, também chamada de lista de componentes (volte ao Capítulo 8 para recuperar esse conceito). A Figura 17.7 apresenta a estrutura analítica de um evento, uma festa de lançamento de um produto. O evento propriamente dito, que tem a duração de algumas horas, corresponde a apenas um item da estrutura analítica.

Figura 17.7
Na estrutura analítica do projeto de uma festa, cada retângulo representa um objetivo: um produto a ser entregue pelo gerente do projeto.

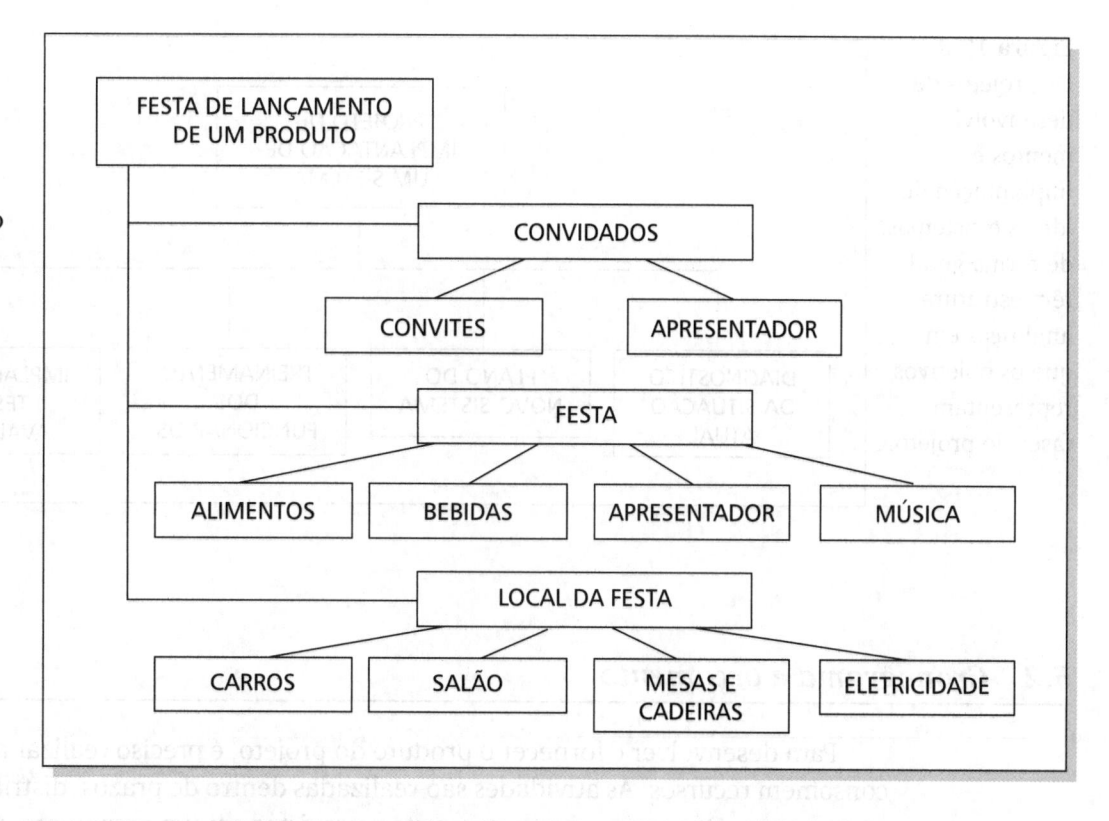

```
FESTA DE LANÇAMENTO DE UM PRODUTO
├── CONVIDADOS
│   ├── CONVITES
│   └── APRESENTADOR
├── FESTA
│   ├── ALIMENTOS
│   ├── BEBIDAS
│   ├── APRESENTADOR
│   └── MÚSICA
└── LOCAL DA FESTA
    ├── CARROS
    ├── SALÃO
    ├── MESAS E CADEIRAS
    └── ELETRICIDADE
```

As estruturas analíticas de todos os projetos do mesmo tipo são parecidas.

- Nos projetos de eventos, como é o caso da festa de lançamento de um produto, sempre há pelo menos três componentes: o evento propriamente dito, os participantes e a infraestrutura.
- Nos projetos de desenvolvimento de produtos, como é o caso de um novo veículo, sempre há pelo menos dois componentes: o produto e o processo produtivo para fabricá-lo. Outros componentes, como o desenvolvimento de fornecedores e o treinamento de usuários, podem ser acrescentados.
- Nos projetos conceituais, como é o caso do desenvolvimento de um sistema, em que há uma clara sequência de etapas, a estrutura analítica pode ser feita tomando-se como base o ciclo de vida do projeto, como está na Figura 17.8.

Figura 17.8
Os projetos de desenvolvimentos e implantação de ideias e sistemas, de forma geral, têm estruturas analíticas em que os objetivos representam fases do projeto.

```
                    PROJETO DE
                  IMPLANTAÇÃO DE
                    UM SISTEMA
        ┌───────────────┼───────────────┬───────────────┐
   DIAGNÓSTICO      PLANO DO        TREINAMENTO     IMPLANTAÇÃO,
   DA SITUAÇÃO    NOVO SISTEMA          DOS           TESTE E
      ATUAL                         FUNCIONÁRIOS     AVALIAÇÃO
```

5.2 Cronograma e orçamento

Para desenvolver e fornecer o produto do projeto, é preciso realizar atividades que consomem recursos. As atividades são realizadas dentro de prazos, distribuídos em um cronograma. Os recursos implicam custos, previstos em um orçamento. Os prazos e os custos são afetados pelos riscos do projeto, que são identificados e avaliados com base no escopo. Por exemplo, se a festa de lançamento for realizada ao ar livre, cuidados especiais serão necessários para lidar com o risco de chuva. Esses cuidados exigem tarefas que consomem tempo e recursos, aumentando o prazo e o orçamento do projeto. A definição das atividades a serem realizadas e dos recursos que serão necessários compõem, junto com o produto e a previsão dos riscos, os elementos essenciais de um plano básico de projeto.

Segue-se uma análise das principais decisões envolvidas no planejamento operacional de um projeto. Essas decisões baseiam-se no entendimento do escopo do projeto (Figura 17.9):

Figura 17.9
O escopo de projeto é a base para a preparação do plano de gestão dos riscos, do cronograma, do orçamento e de outras variáveis do projeto.

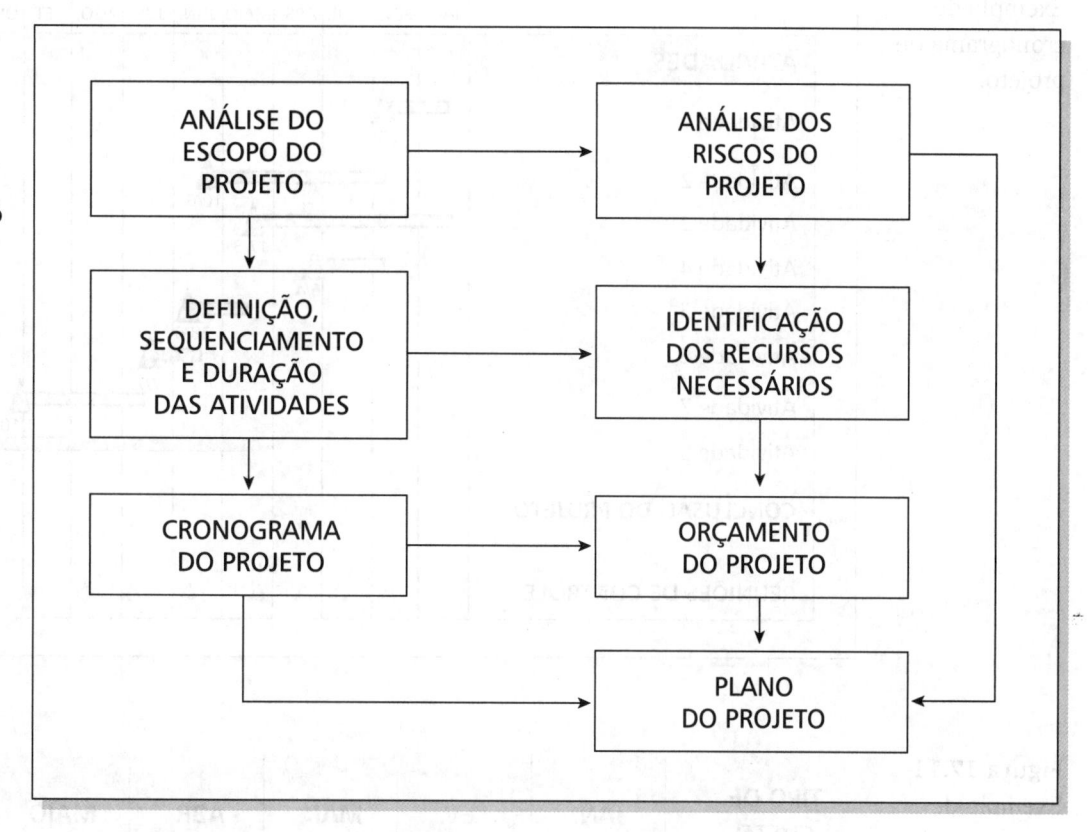

```
ANÁLISE DO              →    ANÁLISE DOS
ESCOPO DO                    RISCOS DO
PROJETO                      PROJETO
   ↓                            ↓
DEFINIÇÃO,              →    IDENTIFICAÇÃO
SEQUENCIAMENTO               DOS RECURSOS
E DURAÇÃO                    NECESSÁRIOS
DAS ATIVIDADES
   ↓                            ↓
CRONOGRAMA              →    ORÇAMENTO
DO PROJETO                   DO PROJETO
                                ↓
                             PLANO
                             DO PROJETO
```

- Estimativa dos riscos do projeto.
- Definição das atividades necessárias para a execução do projeto.
- Definição da sequência em que as atividades deverão ser realizadas e de sua duração.
- Elaboração do *cronograma* do projeto (Figura 17.10).
- Definição dos recursos necessários para realizar as atividades.
- Elaboração do *orçamento* do projeto (Figura 17.11).

Figura 17.10 Exemplo de cronograma de projeto.

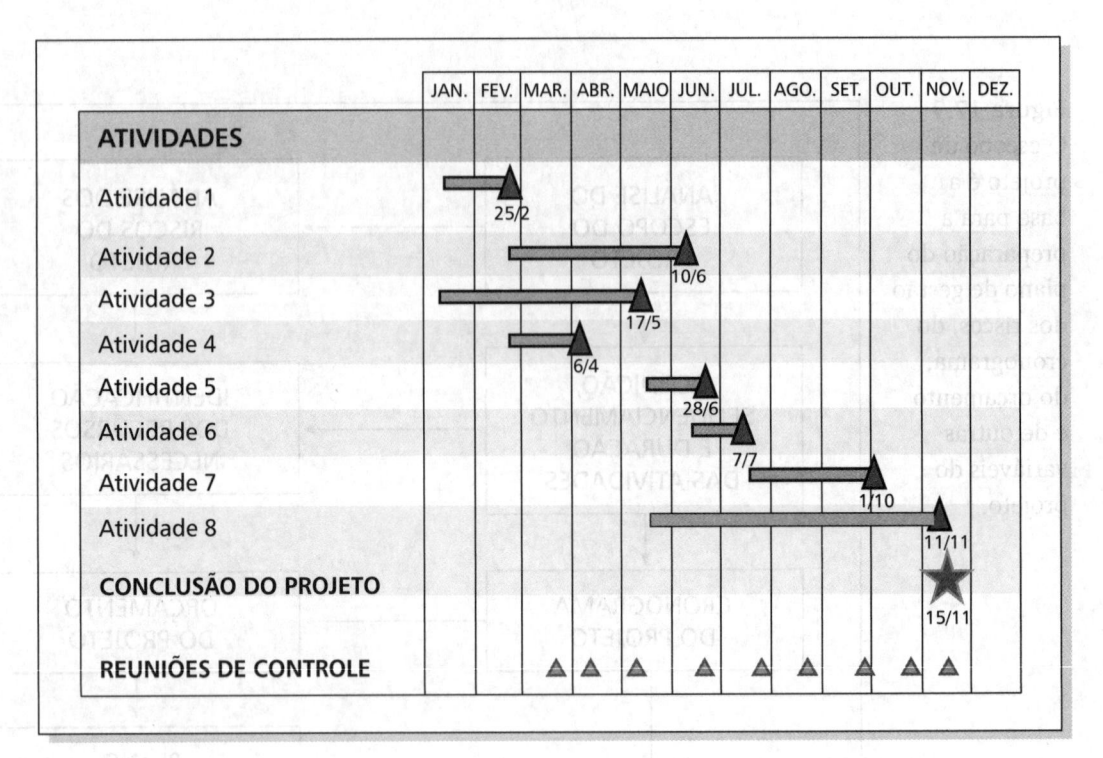

ATIVIDADES	JAN.	FEV.	MAR.	ABR.	MAIO	JUN.	JUL.	AGO.	SET.	OUT.	NOV.	DEZ.
Atividade 1		▬▬▲ 25/2										
Atividade 2		▬▬▬▬▬▬▬▬▲ 10/6										
Atividade 3		▬▬▬▬▬▬▲ 17/5										
Atividade 4		▬▬▬▲ 6/4										
Atividade 5					▬▬▲ 28/6							
Atividade 6					▬▲ 7/7							
Atividade 7						▬▬▬▬▬▲ 1/10						
Atividade 8					▬▬▬▬▬▬▬▬▬▬▲ 11/11							
CONCLUSÃO DO PROJETO											★ 15/11	
REUNIÕES DE CONTROLE			▲	▲	▲	▲	▲	▲	▲	▲	▲	

Figura 17.11 Exemplo de orçamento de projeto.

TIPO DE CUSTO	JAN.	FEV.	MAR.	ABR.	MAIO	TOTAL (RECURSO)
Mão de obra	1.000	2.000	3.000	1.000	500	7.500
Material permanente	2.000	200	2.500	300	100	5.100
Material de consumo	240	360	500	1.000	800	2.900
Terceiros	150	1.500	250	200	500	2.600
Total (mês)	3.390	4.060	6.250	6.250	1.900	18.100
Acumulado	3.390	7.450	13.700	16.200	18.100	

O planejamento dos prazos, custos e riscos de um projeto não é um estágio com início e fim preestabelecidos. É um processo contínuo, que começa junto com a definição do produto e acompanha todo o ciclo de vida do projeto. Em todos os momentos, especialmente nas passagens de uma fase para outra do ciclo de vida, é preciso rever as definições de prazo e custo e replanejar as atividades à frente.

6 Execução do Projeto

À medida que os planos passam pelos filtros, o processo de execução começa a avançar. Antes de qualquer coisa, é preciso montar uma estrutura para executar o projeto:

- As pessoas que realizarão as atividades são escolhidas, recrutadas e organizadas em uma equipe.
- A equipe deve trabalhar para detalhar o plano operacional.
- Os recursos para a realização do projeto (serviços de terceiros, equipamentos, instalações, fornecedores e fluxos de informações) são adquiridos e mobilizados de acordo com o cronograma.

A execução propriamente dita do projeto consiste em realizar as atividades e aplicar os recursos previstos nos planos. A realização das atividades possibilita o fornecimento do produto ou serviço, de acordo com as necessidades definidas no início do projeto. À medida que as atividades se completam e os recursos são consumidos, o produto ou serviço concretiza-se e o projeto aproxima-se do encerramento.

- O processo de controle integra o de execução. Controlar é um procedimento para administrar as variações em relação aos planos e garantir a realização dos objetivos. Possibilitar a própria mudança dos planos é outra função importante do processo de controle.

O momento do *encerramento* do projeto depende da natureza do produto e de como foi definido seu ciclo de vida no processo de planejamento. Alguns projetos terminam com a entrega do produto ou serviço, outros incluem uma fase de testes do produto e podem compreender um período de manutenção.

O encerramento de um projeto também abrange uma série de atividades de natureza administrativa, como a desmobilização e realocação da equipe e dos demais recursos, a homologação do produto em organismos de regulamentação e o fechamento e apresentação das contas, entre outras (Figura 17.12).

Figura 17.12
Algumas atividades de fase de encerramento do projeto.

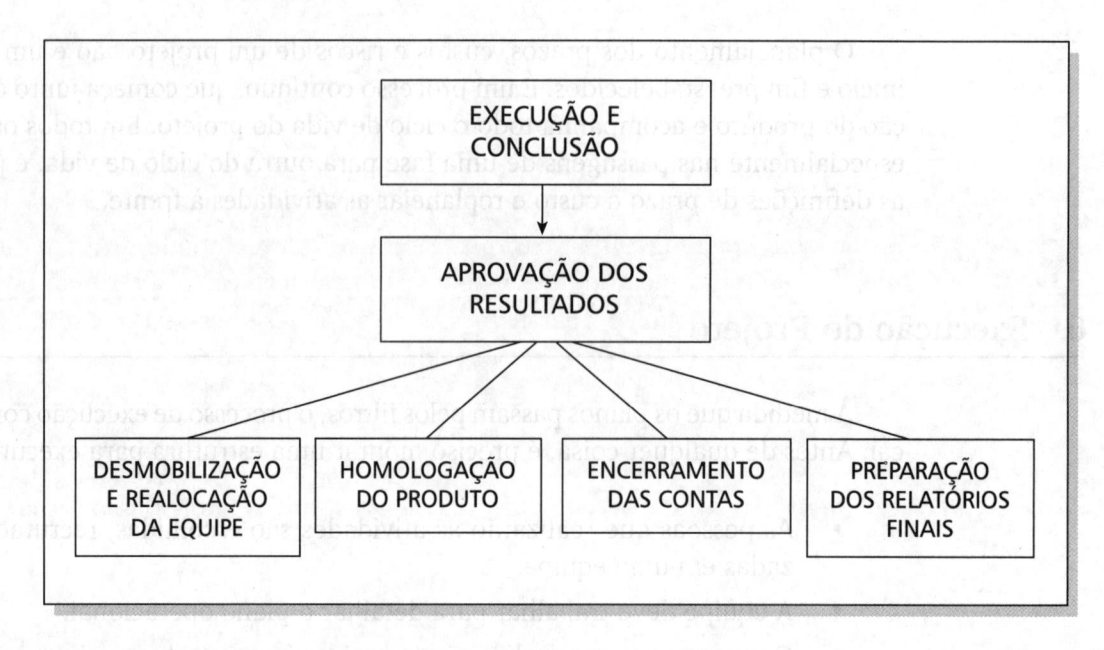

```
                    EXECUÇÃO E
                    CONCLUSÃO
                         |
                         v
                  APROVAÇÃO DOS
                   RESULTADOS
        ┌──────────┬──────┴──────┬──────────┐
   DESMOBILIZAÇÃO  HOMOLOGAÇÃO  ENCERRAMENTO  PREPARAÇÃO
   E REALOCAÇÃO   DO PRODUTO    DAS CONTAS   DOS RELATÓRIOS
     DA EQUIPE                                   FINAIS
```

7 Gerente do Projeto

O gerente de um projeto é a pessoa responsável por fornecer a um cliente um produto ou serviço, com um padrão de qualidade e dentro de um prazo e um orçamento predefinidos. O gerente de projeto coordena uma equipe, em geral multidisciplinar, cujos integrantes pertencem a diferentes departamentos de uma mesma empresa e, no caso de grandes projetos, de diferentes empresas. Em muitos casos, o gerente não tem autoridade formal sobre essa equipe, uma vez que seus integrantes são funcionários de chefes funcionais.

O desempenho do projeto e, consequentemente, o desempenho do gerente são avaliados por meio de duas medidas principais: a satisfação do cliente e a satisfação da equipe. O cliente e a equipe são apenas dois de inúmeros elementos interessados nos resultados do projeto. Administração superior, fornecedores, autoridades públicas e usuários do produto ou serviço são outros interessados aos quais o gerente deve atender.

Pressionado por padrões de qualidade e recursos limitados, e tendo de atender a tantos interessados, por meio de uma equipe sobre a qual não tem autoridade formal, o gerente de projetos tem uma das profissões mais desafiadoras, que exige refinadas habilidades gerenciais.

7.1 Responsabilidades e papéis

Em uma definição sintética, a responsabilidade do gerente é assegurar a realização do projeto de acordo com os planos de escopo, qualidade, prazo e custo. Para cumprir essa responsabilidade, o gerente deve administrar pessoas, comunicações, recursos, contratos, riscos e inúmeros outros aspectos. Em outras palavras, *tudo aquilo que dizem os livros de administração de projetos*. As responsabilidades podem variar muito de uma organização para outra, dependendo da complexidade do projeto, do tipo de estrutura, dos interesses do cliente e de muitos outros fatores.

Dependendo da organização e, principalmente, das decisões sobre o início e o fim do ciclo de vida, o gerente de projeto pode ter um conjunto maior ou menor de responsabilidades. Em uma organização, a responsabilidade do gerente de projeto começa na tarefa inicial de desenvolver a ideia do projeto e termina na tarefa final do ciclo de vida, com a preparação e apresentação dos resultados e dos relatórios. Em outra organização, as tarefas iniciais e finais estão ligadas à alta administração e o papel do gerente começa a ser desempenhado apenas na fase da execução. Além disso, a extensão do ciclo de vida pode variar. Certos projetos terminam com a apresentação de um protótipo. Outros chegam até a produção experimental. Tudo depende do projeto, da organização e sua política, do cliente e outros fatores. Isso torna impraticável preparar uma descrição de cargo ou elenco de responsabilidades que sirva para todas as situações. É possível, porém, delinear um panorama das responsabilidades que são comuns à maioria das situações.

As principais responsabilidades comuns à maioria dos casos podem ser agrupadas em papéis. Um papel é um conjunto organizado de responsabilidades e competências. Os papéis mais importantes, com suas respectivas responsabilidades, são examinados a seguir.

- Planejador. O principal papel do gerente de projetos é o de planejador. Como planejador, a principal tarefa do gerente é preparar o projeto, com o consenso de todos os interessados relevantes. Ao começar o projeto, o gerente deve ter uma ideia bem clara de como vai terminá-lo e o que acontecerá no caminho.
- Organizador. Como organizador, o gerente de projetos deve prever e mobilizar os meios, especialmente as pessoas, para realizar o projeto. Nesse papel, o gerente, essencialmente, trabalha na montagem da estrutura organizacional do projeto, definindo as competências necessárias, buscando as pessoas e negociando sua participação no projeto.
- Administrador de pessoas. Como administrador de pessoas, o gerente de projetos lida com as competências e os processos sociais da equipe. Nesse papel, é o diretor de equipe, que trabalha na dimensão humana e comportamental, lidando com as pessoas como pessoas e não como recursos do projeto. Sua principal responsabilidade nesse papel é transformar um grupo de pessoas em uma equipe interessada e empenhada no sucesso do projeto.
- Administrador de interfaces. A administração eficaz de interfaces é uma das maneiras de elevar a probabilidade de êxito do projeto. Grande parte da qualidade do planejamento e da organização e outras funções do projeto dependem muito mais da articulação de acordos do que da sofisticação das técnicas. A principal responsabilidade do gerente, nesse papel, é articular a equipe do projeto com outras unidades da organização e estas entre si.
- Administrador de tecnologia. A administração da tecnologia envolve tarefas, responsabilidades e decisões do gerente dentro do domínio técnico do projeto.

Como administrador de tecnologia, o gerente de projetos fornece conhecimentos técnicos para a realização do projeto e para a capacitação da equipe.
- Implementador. Como implementador, o gerente "faz o projeto acontecer". Predominam nesse papel as funções e tarefas de executar e corrigir os planos, cuidar do suprimento de recursos, fornecer informações, avaliar o desempenho e cobrar providências. Embora seja o papel mais exigido na execução, também é necessário desempenhá-lo nos processos de planejamento e organização, para assegurar a mobilização dos recursos e do consenso necessários para a eficácia do empreendimento.
- Formulador de métodos. O papel de formulador de métodos não está ligado a nenhum projeto específico. É o papel que se relaciona com a formulação de metodologias, procedimentos, estruturas e sistemas de administração de projetos. Esse papel envolve refletir sobre o próprio papel e reunir-se com outros gerentes de projetos e unidades organizacionais, e com a administração superior, para, principalmente, elaborar estruturas organizacionais, descrições de responsabilidades, manuais e outros elementos do sistema de administração de projetos da organização.

7.2 Competências

Competências são as qualificações necessárias para o desempenho eficaz do papel de gerente de projetos (Figura 17.13).

Figura 17.13 Competências básicas de um gerente de projetos.

COMPETÊNCIAS DA ADMINISTRAÇÃO GERAL	COMPETÊNCIAS DA ADMINISTRAÇÃO DE PROJETOS	COMPETÊNCIAS INTERPESSOAIS
Planejamento, organização, execução e controle	Escopo, tempo, custo risco e outras variáveis	Liderança, motivação, trabalho de grupo

- As competências da administração geral são necessárias para tomar eficazmente as decisões do processo administrativo: planejamento, organização, execução e controle. São competências importantes para qualquer administrador, que assumem dimensão crítica no caso dos projetos, em função das pressões de escopo, qualidade, custo, prazo e riscos. As competências da administração geral envolvem o domínio dos processos administrativos básicos (planejamento estratégico e operacional, estruturas organizacionais, ferramentas de controle).

Além das competências da administração geral, são importantes para um gerente de projetos as competências específicas da administração de projetos e as competências humanas.

- Competências da administração de projetos. As competências da administração de projetos compreendem os conhecimentos necessários para lidar com escopo, cronogramas, orçamentos, riscos e, de forma geral, com processos de planejamento, implementação e execução de projetos. Nas equipes de pequeno porte, o gerente é pessoalmente responsável pela realização dessas tarefas. Nas equipes de grande porte, embora possa delegá-las, o gerente deve ter o conhecimento mínimo necessário para orientar sua realização e avaliar sua qualidade.

- Competências humanas. As competências humanas, ou habilidades interpessoais, são necessárias para a realização de tarefas em que há pessoas envolvidas: clareza na comunicação de ideias, instruções e solicitações para a equipe, capacidade de inspirar confiança na equipe, capacidade de operar dentro do contexto político e organizacional do projeto, relacionamento habilidoso com o cliente e com todas as partes interessadas, habilidade de compartilhar com a equipe o processo de tomar decisões sobre a administração do projeto. Além disso, as competências humanas compreendem as atitudes do gerente em relação a si próprio, tais como automotivação, interesse pelo autodesenvolvimento e propensão ao risco, uma vez que o risco e a incerteza são inseparáveis do contexto dos projetos.

7.3 O cargo na estrutura

A natureza do cargo de gerente de projeto é influenciada pelo tipo de estrutura em que opera. Há três tipos principais de estrutura para projetos: funcional, autônomo e matricial (Figura 17.14).

Figura 17.14 Três tipos de estrutura e seu impacto sobre o papel do gerente de projetos.

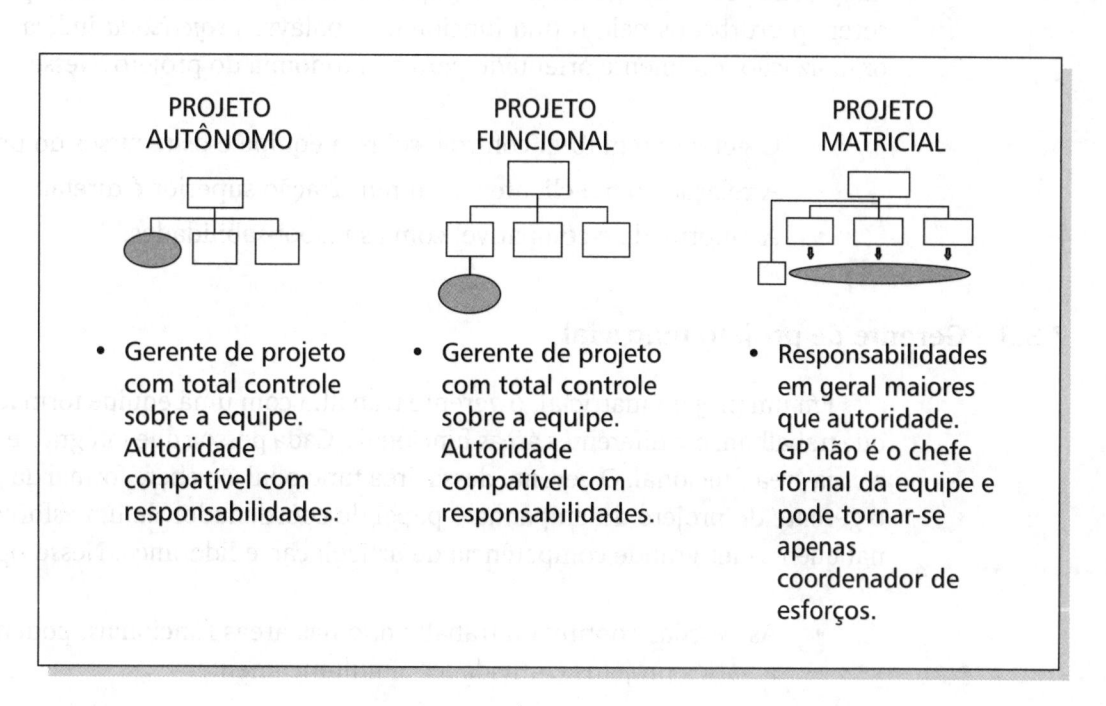

PROJETO AUTÔNOMO
- Gerente de projeto com total controle sobre a equipe. Autoridade compatível com responsabilidades.

PROJETO FUNCIONAL
- Gerente de projeto com total controle sobre a equipe. Autoridade compatível com responsabilidades.

PROJETO MATRICIAL
- Responsabilidades em geral maiores que autoridade. GP não é o chefe formal da equipe e pode tornar-se apenas coordenador de esforços.

7.3.1 Gerente de projeto funcional

Um projeto funcional é realizado dentro de uma única área funcional de uma organização. Por exemplo, um projeto de desenvolvimento de um sistema de informações, na área de tecnologia da informação. A equipe de um projeto desse tipo é formada exclusivamente, ou majoritariamente, por pessoas que têm todas a mesma formação técnica, embora a experiência possa variar. Portanto, é uma equipe homogênea do ponto de vista da competência técnica. Nesse tipo de arranjo:

- O gerente tem total controle sobre a equipe do projeto, formada por funcionários ou colegas de sua área.
- Muitas vezes, o chefe da área funcional assume a gerência dos projetos importantes ou de todos os projetos de sua área. Dominando todos os recursos, sua probabilidade de conseguir resultados é muito elevada.
- A autoridade do gerente é compatível com suas responsabilidades.
- O gerente administra as interfaces do projeto com outras áreas funcionais, clientes e fornecedores.
- Se houver muitos projetos e muitas interfaces, o gerente pode ficar sobrecarregado, especialmente se for desorganizado.

7.3.2 Gerente de projeto autônomo

Um projeto autônomo é uma estrutura separada da organização funcional permanente. O projeto é muito importante para a organização ou lida com um volume muito alto de recursos. Por isso, justifica-se a formação de uma equipe dedicada em tempo integral ao projeto. O gerente e a equipe trabalham em uma estrutura projetizada, sem serem perturbados pela rotina funcional. A palavra *projetizada* indica um modelo de organização totalmente orientado para a autonomia do projeto. Nesse tipo de arranjo:

- O gerente tem total controle sobre a equipe e os recursos do projeto.
- A relação com o cliente e a administração superior é direta.
- A autoridade é compatível com as responsabilidades.

7.3.3 Gerente de projeto matricial

Em um projeto matricial, o gerente trabalha com uma equipe formada por pessoas que trabalham em diferentes áreas funcionais. Cada pessoa que integra a equipe pertence a uma área funcional. O gerente dessa área funcional é o chefe formal da pessoa. Assim, o gerente do projeto desempenha o papel de coordenador de um esforço multifuncional que requer grande competência de articulação e liderança. Nesse tipo de arranjo:

- As pessoas continuam trabalhando nas áreas funcionais, podendo dedicar-se a vários projetos e atividades simultaneamente.

- A eficácia do gerente depende de suas habilidades humanas e não da autoridade, que pertence aos gerentes funcionais.
- É necessária uma atitude muito flexível em relação aos princípios clássicos da organização e da autoridade, uma vez que as pessoas trabalham com dois chefes. Além disso, o gerente pode ser chefe de uma pessoa em um projeto e, em outro, trabalhar como membro da equipe dessa mesma pessoa.

8 Como Preparar uma Proposta de Projeto

Utilize o guia a seguir para preparar uma proposta básica de projeto. Use-o para qualquer projeto: seu trabalho de formatura, uma excursão, construção ou reforma de uma casa, desenvolvimento de um produto para vender. O guia tem oito etapas divididas em dois grupos principais: definição de objetivos e definição dos meios para atingir os objetivos. Para elaborar sua proposta, você precisará usar técnicas e conceitos que estão nos demais capítulos do livro, especialmente os que tratam de planejamento e organização.

8.1 *Defina os objetivos do projeto*

Na definição de objetivos do projeto, há dois passos (ou níveis). Você pode começar e completar essa etapa por qualquer deles. De forma geral, é mais fácil percorrê-los simultaneamente. Após completar essa etapa, verifique se os dois são coerentes entre si.

8.1.1 Esclareça a necessidade a ser atendida

Esclareça qual é o problema que você pretende resolver. Se for um trabalho escolar, esclareça qual é a contribuição que você pretende fazer para o campo do conhecimento dentro do qual seu projeto se localiza. Se for uma casa, esclareça quais são as expectativas de quem vai morar nela.

8.1.2 Defina o produto do projeto

O produto do projeto é o resultado esperado ao final do projeto. Pode ser um produto físico, um serviço ou um evento. Defina o escopo do projeto, explicando com precisão quais são os produtos associados ao produto principal.

8.2 *Defina os meios para atingir os objetivos*

Nesta parte da proposta, defina as atividades, os recursos e os custos do projeto. Nesta etapa também há idas e vindas. As atividades e os recursos precisam ser estudados e previstos simultaneamente.

8.2.1 Prepare um programa de trabalho

Defina claramente as atividades ou tarefas que precisam ser realizadas para concretizar o produto. Detalhe as atividades previstas. Considere o produto e o escopo do projeto para identificar as atividades.

8.2.2 Prepare um cronograma

Faça a distribuição das tarefas no tempo e prepare um cronograma.

8.2.3 Identifique os recursos necessários para realizar as atividades

Especifique todos os tipos de recursos necessários para realizar o projeto. Pessoas, instalações, escritórios, computadores, material de consumo, aquisições de serviços de terceiros, transportes, seguros, tudo deve ser relacionado.

8.2.4 Defina o custo do programa de trabalho

Faça o orçamento dos recursos previstos. Prepare um cronograma de desembolso. Faça as contas com certa margem de segurança, acrescentando uma porcentagem no orçamento a título de reserva técnica.

8.2.5 Defina a equipe e a organização do projeto

Especifique quem vai trabalhar no projeto. Explique quem vai fazer o que e os níveis de autoridade e responsabilidade.

8.2.6 Defina a forma de administração do projeto

Neste passo, esclareça como vai ser administrada a relação entre o cliente e o projeto. Defina se vai haver um contrato e como serão prestadas as contas, quais serão os mecanismos de controle e outros aspectos da administração do projeto.

Estudo de Caso: A Grande Viagem à Lua

Em 1961, John F. Kennedy, o 35º Presidente dos Estados Unidos, propôs à nação a meta de uma viagem tripulada à Lua antes do final daquela década. Ao fazer a proposição, Kennedy disse também que "escolhemos ir à Lua não porque seja fácil, mas porque é difícil".

A viagem tripulada à Lua era a meta do Programa Apollo. A Nasa (National Aeronautics and Space Administration, Administração Nacional da Aeronáutica e do Espaço) desenvolveu o programa Apollo com três partes:

- Nave Apollo – Uma nave para levar astronautas até a órbita da Lua e trazê-los de volta.
- Módulo lunar – Um veículo de excursão lunar para levá-los dessa nave até a superfície e trazê-los de volta à órbita da Lua.
- Saturno V – Um veículo de lançamento, para colocar tudo isso na órbita da Terra e dar o impulso para a viagem à Lua.

Em 1963, John Kennedy foi assassinado. Seus sucessores Johnson e Nixon prosseguiram com seu projeto. Em 1967, o Saturno V subiu pela primeira vez. Era um projeto liderado pelo engenheiro alemão Werner von Braun, que tinha construído as bombas V-2 durante a Segunda Guerra Mundial. O Saturno tinha 120 metros de altura, e podia colocar 150 toneladas na órbita da Terra. Em julho de 1969, como Kennedy previra, dois americanos, viajando na Apollo XI, desceram na Lua e voltaram em segurança à Terra. Antes da grande viagem, outros astronautas já haviam ido à Lua, sem pousar, para testar o equipamento.

Depois disso, a exploração do espaço entrou em nova fase. As viagens à Lua deram lugar ao programa do Space Shuttle e à construção de uma estação tripulada na órbita da Terra, um projeto com a participação de diversos países, inclusive o Brasil.

Os objetivos implícitos da viagem à Lua eram dar aos Estados Unidos a liderança e a competência em voos espaciais tripulados e definir as potencialidades do ser humano na exploração do espaço. Até hoje, há quem diga que foi desperdício de dinheiro. A viagem à Lua só serviu para aprender a viajar até a Lua. Não se ganhou muito com isso e por essa razão nunca mais a viagem foi feita. Outros apontam o poderoso efeito exercido sobre a economia, a tecnologia e o moral dos Estados Unidos, bem como os desdobramentos da exploração espacial. Sem a tecnologia gerada pela exploração espacial, não haveria os satélites artificiais para a comunicação. Sem eles, não haveria telefonia celular, nem televisão a cabo.

Questões

1. Quais eram os objetivos da viagem à Lua?
2. Quais foram os resultados práticos? Você também acha que foi desperdício ou tem opinião diferente?
3. O que você acha do argumento usado por Kennedy: "decidimos ir à Lua porque é difícil"?
4. No início do III Milênio, um consórcio de países está construindo uma estação espacial na órbita da Terra, um projeto estimado em 40 bilhões de dólares. O Brasil está participando, investindo para isso algumas dezenas de milhões de dólares. Há quem argumente que esse dinheiro seria mais bem usado na pesquisa médica ou em projetos sociais. Alguns dizem que o Brasil, um país do Terceiro Mundo, não deveria gastar dessa maneira seus escassos recursos. Qual é sua opinião?

18

Plano de negócios

Objetivos

Ao terminar o estudo deste capítulo, você deverá estar preparado para explicar e exercitar as seguintes ideias:

- A empresa como organização orientada para o lucro.
- Principais etapas na criação de uma empresa.
- Elementos básicos de um plano de negócios.

Introdução

A ideia de um espírito empreendedor está associada a pessoas realizadoras, que mobilizam recursos e correm riscos. Embora existam empreendedores em todas as áreas da atividade humana, em seu sentido restrito a palavra designa a pessoa que cria uma empresa – uma organização de negócios. É do processo de criar uma empresa que este capítulo trata.

Nesse processo, estão envolvidas todas as funções das organizações – operações, recursos humanos, finanças – e todas as funções da administração – planejamento, organização, execução e controle. A base de um negócio de sucesso é a cuidadosa preparação de um plano de negócios.

1 Desenvolvimento de Novos Negócios

Uma empresa é uma iniciativa que tem o objetivo de fornecer produtos e serviços para atender a necessidades de clientes e obter *lucro* com isso. Um empreendedor é a pessoa que identifica e explora oportunidades por meio da criação de uma empresa.

O processo de criar uma empresa pode ser resumido em cinco etapas principais (Figura 18.1): ideia, avaliação da ideia, plano de negócios, implantação do empreendimento e operação regular. Cada uma dessas etapas é um projeto dentro de um projeto maior e em todas elas o empreendedor pode aplicar as técnicas da administração de projetos (que você estudou no Capítulo 17). A seguir, essas etapas serão analisadas.

Figura 18.1 Etapas na criação e implantação de um novo negócio.

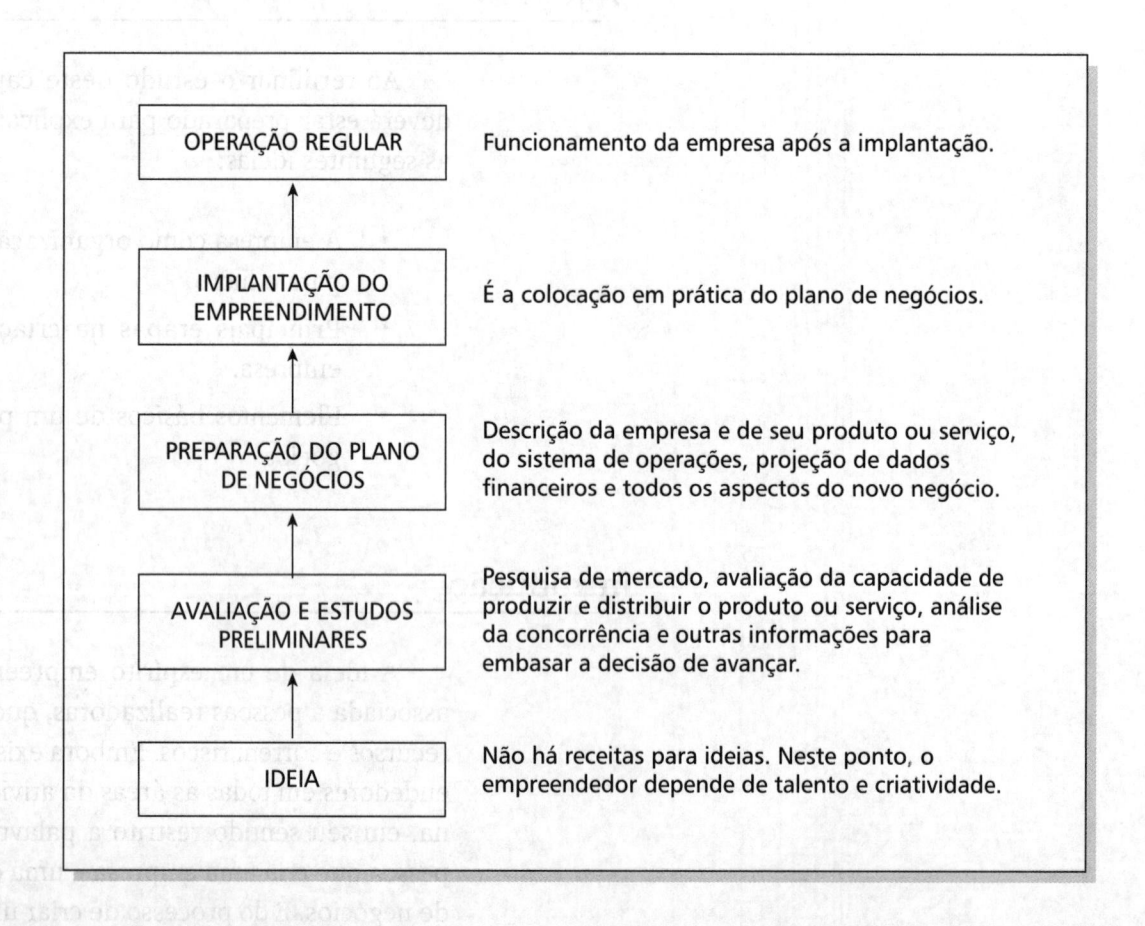

- OPERAÇÃO REGULAR — Funcionamento da empresa após a implantação.
- IMPLANTAÇÃO DO EMPREENDIMENTO — É a colocação em prática do plano de negócios.
- PREPARAÇÃO DO PLANO DE NEGÓCIOS — Descrição da empresa e de seu produto ou serviço, do sistema de operações, projeção de dados financeiros e todos os aspectos do novo negócio.
- AVALIAÇÃO E ESTUDOS PRELIMINARES — Pesquisa de mercado, avaliação da capacidade de produzir e distribuir o produto ou serviço, análise da concorrência e outras informações para embasar a decisão de avançar.
- IDEIA — Não há receitas para ideias. Neste ponto, o empreendedor depende de talento e criatividade.

1.1 Ideia

Todas as ideias de novos negócios surgem de duas fontes principais: (1) a criatividade do empreendedor e (2) o mercado, que, em seu sentido mais amplo, é o ambiente geral da sociedade. Analisemos as principais possibilidades dentro dessas duas categorias.

1.1.1 Fontes de ideias

O empreendedor clássico constrói um negócio a partir de uma ideia original sua. Essa linha baseia-se em competência técnica e grande criatividade, bem como habilidade para prever padrões e tendências antes da maioria das pessoas. O conceito do negócio é tão novo e revolucionário que cria um novo mercado e revoluciona a sociedade. Por exemplo: a lâmpada de Thomas Edison, o Modelo T de Henry Ford, o telefone de Graham Bell, o *software* de Bill Gates e muitos outros.

- No entanto, nem todos os novos produtos e negócios estão na linha de frente da tecnologia. Sempre há espaço para a criatividade em ramos tradicionais de negócios. Um exemplo interessante da atualidade é o sapatênis, um novo produto criado dentro da milenar indústria do calçado.

- Há também pessoas que iniciam um empreendimento com base em velhos conceitos. Por exemplo, se alguém abre uma padaria, a ideia não é nova e o empreendedor não criou algo inovador, mas o negócio representa um risco financeiro para o proprietário. Um exemplo conhecido é o da Gol Linhas Aéreas, que atua em um ramo de alta tecnologia e altos investimentos, no qual todos os concorrentes enfrentam dificuldades. O criador da Gol, no entanto, com base em uma estratégia de baixo custo e baixo preço, conseguiu criar uma empresa de grande sucesso, superando todos os riscos potenciais. Da mesma forma, a padaria pode introduzir inovações nos produtos, na apresentação, no atendimento ou em qualquer outro aspecto de suas operações e ganhar competitividade com isso.

- O empreendedor potencial também pode identificar carências e interesses das pessoas prestando atenção em suas reclamações, hábitos e traços culturais, entre outros e, em seguida, interpretar esses comportamentos para desenvolver produtos ou serviços. Muitos produtos importantes foram desenvolvidos com a ajuda do consumidor, quando não por ele mesmo. Um exemplo é o das picapes, que surgiram quando as pessoas que precisavam de um utilitário, no começo do século XX, começaram a serrar a parte traseira dos automóveis. Outros exemplos: os serviços de entregas, que exploram as deficiências e limitações dos serviços oficiais de correios e o atendimento domiciliar de pessoas com problemas de saúde.

- O aprimoramento de um negócio já existente também pode originar-se da observação das necessidades e insatisfações dos consumidores, bem como da avaliação contínua do negócio atual. A identificação de oportunidades de aperfeiçoamento possibilita ao empreendedor adequar seus produtos e serviços a novos formatos e padrões de qualidade, bem como reduzir o preço ou melhorar a forma de distribuição, por exemplo. Um exemplo é o do autoatendimento nas farmácias, que copiaram o modelo dos supermercados.

- Um *hobby* do potencial empreendedor pode transformar-se em oportunidade de negócio, a partir do momento em que identificar suas possibilidades comerciais em algum segmento da sociedade. Um dos exemplos mais famosos é a invenção do *walkman*®, criado por Akio Morita, que jogava golfe e queria ouvir música ao mesmo tempo. Lojas de produtos de surfe ou de aparelhos musicais, muitas vezes, estão no mesmo caso.

- Alguns empreendedores iniciam um negócio com base em sua atividade. Analisando sua ocupação, e seu grau de sucesso ou insucesso, o empreendedor poderá desenvolver produtos e serviços em que sua experiência e seus conhecimentos são aproveitados. Por exemplo, os professores que criam escolas.

- As comunidades e sociedade mudam constantemente. Em decorrência, os mercados e os consumidores também mudam. A observação da realidade permite a descoberta de novos mercados. Nos últimos anos, por exemplo, o aumento da criminalidade criou inúmeras oportunidades para novos negócios, tais como localização de carros roubados e empresas de vigilância, entre outros. A emigração de grande número de brasileiros para os Estados Unidos também criou oportunidades para empresas que vendem para essa comunidade.

1.1.2 Fatores críticos para o sucesso de novos produtos

O desenvolvimento de novos produtos sempre embute um alto nível de risco. Os riscos têm motivado estudos para identificar os fatores que fazem de um produto ou serviço um sucesso. Um estudo de novos produtos, realizado pelo Hewlett-Packard's Medical Products Group, identificou alguns desses fatores. Os autores desse estudo chegaram à conclusão de que, se apenas um ou dois fatores-chave não estiverem adequados, o produto pode ter como resultado o fracasso. Os principais fatores-chave são apresentados na Figura 18.2.

1.2 Avaliação de ideias

Nenhuma ideia é garantia de sucesso. O primeiro grande empreendedor da era dos computadores foi Steve Jobs, que fundou a Apple. No entanto, sua empresa foi suplantada por outra, que veio depois, a Microsoft, cujo sucesso deveu-se aos aplicativos e não ao *hardware*. Em todos os casos, o determinante do sucesso é a estratégia, não apenas a criatividade ou a inovação.

Figura 18.2
Fatores críticos para o sucesso de novos produtos.

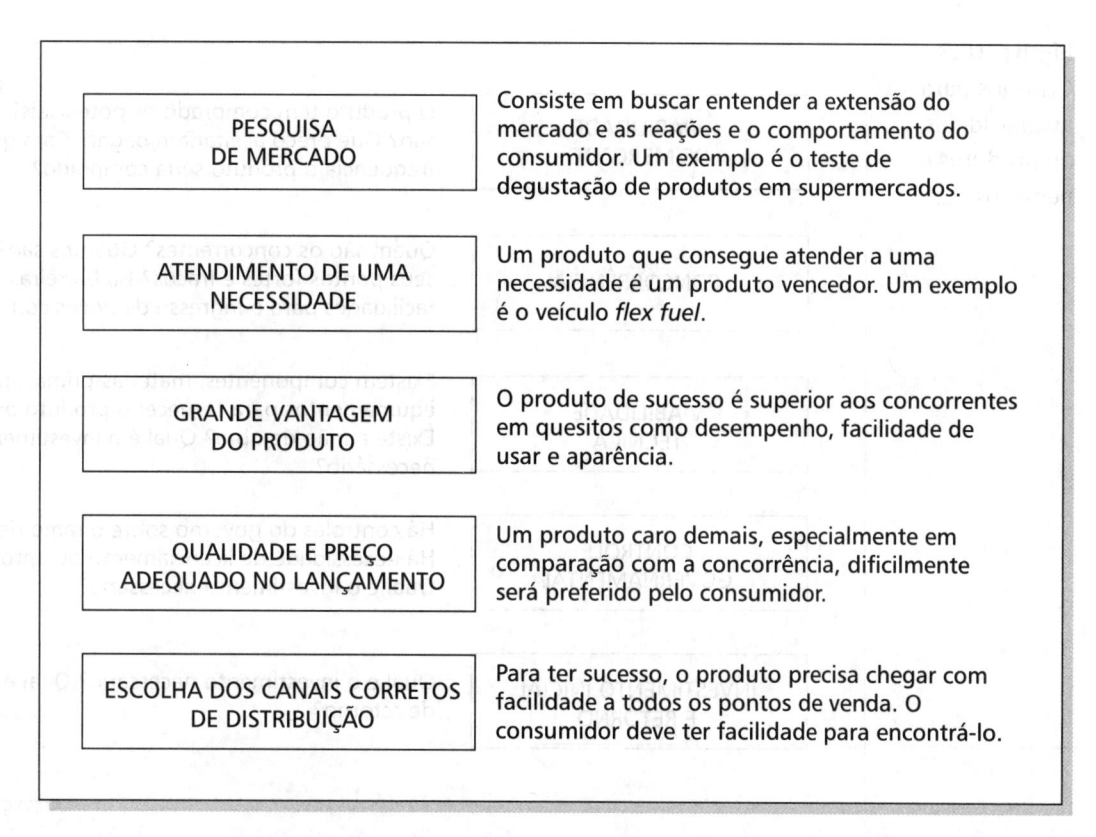

PESQUISA DE MERCADO	Consiste em buscar entender a extensão do mercado e as reações e o comportamento do consumidor. Um exemplo é o teste de degustação de produtos em supermercados.
ATENDIMENTO DE UMA NECESSIDADE	Um produto que consegue atender a uma necessidade é um produto vencedor. Um exemplo é o veículo *flex fuel*.
GRANDE VANTAGEM DO PRODUTO	O produto de sucesso é superior aos concorrentes em quesitos como desempenho, facilidade de usar e aparência.
QUALIDADE E PREÇO ADEQUADO NO LANÇAMENTO	Um produto caro demais, especialmente em comparação com a concorrência, dificilmente será preferido pelo consumidor.
ESCOLHA DOS CANAIS CORRETOS DE DISTRIBUIÇÃO	Para ter sucesso, o produto precisa chegar com facilidade a todos os pontos de venda. O consumidor deve ter facilidade para encontrá-lo.

Há muitos aspectos a considerar e planejar entre o surgimento de uma ideia e a criação de um negócio. Em certos casos, o empreendedor acredita mais na ideia do que na necessidade de fazer qualquer espécie de avaliação e tem os recursos para correr todos os riscos. De forma geral, no entanto, uma avaliação da viabilidade e dos riscos do empreendimento é recomendável.

Alguns dos aspectos a serem incluídos na avaliação de uma oportunidade são analisados a seguir (Figura 18.3).

1.2.1 Viabilidade de mercado

O principal fator que o empreendedor deve levar em conta é o mercado. Portanto, a primeira pergunta a ser feita é: há um mercado, real ou potencial, para a ideia? Ou: quem compraria o produto ou serviço? Outras perguntas importantes são:

- Como seria comprado o produto ou serviço? Todos os dias, uma vez por ano, em ocasiões especiais?
- Seria comprado para uso próprio ou, por exemplo, as famílias os comprariam para os filhos?
- Qual é o tamanho do mercado? Quantas pessoas, organizações ou outros tipos de clientes há no mercado?

Figura 18.3
Critérios para avaliar ideias de produtos e negócios.

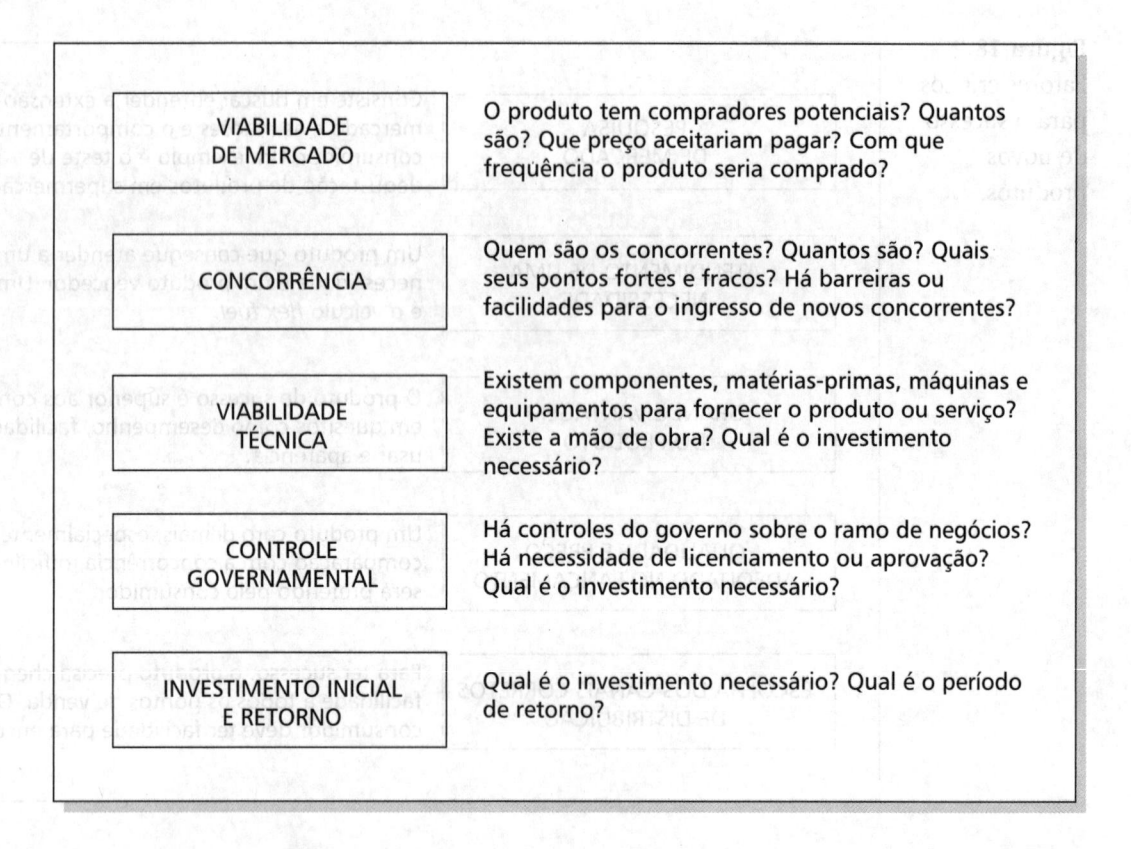

VIABILIDADE DE MERCADO	O produto tem compradores potenciais? Quantos são? Que preço aceitariam pagar? Com que frequência o produto seria comprado?
CONCORRÊNCIA	Quem são os concorrentes? Quantos são? Quais seus pontos fortes e fracos? Há barreiras ou facilidades para o ingresso de novos concorrentes?
VIABILIDADE TÉCNICA	Existem componentes, matérias-primas, máquinas e equipamentos para fornecer o produto ou serviço? Existe a mão de obra? Qual é o investimento necessário?
CONTROLE GOVERNAMENTAL	Há controles do governo sobre o ramo de negócios? Há necessidade de licenciamento ou aprovação? Qual é o investimento necessário?
INVESTIMENTO INICIAL E RETORNO	Qual é o investimento necessário? Qual é o período de retorno?

- Como se distribuem geograficamente os clientes? Quantos há em cada território do mercado?
- Qual seria o preço aceito pelos clientes?
- Que políticas são necessárias para ajustar o negócio ao risco da sazonalidade, presente em muitos ramos de atividades, como moda, alimentos e brinquedos?

A viabilidade de uma ideia é determinada, em primeiro lugar, pela existência de um mercado – pessoas com poder aquisitivo e vontade de comprar. No entanto, entre o mercado e o empreendedor encontra-se o time adversário – a concorrência.

1.2.2 Concorrência

Ao avaliar a concorrência, o empreendedor deve buscar as seguintes informações principais: número de competidores, alcance de seus canais de distribuição, suas políticas de preços e suas vantagens competitivas.

As barreiras para a entrada de competidores, como as taxas sobre produtos importados ou os subsídios para os produtores locais, constituem grande vantagem competitiva. Uma regulamentação governamental, uma concessão ou um contrato de longo prazo com um grande comprador também são vantagens que deixam a empresa em situação cômoda perante a concorrência. No entanto, na eventualidade de queda dessas barreiras, os concorrentes com outras vantagens competitivas poderão tornar-se dominantes.

Também é útil conhecer os fornecedores dos concorrentes, o que pode ajudar o empreendedor a identificar novas oportunidades e manter-se informado sobre as tendências.

O empreendedor também deve saber se o ramo de atividades que escolheu é controlado por organizações dominadoras e que têm capacidade de definir as regras. O fato de existirem monopólios ou cartéis, no entanto, não elimina a possibilidade da entrada de novos competidores, mas o empreendedor deve estar preparado para a intensidade da concorrência que irá enfrentar.

1.2.3 Viabilidade de produção

A viabilidade de produção refere-se à capacidade efetiva de fornecer o produto ou serviço, no presente ou no futuro. A pergunta a ser feita é: é possível fabricar o produto ou prestar o serviço? Ou: o que é necessário para fornecer o produto ou serviço? Esta pergunta principal desdobra-se em outras:

- Existem os componentes e matérias-primas necessárias para o produto ou serviço?
- Existem as máquinas, instalações e equipamentos capazes disso?
- Existe a mão de obra para isso? Qual é a necessidade de treinamento?
- Qual é a necessidade de desenvolvimento e experimentação?
- Qual é o custo de montar a infraestrutura para fornecer o produto ou serviço?

1.2.4 Controle governamental

Na avaliação de uma oportunidade, o empreendedor deve considerar o tipo e a intensidade do controle governamental a que estará sujeito. Os ramos de atividades nessa situação ficam submetidos à inconstância, já que as mudanças nas regras são frequentes. Por exemplo, empresas revendedoras de artigos importados muitas vezes ficam à mercê de oscilações decorrentes de ações do governo.

1.2.5 Retorno do investimento

O ponto crucial de qualquer empreendimento é o dinheiro. O empreendedor deve calcular o montante necessário para iniciar o negócio – o investimento inicial. O valor pode determinar se o empreendedor tem condições de começar o negócio ou não. Outro cálculo importante é o do retorno do investimento. A análise do mercado deve revelar qual o potencial de receitas e o tempo necessário para a recuperação do investimento. Investir, especialmente muito dinheiro, em atividades que proporcionam pouco retorno e demoram anos para proporcionar a recuperação do capital inicial pode ser uma decisão errada.

1.3 Plano de negócios

Um plano de negócios é uma descrição detalhada do empreendimento – o produto ou serviço a ser fornecido e todos os aspectos da operação da futura empresa. O plano de negócios projeta a imagem da empresa como o empreendedor espera que ela seja, para orientar o processo de sua criação e implantação. O plano de negócios também pode ser a base para um pedido de financiamento.

A preparação de um plano de negócios é uma fase de um projeto maior, que é a criação da empresa.

1.4 Implantação do empreendimento

O resultado da execução do plano de negócios é a implantação do empreendimento. A implantação envolve inúmeras tarefas, como a compra ou aluguel de um local e de equipamentos, a contratação e treinamento de pessoal, o desenvolvimento de sistemas administrativos e o início das operações, entre muitas outras.

Tudo isso deve ter sido previsto, agendado e orçado no plano de negócios. As ferramentas da gestão de projetos dão ao empreendedor a visão sistêmica das tarefas a realizar, evitando que aspectos importantes sejam negligenciados.

Assim, o plano de negócios deve conter uma parte dedicada ao planejamento da implantação, abrangendo, pelo menos, a estrutura analítica do projeto, o cronograma e o orçamento (Figura 18.4).

1.5 Operação regular

A extensão da implantação depende de decisão do empreendedor. Pode ser que, logo depois da inauguração, o novo negócio seja considerado uma operação regular. Um prazo maior, por exemplo, seis meses depois da inauguração, pode ser considerado dentro da implantação. Esse prazo permite que sejam feitos ajustes e a avaliação do desempenho do novo negócio. Desse modo, os custos de um período experimental de operações também podem ser incluídos no plano de negócios.

A operação propriamente dita é o funcionamento regular do sistema de transformação de insumos em produtos e serviços. A operação gera as receitas que permitem o retorno do investimento e, como toda rotina, produz desgastes que precisam ser corrigidos – nos processos produtivos, nos equipamentos, nas qualificações da mão de obra e, principalmente, nos produtos e serviços, que podem tornar-se obsoletos ou sofrer a concorrência de novos competidores. As decisões a respeito dessas correções de rumo, de inovações e da expansão ou diversificação dos negócios pertencem ao terreno do planejamento estratégico. Muitas dessas decisões, especialmente aquelas que envolvem novos investimentos de grande porte ou modificações radicais nas rotinas, são postas em prática por meio de projetos. Lembrando o Capítulo 17, a operação alimenta os projetos, que retornam para as operações, num ciclo contínuo de aprimoramento dos produtos e serviços.

Figura 18.4
Os principais componentes do plano de implantação de um novo negócio.

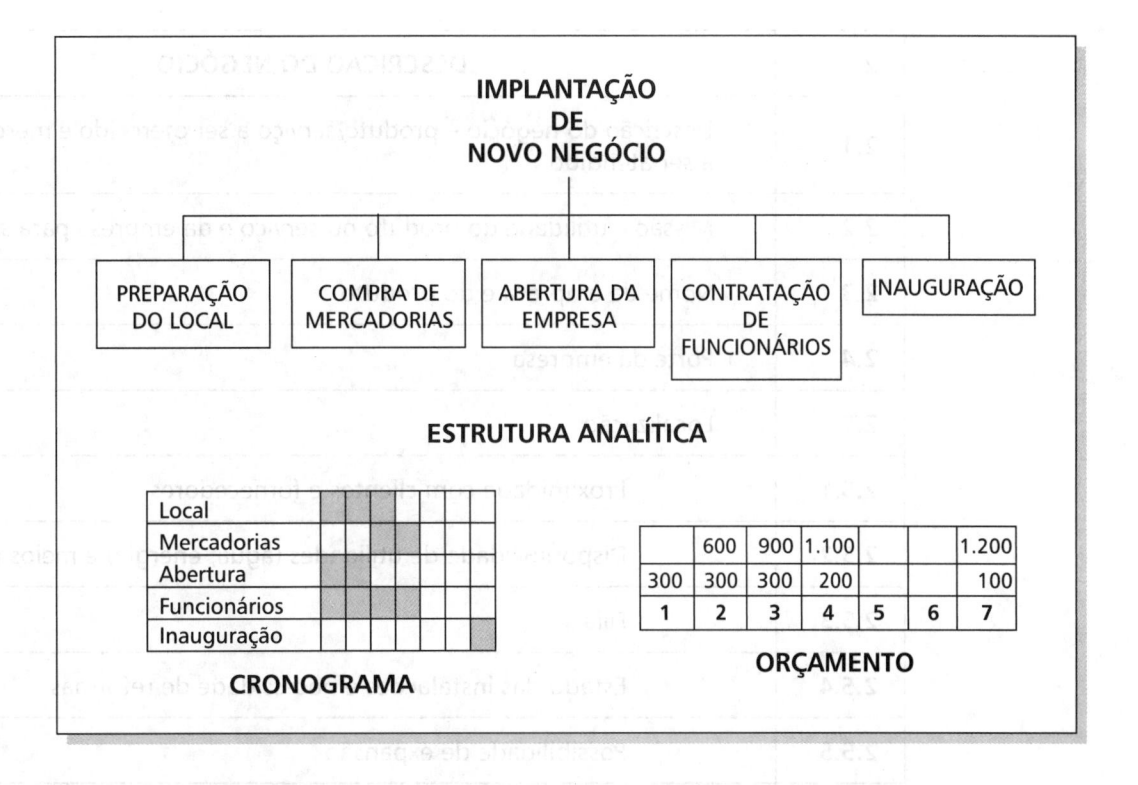

```
                    IMPLANTAÇÃO
                         DE
                    NOVO NEGÓCIO
    ┌────────────┬────────────┬────────────┬────────────┐
 PREPARAÇÃO   COMPRA DE   ABERTURA DA  CONTRATAÇÃO  INAUGURAÇÃO
  DO LOCAL   MERCADORIAS   EMPRESA         DE
                                      FUNCIONÁRIOS
```

ESTRUTURA ANALÍTICA

| Local |
| Mercadorias |
| Abertura |
| Funcionários |
| Inauguração |

CRONOGRAMA

	600	900	1.100			1.200
300	300	300	200			100
1	2	3	4	5	6	7

ORÇAMENTO

2 Roteiro do Plano de Negócios

O roteiro de um plano de negócios pode ter o conteúdo apresentado a seguir. A ordem em que esses tópicos são incluídos no plano é uma decisão do empreendedor, assim como o grau de detalhes e a quantidade de tópicos. Um plano de negócios deve ter a extensão de até 30 páginas, no máximo. No início do documento deve haver um resumo executivo.

O roteiro a seguir procura atender a diferentes tipos de ramos de negócios – indústria e serviços. O leitor pode fazer adaptações, cortando ou acrescentando tópicos conforme o tipo de empreendimento e suas exigências.

1	**RESUMO**
1.0	O resumo deve ser escrito depois que as demais partes do plano de negócios estiverem prontas.
1.1	Apresentação sucinta do negócio
1.2	Oportunidade que o negócio aproveita – mercado potencial
1.3	Perspectivas de desempenho: vendas e receitas
1.4	Custos da implantação e da operação do negócio

2	**DESCRIÇÃO DO NEGÓCIO**
2.1	Descrição do negócio – produto/serviço a ser oferecido e mercado/cliente a ser atendido
2.2	Missão – utilidade do produto ou serviço e da empresa para seus clientes
2.3	Nome da empresa e do produto
2.4	Porte da empresa
2.5	Localização
2.5.1	Proximidade com clientes e fornecedores
2.5.2	Disponibilidade de utilidades (água, energia) e meios de acesso
2.5.3	Filiais
2.5.4	Estado das instalações e necessidade de reformas
2.5.5	Possibilidade de expansão
2.6	Apresentação do empreendedor e ou dos sócios
3	**ANÁLISE DO AMBIENTE E DO MERCADO**
3.1	Tendências econômicas e sociais que criam a oportunidade e influenciam o negócio
3.1.1	Demografia
3.1.2	Distribuição de renda
3.1.3	Outras tendências
3.2	Análise do ramo de negócios
3.2.1	Empresas que atuam no mesmo mercado ou com o mesmo produto ou serviço
3.2.2	Participação dos principais concorrentes no mercado
3.2.3	Vantagens competitivas dos principais concorrentes
3.2.4	Capacidade de produção dos principais concorrentes
3.2.5	Esforço promocional dos concorrentes
3.2.6	Idade do equipamento que usam

3.2.7	Tipo de mão de obra empregada pelos concorrentes
3.2.8	Pontos fortes e fracos da concorrência
3.3	Mercado
3.3.1	Compradores potenciais
3.3.2	Motivação para a compra
4	ESTRATÉGIA
4.1	Objetivos de desempenho do novo negócio: volume de vendas, participação no mercado, posicionamento em relação aos concorrentes
4.2	Vantagens competitivas – como o novo negócio pretende se distinguir da concorrência e conquistar os consumidores
4.3	Projeção do desempenho e perspectivas de crescimento dentro do ramo escolhido
4.4	Perspectivas de diversificação
4.5	Indicadores e mecanismos de controle do desempenho estratégico que a nova empresa utilizará – volume de vendas, crescimento, participação no mercado etc., em comparação com as projeções
4.6	Iniciativas de responsabilidade social que a nova empresa pretende implementar
5	MARKETING E VENDAS
5.1	Descrição do mercado-alvo
5.2	Estratégia de marketing
5.2.1	Descrição do produto ou serviço
5.2.1.1	Produto: tamanho, forma, ingredientes, cores, peso, apresentações, embalagem.
5.2.1.2	Serviço: serviço prestado para o cliente, tempo de resposta após o pedido, grau de personalização
5.2.2	Preços
5.2.2.1	Forma de definição
5.2.2.2	Política de crédito
5.2.2.3	Comparação com os preços dos concorrentes

5.2.3	**Distribuição e vendas**
5.2.3.1	Estratégia de vendas: direta, indireta, Internet
5.2.3.2	Organização da força de vendas
5.2.3.3	Informação para os vendedores: catálogos de produtos e suas aplicações, lista de preços, disponibilidade de produtos nos estoques
5.2.3.4	Forma de remuneração dos vendedores
5.2.4	**Esforço promocional**
5.2.4.1	Propaganda: jornais, revistas, rádio e televisão, mala-direta, panfletos, *outdoors*, anúncios em táxis, ônibus, metrôs, trens, estações e aeroportos
5.2.4.2	Participação em feiras de negócios
5.2.4.3	Patrocínio de eventos
5.2.4.4	Promoção nos pontos de venda
5.2.4.5	Informação para os clientes: catálogos, lista de preços, especificações, instruções de montagem, cardápios
5.2.4.6	Programas de visitas às instalações – excursões escolares, visite nossa cozinha
5.2.4.7	Telemarketing
5.2.4.8	Distribuição de brindes
5.2.4.9	Atendimento de clientes via telefone
6	**OPERAÇÕES**
6.1	Especificações do produto/serviço
6.1.1	Especificações funcionais
6.1.2	Especificações técnicas
6.1.3	Peças, matérias-primas e componentes
6.2	Modo de operações: projeto ou atividade contínua
6.2.1	Planejamento e controle das operações

6.2.2	Metodologia de gerenciamento de projetos
6.3	Sistema de gestão da qualidade: garantia e controle da qualidade
6.3.1	Especificações da qualidade dos produtos e serviços
6.3.2	Procedimentos de garantia da qualidade
6.3.3	Controle da qualidade
6.3.4	Administração da qualidade
6.3.4.1	Manuais de administração da qualidade
6.3.4.2	Responsabilidades
6.4	Projeto do processo de fornecimento do produto/serviço
6.4.1	Descrição do processo produtivo – fluxograma
6.4.2	Máquinas e equipamentos
6.4.3	Matérias-primas e componentes
6.4.4	Sequência da montagem ou fornecimento do produto ou serviço
6.4.5	Embalagem, armazenagem e distribuição
6.5	Projeto das instalações
6.5.1	Arranjo físico do processo produtivo
6.5.2	Distribuição das instalações – produção (ou área de atendimento a clientes), armazenagem e administração
6.5.3	Capacidade instalada
6.5.4	Medidas de desempenho
6.5.4.1	Tempo de ciclo
6.5.4.2	Eficiência planejada
6.6	Fornecedores e cadeia de suprimentos
6.6.1	Análise dos principais fornecedores
6.6.2	Parcerias com fornecedores
6.6.3	Logística

6.7	Controle de estoques	
7	**ESTRUTURA ORGANIZACIONAL**	
7.1	Estrutura organizacional da empresa	
7.2	Descrições dos principais cargos	
7.3	Nomes dos ocupantes dos cargos de direção	
8	**RECURSOS HUMANOS**	
8.1	Plano de mão de obra da empresa – lista de cargos e quantidade de ocupantes necessários	
8.2	Competências desejadas dos funcionários	
8.3	Processos de recrutamento, seleção, treinamento e desenvolvimento	
8.4	Política salarial	
8.5	Benefícios	
8.6	Sistema motivacional	
9	**TECNOLOGIA DA INFORMAÇÃO**	
9.1	Infraestrutura	
9.2	Definição dos pacotes de *software* para apoiar as operações da empresa	
9.3	*Site* na Internet	
10	**RISCOS**	
10.1	Identificação dos principais riscos do negócio – falta de clientes, roubo, risco de obsolescência pela rapidez da evolução tecnológica, ingresso de novos concorrentes etc.	
	10.1.1	Probabilidade de ocorrência dos riscos – roubos e assaltos, por exemplo, têm alta probabilidade de ocorrência em determinados ramos de negócios ou localidades
	10.1.2	Impacto da ocorrência do risco sobre o negócio – um risco pode causar poucos danos; outros, como a falta de clientes devido a projeções erradas, podem causar a falência do novo negócio
10.2	Mecanismos de gestão dos riscos e prevenção de perdas – seguro, segurança, obtenção de informações confiáveis para fazer as projeções etc.	

11	FINANÇAS
11.1	Orçamento de implantação
11.2	Orçamento de operação
11.3	Análise do ponto de equilíbrio
11.4	Fluxo de caixa projetado
11.5	Balanço projetado
11.6	Demonstrativo de resultados do exercício – projetado
11.7	Indicadores de desempenho – projetados
12	**LEGISLAÇÃO**
12.1	Legislação aplicável à empresa
12.2	Serviços profissionais a serem contratados – advogado, contador
13	**OUTROS COMPONENTES POSSÍVEIS DO PLANO DE NEGÓCIOS**

Estudo de Caso: CVC Agência de Viagens

Em 1972, Guilherme Paulus, então com 23 anos de idade e funcionário de uma agência de turismo, conheceu Carlos Vicente Cerchiari, em uma viagem à Argentina. Três meses mais tarde, recebeu dele a proposta de fundarem uma agência. Cerchiari, deputado estadual por Santo André na época, disse a Paulus que sabia que ele não tinha dinheiro, mas queria que ele entrasse na sociedade apenas com o trabalho. Paulus pediu conselhos a todos os conhecidos e perguntou a seu chefe se o aceitaria de volta como empregado caso a sociedade com Cerchiari não prosperasse. O chefe lhe disse que, depois de três meses, ele já estava trabalhando na nova empresa e que não o aceitaria de volta. "Sei que vai dar certo e desejo boa sorte", completou o chefe.

No mesmo ano nasceu a CVC – as iniciais do nome de Cerchiari. Em 1976, Cerchiari deixou a empresa e Paulus tornou-se o único proprietário do negócio, que tinha cinco funcionários, incluindo sua mulher, Luiza. Logo em seguida, o governo criou um depósito compulsório de mil dólares sobre viagens ao exterior. O impacto sobre a saúde da CVC foi dramático. As viagens internacionais sofreram grande queda e ainda não existia turismo interno no Brasil. Para sobreviver, a CVC passou a organizar roteiros rodoviários, oferecendo-os para os metalúrgicos do ABC. Isso atraiu o interesse das montadoras e demais empresas da região. Na Ford foi organizado um calendário mensal de viagens para os funcionários em férias; a Mercedes-Benz o procurou para fazer uma parceria similar. A CVC percebeu o nicho e passou a explorá-lo. Foi dessa maneira que surgiu o turismo de massa no Brasil.

Em trinta anos, Paulus transformou a CVC Agência de Viagens em um império, atendendo a quase 700 mil turistas e faturando 220 milhões de dólares por ano, enquanto grandes empresas do turismo brasileiro, como Soletur e Stella Barros, desapareceram.

A CVC cresceu sistematicamente. No início da década de 1980, surgiram os projetos cooperados, o primeiro deles firmado com a Empresa Amazonense de Turismo, Vasp e rede hoteleira, que conseguiu apoio para a venda de grande quantidade de viagens a Manaus, Salvador, Fortaleza e Maceió. Com o sucesso, a CVC continuou a investir nos cooperados, fazendo parcerias com órgãos oficiais de turismo. Em 1989, a CVC comprou 100 mil passagens aéreas da Vasp. Esse volume representava 50% de todo o movimento mensal da companhia aérea. O empreendedorismo da operadora foi noticiado até pela imprensa internacional como caso de marketing.

Em outubro de 1992, a CVC começou a fretar aviões para uso exclusivo de seus passageiros. As primeiras viagens foram para Maceió, Natal, Porto Seguro, Serra Gaúcha e para a Pousada do Rio Quente, em Boeings 737. Nos primeiros meses de 1993, a CVC já comemorava, com menos de um ano de operação, sua liderança em vendas para Aruba e o recebimento do prêmio Destaque em Vendas Cancún. Em 1997, começou a vender pacotes para a Europa e Ásia. Em 2002, a CVC completou 30 anos de idade com 5 milhões de passageiros embarcados, 48 lojas no Brasil e uma nos Estados Unidos.

A empresa chegou a 2003 com 76 lojas, 36 das quais em *shopping centers*, e mais de 500 funcionários, além de mais de quatro mil agentes de viagens coligados. Nesse ano foi criada a CVC Eventos, dedicada ao turismo de negócios e teve início o negócio do fretamento de navios para cruzeiros. Em 2004, a CVC Eventos foi responsável pelas passagens aéreas, hospedagem e serviço de traslado da XI Conferência das Nações Unidas sobre Comércio e Desenvolvimento, que reúne chefes de estado, ministros e presidentes de outras nações. Nesse mesmo ano, a CVC completou 32 anos de operação, com a marca de sete milhões de passageiros transportados.

Como todas as companhias do setor, a CVC sempre correu muitos riscos. Essas empresas compram antecipadamente todos os assentos de um voo, os quartos de hotel e, no caso da CVC, fretam até um navio inteiro na expectativa de vender tudo. Se a agência não consegue comercializar os pacotes, perde muito dinheiro. Só em Porto Seguro, na Bahia, por exemplo, a CVC tem cinco hotéis que hospedam apenas os turistas da agência. Já nas Serras Gaúchas, em Gramado, ela é dona do Hotel Serrano.

No final de 2009, 64% das ações da CVC foram vendidas para o fundo americano de investimentos Carlyle. O fundador foi mantido na presidência do Conselho Administrativo.

Fontes: <http://www.facha.edu.br/faccturismo/entrevistas/01_guilherme_paulus.asp> (matéria de Renata Dias),
<http://www.terra.com.br/istoedinheiro/308/negocios/308_voo_cvc.htm> (matéria de Carlos Sambrana) e <http://www.cvc.com.br/empresa/>.
<http://exame.abril.com.br/negocios/empresas/noticias/carlyle-ja-comprou-cvc-518139>.
<http://www.istoedinheiro.com.br/noticias/4209_O+PROXIMO+DESTINO+DA+CVC>.
<http://www.istoedinheiro.com.br/noticias/3135_VENDEREMOS+TURISMO+NA+GONDOLA>.

Questões (consulte as fontes referenciadas para responder)

1. Que fatores foram determinantes na criação e no desenvolvimento da CVC?
2. Com base nas informações disponíveis neste relato, o que se pode deduzir sobre o perfil do empreendedor?
3. Quais foram as principais etapas no processo de criação da empresa? Que avaliação Paulus fez para decidir lançar o empreendimento?
4. O que se aprende sobre empreendedorismo com este caso?
5. Se você pretendesse entrar nesse mercado, como concorreria com a CVC?

19
Ética, responsabilidade social e ambiente

Objetivos

Quando terminar o estudo deste capítulo, você deverá estar preparado para explicar e exercitar as seguintes ideias:

- Ética e sua aplicação na administração das organizações.
- Classificação do comportamento ético.
- Filosofias sobre a responsabilidade social das empresas.

Introdução

A responsabilidade social das organizações e o comportamento ético dos administradores estão entre as tendências mais importantes que influenciam a teoria e a prática da administração. No entanto, a ética e a responsabilidade social não são assuntos recentes. A sociedade do Terceiro Milênio continua enfrentando os mesmos problemas que motivaram os primeiros debates sobre a ética, há mais de 2.500 anos.

Outra questão que continua provocando discussões é o papel das empresas na sociedade. Alguns estudiosos do assunto acham que as empresas têm responsabilidades com a sociedade e devem cumpri-las. Outros pensam que a única responsabilidade das organizações empresariais é cuidar de seus acionistas. A polêmica está longe do consenso.

Nos últimos anos, o debate sobre a ética foi ampliado com a inclusão dos temas relativos à relação das organizações e da própria sociedade com o ambiente físico. Essa nova perspectiva deu origem ao conceito de desenvolvimento sustentável.

Essas questões – ética, papel das empresas na sociedade e responsabilidade ambiental serão abordadas neste capítulo.

1 Ética: De que se Trata

A ética é a disciplina ou campo do conhecimento que trata da definição e avaliação do comportamento de pessoas e organizações. *A ética lida com o que pode ser diferente do que é* – da aprovação ou reprovação do comportamento observado em relação ao comportamento ideal. O comportamento ideal é definido por meio de um código de conduta, ou código de ética, implícito ou explícito.

A palavra *ética*, do grego *ethos*, tem a mesma base etimológica da palavra *moral*, do latim *mores*. Os dois vocábulos significam hábitos e costumes, indicando normas de comportamento que se tornaram habituais. Alguns autores fazem distinção entre ética e moral. A ética compreende uma teoria ou reflexão crítica sobre os fundamentos de um sistema moral, ou de um sistema de costumes de uma pessoa, grupo ou sociedade. O que a sociedade se acostumou a aceitar como habitual não é, necessariamente, ético.

Os códigos de ética são normas de conduta. Há o código de ética dos médicos, da propaganda, dos militares, dos políticos, de um partido político, dos jornalistas, de um grupo social, de uma corrente filosófica ou doutrinária (como a ética do capitalismo) ou até mesmo de uma pessoa. Os códigos de conduta são explícitos, como os juramentos que os médicos fazem, ou implícitos, como a obrigação de oferecer socorro a quem está em dificuldades.

2 Criação de Sistemas de Valores

Os valores formam a base dos códigos de ética. Os valores que orientam o comportamento ético, e que permitem classificar os comportamentos dentro de qualquer escala de desenvolvimento moral, foram e continuam sendo propostos por filósofos e diversos tipos de líderes: Confúcio, Buda, Moisés, Jesus Cristo, Sócrates, Platão e Aristóteles, entre muitos outros. Essas pessoas manifestam opiniões a respeito de como a sociedade deveria ser, e o fazem de maneira a influenciar as convicções alheias. Religiões, ideologias, crenças e doutrinas políticas e econômicas nasceram dessa forma. Outras normas de conduta ética nascem dos usos e costumes, do processo social de julgar comportamentos e considerá-los certos ou errados, e de distinguir o vício da virtude pelos sentimentos de reprovação ou aprovação que inspiram.

Muitas pessoas, desde a Antiguidade, têm participado da construção de sistemas de valores. A seguir, serão consideradas três delas: Confúcio, Aristóteles e Kant.

2.1 Confúcio

Na época de Confúcio (551-479 a.C.), a China estava dividida em estados feudais, que guerreavam entre si continuamente. Confúcio desenvolveu um conceito de renascimento moral e social. Se colocada em prática, essa ideia estabeleceria a utopia do estado como um bem público e criaria as condições para a paz entre os homens.

- O princípio mais elevado do Confucionismo é a norma da reciprocidade. A conduta virtuosa consiste em tratar os outros como cada um gostaria de ser tratado. Em muitas culturas, existem princípios semelhantes a essa norma, também chamada Regra de Ouro, que tem duas versões: (a) tudo o que quereis que os outros vos façam, fazei-o vós a eles e (b) não façais aos outros o que não quereis que vos façam.

- Para Confúcio, a conduta virtuosa em relação a si próprio consiste em buscar desenvolver habilidades, adquirir educação, trabalhar duro, não gastar mais dinheiro que o necessário e cultivar a paciência e a perseverança. O consumo desenfreado é condenável, assim como perder a calma. A moderação é valorizada em tudo.

2.2 Aristóteles

A ética no Ocidente tem suas raízes nas ideias de Aristóteles (384-322 a.C.). Embora defendesse uma sociedade baseada na instituição da escravidão, Aristóteles criou uma ética que diz respeito à virtude e ao bem-estar das pessoas.

Sua ética é definida em termos dos "fins do ser humano". Os fins das pessoas são não apenas seus objetivos de curto prazo e seus projetos de vida. As pessoas têm um fim intrínseco último, que é a felicidade. A razão e a virtude são os meios para alcançar a felicidade, que é uma propriedade da alma.

A felicidade não resulta do prazer, nem da fortuna, nem do poder. A felicidade é a vida da atividade virtuosa de acordo com a razão. Uma vida direita é uma vida ativa, cheia de amigos, de participação na comunidade e ocupada com a atividade filosófica da contemplação.

Virtude é a tradução de *aretê*, palavra que também significa excelência. As virtudes podem e devem ser ensinadas. Há duas formas de excelência: a intelectual, que compreende a inteligência e o discernimento, e a excelência moral, que compreende a liberalidade e a moderação. A excelência moral está relacionada com a escolha de ações e emoções. Essa escolha depende do uso da razão e do pensamento. O excesso é uma forma de erro, assim como a falta. Portanto, deve-se buscar o meio-termo. A virtude envolve o equilíbrio no comportamento, o meio entre os extremos, tal como a beleza envolve simetria e ordem. As pessoas devem esforçar-se para pôr em prática a excelência moral e intelectual para se tornarem boas. A alma deve ser cultivada por hábitos que lhe permitam distinguir o bem.

As virtudes específicas de que Aristóteles se ocupou são as que fazem um ser humano excelente e com quem é bom viver: coragem, temperança, senso de justiça, senso de humor, veracidade, cordialidade. A ética de Aristóteles está ligada a suas concepções políticas. Somente na comunidade social e política pode-se realizar o comportamento ideal no qual se baseia a felicidade. A felicidade individual pressupõe a felicidade da família, dos amigos e dos concidadãos. Para serem felizes, as pessoas devem ter um bom governo, capaz de formar cidadãos de bom caráter, habituados a praticar o bem.

2.3 Kant

No século XVIII, o filósofo alemão Immanuel Kant transformou a Regra de Ouro em seus dois *imperativos categóricos*, que estabelecem o comportamento ideal para a vida em sociedade:

- Uma ação é moralmente correta para uma pessoa em determinada situação, se e somente se a razão dessa pessoa para tal ação é a razão que essa mesma pessoa desejaria que outras tivessem ao agir, em qualquer situação semelhante.
- Uma ação é moralmente correta para uma pessoa se e somente se, ao agir, essa pessoa não usa outras pessoas simplesmente como meios para avançar em seus próprios interesses, e também tanto respeite quanto desenvolva as capacidades destas outras pessoas para escolher livremente por elas próprias.

As diferentes versões da Regra de Ouro estão na base da maior parte dos princípios éticos, estabelecendo que um comportamento só é bom ou aceitável se for bom e aceitável para outras pessoas. O comportamento que agride ou desagrada outras pessoas é inaceitável e deve ser condenado. Esse preceito é também o fundamento da doutrina da responsabilidade social. Segundo essa doutrina, cada cidadão deve comportar-se de maneira a preservar os interesses da comunidade a que pertence. Se cada pessoa comportar-se de maneira socialmente responsável, todos serão beneficiados.

Na sociedade ideal, talvez a Regra de Ouro e os imperativos de Kant fossem dispensáveis. Porém, essa complexa questão filosófica deve dar lugar à constatação de que os códigos de conduta compulsória, desde os Dez Mandamentos até o Código Nacional de Trânsito, são realidade e necessidade bastante práticas.

3 Evolução Ética

A ideia de que os códigos de conduta evoluem e, portanto, há códigos mais evoluídos e mais atrasados, faz parte do conceito de ética. No Velho Testamento, a recomendação é "olho por olho". No Novo Testamento, "amai vossos inimigos". Durante muito tempo, na Europa e em outros lugares, os condenados foram torturados e executados em praça pública, em espetáculos a que a multidão assistia como divertimentos. Na atualidade, os descendentes de pessoas que estavam nessas mesmas multidões não hesitariam em condenar essa prática. Outros exemplos:

- Até os anos 1990, vigorava na África do Sul a política do *apartheid*, segundo a qual a maioria negra do país tinha menos direitos que a minoria branca. O boicote internacional e os conflitos internos forçaram a obsolescência dessa política, que resultaram na integração racial e democratização do país.

- A segurança (ou insegurança) dos automóveis, para passageiros e motorista, não fazia parte das preocupações dos projetistas até meados dos anos 1960. Sofrer acidentes e danos corporais era tido como risco inerente ao automóvel, que os compradores e motoristas assumiam implicitamente. Então, em meados dos anos 1960, o livro *Inseguro a qualquer velocidade*, do advogado americano Ralph Nader, colocou no banco dos réus um automóvel da General Motors, inaugurando a era dos cintos de segurança, *air-bags*, laterais reforçadas e outros itens de proteção pessoal. Em todo o mundo, a indústria automobilística e os consumidores acostumaram-se a exigir projetos com esses itens.

- Ainda hoje, na Espanha, animais continuam a ser torturados e mortos em espetáculos chamados "corridas de touros". Os descendentes das mesmas pessoas que se divertiam com os "autos de fé" ainda se divertem com esses espetáculos. Na China e em outros países do Oriente, cães e gatos são mortos com requintes de crueldade para as pessoas se alimentarem. Em nome do respeito à "diversidade cultural", alguns relutam em condenar essas práticas, que são execradas pelos defensores do tratamento humanitário aos animais.

Conceitos como civilização, virtude coletiva, igualdade, respeito à pessoa e direitos humanos estão intimamente ligados à mudança evolutiva dos costumes. O processo de administrar as organizações é influenciado por essa evolução. Ideias como segurança do usuário, proteção do ambiente, proteção da mulher e do menor, e direitos iguais no local de trabalho são relativamente recentes. Certamente, a evolução dos costumes criará novos valores, com os quais os administradores do futuro deverão conviver.

4 Estágios de Desenvolvimento Moral

Em qualquer momento, valores éticos antigos convivem com os mais novos e avançados. A obediência aos valores mais avançados continua a ser opção de indivíduos e grupos, uma vez que há quem prefira ficar com os valores mais atrasados. As organizações, por meio de seus administradores, também fazem opções, permitindo situá-las numa escala de valores. Uma das escalas disponíveis propõe três níveis ou estágios de valores, chamados estágios de desenvolvimento moral: pré-convencional, convencional e pós-convencional. Estes são os estágios básicos, admitindo-se que essa classificação pode ter outros níveis. Portanto, cada um dos estágios a seguir é também uma escala (Figura 19.1).

Figura 19.1 Estágios de desenvolvimento moral.

ESTÁGIOS DE DESENVOLVIMENTO MORAL	COMPORTAMENTOS
PRÉ-CONVENCIONAL	• Ética individualista ou egoísta. • "O negócio é levar vantagem em tudo."
CONVENCIONAL	• Ética orientada pela necessidade de parecer bem na comunidade. • Devo comportar-me direito para ser aceito.
PÓS-CONVENCIONAL	• Ética orientada pelo idealismo moral. • Princípios e convicções independentes do receio de punições ou desejo de recompensas.

4.1 Estágio pré-convencional de desenvolvimento moral

Nesse estágio, a ética é essencialmente individualista ou egoísta. Não há regras comuns aceitas, a não ser a regra de que não há regras. Os indivíduos e grupos agem muito mais motivados pela busca do prazer pessoal, ou interesse do grupo a que pertencem, do que por qualquer outro tipo de padrão de conduta. Nesse estágio, não há qualquer preocupação com a questão da responsabilidade das organizações ou indivíduos em relação à sociedade.

São indicativos desse estágio de desenvolvimento moral os seguintes princípios de conduta:

- Cada um por si.
- O negócio é levar vantagem em tudo.
- Os outros que se danem.
- O mundo é dos espertos.

No campo das doutrinas econômicas e da administração das empresas, esse estágio é conhecido como Darwinismo social, por causa da teoria da "seleção natural", exposta por Darwin em seu livro de 1859, *A origem das espécies*. Segundo a teoria de Darwin, as formas de vida evoluem e aprimoram-se por meio de um processo natural que permite a sobrevivência apenas das espécies mais fortes, ou mais aptas. Portanto, a natureza representa a vitória das formas de vida mais capazes.

Depois da divulgação dessa teoria, apareceram na Inglaterra pessoas que tentaram explicar a evolução da sociedade pelo mesmo princípio. Essas pessoas ficaram conhecidas como darwinistas sociais, e sua doutrina encontrou simpatizantes em todo o mundo capitalista. Empresários que buscavam justificativa para seu comportamento egoístico encontraram nessa teoria uma explicação confortável para o que foi chamado "capitalismo selvagem". Se o homem era criação da natureza de Deus, seria errado interferir nas leis naturais da sobrevivência e predominância dos mais fortes e mais aptos. A sociedade, assim como a natureza, também era um campo de caça para os predadores e o território dominado pelos mais fortes.

Muitos comportamentos de empresas são explicados pela adesão, ainda que temporária ou circunstancial, a este princípio predatório de conduta. É o caso do *overbooking* – a prática das companhias aéreas, de reservar e mesmo vender passagens em número superior aos lugares disponíveis no avião, para proteger-se das desistências e dos passageiros que simplesmente não aparecem para o voo que reservaram. Normalmente, o *overbooking* é feito com base no número estimado de desistências. Em um caso uma empresa deixou muitos passageiros sem viajar, porque havia vendido passagens excedentes em número muito alto. Defendendo-se pela imprensa, o representante da empresa alegou que *todos reclamam do* overbooking, *mas ninguém se lembra de falar dos passageiros que não aparecem e dão prejuízo*. Em lugar de apresentar uma explicação, a empresa preferiu culpar seus clientes. Outro exemplo é o dos bancos que se apropriam dos centavos esquecidos nas contas.

Todos os casos em que a administração e seus agentes se comportam de modo a privilegiar apenas os interesses da empresa, ou seus interesses pessoais, mostram o estágio pré-convencional de desenvolvimento moral.

4.2 Estágio convencional de desenvolvimento moral

No estágio convencional, a ética continua sendo individualista. Porém, as regras de conduta são elaboradas tendo em vista a relação de uma pessoa ou grupo com outras pessoas ou grupos, e os prejuízos e vantagens em cada relação. Nesse estágio, o receio da punição pelo comportamento incorreto e a busca de recompensas passam a conviver com a busca da satisfação pessoal, característica do estágio anterior. As pessoas e os grupos ainda agem movidos pelo interesse pessoal, mas dentro dos limites e restrições impostos pelos interesses alheios, seja porque lhes é conveniente atendê-los, seja porque receiam não atendê-los.

No campo da administração, esse estágio corresponde às estratégias que a empresa adota por causa da regulamentação ou do interesse em atingir certos nichos de mercado. Esse é o comportamento da empresa que age rigorosamente dentro da lei, no que diz respeito a qualquer aspecto, não por acreditar que a lei deva ser seguida, mas porque agiria de modo contrário se não houvesse alguma punição associada ao comportamento alternativo. Possivelmente, algumas empresas que adotaram "estratégias verdes" agem assim muito mais por causa de sua imagem pública do que por algum tipo de interesse legítimo em proteger o ambiente. Por exemplo, os organismos financiadores internacionais (como o Banco Mundial) só concedem empréstimos para projetos de grandes obras, desde que os impactos ambientais tenham sido estimados.

São conhecidos os casos de empréstimos que foram recusados por falta de proteção ao ambiente, a populações nativas ou indígenas. Assim, a empresa que se propõe levantar essas bandeiras pode estar unicamente interessada na recompensa que representa a perspectiva de obter o financiamento.

É indicativo desse estágio de desenvolvimento moral o seguinte tipo de raciocínio:

– Se me comportar como os outros esperam que me comporte, poderei ter vantagens ou evitar retaliações.

Muito do comportamento socialmente responsável é determinado mais pela pressão social que por convicção.

4.3 Estágio pós-convencional de desenvolvimento moral

No estágio pós-convencional de desenvolvimento moral, o comportamento atingiu o mais alto nível ético. A conduta pessoal, grupal ou individual está fundamentada em princípios morais que reconhecem os direitos alheios, o impacto do comportamento sobre os outros, as gerações futuras, os exemplos para os jovens, e conceitos como justiça, honra, dignidade, autorrealização por meio do respeito para consigo próprio e para com os outros. O comportamento é orientado por princípios e convicções, e não pelas convenções, pelo receio da punição ou pela busca de recompensas. A ideia de responsabilidade social está no centro desse estágio de desenvolvimento moral.

São indicativos desse estágio de desenvolvimento moral os seguintes raciocínios e comportamentos:

- Minha liberdade termina onde começa a liberdade do vizinho.
- Não concordo com nenhuma de suas palavras, mas defenderei até a morte seu direito de dizê-las.
- Não há o que me obrigue a fazer algo que considere moralmente errado.
- Não importa a opinião da maioria, mas valores universais e ideais como justiça, direito, igualdade, liberdade, fraternidade.
- Mulheres e crianças primeiro.
- O comandante é o último a abandonar o navio.

No estágio pós-convencional de desenvolvimento moral, o comportamento é determinado pelo *idealismo moral*.

5 Responsabilidade Social

Muito da discussão sobre a ética na administração tem sua origem na opinião de que as organizações têm responsabilidades sociais – elas têm a obrigação de agir no melhor interesse da sociedade. Portanto, devem pautar sua ação pelo princípio do estágio pós-convencional de desenvolvimento moral. Essa opinião representa uma ampliação da ideia da responsabilidade social dos indivíduos, ideia que, assim como toda a discussão sobre ética, é herança que a sociedade moderna recebeu da Antiguidade clássica. No contexto da responsabilidade social, a ética trata essencialmente das relações entre pessoas. Se cada um deve tratar os outros como gostaria de ser tratado, o mesmo vale para as organizações. Ética, portanto, é uma questão de qualidade das relações humanas e indicador do estágio de desenvolvimento social.

Não há discussão sobre o fato de que as organizações, assim como os indivíduos, têm responsabilidades sociais, à medida que seu comportamento afeta outras pessoas e, querendo elas ou não, há pessoas e grupos dispostos a cobrar essas responsabilidades por meio do ativismo político, da imprensa, da legislação e da atuação nos parlamentos. Porém, há duas correntes a esse respeito, cada uma delas com argumentos muito fortes (Figura 19.2).

Figura 19.2
Duas doutrinas sobre a responsabilidade social das empresas.

DOUTRINA DA RESPONSABILIDADE SOCIAL	DOUTRINA DO INTERESSE DO ACIONISTA
• As organizações são instituições que usam recursos da sociedade. • Portanto, têm responsabilidades com a sociedade. • O papel da empresa é aumentar a riqueza da sociedade.	• As organizações são responsáveis perante seus acionistas apenas. • O objetivo é maximizar o lucro do acionista. • A responsabilidade pelos problemas da sociedade é do governo e dos cidadãos.

5.1 Doutrina da responsabilidade social

A primeira corrente é a que reconhece a responsabilidade social das organizações de forma geral e das empresas em particular.

O princípio da responsabilidade social baseia-se na premissa de que as organizações são instituições sociais que existem com autorização da sociedade, utilizam os recursos da sociedade e afetam a qualidade de vida da sociedade. Um dos principais representantes dessa corrente é Andrew Carnegie, fundador da U. S. Steel, que, em 1899, nos Estados Unidos, publicou *O evangelho da riqueza*, livro no qual estabeleceu os dois princípios da responsabilidade social corporativa: caridade e zelo (*stewardship*). Esses princípios baseavam-se numa visão paternalista do papel do empresário em relação aos empregados e aos clientes.

• Princípio da caridade. O princípio da caridade, segundo Carnegie, diz que os indivíduos mais afortunados da sociedade devem cuidar dos menos afortunados, compreendendo desempregados, doentes, pobres, pessoas com deficiências físicas. Esses desafortunados podem ser auxiliados diretamente ou por meio de instituições como igrejas, associações de caridade ou movimentos de auxílio. A obrigação é do indivíduo, não de sua empresa, e o indivíduo decide qual o valor da caridade que pretende praticar. Na década de 1920, nos Estados Unidos, a Grande Depressão aumentou enormemente as necessidades comunitárias, o que estimulou o envolvimento das empresas com o princípio da caridade.

- Princípio do zelo. O princípio do zelo (*stewardship*), derivado da Bíblia, estabelece que as empresas e os indivíduos ricos deveriam enxergar-se como depositários de sua propriedade. Segundo Carnegie, os ricos têm seu dinheiro com a confiança da sociedade e podem usá-lo para qualquer finalidade que a sociedade julgar legítima. O papel da empresa é também aumentar a riqueza da sociedade, por meio de investimentos prudentes e uso cauteloso dos recursos sob sua responsabilidade.

A ideia da responsabilidade social, embora não seja nova, ganhou muita força quando a deterioração dos ecossistemas, provocada pela poluição, estimulou o debate sobre os benefícios e malefícios da sociedade industrial. As consequências indesejáveis da industrialização aguçaram a consciência ecológica de certos segmentos sociais e motivaram o surgimento de grupos de ativistas que se propuseram a combater o comportamento socialmente irresponsável de certas empresas ou ramos de negócios, como os madeireiros, os caçadores de baleias e a indústria de peles de animais. Devido às pressões que nasceram de todos esses movimentos, muitos países estabeleceram legislações severas sobre essas questões. A existência dessa legislação é um dos principais fatores que as empresas devem levar em conta ao tomar decisões que envolvem considerações de ordem ética.

Outra base para a aceitação da doutrina da responsabilidade social é a proposição de que as organizações provocam efeitos que nem sempre são bons para seus *stakeholders*. Seus benefícios para a coletividade são contrabalançados pelos prejuízos que, involuntariamente, muitas vezes causam, como resume a Figura 19.3.

Figura 19.3
Benefícios e prejuízos causados pelas empresas estão no centro do debate sobre a responsabilidade social.

BENEFÍCIOS	PREJUÍZOS
• Emprego e pagamento de salários. • Geração de riquezas e distribuição de lucros. • Fornecimento de produtos e serviços. • Criação de padrões de qualidade. • Produção de conhecimentos e tecnologia.	• Despejo de resíduos. • Esgotamento de recursos naturais. • Exploração de pessoas.

5.2 Doutrina do interesse do acionista

A corrente alternativa da responsabilidade social propõe que as empresas tenham obrigações primordialmente com seus acionistas. O representante mais conhecido dessa doutrina é Milton Friedman, economista da Universidade de Chicago. Ele afirmava que a principal responsabilidade das empresas é maximizar o lucro do acionista. De acordo com esse ponto de vista, a ética das decisões de negócios consiste em procurar as alternativas que produzam mais dinheiro, porque essa diretriz promove a utilização mais eficiente e eficaz dos recursos individuais, organizacionais, sociais e ambientais. Segundo Friedman, os administradores não têm condições de definir as prioridades nem as necessidades de recursos dos problemas sociais e devem concentrar-se naquilo que é fundamental para as empresas, ou seja, fazer dinheiro. A solução dos problemas sociais deve ser entregue às pessoas que se preocupam com eles e ao governo.

6 As Empresas e o Ambiente

Desde os últimos 25 anos do século XX, tem havido crescente interesse no ambiente, nos danos provocados ao ambiente e no futuro da relação entre a sociedade e o ambiente. Em todo o mundo, existe a consciência de que o ambiente é uma questão sistêmica, que envolve todas as nações e o comportamento de cada pessoa. Praticamente, todas as necessidades humanas precisam ser atendidas por algum tipo de produto ou serviço que cobra um preço da natureza. Sem limites, a produção de bens e serviços acabará comprometendo a capacidade de renovação dos recursos naturais e a qualidade da vida. No extremo, a sobrevivência da espécie humana ficará comprometida pelo atendimento de suas necessidades.

Como resultado, muitos governos vêm há já algum tempo estabelecendo restrições para a atividade econômica que tenha algum tipo de impacto sobre o ambiente. Por causa disso, as organizações de todos os tipos precisam incluir o ambiente em suas práticas administrativas.

Nesta parte do último capítulo do livro, são considerados três tópicos relacionados com o ambiente que todo administrador deve conhecer: desenvolvimento sustentável, legislação ambiental e auditoria ambiental (Figura 19.4).

6.1 Desenvolvimento sustentável

A ideia de desenvolvimento sustentável foi definida pela chamada Comissão Mundial do Ambiente e do Desenvolvimento como:

"o desenvolvimento que atende as necessidades do presente sem comprometer a capacidade de atendimento das necessidades das gerações futuras".

Figura 19.4
Três pontos importantes nas relações entre empresas e ambiente físico.

DESENVOLVIMENTO SUSTENTÁVEL	• Desenvolvimento econômico e social que atende às necessidades do presente sem comprometer a capacidade de atendimento das gerações futuras.
LEGISLAÇÃO AMBIENTAL	• Lei nº 6.938 de 1981. • Constituição Federal de 1988. • Lei nº 9.605 de 1998.
AUDITORIA AMBIENTAL	• Processo sistemático e periódico de avaliar as relações da organização com o meio ambiente.

Segundo o conceito de desenvolvimento sustentável, a exploração dos recursos, a orientação dos investimentos, o desenvolvimento tecnológico e a mudança institucional são compatíveis com o atendimento das necessidades atuais e futuras. O conceito de desenvolvimento sustentável vai além da simples preservação dos recursos da natureza:

- Segundo Viederman, "é um processo participativo que cria e almeja uma visão de comunidade que respeita e usa com prudência todos os recursos – naturais, humanos, feitos pelas pessoas, sociais, culturais, científicos, e assim por diante. A sustentabilidade procura garantir, o máximo possível, que as gerações atuais tenham elevado grau de segurança econômica e possam ter democracia e participação popular no controle das comunidades. Paralelamente, as gerações atuais devem manter a integridade dos sistemas ecológicos dos quais dependem toda a vida e a produção. Devem também assumir responsabilidades em relação às gerações futuras, para deixar-lhes a mesma visão".

- O conceito de desenvolvimento sustentável baseia-se no entendimento de que os problemas do planeta são interdependentes e sistêmicos. Segundo o Instituto dos Recursos Mundiais, um país não poderá alcançar seus objetivos econômicos sem respeitar objetivos sociais e ambientais – como educação e oportunidades de emprego para todos, saúde e assistência à maternidade para todos, distribuição igualitária de recursos, populações estáveis e uma base sustentável de recursos naturais. A ênfase na ecologia, "sem providências para amenizar a pobreza, estabilizar a população e redistribuir a riqueza, somente conseguirá resultados medíocres".

6.2 Legislação ambiental no Brasil

O marco legal da proteção ambiental no Brasil é a Lei nº 6.938, de 1981, a Lei da Política Nacional do Meio Ambiente. Essa lei estabelece princípios, objetivos e instrumentos da Política Nacional do Meio Ambiente e incorpora o Estudo de Impacto Ambiental no ordenamento jurídico brasileiro.

A Lei nº 6.938 lista vários instrumentos ambientais. Entre eles:

- Licenciamento ambiental. O licenciamento é "o procedimento administrativo pelo qual o órgão ambiental competente licencia a localização, instalação, ampliação e a operação de empreendimentos e atividades utilizadoras de recursos ambientais consideradas efetiva ou potencialmente poluidoras ou daquelas que, sob qualquer forma, possam causar degradação ambiental".
- Avaliação de impacto ambiental. No Brasil, o Estudo Prévio do Impacto Ambiental é exigido sempre que houver a possibilidade de significativa degradação do meio ambiente. Por exemplo: estradas de rodagem com duas ou mais faixas de rolamento, ferrovias, portos e aeroportos, oleodutos, gasodutos e emissários de esgoto sanitário, linhas de transmissão de energia elétrica acima de 230 kV, extração de combustível fóssil e de minério.
- Responsabilidade civil ambiental. Quem degrada o meio ambiente responde administrativa, civil e penalmente por seu ato. "É o poluidor obrigado, independentemente de existência de culpa, a indenizar ou reparar os danos causados ao meio ambiente e a terceiros, afetados por sua atividade."

A Lei nº 6.938 instituiu um regime de responsabilidade civil objetiva para os danos ao ambiente, conferindo ao Ministério Público a legitimação para agir nessa matéria. Essa legitimação foi ampliada pela Lei nº 7.347, de 1985, que permitiu a ação de outras instituições, inclusive ONGs ambientais, como autoras de ação civil pública que visa à reconstituição do bem lesado ou à indenização pelo dano causado ao ambiente.

A Constituição Federal de 1988 estabeleceu em seu artigo 225:

> "Todos têm direito ao meio ambiente ecologicamente equilibrado, bem de uso comum do povo e essencial à sadia qualidade de vida, impondo-se ao Poder Público e à coletividade o dever de defendê-lo e preservá-lo para as presentes e futuras gerações."

Em 1998, foi aprovada a Lei nº 9.605, a Lei dos Crimes contra o Meio Ambiente.

Na estrutura da administração federal do Brasil, a legislação criou três órgãos para cuidar do ambiente:

- Conselho Nacional do Meio Ambiente (Conama). Órgão consultivo e deliberativo, cuja missão principal é assessorar, estudar e propor diretrizes de políticas ambientais, bem como deliberar sobre normas e padrões de controle ambiental.
- Ministério do Meio Ambiente.
- Instituto Brasileiro do Meio Ambiente e dos Recursos Naturais Renováveis (Ibama). Órgão executor da política e das diretrizes federais do meio ambiente.

6.3 Auditoria ambiental

A auditoria ambiental surgiu nos Estados Unidos nos anos 1970. As organizações adotaram essa metodologia para lidar com suas responsabilidades em relação ao ambiente, determinadas pela legislação. A ideia ganhou a Europa e outros países.

Auditoria ambiental é um processo, sistemático e periódico, de avaliar o desempenho de uma organização na administração de suas relações com o ambiente. A auditoria procura medir até que ponto a organização protege o ambiente e está em conformidade com a lei. Especificamente, a auditoria ambiental tem por objetivos:

- Avaliar o desempenho dos sistemas de administração ambiental da organização.
- Verificar se a organização está em conformidade com a legislação ambiental, de saúde e de segurança.
- Verificar se a organização está em conformidade com sua própria política para o ambiente.
- Desenvolver e implementar procedimentos internos necessários para realizar os objetivos de proteção do ambiente.
- Minimizar os riscos ambientais para as pessoas.
- Identificar e avaliar os riscos resultantes de acidentes ambientais.
- Avaliar o impacto no ambiente de uma instalação ou processo industrial por meio da análise do ar, água e solo.
- Identificar aprimoramentos ambientais que a organização possa implementar.

A auditoria permite à organização evitar o desrespeito à legislação e reduzir seus custos, por meio da minimização do uso da energia e da redução dos resíduos. Além disso, a auditoria ambiental é um mecanismo para melhorar a imagem da organização na comunidade.

7 As Empresas e o Terceiro Setor

Diante da incompetência do Estado e do governo, pessoas, comunidades e organizações passaram a organizar-se na busca de soluções para os problemas sociais. As organizações e entidades sem fins lucrativos tornaram-se os principais agentes de solução de problemas. O papel dessas organizações não governamentais (ONGs), também chamadas entidades do Terceiro Setor, tornou-se mais importante à medida que os problemas sociais se agravaram e o Estado tornou-se insuficiente para resolvê-los.

São exemplos de ONGs ou entidades do Terceiro Setor:

- Instituições de caridade, como as Casas André Luiz, a Cruz Vermelha e a Médicos sem Fronteiras.

- Associações de desenvolvimento comunitário, como a Cooperativa das Costureiras da Rocinha, no Rio de Janeiro, e as Sociedades de Amigos de Bairros.
- Associações de proteção do meio ambiente, como a Fundação SOS Mata Atlântica.
- Grupos de interesse específico, como a AACD e a Rede Feminina de Combate ao Câncer.
- Entidades que promovem o associativismo e a prestação de serviços, como os Escoteiros e o Rotary Club.
- Fundações com atividades assistencialistas ou educacionais.

As entidades do Terceiro Setor tornaram-se parceiras das empresas no exercício da cidadania empresarial. A seguir, são apresentados alguns exemplos de ações sociais, ou ações de cidadania empresarial, em que empresas atuam diretamente ou em parceria com o Terceiro Setor:

- A rede McDonald's promove o McDia Feliz, campanha que reverte toda a receita de um dia com os sanduíches Big Mac para instituições de combate e prevenção ao câncer.
- O Banco do Brasil criou o Projeto Adolescente Trabalhador, que prevê a admissão de jovens em suas agências, como forma de inserção de menores carentes no mercado de trabalho.
- O Banespa criou sua própria ONG, chamada Ação Cidadania – Comitê Betinho. Mantida pelos funcionários, essa ONG oferece apoio às vítimas da seca no Nordeste e atua no incentivo à profissionalização de adolescentes.
- O Grupo Abril desenvolveu, em parceria com a Fundação SOS Mata Atlântica, o projeto Abril Plantando Cidadania, em que empregados fazem visitas a alunos de escolas paulistanas da periferia e promovem a defesa do meio ambiente.
- O Programa Nutrir, desenvolvido pela Nestlé, conta com mais de mil voluntários, empregados da empresa, e leva orientações às comunidades carentes sobre higiene, alimentação e nutrição.

Estudo de Caso: Microvlar, o Anticoncepcional de Farinha da Schering[1]

A multinacional farmacêutica Schering do Brasil produz o anticoncepcional *Microvlar*, muito utilizado pelas brasileiras de classes sociais desfavorecidas, por causa do preço: pouco mais de três reais. Em 1998, foram comercializados lotes de comprimidos de Microvlar feitos de farinha. Em consequência disso, muitas usuárias do produto começaram a queixar-se de que o remédio não estava produzindo o efeito desejado. Engravidaram, mesmo tomando regularmente o anticoncepcional.

---
[1] Adaptado de um original de autoria de Fábio Messa, Nicolas Caballero e Paulo Scarduelli, elaborado em 2003.

A empresa

A Schering AG foi fundada em 1871 em Berlim, na Alemanha. Em 2002, posicionando-se entre os 25 maiores laboratórios farmacêuticos do mundo, suas vendas mundiais superaram os cinco bilhões de euros. Com mais de 130 anos de história, a Schering AG englobava 140 empresas coligadas e subsidiárias presentes em mais de 130 países, empregando 23.000 colaboradores. Essa força de trabalho e os investimentos em tecnologia, pesquisa e desenvolvimento de novos medicamentos posicionavam a Schering AG na liderança mundial dos segmentos de controle da fertilidade e de meios de contraste para diagnóstico por imagem. A empresa também atuava de forma destacada nos segmentos de dermatologia e de produtos terapêuticos para doenças graves.

Schering no Brasil

O ano de 1923 marcou a chegada da Schering no Brasil, a partir da inauguração de uma sede no Rio de Janeiro, uma das primeiras subsidiárias da Schering AG fora da Europa. O grande salto aconteceu em 1954, com a decisão de transferir sua sede para São Paulo e de iniciar a produção local de medicamentos.

A construção da fábrica, em 1958, e o lançamento de seu primeiro contraceptivo oral no país, em 1961, marcaram uma nova fase de expansão dos negócios da companhia. Localizada na região sul da cidade de São Paulo, era a segunda maior fábrica da Schering, no mundo, em capacidade produtiva, superando 80 milhões de unidades por ano, num espaço de 6.000 metros quadrados de área construída.

A operação no Brasil é uma das dez mais importantes da Schering AG em todo o mundo e representa cerca de 50% das vendas da companhia na América Latina. Entre 1995 e 2002, a fábrica de São Paulo exportou mais de US$ 100 milhões.

Empregando 800 colaboradores, a Schering foi o laboratório farmacêutico que mais cresceu no país em 2001, ocupando a décima posição no *ranking* das maiores empresas farmacêuticas do país.

A Schering e o Microvlar

O principal produto da Schering é a pílula anticoncepcional Microvlar, a terceira droga mais vendida no Brasil (14 milhões de unidades), perdendo apenas para o Cataflan e a Novalgina. É, de longe, o anticoncepcional mais consumido no país.

Produzido à base de hormônios femininos (estrógeno e progesterona), o Microvlar foi lançado no mercado em 1985. Passou a ser adotado pela classe médica como o contraceptivo mais popular para a maioria das mulheres brasileiras. Em cinco anos, ultrapassou os mais vendidos até então, Ginera e Triquilar, e atravessou toda a década de 1990 em primeiro lugar nas vendas.

Em 1998, porém, a Schering sofreu uma denúncia contra o Microvlar, que abalou significativamente sua imagem, tendo consequências desastrosas em suas vendas.

Microvlar de farinha

Em 20 de maio de 1998, a Schering recebeu uma carta anônima e uma cartela de Microvlar, com a advertência de que a composição da pílula estava adulterada. A carta tinha tom amigável e informava que a droga havia sido comprada numa farmácia em Mauá, na periferia de São Paulo. Sete dias depois, a Schering sabia que as pílulas continham farinha. Em termos mais precisos: não continham hormônios, mas só a massa neutra que dá forma à drágea. A empresa permaneceu calada.

No dia 1º de junho do mesmo ano, uma comerciante de 35 anos, Maria Aparecida Gonçalves, informou ao laboratório que, apesar de estar tomando Microvlar, engravidara. Nos dias seguintes, mais duas mulheres fizeram a mesma queixa. Todas compraram a droga em Mauá e duas delas eram primas. A Schering continuou calada, descumprindo as normas da Vigilância Sanitária, que obrigam os laboratórios a notificar imediatamente situações desse tipo.

No dia 19 de junho, quando o caso das pílulas de farinha já chegara ao conhecimento da reportagem do *Jornal Nacional*, o laboratório deu queixa à polícia e notificou a Vigilância Sanitária. Sustentou que havia sido furtado um lote de embalagens de Microvlar. Fez com 29 dias de atraso o que deveria ter feito logo depois de ter confirmado a denúncia anônima.

O que teria acontecido, segundo a empresa?

Entre 12 de janeiro e 21 de abril, a Schering testou uma nova embalagem, usando pílulas de teste, feitas de farinha, chamadas pílulas bobas, que mais tarde foram remetidas para outra empresa, para incineração. A empresa supõe que uma quantidade de cartelas foi roubada e revendida a algumas farmácias. O laboratório não dispõe de prova de que houve o furto, assim como não sabe quando aconteceu, ou quantas cartelas sumiram.

O presidente da Schering, Rainer Bitzer, sonegou informações à rede de defesa da saúde pública. Pior: em nenhum momento mobilizou a empresa para prestar assistência às mulheres que engravidaram.

Somente um mês depois da carta anônima e um dia após a denúncia veiculada no *Jornal Nacional*, o laboratório resolveu sair do silêncio. Prestou aos consumidores as informações que devia, através de um comunicado intitulado "Ocorrências com Microvlar". O comunicado informava os números das embalagens que não deveriam ter sido comercializadas.

O comunicado não ia direto ao problema. Em nenhum momento informou que havia embalagens de Microvlar com farinha no lugar de hormônio e sugeriu que as mulheres que estavam tomando Microvlar deveriam usar "método de barreira". Ou seja, a camisinha.

Outro comunicado, das empresas produtoras de medicamentos, disse que a Schering estava sendo condenada prematuramente, sem que sua culpa tivesse sido devidamente comprovada. Investigações feitas pela polícia, imprensa e órgãos da vigilância sanitária, logo em seguida à divulgação do caso, revelaram a grande escala do roubo, falsificação e distribuição clandestina de medicamentos no Brasil. Entre falsificações e roubos, a indústria farmacêutica tinha prejuízos anuais por volta de R$ 800 milhões.

Problemas na produção

Em junho de 1998, as autoridades sanitárias do Brasil suspenderam a comercialização do Microvlar, que só foi autorizada novamente em agosto. O governo informou que a autorização seria dada desde que a Schering mudasse a embalagem do Microvlar. A Schering, por meio de grande campanha publicitária, anunciou que a cor da embalagem mudaria de verde para azul, a fim de evitar que o produto falsificado continuasse a ser vendido. A Schering também anunciou que um funcionário seria destacado para acompanhar o descarte dos resíduos de produção durante todo o trajeto do produto, até a incineração.

Quando as novas embalagens começaram a chegar aos pontos de venda, descobriu-se que faltava uma pílula em cada cartela.

Em julho, a polícia tinha completado um inquérito e informou que havia suspeitas de que funcionários da empresa tivessem furtado as pílulas falsas. A polícia investigava a participação de ex-funcionários da Schering ou ex-seguranças terceirizados, que trabalhavam em outras empresas. As pílulas haviam sido vendidas legalmente em estabelecimentos que apresentaram à polícia notas fiscais de grandes empresas distribuidoras de medicamentos.

Microvlar nos tribunais

O caso Microvlar acabou parando na Justiça. Uma das mulheres que engravidaram mesmo usando a pílula, Maria de Souza Paladino, 27 anos, conseguiu a seguinte sentença final do juiz Rubens Armador, da Vara de Bauru: "Pagamento de 3.100 salários-mínimos de danos materiais e estéticos para a requerente, mais uma pensão mensal para o recém-nascido de 25 salários-mínimos até completar 21 anos de idade, garantindo uma qualidade de vida igual a um cidadão nascido na Alemanha, sede do laboratório." Sentenças como essa se multiplicaram na justiça brasileira. Tinham o objetivo de desestimular e exemplificar empresas multinacionais de porte da Schering e de suas subsidiárias a não cometerem a negligência e a irresponsabilidade, que nunca cometeriam em suas sedes ou em países de Primeiro Mundo.

Os colegas dos Estados Unidos ou da Alemanha aprenderam com o caso brasileiro que seus empregos ficam ameaçados com a fórmula adotada pelo presidente da Schering do Brasil. Embora o Microvlar continuasse sendo vendido no mercado nacional, Rainer Bitzer perdeu seu cargo dois meses após a divulgação do escândalo.

Questões – para responder, consulte também as seguintes fontes:

<http://www.temcura.com.br/topic.asp?TOPIC_ID=738&FORUM_ID=46&CAT_ID=17&Forum_Title=Sa%FAde+da+Mulher&Topic_Title=Microvlar%3A+Schering+pagar%E1+indeniza%E7%E3o+

R%24+1+milh%E3o>.
<http://www.ensp.fiocruz.br/portal-ensp/informe/materia/index.php?matid=7441&origem=4>.
<http://www.denuncio.com.br/noticias/falta-de-prova-impede-indenizacao-a-consumidora-que-usou-microvlar-e-engravidou/1807/>.
<http://www.aberje.com.br/novo/acoes_artigos_mais.asp?id=165>.

1. Que problemas de administração estão retratados neste caso? Faça uma relação dos problemas que ocorreram, identifique o problema principal e estabeleça as relações de causa e efeito entre eles.
2. Teria sido possível evitar esses problemas? Como?
3. O que deveria ter sido feito para corrigi-los?
4. Será possível criar um sistema de decisões programadas para evitar que esses problemas se repitam?
5. Que estratégias de comunicação você, como novo presidente da Schering do Brasil, adotaria para recuperar a imagem institucional desgastada pelo problema?
6. Avalie a conduta da Schering do ponto de vista da ética.
7. Você conhece casos semelhantes ao do Microvlar? Faça comparações.

Glossário

Adequação ao uso. Uma das definições de *qualidade*. Atributo de produtos e serviços que têm simultaneamente qualidade de projeto e qualidade de aceitação.

Administração. [Do latim *administratione*.] 1. Ação de administrar. 2. Gestão de negócios públicos ou particulares. 3. Governo, regência. 4. Conjunto de princípios, normas e funções que têm por fim ordenar os fatores de produção e controlar sua produtividade e eficiência, para se obter determinado resultado. 5. Prática desses princípios, normas e funções. 6. Função de administrador; gestão, gerência. 7. Pessoal que administra; direção (*Novo dicionário Aurélio*, 1ª edição).

Administração científica. Conjunto de princípios que procuram aumentar a eficiência de atividades, com base em sua observação sistemática e avaliação crítica.

Administração como processo. Processo de tomar decisões e realizar ações que compreendem quatro processos principais interligados: planejamento, organização, execução e controle. *Enfoque funcional, abordagem funcional da administração*.

Administradores, gerentes. Pessoas que administram qualquer conjunto de recursos.

Amplitude de controle. Quantidade de pessoas subordinadas a um gerente.

Auditoria do sistema da qualidade. Inspeção e avaliação do sistema de qualidade de uma empresa, com a finalidade de credenciá-la como fornecedor com qualidade assegurada.

Autogestão. Situação em que uma pessoa ou grupo é seu próprio gerente.

Autoridade. Recurso organizacional que dá aos gerentes a capacidade ou poder de tomar decisões sobre a definição de objetivos e o uso de recursos.

Autoridade de assessoria. Capacidade que tem um departamento de influenciar o comportamento de outros, a partir do fornecimento de conselhos, diretamente ou por meio de uma autoridade superior.

Autoridade de linha. Capacidade que tem um departamento de influenciar o comportamento de outros, a partir da emissão direta de ordens.

Autoridade funcional. Capacidade que tem um departamento de influenciar o comportamento de outros, com base na autoridade em uma área de especialização.

Benchmarking. Técnica por meio da qual a organização compara seu desempenho com o de outra.

Burocracia. Organização ou sistema que se baseia em regras formais e impessoais (que procuram o benefício do próprio sistema ou organização).

Brainstorming. Técnica de geração de ideias que se baseia na suspensão do julgamento.

Brainwriting. Brainstorming escrito.

Cibernética. Princípio do autocontrole do desempenho, visando ao alcance de um objetivo. Ciência que estuda o autocontrole em sistemas mecânicos e biológicos.

Clima organizacional. Produto dos sentimentos individuais e grupais criados pelas propriedades objetivas e elementos da organização.

Competências. Qualificações que uma pessoa deve ter para ocupar um cargo e desempenhá-lo eficazmente.

Competências gerenciais. O conjunto dos conhecimentos, habilidades e atitudes que determinam o nível de desempenho do gerente e a qualidade da administração.

Competitividade. Capacidade que tem uma organização de superar os concorrentes, por meio do desenvolvimento de uma ou mais vantagens ou atributos de superioridade.

Coordenação. Princípio por meio do qual um conjunto de partes trabalha integradamente, como sistema ou organização.

Critério de decisão. Princípio que orienta a avaliação e a seleção de alternativas. Ver *Pesos dos critérios de decisão*.

Critérios de departamentalização. Princípio que orienta a divisão do trabalho em uma estrutura organizacional.

Cronograma. Técnica gráfica de representação da distribuição de atividades em um calendário.

Cultura organizacional. Compreende normas de conduta, valores, rituais e hábitos das pessoas de uma organização.

Delegação. Transferência de autoridade e poder de decisão de um gerente para os membros de sua equipe.

Descentralização. Transferência de autoridade e poder de decisão de um departamento para outros.

Diagrama de precedências. Técnica de representação gráfica das dependências entre as atividades de um projeto.

Diagrama de rede. Diagrama de precedências em que estão evidenciados os tempos necessários para a execução de atividades.

Diferenciação. Adaptação de diferentes sistemas organizacionais a diferentes sistemas ambientais.

Disfunções da burocracia. Vícios ou problemas de operação das organizações formais, que as fazem distanciar-se de seus objetivos.

Divisão do trabalho. Processo segundo o qual uma tarefa é subdividida em partes e distribuídas entre pessoas ou grupos.

Dominação carismática. Processo influência-obediência que tem por base a devoção pessoal dos seguidores a um líder.

Dominação racional. Processo influência-obediência que tem por base o respeito a um conjunto de normas impessoais.

Dominação tradicional. Processo influência-obediência que tem por base a crença na santidade e permanência dos hábitos e costumes.

Efeito Pigmalião. Transformação ou evolução que se opera em uma pessoa, porque outra a tratou de forma a evidenciar sua crença em que tal transformação era possível.

Eficácia. Relação entre os objetivos e os resultados obtidos por um sistema, organização ou processo.

Eficiência. Relação entre os recursos empregados e os resultados obtidos por um sistema, organização ou processo.

Enfoque comportamental. Considerar as pessoas como pessoas e como fator prioritário no processo administrativo.

Enfoque funcional da administração. Definição da administração como processo que compreende as funções clássicas de planejar, organizar, dirigir e controlar. Também abordagem funcional da administração.

Enfoque sistêmico. Ideia de elementos que interagem e influenciam-se para realizar objetivos. Interpretação das organizações como sistemas – conjuntos de recursos, elementos ou componentes que interagem para formar unidades organizadas.

Enriquecimento do trabalho. Técnica de incorporar fatores motivacionais ao trabalho de um grupo ou pessoa.

Escola clássica. Conjunto das pessoas que, trabalhando de forma independente, formularam as primeiras ideias sistematizadas a respeito da administração: Taylor, Ford, Fayol e Weber.

Escola das relações humanas. Corrente de pensamento que valoriza a autogestão, o grupo e a humanização do ambiente de trabalho.

Estrutura organizacional. Sistema de responsabilidades, autoridade e linhas de comunicação, que define a maneira como se integram as partes de uma organização.

Formalidade. Atributo dos sistemas ou organizações que se baseiam em regras neutras e impessoais.

Gerência. [Do latim *gerentia*, de *gerere*, 'fazer'.] 1. Ato de gerir. 2. As funções do gerente; gestão, administração. 3. Mandato de administração (*Novo dicionário Aurélio*, 1ª edição).

Gestalt. Teoria da forma. Princípio de que as partes de um sistema são definidas não por sua natureza intrínseca, mas por sua participação no sistema.

Gestão. [Do latim *gestione*.] Ato de gerir; gerência, *administração* (*Novo dicionário Aurélio*, 1ª edição).

Groupthink. Processo de decisão em que um grupo ignora informações relevantes e faz escolha exclusivamente com base nos valores de seus integrantes.

Grupos sociais primários. Grupos em que predominam as relações pessoais e informais, sem vínculos burocráticos. Em muitos grupos sociais primários, a participação é voluntária.

Grupos sociais secundários. Grupos formais, em que as pessoas têm relações regidas por regulamentos explícitos.

Hierarquia. Disposição dos administradores em uma ordem, de acordo com seu poder crescente (ou decrescente) de decisão. Cadeia de comando.

Impessoalidade. Atributo dos sistemas ou organizações em que o comportamento das pessoas é determinado primariamente por regras e não pela vontade de outras pessoas.

Indicador de desempenho. Variável que se aplica a avaliação dos resultados de um sistema, pessoa ou organização.

Inovação tecnológica. É o que ocorre quando surge um novo produto ou processo que chega ao mercado.

Integração. Capacidade de sistemas organizacionais diferenciados de agir coordenadamente.

Kaizen. Aprimoramento contínuo; esforços sistemáticos de redução de desperdícios.

Liderança situacional. Princípio de que a capacidade de liderar depende de variáveis como maturidade de equipe, complexidade da tarefa e cultura da organização.

Linha de montagem. Técnica de fabricação em que o produto é gradativamente montado ao longo de um processo ou linha.

Management. 1. Ação ou maneira de administrar; manejo (*handling*), direção ou controle. 2. Habilidade para administrar. 3. Pessoa ou pessoas que controlam e dirigem os negócios de uma instituição ou empresa. 4. Coletivo de executivos, considerados como classe, distinta da mão de obra, labor. Derivado do latim *manus*, mão (*Webster's Encyclopedic Unabridged Dictionary of the English Language*, 1994, Gramecy Books).

Meta. Objetivo quantificado, que define prazos, volumes, valores e responsabilidades.

Modelo mecanicista de organização. Estrutura organizacional em que estão enfatizadas as características de burocracia, especialmente a regulamentação rígida.

Modelo orgânico de organização. Estrutura organizacional que procura funcionar muito mais com base no sistema social e na adaptação ao ambiente do que na regulamentação burocrática.

Movimento da administração científica. Movimento do início do século XX nos Estados Unidos, que congregava pessoas das mais variadas profissões e áreas de atuação, que trabalharam para o desenvolvimento de técnicas de aumento da eficiência no trabalho.

Missão. Objetivo conceitual, que define o propósito ou negócio de uma organização.

Modelo bidimensional da liderança. Princípio de que democracia e autocracia são duas dimensões de um mesmo sistema (e não dimensões antagônicas).

Modelo intuitivo de decisão. Processo de decisão em que predominam sentimentos, experiências, sensações e outros processos não totalmente racionais ou conscientes.

Modelo japonês de administração. Conjunto de princípios e técnicas que se desenvolveram a partir do sistema Toyota de produção. Eliminação de desperdícios é o principal componente do modelo.

Modelo racional de decisão. Processo de decisão em que predominam informações objetivas sobre as alternativas. O objetivo é a busca de um resultado em que as vantagens para o tomador de decisão estão maximizadas.

Motivação. Mecanismo ou processo que estimula uma pessoa, grupo ou sistema a adotar um comportamento.

Negócio. Área preferencial de atuação de uma empresa.

Objetivo. Resultado desejado; situação final em direção à qual o comportamento se orienta.

Objetivo específico. O mesmo que meta. Um objetivo definido com maior precisão do que um objetivo conceitual, do qual em geral é uma decorrência.

Organização de projeto. Departamento temporário onde se aloja a equipe responsável por um projeto.

Organizações. Conjunto de pessoas que dividem o trabalho entre si e utilizam recursos para realizar objetivos.

Organizar. Processo de dividir atividades entre pessoas e grupos, que são dispostos em uma estrutura coordenada.

Organograma. Técnica de representação gráfica da estrutura organizacional. Gráfico que representa essa estrutura.

Organograma linear. Gráfico que mostra a distribuição de responsabilidades e autoridade em uma organização.

Papéis gerenciais. Segundo Henry Mintzberg, conjuntos organizados de comportamentos em que se agrupam as atividades dos gerentes.

Paradigma de Rubinstein. Técnica desenvolvida por Albert Rubinstein, para a identificação e representação das relações causais no processo de resolver problemas.

Pesos dos critérios de decisão. Importância relativa dos critérios utilizados para a avaliação e escolha de alternativas.

Planejamento estratégico. Processo de definir a relação desejada da organização com seu ambiente; processo de definir objetivos.

Planejamento operacional. Processo de definir atividades e recursos necessários para a realização de objetivos.

Plano. Resultado do processo de planejamento; conjunto de objetivos, atividades e recursos.

Plano de metas. Um conjunto de metas.

Plano de negócios. Um plano que orienta a criação e implantação de uma nova empresa.

Princípio de Pareto. Princípio de que, em qualquer relação de causas e efeitos, a maior parte dos efeitos sempre é produzida por uma quantidade relativamente pequena de causas.

Processo. Sequência ou conjunto de atividades organizadas que transformam os insumos de um sistema em resultados; estrutura de ação do sistema.

Processo administrativo. Sequência ou conjunto de decisões ou funções de planejamento, organização, direção e controle.

Processo decisório. Processo por meio do qual uma escolha é feita, a partir da avaliação de alternativas para a solução de problemas ou aproveitamento de oportunidades.

Processos administrativos (funções administrativas ou funções gerenciais). Planejamento, organização, direção, execução, coordenação, comunicação e participação.

Produção enxuta. Sistema de produção com o máximo possível de eliminação de desperdícios. *Lean production.*

Produtividade. Relação entre os recursos utilizados e os resultados obtidos (ou produção) por um sistema.

Profecia autorrealizadora. Processo psicológico e social em que certos eventos possíveis acontecem porque as pessoas acreditam que eles estejam para acontecer e agem de acordo com essa crença.

Programa. Conjunto organizado de atividades ou projetos (ou ambos).

Programação. Distribuição de atividades ao longo de um calendário. Planejamento associado a tempo.

Qualidade assegurada. Atributo de produtos fabricados por organizações que têm sistemas de qualidade certificados por uma avaliação segundo um padrão (como a Norma ISO). O mesmo que *qualidade garantida.*

Qualidade de conformidade (ou de aceitação). Desempenho real e atributos técnicos presentes em um sistema, produto ou serviço, comparados com o desempenho e atributos (especificações) planejados.

Qualidade planejada. Conjunto das especificações de desempenho e especificações técnicas planejadas para um sistema, produto ou serviço.

Reengenharia. O mesmo que redesenho de processos ou reinvenção da organização. A completa substituição de um processo por outro mais eficiente.

Responsabilidade. Atributo que permite a outros gerentes, acionistas, clientes, funcionários, ou à sociedade, cobrar os gerentes pela forma como os recursos são utilizados e pelos resultados de suas decisões e ações.

Revolução Industrial. Processo de substituição do esforço humano por máquinas. Período que vai de meados do século XVIII até o final do século XIX.

Sinergia. Propriedade que têm alguns sistemas de gerar mais resultados que a simples soma de suas partes.

Sistema. Conjunto de recursos que interagem para formar um todo organizado e produzir algum tipo de resultado ou efeito.

Sistema sociotécnico. Sistema em que se observa e reconhece a ação combinada e interativa dos fatores técnicos (máquinas e processos) e comportamentais (pessoas).

Sociedade organizacional. Sociedade em que a maioria dos serviços é prestada por organizações em que a maioria das pessoas está vinculada a organizações.

Sociograma. Desenho que retrata preferências e exclusões em um grupo. Feito a partir da técnica de escolha mútua para a montagem de equipes.

Stakeholders. Todas as pessoas e organizações que são afetadas pelo desempenho ou atuação de uma organização.

Tecnologia. Aplicação de conhecimentos à produção de bens e prestação de serviços.

Tempo de ciclo. Duração de uma tarefa. Usualmente, o tempo que transcorre entre a colocação de uma encomenda e a entrega do produto ou serviço. *Cycle time, lead time.*

Teoria contingencial. O mesmo que teoria situacional. Do inglês *contingent upon* (que depende de).

Teoria da expectativa. Teoria de que todo esforço é proporcional à recompensa esperada.

Teoria da substituição (dos substitutos) da liderança. Hipótese de que certas características da organização podem minimizar a necessidade da liderança. Essas características são condições do funcionário, da tarefa e da própria organização que podem funcionar como substitutos da liderança.

Teoria dos dois fatores. Teoria formulada por Frederick Herzberg, segundo a qual o desempenho no trabalho pode depender dos fatores motivacionais e dos higiênicos.

Tipo ideal. Conceito abstraído de uma realidade, que procura retratar sinteticamente todas as suas características.

Tipo ideal de burocracia. Abstração sintética das características das organizações reais. Conceito desenvolvido pelo sociólogo alemão Max Weber.

Vantagens competitivas. Atributo de uma organização, que a faz ter desempenho melhor que o dos concorrentes.

Bibliografia

ABERNATHY, William J. *The productivity dilemma*. Baltimore: Johns Hopkins University Press, 1978.

ALMEIDA, Martinho Isnard Ribeiro de. *Manual de planejamento estratégico*. São Paulo: Atlas, 2001.

ANSOFF, H. Igor. *Corporate strategy*. New York: McGraw-Hill, 1965.

ARQUILLA, J.; RONFELDT, D. The advent of netwar (revisited). In: Ronfeldt, D. (Ed.). *Networks and netwars*: the future of terror, crime and militancy: 1-24. Santa Monica, CA: Rand Corporation, 2001.

BARBOSA, Klênio de Souza. Agora nós somos a CooperMambrini e estamos indo muito bem. *Controversa*. Revista Acadêmica dos Estudantes da FEA-USP, p. 9-11, ago./set. 1998.

BARKDULL, C. W. Span of control: a method of evaluation. *Michigan Business Review*, nº 15, p. 25-32, 1963.

BARNARD, Chester. *The functions of the executive*. Cambridge, Massachussetts: Harvard University, 1938.

BATEMAN, Thomas S.; SNELL, Scott A. *Management*: building competitive advantage. Chicago: Irwin, 1996.

BAYTON, James A.; CHAPMAN, Richard L. *Transformation of scientists and engineers into managers*. Washington, D.C.: National Aeronautics and Space Administration, 1972.

BENJAMIN, Antonio Herman V. Introdução ao direito ambiental brasileiro. *Direito Ambiental*, São Paulo: Revista dos Tribunais, ano 4, nº 14, abr./jun. 1999.

BERNARDES, Cyro. *Sociologia aplicada à administração*. São Paulo: Atlas, 1989.

BERTALANFFY, Ludwig von. *General system theory*. New York: George Braziller, 1968.

BLAKE, Robert R.; MOUTON, Jane S. *The managerial grid*. Houston: Gulf, 1964.

BOBBIO, Norberto et al. *Dicionário de política*. Brasília: UNB, 1992.

BOUNDS, Gregory M.; LAMB, Jr., Charles. *Business*. Cincinnati: South-Western, 1998.

BOVÉE, Courtland L.; THIL, John V. *Business in action*. Upper Saddle River: Prentice Hall, 2001.

BURNS, Tom; STALKER, G. M. *The management of innovation*. London: Tavistock, 1961.

CAMP, Robert C. *Benchmarking*: o caminho da qualidade total. São Paulo: Pioneira, 1993.

CHANDLER JR., Alfred D. *Strategy and structure*: chapters in the history of industrial enterprise. Cambridge: MIT Press, 1962.

CHILDE, Gordon. *A evolução cultural do homem*. Rio de Janeiro: Zahar, 1978.

CLELAND, David I. *Project management*. New York: McGraw-Hill, 1994.

DASGUPTA, P. S. Population, poverty and the local environment. *Scientific American*, v. 272, nº 2, p. 40-45, 1995.

DEMING, W. Edwards. *Elementary principles of the statistical control of quality* (Dr. W. Edwards Deming's lectures on statistical control of quality, 1950, Tokyo). Tóquio, Nippon Kagaku Gijutsu Remmei, 1951.

_____. *Out of the crisis*. Cambridge: Massachusetts Institute of Technology, 1982. (Tradução: *Qualidade*: a revolução da administração. Rio de Janeiro: Marques-Saraiva, 1990.)

DRUCKER, Peter. *The practice of management*. New York: HarperBusiness Book, 1993. (Primeira edição: 1954.)

DULEK, Ronald E.; FIELDEN, John S. *Principles of business communication*. New York: Macmillan, 1990.

DUNCAN, Acheson J. *Quality control and industrial statistics*. Homewood: Irwin-Dorsey, 1986.

DURKHEIM, Emile (1893). *De la division du travail social*. Paris: Presses Universitaires de France, 1967.

ETZIONI, Amitai. *Análise comparativa das organizações complexas*. Rio de Janeiro: Zahar, 1974.

FAYOL, Henri. *Administração industrial e geral*. 9. ed. São Paulo: Atlas, 1978.

FEIGENBAUM, A. V. *Quality control*. New York: McGraw-Hill, 1951.

_____. *Total quality control*. New York: McGraw-Hill, 1983.

FINLEY, M. I. *The ancient greeks*. Harmondsworth: Penguin Books, 1991.

FONSECA, Eduardo Gianetti da. *Vícios privados, benefícios públicos*. São Paulo: Companhia das Letras, 1994.

GALBRAITH, John Kenneth. *O pensamento econômico em perspectiva*. São Paulo: Pioneira, 1987.

GARDNER, Howard. *O verdadeiro, o belo e o bom*. Rio de Janeiro: Objetiva, 1999.

GEORGE JR., Claude S. *História do pensamento administrativo*. São Paulo: Cultrix, 1974.

GIBSON, James L.; IVANCEVICH, John M.; DONNELLY JR., James H. *Organizations*. Dallas Business Publications, 1976.

GLADWIN, Thomas N.; KENNELLY, James J.; KRAUSE, Tara-Shelomith. Shifting paradigms for sustainable development: implications for management theory and research. *Academy of Management Review*, v. 20, nº 4, p. 874-907, 1995.

GLUECK, William F. *Personnel*: a diagnostic approach. Dallas Business Publications, 1974.

GOULDNER, Alvin W. Conflitos na teoria de Weber. In: CAMPOS, Edmundo (Org.). *Sociologia da burocracia*. Rio de Janeiro: Zahar, 1971.

GRAY, Clifford F.; LARSON, Erik W. *Project management*. New York: McGraw-Hill: Irwin, 2003.

GROVE, Andrew. *Administração de alta performance*. São Paulo: Futura, 1998.

GULICK, Luther; URWICK, Lyndall. *Papers on the science of administration*. New York: Institute of Public Administration, Columbia University, 1937.

HACKMAN, J. Richard; MORRIS, Charles G. Group tasks, group interaction processes and group performance effectiveness: a review and a proposed integration. BERKOWITZ, Leonard (Ed.). *Advances in experimental social psychology*. New York: Academic Press, 1975. v. 8.

HAMPTON, David R. *Management*. New York: McGraw-Hill, 1986.

HANNAGAN, Tim. *Management*. London: Pitman, 1995.

HERSEY, Paul; BLANCHARD, Kenneth H. *Management of organizational behavior*. Englewood Cliffs, NJ: Prentice Hall, 1972.

HERZBERG, Frederick; MAUSNER, Bernard; SNYDERMAN, Barbara Bloch. *The motivation to work*. New York: John Wiley, 1959.

HUSE, Edgar R.; BOWDITCH, James L. *Behavior in organizations*: a systems approach to managing. Reading: Addison-Wesley, 1973.

ISHIKAWA, Kaoru. *What is total quality control*. Englewood Cliffs: Prentice Hall, 1985.

JAGO, Arthur. *Leadership*: perspectives in theory and research. *Management Science*, v. 28, nº 3, Mar. 1982.

JANIS, Irving. *Victims of groupthink*. Boston: Houghton-Mifflin, 1972.

JAY, Anthony. *Maquiavel e gerência de empresas*. Rio de Janeiro: Zahar, 1968.

KAPLAN, Robert S.; NORTON, David P. *A estratégia em ação*. Rio de Janeiro: Campus, 1997.

KATZ, Robert L. Skills of an effective administrator. *Harvard Business Review*, p. 33-42, Jan./Feb. 1955.

_____. *Cases and concepts in corporate strategy*. Englewood Cliffs: Prentice Hall, 1970.

KATZENBACH, Jon R.; SMITH, Douglas K. *The wisdom of teams*. New York: HarperBusiness, 1994.

KEEGAN, John. *Uma história da guerra*. São Paulo: Companhia das Letras, 1995.

KERR, S.; JERMIER, J. Substitutes for leadership: their meaning and effectiveness. *Organizational Behavior and Human Performance*, p. 375-403, Dec. 1978.

KEUNING, Doede. *Management*. London: Pitman, 1998.

KOTLER, Philip; ARMSTRONG, Gary. *Marketing*: an introduction. Englewood Cliffs: Prentice Hall, 1991.

LAWRENCE, Paul R.; LORSCH, Jay W. *As empresas e o ambiente*. Petrópolis: Vozes, 1973.

LEWIN, Kurt. *Field theory in social science*. New York: Harper & Row, 1951.

_____. *Experimentos com espaço social*: problemas de dinâmica de grupo. São Paulo: Cultrix, 1970. p. 87-99.

LEWIS, James P. *Team-based project management*. New York: Amacom, 1998.

LICHT, Renê. *Ética organizacional*: busca de um modelo compreensivo para comportamentos morais. 1996. Tese (Doutorado). FEA-USP, São Paulo.

LIKERT, Rensis. *The human organization*. New York: McGraw-Hill, 1967.

LOWRY, James R.; WEINRICH, Bernard W. *Business in today's world*. Cincinnati: South-Western, 1994.

LUTHANS, Fred. *Organizational behavior*. New York: McGraw-Hill, 1977.

MADURA, Jeff. *Business*. Cincinati: South-Western, 2001.

MAIER, Norman R. F. *Psychology in industrial organizations*. 4. ed. Boston: Houghton Mifflin, 1973.

MASLOW, Abraham A. A theory of human motivation. *Psychological Review*, p. 370-396, 1943.

MASSIE, Joseph L.; DOUGLAS, John. *Managing*. Englewood Cliffs: Prentice Hall, 1992.

MAXIMIANO, Antonio Cesar Amaru. *Administração de projetos*. São Paulo: Atlas, 2002.

MAYO, Elton. *The human problems of an industrial civilization*. Cambridge: Harvard University Press, 1946.

MCCLELLAND, David C. *The achieving society*. Princeton: Van Nostrand Reinhold, 1961.

MCGREGOR, Douglas. *The human side of enterprise*. New York: McGraw-Hill, 1960.

MILES, Raymond E.; SNOW, Charles C. *Organizational strategy, structure and process*. New York: McGraw-Hill, 1978.

MINTZBERG, Henry. *The nature of managerial work*. New York: Harper & Row, 1973.

MONTANA, Patrick J.; CHARNOV, Bruce H. *Management*. Seattle: Barron's Educational Series, 2000.

OHNO, Taiichi. *Workplace management*. Cambridge: Productivity Press, 1988.

_____. *Toyota production system*. Cambridge: Productivity Press, 1988.

PARKER, Glenn M. *Team players and teamwork*. San Francisco: Jossey-Bass, 1990.

PETRACCA, Orazio M. Liderança. In: BOBBIO, Norberto et al. *Dicionário de política*. Brasília: Editora Universidade de Brasília, 1992.

PHILIPPI JR., Arlindo; AGUIAR, Alexandre; MOLLER, Beatriz Rebolledo. Gestão ambiental: a empresa e a sustentabilidade do seu desenvolvimento. In: V ENCONTRO NACIONAL SOBRE GESTÃO EMPRESARIAL E MEIO AMBIENTE, 1999, São Paulo. Anais... São Paulo, 17, 18 e 19 nov. de 1999. p. 1-13.

PHILLIPS, Donald T. *Lincoln on leadership*. New York: Warner Books, 1992.

PINTO, J. K.; KHARBANDA, O. P. *Succesful project management*. Princeton: Van Nostrand Reinhold, 1995.

PLUNKETT, Lorne C.; FOURNIER, Robert. *Participative management*. New York: John Wiley, 1991.

PLUTARCO. *Vidas paralelas*. São Paulo: Paumape, 1991. v. 1. Introdução.

PMI – Project Management Institute. *Um guia do conjunto de conhecimentos do gerenciamento de projetos*. Newton Square, Pennsylvania, 2002.

PORTER, Michael E. *Competitive strategy*. New York: Free Press, 1980.

PRENTICE, W. H. C. Understanding leadership. *Harvard Business Review* (16.511), Sept./Oct. 1961.

PROKOPENKO, Joseph. *Productivity management*. Genebra: International Labour Office, 1987.

RIBEIRO, Darcy. *O processo civilizatório*. Rio de Janeiro: Civilização Brasileira, 1968.

ROBBINS, Stephen P.; DE CENZO, David A. *Fundamentals of management*. Upper Saddle River: Prentice Hall, 1995.

ROTH, William. *The evolution of management theory*. Orefield, Pennsylvania: Roth & Associates, 1993.

RUBINSTEIN, Albert. *Um paradigma para o delineamento de problemas organizacionais*. Tradução de Roberto Sbragia. Trabalho apresentado na Miami Meeting of the Institute of Management Sciences, Nov. 1976.

SAFIRE, William. *Leadership*. New York: Fireside Book, 1990.

SASSAKI, Cynthia Heloísa. *Ética empresarial*. Trabalho de conclusão de curso. São Paulo: FEA-USP, 2001.

SCHREIBER, Craig. *Human and organizational risk modeling*: Critical Personnel and Leadership in Network Organizations (PhD Thesis). School of Computer Science, Carnegie Mellon University, 2006.

SENGE, Peter N. *The fifth discipline*: the art and practice of the learning organization. New York: Doubleday, 1990.

SHAW, Marvin E. *Group dynamics*: the psychology of small group behavior. New York: McGraw-Hill, 1976.

SHELDRAKE, John. *Management theory*. Londres: International Thomson Business Press, 1996.

SHERMER, Michael. The captain Kirk principle. *Scientific American*, p. 20, Dec. 2002.

SIMÃO, Azis. *Sindicato e Estado*. São Paulo: Ática, 1981.

SIMON, Herbert A. *Administrative behavior*. New York: Free Press, 1976.

SIMS JR., Henry P.; LORENZI, Peter. *The new leadership paradigm*. London: Sage, 1992.

SLACK, N. *Vantagem competitiva em manufatura*. São Paulo: Atlas, 1993.

SOLOMON, Robert C.; HIGGINS, Kathleen. *Paixão pelo saber*. Rio de Janeiro: Civilização Brasileira, 2001.

SOUDER, William E. *Management decision methods*. New York: Van Nostrand, 1980.

SPURGE, Lorraine (Ed.). *Business encyclopedia*. Irvine: Knowledge Exchange, 1997.

STEWART, Rosemary. *Choices for the manager*. Londres: McGraw-Hill, 1982.

STONER, James A.; FREEMAN, R. Edward; GILBERT JR., Daniel R. *Management*. 6. ed. New Jersey: Prentice Hall, 1995.

SUN TZU. *A arte da guerra*. Lisboa: Publicações Europa-América, 1994.

TANNENBAUM, Robert; SCHMIDT, Warren H. How to choose a leadership pattern. *Harvard Business Review*, p. 166, May/June 1973.

TAYLOR, Frederick Winslow. *Princípios de administração científica*. São Paulo: Atlas, 1976.

TUCKMAN, B. W.; JENSEN, M. A. C. Stages of small-group development revisited. *Groups and Organization Studies*, v. 2, p. 419-442, 1977.

VAN ALSTYNE, Marshall. The State of Network Organization: A Survey in Three Frameworks. *Journal of Organizational Computing and Electronic Commerce*, v. 7, Issue 2 & 3, 1997, p. 83-151.

VAN DOREN, Charles. *A history of knowledge*. New York: Ballantine, 1991.

VASCONCELLOS, Eduardo. *Contribuições ao estudo da estrutura administrativa*. 1972. Tese (Doutorado) – Faculdade de Economia, Administração e Contabilidade, Universidade de São Paulo, São Paulo.

VIEDERMAN, S. *The economics of sustainability*: challenges. Recife: Fundação Joaquim Nabuco, 1994.

VROOM, Victor. *Work and motivation*. New York: John Wiley, 1964.

WALTON, Mary. *O método Deming de administração*. Rio de Janeiro: Marques-Saraiva, 1989.

WEBER, Max. *Economia y sociedad*. Ciudad del México: Fondo de Cultura Económica, 1987.

WOMACK, James P.; JONES, Daniel T.; ROOS, Daniel. *A máquina que mudou o mundo*. Rio de Janeiro: Campus, 1992.

WOODWARD, Joan. *Industrial organization*: theory and practice. London: Oxford University Press, 1965.

WORLD RESOURCES INSTITUTE. *World resources 1994-1995*: a guide to the global environment. New York: Oxford University Press, 1994.

WREN, Daniel A. *The evolution of management thought*. New York: John Wiley, 1993.

Índice remissivo

ABNT – Associação Brasileira de Normas Técnicas, 59
Administração, 3
    abordagem funcional, enfoque funcional, 13
    como arte, 14
    como disciplina, 14
    como processo, 12, 14
    management, 12
    teoria e prática, 25, 26
Administração científica, 31
Administração de projetos, 48
Administração por objetivos, 48, 53, 337
Administradores, gerentes
    estudos sobre o papel dos gerentes, 16
    executivos, 186
    gerentes de projetos, 358
    gerentes intermediários, 190
    papéis gerenciais segundo Mintzberg, 16
Ambiente, análise do, 141
Ambiente e estrutura, 231
Áreas funcionais da organização, 142
Atividades funcionais, 344
Auditoria do sistema de qualidade, 59, 329
Autogestão, 186
Autocracia, 261
Autoridade, 185

Balanced scorecard, 79
Benchmarking, 142

Brainstorming, 92
Brainwriting, 93
Burocracia, 36

Cargos, 184
Centralização e descentralização, 189
Clima organizacional, 38
Coesão, 289
Competências, 19, 241
Competências gerenciais, 160
Competitividade, 81
Comunicação, 288
Conhecimentos, 19, 206
Controle, 174, 323
Controle estatístico de processo, 329
Critérios de decisão, 101
Critérios de departamentalização, 200
Cronograma, 163
Cultura organizacional, 38

Decisões, 86
Decisões em grupos, 103, 292
Decisões programadas e não programadas, 86-87
Delegação, 102, 189
Democracia, 261, 263
Departamentos, 183
Descentralização, 189
Descrições de cargos, 184
Desenvolvimento sustentável, 395
Diagrama de Ishikawa, 89
Diagrama de precedências, 163
Diagrama de rede, 166
Disfunções da burocracia, 36
Divisão do trabalho, 181
Dinâmica de grupos, 284

Eficácia, 11, 77
Eficiência, 11, 68, 72
Eliminação de desperdícios, 61, 74
Empowerment, 249, 250
Empresa enxuta, 62
Enfoque comportamental, 37
Enfoque funcional da administração, 13
Enfoque sistêmico, 41
Escola clássica, 29, 49
Escola das relações humanas, 39
Estratégia, 130, 131, 134, 148
Estratégia e estrutura, 227

Estrutura organizacional, 49, 174, 195
Experiência de Hawthorne, 38
Escola das relações humanas, 38
Ética e responsabilidade social, 385
Expectativa, teoria, 247

Fator humano e estrutura, 231
Fayol, princípios, 35
Formalidade, 279, 281
Futuro, técnicas para estudar, 121

Gerentes, 14
Gerentes de projetos, 358
Grupos,
    alta *performance*, características de, 288
    fatores críticos de desempenho, 288
    tipos de, 278
Grupos autogeridos, 298
Grupos formais, 279
Grupos informais, 281

Habilidades, 19
Hierarquia, 185

Impessoalidade, 37
Indicador de desempenho, 72
Intuição, 101
ISO – *International Organization for Standardization*, 59

Kaizen, 62

Líder, 254
Liderança, 255
    definição, 14, 255
    estilos de liderança, 261
    modelo bidimensional, 263
    orientada para a tarefa, 261
    orientada para pessoa, 262
    situacional, 266
Linha de montagem, 33

Management, 12
Matriz BCG, 150
Mecanicista, modelo, 220
Meta, 117
Missão, 134, 143
Modelo
    de decisão, 97

de organização, 221
japonês de administração, 60
Motivação
definição, 235
fatores sociais e, 237, 238
gerente e, 249
grupo de trabalho e, 246
motivos externos, 237
motivos internos, 237
trabalho e, 236

Necessidades humanas
hierarquia de Maslow, 238
Negócio, 134
Novos negócios, 368
Novos produtos, 370

Objetivo específico, 118, 160
Objetivos, 157, 159, 160
Operações, 8
Orgânico, modelo, 223
Organização, 177
Organização de projeto, 207
Organizações, 7
Organizações formais, 37
Organizar, processo de organização, 179, 180
Organograma, 180, 183
Organograma linear, 171

Papéis gerenciais, 16
Paradigma de Rubinstein, 89, 93
Pareto, princípio de, 91
Peso de critério de decisão, ponderação de critérios, 98, 99
Pesquisa e desenvolvimento, 9
Planejamento, 14, 114
Planejamento estratégico, 115, 125, 129
Planejamento operacional, 120, 157
Plano, 117
Plano de negócios, 367

Plano estratégico, 125
Políticas, 120
Prêmio Europeu da Qualidade, 78
Problemas, 85
Procedimentos, 120
Processo, 211, 278
Processo administrativo, 13, 50
Processo decisório, 85
Produção ou operações, 8
Produção em massa, 8, 34
Produtividade, 70
Projetos
avaliação de, 349
características dos, 344
ciclo da vida do, 347
planejamento estratégico de, 344
planejamento operacional, 157, 158
proposta do, 363
tipos de objetivos de, 346
Psicologia experimental, 38

Qualidade, 55
Qualidade assegurada, 58

Racionalidade, 101
Recursos, 10, 167
Responsabilidades, 184
Responsabilidade social, 385

Sinergia, 288
Sistema, 40, 41
Sociedade organizacional, 3

Tecnologia e estrutura, 230
Teoria e prática em administração, 25
Teoria dos dois fatores, 242
Teoria geral dos sistemas, 40
Tipo ideal de burocracia, 37
Toyota, sistema de produção, 61

desorganização, 223
deontes de administração, 69

Motivação
definição, 235
fatores sociais, 237, 238
extrínseca, 249
grupo de trabalho, 246
motivos externos, 237
motivos internos, 232
trabalho e, 2-5

Necessidades humanas
hierarquia de Maslow, 238
Negócio, 7-8
novos negócios, 268
novos produtos, 270

Objetivo específico, 158, 160
Objetivos, 157, 159, 160
Operações, 8
Orgânico, analógico, 212
Organização, 177
Organização do projeto, 207
Ou máquinas
Organizações formais, 97
Ou unitárias, processo de organização, 179, 186
Organograma, 150, 185
Organograma linear, 171

Papeis gerenciais, 16
Paradigma de Rummelhart, 88-92
Pareto, princípio de, 97
Ponto de carência de decisão, ponderação de critérios, 98, 70
Pesquisa e desenvolvimento, 9
Planejamento, 14, 114
Planejamento estratégico, 115, 128, 129
Planejamento operacional, 120, 127
Plano, 114
Plano de negócios, 267

Plano, figura pyro, 135
Políticas, 120
Prêmio Europeu em Qualidade, 78
Problemas, 55
Procedimentos, 120
Processo, 221, 278
Processo administrativo, 18, 50
Processo decisório, 85
Prodição ou operações, 5
Produção em massa, 8, 62
Produtividade, 70
Projetos
avaliação de, 349
cara redução do, 344
ciclo da vida de, 342
planejamento estratégico de, 346
planejamento operacional, 197, 198
proposta do, 369
estrutura para novos, 346
Psicologia experimental, 36

Qualidade, 55
Qualidade assegurada, 58

Racionalidade, 101
Recursos, 10, 167
Responsabilidade, 181
Responsabilidade social, 385

Sinergia, 288
Sistema, 40, 41
Sociedade organizacional, 3

Tecnologia e estrutura, 220
Teoria e prática em administração, 26
Teoria dos dois fatores, 242
Teoria geral dos sistemas, 40
Tipo ideal de burocracia, 97
Toyota, sistema de produção, 61

Cromosete
Gráfica e editora ltda.
Impressão e acabamento
Rua Uhland, 307
Vila Ema-Cep 03283-000
São Paulo · SP
Tel/Fax: 011 2154-1176
adm@cromosete.com.br

2019